사회과학연구방법

실증연구의 원리와 실제

사회과학연구방법

실증연구의 원리와 실제

초판 1쇄 발행 2013년 9월 15일
초판 2쇄 발행 2015년 3월 25일

지은이 차배근·차경욱
펴낸곳 서울대학교출판문화원
펴낸이 성낙인

책임 편집 곽진희
디자인 장혜원·최선아

출판등록 제15-3호

주소 151-742 서울 관악구 관악로 1
대표전화 02-880-5252 | **팩스** 02-888-4148
마케팅팀(주문상담) 02-889-4424, 02-880-7995
이메일 snubook@snu.ac.kr
홈페이지 www.snupress.com

ISBN 978-89-521-1495-2 93300

사회과학연구방법

실증연구의 원리와 실제

차배근·차경욱 공저

서울대학교출판문화원

머리말

대학 교육의 주요 목적은 각 학문 분야의 전문지식을 배우는 데 있지만, 또한 연구방법을 배우는 것에도 있다. 연구방법을 알아야만 새로운 지식이나 이론을 창조할 수 있기 때문이다. 그리고 대학생이라면 기본적 연구방법은 알아야 하는데, 학생들이 배우는 학술적 지식이 모두 어떤 연구방법에 의하여 도출된 연구결과들일진대 그 지식이 어떻게 나오게 되었는지도 모르고 그것을 그냥 배우기만 한다는 것은 수치가 아닐 수 없기 때문이다. 그럼에도 불구하고 우리나라 사회과학 분야에서는 연구방법에 대한 교육과 학습이 좀 소홀히 되어 온 감이 없지 않다. 그 결과, 학생들이 스스로 연구할 수 있는 능력은 고사하고, 자기 전공 분야의 연구논문들도 제대로 읽고 이해할 수 있는 능력조차 부족한 실정이다. 그러므로 학생들에게 최소한의 기본적 연구방법이라도 가르쳐 주어야 하겠다는 생각에서 본서를 집필하게 되었다.

1979년『사회과학연구방법』초판 머리말에 아버지는 이와 같이 쓰셨다. 이 책을 처음 집필할 때 난 다섯 살이었는데, 저 독산동 단독주택 서재에서 아버지가 맨날 원고만 쓰면서 우리 딸들이랑 잘 놀아주지 않아서 내가 울었던 기억이 엊그제 같다. 그런데 내가 교수가 된 지도 어언 10년이 훌쩍 넘었다. 내가 교수가 된 후에야 알았지만, 우리 학계 선배 교수들 중에도 아버지의 책으로 연구방법을 배웠다는 사람들이 의외로 많았다. 그래서 아버지 덕에 나도 유명해졌고, 나도 연구방법론을 잘 아는 것으로 오해들도 하고 있다.

1981년 아버지는『사회과학연구방법』의 일부를 개정했고, 1990년에 다시 대대적으로 개정해서 전정판(全訂版)을 내셨다. 그런데 이 전정판 머리말을 보면, 책 내용을 개정하고 나면 또 고쳐 쓰고, 또다시 계속 고쳐 써야 하는 당신의 괴로움을, 저 "그리스 신화에 나오는 시시포스(Sisyphos)가 죽은 후 지옥에 가서 벌(罰)로 커다란 바위를 산꼭대기[山頂]까지 굴려 올리면 다시 굴러 떨어지고, 굴려 올리면 다시 떨어져서 그 바위를 한없이 되풀이해서 굴려 올려야만 하는 시시포스의 숙명(宿命)과 같은 것이 아닐까?"라고 적으셨다.

이 글을 보면서 내가 열심히 연구방법론을 배워 아버지의 바위 굴리기(?)를 좀 도와드려야 하겠다고 다짐했다. 그러나 이러한 나의 다짐은 교수가 되고서도 지키기 못했다. 그러다가 지난해에야 비로소 아버지의『사회과학연구방법』개정을 도와드리겠다고 자청했다. 하지만 난 아버지의 발뒤꿈치도 못 따라 가는 초학자인지라, 결과적으로 교정이나 봐드리는 꼴이 되고 말았다.

아버지의 예전『사회과학연구방법』에서는 문헌연구방법, 역사연구방법, 내용분석방법을 비롯하여 조사연구방법, 실험연구방법까지를 포함해 모든 사회과학 연구방법들을 다루었다. 그러나 이 개정판(제4판)에서는 아버지와 상의 끝에, 실증연구방법만 집중적으로 소개하기로 했다. 왜냐하면 그간에 학생들에게 연구방법을 가르치면서, 아직도 우리나라 대학생들은 실증연구에 대한 이해와 능력이 많이 부족함을 느꼈기 때문이다. 따라서 특히 우리 대학생들에게 가장 부족한 실증연구방법의 교육에 중점을 두기로 하고, 제1부 '실증연구방법의 원리'에서도 주로 실증연구방법의 원리를 다루었으며, 제2부 '실증연구방법의 실제'에서도 조사연구방법과 실험연구방법만 소개했다. 그러나 소개가 제대로 되었는지는 잘 모르겠다.

이 책이 학생들이 실증연구방법을 이해하고 또한 실제 연구능력을 기르는 데 조금이라도 도움이 된다면 더 바랄 나위가 없겠다.

2013. 8.

성신여대 운정 캠퍼스에서

차경욱

차례

제1부

실증연구방법의 원리

제1장
연구의 목적·대상·방법

어떤 학문 분야가 하나의 독립학문(an independent discipline)으로 성립하려면 최소한 다음 두 가지 필요조건을 충족시킬 수 있어야 한다. 첫째는, 그 학문 분야 고유의 지적(知的) 연구대상 영역(domain of intellectual inquiry)이 있어야 하고, 둘째는, 그 연구영역을 연구할 수 있는 과학적 방법(scientific research methodology)을 갖추어야 한다. 그리하여 고유의 연구영역을 과학적 방법을 통해 연구해서 그에 관한 보편타당한 지식체계를 정립할 수 있어야 그 학문 분야는 비로소 하나의 독립학문으로 성립한다(Vinacke *et al.*, 1964, Preface). 그러므로 모든 학문에서 연구방법은 그 연구대상과 함께 매우 중요하다. 그러면 연구방법에 관하여 알아보기에 앞서, 학문은 왜 연구하는지 그 목적부터 간단히 살펴보고 넘어가기로 하자.

가. 학문연구의 네 가지 주요 목적

학문연구의 목적은 각 학문 분야나 연구자에 따라 조금씩 다를 수 있다. 그러나 모든 학문의 기본 연구목적은 자연이나 사회 현상(現象) 등을 ① 기술(記述, describe)하고, ② 설명(說明, explain)해서 그 현상에 관한 보편타당한 지식체계(a systematic body of knowledge), 즉 이론들(theories)을 정립함으로써 이를 통하여 주어진 현상을 미리 ③ 예측(豫測, predict)하고, 나아가서는 그것을 ④ 통제(統

制, control)하여 인류사회의 복지증진에 기여하는 데 있다.[1] 이와 같은 학문연구의 목적을 세분하면 다시 네 가지, 즉 어떤 현상에 대한 기술을 위한 목적, 설명을 위한 목적, 예측을 위한 목적 및 통제를 위한 목적으로 나누어 볼 수 있다.

1. 현상에 관한 기술(記述)의 목적

기술을 위한 목적(to describe)이란, 어떤 주어진 현상을 이해하기 위하여 우선 그 현상에 관련된 여러 가지 변인(變因, variables)[2]들을 과학적 방법을 통하여 관찰하고 연구해서 그 변인들의 값과 변인들 간의 관계(relationships)를 언어나 대수(代數)로 서술하기 위한 일차적 연구목적을 말한다.

이와 같은 기술의 목적은 다시 두 가지로 나눌 수 있는데, 하나는 어떤 현상에 관련된 각 변인의 상태(state)나 구조(structure)에 관한 기술을 위한 목적이고, 다른 하나는 여러 변인들 간의 함수관계(function)나 상호작용(interaction)에 관한 기술을 위한 목적이다(Anderson, 1966, p. 7).

---

1 독립학문의 하나인 '언론학'(미국 등지에서는 '커뮤니케이션학(science of communication)'이라고 부름)에 대한 정의를 내려 보면, "언론학이란 ① 인간사회에서의 모든 커뮤니케이션 현상들(언론학 고유의 지적 연구영역)을 ② 과학적 방법을 통하여 ③ 기술(記述, describe)하고 설명(explain)해서 커뮤니케이션 현상에 대한 보편타당한 지식체계(a systematic body of knowledge), 즉 커뮤니케이션 이론들(communication theories)을 정립함으로써 ④ 이를 통하여 주어진 커뮤니케이션 현상을 미리 예측(predict)하고, 나아가서는 그것을 효과적으로 통제(control)하여 인류사회의 복지증진에 기여코자 하는 ⑤ 하나의 독립 학문(an independent discipline)이라고 정의할 수 있다.

2 여기서 '변인'이란 수학에서 변수(變數)를 말하나, 이를 사회과학에서는 요인·조건·후건(後件) 등의 개념으로 많이 사용하므로 이 책에서는 '변인'이라고 부르기로 한다. 변인은 모든 연구에서 핵심적 연구대상이 되는데, 학문의 연구대상은 자연이나 사회 현상이지만, 이를 한꺼번에 종합적으로 연구해서 정확하게 이해하는 것은 사실상 불가능하므로, 우리가 어떤 현상을 이해하려면 그에 관련된 변인들을 찾아내고 이들 변인 사이의 관계를 연구해서 그 결과를 토대로 주어진 현상을 이해하게 된다. 따라서 학문의 연구대상은 자연현상이나 사회현상이지만, 실제 연구대상이 되는 것은 그 현상에 관련된 변인들과 이들 변인 간의 관계라고 할 수 있다. 이 변인에 관해서는 뒤에서 자세히 살펴보기로 하겠다.

1) 각 변인의 상태와 구조에 관한 기술

어떤 현상에 관련된 각 변인의 상태나 구조에 관한 기술을 위한 목적이란, 각 변인의 값을 구체적으로 명시하거나 또는 변인의 구성요인(인자)들을 밝히려는 것을 말하는데, 이는 다시 ① 각 변인의 상태에 관한 기술, ② 각 변인의 구조에 관한 기술을 위한 것으로 나눌 수 있다. 이들 중 각 변인의 상태에 관한 기술이란, 연구하려는 어떤 현상에 관련된 각 변인의 값을 구체적으로 명시(specify)하는 것으로서, 예컨대 '날씨'라는 자연현상을 연구하고자 할 때, 이에 관련된 주요 변인인 온도 · 기압 · 풍속 · 습도 등의 값을 조사해서 "온도는 섭씨 28°이고, 기압은 1.2hpa(헥토파스칼)이며, 풍속은 30km/h이고, 습도는 50%이다."라는 식으로 구체적으로 밝히는 것을 말한다.

이와 같이 어떤 현상에 관련된 각 변인의 상태에 관한 기술은 대체로 "현상(現象) A에서 변인 x는 x_i의 값을 가지고 있다."는 식의 문장형식을 취하게 되는데, 이러한 기술은 모든 연구에서 일차 목적이 된다. 우리가 어떤 자연현상이나 사회현상 등을 이해하려면, 우선 그에 관련된 여러 가지 변인들을 찾아내고, 이들을 관찰 · 연구해서 그 값부터 정확하게 기술해야 하기 때문이다.

한편, 변인의 구조에 관한 기술이란, 연구하고자 하는 어떤 현상에 관련된 변인들의 구성요인이나 구성인자(構成因子, factors)들을 분석하여, 예를 들어 인간의 지능은 언어능력, 수리능력, 추리능력, 논리적 사고능력 등으로 구성된다든지, 각종 사물에 대한 개인들의 태도는 3개의 차원, 즉 인지적 차원(cognitive dimension), 정서적 차원(affective dimension), 행동적 차원(behavioral dimension)으로 구성되어 있다든지, 또는 언론자유는 정치적 통제로부터의 자유, 경제적 통제로부터의 자유, 정보원(情報源)의 통제로부터의 자유, 공중(公衆)의 통제로부터의 자유로 구성된다고 기술하는 것을 말한다.

이와 같은 구조의 기술은 어떤 현상에 관련된 변인들의 구조와 그 구성인자들을 밝히려는 데 목적이 있다. 또한 그 변인들의 값을 정확하게 측정하려는 데에도 목적이 있는데, 예컨대 지능이나 태도 등의 변인들의 값을 정확하게 측정하기 위해서는 먼저 이들 변인의 구조와 구성인자들을 알아야 하기 때문이다. 따라서 어떤 변인의 구조와 구성인자 등을 밝히기 위한 기술의 목적도 중요한 일차 연구목적의 하나가 되고 있다.

2) 여러 변인들 간의 관계에 관한 기술

학문연구의 일차 목적은 위와 같이 연구하고자 하는 현상에 관련된 각 변인의 상태나 구조를 우선 정확하게 기술하려는 데 있다. 그러나 미국의 과학철학자 코헨(Cohen, 1957, p. 170)이 말했듯이, "과학이란 각각의 변인에 관한 단순한 지식이나 연구가 아니라, 그 변인들이 어떻게 서로 관계되어 있느냐 하는, 변인들 간의 관계의 형태에 관한 지식이나 연구이다." 그러므로 과학 내지 과학적 학문의 주요 연구목적은 어떤 자연현상이나 사회현상 등에 관련된 변인들의 상태나 구조만을 단순히 기술하려는 데 있지 않고, 그 여러 변인들 간의 함수관계나 상호작용 등을 연구·기술해서 주어진 현상을 이해하려는 데 있다. 바로 이러한 연구목적을, 곧 연구하려는 현상에 관련된 변인들 간의 함수관계(function)나 상호작용(interaction)에 관한 기술의 목적이라고 한다.

이와 같은 기술의 목적에서 '변인들 간의 함수관계'란 수학에서 함수관계와 마찬가지로, 예컨대 2개의 변인(변수) x와 y 사이에 어떤 대응관계가 있어, x(독립변인)의 값이 변함에 따라 y(종속변인)의 값도 변하는 것을 말한다. 바로 이처럼 변인들 간의 함수관계나 인과관계(causal relationship)를 연구해서, 가령 "습도(x)가 높아지면 비(y)가 온다."든지, "학생들의 지능(x)이 높을수록 학업성적(y)도 높아진다."거나 또는 "높아지지 않는다."라고 밝히는 것을 '변인들 간의 함수관계에 관한 기술'이라고 한다.

따라서 이와 같은 변인들 간의 함수관계에 대한 기술에서는 대체로 "어떤 현상에서 변인 x가 변하면 변인 y도 따라 변한다."는 식의 문장형식으로 기술하는데, 이러한 기술이 만약 보편타당성을 갖게 되면 이는 과학적 지식 내지 이론(理論, theory)이 된다.

한편, 위에서 말한 기술의 목적에서 '연구하려는 현상에 관련된 변인들 간의 상호작용'에 관한 기술도 넓은 의미로는 변인들 간의 함수관계를 말한다. 그러나 이는 변인들 간의 단순한 함수관계뿐 아니라, 상호작용의 관계나 과정에 관한 기술을 말한다. 예컨대, 학생의 지능과 학업성적이라는 2개의 변인 간의 함수관계뿐 아니라, 이들 관계에 영향을 미쳐 그 관계를 다르게 만드는 제3의 변인들, 즉 중개변인(仲介變因,

intervening variables)이나 조건변인 등과의 관계도 연구해서, 가령 "학생의 지능(독립변인)이 높을수록 학업성적(종속변인)이 높아지나, 만약 학습동기(중개변인)가 낮으면 지능이 높더라도 학업성적이 높아지지 않는다."라고 기술하는 것 등을 말한다. 따라서 이러한 기술은 대체로 "현상 *A*에서 변인 *x*가 변하면 변인 *y*도 따라 변하나, 이는 *z*라는 조건 아래서는 *x*가 변해도 *y*는 변하지 않는다."는 식의 문장형식으로 기술하게 된다.

그러나 이러한 언어적 기술과는 달리, 여러 변인들 간의 상호작용이나 함수관계에 관한 기술은 대수식(代數式, algebra)으로 기술할 수도 있는데, 일찍이 레빈(Lewin, 1936)은 인간의 행동(*B*)은 개인의 내적 변인(*P*)과 외적 자극변인(*E*) 간의 함수관계로 보아야 한다고 주장하면서, 이러한 함수관계를 $B = f(P \cdot E)$라는 관계식으로 기술한 바 있다. 이처럼 변인들 간의 관계는 대수식으로 기술하기도 하는데, 이는 대수 형식의 기술이 문장 형식의 기술보다 더 정확하기 때문이다.

2. 현상에 관한 설명(說明)의 목적

위에서 연구의 네 가지 기본 목적 중 첫째로 기술을 위한 목적에 관하여 살펴보았다. 그러나 이는 일차적 연구목적에 불과한데, 우리가 어떤 현상을 연구하는 목적은 그 현상을 단순히 기술하기 위한 것이 아니라, 그 현상에 관련된 어떤 변인들 간에 관계가 있다면 그 이유도 밝히기 위해서이기 때문이다 따라서 어떤 현상에 관련된 변인들 간의 관계를 연구해서, 예컨대 "학생들의 지능(독립변인)이 높을수록 학업성적(종속변인)도 높아진다."라고 일단 기술했다면 그 이유도 설명해야 하는데, 이처럼 어떤 현상에 관련된 변인들 사이에 어떤 관계가 있을 때 그 이유를 설명하기 위한 연구목적을 '설명의 목적(to explain)'이라고 한다.

이러한 두 번째 연구목적은 특히 과학적 이론의 정립에 반드시 필요한데, 만약 어떤 변인들 사이에 유의적 관계(significant relationship)가 있음을 발견했더라도 그 이유를 설명하지 못하면 그것은 과학적 이론이 될 수 없기 때문이다. 왜냐하면 과학적 이론이란, 어떤 현상에 관련된 변인들 간의 관계를 기술하고 또한 설명·예측하는 보편타당한 진술이기 때문이다. 그러므로 기술을 위한 일차 목적의 연구에서 어떤

변인들 간에 관계가 발견되면 그 이유도 연구해서 설명해야 한다.[3]

하지만 이러한 설명은 쉬운 일이 아닌데, 가령, "무게가 있는 것은 모두 땅바닥으로 낙하한다."는 사실, 즉 '무게'라는 변인과 '낙하'라는 변인 간에 관계가 있음은 원시인들도 이미 알았을 것이다. 그러나 그 이유를 '인력(引力, gravitation)' 때문이라고 처음 설명한 것은 17세기 말 영국 물리학자 아이작 뉴턴(Isaac Newton)에 의해서였다. 이처럼 물체의 낙하 이유가 뒤늦게야 설명된 것은, 당시까지도 인간의 지혜가 계발되지 않았기 때문이기도 하지만, 또한 "물체가 왜 땅으로 떨어지는가?"라고 누가 물으면, "그건 하나님의 섭리 때문이다."라든지, 아니면 "이 바보야, 그것도 몰라? 무거우니까 떨어지는 것이지!"라면서 그 이유를 과학적으로 밝히려 하지 않았기 때문이다. 그러므로 학문이 발전하려면 우리는 모든 현상에 의아심(疑訝心)을 갖고 그 이유를 밝히려고 노력해야 한다.

3. 현상에 관한 예측(豫測)의 목적

세 번째 연구목적인 '예측의 목적(to predict)'이란, 예컨대 A라는 현상에 관련된 x라는 독립변인의 값을 알고 이를 통하여 y라는 종속변인의 값을 추측하거나, 또는 "독립변인의 값 x를 어떻게 변화시키면 종속변인의 값 y는 어떻게 변화할 것이다."라고 사전에 진술(陳述)하기 위한 것을 말한다. 좀 더 구체적 실례를 들어보면, '학습'이라는 현상에 관련된 학생들의 지능지수(x)를 알고, 이를 근거로 그 학생들의 학업성적(y)을 추측한다든지, 또는 "학생들의 지능지수를 훈련을 통해 높이면 학생들의 학업성적도 높아질 것이다."라고 사전에 진술하기 위한 연구목적을 곧 예측의 목적이라고 한다.

이와 같은 연구목적은 어떤 현상의 변화 등에 관하여 미리 알고 싶기 때문이다. 그러나 어떤 현상의 변화를 사전에 정확하게 예측하려면, 우선 앞서 말한 제1차 목적의 연구에서 그 현상에 관련된 변인들 간의 인과관계(因果關係)를 과학적으로 정확

---

3 그러나 일부 학자나 학생들의 연구논문들을 보면, 예컨대 "변인 x와 변인 y 사이에 유의적 상관관계(correlation)가 발견되었다."고만 기술하고, 그 이유를 설명하지 않거나 그 이유에 관하여 논의조차 제대로 하지 않은 것들도 적지 않다.

비타민 1-1

사과는 왜 땅으로 떨어지는가?

아이작 뉴턴(Isaac Newton)은 탁월한 사색가였다. 그는 1687년 가을 어느 날, 사과나무 밑 잔디밭에 누워 여러 가지 생각을 하고 있었다. 그때 갑자기 사과나무 가지에서 사과 하나가 바로 그의 옆에 떨어졌다. 그러자 그는 '무엇이 저 사과를 떨어지게 했을까?' 하고 생각했다.

그도 처음엔 '무거우니까 떨어졌겠지!'라고 생각했다. 그러나 이러한 해답에 그는 만족하지 않았다. '무거운 것은 무슨 까닭이며, 물체에 따라 왜 무게가 각각 다르고, 무게가 있는 것은 왜 다른 방향을 향하여 떨어지지 않고 모두 땅바닥을 향하여 떨어지는가?' 하는 생각들이 꼬리에 꼬리를 물고 일어났기 때문이다. 이러한 의문에 대한 확실한 해답을 찾을 때까지 뉴턴은 생각을 멈추지 않았다. 그리하여 마침내 그 해답을 찾아냈다.

"모든 물체는 다른 물체를 자기 쪽으로 끌어당긴다. 물체가 내포하는 질량(質量)이 크면 클수록 그 물체가 잡아당기는 힘은 강해진다. 어떤 물체가 다른 물체를 강하게 당기면 그만큼 그 물체는 무겁다고 말한다. 지구는 사과보다 몇천만 배 더 무겁다. 그러므로 지구는 사과를 다른 쪽으로 끌어당기는 힘보다 몇천만 배 더 무거운 힘으로 사과를 끌어당긴다. 따라서 지구는 모든 물체를 자기 쪽으로 끌어당긴다. 이렇게 모든 물체를 끌어당기는 힘을 인력(引力, gravitation)이라고 부르는데, 이것이 바로 사과를 땅으로 지구의 표면인 땅으로 떨어지게 하는 것이며, 모든 물체에 무게가 있는 것도 바로 이러한 인력에 의한 것이다."

지금으로부터 100만 년 내지 25만 년 전 인류가 탄생한 이래, 무수한 인간들이 사과가 떨어지는 것을 보아왔다. 하지만 그 이유에 대한 의문조차 갖지 않았기 때문에 인류는 사과가 왜 땅으로 떨어지는지 몰랐다. 그러다가 1687년 뉴턴이 비로소 이에 대해 의문을 가지면서 그 이유를 연구하여 밝혀놓음으로써 우리는 약 300년 전에서야 사과가 떨어지는 이유를 알게 되었다.

그러므로 뉴턴처럼 우리도 관찰하는 모든 현상에 관하여 "왜?", "어떻게?"라는 의문을 갖고 그 이유를 밝히려고 노력해야 한다. 이처럼 우선 모든 현상에 의아심(疑訝心)을 갖고 그것을 밝혀보려고 노력하는 것이 곧 연구자가 갖추어야 할 첫 번째 자세이다.

하게 기술한 다음, 그 관계의 이유를 제2차 연구목적, 즉 설명을 위한 목적의 연구에서 설명할 수 있어야 한다. 그리하여 주어진 현상에 관련된 변인들 간의 관계를 과학적으로 정확하게 기술하고 설명할 수 있는 보편타당한 지식체계(a systematic body of knowledge), 즉 이론들을 정립한 다음, 이를 근거로 그 현상의 변화 등을 예측해야 한다.[4] 그래야만 그 예측이 실제의 변화와 일치하게 되는데, 이때 예측이 실제의 변화와 일치하는 정도 내지 확률을 예측도(豫測度, predictability)라고 부르며, 이러한 예측도가 높고 보편타당성을 가진 진술, 즉 어떤 현상에 관련된 변인들 간의 관계와 변화 등에 관한 보편타당한 진술을 이론(theory)이라고 하는데, 바로 이와 같은 이론을 정립시키는 것이 곧 모든 과학적 연구의 기본목표이다.

따라서 앞서 말한 기술을 위한 제1차 연구목적이나 설명을 위한 제2차 연구목적도, 따지고 보면 어떤 현상을 정확하게 기술하고 설명하고 또한 미리 예측할 수 있는 이론의 정립에 있다고도 말할 수 있는데, 이에 관해서는 뒤에서 자세히 살펴보기로 하겠다.

4. 현상에 관한 통제(統制)의 목적

끝으로 네 번째 연구목적인 '통제의 목적(to control)'이란 어떤 현상을 변화시키기 위한 목적으로서, 예컨대 학생들의 학업성적을 높이기 위한 방법 등의 발견 또는 개발을 위한 실용적 연구목적을 말한다. 그러나 학생들의 학업성적을 높이기 위한 방법을 연구해서 발견하려면, 우선 학생들의 학업성적에 관련된 여러 가지 변인들, 예컨대 지능 · 학습동기 · 가정환경 · 거주지역 등을 조사하고, 또한 이들 변인과 학업성적과의 관계를 분석해서 어떤 변인들이 학업성적에 어떤 영향을, 왜, 어떻게, 얼마나 미치는지를 기술하고 설명하고 예측할 수 있어야 한다. 그래야만 학생들의 학업성적

4 그러나 어떤 현상의 변화 등의 예측에는 그 근거가 되는 과학적 이론 이외에 또한 어떤 현상에 변화가 일어나는 데 필요한 조건(a set of conditions) 및 예측한 변화(outcome)가 실제로 일어날 수 있는 확률의 추정(estimates of probability)이 필요하다. 따라서 예측은 이러한 세 가지 요소들의 조합을 근거로 한 판단이라고 할 수 있다(Gould and Kolb, *eds.*, 1964, p. 525).

을 실제로 높일 수 있는 방법을 알 수 있으며, 또한 그 방법을 응용하여 실제로 학생들의 학업성적을 높일 수 있기 때문이다.

그러므로 어떤 현상을 통제하기 위한 연구목적은 별개의 연구목적이 아니라, 앞에서 말한 연구의 네 가지 목적, 즉 기술 · 설명 · 예측 · 통제를 위한 목적 중에서 마지막 단계의 연구목적이 된다. 그러나 이러한 통제의 목적 대신, 학문의 궁극적 연구목적은 예측에 두어야 한다고 주장하는 학자들도 없지 않다. 왜냐하면 과학자의 연구목적은 자연이나 사회 현상 등의 원리를 밝히고자 하는 것이지 그 현상을 통제하려는 것은 아니며, 또한 연구는 예측단계에서 끝남으로써 주어진 현상을 가치중립적(value-free) 입장에서 객관적으로 연구할 수 있기 때문이라는 것이다.

그러나 이러한 주장과는 달리, 연구의 궁극적 목적은 주어진 현상의 통제에 두어야 한다는 주장도 있는데, 학문이란 실제적 문제해결 등을 위하여 존재하는 것이지, 단순히 학자들의 호기심만 만족시키기 위해 존재하는 것은 아니라는 것이다.[5]

하지만 어떤 현상에 관한 기술 · 설명 · 예측을 위한 연구단계를 거치지 않고 그 현상의 통제방법만 연구 · 개발한다면 그 통제방법은 실제에 맞지 않을 수 있을 뿐 아니라, 그 통제방법의 효과를 이론적으로 설명할 수도 없으므로 과학적 통제방법이 될 수 없다. 따라서 연구의 궁극적 목적을 어떤 현상의 통제에 둘지라도, 그에 앞서 그 현상을 정확하게 기술하고 설명하고 또한 예측할 수 있는 이론을 정립한 다음, 그 이론을 근거로 주어진 현상의 통제방법을 개발해야 실용적 효과를 거둘 수 있다.

그러므로 모든 학문연구의 공통된 기본목표는 자연이나 사회 현상을 과학적으로 정확하게 기술하고 설명해서 그 현상들을 미리 예측하고 통제할 수 있는 이론(theory)들의 정립이라고도 할 수 있다. 그렇다면 '이론'이란 도대체 무엇이며, 이는 어떠한 구실을 하기에 모든 학문의 기본목표가 되는가? 이에 관해서는 조금 뒤에 자세히 살펴보기로 하고, 우선 학문의 연구대상부터 살펴보고 넘어가기로 하겠다.

---

5 이처럼 연구의 궁극적 목적을 어디에 두어야 하느냐에 관해서는 크게 두 가지 견해가 있다. 이는 학문의 본질에 대한 입장의 차이에서 비롯된 것으로, 연구의 목적을 새로운 사실을 발견하여 이미 존재하고 있는 지식체계에 추가해 나가는 것으로 보는 소위 진리탐구적 입장(static view)의 연구자들은 연구의 궁극적 목적을 주어진 현상에 대한 예측에 두는 반면, 실제 문제해결을 위하여 연구를 해야 한다는 실용적 입장(practical view)의 연구자들은 연구의 궁극적 목적을 주어진 현상에 대한 통제에 두고 있다.

나. 학문의 기본적 연구대상

앞에서는 우선 학문의 주요 연구목적을 간단히 살펴보면서 모든 학문의 연구목적은 크게 네 가지, 즉 어떤 자연현상이나 사회현상 등에 대한 기술을 위한 목적, 설명을 위한 목적, 예측을 위한 목적, 통제를 위한 목적으로 나누어 볼 수 있다고 했다. 그렇다면 여기서 기술 · 설명 · 예측 · 통제의 대상인 '자연현상이나 사회현상' 등이란 구체적으로 무엇을 말하는가?

연구를 하려면 우선 연구대상부터 정확하게 알아야 하는데, 구체적 연구대상은 학문 분야에 따라 서로 다르다. 예컨대, 자연과학에서는 물리 · 천문기상 · 화학 · 지구환경 등의 자연현상을 연구대상으로 하는가 하면, 사회과학에서는 정치 · 경제 · 사회 · 심리 · 문화 · 언론 현상 등을 연구대상으로 한다. 즉 모든 학문은 각각 어떤 현상을 연구대상으로 삼고 있다. 따라서 모든 학문의 연구대상은 '현상'이라고 말할 수 있는데, 그렇다면 '현상'이란 도대체 무엇이며, 왜 이것이 연구대상이 되는가?

1. 연구대상으로서 현상과 실제 연구대상

현상(現象, phenomenon)이란 본래 철학 용어로, 전통적 철학에서는 현상을 본질 또는 본체(本體)와 구별하여 현상은 감각적 인식에 대한 가상(假象)으로 보고, 본질은 감각적 인식보다 고차적인 이성적 인식에 의해 포착되는 것으로 보았다. 그러나 현대철학에서는 일반적으로 현상의 배후에 있는 참된 본체 또는 실재(實在)를 상정(想定)하지 않고, 감각 · 직관 · 경험 등을 통하여 인간에게 주어지는 외적 성질의 총체를 현상으로 보고 있다.

하지만 자연과학이나 사회과학에서 '현상'이라고 하면 간단히 말해서 "관찰하거나 지각할 수 있는 어떤 사상(事象) · 사물 · 대상 · 사실 · 사건 · 행동 등의 형상"을 말하며, 이와 같은 형상들 중에서, 예컨대 자연에 관한 것은 '자연현상', 경제에 관한 것은 '경제현상', 정치에 관한 것은 '정치현상', 커뮤니케이션에 관한 것은 '커뮤니케이션 현상'이라고 부른다. 그리하여 자연과학에서는 '자연현상'을, 경제학에서는 '경제현상'을, 정치학에서는 '정치현상'을, 언론학에서는 '커뮤니케이션 현상'을 주된 연구대상으로 삼아서 이를 연구하고 있다.

그러나 대부분의 현상들은 매우 복잡하며, 따라서 이를 총체적으로 한꺼번에 연구해서 이해하기는 쉽지 않다. 때문에 실제 연구에서는 어떤 현상 전체를 연구대상으로 하는 대신, 그 현상에 관련된 변인들과 이들 변인 간의 관계를 연구해서 그 연구 결과들을 토대로 주어진 현상을 이해하게 된다. 가령, '학습(learning)'이라는 현상을 이해하려면 이를 한번에 총체적으로 연구하는 것은 사실상 불가능하므로, 그 대신 '학습'이라는 현상에 관련된 여러 변인들, 예컨대 지능 · 학습동기 · 준비도 · 가정환경 등을 조사한 다음, 이들 독립변인과 학업성적이라는 종속변인과의 관계를 연구해서, 그 결과들을 토대로 학습현상에 관하여 기술 · 설명 · 예측하게 된다. 그런가 하면, 경우에 따라서는 예컨대 "학습자의 지능이 높을수록 과연 공부도 잘 하는가?"라는 문제만 연구대상으로 삼아서, '지능(IQ)'이라는 독립변인과 '학업성적'이라는 종속변인 간에 유의적 관계가 있는지 여부를 검증하여 그 결과를 토대로 '학습'이라는 현상을 이해해 보려고 시도하기도 한다.

그러므로 학문의 연구대상은 어떤 자연현상이나 사회현상 등이지만, 엄밀히 말해서 실제 연구대상이 되는 것은 그 현상에 관련된 변인들과 이들 변인 간의 관계라고 할 수 있다. 그래서 앞서 연구목적에 관하여 살펴볼 때, "모든 학문의 연구목적은 자연현상이나 사회현상들에 관련된 변인들과 이들 변인 간의 관계를 기술하고, 설명하고, 예측하고, 나아가서는 그것을 통제해서 인류사회의 복지증진에 기여하는 데 있다."고 했다. 그렇다면 여기서 실제 연구대상이 되는 자연현상이나 사회현상 등에 관련된 '변인'들과 이들 변인 간의 '관계'란 무엇을 말하는가?

2. 일차적 연구대상으로서 변인과 그 종류

변인(變因)이란 수학에서 변수(變數, variable)를 말하는 것으로, 예컨대 $y = ax + b$라는 관계식에서 y와 x를 말한다. 따라서 이를 사회과학에서도 '변수'라고 부르는 사람들이 적지 않다. 그러나 사회과학에서는 변수를 요인(要因) · 조건(條件) · 후건(後件) 등의 개념으로 많이 쓰고 있으므로 '변수'보다는 '변인'이라고 부르는 것이 더 어울릴 것 같아 '변인'이라고 부르기로 하겠다. 그러나 '변인'은 수학에서 '변수'와 똑같은 개념이므로 누구나 쉽게 이해할 수 있다. 따라서 여기서는 변인의 뜻과 종류만 간단히 살펴보기로 하겠다.

1) 변인의 뜻과 본질

변인(變因, variable)이란, 간단히 말해서 인간이 세상의 여러 현상이나 사상(事象) 등을 간결하게 이해하기 위하여 그에 관련된 상호배제적 속성들을 서로 묶어 그에 이름을 붙여 놓은 것을 말한다. 이러한 변인에 대한 정의를 간단히 내려보면, "어떤 사물이나 사상(事象) 등에서 상호배제적 속성(mutually exclusive properties)들의 집합(set)으로, 그 속성에 따라 여러 가지 다른 값을 갖는 것"이라고 말할 수 있다(Anderson, 1966, p. 8). 이처럼 변인은 그 속성들에 따라 여러 가지 다른 값을 갖기 때문에, 이를 일정한 값을 취하는 상수(常數, constant)와 구별하여 수학에서는 '변수'라고 한다.

(1) 상호배제적 속성들의 집합으로서의 변인

변수나 변인의 가장 주요 특성으로 우선 '상호배제적 속성들의 집합'이라는 점을 들 수 있다. 여기서 상호배제적 속성이란 '어떤 사물을 다른 사물과 서로 구별 짓는 특징이나 성질'로서, 이는 한 사물이 어떤 하나의 속성을 가졌으면 그와 똑같은 속성을 지닌 것은 허락하지 않는 것을 말한다. 이러한 상호배제적 속성의 예로 여성과 남성을 들 수 있는데, 인간은 여성 아니면 남성이지, 여성인 동시에 남성이거나, 남성인 동시에 여성인 사람은 없기 때문이다. 따라서 여성과 남성은 각각 서로를 구별짓는 상호배제적 속성이다. 그러나 이들 속성은 모두 인간의 성(性)을 나타내는 것들이므로, 여성과 남성을 하나의 집합으로 묶은 다음 이에 '성별'이라고 이름을 붙인 것이 곧 '성별'이라는 변인이다. 따라서 '성별'이라는 변인은 남성과 여성이라는 상호배제적 속성들의 집합으로, 그 속성에 따라 '여성'이라는 값과 '남성'이라는 값을 갖게 되며, 이처럼 동일한 변인의 서로 다른 속성을 변인의 '값(value)'이라고 한다.

그러나 이와 같은 '성별'이라는 변인을 포함하여, 모든 변인들은 인간이 자연현상이나 사회현상 등을 이해하기 위하여 만든 것들이다. 예컨대, 세상에는 여자도 있고, 남자도 있고, 피부색이 흰 사람, 검은 사람, 노란 사람들도 있고, 또한 머리가 좋은 사람, 나쁜 사람들이 있는데, 이와 같은 인간의 여러 가지 상호배제적 속성들을 하나하나 살펴보아서는 인간사회라는 현상을 간결하게 이해하기가 쉽지 않다. 그러므로 인간사회의 여러 속성들 중에서 공통성을 지닌 것끼리 묶어, 여자와 남자의 집합은 '성별', 피부색이 흰 사람, 검은 사람, 노란 사람 등의 집합은 '인종', 머리가 좋고 나쁜 정도의 집합은 '지능'이라는 이름을 각각 붙인 다음, 이들을 통해 인간을 종류별로 나누어 보기도 하고, 또는 인종과 지능과의 관계 등을 관찰해서 인간사회라는 현상들을 밝혀보려고 한다. 바로 이처럼 어떤 복잡한 현상을 간결하게 이해하기 위해 사람들이 그에 관련된 여러 가지 상호배제적 속성들 중에서 공통성(communalities)을 지닌 것들끼리 묶어 그에 '성별'이니 '인종'이니 '지능'이니 하는 명칭을 붙여놓은 것을 곧 '변인'이라고 한다. 그렇다면 이러한 변인은 우리가 흔히 말하는 '개념(concept)'이라는 것과 어떻게 다른가?

변인과 개념은 서로 비슷하나, 여러 개념들 중에서 그 속성들에 일정한 기준에 따라 여러 가지 값을 부여할 수 있는 구성개념을 변인이라고 한다. 다시 말해서, 개념들에는 예컨대 '본능'처럼 그것을 관념적으로는 나타낼 수 있으나 아직은 그에 값을 부여하거나 조작할 수 없는 현상개념(現象概念, phenomenal concept)과, 이와는 달리 '지능'처럼 그것을 측정해서 값을 부여하거나 조작할 수 있도록 과학자들이 만들어 놓은 구성개념(構成概念, constructive concept 또는 construct)이 있는데, 이 두 가지 유형의 개념 중에서 주로 구성개념을 변인이라고 한다.[6]

이와 같은 변인은 우리가 어떤 현상이나 사물을 관찰하고 이해하는 데 중요한 역할을 한다. 왜냐하면 미국의 과학철학자 토머스 쿤(Thomas Kuhn, 1970, p. 28)이

---

6 구성개념이란 이처럼 그것을 측정해서 수량적 값을 부여하거나 조작할 수 있도록 학자들이 만들어 놓은 개념으로, 예컨대 '지능', '학력', '권위적 성격', '인력(引力)', '온도', '기압' 등을 말하는데, 이들은 곧 이론의 구성요소가 된다. 따라서 과학적 이론을 형성하려면 현상개념들을 우선 구성개념화할 필요가 있는데, 그래야 그것들을 실증적으로 검증해서 그에 관한 과학적 이론을 형성할 수 있기 때문이다. 만약 그렇지 않고 이론의 구성요소인 개념들이 애매모호하다면 그 이론 자체도 부정확할 뿐 아니라, 그 이론이 맞는지 틀리는지 검증해 볼 수도 없다. 따라서 개념들은 되도록 구성개념으로서의 요건을 갖추어서 조작적으로 명확히 정의할 수 있어야 한다.

말했듯이, 우리 인간은 현실세계를 있는 그대로 관찰하여 이해하지 않고, 그것을 여러 가지 측면으로 분류하고 개념화하여 그에 명칭을 붙이고, 또한 그에 수량적 값을 부여한 변인들과 이들 간의 관계를 통하여 현실세계를 인식하고 또한 연구도 하고 있기 때문이다. 따라서 앞서 말했듯이 학문의 연구대상은 현실세계의 어떤 현상이지만, 실제 연구 또는 관찰 대상이 되는 것은 그 현상에 관련된 변인들과 이들 변인 간의 관계라고 할 수 있다.

(2) 변인의 값과 그것의 계량화(計量化)

이와 같이 우리 인간은 자연현상이나 사회현상 등을 이해하기 위하여 그에 관련된 여러 가지 변인들을 만들어 냈으며, 또한 이들 변인의 값을 더 정확하게 나타내기 위하여 질적(質的) 변인의 값을 양적으로 계량화하려고 노력해 왔다.

예컨대, '온도'라는 변인의 값도 18세기 이전까지는 그냥 '높다', '보통이다', '낮다' 등으로만 기술했으나, 1714년 독일의 물리학자인 파렌하이트(Gabriel D. Fahrenheit)가 화씨 온도계를 발명하고, 또한 1742년 스웨덴의 천문학자인 셀시우스(Andres Celsius)가 섭씨 온도계를 발명함으로써 '온도'라는 변인의 값을 예컨대 89°F, 28°C 등으로 정확하게 계량화할 수 있게 되었다.[7] 또한 20여 년 전까지는 아날로그식(analogic type)이던 온도계를 오늘날에는 디지털화(digitalize)해서 온도를 숫자로 정확하게 기술할 수 있게 되었다.

이처럼 각종 변인의 값을 계량화하는 것은 그 값을 정확하게 측정해서 기술하기 위해서이지만, 다른 한편으로는 전산(電算)이나 통계처리를 쉽게 하기 위해서이다. 따라서, 예컨대 성별이라는 변인에서 '여성'과 '남성'이라는 질적 값에 각각 1과 2라는 숫자를 부여해서 양적 값으로 계량화하기도 한다. 그러나 이와 같은 변인의 값은 명명수(命名數, nominal number)이기 때문에 연산은 불가능하다.

하지만 이와는 달리 연산이 가능한 변인들의 값도 많은데, 사람의 키[신장], 몸

---

7 파렌하이트가 발명한 온도계를 '화씨(華氏)' 온도계라고 부르는 것은, 중국에서 파렌하이트를 한자로 '華倫海'로 표기하면서 '華'라는 성씨의 사람이 발명했다는 뜻에서이다. 한편, 셀시우스가 발명한 온도계를 '섭씨(攝氏)' 온도계라고 부르는 것도 '셀시우스'를 한자로 '攝'이라고 표기하면서 이러한 섭씨가 발명한 온도계라는 뜻에서이다.

비타민 1-2

현실세계에 대한 인간의 인식과 변인

미국의 과학철학자 토머스 쿤(Thomas Kuhn)에 의하면, “인간은 본질적으로 개념창출의 동물로서, 과학자나 비과학자를 막론하고 인간 모두는 낱낱의 사실이나 단편적 경험을 통해 현실세계를 보고 아는 것이 아니라, 뭉뚱그려진 일련의 경험을 토대로 현실세계를 여러 측면으로 분류하고 개념화해서 인식하고 있다.”고 한다. 따라서 인간의 창조물이라고 할 수 있는 상징세계, 예컨대 학문도 현실세계에 대한 개념화(概念化, conceptualization)를 통하여 이루어진 것이며, 또한 이러한 개념화를 통해 인간은 현실세계를 알고 있다는 것이다. 그러면 개념화란 무엇인가?

개념화란 간단히 말해 인간들이 어떤 현상이나 사물 등을 관찰할 때, 그것을 이해하기 위해 그에 관련된 여러 가지 상호배제적 속성들 중에서 공통적 속성들을 묶어서 여러 가지 유형으로 분류하고 그에 어떤 명칭을 붙이는 것을 말하는데, 이때 그 명칭을 언어 등의 상징기호(象徵記號, symbol)를 사용해서 붙여 놓은 것을 개념(concept)이라고 한다. 따라서 개념이란 어떤 현상이나 사물 자체가 아니라, 이들의 여러 가지 속성들을 인간들이 관찰하여 그중 공통적 속성들을 집약해서 그에 어떤 명칭을 붙여 표상화(表象化)해 놓은 것이다. 예컨대, 여러 물건들을 손으로 들어보면(관찰) 아주 무거운 것, 조금 무거운 것, 가벼운 것 등 여러 속성들을 지니고 있는데, 이런 것을 묶어서 그에 ‘중량(weight)’이라는 이름을 붙여 놓은 것이 곧 ‘중량’이라는 개념이다. 또한, 가령 학생들을 관찰해 보면, 수학 문제를 풀거나 문장의 뜻을 이해하거나 또는 논리적으로 사고(思考)하는 능력 등이 서로 다른데, 이러한 지적 능력들을 집약해서 ‘지능(intelligence)’이라는 명칭으로 표상화해 놓은 것이 곧 ‘지능’이라는 개념이다.

인간은 바로 이와 같은 여러 가지 개념들을 만들어 이를 통해 현실세계를 인식한다. 그러면서 현실세계를 좀 더 구체적이고 정확하게 인식하기 위하여 각종 개념에다 특정한 값들을 부여해서, 예를 들어 A라는 물체의 중량은 90kg이라든지, 한국 대학생들의 평균 지능지수(IQ)는 135라든지 하고 기술하는데, 이처럼 여러 가지 개념들 중에서 그 값을 부여할 수 있는 개념, 즉 구성개념(構成概念, constructive concept 또는 construct)을 변인이라고 한다. 따라서 개념이라도 그에 수량적 값을 부여하거나 조작(操作)할 수 없는 개념, 즉 현상개념(現象概念, phenomenal concept)은 변인이 될 수 없다. 변인 즉 변수란 고등학교 때 배웠듯이 그 속성들에 따라 여러 가지 다른 값을 갖는 것을 말하기 때문이다.

무게[체중], 지능 등과 같은 변인들의 값은 4칙 연산, 즉 더하기 · 빼기 · 곱하기 · 나누기가 모두 가능하다. 키[신장]라는 변인의 값을 나타내는 cm나, 체중이라는 변인의 값을 나타내는 kg, 또는 지능이라는 변인의 값을 나타내는 지능지수(IQ) 등은 등간치(等間値, interval number)라는 수치로서, 이들은 연산이 가능하기 때문인데, 이에 관해서는 제3장에서 자세히 살펴보기로 하겠다.

2) 변인의 여러 가지 종류

앞에서 연구대상의 하나로서 변인의 뜻과 그 본질에 관하여 간단히 살펴보았다. 그러나 변인의 뜻을 좀 더 명확히 이해하기 위해서는 그 종류도 알아볼 필요가 있는데, 변인의 종류도 그 분류기준에 따라 여러 가지로 나눌 수 있다. 하지만 대체로 변인들 간의 관계와 변인의 측정방법을 기준으로 그 종류들을 나누고 있다.

(1) 변인들 간의 관계에 따른 종류

변인들 간의 관계를 기준으로 변인들을 분류해 보면 크게 세 가지, 즉 ① 독립변인(獨立變因, independent variables), ② 종속변인(從屬變因, dependent variables), ③ 중개변인(仲介變因, intervening variables)으로 나눌 수 있다. 그러나 이들 각 변인의 종류는 고정되어 있는 것이 아니라, 연구하고자 하는 문제나 연구자에 의해 결정된다.

① 독립변인

독립변인이란 어떤 다른 변인, 즉 종속변인에 변화 또는 영향을 미친다고 생각되는 변인으로 수학에서의 독립변수를 말한다. 예컨대 $y = ax + b$ 등과 같은 관계식에서 x에 해당하는 것이 곧 독립변인이다. 따라서 독립변인(x)은 그 값을 통해 다른 변인, 즉 종속변인(y)의 값을 예측할 수 변인을 말하는 반면, 이러한 독립변인에 의해 예측되는 변인은 종속변인이라고 한다.

그러나 만약 이들 2개의 독립변인과 종속변인이 서로 대칭관계(symmetric relationship) 또는 역전관계(逆轉關係, reversible relationship)를 갖고 있다면 y라는 변인을 통하여 x라는 변인을 예측할 수도 있는데, 이렇게 되면 y가 독립변인이 되고 x가 종속변인이 된다. 가령, '지능'과 '학업성적'이라는 변인들이 서로 대칭관계를 가지고 있다고 할 경우, 만약 학생들의 지능을 통하여 그들의 학업성적을 예측한다면, '지능'이 독립변인이 되고, '학업성적'이 종속변인이 된다. 그러나 이와는 반대로 학생들의 학업성적을 통해 그들의 지능을 예측한다면, 이때는 '학업성적'이 독립변인이 되고, '지능'이 종속변인이 된다.

이처럼 변인들은 어떤 것을 통해 어떤 것을 예측하느냐에 따라 독립변인이 될 수도 있고 종속변인이 될 수도 있다. 따라서 어떤 것이 독립변인이고 종속변인이냐 하는 것은 절대성에 의해서가 아니라 연구자에 의해 결정된다. 그러나 대체로 독립변인은 어떤 다른 변인, 즉 종속변인의 원인(cause)이나 선행조건(先行條件, antecedent)이 되는 변인을 말하며, 종속변인은 그 효과(effect)나 결과(consequent) 또는 후건(後件)이 되는 변인을 말한다. 즉 지능이 학업성적을 결정하는 인과관계에 있다고 보아 지능이 학업성적에 미치는 영향을 연구한다면, 지능이 독립변인이 되고, 학업성적은 종속변인이 된다. 그러나 앞서 말했듯이, 독립변인이나 종속변인은 고정되어 있는 것이 아니라, 연구하고자 하는 문제에 따라 연구자에 의해 결정된다.

② 종속변인

종속변인이란, 앞에서 말했듯이 수학에서 종속변수를 말하는 것으로, 예컨대 $y = ax + b$와 같은 관계식에서 y에 해당하는 변인으로서 x라는 독립변인에 의하여 예측되는 변인이나 또는 독립변인의 영향의 결과로서 변화가 일어나는 변인을 말한다. 그러나 2개 또는 그 이상의 변인들 사이의 관계를 회귀분석방법(regression analysis) 등을 통하여 알아볼 때는 추정 또는 예측의 근거가 되는 요인이 독립변인이 되고, 추정을 받는 변인이 종속변인이 된다. 하지만 사회과학에서는 대체로 어떤 사상(事象)에서 선행조건이나 원인 등이 되는 것을 독립변인이라고 하고, 이러한 독립변인의 후건(後件, consequent) · 결과(result) · 영향 또는 효과(effect) 등을 종속변인이라고 한다.

한편, 실험연구 등에서는 실험처치를 하는 실험변인(독립변인)의 결과로서 변화를 일으키는 실험참여자(피험자)들의 특정 변인이 곧 종속변인이 된다. 가령, 비타

표 1-1 독립변인과 종속변인의 주요 특성 비교

독립변인	종속변인
① 종속변인의 원인으로 가정됨.	① 독립변인의 결과로 가정됨.
② 선행조건(antecedent)이 됨.	② 후건(後件, consequent)이 됨.
③ 수학에서 x로 표시함.	③ 수학에서 y로 표시함.
④ 실험에서는 실험연구자에 의해 조작(manipulate)됨.	④ 실험에서는 실험효과가 되며, 독립변인의 변화에 따라 변화함.
⑤ 다른 변인의 예측의 근거가 됨.	⑤ 다른 변인에 의한 예측대상이 됨.

민 D가 인간의 성장에 어떤 영향을 미치는가를 알아보기 위하여, 실험용 쥐들을 무작위로 A그룹과 B그룹으로 나눈 다음, A그룹(실험집단)의 쥐들에는 한 달 동안 비타민 D를 사료(飼料)에 섞어 먹이고(실험처치), B그룹(통제집단)의 쥐들에는 비타민 D를 먹이지 않은 뒤에 쥐들의 몸무게를 측정해서 A그룹과 B그룹의 쥐들 간에 차이가 있는지 여부를 알아본다면, 이 실험에서 비타민 D는 독립변인이 되고, 쥐의 몸무게는 종속변인이 된다.

이러한 종속변인도 독립변인과 마찬가지로 고정되어 있는 것이 아니라, 연구하고자 하는 문제에 따라 연구자에 의해 결정된다. 하지만 독립변인과 종속변인은 엄연히 다른데, 그 차이 또는 특성들을 간단히 비교해 보면 [표 1-1]과 같다.

③ 중개변인

중개변인이란 독립변인과 종속변인 사이에 개재하여 이들 두 변인 간의 관계에 어떤 영향을 미치는 제3 변인으로, 예컨대 온도(독립변인)와 물이 끓는 비등점(종속변인)과의 사이에 개재하여 비등점을 낮추거나 높이는 기압(氣壓)과 같은 변인을 말한다. 다시 말해서, 물은 1기압일 때는 섭씨 100°에서 끓지만 기압이 낮아지면 섭씨 90°에서도 끓게 되는데, 이처럼 온도와 물의 비등점과의 관계에 영향을 미치는 기압 등을 중개변인이라고 한다.[8]

사회과학에서 그 실례를 들어보면, 개인의 지능이 높을수록 학업성적도 높아지

나 이는 학습동기에 따라 달라진다고 할 때, 이처럼 지능(독립변인)과 학업성적(종속변인)과의 관계에 영향을 미치는 학습동기나 학습준비도 등을 중개변인이라고 한다.

사회과학에서 이와 같은 중개변인의 개념은 오스트리아 출신의 미국 심리학자 쿠르트 레빈(Kurt Lewin)이 일찍이 1936년에 제시한 바 있다. 당시까지는 인간의 행동도 'S(Stimulus, 자극) → R(Response, 반응)' 모형에 의거, 마치 전기 스위치를 올리면(S) 전기불이 켜지는 것(R)처럼, 인간에게 어떤 자극을 주면 그에 대하여 인간들은 똑같은 반응을 하는 것으로 보아왔다. 그러나 레빈은 이러한 견해에 반대하면서 "인간의 행동(B)은 개인의 내적 변인(P)과 외부로부터의 자극 또는 환경변인(E) 간의 함수관계, 즉 $B=f(P \cdot E)$로 보아야 한다고 주장했다. 그러면서 이러한 인간의 행동에서 중개 역할을 하는 내적 변인들의 중요성을 지적했는데, 이들 내적 변인이 곧 중개변인에 해당하는 것이었다. 그러나 이를 레빈은 '중개변인'이라고 부르지는 않았으며, 2년 뒤에 톨만(Tolman, 1938)이 "독립적 환경변인(independent environmental variables)과 종속적 반응변인(dependent response variable)과의 사이에 개재하여 외적 행동에 영향을 미치는 인간의 내적 또는 심리적 변인들, 예컨대 동기·적성·성격·욕구 등을 중개변인"이라고 부르면서 이를 이론적 구성개념(theoretical constructs)으로 정립시켰다.

그러자 1943년 미국의 신행동주의 심리학자 헐(Clark L. Hull, 1943)은 인간의 행동을 '자극(S) → 반응(R)'의 관계에서 고찰하지 말고, 그 대신 '자극(Stimulus) → 생물체(Organism) → 반응(Response), 즉 S → O → R의 모형에 의거해서 고찰해야 한다고 주창했다. 그러면서 인간의 행동을 올바로 고찰하기 위해서는 외부로부터의 자극(S)을 독립변인, 생물체(인간)의 욕구·관습·지능 등을 중개변인(O), 자극에 대한 생물체의 반응(R)을 종속변인으로 삼아서, 이들 변인 간의 함수관계를 밝혀보아야 한다고 역설했다. 그러자 사회과학계에서 어떤 독립변인과 종속변

---

8 온도와 물의 비등점과의 관계는 다른 여러 가지 중개변인에 의해서도 달라질 수 있는데, 목욕탕의 건식(乾式) 사우나실에 들어가 보면 온도가 섭씨 100도가 넘는데도 물이 끓지 않고 사람도 화상을 입지 않는다. 그 이유는 무엇일까? 건식 사우나실에 들어가서 땀을 내면서 이러한 의문을 갖고 그 해답을 생각해 본 사람이 있다면, 그는 훌륭한 연구자가 될 수 있는 자질을 갖고 있다고 할 수 있다. 훌륭한 연구자가 되려면 주위의 모든 현상을 주위 깊게 관찰하면서 끊임없는 의문과 호기심을 가질 줄 알아야 하기 때문이다.

인 간의 관계를 연구할 때는 그에 어떠한 중개변인이 어떤 영향을 미치는지 여부도 반드시 연구하게 되었다. 따라서 조사연구 등의 결과 보고서들을 보면, 응답자들의 응답을 성별·연령·학력·거주지역·생활정도별 등으로 나누어 분석해 놓는데, 이는 곧 응답자들의 성별·연령·학력 등의 중개변인들이 응답자들의 여론이나 의견 등의 종속변인에 어떤 영향을 미쳐 어떤 차이가 나타나는지를 알아보기 위해서이다.

(2) 변인들의 값과 그 측정방법에 따른 종류

변인들은 위와 같이 서로 간의 관계에 따라 독립변인·중개변인·종속변인으로 나누어 볼 수 있다. 그러나 이와는 달리, 변인들은 그 값의 속성에 따라 질적 변인(qualitative variables)과 양적 변인(quantitative variables)으로 나눌 수도 있다. 또한 양적 변인은 그 값의 측정척도에 따라 다시 명명변인(命名變因)·서열변인(序列變因)·등간변인(等間變因)·비율변인(比率變因)으로 세분할 수 있고, 이들은 다시 연속변인(連續變因, continuous variables)과 비연속변인(非連續變因, discrete variables)으로 나눌 수 있다.

① 질적 변인과 양적 변인

앞서 말했듯이 변인의 값은 질적으로 표시할 수도 있고 양적으로 표시할 수도 있는데, 질적으로 표시한 것을 질적 변인(質的 變因)이라고 하며, 양적으로 나타낸 것을 양적 변인(量的 變因)이라고 한다. 예컨대, '성별'이라는 변인은 '여성'이라는 값과 '남성'이라는 값을 갖게 되는데, 이와 같은 값들을 그냥 '여자' 또는 '남자'로 표시하는 것을 질적 변인이라고 하며, 이러한 질적 변인을 계량화해서 '여성'이라는 질적 값에는 1, '남성'이라는 질적 값에는 2라는 숫자를 부여해서 수치(數値)로 나타낸 것을 양적 변인이라고 부른다.[9] 따라서 질적 변인과 양적 변인은 그 값을 질적으로 표시한

9 앞서 말했듯이 변인이란 상호배제적 속성들의 한 집합을 말하는데, 이때 동일한 변인의 서로 다른 속성들을 그 변인의 값(value)이라고 한다. 예컨대, 남성과 여성은 성별(sex)이라는 변인의 값이 된다. 따라서 변인은 이러한 값들의 집합이라고도 할 수 있으며, 이때 그 값에다 일정한 절차에 따라 수치(數植, mathematical numbers)를 부여한다면 변인을 양적으로 표현할 수 있으며, 이렇게 양으로 표시된 변인을 곧 양적 변인이라고 한다.

비타민 1-3

인간행동의 S → R 모형과 S → O → R 모형

중개변인이라는 개념이 사회과학에 도입되기 이전에는 인간의 행동을 조건반사식 S(Stimulus) → R(Response) 모형에 의거, 마치 "스위치를 누르면 불이 켜진다."는 식으로 보았다. 커뮤니케이션학(언론학)에서도 1950년대 이전에는 "매스 미디어가 수용자들에게 어떤 메시지(자극, S)를 주기만 하면, 이를 수용자들이 그대로 수동적으로 받아들인다(반응, R)."고 보았다. 그리하여 마치 사수(射手)가 과녁을 정조준해서 탄환을 발사하면 명중하듯이, 매스 미디어도 메시지를 잘 만들어 수용자들에게 전달하면 매스 미디어가 의도한 효과를 얻을 수 있다는 소위 탄환이론(the bullet theory of mass communication)이 유행했다.

하지만 이러한 탄환이론과는 달리, 매스 미디어가 수용자들에게 탄환(?)을 발사해도 수용자들이 쓰러지지 않는 것이 여러 연구들에서 많이 발견되었다. 수용자들은 과녁이 아니라 능동적 생물체들로서 이들의 선유성향(先有性向, predispositional factors)들, 예컨대 연령 · 지능 · 가치관 · 성격 · 태도 등에 따라 매스 미디어의 메시지들을 선별적으로 접촉하고 수용하기 때문이다. 따라서 1950년대부터는 S → R 모형 대신 S → O → R 모형, 즉 자극(Stimulus) → 생물체(Organism) → 반응(Response)의 모형에 의거해서 인간들의 커뮤니케이션 행동을 연구하면서, 수용자들의 선유 성향인 연령 · 지능 · 가치관 · 성격 · 태도 등이 중개변인으로서 매스 미디어의 메시지 등(독립변인)에 대한 수용자들의 반응과 수용(종속변인)에 어떤 영향을 어떻게 미치는지도 연구하게 되었다.

그 결과, 수용자들은 연령 · 지능 · 가치관 · 성격 · 태도 등에 따라 매스 미디어의 메시지 등을 선별적으로 수용한다는 사실이 발견됨으로써, 매스 커뮤니케이션 효과에 관한 탄환이론 대신 선별효과 이론(the selective influence theory)이 1950년대부터 크게 대두하게 되었다. 이렇게 하여 이 이론이 오늘날에도 매스커뮤니케이션 효과이론의 근간을 이루고 있다.

S → O → R

것이냐, 아니면 양적으로 나타낸 것이냐 하는 것만 다를 뿐, 본질은 같다.

그러나 과학적 연구에서는 질적 변인들의 값을 되도록 계량화해서 양적 변인으로 전환하여 사용한다. 이는 첫째로 변인의 값을 정확하게 나타내기 위해서인데, 가령 '지능'이라는 변인의 값을 나타낼 때, '높다' 또는 '낮다'고 기술하는 것보다, 지능지수(IQ)가 '130이다' 또는 '90이다'라고 기술하는 것이 정확하고 과학적이기 때문이다. 그러므로 사회과학 분야에서도 근래에는 질적 변인들의 값을 되도록 계량화해서 연구하고 있다.

이렇게 계량화하는 또 하나의 이유는 변인들의 값의 측정 자료들을 전산처리나 통계처리를 쉽게 하기 위해서이다. 따라서, 가령 성별이라는 변인에서 '여성'이나 '남성'이라는 질적 값에도 각각 1과 2라는 숫자를 부여해서 양적 값으로 계량화하여 전산이나 통계처리를 하고 있다. 그러나 이와 같이 계량화한 '성별'이라는 변인의 값은 명명수(命名數)이기 때문에 4칙 연산은 불가능한데, 이에 관한 자세한 것은 뒤의 제3장에서 살펴보기로 하고 여기서는 우선 양적 변인의 종류만 간단히 살펴보고 넘어가기로 하겠다.

② 명명변인 · 서열변인 · 등간변인 · 비율변인

양적 변인은 그 값의 측정척도나 측정치의 수준에 따라 다시 명명변인(命名變因) · 서열변인(序列變因) · 등간변인(等間變因) · 비율변인(比率變因)으로 세분할 수 있다. 앞서 말했듯이, 우리가 연구하려는 변인의 값을 정확하게 기술하거나 또는 전산처리나 통계처리 등을 하기 위해서는 그 값들을 계량화해야 하는데, 이처럼 어떤 변인의 값을 계량화하기 위하여 일정한 법칙에 따라 어떤 사상(事象)이나 변인의 각 속성에 숫자를 부여하는 것을 '측정(measurement)'이라고 한다. 이러한 측정에는 크게 네 가지 방법 내지 척도가 있으며, 이들 중 어떤 것으로 그 값을 측정했느냐에 따라 변인도 네 가지, 즉 명명변인 · 서열변인 · 등간변인 · 비율변인으로 나눌 수 있다.

첫째, 명명변인이란 그 값을 명명척도(命名尺度, nominal scale)로 측정한 변인을 말하는데, 여기서 명명척도란 어떤 사물이나 사람에게 그 이름 대신에 편의상 숫자를 부여해서 계량화하는 것을 말한다. 가령, 축구선수들을 쉽게 구별하기 위하여 각 선수에게 선수번호(player number)를 부여해서 등 뒤에 붙이도록 한다든지, 또는 각종 인적 자료들의 전산화를 쉽게 하기 위하여 국민에게 주민등록번호를 부여한다든지, 대학생들에게 학번을 부여한다든지, 또는 남성에게는 1, 여성에게는 2라는 숫자를 부여하는데, 바로 이와 같이 숫자를 부여하는 방식을 명명척도라고 한다. 그리고 이러한 명명척도를 사용하여 부여한 값들, 예컨대 선수번호, 주민등록번호, 학번, 성별 번호 등을 명명수(命名數, nominal number)라고 하며, 그 값이 이러한 명명수로 되어 있는 변인을 명명변인이라고 한다. 그러나 이처럼 명명수로 된 명명변인의 값들은, 숫자이기는 하지만 더하거나 빼거나 곱하거나 나눌 수 없는데, 명명수는 방금 위에서 말했듯이 어떤 사물이나 개인의 이름 대신 편의상 부여한 선수번호나 주민등록번호, 학번 등의 숫자이기 때문이다.

둘째, 서열변인이란 그 값을 서열척도(序列尺度, ordinal scale)로 측정한 변인을 말하는데, 여기서 서열척도란 예컨대 중·고등학교에서 학생들의 키[신장]의 순서에 따라 각 학급의 학생번호를 1, 2, 3 … 번으로 매긴다거나, 또는 학생들의 학업성적에 따라 석차를 1, 2, 3 … 등으로 매겨서 계량화는 방식을 말한다. 그리고 이러한 서열척도를 사용하여 매긴 1, 2, 3번이나 1, 2, 3등의 숫자는 '서열수(序列數, ordinal number)'라고 하며, 그 값이 이러한 서열수로 되어 있는 변인을 '서열변인'이라고 한다. 이러한 서열변인의 값인 서열수들도 숫자이지만 더하거나 빼거나 곱하거나 나눌 수 없다. 그러나 어떤 수가 어떤 수보다 더 크거나 작은지는, 예컨대 4 〉 3, 또는 3 〉 2와 같은 부등식으로 나타낼 수 있다.

셋째, 등간변인이란 그 값을 등간척도(等間尺度, interval scale)로 측정한 변인을 말하는데, 여기서 등간척도란 예컨대 신장기, 체중기, 온도계처럼 그 측정단위들 사이의 간격이 서로 동일한 척도를 말한다. 그리고 이러한 등간척도를 사용하여 측정한 숫자를 등간치(等間値, interval number)라고 하며, 이러한 등간치로 그 값이 되어 있는 변인을 등간변인이라고 한다. 이러한 등간변인의 값인 등간치는 150cm, 69kg 또는 28°처럼 그 측정단위들 사이에 간격이 동일하기 때문에 서로 더하거나 빼거나 곱하거나 나눌 수 있다. 즉 4칙 연산이 모두 가능하다. 그런데 초등학교 수학에서는 이러한 등간치만 주로 사용하기 때문에, 수(數)라면 산술적 연산이 모두 가능하다고 생각하는 사람이 적지 않다. 그러나 앞에서 말했듯이 수 중에는 명명수나 서열수처럼 4칙 연산이 불가능한 것도 있다는 사실을 대학생이라면 반드시 알아야 한다.

넷째, 비율변인이란 그 값을 비율척도(比率尺度, ratio scale)로 측정한 변인을 말하는데, 여기서 비율척도란 예컨대 절대영도(絕對零度)나 절대영점(絕對零點)을 가진 온도계와 같은 것을 말한다. 그리고 이러한 척도로 측정해서 얻은 150K와 같은 수치를 비율치(比率値, ratio number)라고 하는데, 이러한 비율치는 4칙 연산뿐 아니라 기하평균(幾何平均, geometric mean)도 구할 수 있는 등, 모든 산술적 연산이 가능하다. 그러나 이러한 비율치는 자연과학에서는 사용하지만 사회과학 분야에서는 거의 사용하지 않는데, 이는 사회과학 분야에서 사용하는 측정척도들에는 절대영도나 절대영점을 가진 것이 아직 없기 때문이다.

③ 연속변인과 비연속변인

위에서 변인의 값의 측정척도나 측정방법에 따른 양적 변인들의 네 가지 종류에 관하여 간단히 살펴보았는데, 이들 양적 변인들은 다시 그 값들이 연속척도로 측정한 것이냐 또는 비연속척도로 측정한 것이냐에 따라 연속변인(連續變因, continuous variables)과 비연속변인(非連續變因, discrete variables)으로 나눌 수 있다.

첫째로 연속척도란, 예컨대 키를 측정하는 신장기나 몸무게를 측정하는 체중기와 같은 등간척도를 말하는데, 이러한 척도로 측정한 신장이나 체중 등의 변인의 값들은 연속적 약수(略數, approximate number)이기 때문이다. 가령, 어떤 학생의 키를 신장기로 쟀더니 175cm였다면, 이 값은 정확히 175.00cm라기보다는 175cm 근처라는 뜻이 되는데, 이는 신장기가 정밀하지 않아서가 아니라 신장기 자체가 연속척도이기 때문이다. 즉 175cm와 174cm 또는 175cm와 176cm 사이의 1cm는 다시 무수히 쪼개질 수 있으며, 그 쪼개진 하나하나의 간격은 또다시 무수히 쪼개져, 결국은 연속적으로 되어 있기 때문이다. 따라서 이와 같은 연속척도로 그 값을 측정한 변인을 연속변인이라고 하는데, 신장·체중·시간 등은 모두 이러한 연속변인들이다.

둘째로 비연속척도란, 위에서 설명한 연속척도와는 달리 계수단위(計數單位, counting unit)가 예컨대 사람들의 명수(名數)나 물건의 개수처럼 독립된 개체들의 수로서, 독립된 개체들을 하나, 둘, 셋, 넷 … 식으로 세어서 값을 매기는 척도를 말한다. 따라서 이러한 비연속척도에 의하여 얻어진 변인의 값들은 빈도(frequency)이므로 1, 2, 3, … 과 같은 정수(整數, exact number)로만 표시할 수 있으며 1.3명이니 1.8

개니 하는 것은 있을 수 없는데, 바로 이처럼 비연속적 정수인 빈도로 된 값을 가진 변인을 비연속변인이라고 한다.

(3) 기타 여러 분류기준에 따른 변인의 종류

위에서 변인들 간의 관계와 변인의 측정치를 기준으로 변인의 종류를 분류해서 살펴보았다. 그러나 이 밖에도 변인의 종류는 여러 가지 분류기준에 따라 여러 가지로 나누어 볼 수 있고 변인의 명칭들도 다양한데, 이는 앞서 말했듯이 변인은 고정되어 있는 것이 아니라, 각 연구문제나 연구설계 등에 따라 그에 관계된 변인들을 여러 가지로 나누어 그때그때 필요한 이름을 붙일 수 있기 때문이다. 그러나 여기서는 연구논문 등에 흔히 나오는 주요 변인들의 종류만 몇 가지 더 살펴보고, 그 밖의 변인들은 뒤에서 그 이름이 나올 때마다 설명하기로 하겠다.

심리학을 위시한 사회과학 분야에서는 S → O → R이라는 생물체의 행동모형에 따라 인간이나 동물들의 행동에 관련된 변인들을 자극변인(Stimulus variables), 생물체 변인(Organism variables), 반응변인(Response variables)으로 나누기도 한다. 여기서 자극변인이란 외부로부터 생물체, 즉 인간이나 동물 등에 가해져서 어떤 반응을 일으키는 여러 가지 자극들, 예컨대 불빛·벨소리·말소리 등과 같은 변인을 말한다. 그리고 생물체 변인이란 인간이나 동물 등의 생물체에 관련된 변인으로, 예컨대 개인들의 성격·기존태도·가치관·성별 등을 말하는데, 이는 앞서 살펴본 중개변인(intervening variables)의 역할을 주로 한다. 또한 반응변인이란 외부로부터의 자극에 대한 생물체의 반응, 예컨대 자극에 대한 주의(注意)·이해·반발 등에 관련된 변인들을 말한다.[10]

한편, 실험연구 등에서는 변인의 종류를 실험처치, 통제대상, 실험참가자(피험자) 등에 따라 실험변인·통제변인·가외변인·실험참가자(피험자) 변인·조작변인·측정변인 등으로 나누기도 한다. 이들 중 실험변인(experimental variables)은 실험처치를 가하는 독립변인을 말하며, 통제변인(control variables)은 통제하는 변인,

10 그러나 이때 생물체의 반응은 단순히 자극에 의한 것만이 아니라, 생물체 변인과 자극변인과의 함수관계, 즉 $R = f(O \cdot S)$의 결과로 볼 수 있다.

가외변인(加外變因, extraneous variables)은 실험과정에 혼입되어 실험 결과에 부작용을 일으키는 변인을 말한다. 그리고 실험참가자(피험자) 변인은 실험참가자들에 관계된 변인들로, 예컨대 실험참가자들의 성별·교육정도·성격·가치관 등을 말하는데, 이러한 변인들은 앞서 말한 생물체 변인이나 중개변인과 같다.

조작변인(manipulated variables)은 실험에서 조작을 하는 변인으로서 실험 변인과 같다. 그러나 조작변인은 그것이 조작한 변인이냐, 아니면 측정만 한 변인(측정변인)이냐를 밝힐 때 주로 사용하는데, 조작변인은 실험조작이 가능한 변인이기 때문에 능동변인(active variables)이라고 부르기도 한다. 그러나 이러한 능동변인 또는 조작변인과는 달리, 실험조작이 불가능하고 측정만 가능한 변인, 예컨대 개인들의 지능·성별·성격 등은 측정변인(measured variables) 또는 추정변인(attribute variables)이라고 부른다(Kerlinger, 1973, p. 38). 이 밖에도 변인의 종류에는 여러 가지가 있는데, 이들에 대해서는 뒤에서 그 이름이 나올 때마다 설명하기로 하겠다.

3. 연구대상으로서 변인들 간 관계의 뜻과 종류

위에서 연구대상의 하나로 변인의 뜻과 종류에 관하여 살펴보았다. 그러나 "과학이란 하나하나의 변인들에 관한 단순한 지식이 아니라, 그 변인들이 서로 어떠한 관계를 어떻게 갖고 있느냐 하는 관계의 형태에 대한 지식"이라고 미국의 과학철학자 코헨(Cohen, 1957, p. 170)이 말했듯이, 과학의 목적은 어떤 현상에 관련된 하나하나의 변인이 아니라, 이들 변인 간의 관계와 그 관계의 이유 등을 연구해서 주어진 현상을 이해하려는 데 있다. 따라서 과학에서 가장 주요 연구대상이 되는 것은 자연이나 사회 현상에 관련된 여러 변인들 간의 관계라고 할 수 있다. 그렇다면 변인들 간의 '관계'란 구체적으로 무엇을 말하는가?

1) 변인들 간 관계의 뜻과 중요성

'관계(relationship)'라는 말은 여러 가지 뜻을 갖고 있으며, 또한 여러 가지 의미로 사용된다. 그러나 자연과학이나 사회과학 등에서 변인들 간의 관계란 2개 또는 그 이상의 변인들의 값(value)이 서로 따라서 변하거나 영향을 끼치는 것 등을 말한다. 가령, "어린이들의 연령(독립변인)이 증가하면 신장(종속변인)도 커진다."든지, 또는 "학생들의 지능(독립변인)이 높으면 공부(종속변인)를 잘 한다."든지 하는 것을 곧 변인들 간의 관계라고 한다.

(1) 연구대상으로서 변인들 간 관계의 중요성

변인들 간의 이와 같은 관계는 모든 학문 분야에서 아주 중요한 연구대상이 되는데, 자연이나 사회 현상에 관련된 변인들 간의 관계에 관한 기술 · 설명 · 예측 · 통제 등은 인간의 일상생활에서도 중요한 역할을 하기 때문이다. 이는 인간들의 일상적 대화나 담화 등의 내용을 분석해 보면, 대부분이 어떤 자연현상이나 사회현상에 관한 변인들 간의 관계에 관한 기술이나 진술인 것을 보아도 여실히 알 수 있다.

예컨대, 우리가 흔히 말하는 "날씨가 좋다."는 말도 따지고 보면, 햇빛 · 고기압 · 건조도 등의 변인(독립변인)들과 쾌청도라는 변인(종속변인)과의 관계에 대한 진술인 동시에, 나아가서는 '날씨'라는 변인의 값이 좋으니 '불쾌지수'라는 변인의 값이 낮아질 것이라는, 변인들 간의 관계에 대한 예측적 진술이다. 또한 "물이 끓는다."는 말도 따지고 보면 '온도'라는 변인과 '물의 비등점'이라는 변인과의 관계에 대한 진술이다. "공부를 잘 한다."는 말도 곧 '지능지수'나 '학습동기' 등이 높기 때문이라는 의미를 내포한 것으로, 이는 '학업성적'이라는 변인과 그에 영향을 미치는 변인들인 '지능지수'나 '학습동기' 등과의 관계에 대한 진술이다.

이처럼 우리 인간의 일상적 대화의 내용을 보더라도 그 대부분이 어떤 자연현상이나 사회현상에 관한 변인들 간의 관계에 관한 진술인 것을 알 수 있는데, 이는 곧 이와 같은 변인들 간의 관계에 관한 관찰이나 진술 등이 인간의 일상생활에서도 매우 중요한 역할을 수행하고 있다는 것을 의미한다.

그러므로 이와 같은 변인들의 관계는 학문 분야에서도 핵심적 연구대상이 되는데, 앞서 말했듯이 학문의 연구목적은 곧 자연현상이나 사회현상들에 관련된 변인과 변인들 사이의 관계를 과학적 방법을 통하여 기술하고 설명해서 그에 관한 보편타당한 지식체계, 즉 이론들을 정립하여 이들을 통해 주어진 현상을 미리 예측하고, 나아가서는 그 현상을 통제하여 인류사회의 복지증진에 기여하는 데 있기 때문이다.

따라서 우리가 연구를 통하여 발견하고자 하는 것은 어떤 현상에 관련된 변인들 간의 관계요, 이러한 연구를 통하여 얻어진 지식이나 이론이라는 것도, 따지고 보면 모두가 어떤 현상에 관련된 변인들 간의 관계에 관한 기술, 설명 또는 예측이다. 그러나 어떤 현상에 관련된 어떤 변인이 어떤 변인과 어떠한 관계를 왜 갖고 있으며, 그래서 가령 "*x*라는 변인의 값이 증가하면 *y*라는 변인의 값도 증가할 것이다."라고 정확하게 기술하고 설명하고 또한 예측한다는 것은 쉽지 않은데, 이는 현상들이 복잡하기 때문이기도 하지만, 또한 인간들의 지혜가 아직도 그에 미치지 못하고 있기 때문이다.

(2) 변인들 간 관계의 발견 방법

인간은 자연현상이나 사회현상 등에 관련된 변인들의 관계를 알아보기 위하여 오랫동안 여러 가지 방법들을 생각해 왔다. 하지만 그 방법들에는 현재로서는 크게 세 가지가 있는데, 이들 방법에 관해서는 뒤에서 자세히 살펴보고 우선 그 개요만 간단히 소개하면 다음과 같다.

첫째는 2개 또는 그 이상의 변인들의 값이 서로 비례하는지 또는 서로 따라 변하는지를 관찰해 보는 방법이다. 이는, 가령 어린이의 연령이 증가함에 따라 신장[키]도 커지듯이, 한 변인의 값이 변함에 따라 다른 변인의 값도 변하면 이들 변인 사이에 관계가 있다고 보는 것을 말한다.

이처럼 어린이들의 연령과 신장이라는 변인들 간의 관계를 실증연구방법을 통해 알아보려면, 우선 세계 또는 우리나라 전체 어린이 중에서 무작위로 일정한 수(數)의 어린이들을 뽑아, 이들의 연령과 신장을 조사해서 이들 두 변인의 값이 서로 비례하는지, 또는 서로 상관관계(correlation)가 있는지 통계적으로 검증해 보아야 한다. 그래서 이들 두 변인 간의 상관계수(相關係數)[11]가 유의적인 것으로 나와야 어린이의 연령과 신장과는 관계가 있으며, 연령이 증가함에 따라 신장[키]도 커진다고 말할 수

---

11 상관계수(correlation coefficient)란, 변인들 간의 상관관계의 정도와 방향을 나타내는 계수로 +1.00에서부터 -1.00 사이의 값으로 표시한다. +1.00은 변인들 간의 값이 완전히 정비례하는 것을 뜻하고, -1.00은 그 반대를 말하며, 0.00은 변인들이 아무런 관계가 없을 것을 말한다. 한편, 이러한 상관계수가 유의적으로 나와야 한다는 것은 그 상관계수가 조사대상자들의 표집오차 때문에 그렇게 나온 것이 아니라, 변인들 간에 진짜로 관계가 있기 때문에 그렇게 나왔다는 것을 말하는데, 이에 관해서는 제4장에서 자세히 살펴보기로 하겠다.

있다.

둘째는 예측을 통하여 어떤 변인들 간의 관계를 알아보는 방법이다. 즉 x라는 변인의 값을 알고 그것으로부터 y라는 변인의 값을 예측할 수 있으면 이들 변인 간에는 관계가 존재한다고 보는 방법이다. 예컨대, 학생들의 지능지수(IQ)를 알았을 때, 이를 통하여 그들의 학업성적을 예측할 수 있다면 지능과 학업성적 사이에는 관계가 있다고 간주하는 것을 말한다. 이때 학생들의 IQ를 통해 그들의 학업성적을 얼마나 예측할 수 있느냐 하는 예측도(豫測度)에 따라 이들 두 변인 간의 관계의 정도를 어느 정도 알 수 있는데, 만약 학생들의 IQ를 통하여 그들의 학업성적을 거의 정확하게 예측할 수 있다면 이들 두 변인 사이에는 높은 상관관계가 있다고 말할 수 있으나, 예측도가 아주 낮다면 이들 두 변인 사이에는 관계가 거의 없다고 할 수 있다.

셋째는 위와 같은 상관관계에 의한 방법들과는 달리, 어떤 독립변인의 값의 차이에 따라 그 종속변인의 값에도 차이가 나타나는지를 통해서 이들 2개의 변인들 간의 관계를 알아보는 방법이다. 예컨대, 지능과 학업성적과의 관계를 알아보고자 할 때, 120명의 고등학생들을 무작위로 뽑아 이들의 지능지수와 학업성적(점수)을 조사한 다음, 지능지수가 120 이상인 학생들(A집단)과 110 이하인 학생들(B집단)로 나누어, 이들 두 집단 학생들의 학업성적의 산술평균치를 각각 집단별로 산출해 본다. 그 결과 지능지수가 120 이상인 A집단(지능이 높은 집단)의 학업성적의 산술평균치는 100점 만점에서 90점으로 나온 반면, 지능지수가 110 이하인 B집단(지능이 낮은 집단)의 학업성적의 산술평균치는 70점으로 나와, 이러한 점수의 차이(20점)를 통계적으로 검증해 보았더니 유의적이었다면, 이는 학생들의 지능지수의 차이에 의한 것으로 볼 수 있다. 따라서 지능과 학업성적 간에는 관계가 있다고 보는 방법을 말하는데, 이와 같이 변인들 간의 관계를 알아보는 방법이 오늘날에는 상관관계를 통한 방법보다 많이 사용되고 있다.[12]

---

12 이 방법은 특히 실험연구에서 많이 사용하는데, 예컨대 x라는 약(藥)이 인간의 체중감소(다이어트)에 과연 효과가 있는지, 즉 x라는 약(독립변인)과 체중(종속변인) 간의 관계를 실험을 통해 알아보고자 할 경우, 실험용 쥐들을 무작위로 A, B 두 집단으로 나누어 A집단의 쥐들에는 x라는 약을 매일 1g씩 사료에 섞어 20일 동안 먹이고, B집단의 쥐들에는 x라는 약품을 섞지 않은 사료만 먹인 뒤 몸무게를 측정해 본 결과, B집단의 쥐들의 체중은 11g이 증가한 반면 A집단의 쥐들은 몸무게는 평균 5g이 감소했다면, x라는 약은 생물체의 체중과는 관계가 있으

2) 변인들 간 관계의 여러 가지 종류

앞에서 모든 과학적 학문의 주요 연구대상이 되는 자연현상이나 사회현상에 관련된 변인들 간 관계의 뜻과 관계를 알아보는 방법에 관하여 간단히 살펴보았다. 그러나 변인들 간의 관계에도 여러 종류가 있으며, 그 종류에 따라 변인들 간의 관계를 알아보는 연구방법도 조금씩 달라진다. 따라서 변인들 간의 관계를 알아보려면 우선 그 관계의 종류들부터 알아야 하는데, 그렇다면 변인들 간 관계의 종류에는 어떤 것들이 있을까?

(1) 변인들 간의 인과성(因果性)에 따른 관계의 종류

모든 사물의 종류가 그렇듯이, 변인들 간 관계의 종류도 그 분류기준에 따라 여러 가지로 나눌 수 있다. 우선, 독립변인과 종속변인 간의 인과성(因果性, causality)을 기준으로 나누어 보면, 크게 인과관계(因果關係, causal relationship)와 비인과관계(非因果關係, noncausal relationship)로 나눌 수 있다.

① 변인들 간의 인과관계

인과관계(因果關係)란 어떤 2개의 변인들이 서로 원인(cause)과 결과(effect)로서, x라는 변인의 값의 변화가 y라는 변인의 값의 변화를 반드시 유발하는 경우와 같은 변인들 간의 관계를 말한다. 예컨대, 전등 스위치를 올리면 전등불이 켜지고, 스위치를 내리면 전등불이 꺼지는데, 이와 같은 경우에 전등 스위치의 작동과 전등불 간의 관계를 인과관계라고 한다. 그런데 이러한 인과관계에서는, 예컨대 전등 스위치를 올리면 전등불이 켜지나 그 반대로 전등불이 켜져도 스위치가 올라가지 않듯이, 어떤 하나의 변인이 항상 원인이 되고 다른 변인은 항상 그 결과가 되지만, 이와 반대의 방향으로 되는 역관계(逆關係, reverse relationship)는 절대 성립하지 않는 것이 특성이다. 따라서 인과관계는 직접관계라고도 부르는데, 원인이 되는 독립변인을 x라고 하고 그 결과가 되는 종속변인을 y라고 한다면 이들 사이의 인과관계는 $x \rightarrow y$로 표

며, 따라서 x라는 약이 인간의 체중감소, 즉 다이어트에도 효과가 있다고 볼 수 있다.

시할 수 있다.

이와 같은 변인들 간의 일방적 방향의 인과관계는 자연현상뿐 아니라 사회현상에서도 찾아 볼 수 있다. 예컨대 개인들의 학력(x)과 급여(y)와의 관계가 그중 하나인데, 학력이 높으면 대체로 급여액도 증가하므로 학력이 급여액의 원인이 되지만, 급여액이 많다고 해서 학력이 높아지는 역관계는 성립하지 않는다. 그러나 학력이 높다고 해서 반드시 급여액도 많은 것은 아니며, 대체적 또는 평균적으로 그렇다는 것인데, 이러한 것을 확률적 형태(stochastic form)의 인과관계라고 한다. 반면, 전등 스위치와 전등불과의 관계에서처럼, 한 변인의 값의 변화가 반드시 다른 변인의 값의 변화를 수반하는 것을 결정적 형태(determinate form)의 인과관계라고 한다.

② 변인들 간의 비인과관계

비인과관계(非因果關係)란 어떤 변인들 간에 관계가 존재하지만, 한 변인의 값의 변화가 반드시 다른 변인의 값의 변화를 유발하지 않는 경우의 관계를 말한다. 이러한 비인과관계가 나타나는 것은 대체로 두 가지 이유 때문인데, 하나는 우연에 의한 것이고, 또 하나는 제3 변인의 영향에 의한 것이다.

이와 같은 비인과관계의 비근한 실례의 하나로는 초등학교 학생들의 키[신장]와 지능지수(IQ)와의 관계를 들 수 있는데, 초등학생들의 키와 IQ를 조사해서 상관계수를 산출해 보면 상당히 높게 나온다. 따라서 이러한 상관계수만 볼 때는 신체적 성장[키]과 정신적 성장[지능]이 서로 인과관계를 갖고 있다고 오해하기 쉽다. 그러나 같은 연령의 초등학생들만을 대상으로 이들의 키와 지능지수를 조사해서 이들 2개 변인들 간의 상관계수를 구해 보면 거의 0에 가깝게 나오는데, 그렇다면 그 이유는 무엇일까?

알다시피 초등학생들은 연령의 증가에 따라 키도 커지고 지능도 발달한다. 따라서 초등학교 1학년부터 6학년까지 전체 학생들을 놓고 볼 때는, 키가 큰 초등학생들은 작은 학생들에 비해 대체로 연령이 높으므로 지능도 높다. 그런데 이러한 초등학생들의 연령을 고려하지 않는 채, 초등학생들을 무조건 무작위로 뽑아서 이들의 키와 지능지수 사이의 상관계수만 산출했기 때문에 그 값이면 높게 나오게 된 것이다. 그래서 키와 지능 사이에 마치 인과관계가 있는 것처럼 보이나, 실제로는 아무런 인과관계가 없고 연령이라는 제3 변인과 지능 간 인과관계가 있기 때문에 키와 지능지수 간에 높은 상관계수가 나오게 된 것이다. 바로 이러한 관계를 '비인과관계'라고 하며, 또는 간접관계(indirect relationship)라고도 부른다.

그러나 이와 같은 비인과관계를 마치 인과관계처럼 오해하는 경우가 적지 않다. 그러므로 어떤 변인들 간의 관계를 연구해서 기술하거나 설명할 때에는 반드시 그것이 인과관계인지, 아니면 비인과관계, 즉 "까마귀 날자 배 떨어진다."는 속담과 같은 오비이락적(烏飛梨落的) 관계인지를 정확하게 규명하고 그 이유도 명시해야 한다.

(2) 변인들의 수(數)에 따른 관계의 종류

위와 같이 변인들 간 관계의 종류는 그 인과성(因果性)에 따라 인과관계와 비인과관계로 나누기도 하지만, 또한 몇 개의 변인들 간의 관계냐에 따라서도 나누는데, 2개 변인들 간의 관계를 이원관계(二元關係, bivariate relationship)라고 하고, 3개나 그 이상의 변인들 간의 관계를 다원관계(多元關係, mutlivariate relationship)라고 한다. 예컨대, 위에서 말한 초등학생들의 신장(x)과 지능(y) 간의 관계와 같은 2개 변인들 간의 관계는 이원관계라고 하며, 신장(x)과 지능(y)과 연령(z) 간의 관계와 같은 3개 변인들 간의 관계는 다원관계라고 한다. 그리고 이들 중 이원관계에 관한 연구분석은 이원분석(bivariate analysis)이라고 하며, 다원관계에 관한 연구분석은 다원분석(multivariate analysis)이라고 부른다.

① 2개 변인들 간의 이원관계

위와 같은 여러 종류의 관계들 중 2개 변인들 간의 이원관계(二元關係)는 "만약(if) x라면 그 결과(then)는 y이다."라는 문장형식으로 나타낼 수 있는데, 이와 같은 형식의 이원관계는 x가 어떤 조건에서 y에 어떠한 결과를 가져오느냐에 따라 다시 여러 가지로 나눌 수 있다.[13] 그러나 이러한 관계들의 분류방법은 학문 분야나 학자에

---

13 이와 같은 "if …, then …." 문장형식의 진술(또는 명제)을 가언적 진술(假言的 陳述, hypothetical statement)이라고 하며, 이러한 진술에서 'if' 바로 다음에 오는 진술은 전건(前件, antecedent)이라고 하고, 'then' 다음에 위치한 진술은 후건(後件, consequent)이라 부른다. 이러한 전건과 후건 간의 연결관계에 따라 가언적 진술들은 다시 여러 형식의 진술들로 나누

따라 조금씩 다른데, 예컨대 수학에서는 그 관계들을 역관계(逆關係, inverse relation), 반사관계(反射關係, reflexive relation), 대칭관계(對稱關係, symmetric relation), 역대칭관계(逆對稱關係, antisymmetric relation), 추이관계(推移關係, transitive relation), 등치관계(等値關係, equivalent relation) 등으로 나눈다. 하지만 사회과학에서는 독립변인(x)과 종속변인(y)과의 관계를 모두 5개 쌍의 열 가지 관계로 나누어 볼 수 있다고 제터버그(Zetterberg, 1965, pp. 69-74)는 말하였는데, 이들 5개 쌍의 열 가지 관계를 간단히 제시해 보면 [표 1-2]와 같다.

이와 같이 x와 y라는 두 변인들 간의 이원관계는 x가 어떤 조건에서 y에 어떠한 결과를 가져오느냐에 따라 여러 가지 관계로 나누어 볼 수 있는데, 이러한 관계들은 특히 연구문제의 서술이나 가설의 설정에서 중요한 역할을 한다. 연구문제나 가설은 이러한 변인들 간의 관계의 형식으로 서술해야 하기 때문이다.

② 3개 또는 그 이상 변인들 간의 다원관계

위에서 2개 변인들 간 이원관계의 종류에 대해서 살펴보았는데, 자연현상이나 사회현상 등 모든 현상들은 2개 변인들 간의 관계로만 되어 있지 않다. 물론, 2개 변인들 간의 관계로 설명할 수 있는 현상도 없지 않지만, 대부분의 현상들은 여러 개의 변인들이 복잡하게 얽히고 설킨 관계로 되어 있다. 따라서 이와 같이 복잡한 현상을 이해하기 위해서는 2개 이상의 여러 변인들 간의 다원관계를 알아보아야 한다.

그러나 이러한 다원관계를 연구·분석할 방법들이 과거에는 개발되어 있지 않아서 여러 변인들 간의 복잡한 관계는 연구할 수 없었다. 하지만 근래에는 복잡한 현

어진다. 예컨대, "만약 모든 인간은 죽는다면, 소크라테스도 죽는다."와 같은 가언적 진술은 그 후건이 전건에서 논리적으로 도출될 수 있는 논리적 연결(logical connection)이 되지만, "만약 영희가 고아라면 그녀의 부모는 생존하지 않는다."와 같은 가언적 진술에서는 그 후건이 전건에서의 '고아'라는 말의 정의에 의해 도출되는 것으로, 이를 정의적 연결(定義的 連結, definitional connection)이라고 한다. 그러나 가령 "만약 푸른 리트머스 시험지를 산(酸)에 넣으면 붉게 변한다."와 같은 가언적 진술의 경우에서는 후건이 전건으로부터 논리적으로 도출될 수 없으며, 또한 전건에 포함된 정의(定義)에 의해서도 후건을 도출할 수 없다. 따라서 이러한 진술의 경우에서 그 전건과 후건 간의 관계를 밝히기 위해서는 관찰이나 실험이 필요한데, 이러한 실증방법에 의해 밝혀진 전건과 후건 간의 관계를 일반적으로 인과관계라고 한다.

표 1-2 독립변인(x)과 종속변인(y)의 여러 가지 관계

(1) 역전적(逆轉的, Reversible) 대(對) 비역전적(Irreversible) 관계
① 역전적 관계: 만약 x면 y, 그리고 만약 y면 x
② 비역전적 관계: 만약 x면 y, 그러나 만약 y면 x에 대한 결론을 내릴 수 없음.
(2) 결정적(決定的, Deterministic) 대 확률적(確率的, Stochastic) 관계
① 결정적 관계: 만약 x면 항상(always) y
② 확률적 관계: 만약 x면 거의(probably) y
(3) 축차적(逐次的, Sequential) 대 공시적(共時的, Coextensive) 관계
① 축차적 관계: 만약 x면 후(later)에 y
② 공시적 관계: 만약 x면 역시(also) y
(4) 충분적(充分的, Sufficient) 대 조건적(條件的, Contingent) 관계
① 충분적 관계: 만약 x면 아무런 조건 없이 y
② 조건적 관계: 만약 x면 y, 그러나 단 z일 때
(5) 필요적(必要的, Necessary) 대 대입적(代入的, Substitutable) 관계
① 필요적 관계: 만약 x면, y, 그러나 오직 x일 때만 y
② 대입적 관계: 만약 x면 y, 그러나 만약 z면 역시 y

상도 연구·분석할 수 있는 여러 가지 다변인 분석방법들(multivariate analysis methods), 예컨대 중다회귀분석(multiple regression analysis), 다변인 변량분석(multivariate analysis of variance), 다차원 척도분석(multidimensional scaling) 방법 등이 나와 있다. 이러한 방법들을 사용하여 복잡한 현상을 연구하려면, 여러 변인들 간의 다원관계의 형태와 종류부터 알아야 한다. 그러나 여기서는 3개 변인들 간의 여러 가지 다원관계 중에서 대표적 형태들만 몇 가지 소개하면 [그림 1-1]과 같다.[14]

14 Edmund Dahlström(1961), "Analysis a survey material," in Georg Karlsson *et al.(eds.),*

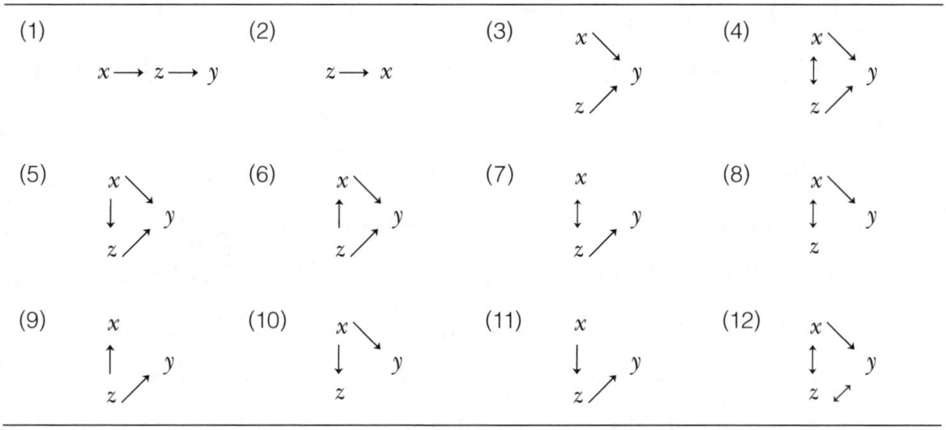

그림 1-1 3개 변인들 간의 여러 가지 관계의 형태

이와 같은 변인들 간 관계형태의 그림에서 x는 대체로 독립변인, y는 종속변인, z는 중개변인을 말하는데, 여기서 중개변인이란 앞서 말했듯이 x와 y 사이에 개재하여 x와 y와의 관계에 영향을 미치는 변인을 말한다. 예컨대, [그림 1-1]에서 (9)는 앞서 실례로 든 초등학생들의 신장(x)과 지능(y) 간에는 직접적 인과관계가 있는 것이 아니라, 연령(z)이라는 중개변인이 신장과 지능에 각각 영향을 미쳐서 마치 신장과 지능 간에 관계가 있는 것처럼 보이게 만드는 것을 나타낸 것인데, 이와 같은 3개 변인들 간의 관계를 동시효과적 관계(同時效果的 關係, joint-result relationship)라고도 부른다.

(3) 변인들 간 관계의 기타 여러 종류

위와 같은 관계들 외에도 변인들 간 관계의 종류에는 여러 가지가 있으며, 또한 여러 가지로 나눌 수 있다. 예컨대, 변인들 간의 관계는 유무관계(有無關係) · 대소관계(大小關係) · 다소관계(多少關係) 등에 따라서도 여러 가지로 나눌 수 있다. 그러나 그중에서 몇 가지만 소개하고자 한다.

Sociologiska Metoder (Stockholm: Svenska Bokförlaget), p. 193.

① 진술형식에 따른 관계의 종류

변인들 간의 관계는 그것을 어떠한 형식으로 기술(記述) 내지 진술하느냐에 따라서도 여러 가지 종류로 나눌 수 있다. 그러나 사회과학에서는 대체로 크게 세 가지, 즉 범주관계(categoric interactions), 선후관계(sequential interactions), 결정관계(determinant interactions)로 나누고 있다(Dubin, 1969, pp. 95-101).

첫째, 범주관계란, 예컨대 "소년범죄자는 결손가정에서 나온다."는 식으로 '결손가정'이라는 변인과 '소년범죄'라는 변인 간에 서로 연관성이 있다고 진술하는 형식의 관계를 말한다. 이러한 범주관계는 2개의 변인들에 관련된 실증적 사례를 근거로 진술하는 것은 물론이지만, 이와 같은 범주관계의 진술형식에서는 위의 2개 변인들 간에 관계가 있다는 것만 나타내고 있을 뿐, 결손가정의 정도나 범죄의 정도를 서로 관련지어 진술하는 것은 아니다.

둘째, 선후관계란 어떤 변인들에 관한 실증적 사례들 간의 시간적 선후 순서에 의거하여 그 변인들 간의 관계를 진술하는 형식의 관계를 말한다. 예컨대, 한 사건이 다른 사건 바로 뒤에 연이어 발생했다면 이들 두 사건 간에는 어떤 인과관계가 있다고 할 수 있는데, 바로 이와 같은 진술형식에 의한 관계를 선후관계라고 한다. 이러한 선후관계는 역사의 연구나 서술에서 많이 사용하고 있다. 그러나 2개의 사건이 잇달아 발생했다고 해서 그 하나가 다른 사건의 원인이라고는 단언할 수는 없는데, 2개의 사건이 잇달아 일어난 것은 단순히 오비이락적 관계(烏飛梨落的 關係, post hoc)이거나 우연의 일치(ergo propter hoc)일 수도 있기 때문이다.

셋째, 결정관계란 어떤 한 변인의 실증적 내지 결정적 값과 다른 변인의 값을 관련시켜 이들 변인들 간에 관계가 있다고 진술 내지 기술하는 형식의 관계를 말한다. 다시 말해서, 어떤 독립변인의 값이 변함에 따라 그 종속변인의 값도 변한다면, 이들 2개의 변인들 사이에는 관계가 있다고 진술할 때의 그 관계를 말한다. 그러나 이와 같이 어떤 변인들 간의 결정관계를 진술할 수 있으려면, 그 변인들의 값을 실증적으로 측정해서 이들 값이 서로 따라 변하는지 여부를 실증적으로 검증할 수 있어야 한다.

② 그 밖의 여러 가지 관계의 종류

변인들 간의 관계의 종류는 이상에서 살펴본 것들 외에도 여러 가지가 있다. 그

중 정적 관계(正的 關係, positive relationship)와 부적 관계(負的 關係, negative relationship)라는 것도 있는데, 정적 관계란 어떤 2개의 변인의 값이 같은 방향으로 변화하거나 정비례하는 것을 말하며, 부적 관계란 2개의 변인의 값이 서로 반대 방향으로 변화하거나 반비례하는 것을 말한다. 이러한 관계를 상관계수로 나타낼 때는 정적 관계는 + 기호를 써서, 예컨대 $r = +0.68$로 표시하며, 부적 관계는 - 기호를 사용하여 $r = -0.68$로 나타낸다.

한편, 이러한 변인들 간의 관계는 그 정도에 따라 '아주 높은 관계', '높은 관계' 또는 '극히 낮은 관계' 등으로 나누기도 한다. 이와 같은 관계의 정도는 상관계수를 사용하여 정확하게 나타내야 하는데, 상관계수란 변인들 간의 상관관계의 정도[크기]와 방향을 +1.00에서부터 0.00을 거쳐 -1.00까지의 계수로 나타내는 지수(指數)를 말한다. 따라서 상관계수가 +1.00이면 완전한 정적 상관관계가 있다는 것을 말하며, +0.80이면 대단히 높은 정적 상관관계가 있다는 것, 0.00이면 아무런 상관관계가 없다는 것, -0.30이면 낮은 부적 상관관계가 있다는 것, -1.00이면 완전한 부적 상관관계가 있다는 것을 말한다.

또한 어떤 현상에 관련된 변인들 간 관계의 종류에는 직선관계(linear relationship)와 곡선관계(curvilinear relationship)도 있으며, 이들 중 곡선적 관계는 그 형태에 따라 다시 U자형 관계, ∩자형 관계 등으로 나누기도 한다. 그리고 변인들 간의 관계는 직접관계(direct relationship)와 간접관계(indirect relationship)로 나누기도 하는데, 직접관계는 대체로 두 변인들 간의 1 대 1의 인과적 관계를 말하며, 간접관계란 앞서 말했듯이 2개 변인들 간에 제3의 변인이 개재되어 관계를 성립시키는 동시효과적 관계 등을 말한다.

다. 학문연구의 기본목표로서 이론의 정립

앞에서 연구대상으로서 자연현상이나 사회현상들에 관련된 변인들과 이들 간의 관계에 관하여 간단히 살펴보았는데, 바로 이와 같은 여러 가지 변인들 간의 관계들을 과학적 방법을 통하여 기술하고 설명해서 그 현상을 미리 예측하고 통제할 수 있는 과학적 지식체계, 즉 이론(theory)을 정립해서 인류사회의 복지증진에 기여하려는 것이 곧 학문연구의 기본목적(basic purpose)이다. 그러나 학문연구의 기본목표(basic objective)는 자연현상이나 사회현상에 관한 과학적 이론의 정립이라고도 말할 수 있는데, 그렇다면 도대체 '이론'이란 무엇이며, 이는 어떠한 역할을 하기에 모든 학문의 기본목표가 되는가?

1. 과학적 이론에 대한 정의

이론에 대한 개념은 매우 다양하여 여러 가지 뜻으로 사용되고 있다. 예컨대, 어떤 사람은 이론을 위대한 사상가(思想家)들의 사상(idea)으로 보는가 하면, 또 어떤 사람은 주어진 현상에 대한 개념화(概念化, conceptualization), 즉 관찰한 어떤 현상에 사고과정(thought process)을 가한 것을 이론으로 간주하고 있다. 그런가 하면 철학에서는 "실천적 타당성의 검증을 떠나, 순(純)관념적으로 조직된 논리"를 이론으로 보기도 한다.

하지만 여기서는 과학적 이론(scientific theory)에 관해서만 살펴보되, 우선 과학적 이론에 대한 학자들의 정의부터 들어보면, 제터버그(Zetterberg, 1965, p. 5)는 "이론이란 체계적으로 상호 관련된 명제들(propositions)의 집합이다."라고 간단히 정의하였다. 이를 블랙과 챔피언(Black and Champion, 1976, p. 56)은 좀 더 부연해서, "이론이란 변인들 간의 인과관계를 명시하는, 체계적으로 연관된 명제들의 집합이다."라고 말하였다. 그런가 하면, 깁스(Gibbs, 1972, p. 5)는 '명제'라는 용어 대신에 '진술(statement, 言表라고도 함)'이라는 용어를 사용하면서, "이론이란 무한한 유형의 사상(事象)이나 사물들의 속성에 대한 실증적 주장들의 형태로 된 동시에, 서로 논리적으로 관련된 진술들의 집합"이라고 규정하였다.

한편, 브레이드웨이트(Braithwaite, 1953, p. 28)는 "이론이란 연역적 체계(演繹的 體系, deductive system)를 형성하는 가설(hypothesis)들의 집합"이라고 말하고 있다. 그러나 이와는 달리, 카플란(Kaplan, 1964, p. 295)은 "이론은 우리를 혼란시키고 있는 상태에서 우리로 하여금 의미를 발견하게 만드는 하나의 방법"이라고 전제하면서, "이론이란 곧 어떤 현상에 대한 해석과 비판의 수단인 동시에, 통일되고 정

립된 법칙들(laws)이다."라고 정의하였다.[15]

하지만 커린저(Kerlinger, 1973, p. 9)는 "이론이란 어떤 주어진 현상을 설명하고 예측할 목적으로 그 현상에 관련된 변인들 간의 관계를 명시하여, 그 현상을 체계적으로 조망(眺望)해 주는 상호 관련된 개념(概念, concept or construct)과 정의(定義, definition)들로 구성된 명제(proposition)들의 집합이다."라고 말하였다. 그러면서 이러한 이론은 어떤 주어진 현상을 체계적으로 조망(眺望)할 수 있는 역할을 하며, 또한 그 현상에 관련된 변인들이 서로 어떠한 관계를, 왜 지니고 있는지 그 이유를 밝혀 줌으로써, 어떤 하나의 변인을 통하여 그것과 관계된 다른 변인의 변화를 예측할 수 있도록 하는 역할을 한다고 말하고 있다.

이처럼 과학적 이론에 관한 정의도 학자들에 따라 다양하다. 그러나 이들 정의를 종합해 보면, 과학적 이론이란 어떤 현상에 관련된 변인들과 이들 변인 간의 관계를 과학적 방법을 통하여 기술하고 설명해 줌으로써, 그 현상의 변화를 미리 예측하고 통제할 수 있는 보편타당한 진술(陳述, statement), 명제(命題, proposition) 또는 지식체계라고 간단히 정의할 수 있다.[16]

앞서 말했듯이 모든 학문의 공통된 연구목적은 자연현상이나 사회현상 등을 기술하고 설명해서 그 현상에 관한 보편타당한 지식체계, 즉 이론들을 정립함으로써

---

15 그러나 카플란(Kaplan, 1964, p. 297)에 의하면, 이론이란 법칙 그 자체가 아니며, 또한 법칙들의 단순한 집합도 아니라, 상호 연결된 법칙들의 체계(a system of laws)라고 한다. 한편, 헴펠(Hempel, 1966, p. 70)도 주장하기를, 이론이란 법칙 개개들이 아니라, 이러한 법칙을 통해 이미 발견된 경험적 규칙성을 설명해 주고, 또한 어떤 새로운 규칙성을 예측해 주는 것이라고 하였다.

16 그렇다면 여기서 진술과 명제는 무엇을 말하는가? 명제를 논리학에서는 일정한 주장이나 판단을 언어로 표명한 것을 말하지만, 과학에서는 어떤 현상에 관련된 개념 내지는 변인들 간의 관계, 예컨대 "*A*는 *B*이다."라든지, "만약 *x*면, 반드시 *y*이다."라든지 하는 언어적 형식(代數的形式 포함)으로 기술(記述) 또는 설명해 주는 모든 언명(言明)이나 진술을 말한다. 따라서 이 책에서는 명제와 진술을 같은 개념으로 혼용하겠다. 그러나 이들 명제나 진술은, ① 어떤 현상에 관련된 변인 내지 개념들 간의 관계를 기술 또는 설명해 주는 동시에 보편타당성을 지닌 것이어야 하며, ② 일정한 언어 형식, 예컨대 "물은 상온일 때 섭씨 100°에서 끓는다."라는 식의 긍정문 형식이나, 아니면 "물은 상온이 아닐 때는 섭씨 100°에서 끓지 않는다."라는 식의 부정문 형식으로 표현한 것이어야 한다. 따라서 감탄문·의문문·명령문 등의 형식으로 표현한 것은 명제나 진술이 될 수 없다.

주어진 현상을 미리 예측하고, 나아가서는 그것을 통제하여 인류사회의 복지증진에 기여하는 데 있는데, 바로 이와 같은 목적의 연구들을 통해 얻어진 결과 중에서 어떤 현상에 관련된 변인들 간의 관계를 기술하고 설명하고 예측하고 통제할 수 있는 보편 타당한 진술이나 명제 또는 지식체계가 곧 이론이다. 그러므로 이러한 이론의 발견과 정립을 위해 모든 연구가 존재한다고도 말할 수 있다. 그렇다면 이론은 도대체 어떤 기능(機能, 역할)을 하기에 모든 학문연구의 기본목표가 되는가?

2. 이론의 주요 기능과 중요성

커린저(Kerlinger, 1973, p. 9)에 의하면, 이론은 "어떤 현상에 관련된 변인들 간의 관계를 명시함으로써 그 변인들에 의해 기술되는 현상에 대한 체계적 조망(眺望)을 제시해 주는 기능을 수행하고 있다."는 것이다. 또한 이론은 어떤 현상에 관계된 어떠한 변인들이 어떤 변인들과 왜 관계를 갖고 있는지 그 이유를 밝혀 줌으로써, 어떤 하나의 변인을 통하여 그것과 관계된 다른 변인의 변화를 예측할 수 있게 만들어 주고 있다고 한다. 따라서 이론은 현상에 대한 설명과 예측의 기능을 동시에 수행하고 있는 것이다.

1) 이론의 여러 가지 기능

한편, 어떤 학자들은 이론의 주요 기능 내지 역할로서 '사고(思考)의 경제 기능(economy of thought function)'과 '정신적 속기 기능(精神的 速記機能, mental shorthand function)' 등을 들면서, 이론이란 곧 어떤 복잡한 현상을 단순화 또는 체계화해 주는 기능을 수행하고 있다고 말한다. 그런가 하면, 또 어떤 학자들은 이론의 중요 기능으로 지식의 축적과 확산 기능을 들고 있다.

그러나 카플란(Kaplan, 1964, p. 302)은 이러한 기능들은 이론의 부차적 기능에 불과할 뿐이라고 주장하면서, 이론은 기본적으로 "그렇지 않으면 불가해(不可解)하며 무의미한 어떤 실제 사실들을 이해 가능하고 유의미하게 만들어 주는 기능이 있다."고 말하였다. 즉 이론은 사실적 자료들에 의하여 확증된 일종의 법칙으로서, 어떤 주어진 현상에 의미와 질서를 부여하여, 그것을 이해 가능하게 만들어 주는 기능을 수행한다는 것이다. 그러나 이론은 이와 같은 기능만 하는 것이 아니라, 다른 한편으로는 여러 가지 이론들의 형성이나 정립 과정에서도 중요한 기능을 수행하고 있다고 말한다.

한편, 커린저(Kerlinger, 1973)는 "이론은 어떤 주어진 현상을 체계적으로 조망(眺望)할 수 있는 역할을 하며, 또한 그 현상에 관련된 변인들이 서로 어떠한 관계를 왜 갖고 있는지를 밝혀 줌으로써, 어떤 하나의 변인을 통하여 그것과 관계된 다른 변인의 변화를 예측할 수 있도록 만드는 역할을 한다."고 하였다. 따라서 이론은 어떤 현상에 대한 설명과 예측을 동시에 포함한다. 이와 같은 이론의 실례로 "무게가 있는 것은 인력(引力) 때문에 모두 땅바닥으로 낙하한다."는 것을 들 수 있는데, 이러한 이론은 '무게[중력]'와 '낙하'라는 변인들 간의 관계를 기술하고 설명하며 또한 예측하고, 나아가서는 통제도 할 수 있는 보편타당성을 지닌 것이라고 한다.

그런가 하면, 리틀존(Littlejohn, 1983, pp. 13-14)은 이론의 기능으로 무려 여덟 가지를 들었다. 즉 이론은 ① 여러 가지 낱낱의 지식들을 조직하고 요약해 주는 조직·요약 기능(organizing and summarizing function), ② 어떤 현상에 관련된 주요 변인들 간의 관계에 주목하게 만들어 주는 초점화 기능(focus function), ③ 어떤 현상에 대한 관찰을 도와주는 관찰보조 기능(observational function), ④ 관찰한 어떤 현상을 명료하게 설명해 주는 명료화 기능(clarifying function), ⑤ 어떤 현상의 발생 가능성이나 변화 등을 미리 말해 주는 예측 기능(predictive function), ⑥ 이러한 예측에 따라 어떤 현상을 실제로 통제할 수 있게 만들어 주는 통제 기능(control function), ⑦ 연구자들로 하여금 어떤 현상에 관한 연구 결과와 지식들을 서로 교환할 수 있게 만들어 주는 커뮤니케이션 기능(communicative function) 및 ⑧ 다른 새로운 이론들을 발견 또는 형성할 수 있게 도와주는 이론창출 기능(heuristic function) 등을 수행하고 있다는 것이다.

2) 과학적 이론의 주요 기능

위와 같은 여러 학자들이 지적했듯이 이론은 여러 가지 기능들을 수행하고 있다. 그러나 이들 기능은 크게 두 가지 유형, 즉 일차적 기능과 이차적 기능으로 나누어 볼 수 있다.

먼저, 일차적 기능이란 어떤 주어진 현상을 기술 · 설명 · 예측해 주고, 나아가서는 그 예측을 근거로 주어진 현상을 통제할 수 있게 해 주는 기능을 말한다. 이론이란 앞서 말했듯이 어떤 현상에 관련된 변인들과 이들 변인들 간의 관계를 과학적 방법을 통하여 기술하고 설명함으로써, 이를 통하여 그 현상의 변화도 미리 예측하고 통제할 수 있는 보편타당한 진술이나 명제 또는 지식체계이기 때문이다.

한편, 이차적 기능이란 위와 같은 일차적 기능과는 달리, 다른 새로운 이론의 발견이나 형성을 도와주는 산파 기능(産婆機能, midwife function)을 말하는데, 이를 이론의 창출 기능(heuristic function)이라고도 한다. 그러나 카플란(Kaplan)은 이를 지식의 '외연적 일반화 기능(外延的 一般化機能, extensional generalization function)'이라고 부르면서, 어떤 현상에 관한 하나의 이론은 그보다 큰 현상에 대한 이론을 발견토록 해서 지식을 확장시켜 주는 역할도 수행하고 있다고 하였다. 예컨대, 심리학에서 조건반사(conditioned reflex)에 관한 이론이 그보다 더 크고 복잡한 형태의 학습이론, 그리고 나아가서는 인간행동에 관한 일반이론(general theory)까지 창출해 주었듯이, 하나의 이론은 그에 관련된 다른 새로운 이론들을 발견케 하는 기능도 갖고 있다고 한다. 따라서 카플란은 이론은 어떤 현상을 기술 · 설명 · 예측 · 통제할 수 있게 해 주는 기능만 있는 것이 아니라, 다른 한편으로는 다른 이론들의 형성이나 정립에도 중요한 역할을 수행하고 있다고 하였다.

3. 과학적 이론의 기본적 필요조건

이론은 위와 같은 여러 가지 주요 기능을 수행하기 때문에, 이론의 발견이나 형성 또는 정립은 모든 학문연구에서 기본목표가 되고 있다. 그러나 이론이 그 기능 내지 역할들을 제대로 수행하려면 이론으로서의 요건들을 갖추어야 하는데, 그 요건들에는 여러 가지가 있다. 그러나 그중 반드시 갖추어야 기본요건들로는 필연성, 일반성, 예측성, 형식성을 들 수 있다.

1) 변인들 간 관계의 필연성

첫째 요건인 필연성(necessity)이란, 이론에서 진술하는 어떤 현상에 관련된 변인들 간의 관계가 우연한 것이 아니라, 반드시 필연적인 것이어야 한다는 것을 말한다. 예를 들어, 학습현상에서 "학생 개인들의 지능지수가 높을수록 학업성적도 높아진다."는 진술이 하나의 이론이 되려면, 이에서 학생 개인의 '지능지수'(독립변인)와 '학업성적'(종속변인)이 오비이락적(烏飛梨落的) 우연관계가 아니라 필연적 관계를 갖고 있어야 한다는 것이다. 따라서 어떤 현상에 관한 이론을 제시할 때는 반드시 그에 관련된 변인들 간에 필연적 관계가 존재함을 증명해야 그것이 이론이 될 수 있다. 그렇다면 이는 어떻게 증명하는가? 그 방법에는 크게 세 가지, 즉 인과적 필연성(causal necessity)의 증명방법, 논리적 필연성(logical necessity)의 증명방법, 실용적 필연성(practical necessity)의 증명방법이 있는데, 이들 세 가지 증명방법을 각각 간단히 소개해 보면 다음과 같다.

① 인과적 필연성의 증명방법

인과적 필연성(causal necessity)의 증명방법이란, 어떤 현상에 관련된 변인들이 서로 인과관계를 갖고 있다는 것을 실증방법을 통해 증명하는 것을 말한다. 예컨대, 실험이나 조사연구 등을 통하여 x라는 변인의 값이 변함에 따라 y라는 변인의 값도 시간이나 공간상의 조건을 초월해서 변하는지를 관찰해서, 만약 변한다면 x와 y라는 변인 간에 인과적 필연성이 존재한다는 식으로 증명하는 것을 말한다. 자연과학 분야의 이론들은 대부분이 이러한 실증방법을 통해 주어진 변인들 간에 인과적 필연성이 있음을 증명하고 있다. 하지만 사회과학 분야에서 다루는 사회현상 중에는 실증방법을 통하여 어떤 변인들 간의 인과적 필연성을 증명할 수 없는 것이 적지 않다. 따라서 인과적 필연성보다는 논리적 필연성이나 실용적 필연성을 근거로 주어진 변인들 간에 필연적 관계가 있음을 증명하는 방법, 즉 논리적 필연성과 실용적 필연성의 증명방법을 사용한다.

② 논리적 필연성의 증명방법

논리적 필연성(logical necessity)의 증명방법이란, 예컨대 "모든 *M*은 *P*이다(대전제), 모든 *S*는 *M*이다(소전제), 그러므로 *S*는 *P*이다(결론)."라는 3단논법(三段論法, syllogism) 등의 논리적 체계에 따라, "*M*은 *P*이고 *S*는 *M*이라면, *S*는 *P*이다."라는 식으로 어떤 현상에서의 변인들 간의 관계를 증명하는 것을 말한다.

그러나 이러한 논리적 필연성의 증명방법은 어디까지나 형식논리적 입장에서 그 내적 합치성(內的 合致性, internal consistency)만을 근거로 한 것이므로, 실제로 어떤 현상에 관련된 변인들 간에 필연적 관계가 있는지 여부는 확실히 알 수 없다. 왜냐하면 논리적으로는 내적 합치성이 있더라도 실제로는 주어진 변인들 간에 인과관계가 존재하지 않을 수도 있기 때문이다.

그러므로 논리적 필연성의 증명방법은 인과적 필연성을 근거로 하는 것보다는 확실성이 떨어진다. 그러나 인과적 필연성을 근거로 설명을 할 수 없는 현상에 관련된 변인들 간의 관계는 논리적 필연성을 근거로 해서 증명할 수밖에 없다.

③ 실용적 필연성의 증명방법

실용적 필연성(practical necessity)의 증명방법이란, 자명(自明)한 진리로 인정되는 어떤 근본명제, 예컨대 공리(公理, axiom) 등을 전제로 해서 어떤 현상에 관련된 변인들 간의 관계의 필연성을 증명하는 방법을 말한다. 예컨대, "인간 개인들은 서로 달리 행동한다."라는 진술을 증명할 경우, "인간의 모든 행동은 유목적적(有目的的)이다."와 같은 근본명제를 전제로 해서 "그런데 개인들은 서로 다른 목적을 갖고 있기 때문에 서로 달리 행동한다."라는 식으로 증명하는 것을 말한다. 따라서 이러한 실용적 필연성의 증명방법은 앞서의 인과적 필연성의 증명방법과는 반대로, 후건적 사상(後件的 事象)을 전제로 해서 전건적 사상(前件的 事象)을 증명하는 것이 특색이다.

이와 같이 어떤 현상에 관련된 변인들 간의 관계에 필연성이 있음을 증명하는 방법에는 여러 가지가 있는데, 그중 어떤 것을 사용하든 간에 어떤 현상에 관한 이론을 제시할 때는 반드시 그에 관련된 변인들 간의 관계에 필연성이 존재함을 것을 증명해야 그 이론이 타당성을 갖게 된다. 따라서 필연성을 일반적으로는 타당성이라고 부르면서 타당성을 지닌 이론이니, 타당한 이론이니, 또는 타당성이 없는 이론이니 말하고 있다.

2) 변인들 간 관계의 일반성

이론의 둘째 요건인 일반성(generality)이란, 어떤 이론에서 진술하는 현상에 관련된 변인들 간의 관계가 어떤 특수한 경우나 사상(事象)에서만 나타나는 것이 아니라, 그와 유사한 여러 사상들에서도 보편적 내지 일반적으로 나타나는 것을 말한다. 예컨대, “학생 개인의 지능지수가 높을수록 학업성적도 높아진다.”는 이론에서 진술하는 학생 개인의 ‘지능지수’(독립변인)와 ‘학업성적’(종속변인) 간의 관계가 특정한 일부 학생들에게서만 나타나는 것이 아니라, 모든 학생들에게서 보편적으로 나타나는 것을 곧 일반성 또는 보편성이라 한다. 따라서 이러한 일반성 내지 보편성은 곧 어떤 하나의 이론이 적용될 수 있는 사상(事象)들의 범위라고 말할 수 있는데, 이러한 적용범위 내에 들어가는 사상들의 수가 많을수록 해당 이론은 그만큼 일반성이 높다고 말한다. 그렇다면 구체적으로 어떤 이론의 적용대상 범위에 들어가는 사상들의 수가 어느 정도가 되어야 그 이론은 일반성을 지닌다고 말할 수 있는가?

자연과학에서는 어떤 이론의 적용범위에 들어가는 하나하나의 사례들을 실증연구를 통해 밝혀내서 그 정도를 가지고 이론의 일반성 내지 보편성을 결정하고 있다. 그러나 이러한 결정방법이 사회과학에서는 쉽지 않기 때문에, 그 대신 형이상학적 내지 인식론적 가정(假定)에 의거하여 대체로 그 정도를 결정하는 실정인데, 아친스타인(Achinstein, 1971, pp. 25-38)은 이론의 일반성을 크게 두 가지 유형, 즉 구문론적 일반성(構文論的 一般性, syntactical generality)과 정의역적 일반성(定義域的 一般性, domain generality)으로 나눠 그 결정방법을 다음과 같이 설명하고 있다. 그러나 이는 일반성의 결정방법이라기보다는 그것의 표현방법이라고 하겠다.

첫째, 구문론적 일반성이란 어떤 하나의 이론에서 그 진술 또는 명제의 형식에 관한 것으로, 만약 어떤 이론의 진술에서 주어(主語)나 계합사(繫合詞, copula) 또는 목적어 앞에 ‘모든(all)’이라는 전칭(全稱)을 붙일 수 있으면, 그 이론은 절대적 일반성을 지니고 있다고 말할 수 있다. 하지만 이때 전칭 대신 다른 수식어를 붙이거나 또는 주어진 진술(명제)을 부연해서 설명할 필요가 있다면, 그 이론은 어느 정도의 일반성만 지니고 있다는 말이 된다는 것이다.

둘째, 정의역적 일반성이란 어떤 하나의 이론이 진술할 수 있는 현상의 범위에 관한 것으로, 이러한 일반성은 예컨대 "조건 1, 2, 3 … 아래서는 모든 *A*는 *B*이다."라는 경우처럼, 주어진 진술(명제)이 그에 관련된 어떤 조건들에 의하여 얼마나 제한을 받고 있느냐에 따라 평가될 수 있다. 따라서 그 조건들의 유형이나 수가 많을수록 그 이론은 일반성이 낮으며, 그것들이 적을수록 그 이론은 일반성이 높다고 말한다.

그러나 이와 같은 두 가지 일반성의 결정방법들은, 앞서 말했듯이 이론의 실제적 일반성을 실증연구를 통하여 평가 또는 결정해 주는 것은 아니며, 그 대신 형이상학적 또는 인식론적 가정(假定)에 의하여 그 일반성을 결정한 다음 그 정도들 나타내 주는 표현형식에 지나지 않는다. 따라서 이들은 일반성의 결정방법이라기보다는 그것의 표현방법이라고 할 수 있다. 그러나 어떤 이론을 제시할 때에는 이와 같은 방법으로라도 그 일반성을 제시해 주어야만, 그 이론이 어느 정도의 일반성을 갖는지 평가할 수 있게 된다.

3) 변인들 간 관계의 예측성

이론의 셋째 요건인 예측성(predictability)이란, 예컨대 "*A*는 반드시 *B*를 유발한다." 등과 같이 한 이론에서 예측하는 변인들 간의 관계가 예측 그대로 실제로 나타나는 정도를 말한다. 다시 말해서, 어떤 이론이 실제와 얼마나 부합하는지의 정도를 말하는데, 이러한 예측성이 높아야 좋은 이론이며, 예측성이 낮으면 그것은 현실과 괴리가 있는 공론(空論)에 지나지 않으므로, 예측성도 이론의 주요 필요요건의 하나로 들고 있다.

그러나 이러한 예측성은 구태여 이론의 필요요건의 하나로 다시 들 필요가 없다고 주장하는 학자들도 없지 않다. 앞에서 살펴본 이론의 2대 요건인 '필연성'과 '일반성'은 곧 잠재적 예측성이 되기 때문이다. 그러므로 예측성은 필연성과 일반성과 구조가 동일하기 때문에 예측성을 이론의 별개 요건으로 구태여 포함시킬 필요가 없다는 것이다(Hempbell, 1965, pp. 318-339). 다시 말해서, 필연성과 일반성을 지닌 이론이란 곧 예측성도 지닌 이론이지만, 이와는 달리 예측성이 낮거나 예측성을 결여한

비타민 1-4

이론(理論)은 과연 현실과 맞지 않는가?

"이론과 실제(현실)는 다르다."느니, "이론은 실제와는 맞지 않는다."느니 하는 사람들이 종종 있는데, 이러한 말을 들을 때마다 난감한 생각이 들곤 한다. 왜냐하면 이론이란 "현실세계의 어떤 현상을 과학적으로 기술하고 설명해 줌으로써, 그 현상의 변화를 미리 예측하고 통제할 수 있는 보편타당한 지식체계"라고 굳게 믿으면서, 이러한 이론을 연구해서 인류사회의 복지증진에 기여코자 일생 동안 학문을 연구하고 있는데, 만약 이론과 현실이 다르다면 학문을 그만둬야 하기 때문이다.

"이론과 현실은 다르다."느니, "이론은 현실과는 맞지 않는다."느니 하는 사람들이 말하는 이론이 도대체 어떤 것인지는 알 수 없다. 그러나 만약 그것이 현실과 맞지 않는다면, 그것은 이론이 아니라 공론(空論)이다. 이론은 실제와 맞아야 비로소 이론이 되기 때문이다. 그래서 일찍이 레빈(Kurt Lewin)도 "좋은 이론보다 더 실제적인 것은 없다."고 갈파한 바 있다.

한편, 이론이 실제(현실)와 완전히 부합되지 않는다고 해서 이론에 대한 불신과 불평을 늘어놓는 사람도 없지 않다. 그러나 예컨대 "물은 섭씨 100°에서 끓는다."는 자연법칙 내지 이론도 실제와 완전히 100% 부합되지 않는 경우가 많다. 하지만 이는 이 이론이 잘못되었기 때문이 아니라, 기압 등 제3 변인의 작용으로 물이 끓는 비등점이 달라지기 때문이다.

이와 마찬가지로, 이론이라고는 할 수 없으나, "학생의 지능이 높을수록 학업성적도 높아진다."는 진술도, 지능은 높지만 공부를 열심히 하지 않는 학생에게는 맞지 않아, 결과적으로 예측도가 30% 정도밖에 되지 않을 수도 있다. 그러나 이 정도라도 예측할 수 있다면, 이는 학생들의 학습행동을 이해하는 데 가치가 있는 지식이다. 30% 정도라도 예측할 수 있다는 것은 전혀 예측하지 못하는 것보다 훨씬 낫기 때문이다. 따라서 예측도가 단지 5%밖에 되지 않는 이론을 정립하기 위해서도 연구자들은 땀을 흘리고 있다.

이론이 있다면, 그것은 필연성과 일반성이 없는 것이므로 이론이라고 할 수 없다는 것이다.

이처럼 '예측성'이라는 이론의 요건에 관해서는 이를 별개 요건으로 포함시켜야 한다는 주장과, 필연성과 일반성에 귀속시키자는 주장이 엇갈리고 있다. 그렇지만 어떤 주장을 내세우든 간에 모두가 "이론은 예측성이 높아야 한다."는 점에는 이의(異意)가 없다. 왜냐하면 이론이 주어진 현상을 제대로 예측하지 못해서 실제와 빗나가거나 실제와 괴리가 있다면, 그것은 이론이 아니라 하나의 공론(空論)에 불과하기 때문이다.

그러나 이런 공론을 이론으로 오해해서 "이론은 실제와는 맞지 않는다."고 비판하는 사람도 없지 않다. 하지만 실제와 맞지 않는 것은 이론이 아니며, 실제와 맞지 않는 것만이 이론이다. 따라서 레빈(Kurt Lewin)은 "좋은 이론보다 더 실제적인 것은 없다(Nothing is so practical as a good theory)."고 일찍이 갈파한 바 있다.[17]

4) 변인들 간 관계에 대한 진술의 형식성

이론의 넷째 필요조건인 '형식성'이란, 이론이 이론으로서 갖추어야 할 일정한 형식적 요건을 말하는데, 이는 어떤 이론이 이론으로서의 기능을 수행하려면 일정한 형식과 체계도 갖추어야 하기 때문이다. 앞서 말했듯이, 이론이란 어떤 현상에 관련된 변인들 간의 관계를, 예컨대 "*A*는 *B*이다."라든지, 또는 "만약 x면, 반드시 y이다."라는 식으로 기술, 설명 또는 예측하는 보편타당한 진술이라고 할 수 있는데, 이러한 진술은 일정한 형식과 체계를 갖추어야 이론으로서의 기능을 수행할 수 있다. 그렇다면 이론으로서의 진술은 어떠한 형식적 요건을 갖추어야 하는가?

어떤 현상에 관련된 변인들 간의 관계를 기술하고 설명하고 예측하기 위해서는 이를 언어나 대수(代數)로 표현해야 하는데, 이처럼 언어나 대수로 어떤 현상에 관련된 변인들 간의 관계를 표현해 놓은 것을 '진술(statements)'이라고 한다. 따라서 이러한 진술은 그 표현형식에 따라 언어형식과 대수형식(代數形式)의 진술로 나누어 볼

17 Hovland, Jains and Kelley, 1953, p. 2에서 재인용.

수 있는데, 자연과학에서는 대수형식의 진술을 주로 사용하고, 사회과학에서는 언어형식의 진술을 주로 사용하고 있다.[18] 따라서 여기서는 언어형식의 진술의 요건만 살펴보기로 하겠다.

첫째, 어떤 현상에 관한 이론으로서의 진술이 그 밖의 다른 진술들과 구별되는 주요 특성 내지 요건의 하나는 곧 그것이 "참[眞]이다."라든지, 아니면 "거짓[僞]이다."라든지 하는 두 가지 언어형식 중 하나로 반드시 진술해야지, '참'인 동시에 '거짓'이라는 형식으로 진술해서는 안 된다는 것이다. 예컨대, "지능지수(IQ)가 높으면 학업성적도 높다."(참의 진술, 그러나 만약 그렇지 않다면 이는 거짓의 진술임)라고 진술해야지, "지능지수(IQ)가 높으면 학업성적이 높은 동시에 낮다."라고 진술해서는 안 된다.

둘째, 이론으로서의 진술은, 예컨대 "지능지수(IQ)가 높으면 학업성적도 높다." 라는 식의 긍정문 형식의 평서문이나, 아니면 "지능지수(IQ)가 높다고 반드시 학업성적이 높은 것은 아니다."라는 식의 부정문 형식의 평서문으로 진술해야지, "지능지수가 높으면 학업성적도 높은가?"라든지, "지능지수가 높으니 학업성적도 높구나!"와 같은 의문문·명령문·감탄문 등의 형식으로 된 진술은 이론이 될 수 없다. 그 이유는 이론은 어떤 현상에 관련된 변인들 간의 관계를 기술하고 설명하고 예측하는 것이기 때문이기도 하지만, 또한 이론은 입증이나 검증을 해야 하는데 의문문·명령문·감탄문 등의 형식으로 된 진술은 검증이 불가능하기 때문이다.

그러므로 이론으로서의 진술은 반드시 긍정문 형식이나 부정문 형식의 평서문으로 진술하되, "참이다." 아니면 "거짓이다."라는 두 가지 언어형식 중 하나로 반드시 진술해야 하는데, 이는 이론을 만들 때는 물론이고 가설을 설정할 때도 마찬가지이다. 그리고 이와 같은 요건만 갖춘다면, 이론이나 가설을 중문(重文)이나 복합문(複合

---

18 자연과학에서 많이 사용하는 대수형식의 대표적 이론체계로는 미적분(微積分)에 의한 것을 들 수 있다. 즉 미적분이라는 대수법칙을 사용하여 주어진 변인들 간의 관계를 정의하고, 또한 그것으로부터 새로운 관계를 도출하여 더 새롭고 유용한 형태로 그 체계를 변형시켜 나가면서 이론을 형성하고 있다. 하지만 사회과학에서는 주로 언어체계를 사용하여 변인들 간의 관계를 명시하여 이론을 형성해 나가는데, 언어적 법칙은 대수적 법칙보다 비교적 덜 명확하기 때문에 자연히 언어체계에 의한 이론은 그 연역력(演繹力, deductive power)이 대수체계에 의한 그것보다 떨어진다. 따라서 사회과학에서도 앞으로는 대수체계를 쓰도록 노력해야 한다.

文) 형식으로 진술해도 무방한데, 이론은 단문(單文) 형식의 몇 가지 진술들이 결합하여 하나의 이론을 이룰 수도 있기 때문이다.[19]

한편, 언어체계를 사용하여 이론을 진술할 때는 구성법(formulation rule)에 맞게 진술해야 하는데, 구성법이란 이론의 구성요소들을 어떻게 연결시키고 배열하는 것이 옳고 틀리는지를 결정해 주는 언어체계상의 일정한 규칙(rule)을 말한다. 그러므로 언어체계를 사용하여 이론을 진술할 때는 그 구성법에 따라 이론의 구성요소들 간에 최소한 상호 모순이 없는 문장으로 표현해야 되는 것이 기본요건이다. 그러나 언어체계의 구성법은 이론의 구성요소들 간의 형식적 관계의 옳고 틀림만을 말해 줄 뿐, 그 양적(量的) 체계는 명확히 명시해 줄 수 없는 한계가 있다.

5) 이론의 진리치(眞理値)와 그 검증방법

위에서 살펴보았듯이 이론이 반드시 갖추어야 할 필요조건들로는 필연성(타당성), 일반성(보편성), 예측성과 형식성을 들 수 있다. 그러나 이러한 요건들을 모두 갖추었더라도 어떤 이론이 하나의 이론으로 성립하려면, 그 이론에서 내세우는 현상에 관련된 변인들 간의 관계에 관한 진술의 '진리치(眞理値, truth-value)'가 참[眞]으로 확증되어야 한다. 왜냐하면 이론은 그 진리치가 참으로 판명되어야만 이론이 될 수 있기 때문이다. 그렇다면 어떤 이론의 진리치가 참이냐, 거짓이냐는 어떻게 판명할 수 있는가? 그 방법, 즉 어떤 현상에 관련된 변인들 간의 관계에 관한 진술이 참[眞]이냐 거짓[僞]이냐의 진위성(眞僞性, truthfulness and falsity), 즉 진리치를 검증하는 방

---

19 이러한 이론의 경우, 진술들 간의 결합사(結合詞, connective)가 영어로 'and'로 되어 있는 것, 예컨대 "학생들의 학업성적은 ① 지능지수가 높고, ② 학습동기가 높으면 올라간다."는 식으로 2개의 단문 형식의 진술들이 결합되는 경우를 연언(連言)이라고 한다. 그러나 진술들 간의 결합사가 영어로 'or'로 되어 있는 것, 예컨대 "학생들의 학업성적은 ① 지능지수가 높거나, 또는 ② 학습동기가 높으면 올라간다."는 식으로 결합된 진술은 선언(選言, disjunction)이라고 한다.
한편, 단문 형식의 진술들은 "if …, then ….''의 형식으로 결합될 수도 있는데, 이러한 진술은 가언적 진술(假言的 陳述, hypothetical statement)이라고 하며, 이러한 진술에서 'if' 바로 다음에 오는 진술은 전건(前件, antecedent)이라 하고, 'then' 다음에 위치한 진술은 후건(後件, consequent)이라고 한다.

법에는 다음과 같이 크게 세 가지가 있다.

첫째는 논리적 방법(logical method)으로서, 이는 주어진 진술에 나타나 있는 개념들의 의미와 그 논리적 관계를 분석하여 그 진술이 참이냐 거짓이냐를 밝히는 방법인데, 이러한 방법에서는 사실에 대한 관찰을 필요로 하지 않는다.

둘째는 경험적 방법 또는 실증적 방법(empirical method)으로서, 이는 주어진 진술에 나타나 있는 사실들의 진위 여부를 실증연구방법을 통하여 관찰, 그 사실이나 변인들 간의 인과관계를 밝히는 방법이다.

셋째는 종합적 방법인데, 이는 위와 같은 두 가지 방법을 모두 사용해서 주어진 진술에 대한 진리치를 검증하는 방법이다. 즉 논리적 방법을 먼저 사용하여 그 진리치를 검증해 본 다음, 이를 다시 실증적 방법을 통하여 확인해 보는 방법을 말하는데, 이는 어떤 진술이 형식 논리적으로는 참이라 할지라도 실증적으로는 거짓일 수 있기 때문이다.

이와 같은 세 가지 방법들을 통하여 그 진리치가 참으로 확인된 진술은 이론이라고 볼 수 있다. 그렇지만 이렇게 확인된 진술이라도 그것이 모두 이론이 되는 것은 아니다. 이론이란 또한 위에서 언급한 요건들, 즉 필연성, 보편성, 예측성, 형식성 등도 갖추어야 하기 때문이다. 바로 이와 같은 여러 가지 요건들을 모두 갖춘 이론은, 앞서 말했듯이 여러 가지 중요한 기능들을 행사하게 된다. 그러므로 이론의 발견이나 형성 또는 정립은 모든 학문의 연구에서 기본목표가 된다.

라. 과학적 연구방법의 중요성과 본질

앞에서 학문의 주요 연구목적과 연구대상 등에 관하여 간단히 살펴보았다. 그러나 연구목적과 연구대상이 있더라도 이를 연구할 수 있는 방법이 없다면 연구를 할 수 없다. 서두에서 말했듯이 어떤 학문 분야가 하나의 독립된 학문으로 성립하려면, 첫째로는 그 학문 분야 고유의 지적(知的) 연구영역이 있어야 하고, 둘째로는 그 연구영역을 과학적으로 연구할 수 있는 과학적 방법(scientific method)을 갖추어야 하기 때문이다. 그리하여 해당 학문 고유의 연구대상을 과학적 방법으로 연구해서 그에 관한 보편타당한 이론체계를 정립할 수 있어야 그 학문 분야는 비로소 하나의 독립 학문으로 성립된다. 따라서 과학적 연구방법은 모든 학문 분야에서 매우 중요한 위치를 차지하고 있다. 그러면 이제부터는 연구방법에 관하여 살펴보되, 먼저 과학적 연구방법의 뜻과 본질부터 간단히 살펴보고 넘어가기로 하겠다.

1. 과학적 연구방법의 의미

미국의 철학자 퍼스(Charles Sanders Peirce)에 의하면, 우리가 어떤 사물을 이해하거나 또는 어떤 문제에 대한 결론을 내리는 방법에는 크게 네 가지가 있다고 한다(Buchler, 1955, 제2장). 첫째는 아집적 방법(我執的 方法, method of tenacity)으로, 이는 자기가 믿고 있는 바(비록 그것이 틀린 것이라고 할지라도)에 의하여 자기 나름대로 결론을 내리는 방법이고, 둘째는 권위주의적 방법(method of authority)으로, 이는 권위가 있다고 생각되는 사람들의 말이나 글을 근거로 주어진 문제에 대한 결론을 내리는 방법이며, 셋째는 직관(直觀, intuition)에 의하여 결론을 도출하는 선험적 방법(先驗的 方法, a priori method)이라는 것이다.

그리고 넷째는 과학적 방법(scientific method)인데, 이는 주어진 현상을 개인적 편견·가치관·태도·감정 등을 떠나서 객관적으로 검토하고 재검토해서 그에 대한 결론을 추출하는 방법으로, 이것만이 어떤 현상이나 사물에 대한 진정한 이해 또는 문제해결의 방법이라고 퍼스는 주장하였다. 그렇다면 이들 네 가지 방법 중, 우리는 과연 어떤 방법을 통하여 주어진 현상이나 문제에 대한 결론을 내려왔는가?

이는 우리가 대학에 입학할 때 논술문을 쓰거나 또는 대학에 들어와 연구보고서(리포트)를 쓸 때 어떤 방법으로 주어진 주제에 관하여 결론을 내렸는지를 반성해 보면 알 수 있다. 물론 과학적 방법을 사용하여 결론을 내린 경우도 적지 않았을 것이다. 그러나 가만히 반성해 보면, 과학적 방법보다는 아집적 또는 선험적 방법에 의해 주어진 주제나 연구문제에 대한 결론을 내리기도 했으며, 특히 권위적 방법, 즉 권위 있는 인물들의 말이나 근거로 결론을 내린 경우가 가장 많았다고 볼 수 있다. 때문에 아일랜드에서 출생하여 영국 케임브리지 대학교의 역사학 교수를 역임한 뷰어리(Burry, 1958, p. 12)는 과학을 권위에 대한 이성(理性)의 끊임없는 투쟁이라면서,

과학과 권위의 차이를 다음과 같이 설명했다.

"그것을 어떻게 아는가?"라고 사람들에게 물으면 "아주 권위 있는 사람에게서 들었다."거나, "책에서 읽었다."거나, "그것은 상식이다"라거나, 또는 학교에서 배웠다고 대답한다. 이러한 대답들은 모두 남의 지식을 믿고 거기서 지식을 얻어왔다는 것을 말하는 것으로, 대개의 사람들이 가진 지식은 대부분이 이런 종류의 것이며, 그 진위(眞僞)를 확인하지 않고 받아들인 것들이다. 지도 위에 표시된 한 지점에 '뭄바이(Mumbai)'라는 도시가 있다는 것을 대개의 사람들은 권위에 의해 받아들인다는 사실이다. 나폴레옹(Napoleon)이나 시저(Caesar)의 존재도 이와 마찬가지이다.

그러나 이처럼 남의 권위에 의해서 여러 사실을 인정하고 받아들이기만 한다면 우리의 지식은 국한되어 버릴 것이 명백하다. 그리고 때로는 그 지식이 잘못된 것일 수도 있다. 따라서 남의 지식을 받아들일 때는 한 가지 조건이 필요하다. 즉 입증 내지 확인할 수 있는 사실만 받아들이거나, 또는 자기가 권위에 의하여 배운 사실의 진위를 확인해 본 후 받아들여야 한다. 수고를 아끼지 않는다면 뭄바이라는 도시의 존재를 직접 확인해 볼 수는 없더라도, 그것을 입증해 주는 많은 증거를 찾을 수 있다. 마찬가지로 나폴레옹의 존재를 직접 확인할 수는 없으나, 의심이 날 때에는 조금만 연구하면 그의 존재 사실의 증거를 많이 발견할 수 있는데, 바로 이처럼 다른 사람의 권위에 의해 배운 사실의 진위를 검증 내지 확인해서 받아들이는 것이 곧 과학적 연구방법이라는 것이다. 그렇다면 이러한 과학적 방법의 특성 내지 요건들은 무엇인가?

2. 과학적 연구방법의 주요 요건

커린저(Kerlinger, 1973, p. 11)는 "과학적 방법이란 어떤 현상에 관한 변인들 간의 가정(假定)된 관계에 대한 가설적 명제(hypothetical propositions)들을 체계적으로 통제된 관찰(controlled observation)을 통하여 실증적(empirical)이고 비판적(critical)으로 고구(考究) 또는 검증하는 방법"이라면서, 이러한 과학적 방법의 주요 요건 내지 특성으로 ① 개념적 및 이론적 틀(scheme)의 사용, ② 주어진 가설에 대한 체계적 및 실증적 검증, ③ 통제된 관찰, ④ 변인들 간의 관계에 대한 의식적 및 체계적 추구, ⑤ 관찰한 현상에 대한 객관적 및 가치중립적 설명을 들고 있다. 그러면서 이러한 특성들을 갖춘 과학적 방법과 그렇지 않은 비과학적 또는 상식적 방법을 대비하여 설명하면서, “상식은 과학의 나쁜 스승(Common-sense is a bad master of science)”이라는 화이트헤드(Whitehead, 1911, p. 157)의 말을 인용하여 과학적 방법을 상식적 방법의 반대 개념으로 보고 있다.

한편, 앤더슨(Anderson, 1966, p. 3 및 pp. 11-12)은 “과학이란 현상을 기술하고 설명하기 위한 특정한 규칙들의 집합(a particular set of rules)”이라고 정의하면서, 과학적 방법을 특정짓는 규칙 내지 원리로서 다음 여섯 가지, 즉 ① 조작적 정의(操作的 定義, operational definition)의 원리, ② 일반성(generality)의 원리, ③ 통제된 관찰(controlled observation)의 원리, ④ 반복적 관찰(repeated observation)의 원리, ⑤ 확증(confirmation)의 원리, ⑥ 일관성(consistency)의 원리를 들고 있다. 즉 과학적 방법이란 어떤 현상을 기술·설명할 때 ① 조작적 정의를 사용해야 하며, ② 특수한 조건에 국한하지 않고 일반성에 입각해야 하고, ③ 가외변인들이 통제된 상황에서 관찰이 이루어져야 하며, ④ 연구자 자신이나 다른 사람이 반복해서 관찰할 수 있어야 하고, ⑤ 주어진 현상에 대한 기술이나 설명이 실제와 부합되어야 하며, ⑥ 그 설명들 사이에 상반이나 모순이 있어서는 안 된다는 것이다.

또한 모건과 킹(Morgan and King, 1966, pp. 13-14)은 심리학의 과학적 특성을 설명하면서 과학적 방법의 요건으로 실증성, 체계성, 측정성 및 정의성(定義性)을 들고 있다. 즉 ① 과학적 방법은 단순한 의견이나 신념 또는 논쟁이 아니라 실험이나 관찰 등의 실증적 연구방법이며, ② 과학적 방법은 체계적 연구방법으로, 곧 관찰에서 원리로, 다시 원리에서 관찰로 귀납적 방법과 연역적 방법을 모두 사용하는 방법이고, ③ 과학적 방법은 객관적 측정을 통하여 현상을 연구하는 방법이며, ④ 과학적 방법은 여러 가지 변인이나 이들 간의 관계를 명확하게 조작적 정의방법을 통하여 규정해서 사용하는 방법이라는 것이다. 그러나 이와는 조금 달리, 스미드(Smith, 1970, pp. 6-7)는 과학적 방법의 요강(要綱, canons)으로서 반복연구의 가능성(replicability), 수량화의 가능성(quantifiability), 예측의 가능성(predictability) 및 설명의 간결성(parsimony)을 들고 있다.

한편, 웨스틀리(Westley, 1958, p. 163)는 과학적 방법은 ① 일반성을 띠어야 하고, ② 통제된 관찰을 토대로 하며, ③ 예측지향적이어야 하고, ④ 인과관계를 추구하는 것이며, ⑤ 자연적(naturalistic)이고 결정적(deterministic)이어야 하며, ⑥ 간결한 설명(parsimonious explanation)을 추구하는 것이어야 한다고 주장하였다. 그런가 하면, 서울대학교 철학과 교수 이명현(李明賢, 1978)은 과학적 방법은 확증 가능해야 하며, 일반성을 띠어야 하고, 표현이 명료해야 하며, 논리적 일관성과 체계성 및 내용상의 포괄성을 갖추어야 한다고 하였다.[20]

3. 과학적 연구방법의 본질

위에서 살펴보았듯이, 여러 학자들이 과학적 연구방법의 요건 또는 특성으로 여러 가지를 들고 있는데, 바로 이러한 것들을 모두 갖추고 있을 때 그것은 과학적 방법이라고 말할 수 있다. 그러나 아우어(Auer, 1959, p. 25)가 지적했듯이 "어떤 연구방법이 과학적 방법이냐, 아니냐 하는 것은 그 외적 요건들만을 가지고 기계론적으로 설명될 수 없으며, 결국은 연구자 자신의 태도나 사고방식에 귀착해서 결정될 수 있다."고 하겠다. 과학적 방법은 어떤 고정된 공식(a fixed formula)이 아니라, 연구자의 과학적 태도, 연구문제에 접근해 들어가는 객관적 방법, 비판적 사고(思考)의 습관이라고 볼 수 있기 때문이다.

그러므로 아무리 계량적 측정도구와 측정방법을 사용하고 그 결과를 컴퓨터를 사용해서 통계분석을 할지라도, 연구자 자신의 태도가 과학적이 아니라면 그의 연구방법은 결코 과학적이 될 수 없다. 예컨대, 컴퓨터를 사용하더라도 쓰레기를 입력(garbage input)하면 쓰레기가 출력(garbage out)되듯이, 연구자가 컴퓨터에 엉터리 연구자료를 입력하면 엉터리 결과가 출력된다. 따라서 연구자가 정확하고 객관적

20 이를 좀 더 구체적으로 들어보면, 다음과 같다. ① 과학의 명제는 그것이 참이냐 거짓이냐를 누구든지 확증할 수 있어야 한다. 즉 상호주관적 시험이 가능해야 된다. ② 과학적 명제의 시험은 그 확증의 정도가 상당한 수준에 올라가야 한다. 따라서 일부의 경우에만 타당한 것을 모든 경우에 타당한 것으로 침소봉대(針小棒大)하는 것은 안 된다. ③ 과학적 명제는 또한 명석하게 판명해야 한다. 그럼에도 우리나라에서 흔히 과학의 이름으로 논의되는 것들을 보면 애매한 표현으로 되어 있는 것이 많은데, 이렇게 되어서는 안 된다. ④ 과학적 이론은 논리적 일관성이 있어야 하고, 체계적 구조를 가지고 있어야 한다. ⑤ 과학적 명제의 내용은 포괄성이 있어야 한다. 즉 특정한 개별적 사실만을 설명하는 것이어서는 안 된다는 것이다.

인 자료를 입력해야만 정확하고 객관적 분석 결과(output)를 얻을 수 있게 되므로, 과학적 연구방법은 컴퓨터라는 과학적 도구보다는 연구자 자신의 태도에 의해 결정된다고 할 수 있다.

이처럼 과학적 연구방법이란, 아우어가 지적했듯이 과학적 마음가짐과 객관적 및 비판적 사고방식이므로, 학문을 하려면 우선 인격부터 도야해야 한다. 연구자가 아무리 연구방법을 잘 안다고 하더라도 인격이 삐뚤어져서 어떤 편견 등을 갖게 되면 객관적이고 과학적인 연구를 할 수 없기 때문이다. 그렇다고 해서 앞서 살펴본 과학적 방법의 요건들이 과학적 방법을 규정짓지 못한다는 말은 아닌데, 과학적 방법의 요건들은 곧 연구자 자신들의 과학적 마음에서 연유되기 때문이다. 때문에 커린저(Kerlinger, 1973, pp. 11-15)는 과학적 방법의 여러 요건들을 제시한 뒤 과학적 방법이란 곧 과학적 사고방식이라고 결론 내리면서, 일찍이 존 듀이(John Dewey)가 제시한 반사적 사고방식(反射的 思考方式, reflective thinking)을 가장 훌륭한 과학적 연구방법의 하나로 제시했다.

듀이의 반사적 사고방법이란 어떤 문제의 해결 또는 연구를 위한 체계적 사고과정의 하나로, 그 과정은 다음과 같이 크게 네 단계로 나누어 볼 수 있다.

첫째 단계는 연구문제에 대한 정확한 규정으로, 이는 우선 연구문제를 발견해서 정확하게 분석하여 연구가 가능하도록 규정하는 것을 말한다. 둘째 단계는 연구문제에 대한 여러 가지 가설들의 모색 단계로, 첫째 단계에서 규정한 연구문제에 관한 그간의 여러 가지 연구 결과들이나 경험 등을 바탕으로 주어진 연구문제에 대한 여러 가설들을 설정하는 것을 말한다. 셋째 단계는 연역적 사고(演繹的 思考)의 단계로, 앞서 설정한 여러 가설들을 하나하나 검토해서 그중 가장 타당한 가설을 선정하는 것을 말하며, 넷째 단계는 귀납적 검증단계(歸納的 檢證段階)로, 앞서 선정한 가설을 과학적 내지 실증적 방법으로 검증해서 확인해 보는 것을 말한다(Dewey, 1933, pp. 106-118).

커린저는 바로 이와 같은 네 단계의 반사적 사고방식에 의한 연구가 곧 과학적 방법이라고 말하고 있다. 그렇지만 그는 이러한 사고방식의 맹종적 노예가 되어서는 안 된다고 경고하면서, 이러한 사고방식의 절차를 염두에 두되, 누구에게나 개방할 수 있고 확증할 수 있는 절차에 따라 연구문제를 해결하는 방법이 최선의 과학적 방법이라고 말하였다.

4. 연구방법에 대한 오해와 그릇된 비판

앞서 말했듯이, 과학적 방법이란 과학적 사고과정을 통한 연구방법이라고 할 수 있다. 그러나 커린저(Kerlinger, 1973, pp. 5-6)가 지적했듯이, 많은 일반인들은 '과학' 내지 '과학적 방법'이라고 하면, 특수한 사람들만이 실험실에서 복잡한 기구들을 사용해서 연구하는 것으로 오해한다. 또한 과학 또는 과학적 방법이라고 하면, 자연과학(natural sciences)에 관한 것만으로 오해하고 있다. 그러나 어떤 학문 분야가 과학이냐 아니냐 하는 것은 연구대상에 달려 있는 것이 아니라, 그 학문이 과학적 연구방법을 사용하느냐, 아니냐에 달려 있다.[21] 따라서 과학적 연구방법이란 조사방법이나 실험방법 등 실증방법만을 뜻하지 않으며, 그것이 만약 과학적 방법의 요건만 갖추고 있다면 모두 과학적 방법이 된다.

1) 과학적 연구방법의 본질에 대한 오해와 불평

한편, 과학적 방법을 인문주의 방법의 반대 개념인 실증주의 방법으로만 착각해서 과학적 방법의 본질을 오해하는 경향도 없지 않다. 그러면서 과학적 방법에 비판을 기하기도 한다. 그러나 이는 잘못으로, 과학적 방법이 실증주의 방법을 의미한다고 하더라도, 실증주의 방법 자체도 절대로 그릇된 것이 아니기 때문이다. 그럼에도 불구하고, 과학이나 과학적 방법의 본질에 대한 여러 가지 오해로 인하여 불평을 하는 사람들도 적지 않은데, 이러한 불평이나 오해에 대한 이명현(1978)의 반론을 간단히 소개해 보면 다음과 같다.

첫째, 과학은 절대적 확실성을 지닌 지식을 우리에게 전달해 주지 못한다는 불

21 그러므로 경제학, 문화인류학, 사회학, 사회복지학, 심리학, 언론학, 정치학, 지리학 등도 사회과학(social sciences)라고 부르는데, 이렇게 부르게 된 것은 19세기에 특히 실증주의적 사회학자(positivist sociologist)들이 인간사회를 이해하기 위한 하나의 모델로서 자연과학적 연구방법은 원용하면서부터였다.

평이 있는데, 이것은 사실이다. 그러나 과학 이외의 어떤 다른 지식탐구의 방법도 우리에게 절대적 진리를 주지 못하고 있다. 그러므로 과학이 절대적 확실성을 지닌 지식을 전달해 주지 못한다는 불평은 과학 자체에 대한 불평으로는 적합하지 않으며, 그것은 단지 인간 자신이 가지고 있는 유한성(有限性)을 폭로하는 발언에 지나지 않는다.

둘째, 과학은 현상에 대한 지식만 제공해 주고, 참된 실재(實在)의 모습을 보여주지 못한다는 불평이 있다. 그러나 이것은 현상과 실재라고 하는 낡은 형이상학적 구분에 의한 것으로서, 이러한 구분은 오늘날에 와서는 설득력을 잃고 있다.

셋째, 과학은 무엇이 옳고 무엇이 그른가 하는 가치문제에 관해서 결정해 주지 못한다는 불평이 있다. 물론, 가치문제는 모든 학문의 주요 연구대상이 된다. 그러나 과학은 '가치'라는 현상 자체를 설명함을 목표로 하는 것이지, 가치기준을 설정하는 것을 목적으로 하지 않는다.

넷째, 과학은 측정할 수 있는 것만 설명해 주고, 측정할 수 없는 많은 현상은 제대로 설명해 주지 못한다는 불평 내지 오해가 있다. 그러나 측정이 양적인 것만 다루고 질적인 것을 다루지 못한다는 생각은 잘못이다. 질과 양은 그렇게 엄격히 나누어지는 것은 아니다.

다섯째, 과학은 현상을 기계론적으로 설명하는 것이기 때문에 유기체적 현상은 설명하지 못한다는 불평이 있다. 베르그송(Henri Bergson) 이래 전통적으로 행해졌던 이러한 비판은 유기체의 기본적 구조를 제대로 이해하지 못하던 전근대적 낡은 사고방식의 이야기이다. 좀 더 세련된 인과적 설명은 모든 유기체에도 동일하게 적용될 수 있는 것이다.

여섯째, 과학에 대한 불평은 현대문명이 지닌 문제점들을 근거로 한 것으로, 과학문명은 핵전쟁·공해·소외현상 등 여러 가지 악(惡)을 낳았기 때문에 과학은 비판받아야 된다는 주장이다. 그러나 이러한 악들은 과학 자체보다는 그 이용에 관련된 문제들이며, 과학의 이용은 어디까지나 가치관의 문제이다. 그러므로 과학이 빚어낸 악의 문제는 그러한 가치관을 지니고 있는 인간과 사회구조상의 문제이지, 과학이론 자체에 기인한 것은 결코 아니다.

일곱째, 이는 그릇된 학문정신에 기인한 불평으로서 "과학이 우리에게 객관적

비타민 1-5

남의 이론과 우리의 이론

"남의 이론은 우리 현실에 맞지 않으니, 우리에게 맞는 우리 이론을 만들자."

이러한 주장은 특히 1980년대에 서구 자본주의 국가사회의 학문에 대한 비판이론 및 지식사회학과 관련하여 우리나라 학문사회에서 크게 유행했으며, 현재까지도 연연히 이어져 오고 있다. 우리 현실에 맞지 않는 서양 이론 대신, 우리 현실에 맞는 한국 이론을 만들자는 주장(그러나 이들은 서양의 마르크스 이론은 숭상함)은 특히 학문적 주체성(主體性)이 넘치는 듯, 참 그럴듯하게 들린다.

그러나 플라톤(Platon)이 "의학(醫學)은 소크라테스의 병만을 고치기 위한 것이 아니라, 세계 인류의 병을 고치기 위한 것"이라고 말했듯이, 과학 내지 과학적 학문은 어떤 특정 국가사회의 특수한 상황에만 맞는 이론을 연구 · 개발하기 위한 것이 아니라, 세계 모든 국가사회의 현실에 맞는 보편타당한 이론을 정립하기 위한 것이다. 그러므로 다른 나라의 일부 사회과학적 이론들이 우리의 상황에 맞지 않는다고 해서, 우리의 상황에 맞는 이론만 개발하자는 주장은 잘못이다. 이러한 이론, 즉 우리의 상황에만 맞는 이론은 일반성 내지 보편성이 없는 것으로서, 참다운 이론이 될 수 없기 때문이다.

그렇다면 여러분은 앞으로 어떤 이론을 만들고 싶은가? 우리 한국의 상황에만 적용되는 이론을 만들고 싶은가? 아니면, 우리나라는 물론, 세계적으로 널리 통용될 수 있는 이론을 만들고 싶은가? 또한 어떤 이론을 만드는 것이 우리나라 학문을 세계에 널리 알리는 길일까?

우리 이론을 만들자는 주장에도 물론 일리가 없지는 않다. 그러나 우리 이론이니, 남의 이론이니 하면서, 특히 서양의 학문을 무조건 배척하려는 배타주의적이고 국수주의적인 학문정신(?)은 결코 바람직하지 않다. 각 나라 사람들이 저마다 자기 위주로 자기에게만 맞는 이론들만 만든다면, 세계 어디에서나 적용되는 일반성이 높은 이론은 나올 수 없으며 학문이 발달할 수 없기 때문이다. 그것이 어떤 이론이든 간에, 세계적이면서 우리의 특수한 사회적 현상에도 적용될 수 있는 이론을 개발하는 것이 곧 과학적 연구자의 자세이다.

진리를 제공해 준다고 하는 것은 허위이다."는 고발이다. 이러한 고발은 특히 지식사회학과 관련하여 요즈음 우리 사회에서 많이 유행하고 있는데, 이러한 입장에서 본다면 과학은 사람들이 저마다 자기 위주로 자기에게 맞도록 만들어 놓은 개념의 체계에 지나지 않게 된다. 따라서 우리는 '남의 식'이 아닌 '나의 식'으로 학문도 해야 한다고 주장한다. 예를 들어, 물리학에서 중력의 법칙 같이 어디에서든지 적용되는 일반성이 높은 이론은 사회과학에서는 아직까지 찾아보기 힘들다. 그러므로 서양에서의 특수한 상황에 적용하기 위하여 만들어진 이론을 그대로 우리의 특수한 사회적 현상에 적용하여 그것이 안 맞는다고 불평하는 것은 잘못된 것이다. 이것은 원래 포괄적이 아닌 이론을 포괄적인 것으로 잘못 생각한 데서 나오는 불평이기 때문이다.

마지막으로, 한국의 역사적 문맥과 관련하여 나타난 과학에 대한 오류를 들 수 있는데, 우리의 전통에서 학문은 형식논리학에서 말하는 '숭경(崇敬)의 오류'를 범하고 있었다. 과거 우리 학문의 풍토는 성인(聖人)의 말을 놓고 비판적으로 검토하려는 것이 아니라, 각주(脚註)라는 데만 전념하는 훈고학적(訓古學的) 풍토가 지배적이었다. 이것이 지금까지도 계속되어 서양학문을 하는 경우에도 그대로 나타나고 있다. 서양의 위대한 학자 앞에 무릎을 꿇기에만 골몰하였지, 그들의 이론을 비판적으로 보는 정신이 결여되어 있다. 그러다보니 그들의 이론이나 그들이 사용하는 과학적 방법이 숭배할 것이 못 된다는 불평이 나왔다. 그러나 학문은 숭배하는 것이 아니라, 끊임없는 비판을 통해 새로운 이론이나 연구방법을 만들어 내는 창조적 과정이다.

2) 실증적 연구방법에 대한 오해와 배척

과학 내지 과학적 방법에 대한 이상과 같은 여러 가지 오해나 불평에 대한 이명현 교수의 반론은 과학적 방법의 본질을 잘 설명하고 있다. 그러나 이러한 과학적 방법의 본질을 제대로 이해하지 못한 나머지, "과학적 방법은 가치문제에 관해서 결정해 주지 못한다."느니 "학문적 주체성이 없다."느니 하고 배척하는 사람들도 없지 않다. 그런가 하면, 과학적 방법을 인문주의 방법의 반대 개념인 실증주의 방법으로만 착각해서 과학적 방법을 비판하기도 한다. 그러나 이는 잘못된 생각으로, 과학적 방법이 실증주의 방법을 의미한다고 하더라도, 실증주의적 방법 자체도 절대로 그릇된 연구방법은 아니다.

그러나 실증적 방법을 비판하거나 배척하는 사람들을 보면, "어떻게 모든 현상을 실증적으로 확인할 수 있느냐?"는 것인데, 물론 우리의 정신세계는 모두 실증적으로 확인 내지 검증할 수 있는 내용으로만 되어 있지는 않다. 인간의 사상적(思想的) 내용들 중에는 확인할 수 있는 것들도 있지만, 확인도 검증도 할 수 없는 것들도 많이 있다. 예컨대, 인간이나 사회에 관련된 가치관 · 규범 · 판단 · 방향 등의 문제는 확실히 과학 이상의 것이다. 따라서 이러한 문제에 관한 전반적 고구(考究)에서는 인문주의적 또는 철학적 사고도 필요하다.

하지만 이러한 인문주의적 내지 철학적 사고 또한 과학적 방법에 의한 실증적 검증이 필요하다는 것을 간과해서는 안 된다. 아무리 그럴듯한 철학적 입론(立論)이라 할지라도, 그것이 과학적 방법에 의한 검증을 수반하지 않는 한, 어디까지나 하나의 가설 내지 아이디어에 머물기 때문이다. 따라서 이러한 가설이나 아이디어가 참인지, 거짓인지를 실증적으로 검증해 보기 위한 실증방법은 모든 학문의 연구에서 반드시 필요하며, 실증적 연구방법은 과거에 형이상학적 변두리를 할 일 없이 배회하던 사회과학도들을 '사실(事實)'과 '실증'이라는 새로운 과학적 학문의 세계로 지향하게 만드는 데 가장 결정적 역할을 했다.

5. 과학적 연구방법의 중요성과 학습목적

앞에서 과학적 연구방법의 뜻과 본질에 관하여 간단히 살펴보았는데, 이러한 과학적 방법은 모든 학문연구에서 반드시 필요하다. 어떤 연구대상이 있더라도 이를 과학적으로 연구할 수 있는 방법이 없다면 연구가 불가능하기 때문이다. 따라서 대학에서도 각 학문 분야마다 모두 연구방법을 필수과목으로 가르치고 또 배우고 있다. 그렇다면 좀 더 구체적으로 우리는 왜 연구방법을 배워야 하는가?

1) 학문의 필수요건으로서 연구방법의 학습목적

앞서 말했듯이 어떤 학문 분야가 하나의 독립학문으로 성립하려면 최소한 두 가지 필요요건을 충족시킬 수 있어야 한다. 즉, 첫째로는 그 학문 분야 고유의 지적(知的) 연구대상 영역이 있어야 하고, 둘째로는 그 연구대상을 과학적으로 연구할 수 있는 방법(scientific method)을 갖추어야 한다. 그리하여 고유의 연구대상 영역을 과학적 방법을 통해 연구해서 그에 관한 보편타당한 지식체계를 정립할 수 있어야 그 학문 분야는 비로소 하나의 독립학문으로 성립된다.

그 반면, 아무리 고유의 연구대상 영역이 있다 하더라도 이를 연구해서 그에 관한 이론을 정립할 수 있는 과학적 연구방법이 결여되었다면, 그 학문 분야는 독립학문이 될 수 없다. 따라서 어떤 학문 분야가 하나의 독립학문이 되려면, 우선 고유의 연구대상 영역부터 명확히 해서 학문적 정체성(academic identity)을 확립해야 하며, 다른 한편으로는 그 연구대상을 과학적으로 연구할 수 있는 방법도 갖추어야 한다. 때문에 각 학문 분야는 거의 모두가 해당 분야의 연구방법을 필수과목으로 학생들에게 가르치고 있는데, 이것이 바로 우리가 과학적 연구방법을 배워야 하는 가장 중요한 첫째 이유이다.

대학생이 되면 반드시 과학적 연구방법도 배워야 한다. 대학은 다른 사람들이 창조해 놓은 기존 지식들만을 배우는 곳이 아니라 새로운 지식들도 창조하는 곳이므로, 새로운 지식들을 창조하려면 그에 필요한 연구방법부터 알아야 하기 때문이다. 그리해서 새로운 지식을 창조해야 학문뿐 아니라 인류사회도 발전할 수 있다.

2) 대학생의 기본소양으로서 연구방법의 학습목적

바로 이와 같은 이유에서 대학생이 되면 누구나 반드시 과학적 연구방법을 배워서 이를 알고 실제로 활용할 줄도 알아야 한다. 이는 앞으로 학문을 계속해서 연구하려는 학생들은 말할 것도 없고 그렇지 않은 학생들도 마찬가지인데, 그 이유를 몇 가지만 들어보면 다음과 같다.

첫째, 우리가 중·고등학교에 다닐 때는 교과서에 나오는 여러 가지 지식들을 그대로 배우기만 하면 되었지만, 대학생이 되면 어떤 지식이나 이론이 어떤 방법의 연구를 통하여 나왔는지도 알아야하기 때문이다. 우리가 배우는 모든 지식이나 이론들은 어떤 연구들을 통하여 도출(導出)된 연구결과의 체계라고 할 수 있는데, 이러한 지식이나 이론이 어떤 연구방법과 과정을 통하여 도출되었는지도 모른 채, 남들이 형성해 놓은 이론이나 지식 자체만 가지고 왈가왈부하는 것은 수치스러운 일이 아닐 수 없다. 따라서 대학생이라면, 이론이나 지식을 직접 연구해서 창조하지는 못하더라도, 그것들이 어떠한 연구를 통해 어떻게 나오게 되었는지 그 방법과 과정은 최소한 알아야 하며, 그러자면 연구방법에 관한 기초지식을 최소한 갖추어야 한다.

둘째, 대학생이라면 직접 자신이 연구는 하지 않더라도 각종 학술지에 실려 있는 다른 사람들의 연구논문들을 읽고 이해할 수는 있어야 하는데, 그러자면 그 연구논문들에 설명해 놓은 연구방법도 알아야 한다. 특히 근래에는 사회과학 분야에서도 실증연구방법이나 통계방법 등을 많이 사용하는데, 이러한 연구방법들을 몰라서 다른 사람들의 연구논문의 내용을 제대로 이해할 수 없다면 이는 수치가 아닐 수 없다. 또한 다른 사람들의 연구논문들에서 사용한 연구방법을 모른다면, 그 논문에서의 연구결과가 과연 타당하고 신뢰할 수 있는 것인지도 판단할 수 없다. 그러므로 대학생이라면 최소한 다른 사람의 연구논문들을 이해하고, 그 연구방법의 타당성과 신뢰성 등을 판단할 수 있을 정도의 연구방법은 반드시 배워서 알아야 한다.

셋째, 대학생이라면 또한 다른 사람의 저술이나 논문 등에 나오는 연구결과나 학술적 주장 등을 그대로 받아들여서는 안 되며, 그것들이 참인지 거짓인지를 검증해서 선별적으로 받아들여야 하는데, 그러자면 다른 사람의 연구결과나 주장 등을 실증적으로 검증해 볼 수 있는 연구방법을 알아야 한다. 그렇지 않고, 특히 외국 이론들을 실증적 검증도 거치지 않은 채 무비판적으로 받아들인다면, 거짓 이론을 참[眞]으로 오인할 수 있을 뿐 아니라, 우리나라의 학문도 발전할 수 없게 된다.

그럼에도 불구하고, 과거 우리나라 사회과학도들은 선진 외국의 이론들을 도입하기에 급급한 나머지, 그것들에 대한 실증적 검증도 거치지 않은 채 무비판적으로 도입함으로써 우리나라의 사회과학이 제대로 발전할 수 없었다는 비판도 없지 않았다. 따라서 한국의 사회과학을 발전시키려면 대학생들도 실증연구방법들을 배워서, 외국 이론이 한국적 상황에서도 보편타당성을 지니고 있는지를 실증적으로 검증한 뒤에 받아들이고, 또한 세계적인 새로운 이론들도 창출해야 하는데, 그러자면 과학적 연구방법에 관한 지식과 실제적 기능이 반드시 필요하다.

3) 연구방법의 오용 방어수단으로서 학습목적

바로 이와 같은 여러 가지 이유에서 대학생이라면 반드시 과학적 연구방법을 배워서 알아야 한다. 그럼에도 불구하고, 일부 학생들 중에는 연구방법에 관한 공부를 기피하거나 소홀히 하면서 이러한 자신의 행동을 합리화하기 위하여, 특히 실증연구방법이나 통계방법 등의 제한점이나 약점만 들어 이들 방법을 무조건 배척하고 외면하려는 경향도 없지 않다. 그러나 이는 결코 학문을 연마하는 대학생의 바람직한 태도가 아닐 뿐 아니라, 실증연구방법이나 통계방법 등의 기본원리나 장점 등을 모르는 사람들의 처사이다.

물론, 실증연구방법이나 통계방법 등에 한계가 없는 것은 아니다. 따라서 "어떻게 모든 현상을 실증적으로 연구하고 확인할 수 있느냐?"는 비판에 일리가 전혀 없지는 않다. 인간의 사상적(思想的) 내용들 중에는 확인할 수 있는 것들도 적지 않기 때문이다. 따라서 이러한 사상적 문제 등에 관한 전반적 고구(考究)에서는 인문주의적 또는 철학적 사고도 필요하다. 그러나 이러한 인문주의적 내지 철학적 사고 또한 과학적 방법에 의한 실증적 검증이 필요하다는 것을 간과해서는 안 된다.

한편, 통계적 방법에 관하여, 예컨대 "복잡한 사회현상을 어떻게 수량적으로 설명하려고 하느냐?"는 비판에도 일리가 없지는 않다. 그러나 이는 통계방법을 잘 모르고 하는 비판이다. 통계 방법은 자연현상이나 사회현상의 수량적 측면만 기술하고 설명하기 위하여 발달한 것으로서, 수량화가 가능한 현상만 다룰 뿐, 비수량적(非數量的) 영역은 절대 침범하지 않기 때문이다.

또한 통계방법이 의식적 또는 무의식적으로 오용(誤用) 또는 악용되는 점을 들어 통계불신론을 피력하는 사람들도 없지 않다. 그러나 통계방법으로 하여금 악용될 수 있는 여지를 만들어 주는 것은, 다름 아니라 통계방법에 관한 우리 자신의 무지(無知) 때문이라는 사실을 명심할 필요가 있다. 우리가 통계방법의 원리들을 잘 알고 있다면, 다른 사람들이 통계방법을 함부로 오용이나 악용할 수 없기 때문이다. 따라서 잘못된 통계방법에 속지 않기 위해서도 우리는 통계적으로 무장할 필요가 있다. 그러므로 덮어놓고 통계방법을 외면하거나 기피하는 것은 매우 어리석은 일이다.

만약 이러한 어리석음 때문에 통계방법을 외면 또는 기피한다면, 다른 사람들의 연구논문도 제대로 읽을 수 없게 된다. 요즈음 사회과학 분야에서 권위 있는 국내외 학술지들을 보면, 매호 수록되는 연구논문들 중 70~80% 정도가 통계방법을 사용한 수량적 연구들이다. 따라서 학문적 대열에서 낙오를 면할 수 있으려면 연구를 직접 하지 않거나 또는 통계방법을 사용한 연구는 하지 않더라도, 최소한의 통계방법은 알아야 한다. 오늘날 통계방법은 모든 사회과학도들에게는 없어서는 안 될 기본소양의 하나이기 때문이다.

6. 연구방법의 성격과 주요 유형

지금까지 과학적 연구방법의 개념과 본질, 학습의 필요성 등에 관하여 살펴보았다. 그러면 이제부터는 연구방법에 관하여 자세히 알아보기로 하되, 우선 각 학문 분야 연구방법들의 공통성과 특수성, 연구방법의 주요 유형, 그리고 이 책의 구성체제에 관하여 간단히 언급하고 넘어가기로 하겠다.

1) 각 학문 분야 연구방법들의 공통성과 특수성

연구방법은 각 학문 분야마다 약간의 차이는 있을 수 있다. 그러나 모든 과학 분야의 연구방법은 서로 같아야 하며, 그런 의미에서 사회과학이나 자연과학도 같아야 한다는 것이 방법론적 일원론(一元論)의 주장이다. 그러므로 어떤 학문 분야이거나 그것이 하나의 과학적 학문이라면 모두 과학적 연구방법을 사용해야 하며, 실제로 그렇게 하고 있다.

이처럼 연구방법론은 공통성 내지 교차학문적(交叉學問的, interdisciplinary) 성격을 띠고 있기 때문에, 어떤 주어진 현상을 과학적으로 탐구할 수 있는 방법이라면 그 형식이나 출처에 관계없이 모두 사용할 수 있다. 따라서 실제로 모든 학문에서는 다른 학문 분야에서 정립한 여러 가지 연구방법을 원용하고 있다. 예컨대, 역사적 방법론은 역사학에서, 검사와 실험방법 등은 심리학에서, 사회조사방법 등은 사회학에서, 비교문화권적 연구방법은 인류학에서 정립한 방법론을 빌려 사용한다.

그러나 각 학문 분야의 연구대상에 따라 연구방법은 약간씩 달라질 수 있다. 그러므로 다른 분야에서 빌려온 연구방법은 해당 분야에 맞도록 가다듬어 사용할 필요가 있다. 바로 이러한 점에서 각 학문 분야마다 그 나름대로의 연구방법이 존재할 수 있다. 예컨대, 언론학 분야에도 '언론학 연구방법'이라는 것이 있게 되는데, 이는 여러 근접 학문 분야의 과학적 연구방법들을 빌려오는 한편, 내용분석방법(content analysis method) 등 새로운 방법론을 개발하여 커뮤니케이션 현상에 관한 여러 가지 문제들을 연구 · 해결해 나가기 위한 연구방법론을 말한다.

하지만 언론학 연구방법론을 위시하여 우리나라 사회과학 분야에서의 연구방법들을 돌이켜 보면, 과거에는 과학적 방법보다는 아집적 · 선험적 또는 권위적 방법에 얽매어 사회현상의 형이상학적 변두리를 배회해 온 느낌이 없지 않다. 따라서 지금부터라도 우리나라의 사회과학도 여러 가지 새로운 과학적 연구방법들을 도입하여 발전시키고, 또한 우리 스스로가 새로운 연구방법도 개발하여 사회과학을 새로운 과학적 학문으로 발전시켜 나아가야 한다.

2) 연구방법의 주요 유형

연구방법은 위에서 말했듯이 각 학문 분야마다 조금씩 다를 수 있으며, 또한 연구방법에는 여러 가지 종류가 있다. 그러나 사회과학 분야에서 많이 사용되는 연구방법들은 크게 세 가지 유형, 즉 문헌연구방법(documentary study method), 실증연구방법(empirical study method), 사례연구방법(case study method)으로 나누어 볼 수 있다.[22]

① 문헌연구방법

문헌연구방법(documentary study method)이란, 주로 문헌 등에 기록되어 있는 제1차 또는 제2차 자료들을 통하여 과거 또는 현재의 어떤 현상을 기술하고 설명하는 방법을 말한다. 이러한 문헌연구방법은 다시 세 가지 유형, 즉 문헌 서베이 연구방법

22 여기서 한 가지 유의할 것은, 과학적 연구방법이라고 해서 조사방법이나 실험방법 등의 실증연구방법만 뜻하지 않으며, 그것이 과학적 방법의 요건을 갖추고 있다면 문헌연구방법이나 역사연구방법 등도 모두 과학적 방법이 된다는 점이다.

(documents survey method), 역사연구방법(historical method) 및 비판 또는 분석 연구방법(critical or analytical method)으로 세분할 수 있다.

② 실증연구방법

실증연구방법(empirical study method)이란, 객관적 기구와 방법에 의한 실증적 관찰을 통하여 주어진 현상을 연구하는 방법을 말한다. 실증연구방법은 다시 기술연구방법(descriptive method)과 실험연구방법(experimental method)으로 나누어 볼 수 있는데, 전자에는 조사연구방법(survey research method)과 엑스-포스트 팩토 연구방법(ex-post facto research method) 등이 있으며, 후자는 실내 실험 연구방법(laboratory experimental method)과 현장실험 연구방법(field experimental method)으로 나누어 볼 수 있다.

③ 사례연구방법

사례연구방법(case study method)은 다른 연구방법들과는 달리 하나의 인물·사상(事象)·사건·기관(機關) 등의 단일 사례를 집중적으로 연구하는 방법이라는 점이 특색이다. 이 방법은 핵심적 연구방법이라기보다는 탐사적 또는 보조적 연구방법이라고 할 수 있다. 사례연구방법은 다시 그냥 사례연구(case study)와 사례사연구(事例史研究, case history)로 나누어 볼 수 있는데, 전자는 공시적(共時的) 테두리 안에서 어떤 특정한 사례를 연구대상으로 하는 데 비하여, 후자는 한 개인이나 집단의 발생과 발전과정을 통시적(通時的) 또는 역사적으로 추적해서 연구하는 것을 말한다.

3) 이 책의 구성체제

위와 같이 연구방법에는 여러 가지 유형이 있다. 하지만 이 책에서는 주로 실증연구방법에 관하여 살펴보기로 하겠는데, 실증연구방법에도 여러 가지 유형이 있다. 그러나 이 책에서는 제1부에서 여러 가지 실증연구방법의 기본 원리(principles)를 살펴본 다음, 제2편에서는 실증연구방법의 실제(practice)에 관하여 알아보기로 하겠다. 이 책은 모두 2편(篇), 6개 장(章)으로 구성되었는데, 이를 좀 더 구체적으로 소개해 보면 다음과 같다.

제1부 '실증연구방법의 원리'에서는, 제1장에 이어 제2장에서 실증연구방법의 일반적 과정과 절차, 연구설계에 관하여 살펴보고, 제3장에서는 연구자료의 수집과 그 방법, 그리고 제4장에서는 수집한 자료의 분석과 그 결과 보고에 관한 기초개념과 원리 등을 살펴보기로 한다.

제2편 '실증연구방법의 실제'에서는 각 유형의 연구방법을 중심으로 실증연구의 실제에 관하여 살펴보기로 하는데, 이 책의 예전 판(제1판에서 3판까지)에서는 모두 다섯 가지 대표적 연구방법을 5개 장으로 나누어 이들 각 연구방법의 실제에 관하여 살펴보았다. 즉 제5장에서는 문헌연구방법, 제6장에서는 역사연구방법, 제7장에서는 내용분석연구방법, 제8장에서는 조사연구방법, 제9장에서는 실험연구방법을 소개했다. 그러나 이번 개정판(4판)에서는 실증연구방법에 초점을 맞추어 2개의 대표적 실증연구방법, 즉 조사연구방법(survey research method)과 실험연구방법(experimental research method)만 제5장과 제6장에서 각각 소개하겠다.

연습문제

1. 다음 용어들을 간단히 설명하라.
   ① 현상(現象, phenomenon)
   ② 관계(關係, relationship)
   ③ 변인(變因, variable)
   ④ 개념(概念, concept)
   ⑤ 과학적 연구방법
   ⑥ 이론(理論, theory)

2. 어떤 학문 분야가 하나의 독립학문으로 성립하려면, 그 학문 고유의 지적 연구대상 영역이 있어야 하고, 그 연구대상 영역을 연구할 수 있는 과학적 방법을 갖추어 이들 통하여 그 연구대상 영역을 연구해서 그에 관한 보편타당한 지식체계를 정립할 수 있어야 한다. 그렇다면 귀하가 전공하는 학문 분야는 하나의 독립학문으로서 이와 같은 요건들을 모두 갖추고 있다고 생각하는가? 만약 그렇게 생각한다면, 그 이유는 무엇인가? 그리고 귀하가 전공하는 학문 분야에 대한 정의를 간단히 내려 보아라.

3. 연구의 기본목적은 무엇이며, 그 궁극적 목적은 어디에 두어야 할 것인가를 말해 보아라.

4. 토머스 쿤(Thomas Kuhn)에 의하면, "우리 인간은 낱낱의 사실이나 단편적 경험을 통해 현실세계를 보고 아는 것이 아니라, 현실세계를 여러 가지 측면으로 분류하고 그에 어떤 명칭을 붙인 각종 개념 내시 변인을 만들어서 이를 통하여 현실세계를 인식하고 있다."고 한다. 이와 같은 쿤의 주장에 동의하는지, 또는 동의하지 않는지를 우선 밝힌 다음, 그 이유를 설명하라.

5. "지능이 높으면 공부를 잘 한다."고 한다. 이와 같은 진술이 참[眞]인지, 또는 거짓[僞]인지를 실증적으로 검증할 수 방법을 아는 대로 모두 말해 보아라.

제2장 연구의 과정·절차와 설계

앞서 제1장에서는 연구의 목적·대상·방법의 개념 등에 관하여 살펴보았다. 그러면 제2장에서는 연구의 일반적 과정과 절차에 관하여 살펴보겠는데, 연구를 하려면 그 과정과 절차부터 알아야 하기 때문이다. 연구의 과정과 절차는 각 유형의 연구방법에 따라 조금씩 다르다. 이에 관해서는 제2편에서 자세히 살펴보기로 하고, 여기서는 우선 연구는 어떤 순서로 하는지 한 가지 사례부터 살펴본 다음, 연구의 일반적 과정과 절차 및 그중에서 핵심이 되는 연구설계방법에 관하여 알아보기로 하겠다.

가. 연구논문을 통해 본 연구 과정과 절차

연구는 어떻게 해야 하는지 그 과정과 방법 등을 알기 위한 가장 좋은 방법은 다른 사람들의 연구논문들을 많이 읽어보는 것인데, 연구논문이란 어떤 연구문제를 왜 어떻게 연구해서 어떤 결과를 얻었는지에 관한 보고서이기 때문이다. 따라서 연구논문들을 읽으면 새로운 지식들을 얻을 수 있을 뿐 아니라, 연구의 과정과 방법도 자연히 배울 수 있다. 또한 그 내용을 올바로 수용할 수 있는 능력도 기를 수 있는데, 고등교육을 받은 사람이라면 최소한 자기 분야의 논문들을 읽고 비판할 수 있는 능력을 갖추어야 한다. 그럼, 우선 하나의 실례로서 다음 연구논문을 한 번 읽어보고 나서, 이를 중심으로 연구의 일반적 과정과 절차 등에 관하여 알아보기로 하겠다.

정보원(情報源)의 공신력(公信力)이 수용자들의 태도변용에 미치는 영향에 관한 실험연구[1]

차배근(車培根)

I. 서론

A. 연구의 동기와 목적

정보원(情報源)의 공신력(公信力, source credibility)이 커뮤니케이션 효과에 중요한 영향을 미친다는 것은 거의 일반화(一般化)된 사실이다. 예컨대, 똑같은 신문기사나 논설이라도 A 신문보다는 B 신문에 난 것을 독자들이 더 믿으려 한다든지, 또는 중국 신화통신사(新華社通訊社)의 뉴스보다는 미국 AP통신사의 뉴스가 더 신뢰성이 있다고 생각하는 것도 그 정보원의 공신력 때문이라고 한다. 또한 광고나 정부의 홍보가 잘 먹혀들어 가지 않는 것도 공신력이 그 효과를 저해하기 때문이라고 말하고 있다. 그렇다면 과연 실제로 그럴까?

이와 같은 문제, 즉 정보원의 공신력이 커뮤니케이션 효과에 미치는 영향(이하 간단히 '공신력의 효과'라고 부름)에 관한 실증연구들이 서양, 특히 미국에서는 일찍부터 많이 이루어져 왔다(차배근, 1973 참고). 그러나 우리나라에서는 아직까지 이에 관한 실증연구가 거의 없는 실정이다. 따라서 서양의 여러 연구들에서 발견된 공신력

---

1 이 논문은 차배근이 서울대학교 『사회과학논문집』 제2집(1977), pp. 1-25에 발표했던 것으로, 여기에 옮겨 실으면서 학생들이 이해하기 쉽게 문장을 조금 고쳤다.

의 효과를, 문화가 다른 우리나라에서 실증적으로 검증(cross-cultural validation)해 봄으로써 그 타당성 내지는 일반화 가능성을 알아보려는 것이 본 연구의 첫 번째 동기이자 목적이다.

한편, 정보원의 공신력의 효과에 관한 지금까지의 연구동향을 보면, 대체로 독립변인으로서의 공신력과 종속변인으로서의 커뮤니케이션 효과 간의 관계를 기술(記述)하는 데만 그친 감이 없지 않으며, 이들 두 변인 간의 관계를 설명하려는 연구가 적었다. 따라서 공신력과 커뮤니케이션 효과 사이의 단순한 관계를 기술하는 데 그치지 않고, 왜 그러한 관계가 성립하는지를 설명해 보려는 것이 본 연구의 둘째 목적이다. 또한 아울러 공신력의 효과의 지속성에 관한 문제, 즉 공신력이 높거나 또는 낮은 정보원의 메시지를 받은 뒤, 시간의 경과에 그 공신력의 효과가 얼마나 지속되며 어떻게 얼마나 변하는지, 즉 감소하는지, 아니면 오히려 증가하는지 하는 문제에 관해서도 밝혀 보고자 하는 것이 본 연구의 셋째 연구목적이다.

B. 선행연구 현황

위와 같은 세 가지 목적의 연구를 위하여, 우선 이에 관련된 선행연구(先行研究)와 이론들부터 조사해 보았다. 그 결과, 앞서 말했듯이 우리나라에서는 정보원의 공신력에 관한 실증연구가 거의 이루어지지 않은 실정이었으나, 서양에서는 수많은 연구들이 나와 있었다. 이들 중에서 본 연구의 연구목적에 직접 관련된 연구결과들만 간략하게 우선 살펴보면 다음과 같다.

1. 정보원 공신력의 영향 여부에 관한 연구실태

앞서 말했듯이, 본 연구의 첫째 목적은 "정보원의 공신력이 커뮤니케이션 효과에 중요한 영향을 미친다."는 서양에서의 여러 연구들의 결과가, 과연 문화가 다른 우리나라에서도 일반화(一般化)될 수 있는지를 실증적으로 검증해 보자는 것이다. 따라서 우선 이러한 연구목적에 관련된 선행연구와 관계문헌들을 조사해 보았으나, 우리나라에서의 선행연구들은 찾아볼 수 없었다.

그러나 서양에서는 정보원의 공신력(독립변인)이 커뮤니케이션 효과(종속변인)에 미치는 영향에 관한 실증연구들이 수많이 이루어졌는데, 이들 연구의 결과를 보면 커뮤니케이션 효과를 어떻게 정의하느냐에 따라 그 결과들이 다르게 나타나고 있었다. 예컨대, 커뮤니케이션 효과를 정보원의 메시지(뉴스·정보·논설 등) 내용에 관한 수용자들의 정보습득(information gain)으로 규정한 대부분의 연구에서는 정보원의 공신력이 수용자들의 정보습득에 이렇다 할 영향을 미치지 못하는 것으로 나타났다. 그러나 커뮤니케이션 효과를 정보원의 메시지에 대한 수용자들의 태도변용(態度變容, attitude change)으로 규정한 연구들에서는 정보원의 공신력이 수용자들의 태도변용에는 대체로 중요한 영향을 미치는 것으로 나타났다.

하지만 이는 대체적 경향이 그렇다는 것이며, 이와는 달리 나타난 연구결과들도 없지 않았다. 예컨대, 정보원의 공신력과 정보습득의 커뮤니케이션 효과에 관한 대부분의 연구에서는 정보원의 공신력이 그 메시지 내용(정보)에 대한 수용자들의 이해와 기억(記憶)에 유의적 영향을 미치지 못하는 것으로 나타났으나, Tompkins와 Samovar의 실험연구(1964), Zagona와 Harter의 실험연구(1966) 등에서는 정보원의 공신력이 수용자들의 정보습득에도 영향을 미치고 있음이 발견되었다.

한편, 정보원의 공신력이 수용자들의 태도변용에 미치는 영향에 관한 연구들 중에서도 예일 학파(學派)의 Hovland와 Weiss의 실험연구(1951)를 비롯하여, 그 후 Kelman과 Hovland의 실험연구(1965), Kelman과 Eagly의 실험연구(1965), Sargent와 Webb의 실험연구(1966), Weiss의 실험연구(1967), Whitetaker와 Meade의 실험연구(1978) 등에서는 정보원의 공신력이 수용자들의 태도변용 관련 커뮤니케이션 효과에 중요한 영향을 미치고 있음이 발견되었다. 하지만 이러한 연구들과는 달리, Hovland와 Mandell의 실험연구(1952)와 Weiss의 실험연구(1961)에서는 공신력이 높은 정보원의 메시지를 받은 '높은 공신력 실험집단'과 공신력이 낮은 정보원의 메시지를 받은 '낮은 공신력 실험집단' 사이에 그 메시지에 대한 실험대상자(수용자)들의 태도변용의 양(量)에 유의적 차이를 발견하지 못했으며, Walster, Aronson과 Abrahams의 연구(1966)에서는 공신력이 높은 정보원보다 공신력이 낮은 정보원의 메시지가 오히려 더 수용자들의 태도변용을 많이 유발하는 것이 발견되었다.

이처럼 일부 실험연구들에서는 정보원의 공신력이 수용자들의 정보습득이나 태도변용에 이렇다 할 영향을 못 미치는 것으로 나타났지만, 이는 정보원의 공신력이 커뮤니케이션 효과에 아무런 영향을 미치지 않기 때문이라기보다는 제3의 변인이나 가외변인(加外變因) 등이 정보원의 공신력과 커뮤니케이션 효과와의 관계에 부작용적 영향을 미쳤기 때문이라고 볼 수 있다. 지금까지 여러 연구결과들로 미루어 볼 때, 정보원의 공신력은 최소한 수용자들의 태도변용 관련 커뮤니케이션 효과에는 적지 않은 영향을 미치는 것으로 나타났기 때문이다. 그러나 우리나라에서는 아직까지 정보원의 공신력에 관한 실증연구가 거의 이루어지지 않아, 정보원의 공신력이 우리나라에서도 과연 커뮤니케이션 효과에 영향을 미치는지는 알 수 없다.

2. 공신력 영향의 이유에 관한 연구실태

이 연구의 둘째 목적은, 정보원의 공신력이 커뮤니케이션 효과에 영향을 미친다면 그 이유는 무엇인지 밝혀보고자 하는 것이다. 따라서 이에 관한 선행연구와 이론들을 찾아본 결과, 정보원의 공신력이 커뮤니케이션 효과에 영향을 미치는 이유에 관한 주요 이론은 크게 두 가지가 있었다.

첫째는 Aronson과 Linder가 제시한 보상이론(報償理論, the reward-reinforcement theory)이다. 이 이론에 의하면, 정보원의 공신력이 커뮤니케이션 효과에 영향을 미치는 이유는, 공신력이 높은 정보원은 상벌(賞罰)을 줄 수 있는 힘(reward and coercive power)을 지니고 있다고 수용자들이 생각해서 그 정보원의 메시지나 주장 등을 잘 받아들이려는 경향이 있기 때문이라는 것이다(Aronson and Linder, 1965).

둘째는 Cohen이 내세운 인지균형 이론(認知均衡理論, the cognitive consistency theory)이다. 이 이론을 주장한 Cohen에 의하면, 정보원의 공신력이 커뮤니케이션 효과에 영향을 미치는 주요 이유는, 곧 수용자들이 어떤 정보원의 공신력을 높게 평가한다면 그 정보원의 주장이나 메시지도 받아들여야만 심리적으로 인지적 균형상태(cognitive consonance)를 유지할 수 있기 때문이라는 것이다(Cohen, 1960). 예를 들어, 수용자가 어떤 정보원의 공신력을 높이 평가하나 그 정보원의 메시지 내용(주장 등)은 싫다면 수용자의 마음에는 심리적 불안상태가 야기되므로, 이러한 불안상태를 수용자가 제거 또는 방지하기 위해 그 정보원의 메시지 내용도 좋게 평가해서 받아들이게 되어 결과적으로 정보원의 공신력이 커뮤니케이션 효과에 영향을 미치게 된다는 것이다.

이처럼 정보원의 공신력이 커뮤니케이션 효과에 영향을 미치는 이유에 관한 주요 이론들이 있으나, 어떤 것이 정설(定說)인지는 아직 결론이 나와 있지 않다. 따라서 어떤 것이 더 타당성이 있는 이론인지에 관한 실증적 검증연구가 요구되고 있다.

3. 공신력 영향의 지속성에 관한 연구실태

마지막으로 이 연구의 셋째 목적은 정보원의 공신력이 커뮤니케이션 효과에 미치는 영향이 얼마 동안이나 지속되는지 밝혀보려는 것이다. 따라서 이에 관한 선행연구와 이론들도 찾아본 결과, 대부분의 연구들에서는 시간의 경과에 따라 커뮤니케이션 효과에 미치는 정보원의 공신력의 영향은 감소되는 것으로 나타났다. 그러나 Hovland와 Weiss의 실험연구(1951)에서는, 정보원의 메시지를 수용자들이 접하고 나서 시간이 지날수록 공신력이 높은 정보원의 영향은 감소한 반면, 공신력이 낮은 정보원의 영향은 증가해서 4주(週) 뒤에는 공신력이 낮은 정보원의 영향이 오히려 공신력이 높은 정보원의 영향을 상회하는 것이 발견되었다.

이러한 현상을 Hovland와 Weiss는 '수면자 효과(睡眠者效果, sleeper effects)'라고 불렀는데, 이 '수면자 효과'는 1949년 미군(美軍)들의 정훈용(政訓用) 영화의 효과에 관한 Hovland, Lumsdaine과 Sheffield의 연구(1949)에서 이미 발견된 바 있다. 즉 Hovland 등이 미군 병사들에게 정훈용 영화를 보여주었을 때, 시간의 경과에 따라 영화에서의 사실적 내용은 미군 병사들의 기억에서 점차 감퇴한 반면, 그들의 태도는 영화가 주장한 방향으로 증가하는 것이 발견되었다.

그런데 바로 이와 비슷한 현상이 1951년 Hovland와 Weiss의 실험연구에서도 발견되었다. 그러자 이를 '수면자 효과'라고 부르면서, 이러한 현상의 이유를, "어떤 정보원의 메시지를 받고나서 시간이 경과하면, 수용자들은 그 메시지의 정보원에 대한 기억과 저항감은 점차 사라지고 메시지 내용만 기억하게 되면서 그에 따라 태도변화가 서서히 일어나기 때문"이라고 설명했다.

그렇다면 시간이 경과하더라도 수용자들이 그 메시지의 정보원을 기억하고 있다면, 그 정보원에 대한 저항감이 사라지지 않아 정보원의 공신력의 영향은 증가하지 않는다는 말인가? 바로 이러한 문제가 의문이지만, 이에 관해서는 아직 이렇다 할 연구결과가 나와 있지 않다. 따라서 정보원의 공신력이 커뮤니케이션 효과에 미치는 영향은 얼마 동안이나 지속되며, 만약 그 영향이 시간의 경과에 따라 감소되거나 증가한다면 그 이유는 무엇 때문인지에 관한 더 많은 실증연구가 요구되고 있다.

C. 연구문제

정보원의 공신력이 커뮤니케이션 효과에 미치는 영향에 관한 여러 선행연구와 관계이론들을 살펴본 결과, 정보원의 공신력이 커뮤니케이션 효과, 특히 메시지에 대한 수용자들의 태도변용에 중요한 영향을 미친다는 것이 서양의 여러 연구들에서는 대체로 입증되고 있다. 그러나 우리나라에서는 이에 관한 실증연구의 결과가 아직까지 나와 있지 않은 실정이다. 따라서 본 연구에서는 다음과 같은 연구문제(硏究問題, research problem)들을 실증적으로 연구해 보기로 했다.

연구문제 1-1 한국이라는 문화권에서도 정보원의 공신력(독립변인)이 커뮤니케이션 효과(종속변인)에 영향을 미치는가?

연구문제 1-2 만약 영향을 미친다면, 그 이유는 무엇인가? 다시 말해서, 정보원의 공신력은 왜 커뮤니케이션 효과에 영향을 미치는가?

연구문제 2-1 한편, 정보원의 공신력이 커뮤니케이션 효과에 미치는 영향은 얼마 동안이나, 어떻게 지속되는가?

연구문제 2-2 만약 정보원의 공신력이 커뮤니케이션 효과에 미치는 영향이 시간의 경과에 따라 감소 또는 증가한다면, 그 이유는 무엇인가?

D. 연구문제에 대한 가설과 그 이론적 배경

위와 같은 네 가지 연구문제를 본 연구에서는 고구(考究)해 보기로 했다. 그러나 이들 문제에 대한 해답을 과학적이고 실증적인 연구방법을 통해 얻기 위하여, 앞서 살펴본 선행연구들의 결과와 관계이론들을 바탕으로 우선 각 연구문제에 대한 가설(假說, hypothesis)을 설정한 다음, 이를 '한국'이라는 문화적 상황에서 우리나라 사람들을 대상으로 한 비교문화권적 실험연구방법을 통하여 실증적으로 검증해서, 그 결과를 토대로 각 연구문제에 대한 해답을 구해 보기로 했다. 따라서 각 연구문제에 대한 가설을 각각 설정했는데, 이들은 다음과 같다.

가설 1-1 한국에서도 정보원의 공신력이 커뮤니케이션 효과, 특히 커뮤니케이션 메시지에 대한 수용자들의 수용태도에 영향을 미칠 것이다. 즉 공신력이 높은 정보원의 메시지가 공신력이 낮은 정보원의 메시지보다 수용자의 태도를 더 많이 변용시킬 것이다.

가설 1-2 그 이유는 인지균형 이론에서 주장하는 것처럼, 수용자들이 정보원에 대하여 공신력이 높다고 지각(知覺)하면 그의 메시지도 공정(公正)하고 합리적 주장이라고 평가해서 그 주장을 받아들이는 반면, 공신력이 낮다고 생각하는 정보원의 메시지의 주장은 과소평가해서 받아들이지 않으려는 심리적 성향 때문일 것이다.

가설 2-1 그러나 공신력이 높은 정보원이 커뮤니케이션 효과에 미치는 영향은 시간의 경과에 따라 감소하는 반면, 공신력이 낮은 정보원의 영향은 오히려 증가하는 소위 수면자 효과(sleeper effects)가 나타날 것이다.

가설 2-2 왜냐하면 수용자들이 어떤 메시지를 받은 뒤 시간이 경과함에 따라 그 메시지의 정보원은 점차 그들의 기억에서 망각되어 공신력이 높은 정보원에 대한 신뢰감은 점차 소멸되고, 공신력이 낮은 정보원에 대한 저항감은 점차 사라지기 때문일 것이다. 그리하여 공신력이 높은 정보원이 커뮤니케이션 효과에 미치는 영향은 감소하는 반면, 공신력이 낮은 정보원이 커뮤니케이션 효과에 미치는 영향은 증가할 것이다.

본 연구에서는 바로 이와 같은 가설들을 설정하여 이들을 실증적으로 검증해 보기로 하는데, 이들 가설의 설정근거 내지 이유를 간단히 들어보면 다음과 같다.

먼저, [연구문제 1-1]에 대한 [가설 1-1]의 설정근거는, 앞서 말했듯이 정보원의 공신력이 커뮤니케이션 효과, 특히 메시지에 대한 수용자들의 태도변용에 중요한 영향을 미치고 있음이 서양의 여러 연구들에서는 대체로 입증되었으므로, 우리나라에서도 역시 그럴 것이라고 판단했기 때문이다. 그리고 [연구문제 1-2]에 대한 [가설 1-2]의 설정근거는, 정보원의 공신력이 커뮤니케이션 효과에 미치는 영향에 관한 이론들 중에서 인지균형 이론이 가장 타당하다고 생각했기 때문이다.

다음으로 [연구문제 2-1]에 대한 [가설 2-1]과 [연구문제 2-2]에 대한 [가설 2-2]는 Hovland와 Weiss의 '수면자 효과'에 관한 견해를 근거로 한 것으로서, 곧 공신력이 높은 정보원이 커뮤니케이션 효과에 미치는 영향은 시간의 경과에 따라 감소하는 반면, 공신력이 높은 정보원의 영향은 오히려 증가하는 소위 수면자 효과와 이러한 현상의 이유를 다시 검증해 보기 위하여 설정하였다.

E. 주요 술어 정의

위에서 연구문제와 그에 대한 가설들을 간단히 제시했는데, 정보원의 공신력이 커뮤니케이션 효과에 미치는 영향에 관한 여러 가지 실증연구들을 살펴보면, 예컨대 '정보원의 공신력'이니, '커뮤니케이션 효과'니 하는 변인들의 개념이나 술어 등에 대한 정의들이 연구자에 따라 조금씩 차이가 있다. 따라서 이러한 점을 분명히 하기 위하여, 본 연구에서의 연구문제와 가설들에 나오는 주요 개념 내지 술어들을 간단히 정의해 보기로 하겠다.

1. **정보원의 공신력**(source credibility): 이 개념은 학자들에 따라 여러 가지로 다양하게 정의되고 있지만, 본 연구에서는 이를 "정보원에 대한 수용자들의 태도 또는 이미지로서, 특정한 메시지의 토픽(topic)에 관계없이 커뮤니케이션 효과에 정적(正的) 또는 부적(負的) 영향을 미치는 정보원 관계요인(source-related factor)"으로 정의하기로 하겠다. 이처럼 정보원의 공신력은 어떤 정보원에 대하여 수용자들이 자기 마음속에 가지고 있는 이미지나 태도이므로, 어떤 정보원의 공신력이 '높다' 또는 '낮다'고 하는 것은 수용자의 지각에 의하여 결정된다. 그러나 본 연구에서 어떤 정보원의 공신력이 '높다'

또는 '낮다'고 하는 것은 우선 가정(假定)으로 결정한 다음, 이들을 다시 의미분별 척도(意味分別尺度, semantic differential scale)를 사용하여 수용자(피험자)들을 대상으로 실제로 측정해서, 평균치가 7점 만점 중 4.00 이상인 경우를 '공신력이 높은 정보원(high credibility source)', 그 이하를 '공신력이 낮은 정보원(low credibility source)'으로 규정하기로 했다.

2. **커뮤니케이션 효과**(communication effects): 이 개념도 여러 가지로 정의될 수 있다. 그러나 본 연구에서는 좁은 의미로 "커뮤니케이션에 의한 수용자들의 태도변용(attitude change through communication)"으로 규정했다. 따라서 "정보원의 공신력이 커뮤니케이션 효과에 영향을 미쳤다."는 것은 곧 "정보원의 공신력이 그 정보원의 메시지에 대한 수용자들의 수용태도에 영향을 미쳤다."는 의미가 된다.
3. **태도변용**(attitude change): 이는 넓은 의미로는 개인들이 어떤 사물이나 인물에 대하여 새로운 태도를 형성(formation)하거나, 이미 지니고 있는 기존 태도를 강화(reinforce) 또는 변화(convert)하는 것을 모두 포함한다. 그러나 본 연구에서는 실험연구의 편의상 태도변용을 좁은 의미, 즉 어떤 사물이나 인물에 대한 개인(수용자)의 기존 태도의 변화만으로 규정했다. 그리고 사전검사(pretest)에 나타난 실험참여자(피험자)들의 태도를 기존 태도로 보고, 이러한 기존 태도가 실험처치 후에 '+' 또는 '−' 방향으로 유의적으로 변했다면, 이를 태도변용이 일어난 것으로 규정하기로 했다.

II. 연구방법

A. 실험설계방안의 개관

위와 같이 가설에 나오는 주요 개념이나 술어들을 정의한 다음, 그 가설들을 실험을 통하여 검증해 보기로 했다. 실험설계방안(experimental design)으로는 사전·사후 검사 2개 실험집단 방안에 커뮤니케이션 효과에 미치는 정보원의 공신력의 영향의 지속성을 알아보기 위해서 시간방안(時間方案, time design)을 가미해서 사용했는데, 이러한 실험방안을 간단히 그림으로 나타내 보면 [그림 2-1]과 같다.

	Y_b	X_H	Y_a	Y_d	높은 공신력 실험집단(n=50)
$\boxed{R}$					
	Y_b	X_L	Y_a	Y_d	낮은 공신력 실험집단(n=50)

여기서 $\boxed{R}$ = 실험참여자(피험자)들의 무작위 배치(Random assignment)
X_H = 높은 공신력의 실험처치, X_L = 낮은 공신력의 실험처치
Y_b = 사전검사, Y_a = 사후검사, Y_d = 지연검사, n = 사례수

그림 2-1 본 연구에서 사용한 실험설계방안

이 [그림 2-1]에서 보듯이, 우선 100명의 실험참여자(실험대상자, 피험자)들을 표집해서, 이들을 '높은 공신력 실험집단'과 '낮은 공신력 실험집단'에 50명(n=50)씩 무작위로 배치(random assignment)했다. 그런 다음, 실험처치용 메시지(이하 '실험메시지'로 호칭)들의 주제(topics)에 대한 실험참여자들의 태도를 사전검사(pre-test, Y_b)했다. 그리고 1주일 뒤 실험 메시지들을 신문 또는 잡지의 논설로 위장(僞裝)하여 실험참여자들에게 주면서, 높은 공신력 실험집단에는 그 논설들이 공신력이 높은 모(某) 신문과 잡지에 게재되었던 것이라고 거짓으로 실험처치(X_H)를 하고, 낮은 공신력 실험집단에는 똑같은 실험 메시지들을 주면서, 이들은 공신력이 낮은 모(某) 신문과 잡지에 게재되었던 논설들이라고 거짓으로 실험처치(X_L)를 해서 정보원의 공신력(독립변인)을 인위적으로 조작했다.

이와 같이 정보원의 공신력을 높게 또는 낮게 조작한 실험 메시지들을 실험참여자들에게 주고 그 메시지들을 읽은 다음 그 내용에 대한 의견을 설문지(부록 참고)에 표시해 달라고 해서, 실험 메시지의 주제에 대한 실험참여자들의 태도 측정을 위한 사후검사(事後檢査, Y_a)를 실시했다. 그리하여 이 사후검사와 앞서 사전검사의 산술평균치들 간의 차이($Y_a - Y_b$)를 각 실험집단별로 산출해서 [가설 1-1]를 검증, 만약 높은 공신력 실험집단의 차이가 낮은 공신력 실험집단의 그것보다 유의적으로 크면 [가설 1-1]은 입증된 것으로 간주했다. 그리고 [가설 1-2]는 사후검사 때 실험 메시지의 공정성과 합리성 등도 실험참여자들에게 평가토록 해서 그 평가 자료들을 가지고 검증했다.

한편, 정보원의 공신력이 커뮤니케이션 효과에 미치는 영향의 지속성(持續性)에 관한 [가설 2-1]의 검증을 위해서는, 실험처치와 사후검사 4주 뒤 다시 지연검사(Y_d)를 실시하여, 그 검사치를 사후 검사치와 비교해서 검증해 보았다. 그리고 [가설 2-2]는 지연검사 때 정보원에 대한 실험참여자들의 기억과 망각 여부도 조사해서 그 자료를 가지고 검증해 보았는데, 이상과 같은 실험방법을 각 단계별로 나누어 좀 더 구체적으로 소개하면 아래와 같다.

B. 실험처치 방법과 실험처치용 메시지

실험변인(독립변인)인 정보원의 공신력에 대한 실험처치는, 앞서 말했듯이 실험 메시지들을 실험참여자들에게 주면서 높은 공신력 실험집단에는 그 실험 메시지들이 공신력이 높은 신문 또는 잡지에 게재되었던 논설이라고 실험처치(X_H)를 하고, 낮은 공신력 실험집단에는 똑같은 실험 메시지들을 주면서 이들은 공신력이 낮은 신문 또는 잡지에 게재되었던 논설들이라고 실험처치(X_L)를 했다. 그렇다면 실제로 어떤 신문이나 잡지를 공신력이 높은 또는 낮은 정보원으로 내세워 이들의 공신력을 어떻게 조작했는가?

1. 정보원의 공신력 실험처치 방법

첫째 공신력이 높은 정보원들로는 공신력이 높다고 생각되는 1개의 일간신문과 3개의 전문잡지들을 선정했는데, 이들은 ①『동아일보』, ②『대한의학협회지』, ③『음악교육학보』, ④『신문과 방송』이었다. 그리고 본 실험을 실시할 때, 미리 작성한 4개의 실험 메시지들을 이들 신문 또는 잡지의 논설로 위장하여 실험참여자(피험자)들에게 주면서, 높은 공신력 실험집단에는 그 논설들이 공신력이 높은『동아일보』,『대한의학협회지』,『음악교육학보』,『신문과 방송』이라는 전문잡지에 각각 게재되었던 논설이라고 거짓으로 실험처치(X_H)를 해서 정보원의 공신력을 높게 조작했다. 또한 [표 2-1]의 가운데 칼럼에서 보듯이, 실험 메시지의 제목 아래 그 정보원의 이름을 써놓고 그 밑에 주(註)를 달아 해당 정보원을 좋게 소개해서 정보원의 공신력의 체계적 변

표 2-1 각 메시지별 정보원의 공신력에 대한 실험처치 방법

메시지 주제와 제목	높은 공신력 정보원의 조작	낮은 공신력 정보원의 조작
A. 방공시설: "방공호의 시대는 지났다"	『동아일보』 사설에서 발췌	『S신문』* 사설에서 발췌
B. 암의 연구: "암의 박멸은 시기상조이다"	『대한의학협회지』(재단법인 대한의학협회 학술지로 전국 의사와 의학교수들의 학술지) 15호(1977)에서 전재	『동양침술가협회보』(우리나라 침술가협회 기관지)에서 전재
C. 고전음악방송: "사이비 음악가들의 주장"	『음악교육학보』(음악 교수와 교사들의 학술단체인 대한음악교육학회의 학술지) 10호에서 전재	『월간팝송』(대중상업지로서 국판형의 월간 잡지) 1976년 12월호에서 전재
D. TV 광고: "텔레비전 광고는 필요하다"	『신문과 방송』(사단법인 한국신문연구소에서 발행하는 월간평론지로 신문학 교수들이 주로 기고) 1977년 2월호에서 전재	『광고계』(상업광고 대행사들의 협의회에서 발간하는 PR 잡지로, 주로 광고종사자들의 글을 싣고 있음.) 1977년 2월호에서 전재

* 『S신문』은 실험에서는 실제 제호를 사용했으나, 여기서는 그냥 『S신문』으로 표시한다.

량(systematic variance)을 극대화하고자 했다.

둘째로, 공신력이 낮은 정보원들로는 ① 『S신문』, ② 『동양침술가협회보』, ③ 『월간팝송』, ④ 『광고계』라는 잡지를 선정했다. 그리고 본 실험을 실시할 때, 4개의 실험 메시지들을 이들 신문과 잡지의 논설로 위장하여 낮은 공신력 실험집단의 실험참여자들에게 주면서 그 논설들이 공신력이 낮은 정보원인 『S신문』, 『동양침술가협회보』, 『월간팝송』, 『광고계』에 각각 게재되었던 논설들이라고 거짓으로 실험처치(X_L)를 해서 정보원의 공신력을 낮게 조작했다. 또한 이와 같은 조작을 극대화하기 위하여 [표 2-1]의 오른쪽 칼럼에서 보듯이, 각 실험 메시지의 제목 아래 그 정보원의 이름을 써 놓고 그 밑에 주(註)를 달아 해당 정보원을 부정적으로 소개했다.

2. 실험 메시지의 주제와 본문

위와 같이 정보원의 공신력에 대한 실험처치를 하려면, 실험참여자들에게 신문

또는 잡지의 논설로 위장하기 위한 4개의 실험 메시지가 필요했다. 이런 실험 메시지들을 작성하기 위해 우선 메시지의 주제(主題, topics)부터 선정했는데, 그 주제는 사회적으로 논란이 되고 있는 동시에 매스 미디어에 자주 오르내리는 여러 가지 주제들 중에서 네 가지, 즉 ① 방공시설, ② 암(癌)의 박멸, ③ 고전음악방송, ④ TV 광고를 선정했다. 이들 가운데서 앞의 2개 주제는 Janis와 Field(1956)가, 그리고 나머지 2개 주제는 Chu(1964)가 피설득성향(被說得性向)에 관한 실험연구에서 사용했던 것으로, 본 연구자(차배근, 1974)가 「한국 매스컴 수용자들의 피설득성향에 관한 비교문화권적 실험연구」에서도 사용했던 것이다.

이처럼 실험 메시지의 주제를 4개나 선정한 이유는, 정보원의 공신력이란 앞서 말했듯이 특정 주제(topic)에 관계없이 커뮤니케이션 효과에 정적(正的) 또는 부적(負的) 영향을 미치는 정보원 관계 요인이므로, 만약 1개 주제의 실험 메시지만 사용하여 정보원의 공신력이 커뮤니케이션 효과에 미치는 영향에 관한 실험을 한다면, 그 실험 결과가 과연 정보원의 공신력의 영향 때문에 의한 것인지, 아니면 특정 주제의 실험 메시지 내용 때문에 의한 것인지 판단하기가 쉽지 않기 때문이다.

따라서 4개의 주제를 선정한 다음, 이들 각 주제에 대하여 찬성 또는 반대의 주장을 펴는 4개의 실험 메시지들을 작성했다. 그러나 이들 메시지도 앞서 Janis와 Field 및 Chu가 그들의 실험에서 사용했던 메시지들을 우리나라 말로 번역하면서 그 내용을 우리나라 실정에 맞도록 수정하면서 '미국'이라는 낱말을 '한국' 또는 '우리나라'로 고친 것이었다.

이들 4개의 실험 메시지는 내용은 서로 다르나 똑같은 길이와 형식으로 작성했다. 길이는 대략 200~300단어이고, 실험참여자(피험자)들이 충분히 이해할 수 있도록 쉽게 작성했으며, 어려운 말 뒤에는 괄호를 하고 그 속에 그 뜻을 풀이해 넣었다.[2]

한편, 실험 메시지 작성상 여러 가외변인들의 영향을 상쇄(相殺) 또는 통제하기 위하여 2개의 주제에 대해서는 찬성을, 나머지 2개의 주제에 대해서는 반대 주장을 내세웠고, 그 소구방법(appeal)은 각 메시지별로 다양하게 사용했는데, 이들 4개의

---

2 이 실험연구에서 사용한 모든 실험 메시지들과 측정검사기구는 이 책 뒤에 첨부한 [부록 A]를 참고하기 바란다.

표 2-2 각 실험 메시지의 주제·주장과 소구방법

메시지 주제(topics)	주장(conclusion)	소구방법(appeal)
A. 방공시설	방공호는 시대에 뒤떨어진 시설로 최신 핵무기의 공격 앞에서는 무용지물(無用之物)이다. 그러므로 방공호 구축에 돈을 쓰는 것은 국가예산의 낭비이다.	위협적 소구방법(threat appeal) 및 약간의 감정적 소구방법 사용
B. 암의 연구	암(癌)의 박멸은 시기상조이다. 따라서 암에 대한 연구에 많은 돈과 인력을 투입하는 것은 어리석은 일이며, 다른 질병의 치료와 예방을 소홀히 하게 되는 결과가 된다.	과학적 증거를 제시한 논리적 소구방법(logical appeal) 사용
C. 고전음악방송	사이비(似而非) 고전음악 애호가들은 허영심 때문에 고전음악 방송시간을 늘리자고 주장하고 있다. 그러나 이들 때문에 고전음악 방송시간을 더 늘리는 것은 불필요하다.	대중(大衆)에 호소하여 사회적 인정을 구하는 소구방법(argumentum ad populum) 사용
D. TV 광고	상업 TV 방송국이 정부의 간섭으로부터 벗어나서 자립하려면 TV 광고 수입이 필요하다. 그러므로 TV 광고를 폐지해서는 안 된다.	한쪽만 택하면 나쁜 결과가 올 것이라는 소구방법 사용

실험 메시지의 주장과 그 소구방법을 간단히 요약하면 [표 2-2]와 같다.

C. 각종 변인의 측정검사기구

이 실험연구에 필요한 각종 측정검사기구(measuring instruments)는 모두 3개로, ① 종속변인인 커뮤니케이션 효과의 측정척도, ② 독립변인인 정보원의 공신력에 대한 실험처치가 제대로 이루어졌는지 알아보기 위해 실험참여자(피험자)들을 대상으로 실험 메시지의 정보원들의 공신력을 실제로 측정해 보기 위한 척도, ③ [가설 1-2]의 검증에 필요한 실험 메시지의 공평성과 합리성에 대한 실험참여자들의 평가척도였다. 이들 3개 척도에 관하여 좀 더 구체적으로 설명해 보면 다음과 같다.

첫째, 종속변인인 '커뮤니케이션 효과'는 앞서 말했듯이 "정보원의 높은 또는 낮은 공신력은 그 정보원의 논설로 위장(僞裝)한 실험 메시지에 대한 수용자(실험참여

자)들의 수용태도의 변용"으로 규정했다. 따라서 이러한 '커뮤니케이션 효과'의 사전·사후 검사기구로는 앞서 언급한 Janis와 Field의 연구(1956) 및 Chu의 연구(1964)에서 사용했던 태도측정척도를 번역하여 사용했다. 이들 척도는 앞서 말한 각 실험 메시지의 주제와 주장 등에 대한 실험참여자들의 태도를 묻는 것으로서, 각 실험 메시지에 대하여 3개씩 모두 12개 문항의 완성형 또는 선다형 척도로 구성했다([부록 A] 참고).

이와 같은 태도측정척도는 사전검사, 사후검사, 지연검사에서 모두 사용했으나, 사전검사는 '전국 대학생 여론조사'로 위장했고, 사후검사와 지연검사는 '논설기사에 대한 여론조사'로 위장했는데, 이들 검사척도로 측정한 태도점수들의 산출방법에 관해서는 뒤의 자료분석방법에서 설명하겠다.

둘째로, 정보원의 공신력에 대한 실험처치가 제대로 이루어졌는지를 알아보기 위해 실험참여자(피험자)들을 대상으로 실험 메시지의 정보원들에 대한 공신력을 실제로 측정해 보기 위한 척도는, 공신력의 차원에 관한 Lemert(1963)의 요인분석(factor analysis) 결과를 토대로 만들었다. 구체적으로 말하면, Lemert는 정보원의 공신력의 인자분석 연구에서 3개의 큰 요인, 즉 ① 안전요인(safety factor), ② 자격요인(qualification factor) 및 ③ 역동요인(dynamism factor)을 추출해 냈는데, 이들 각 요인을 대표하는 문항들 중에서 본 연구자가 3개씩 모두 9개의 문항을 골라서 의미분별척도(semantic differential scales) 형식의 척도(7점 만점)를 만들었다([부록 A] 참고). 그리하여 이 척도를 사용하여 실험 메시지들의 정보원에 대한 공신력을 측정했다.

셋째, [가설 1-2]의 검증에 필요한 실험 메시지의 공정성과 합리성에 대한 실험참여자들의 평가척도로는, Hovland와 Weiss(1951)가 정보원의 공신력에 관한 실험에서 사용했던 평가척도에서 2개의 설문문항을 우리말로 번역해서 사용했는데, 이들 2개 설문문항[3]은 곧 실험 메시지 내용의 공정성과 합리성을 평가하기 위한 것이었다.

---

3 2개의 질문은 ① "위의 글은 양쪽의 주장을 공정하게 제시했다고 생각합니까? 아니면 한쪽 의견만 일방적으로 주장했다고 생각합니까?"와 ② "위의 글은 객관적 증거를 토대로 올바른 결론을 내렸다고 생각합니까? 아니면 주관적으로 결론을 내렸다고 생각합니까?"이다.

D. 실험참여자(피험자)의 표집과 배치

실험참여자(피험자)들은 서울대학교 인문계열 1학년생들로서 교양과목을 수강하는 2개 반(班) 모두 100명을 선정했는데, 이들은 일종의 우연적 표본(available sample)에 해당하는 것이었다. 그러나 이 실험연구에서는 검사를 세 차례나 해야 했기 때문에, 편의상 본 연구자가 재직하고 있는 서울대학교 학생들을 실험참여자들로 선정하였다. 하지만 교양과목 수강자들 중에서 2개 반을 무작위로 선정했으며, 이들 2개 반 중에서 어떤 반을 실험집단 1(높은 공신력 집단) 또는 실험집단 2(낮은 공신력 집단)로 할 것인지 하는 것도 무작위로 배정(random assignment)했다.

처음 사전검사에 응한 실험참여자들은 모두 100명이었으나, 본 실험과 사후검사 및 지연검사까지 모두 참여한 실험참여자들은 60명밖에 되지 않았다. 이렇게 실험탈락자(experimental mortality)가 많이 생긴 것은 실험연구가 40여 일에 걸쳐 이루어졌다는 이유도 있었지만, 실험 도중에 학원사태가 발생하여 많은 학생들이 강의실에 들어오지 않았기 때문이다.

그리하여 사전검사, 본 실험, 사후검사 및 지연검사까지 모두 참여한 실험참여자들이 60명밖에 되지 않은 데다가, 세 차례의 검사 이후 그 검사지(응답지)들을 검토해 보니 제대로 응답하지 않았거나 불성실하게 응답한 실험참여자들이 13명이 나왔다. 따라서 이들 13명의 검사지(응답지)는 자료분석에서 제외시키고, 나머지 47명의 응답지들만 분석대상으로 삼았다. 이들 47명의 실험참여자들은 연령은 물론 지능이나 생활정도 등에서도 대체로 동질성을 갖고 있었으며, 남녀 비율은 약 3:1이었다.

E. 실제 실험방법과 절차

이 실험연구는 1977년 9월 23일부터 10월 30일 사이에 세 차례의 검사와 한 번의 실험처치로 진행되었는데, 사전검사와 지연검사는 실험참여자들의 수업시간에 해당 과목의 담당 교수가 실험참여자들에게 설문지를 나누어 주고 시행했으며,[4] 본 실

4 이 실험연구에 직접 협력해 준 서울대학교 인문대학의 구인환(丘仁煥) 교수, 사회대학의 김일

험(실험처치)과 사후검사는 본 연구자가 직접 실시했다.

사전검사(pretest), 즉 실험 메시지에 대한 실험참여자들의 수용태도(커뮤니케이션 효과)에 관한 사전검사는 서울대학교 사회학과 김일철 교수가 실시하는 '전국대학생 여론조사'로 위장하여 실시했다. 이는 사전검사가 그 뒤의 사후검사에 되도록 영향을 미치지 않도록 하기 위해서였다. 또한 사전검사가 그 뒤의 사후검사에 미치는 영향을 통제하기 위해서, 사후검사는 사전검사 1주일 뒤 실험처치 직후에 실시했다.

실험처치와 사후검사는 '신문 · 잡지의 논설기사에 관한 여론조사'로 위장해서 실시했는데, 이를 위하여 미리 ① 인사말, ② 정보원의 공신력에 대한 실험처치 재료, ③ 4개의 실험 메시지, ④ 각 실험 메시지 정보원의 공신력의 측정척도, ⑤ 각 실험 메시지에 대한 실험참여자들의 수용태도(커뮤니케이션 효과)에 관한 사후검사척도, ⑥ 각 실험 메시지의 내용에 관한 평가척도를 포함한 소책자(Booklet)를 만들었다. 이 소책자는 두 가지로 나누어 만들었는데, 그중 '소책자 I(Booklet I)'은 실험집단 1(높은 공신력 실험집단)의 실험참여자들에게 준 것으로, 이 소책자에 실은 실험 메시지들은 공신력이 높은 정보원인 『동아일보』와 『대한의학협회지』, 『음악교육학보』, 『신문과 방송』이라는 전문잡지에 각각 게재되었던 논설로 위장했다. 그리고 '소책자 II(Booklet II)'는 실험집단 2(낮은 공신력 실험집단)의 실험참여자들에게 준 것으로서, 이 소책자에 실은 실험 메시지들은 공신력이 낮은 정보원인 『S신문』과 『동양침술가협회보』, 『월간팝송』, 『광고계』라는 잡지에 각각 게재되었던 논설들로 위장했다.

이들 두 가지 소책자의 표지에는 모두 '신문 · 잡지의 논설기사에 관한 여론조사'라는 제목을 붙이고, 그 제목 밑에 인사말에서 "이 조사는 서울대학교 신문연구소에서 실시하는 신문과 잡지의 논설에 관한 학술연구이니, 이에 실려 있는 논설들을 읽고 그 아래 설문지의 물음에 솔직하게 응답해 주세요."라고 부탁했다. 이러한 인사말 다음에 논설로 위장한 4개의 실험 메시지를 차례로 실었는데, 각 실험 메시지[논설]의 제목 아래에는 그 논설의 정보원, 즉 출처를 밝히고 그 정보원에 대한 간단한 소개를 덧붙여 놓았다. 그리고 그 아래 실려 있는 각 논설(실험 메시지)을 읽은 다음, 그 논설의 정보원의 공신력을 주어진 척도(공신력 측정척도)에 따라 평가하고 나서,

---

철(金一鐵) 교수, 사범대학의 곽광수(郭光秀) 교수에게 감사드린다.

방금 읽은 논설의 주장과 내용에 대한 의견을 그 아래 설문지에 표시하도록 해서, 실험 메시지에 대한 실험참여자들의 수용태도(커뮤니케이션 효과)에 관한 사후검사와 함께 실험 메시지의 내용에 대한 평가검사를 실시했다(자세한 것은 [부록 A]에 첨부한 실험 메시지와 각종 검사척도 참고).

이와 같은 본 실험과 사후검사가 끝나고 나서, 4주일 뒤에 또 정보원의 공신력이 커뮤니케이션 효과에 미치는 영향의 지속성을 알아보기 위하여, 즉 [가설 2-1]의 검증을 위해서 다시 지연검사를 실시했는데, 이 지연검사는 지난번 '논설기사에 대한 여론조사'에서 빠진 것이 있어서 다시 실시하는 것으로 위장하였다.

F. 검사자료의 분석방법

이와 같은 방법으로 얻은 각종 검사자료들은 우선 그 신뢰도(reliability)를 검토해 보았고, 또한 정보원의 공신력에 대한 실험처치도 제대로 이루어졌는지 검토해 보았다. 그런 다음, 실험 메시지에 대한 실험참여자들의 수용태도, 즉 커뮤니케이션 효과(종속변인)를 측정한 사전검사와 사후검사, 그리고 사후검사와 지연검사에서의 실험참여자들의 응답을 서로 비교하여 실험 메시지가 주장한 방향으로 태도변화가 일어난 경우에는 +1점, 태도변화가 전혀 일어나지 않은 경우에는 0점, 그리고 실험 메시지의 주장과 반대 방향으로 태도변화가 일어난 경우에는 −1점을 주었다. 이렇게 하여 이들 점수를 명명수(命名數, nominal number)로 간주하여 χ^2 검증통계방법을 사용하여 주어진 가설들을 검증했는데, 이에 대한 자세한 것은 연구결과를 제시할 때 설명하기로 하겠다.

III. 연구결과와 논의

A. 실험처치와 검사자료에 대한 검토

1. 정보원 공신력의 실험처치에 대한 검토

앞에서 말했듯이 각 가설들의 검증에 앞서 독립변인(실험변인)인 정보원의 공신력에 대한 실험처치가 제대로 되었는지부터 검토해 보기 위해서, 미리 각 실험 메시지 정보원의 공신력을 의미분별척도(7점 척도)를 사용하여 실험참여자(피험자)들에게 실제로 평가시켜 보았더니, 그 결과가 [표 2-3]과 같이 나왔다.

이 표에서 볼 수 있듯이, 본 연구자가 가정(假定)해서 조작했던 각 정보원의 공신력(assumed source credibility)과 실제로 실험참여자들이 평가한 정보원의 공신력(measured source credibility)이 전체 8개 정보원 중에서 6개가 일치하여, 전체적으로 볼 때에는 정보원의 공신력에 대한 실험처치가 제대로 이루어졌다고 할 수 있었다.

그러나 2개의 정보원, 즉 『신문과 방송』 및 『광고계』라는 잡지는 본 연구자가 본래 가정했던 것과는 반대 결과가 나왔으며, 또한 다른 정보원에 대해서도 실험참여자에 따라 상반된 결과가 많이 나타났다. 따라서 부득이 각 실험참여자별로 각 정보원

표 2-3 각 정보원에 대한 실제 공신력의 측정 결과

메시지 주제	공신력이 높다고 가정한 정보원		공신력이 낮다고 가정한 정보원	
1. 방공시설	『동아일보』	4.27	1. 『S신문』*	3.66
2. 암의 연구	『대한의학협회지』	4.77	2. 『동양침술가협회보』	3.56
3. 고전음악방송	『음악교육학보』	3.71	3. 『월간팝송』	3.02
4. TV 광고	『신문과 방송』	4.72	4. 『광고계』	4.87
	전체 평균	4.37	전체 평균	3.77

* 『S신문』은 실명(實名)이 아닌 익명으로 했음.

표 2-4 실험처치와 상반된 경우를 제외한 각 정보원의 공신력 점수

메시지 주제	높은 공신력 실험집단		낮은 공신력 실험집단	
1. 방공시설	『동아일보』(n=18)	5.00	『S신문』(n=18)	2.97
2. 암의 연구	『대한의학협회지』(n=22)	5.26	『동양침술가협회보』(n=22)	2.95
3. 고전음악방송	『음악교육학보』(n=15)	4.65	『월간팝송』(n=15)	2.24
4. TV 광고	『신문과 방송』(n=25)	4.52	『광고계』(n=5)	3.57
전체	전체 평균(n=87)	4.85	전체 평균(n=70)	2.93

의 공신력에 대한 평가점수들을 조사해서, 공신력에 대한 실험처치와 상반된 반응을 보인 실험참여자들은 결과 분석에서 제외시켰다. 그리고 '높은 공신력 실험집단'에서 해당 정보원들의 공신력을 높게 평가(7점 만점에서 평균 4.0 이상)했거나, 또는 '낮은 공신력 실험집단'에서 해당 정보원들의 공신력을 낮게 평가(4.0 미만)한 실험참여자들만을 대상으로 다시 각 정보원의 공신력에 대한 평가점수들의 산술평균치를 실험집단별로 산출해 보았더니 [표 2-4]와 같이 '높은 공신력 실험집단'과 '낮은 공신력 실험집단' 사이에 현저한 차이가 나타났다.

하지만 'TV 광고'에 관한 실험 메시지의 두 정보원(『신문과 방송』 대 『광고계』)의 공신력에 대한 '높은 공신력 실험집단'과 '낮은 공신력 실험집단'의 평가점수(산출평균치) 사이에는 통계적으로 유의적 차이($p < 0.05$, 일방적 검증)가 나타나지 않았다. 따라서 이에 관련된 자료, 즉 'TV 광고'에 관한 실험자료들은 가설검증에서 제외시키고 그 나머지, 즉 ① 방공시설, ② 암의 연구 및 ③ 고전음악방송에 관한 3개 실험 메시지들에 관한 실험자료들만 사용하여, 그 정보원들의 공신력이 수용자(실험참여자)들의 태도변용에 어떠한 영향을 미치는지에 관한 가설들을 검증하였다.

2. 종속변인 검사자료에 대한 신뢰도 검토

한편, 본 실험연구에서 종속변인인 커뮤니케이션 효과, 즉 실험 메시지에 대한 실험참여자들의 수용태도에 대한 세 차례의 검사에서 얻어진 자료들이 믿을 수 있는 것인지 그 신뢰도를 검토해 보았다. 이를 위해서 미리 '방공시설'의 실험 메시지에 대

표 2-5 실험 메시지의 수용태도에 대한 검사자료의 신뢰도계수

검사별	문항 번호	신뢰도계수(r)
사전검사	5 × 6번	0.66
사후검사	12 × 13번	0.60
지연검사	5 × 6번	0.56

한 실험참여자들의 수용태도 검사항목에 서로 비슷한 문항(repeated item)을 넣었다. 그리고 이들 문항(사전검사에서는 5번과 6번, 사후검사에서는 12번과 13번, 지연검사에서는 5번과 6번)에 대한 실험참여자들의 응답들 간의 신뢰도계수(Pearson r)를 산출해 보았더니, [표 2-5]와 같이 사전검사에서는 $r = 0.66$, 사후검사에서는 $r = 0.60$, 지연검사에서는 $r = 0.56$이 나왔다.

이와 같은 신뢰도 계수는 높다고는 말할 수 없으며, 사전검사보다 지연검사의 신뢰도가 낮은 것은 앞서의 검사들이 뒤의 지연검사에 가외적 영향을 미쳤기 때문인 것 같다. 하지만 신뢰도 계수들의 평균이 0.60 정도이므로, 이로 미루어 볼 때 실험 메시지의 실험참여자들의 수용태도(커뮤니케이션 효과)에 대한 세 차례의 검사에서 얻어진 검사자료(attitude scores)들은 그런 대로 믿을 수 있다고 판단되어, 이들 자료를 사용하여 주어진 가설들을 검증했다.

B. 가설의 검증 결과와 논의

1. [가설 1-1]에 대한 검증 결과와 논의

[가설 1-1]은 앞서 말했듯이 "한국에서도 정보원의 공신력이 커뮤니케이션 효과, 특히 커뮤니케이션 메시지에 대한 수용자들의 수용태도에 영향을 미칠 것이다. 즉 공신력이 높은 정보원의 메시지가 공신력이 낮은 정보원의 메시지보다 수용자의 태도를 더 많이 변용시킬 것이다."였는데, 이에 대한 실험 결과는 다음 [표 2-6]과 같이 나타났다.

이 표에서 각 칸(cell)의 수치(빈도)는 각 실험 메시지에 대한 3개 문항의 태도

표 2-6 높은 공신력 집단과 낮은 공신력 집단 간의 태도변화의 방향과 양(量)

메시지 주제	태도변화의 방향	높은 공신력 실험집단(1)	낮은 공신력 실험집단(2)	태도변화의 차(1-2)
1. 방공시설 (n=36)	+	22(41.4%)	20(37.0%)	2(4.1%)
	–	6(11.1)	3(5.6)	3(5.5)
	0	26(48.1)	31(57.4)	-5(-9.3)
2. 암의 연구 (n=44)	+	41(62.1)	22(33.3)	19(28.8)
	–	5(7.6)	9(13.6)	-4(-6.0)
	0	20(30.3)	35(53.1)	-15(-22.8)
3. 고전음악방송 (n=37)	+	23(51.1)	10(22.2)	13(28.9)
	–	9(20.0)	15(33.3)	-6(-13.3)
	0	13(28.9	20(44.5)	-7(-15.6)
전체(평균) (n=37)	+	28.7(51.4)	17.3(30.8)	11.4
	–	6.7(12.8)	9.0(17.5)	-2.3
	0	19.7(35.8)	28.7(51.7)	-9

측정검사에서 사전검사와 사후검사 간 실험참여자들의 태도변화(사례수)를 나타낸 것이다. 예컨대, 이 표에서 셋째 칸 '높은 공신력 실험집단(1)'에서 첫째 줄의 수치 22는 높은 공신력 실험집단의 18명의 실험참여자들이 '방공시설'의 실험 메시지에 대한 3개 항목의 태도검사에서 보여준 총 54(3×18)개의 반응 중에서 실험처치 결과, 실험 메시지가 주장한 방향(+방향)으로 태도변화(positivc changc)를 일으킨 사례수를 말한다. 그리고 그 바로 밑의 6이라는 수치는 사전검사와 사후검사의 결과를 비교했을 때, 실험 메시지가 주장하는 것과는 오히려 반대 방향(–방향)으로 태도를 변화(negative change)시킨 경우를 말하며, 또한 그 밑의 26이라는 수치는 전혀 태도를 변화시키지 않은 경우(no change)를 말한다. 따라서 실험 메시지가 주장한 방향(+방향)으로 태도변화가 일어난 경우인 22에서 그 반대 방향(–방향)으로 태도변화가 일어난 경우인 6을 빼면 실제의 태도변화(net change)는 16이 된다.

한편, 넷째 칸의 '낮은 공신력 실험집단(2)'에서는 '방공시설'에 관한 실험 메시지가 주장한 방향(+방향)으로 태도변화가 일어난 경우는 20이며, 그 반대 방향(–방향)으로 태도변화가 일어난 경우는 3이므로, 실제 태도변화량(amount of net

표 2-7 실험처치 직후 높은 공신력 실험집단과 낮은 공신력 실험집단 간 실제 태도변화의 차이

메시지 주제	높은 공신력 실험집단(1)	낮은 공신력 실험집단(2)	태도변화의 차 (1-2)	차의 유의도* (significance)
1. 방공시설	16(29.6%)	17(31.5%)	-1(-1.9%)	n.s
2. 암의 연구	36(54.5)	13(19.7)	23(34.8)	$p < .0005$
3. 고전음악방송	14(48.9)	-5(-11.1)	19(67.0)	$p < .005$
전체(평균)	22(44.3)	8.3(13.4)	13.7(31.0)	$p < .01$

* 차(差)의 유의도(有意度) 검증은 χ^2 일방적 검증(one-tailed χ^2 test)

change)은 17(20-3)이 되는데, 바로 이와 같은 실제 태도변화의 양을 세 가지 주제의 실험 메시지에 대한 실험집단별로 모두 구해 보았더니 [표 2-7]과 같았다. 이 표에서 높은 공신력 실험집단과 낮은 공신력 실험집단 간의 실제 태도변화의 양을 비교해 보면, 방공시설에 관한 실험 메시지의 경우를 제외하고 나머지 주제의 경우는 모두 높은 공신력 실험집단의 실험참여자(피험자)들이 낮은 공신력 실험집단의 실험참여자들에 비하여 실험 메시지가 주장하는 방향으로 더 많이 태도를 변화하였으며, 이러한 태도변화의 차이는 통계적으로 유의적이었다.

전체적으로 볼 때, [표 2-7]의 '전체' 난(欄)에서 보듯이 높은 공신력 실험집단에서 실제 태도변화의 양은 22(전체의 44.3%)인 데 비하여, 낮은 공신력 실험집단에서의 실제 태도변화의 양은 8.3(13.4%)으로서, 높은 공신력 실험집단의 실험참여자들이 낮은 공신력 실험집단의 실험참여자들보다 13.7(31.0%)나 더 많이 실험 메시지가 주장하는 방향으로 태도를 변화하였으며, 이러한 태도변화의 차이는 통계적으로 0.01 수준에서 유의적이었다. 따라서 이러한 차이, 즉 똑같은 내용의 실험 메시지에 대한 두 실험집단 간의 태도변화의 차이는 정보원의 공신력의 영향 때문에 일어난 것으로 볼 수 있으므로, 본 연구에서의 [가설 1-1]은 입증되었다고 보겠다. 따라서 서양에서와 마찬가지로 한국에서도 정보원의 공신력이 커뮤니케이션 효과, 특히 커뮤니케이션 메시지에 대한 수용자들의 수용태도에 영향을 미친다고 할 수 있다.

그러나 이와 같은 실험연구 결과의 일반화를 위해서는 앞으로 여러 가지 다른 주제와 여러 계층의 수용자들을 대상으로 한 연구가 더 필요하다. [표 2-7]에서 보듯

이 '방공시설'에 관한 실험 메시지의 경우에는 높은 공신력 실험집단과 낮은 공신력 실험집단 사이에 이렇다 할 태도변화의 차이가 나타나지 않았는데, 이는 메시지의 주제나 내용에 따라 정보원의 공신력이 커뮤니케이션 효과에 미치는 영향은 나타나지 않을 수도 있다는 것을 말해 준다.

2. [가설 1-2]에 대한 검증 결과와 논의

[가설 1-2]는 [가설 1-1]에 대한 이유로서, 정보원의 공신력이 커뮤니케이션 메시지에 대한 수용자들의 수용태도에 영향을 미치는 것은 "인지균형 이론에서 주장하는 것처럼, 수용자들이 정보원에 대하여 공신력이 높다고 지각하면 그의 메시지도 공정하고 합리적인 주장이라고 평가해서 이를 받아들이는 반면, 공신력이 낮다고 생각하는 정보원의 메시지의 주장은 과소평가해서 받아들이지 않으려는 심리적 성향이 있기 때문일 것이다."라는 것이었다. 따라서 이러한 가설을 검증하기 위하여 각 실험 메시지의 정보원에 대하여 공신력이 높다고 평가한 실험참여자들과, 이와는 반대로 공신력이 낮다고 평가한 실험참여자별로 각 실험 메시지 내용에 대한 평가 결과를 알

표 2-8 정보원별 메시지 내용의 공정성과 합리성에 대한 평가

메시지 주제	A. 공정성에 대한 평가				B. 합리성에 대한 평가			
	높은 공신력 정보원		낮은 공신력 정보원		높은 공신력 정보원		낮은 공신력 정보원	
	공정	불공정	공정	불공정	합리적	비합리적	합리적	비합리적
1. 방공시설	2 (11%)	16 (89%)	1 (6%)	17 (94%)	8 (44%)	10 (56%)	0 (0%)	18 (100%)
2. 암의 연구	12 (55)	10 (45)	4 (18)	18 (82)	14 (64)	8 (36)	1 (5)	21 (95)
3. 고전음악 방송	10 (67)	5 (33)	1 (7)	14 (93)	11 (73)	4 (27)	0 (0)	15 (100)
전체 (평균)	8 (44)	10.3 (56)	2 (10)	16.3 (90)	11 (60)	7.3 (40)	0.3 (2)	18 (98)

아보았더니 [표 2-8]과 같았다. 이 표에서 보듯이 공신력이 높다고 평가한 정보원의 메시지에 대해서는 '공정 또는 합리적'이라고 평가한 실험참여자들의 사례수(빈도)가 '불공정 또는 비합리적'이라고 평가한 실험참여자들의 수보다 약간 적기는 했으나, 큰 차이는 없었다.

그러나 공신력이 낮다고 평가한 정보원의 메시지에 대해서는 그 내용이 '불공정'하거나 '비합리적'이라고 평가한 실험참여자들의 사례수가 '공정'하거나 또는 '합리적'이라고 평가한 실험참여자들의 수보다 압도적으로 많았다. 따라서 공신력이 높다고 평가한 정보원의 메시지에 대해서는 반드시 그 내용도 공정하고 합리적이라고 지각한다고는 할 수 없으나, 공신력이 낮다고 생각한 정보원의 메시지는 불공정하고 비합리적이라고 낮게 평가하는 심리적 성향이 수용자들에게 있다고 보겠다.

정보원의 공신력이 그 정보원의 메시지 내용에 대한 수용자들의 지각 또는 평가에 미치는 영향을 좀 더 구체적으로 알아보기 위해서 [표 2-9]에서 전체 평균치들을 가지고 정보원의 공신력과 그 정보원의 메시지 내용에 대한 수용자들의 평가 간의 상관관계를 Guttman의 상호예언 계수(Guttman's coefficient of mutual predictability)를 사용하여 산출해 보았다. 그 결과, [표 2-9]의 하단(下端)에서 보듯이 메시지의 공정성의 경우는 $\lambda = 0.29$, 메시지의 합리성의 경우는 $\lambda = 0.50$이 나왔다. 따라서 정보원의 공신력에 대한 평가와 그 정보원의 메시지 내용에 대한 수용자(실험참여자)들의 평가와의 사이에는 어느 정도의 상관관계가 있다고 보겠다. 다시 말해서, 수용자들이 어떤 정보원에 대하여 공신력이 높다고 생각하면 그 정보원의 메시지 내용

표 2-9 정보원의 공신력과 메시지 내용에 대한 평가와의 상관도

구분		공신력		
		높음	낮음	소계
메시지	공정하다	8.0	2.0	10.0
	불공정하다	10.3	16.3	26.6
	소계	18.3	18.3	36.6

$$\lambda = \frac{\Sigma fr + \Sigma fc - (Fr + Fc)}{2N - (Fr + Fc)} = 0.29$$

구분		공 신 력		
		높음	낮음	소계
메시지	합리적이다	11.0	0.3	11.3
	불합리적이다	7.3	18.0	25.3
	소 계	18.3	18.3	36.6

$$\lambda = \frac{\Sigma fr + \Sigma fc - (Fr + Fc)}{2N - (Fr + Fc)} = 0.50$$

도 공정 또는 합리적이라고 평가하는 반면, 공신력이 낮다고 평가하면 그 정보원의 메시지 내용도 불공정하거나 비합리적이라고 지각하는 성향이 어느 정도 있다고 볼 수 있겠다.

따라서 이상과 같은 실험 결과로 미루어 볼 때, "인지균형 이론에서 주장하는 것처럼, 수용자들이 정보원에 대하여 공신력이 높다고 지각하면 그 정보의 메시지도 공정하고 합리적인 주장이라고 평가해서 이를 받아들이는 반면, 공신력이 낮다고 생각하는 정보원의 메시지의 주장은 과소평가해서 받아들이지 않으려는 심리적 성향이 있기 때문"에 정보원의 공신력이 커뮤니케이션 메시지에 대한 수용자들의 수용태도에 영향을 미치게 된다는 [가설 1-2]도 본 실험연구에서 입증되었다. 이와 같은 [가설 1-2]에 대한 실험 결과는 서론에서 언급한 Cohen(1960)의 인지균형 이론과 일치되는 것으로, 수용자들이 정보원에 대하여 호감(공신력이 높다고 평가)을 갖고 있을 때 그 정보원의 메시지 내용을 받아들이지 않는다면 인지적 불균형(cognitive dissonance)으로 인한 심리적 불안상태가 야기되므로 이를 방지 또는 제거하기 위하여 그 정보원의 메시지도 좋게 평가해서 메시지가 주장한 방향으로 태도를 변화시키는 반면, 정보원을 싫어하면 그 정보원의 메시지도 과소평가하여 거부함으로써 수용자 내부에 인지균형 상태를 유지하려 하기 때문에, 공신력이 커뮤니케이션 과정에서 수용자들의 태도변용에 영향을 미친다고 볼 수 있다.

3. [가설 2-1]에 대한 검증 결과와 논의

[가설 2-1]은 정보원의 공신력이 커뮤니케이션 효과(메시지 수용태도)에 미치는 영향의 지속성에 관한 것으로서, 곧 "공신력이 높은 정보원이 커뮤니케이션 효과에 미치는 영향은 시간의 경과에 따라 감소하는 반면, 공신력이 낮은 정보원의 영향은 오히려 증가하는 소위 '수면자 효과(sleeper effects)'가 나타날 것이다."라는 것이었다.

이러한 가설을 검증해 보기 위해서, 앞서 말했듯이 실험처치 직후 사후검사(post-test)를 하고 나서, 4주 뒤 다시 지연검사(delayed test)를 하여 그간에 실험 메시지에서 주장한 방향으로 실험참여자들의 태도가 어떻게 변했는지 그 변화(net

표 2-10 실험처치 4주 후 높은 공신력 실험집단과 낮은 공신력 실험집단 간 태도변화의 차이

메시지 주제	높은 공신력 실험집단(1)	낮은 공신력 실험집단(2)	두 집단 간의 차(1-2)
1. 방공시설	2(3.7%)	12(22.2%)	-10(-18.5%)
2. 암의 연구	14(21.2)	14(21.2)	0(7.0)
3. 고전음악방송	10(22.2)	2(4.4)	+8(17.5)
전체(평균)	8.6(15.7)	9.3(15.9)	-0.7(-0.2)

change of attitude)의 정도를 각 실험집단별로 비교해 보았다. 그 결과, [표 2-10]과 같이 나타났는데, 이 표에서 보듯이 전체적으로 볼 때 높은 공신력 실험집단과 낮은 공신력 실험집단 간에 태도변화의 차이가 거의 나타나지 않았다(다만, '방공시설'에 대한 주제의 경우는 예외).

그러나 앞서 [표 2-7]을 보면, 정보원의 공신력에 대한 실험처치 직후에는 높은 공신력 실험집단(1)의 실험참여자들이 낮은 공신력 실험집단(2)의 실험참여자들보다 실험 메시지가 주장한 방향으로 더 많이 태도변용을 일으켰지만, 실험 메시지를 준 4주 후에는 그 정보원의 공신력의 영향의 감소되어 두 실험집단 간에 태도변용상 차이가 거의 없는 것으로 나타났다.

따라서 "공신력이 높은 정보원이 커뮤니케이션 효과에 미치는 영향은 시간의 경과에 따라 감소하는 반면, 공신력이 높은 정보원의 영향은 오히려 증가한다."는 소위 '수면자 효과'는 이 실험연구에서는 나타나지 않았다. 이는 수면자 효과가 입증되려면 낮은 공신력 실험집단의 실험참여자들의 태도변화가 시간의 경과에 따라 실험 메시지의 주장 방향으로 증가해야 하나, 이 실험연구의 결과에서는 낮은 공신력 실험집단과 높은 공신력 실험집단의 태도변화상 유의적 차이가 없었기 때문이다. 그러나 이 실험연구에서는 실험참여자들의 표본의 사례수가 적었기 때문에 수면자 효과가 나타나지 않았을 가능성도 없지 않다고 볼 수 있다. Hovland과 Weiss(1951, p.747)에 의하면, 소표본(小標本, small sample)을 사용했을 경우는 수면자 효과가 명료하게 나타나지 않는다고 했기 때문이다. 그러나 이에 관한 것은 연구가 더 요구된다.

4. [가설 2-2]에 대한 검증 결과와 논의

마지막으로 [가설 2-2]는 위에서 말한 '수면자 효과'가 일어나는 이유에 관한 가설로서, 곧 '수면자 효과'가 나타나는 것은 "수용자들이 어떤 메시지를 받은 뒤 시간이 경과함에 따라 그 메시지의 정보원은 점차 수용자들의 기억에서 망각되어 공신력이 높은 정보원에 대한 신뢰감은 점차 소멸되고, 공신력이 낮은 정보원에 대한 저항감은 점차 사라지게 된다. 따라서 공신력이 높은 정보원이 커뮤니케이션 효과에 미치는 영향은 감소하는 반면, 공신력이 낮은 정보원이 커뮤니케이션 효과에 미치는 영향은 증가할 것이다."라는 것이었다.

이와 같은 가설을 검증해 보기 위해서 실험참여자들에게 실험 메시지를 준 4주 후에 그 메시지의 정보원을 기억하는 실험참여자들과 기억하지 못하는 실험참여자들의 태도변화의 지속 정도를 알아보았다. 그 결과 [표 2-11]과 같이 나타났는데, [가설 2-2]가 입증되려면 높은 공신력 실험집단에서는 정보원을 기억하는 실험참여자들의 태도변화가 그 정보원을 망각한 실험참여자들의 태도변화보다 더 많이 지속되어야 함에도 불구하고, [표 2-11]을 보면 정보원을 기억한 실험참여자들의 태도변화량의 전체 평균이 정보원을 망각한 실험참여자들의 태도변화량의 전체 평균보다 오

표 2-11 정보원의 기억과 망각에 따른 태도변화의 지속성

메시지 주제	높은 공신력 실험집단			낮은 공신력 실험집단		
	성보원 기억(A)	정보원 망각(B)	차이(A−B)	정보원 기억(A)	정보원 망각(B)	차이(B−A)
1. 방공시설	3.7% (n=13)	0.0% (n=5)	+3.7%	16.7% (n=9)	5.5% (n=9)	−11.2%
2. 암의 연구	12.1 (n=12)	9.1 (n=10)	+3.0	0.3 (n=1)	22.7 (n=21)	+22.4
3. 고전음악 방송	2.2 (n=3)	20.0 (n=12)	−17.8	6.7 (n=13)	2.2 (n=2)	−4.5
전체(평균)	6.0 (n=28)	9.7 (n=27)	−3.7	7.9 (n=23)	10.1 (n=32)	+2.1

히려 적었다. 그러나 이는 통계적으로 유의적 차이는 아니었다. 또한 [가설 2-2]가 입증되려면, 낮은 공신력 실험집단의 경우 정보원을 망각한 실험참여자들은 공신력이 낮은 정보원에 대하여 저항감을 느끼지 않게 되므로, 정보원을 기억하는 실험참여자들보다 태도변화의 양이 더 많이 증가해야 한다. 그러나 이 경우도 [표 2-11]에서 보듯이, 정보원을 기억하는 실험참여자들과 그렇지 않은 실험참여자들 간 태도변화량의 전체 평균이 7.9 대 10.1로서 유의적 차이(χ^2 two-tailed test, $p < 0.05$ 수준에서)가 나타나지 않았다.

따라서 [가설 2-2]도 입증되지 못했는데, 이 가설과는 달리 정보원의 공신력이 실험참여자들의 태도변용에 미치는 영향은 시간의 경과에 따라 그 정보원을 실험참여자들이 기억했든 또는 망각했든 간에 상관없이 똑같이 감소되는 경향을 보였기 때문이다. 그러므로 [가설 2-2]는 '수면자 효과'가 일어나는 이유가 될 수 없다고 할 수 있다. 그러나 이처럼 이 실험연구에서 [가설 2-2]도 입증되지 않은 것은 [가설 2-1]이 입증되지 않았기 때문일 수도 있다. 따라서 [가설 2-1]과 [가설 2-2]와 같은 가설들에 관한 여러 가지 검증연구들이 앞으로 더 많이 요구되고 있다.

C. 본 실험연구에서의 제한점과 그에 대한 논의

앞에서 살펴보았듯이, 본 실험연구에서 검증해 본 4개의 가설 중 [가설 1-1]과 [가설 1-2]는 입증되었으나, [가설 2-1]과 [가설 2-2]는 입증되지 못하였다. 이러한 가설들의 검증 결과를 토대로 연구문제에 대한 결론을 내리기에 앞서, 이 연구의 몇 가지 제한점부터 살펴보고 넘어가기로 하겠다. 이러한 제한점을 충분히 감안하여 연구문제에 대한 결론을 내리거나 그 결론들을 받아들여야 하기 때문이다.

첫째, 본 실험연구에서 가장 큰 제한점은 실험참여자(피험자)들의 사례수가 너무 적었다는 점을 스스로 지적하지 않을 수 없다. 정보원의 공신력이 커뮤니케이션 효과에 미치는 영향에 관한 최초의 체계적 실험연구였던 Hovland와 Weiss(1951)의 연구에서도 실험참여자들의 사례수가 244명이었다. 따라서 본 연구에서도 최소한 200명으로 하려고 했으나, 실험 도중에 학원사태로 인하여 100여 명의 실험참여자들에게 실험을 할 수 없었다. 그런 데다가 실험참여자들 중에서도 탈락(mortality)이 많아서 실험처치와 3차의 검사에 모두 응한 실험참여자들은 결국 60명밖에 되지 않았으며, 그중에서도 13명은 검사에 성실하게 응하지 않아 이들 13명의 검사지(응답지)들은 자료분석에서 제외하고 나머지 47명의 응답지들만 사용했다. 때문에 본 실험연구에서 수면자 효과가 발견되지 않았는지도 모르겠는데, Hovland와 Weiss (1951, p.747)에 의하면 실험참여자들의 사례수가 적은 경우는 수면자 효과가 명료하게 나타나지 않는다고 했다.

둘째, 본 실험연구에서는 예비연구(pilot study)를 생략했다가 정보원의 공신력에 대한 실험처치에 차질이 생겨, 앞서 지적했듯이 실험처치가 제대로 이루지지 않은 'TV 광고' 관련 실험 메시지에 관한 실험자료들은 가설검증에서 제외시키고, 그 나머지 3개 실험 메시지들에 관한 실험자료들만 사용하여 주어진 가설들을 검증했다. 따라서 실험참여자들의 사례수가 더 줄어든 결과가 되었으며, 또한 실험 메시지의 주제도 줄게 되어, 이들 주제가 가외변인으로서 정보원의 공신력과 커뮤니케이션 효과와의 관계에 미치는 영향을 통제하는 데도 제한점이 있었다.

셋째, 실험 메시지의 주제와 그 내용에도 문제점이 있었다. 본 실험연구에서 사용한 실험 메시지는 Janis와 Field(1956)가 피설득성향(被說得性向, persuasibility)에 관한 실험연구에서 사용했던 것을 보완한 것으로, 이들 실험 메시지의 주장들은 주로 실험참여자들의 기존 태도를 반박하는 내용이었다. 따라서 개중에는 실험 메시지의 주장과는 반대로 부정적 반응(negative response)을 보인 실험참여자들도 적지 않았다. 그 결과, 실험 메시지에 의한 태도변화의 양(amount of net changes of attitude) 자체가 적게 나타났기 때문에 제대로 통계분석을 할 수 없었다.

넷째, 본 실험연구에서는 태도변화의 측정검사척도에도 문제점이 있었다. 이 척도도 Jams와 Field(1956)가 사용했던 것을 그대로 다시 사용한 것으로서, 이 척도에는 자유응답식의 완성형(完成型)과 라이커트형(the Likert-type) 척도가 혼합되었기 때문에 태도변화의 방향에 따라 빈도, 즉 명명치(命名値)는 산출할 수 있었으나, 태도변화의 양을 등간점수(等間點數)로 나타낼 수는 없었다. 따라서 검증력이 높은 모수적(母數的) 추리통계방법을 사용하지 못하고, 그 대신 비모수적(非母數的) 추리통계방법을 사용하여 가설들을 검증해야 했다.

마지막으로, 실험설계도 시간설계방안(time design)을 곁들였기 때문에, 실험기간이 40일이나 되었고 세 차례의 검사가 필요하였다. 따라서 실험참여자들이 많이 탈락하게 되었고 또한 권태감을 갖게 되어, 앞서 밝혔듯이 종속변인에 대한 측정치들의 신뢰도가 높지 않게 나왔다.

이 밖에도 본 실험연구에는 여러 가지 제한점들이 있었다. 그러나 이러한 제한점들은 차치(且置)하고, 본 실험연구에서 얻어진 결과만을 토대로 각 연구문제에 대한 결론을 내려보기로 하겠다.

IV. 요약과 결론

A. 연구결과의 요약

각 연구문제에 대한 결론을 내리기에 앞서, 본 연구의 목적과 연구결과 등을 다시 한 번 간단히 요약해 보면, 본 연구는 서두에서 말했듯이 지금까지 서양의 커뮤니케이션 학계에서 많이 연구되어 온 문제의 하나인, '정보원의 공신력이 커뮤니케이션 효과에 미치는 영향'을 서양과 문화가 다른 한국적 상황에서 실증적으로 검증해서 그 보편타당성 여부를 알아보려는 것이었다. 또한 나아가서는 이제까지 서양에서도 해결되지 않은 문제들인 '정보원의 공력이 커뮤니케이션 효과에 영향을 미치는 이유'와 '수면자 효과'의 이유 등도 밝혀 보려는 것이 목적이었다.

이와 같은 목적에서 본 연구에서는 구체적으로 다음과 같은 연구문제들, 즉 ① 한국이라는 문화권에서도 정보원의 공신력(독립변인)이 커뮤니케이션 효과(종속변인)에 영향을 미치는가?(연구문제 1-1), ② 만약 영향을 미친다면, 그 이유는 무엇인가? 다시 말해서, 정보원의 공신력은 왜 커뮤니케이션 효과에 영향을 미치는가?(연구문제 1-2), ③ 정보원의 공신력이 커뮤니케이션 효과에 미치는 영향은 얼마 동안이나 어떻게 지속되는가?(연구문제 2-1), ④ 정보원의 공신력이 커뮤니케이션 효과에 미치는 영향이 시간의 경과에 따라 감소 또는 증가한다면 그 이유는 무엇인가?(연구문제 2-2)에 관한 해답을 얻어 보고자 했다.

이러한 연구문제에 대한 해답을 과학적 방법을 통해 얻기 위하여, 우선 그에 관한 선행연구와 관계문헌들을 고찰, 이들을 근거로 각 연구문제에 대한 가설을 다음과 같이 설정한 다음, 이들 가설을 실험을 통하여 실증적으로 검증해서 그 결과를 토대로 각 연구문제에 대한 결론을 도출해 보기로 했다.

가설 1-1 한국에서도 정보원의 공신력이 커뮤니케이션 효과, 특히 커뮤니케이션 메시지에 대한 수용자들의 수용태도에 영향을 미칠 것이다. 즉 공신력이 높은 정보원의 메시지가 공신력이 낮은 정보원의 메시지보다 수용자의 태도를 더 많이 변용시킬 것이다.

가설 1-2 그 이유는 인지균형 이론에서 주장하는 것처럼, 수용자들이 정보원에 대하여 공신력이 높다고 지각하면 그의 메시지도 공정하고 합리적인 주장이라고 평가해서 그 주장을 받아들이는 반면, 공신력이 낮다고 생각하는 정보원의 메시지의 주장은 과소평가해서 받아들이지 않으려는 심리적 성향이 있기 때문일 것이다.

가설 2-1 그러나 공신력이 높은 정보원이 커뮤니케이션 효과에 미치는 영향은 시간의 경과에 따라 감소하는 반면, 공신력이 높은 정보원의 영향은 오히려 증가하는 소위 수면자 효과(sleeper effects)가 나타날 것이다.

가설 2-2 왜냐하면 수용자들이 어떤 메시지를 받은 뒤 시간이 경과함에 따라 그 메시지의 정보원은 점차 수용자들의 기억에서 망각되어 공신력이 높은 정보원에 대한 신뢰감은 점차 소멸되고, 공신력이 낮은 정보원에 대한 저항감은 점차 사라지게 되기 때문일 것이다. 그리하여 공신력이 높은 정보원이 커뮤니케이션 효과에 미치는 영향은 감소하는 반면, 공신력이 낮은 정보원이 커뮤니케이션 효과에 미치는 영향은 증가할 것이다.

이와 같은 가설들의 검증을 위한 실험방안으로는 사전·사후검사 2개 실험집단 설계방안을 사용하였다. 그리고 실험참여자(대학생)들을 표집, 이들을 2개의 실험집단, 즉 '높은 공신력 실험집단'과 '낮은 공신력 실험집단'에 무작위로 배치한 뒤, 똑같은 내용의 실험 메시지들을 주면서 높은 공신력 실험집단의 실험참여자들에게는 그 실험 메시지가 공신력이 높다고 인정되는 신문과 잡지에 실렸던 논설이라고 조작(실험처치)했고, 낮은 공신력 실험집단의 실험참여자들에게는 그 실험 메시지들이 공신력이 낮은 신문 또는 잡지에 실렸던 논설이라고 조작하여 그 실험 메시지들을 읽게 한 뒤, 그 실험 메시지에서 주장한 방향으로 얼마나 태도변용을 일으키는지를 검사해서 그 결과들을 토대로 가설들을 검증해 보았다.

그 결과, 정보원의 공신력이 커뮤니케이션 효과에 미치는 주 효과(主效果, main effects)에 관한 [가설 1-1]과 이러한 효과(영향)의 이유에 관한 인지균형 이론적 설명인 [가설 1-2]는 입증되었다. 그러나 정보원의 공신력이 커뮤니케이션 효과에 미치는 영향의 지속형태에 관한 소위 '수면자 효과'에 대한 [가설 2-1]과 그 이유의 하나로 설정한 [가설 2-2]는 본 실험연구에서는 입증되지 못하였다.

그렇다면 이와 같은 가설들의 검증 결과로 미루어 볼 때, 본 연구에서 고찰해 보고자 했던 각 연구문제에 대하여 어떻게 결론을 내릴 수 있겠는가?

B. 연구문제에 대한 결론

앞서 말했듯이 본 연구에는 실험방법상에 여러 가지 문제점 내지 제한점들이 있었다. 예컨대, 실험참여자들의 사례수가 너무 적었고, 실험 메시지의 주장들이 실험참여자들의 기존 태도와 많이 상반되어 실험 메시지 자체의 효과가 제대로 나오지 않아서, 결과적으로 정보원의 공신력이 실험 메시지에 대한 실험참여자들의 수용태도에 미치는 영향을 알아보기에 부족했다. 따라서 이와 같은 실험연구에서 가설검증 결과를 가지고 연구문제에 대한 명확한 결론을 내리기에는 무리한 점이 없지 않다. 그러나 본 연구의 여러 가지 제한점들을 일단 유보하고, 가설검증의 결과들만을 토대로 본 연구에서 연구해 보고자 했던 연구문제들에 대한 결론을 도출해 보면 다음과 같이 요약할 수 있다.

1. [연구문제 1-1]과 [연구문제 1-2]에 대한 결론

[연구문제 1-1]은 "한국이라는 문화권에서도 정보원의 공신력이 커뮤니케이션 효과에 영향을 미치는가?"였으며, 이러한 연구문제에 대한 가설, 즉 [가설 1-1]은 "한국에서도 정보원의 공신력이 커뮤니케이션 효과, 특히 커뮤니케이션 메시지에 대한 수용자들의 수용태도에 영향을 미칠 것이다. 즉 공신력이 높은 정보원의 메시지가 공신력이 낮은 정보원의 메시지보다 수용자의 태도를 더 많이 변용시킬 것이다."였다.

그런데 이와 같은 가설을 실험을 통하여 검증해 본 결과, 똑같은 내용의 실험 메시지에 대한 태도변화의 양이 '높은 공신력 실험집단'에서는 22점(전체의 44.3%)인데 비하여, '낮은 공신력 실험집단'에서는 8.3점(13.4%)으로 나왔는데, 이와 같은 두 실험집단 간의 태도변화의 차이는 통계적으로 0.01 수준에서 유의적이었다. 따라서 이러한 태도변화의 차이는 정보원의 공신력의 영향 때문에 일어난 것으로 볼 수 있으므로 [가설 1-1]은 입증되었다고 할 수 있다. 바로 이와 같은 [가설 1-1]의 입증 결과로 미루어 볼 때, "한국이라는 문화권에서도 정보원의 공신력(독립변인)이 커뮤니케이션 효과(종속변인)에 영향을 미치는가?"라는 [연구문제 1-1]에 대해서 "그렇다."고 결론을 내릴 수 있다.

그러나 본 연구에서는 정보원의 공신력이 커뮤니케이션 효과에 미치는 영향 중에서 메시지에 대한 수용자들의 태도변용만 다루었고, 정보습득에 관한 영향은 알아보지 않았다. 따라서 이러한 영향에 관한 연구가 앞으로 더 이루어져야 할 것이다. 또한 본 연구에서는 정보원의 공신력이 커뮤니케이션 효과에 미치는 주 효과(main erects)만 알아보았으나, 앞으로는 여러 제3 변인들과의 상호작용 효과(interaction effects)도 알아볼 필요가 있다.

다음, [연구문제 1-2]는 [연구문제 1-2]의 이유에 관한 것으로서, "만약 정보원의 공신력이 커뮤니케이션 효과에 영향을 미친다면, 그 이유는 무엇인가? 다시 말해서, 정보원의 공신력은 왜 커뮤니케이션 효과에 영향을 미치는가?"였다. 그리고 이 연구문제에 대한 가설인 [가설 1-2]는 "인시균형 이론에서 주장하는 것처럼, 수용자들이 정보원에 대하여 공신력이 높다고 지각하면 그의 메시지도 공정하고 합리적인 주장이라고 평가해서 이를 받아들이는 반면, 공신력이 낮다고 생각하는 정보원의 메시지의 주장은 과소평가해서 받아들이지 않으려는 심리적 성향이 있기 때문일 것이다."였다. 이와 같은 가설을 실험을 통하여 검증해 보았더니, 공신력이 높다고 평가한 정보원의 메시지에 대해서는 '공정 또는 합리적'이라고 평가한 실험참여자들의 수(빈도)와 '불공정 또는 비합리적'이라고 평가한 실험참여자들의 수는 별로 큰 차이가 없었으나, 공신력이 낮다고 평가한 정보원의 메시지에 대해서는 그 내용이 '불공정'하거나 '비합리적'이라고 평가한 실험참여자들의 수가 '공정'하거나 또는 '합리적'이라고 평가한 실험참여자들의 수보다 압도적으로 많아서 [가설 1-2]도 입증되었다. 그러므로 [가설 1-2]은 곧 [연구문제 1-2], 즉 "정보원의 공신력이 커뮤니케이션 효과에 영향을 미친다면, 그 이유는 무엇인가? 다시 말해서, 정보원의 공신력은 왜 커뮤니케이션 효과에 영향을 미치는가?"라는 연구문제에 대한 해답은 [가설 1-2]와 같다고 볼 수 있다.

그러나 이와 같은 가설과는 달리, "정보원의 공신력이 커뮤니케이션 효과에 영향을 미치는 이유는, 공신력이 높은 정보원은 상벌(賞罰)을 줄 수 있는 힘(reward and coercive power)을 지니고 있다고 수용자들이 생각해서 그 정보원의 메시지나 주장 등을 잘 받아들이려는 경향이 있기 때문"이라는 보상이론(報償理論, the reward-reinforcement theory)도 있다. 따라서 이러한 보상이론의 타당성도 검증해 볼 필요가 있다.

2. [연구문제 2-1]과 [연구문제 2-2]에 대한 결론

[연구문제 2-1]은 "정보원의 공신력이 커뮤니케이션 효과에 미치는 영향은 얼마 동안이나, 어떻게 지속되는가?"였으며, 이러한 연구문제 대한 가설(가설 2-1)은 "공신력이 높은 정보원이 커뮤니케이션 효과에 미치는 영향은 시간의 경과에 따라 감소하는 반면, 공신력이 낮은 정보원의 영향은 오히려 증가하는 소위 수면자 효과가 나타날 것이다."였다. 이러한 가설을 검증하기 위해서는, 앞서 말했듯이 실험처치 직후에 사후검사를 하고 나서 4주 뒤에 다시 지연검사를 실시하여, 그간에 실험 메시지에서 주장한 방향으로 실험참여자들의 태도가 어떻게 얼마나 변했는지를 각 실험집단별로 비교해 보았다. 그 결과, 정보원의 공신력에 대한 실험처치 직후에는 높은 공신력 실험집단의 실험참여자들이 낮은 공신력 실험집단의 실험참여자들보다 실험 메시지가 주장한 방향으로 더 많이 태도변용을 일으켰으나, 4주 후에는 두 실험집단 간의 태도변용에 거의 차이가 없는 것으로 나타났으며, 수면자 효과는 발견되지 않았다. 따라서 [가설 2-1]은 입증되지 못했다.

그러나 이와 같은 결과는 지금까지 대체로 믿어왔던 '수면자 효과'와는 다른 것인데, 왜 이러한 결과가 본 실험연구에서 나왔는지 그 이유는 명확히 알 수 없다. 한국적 상황에서는 수면자 효과가 나타나지 않았을 수 있거나, 또는 본 실험연구에서는 실험참여자들의 사례수가 너무 적어서 Hovland와 Weiss(1951)가 지적한 대로 수면자 효과가 나타나지 않았을 수도 있다. 따라서 이에 대한 다른 연구가 요구되나, 본 연구에서는 어떻든 [가설 2-1]은 달리 수면자 효과가 발견되지 않았다. 그러므로 이러한 실험 결과만을 토대로 [연구문제 2-1]에 대한 결론을 내린다면, 정보원의 공신력이 커뮤니케이션 효과에 미치는 영향은 약 4주 동안 지속되다가 사라진다고 말할 수 있다.

한편, [연구문제 2-2]는 "정보원의 공신력이 커뮤니케이션 효과에 미치는 영향이 시간의 경과에 따라 감소 또는 증가한다면 그 이유는 무엇인가?"였으며, 이에 대한 가설(가설 2-2)은 "수용자들이 어떤 메시지를 받은 뒤 시간이 경과함에 따라 그 메시지의 정보원은 점차 수용자들의 기억에서 망각되어 공신력이 높은 정보원에 대한 신뢰감은 점차 소멸되고, 공신력이 낮은 정보원에 대한 저항감은 점차 사라지게 되기 때문일 것이다. 그리하여 공신력이 높은 정보원이 커뮤니케이션 효과에 미치는 영향은 감소하는 반면, 공신력이 낮은 정보원이 커뮤니케이션 효과에 미치는 영향은 증가할 것이다."였다. 이와 같은 가설을 검증하기 위해서는 실험참여자들에게 실험 메시지를 준 뒤 4주 후, 그 메시지의 정보원을 기억하는 실험참여자들과 기억하지 못하는 실험참여자들의 태도변화의 지속 정도를 알아보았다. 그 결과, 4주 후까지 정보원을 기억하는 실험참여자들과 그렇지 않은 실험참여자자들 간의 태도변화의 전체 평균이 7.9 대 10.1로서 유의적 차이가 나타나지 않았다.

따라서 [가설 2-2]도 입증되지 않았는데, 이 가설과는 달리 정보원의 공신력이 실험참여자들의 태도변용에 미치는 영향은 시간의 경과에 따라, 실험참여자들이 그 정보원을 기억했든 또는 망각했든 간에 상관없이 똑같이 감소되는 경향을 보였기 때문이다. 그러므로 [가설 2-2]는 [연구문제 2-1]에 대한 해답, 즉 '수면자 효과'가 일어나는 이유가 될 수 없다고 결론을 내릴 수 있다. 그러나 이에 대해서도 다른 연구가 요구된다.

C. 다른 연구를 위한 제언

본 연구에는 앞서 말했듯이 실험방법상 여러 가지 문제점 내지 제한점들이 있었다. 따라서 이러한 제한점들을 보완·시정해서 다시 연구를 해보아야 할 것이다. 그런 의미에서 마지막으로 앞으로 다른 연구들을 위한 몇 가지 제언해 보면 다음과 같다.

첫째, 본 연구에서 가장 큰 제한점은 실험참여자(피험자)들의 사례수가 너무 적었다는 점이다. 이 때문에 수면자 효과가 발견되지 않았는지도 모르겠는데, Hovland와 Weiss(1951)에 의하면 실험참여자들의 사례수가 적은 경우는 수면자 효과가 명료하게 나타나지 않는다고 한다. 그러므로 앞으로 다른 연구에서는 충분히 많은 수의 실험참여자들을 대상으로 하여, 특히 수면자 효과의 존재 여부와 그 이유를 다시 연구해 주기 바란다.

둘째, 본 연구에서는 정보원의 공신력이 커뮤니케이션 효과에 미치는 주 효과(main effects)만 알아보았다. 그러나 앞으로 다른 연구들에서는 여러 가지 제3 변인(중개변인)들, 예컨대 수용자들의 교육 정도, 연령, 직업 등과의 상호작용 효과(interaction effects)도 연구해 주기 바란다.

셋째, 본 연구에서 사용한 실험 메시지의 주장들은 실험참여자들의 기존 태도를 반박하는 내용들이라, 실험 메시지의 주장과는 반대로 부정적 반응(negative response)을 보인 실험참여자들도 적지 않았다. 그 결과, 실험 메시지에 의한 태도변화의 양 자체가 적게 나타나 제대로 통계분석을 할 수 없었다. 그러므로 앞으로 다른 연구에서는 다른 여러 가지 주제와 주장의 실험 메시지를 사용하여 연구해 주기 바란다.

넷째, 본 연구에서는 실험 메시지에 대한 실험참여자들의 수용태도의 변화를 측정 검사할 때 자유응답식의 완성형과 라이커트형이 혼합된 척도를 사용했기 때문에, 검증력이 약한 비모수적(非母數的) 추리통계방법을 사용하여 가설들을 검증해야 했다. 따라서 앞으로 다른 연구에서는 실험참여자들의 수용태도를 등간척도(等間尺度)를 사용하여 측정 검사해서 모수적(母數的) 추리통계방법으로 가설들을 검증해 주기 바란다.

나. 실증연구의 일반적 과정과 절차

연구는 어떻게 해야 하는지 그 과정과 절차 등을 알아보기 위하여 앞에서 「정보원(情報源)의 공신력이 수용자들의 태도변용에 미치는 영향에 관한 실험연구」라는 논문을 우선 살펴보았다. 하지만 모든 연구의 과정과 절차가 이 논문과 같지는 않은데, 연구의 과정과 절차는 연구문제에 따라 다르고, 연구방법의 유형이나 종류에 따라서도 다르기 때문이다. 특히 문헌연구와 실증연구의 과정과 절차는 크게 다르며, 같은 실증연구에서도 조사연구(survey research)와 실험연구에는 적지 않은 차이가 있다. 그러면 지금부터는 조사연구와 실험연구 등 실증연구를 중심으로 그 과정과 절차를 좀 더 구체적으로 살펴보기로 하겠다.

1. 서론 단계의 일반적 절차

우선 실증연구의 일반적 과정과 절차를 간단히 소개해 보면, [참고자료 2-1]과 같이 크게 다섯 단계, 즉 ① 서론(introduction), ② 연구방법(methods), ③ 연구결과(results), ④ 연구결과에 대한 논의(discussion), ⑤ 요약과 결론(summary and conclusion) 단계로 나누어 볼 수 있다.

이들 여섯 단계 중에서 맨 처음 서론 단계는 연구의 기초적이고 지능적 작업 단계로서, 이 단계는 [참고자료 2-1]에서 보듯이 다시 6단계로 나눌 수 있다. 즉 ① 문제의 제기 또는 연구의 동기와 목적, ② 시안적 연구문제의 서술, ③ 선행연구와 관계문헌들의 조사 · 검토, ④ 최종 연구문제의 서술, ⑤ 가설의 설정과 그 이론적 배경, ⑥ 주요 술어의 정의로 나눌 수 있다.

1) 문제의 제기 또는 연구의 동기와 목적

첫째, 문제의 제기 또는 연구의 동기와 목적(genesis of the problem)이란, 어떤 문제를 왜 연구하려는지 그 이유를 밝히는 것을 말하는데, 모든 연구는 이와 같은 문제의 제기나 연구의 동기, 목적 등에서 비롯된다. 다시 말해서, 우리가 어떤 연구를

참고자료 2-1

실증연구의 일반적 과정과 절차

I. 서론(Introduction)

1. 문제의 제기 또는 연구의 동기와 목적(Genesis of the problem)
2. 시안적 연구문제의 서술(Tentative statement of the problem)
3. 선행연구와 관계문헌들의 조사 · 검토(Review of the previous researches)
4. 최종 연구문제의 서술(Final statement of the problem)
5. 가설의 설정과 그 이론적 배경(Hypotheses and its theoretical background)
6. 주요 술어의 정의(Definition of terms)

II. 연구방법(Methods)

1. 연구계획 또는 연구설계(Research planning and/or design)
2. 자료의 수집(Data gathering)
    1) 관찰 · 조사 · 측정 검사기구의 준비(Measuring instruments)
    2) 관찰 · 조사 · 측정 검사대상자들의 표집(Sampling)
    3) 실험연구의 경우 실험재료의 준비(Preparation of experiment)
    4) 시행연구(Pilot study)와 측정기구 · 연구방법 등의 수정 · 보완
    5) 실제 본조사 · 본실험 등의 실시(Administration of main study)
3. 수집 자료의 검토와 분석(Data analysis)
    1) 수집자료의 정리와 코딩(Editing and coding)
    2) 수집자료의 타당도와 신뢰도 검토(Test of validity and reliability)
    3) 실험연구의 경우 실험처치의 성공 여부 검토(Experimental validity)
    4) 수집자료의 분석(Analysis of data)

III. 연구결과(Results)

1. 자료의 타당도 · 신뢰도 검토 결과(Validity and reliability)
2. 가설들의 검증 결과

1) 가설 1의 검증 결과(Test of Hypothesis 1)

2) 가설 2의 검증 결과(Test of Hypothesis 2)

3) 가설 *n*의 검증 결과(Test of Hypothesis *n*)

3. 연구결과의 요약(Summary of the results)

IV. 연구결과에 대한 논의(Discussion)

1. 연구결과에 대한 해석과 논의(Interpretation and discussion)

2. 연구상 제한점의 검토와 제시(Limitations of the study)

V. 요약 및 결론(Summary and Conclusion)

1. 연구 전체의 요약(Summary of the study)

2. 연구문제에 대한 결론(Findings and conclusions)

3. 앞으로 다른 연구를 위한 제언(Suggestions for further study)

하려면 반드시 어떤 이유나 목적 또는 동기 등이 있게 마련인데, 이는 어떤 현상을 기술하고 설명하고 예측하고 통제하려는 데 있을 수 있고, 또는 단순히 어떤 호기심이나 의문을 풀어 보려는 데 있을 수도 있다. 그러나 밀러(Miller, 1967, p. 3)에 의하면, 우리가 어떤 문제를 연구하는 것은 대체로 다음과 같은 이유나 목적, 동기 등에서 비롯된다고 하였다.

① 시의적(時宜的, timely)으로 중요하거나 필요하기 때문에

② 현실적 또는 실제적 문제의 해결을 위하여

③ 많은 사람들(wide population)이나 중요한 사람들과 관련되기 때문에

④ 연구상의 갭(research gap)을 메우기 위해서

⑤ 어떤 원리나 이론의 일반화(一般化, generalization) 여부를 검토하기 위해서

⑥ 어떤 개념(concept)이나 관계(relationship)를 명확히 정의(定義)하기 위해서

⑦ 넓은 범위의 실제적 문제에 많은 관계(implications)를 갖고 있기 때문에

⑧ 기존 지식이나 이론을 수정하고 그 대신 새로운 것을 제시하기 위해서

⑨ 이미 발표된 다른 사람의 연구결과를 재검토하기 위해서

이 밖에도 연구의 이유나 목적에는 여러 가지가 있을 수 있다. 가령 다른 사람의 논문이나 책을 읽거나, 또는 강의를 듣다가 의심스러운 문제나 확인해 보고 싶은 문제가 있어서 이를 연구할 수도 있는데, 이러한 경우 그 문제를 연구문제로 하고 그 이유를 연구계획서나 연구결과 보고서(연구논문)의 서두에서 밝히면 된다. 그러나 이와는 달리, 학기말 연구보고서(term paper)나 학위논문(thesis or dissertation)을 쓰기 위하여 연구를 할 경우는, 먼저 연구문제나 주제를 찾아야 한다. 그러자면 우선 관심 분야의 연구논문들이나 전문서적들을 읽고 의문스럽거나 연구할 필요성 또는 가치가 있는 문제를 찾아야 한다. 그리고 그 문제가 왜 연구할 필요나 가치가 있으며, 연구 동기나 목적은 무엇인지 등에 대해 연구계획서나 연구결과 보고서의 서두에서 밝혀야 한다.

때문에 연구계획서나 연구결과 보고서, 예컨대 앞서 소개한 「정보원(情報源)의 공신력이 수용자들의 태도변용에 미치는 영향에 관한 실험연구」라는 연구논문을 보더라도 서론의 서두에 '연구의 동기와 목적'이라는 항목이 있다. 따라서 연구자가 연구계획서나 연구결과 보고서(논문)를 작성할 때는 서론의 서두에 '연구의 동기', '연구의 목적' 또는 '문제의 제기'라는 항목을 만들어, 여기서 어떤 문제를 왜 어떻게 어떤 목적에서 연구하게 되었으며, 연구의 필요성과 중요성 등은 무엇인지 등을 밝혀 놓아야 한다.[5]

2) 시안적 연구문제의 서술

서론 단계에서 두 번째로 시안적(試案的) 연구문제의 서술(tentative statement of the problem)이란, 첫째 단계에서 어떤 연구문제나 주제를 선정 또는 결정

---

5 앞서 소개한 「정보원의 공신력이 수용자들의 태도변용에 미치는 영향에 관한 실험연구」라는 논문에서 '연구의 동기와 목적' 항목을 다시 읽어볼 것.

하면 그것을 일단 임시적인 연구문제로 서술해 보는 것을 말한다. 이러한 시안적 연구문제의 서술은 연구자에게 연구문제와 연구범위, 연구목적 등을 명확하게 인식하게 하며, 그에 관한 선행연구(先行研究)와 관계문헌들의 조사와 연구를 체계적이고 효과적으로 하도록 만들어 주는 데 목적이 있다. 코헨(Moris Cohen, 1956, p. 148)이 말했듯이, 연구문제에 대한 명확한 인식 없이 단순히 그에 관한 사실들만 수집하는 베이컨식 연구(the Baconian-type research)로는 좋은 연구결과를 기대할 수 없기 때문이다.

그러므로 연구를 할 때는 우선 연구하고자 하는 문제를 시안적으로 서술하고, 그에 관한 선행연구와 관계문헌들을 조사 · 검토한 뒤에, 그 결과를 바탕으로 시안적 연구문제를 다시 고치거나 보완해서 최종 연구문제를 명확하게 서술하는 것이 바람직하다. 그러나 시안적 연구문제도 최종 연구문제와 마찬가지로 최소한 다음과 같은 세 가지 기준에 맞도록 서술해야 한다(Kerlinger, 1973, pp. 17-18).

첫째, 연구문제는 반드시 의문문 형식으로 명확하게 서술해야 한다. 가령, “지능지수가 높은 학생은 과연 공부를 잘하는가?”, “만약 그렇다면 그 이유는 무엇인가?” 등과 같이 의문문 형식으로 서술해야 한다. 그렇게 해야 이러한 문제에 대한 명확한 해답을 연구를 통하여 얻을 수 있기 때문이다.

둘째, 연구문제에는 연구하고자 하는 변인(變因, variables)들 간의 관계를 정확하게 명시해야 한다. 예컨대, “학생들의 지능지수(독립변인)는 학업성적(종속변인)과 어떤 관계가 있는가?”, “학생들의 지능지수와 학업성적 간의 관계는 학생들의 연령(제3 변인)에 따라 달라지는가, 또는 달라지지 않는가?” 등과 같이 변인들 간의 관계를 명시하여야 한다.

셋째, 연구문제는 실증연구가 가능한 형태로 서술해야 한다. 가령, “인생이란 무엇인가?” 하는 식의 철학적 문제는 너무 거창하고 추상적이어서, 특히 학생들이 연구하기에는 힘들기 때문이다. 그러므로 이와 같은 철학적이고 커다란 문제는 다시 쪼개서 실증연구가 가능한 문제로 만들어서 연구한 다음, 그 결과들을 다시 종합하여 철학적이고 커다란 문제에 대한 해답을 얻도록 해야 한다.

이상과 같은 시안적 연구문제는 연구보고서나 논문에서는 밝힐 필요는 없는데, 시안적 연구문제의 서술은 앞서 말했듯이 연구자가 연구문제와 연구범위, 연구목적

비타민 2-1

베이컨이 말한 세 가지 타입의 학자−개미형, 거미형, 꿀벌형

17세기 영국의 계몽주의 학자 프란시스 베이컨(Francis Bacon, 1561～1626)은 근세철학의 개척자이자 근대실증론의 선구자로서, 당시까지 유럽의 학문세계를 지배하던 스콜라(schola) 철학에 반대하면서, "스콜라적인 모든 권위 · 편견 · 선입견 · 관습 · 독단 등으로부터 오는 '이돌라(idola)', 즉 인간의 지성(知性)을 흐리게 하는 우상(偶像) 내지 환영(幻影)을 없애고, 그 대신 오직 관찰과 실험에 근거한 귀납법을 통하여 지식이나 학문을 발전시켜 나가자!"고 제창했다.

그러면서 베이컨은 이와 같은 자신의 주장을 담은 책을 1605년 출판해서 중세기의 스콜라적 학문을 근대화하고 과학화하는 데 크게 기여했는데, 『학문의 진보(*The Advancement of Learning*)』라는 제목의 그의 책을 보면, 매우 흥미로운 내용이 한 가지 눈에 띈다. 그것은 바로 베이컨이 학자들의 타입(type, 유형)을 세 가지로 분류한 것으로, 이를 간단히 소개하면 다음과 같다.

첫째 타입은 개미형(ant type) 학자로, 이들은 개미처럼 부지런하게 학술자료들을 수집해서 그냥 늘어놓을 뿐, 그것들을 소화하고 정리해서 창의적인 논문이나 책으로 만들지는 못한다. 둘째 타입은 거미형(spider type) 학자로, 이들은 마치 거미가 거미줄을 마구 뽑아내듯이, 학술자료들은 수집하지 않은 채 그냥 글이나 책을 마구 써내고 있다. 그리고 셋째 타입은 꿀벌형(honeybee type) 학자인데, 이들은 꿀벌이 이꽃 저꽃 돌아다니면 부지런히 꽃가루와 꿀을 따다가 그것에 자신의 침[타액]을 가해서 맛있는 벌꿀로 만들 듯이, 학술자료들을 열심히 수집하여 그것에 자신의 지식과 생각 등을 더해서 훌륭한 논문이나 책으로 만든다.

이렇게 베이컨은 학자들을 크게 세 가지 타입으로 나눈 다음, 셋째 타입의 꿀벌형 학자가 가장 바람직한 타입으로서, 학자는 모름지기 이런 꿀벌형이 되어야 한다고 주장했다. 이를 볼 때 베이컨은 꿀벌형 학자였음이 분명하다. 그러나 역사의 아이러니일까? 베이컨이 말한 개미형 학자처럼 어떤 문제나 주제에 관한 자료들만 수집해서 단순히 늘어놓는 식의 연구를 오늘날에는 베이컨식 연구(the Baconian-type research)라고 폄하하고 있으니 말이다.

그건 그렇고, 만약 당신이 학자가 된다면, 어떤 타입의 학자가 되고 싶은가?

등을 명확하게 인식하여 그에 관한 선행연구와 관계문헌들에 관해 체계적이고 효과적으로 조사·검토해서 그 결과들을 토대로 다시 최종 연구문제를 결정, 서술하기 위한 하나의 과정이기 때문이다. 따라서 시안적 연구문제는 연구보고서나 논문에서 밝히지 않고, 그 대신 시안적 연구문제를 중심으로 그에 관한 선행연구와 관계문헌들을 철저하게 조사·검토한 다음, 그 결과를 바탕으로 다시 시안적 연구문제를 고치고 보완해서 서술한 최종 연구문제만 연구보고서나 연구논문에서 밝히면 된다.

3) 선행연구와 관계문헌들의 조사·검토

서론 단계에서 세 번째로 선행연구와 관계문헌들의 조사·검토(review of the previous researches)란, 시안적 연구문제에 관련된 선행연구와 관계문헌들을 조사·검토해서 선행연구의 실태와 동향 등을 파악하는 한편, 연구문제에 대한 해답과 이를 뒷받침하는 이론적 근거나 배경들을 찾고, 또한 연구문제에 대한 폭넓고 깊은 지식을 섭렵하기 위한 작업을 말한다. 이와 같은 작업은 반드시 필요하고 매우 중요한데, 그렇다면 이러한 선행연구와 관계문헌들의 조사·검토의 목적은 도대체 무엇이며, 그 목적의 달성을 위해서 어떻게 해야 하는가?

(1) 연구문제에 관한 선행연구의 실태와 동향의 파악

선행연구와 관계문헌들의 조사·검토의 목적은, 첫째로 시안적 연구문제에 관한 연구들이 언제부터 어떻게 이루어져 왔으며, 그 결과들은 현재 어떻게 나타나 있는지 등등, 연구문제에 관한 연구실태와 동향 등을 파악해서 올바른 연구방향을 잡으려는 데 있다.

이와 같은 목적은 미국 16대 대통령 에이브러햄 링컨의 명언, 즉 "우리가 현재 어디에 있으며 어디로 향하고 있는지를 알 수 있다면, 앞으로 무엇을 어떻게 해야 할 것인지를 더 정확하게 잘 판단할 수 있다."라는 말에서도 찾아볼 수 있다. 이와 마찬가지로 학문연구에서도 어떤 연구문제에 관한 연구들이 현재 어디까지 와 있으며, 어떤 방향으로 나아가고 있는지를 조사·검토해 보면, 앞으로 무엇을 어떻게 연구해야 할지 정확하게 판단할 수 있다.

그러므로 연구문제에 관한 선행연구와 관계문헌들을 조사 · 검토할 때는, 우선 연구문제에 관련된 주요 선행연구와 관계문헌들을 모두 검색하여 그 내용들을 읽어 나가면서, 연구문제에 대한 어떠한 선행연구들이 언제부터 어떻게 이루어졌으며, 그 결과들은 어떻게 나타났는지, 그 실태와 동향을 파악해야 한다. 그리고 그 결과를 나중에 연구보고서(논문)의 '선행연구와 관계문헌들의 조사 결과' 항목에 기술해야 한다.

둘째로, 선행연구와 관계문헌들의 조사 · 검토의 또 하나의 목적은 연구문제에 대한 폭넓고 깊은 지식을 섭렵하려는 데 있는데, 그래야 연구문제를 올바로 해결해서 정확한 해답을 얻을 수 있기 때문이다. 따라서 연구문제에 관한 선행연구와 관계문헌들을 조사 · 검토할 때는 연구문제에 대한 여러 가지 지식을 섭렵하도록 노력해야 한다.

셋째로, 선행연구와 관계문헌들의 조사 · 검토의 가장 중요한 목적은 무엇보다도 연구문제에 대한 해답과 이를 뒷받침하는 이론적 근거나 배경들을 찾아보려는 데 있는데, 그 방법에는 여러 가지가 있다. 그중 가장 쉽고, 따라서 학생들이 소위 '기말리포트(term paper)'를 쓸 때도 가장 많이 사용하는 방법은, 연구문제에 관한 여러 가지 선행연구의 결과와 관계문헌들을 조사해서 그 결과를 바탕으로 연구문제에 대한 해답과 그 이론적 근거나 배경을 찾아보는 소위 '문헌연구방법'이다. 따라서 모든 연구에서도 우선 일차적으로 이러한 방법을 통하여 연구문제에 대한 해답과 그 이론적 근거나 배경을 찾아보고자 하는데, 이것이 바로 '선행연구와 관계문헌들의 조사 · 검토'의 가장 중요한 목적이다.

그러므로 연구문제에 관한 선행연구와 관계문헌들을 조사 · 검토할 때는 연구문제에 대한 어떤 연구결과나 해답이 나와 있으며, 그 해답을 뒷받침하는 이론적 근거나 배경들은 무엇인지를 찾도록 한다. 그래야 그 결과를 바탕으로 연구문제에 대한 가설을 올바로 설정할 수 있는데, 이에 관해서는 뒤에 나오는 가설의 설정방법에서 자세히 살펴보기로하겠다.

(2) 연구문제에 대한 해답과 가설의 발견

연구문제에 관한 선행연구의 결과와 관계문헌들에 관한 조사 · 검토의 또 하나의 주요 목적은 연구문제에 대한 가설과 그 설정근거를 찾는 데 있다. 왜냐하면 앞에서 말했듯이 어떤 연구문제에 대한 해답과 그 이론적 근거나 배경은 해당 연구문제에 관한 선행연구의 결과와 관계문헌들의 조사·검토를 통하여 찾거나 얻을 수도 있기 때문이다.

그러나 이러한 방법을 통하여 찾거나 얻은 해답은 정답(正答)이나 정확한 결론이 아닐 수도 있으므로, 이를 다시 실증적으로 검증해 볼 필요가 있다. 그래서 실증연구에서는 연구문제에 관한 선행연구의 결과와 관계문헌을 조사·검토해서 찾은 연구문제에 대한 해답을 정답이나 결론이라고 보지 않고, 그것을 하나의 가설(假說, hypothesis)로 설정한 다음, 그것이 '참[眞]'인지 '거짓[僞]'인지를 실증적으로 검증해 본다. 따라서 이와 같은 실증연구를 하려면, 연구문제에 관한 선행연구의 결과와 관계문헌들에 관해 조사·검토할 때, 그 연구문제에 대한 가장 정확한 해답이라고 판단한 가설과 이를 뒷받침하는 이론적 근거(가설의 설정근거)를 찾도록 해야 한다. 그리하여 연구문제에 대한 가설을 설정해야 하는데, 이에 관해서는 조금 뒤에 자세히 살펴보기로 하겠다.

한편, 연구문제에 관한 선행연구의 결과와 관계문헌들에 관한 조사·검토의 목적은 또한 연구문제에 대한 해답을 얻거나, 앞에서 말한 가설의 검증에 필요한 연구방법을 제시받는 데도 있다. 연구문제에 대한 해답을 얻거나 그에 대한 가설을 검증하려면 그 방법이 필요한데, 이러한 방법은 선행연구에서 배우거나 제시받을 수 있기 때문이다. 그러므로 연구문제에 관한 선행연구의 결과와 관계문헌들에 관해 조사·검토할 때는, 선행연구에서는 어떠한 연구방법을 어떻게 사용하여 연구문제에 관한 해답을 얻거나 가설을 검증했는지 그 방법도 조사해서 배우고 연구해야 한다.

이상에서 연구문제에 관한 선행연구와 관계문헌들의 조사·검토의 몇 가지 주요 목적과 그 방법에 관하여 간단히 살펴보았는데, 이러한 '선행연구와 관계문헌들의 조사·검토' 작업은, 간단히 말해서 어떤 연구문제에 관한 선행연구의 인수(引受)작업이라고도 말할 수 있다. 학술적 연구란 연구자가 어떤 문제에 관한 선행연구를 인수받아 그것을 좀 더 연구해서 한 걸음 발전시킨 다음, 이를 다시 다른 연구자들에게 인계해 주는 작업이기 때문이다. 그러므로 이러한 인수-인계 작업을 올바로 수행하려면, 우선 연구문제에 관한 선행연구를 철저하게 조사하고 검토해야 한다.

4) 최종 연구문제의 서술

서론 단계에서 네 번째로 최종 연구문제의 서술이란, 위와 같은 시안적 연구문제에 관한 선행연구와 관계문헌들의 조사 · 검토 결과에 따라, 앞서 서술한 ① 시안적 연구문제를 폐기하고 새로운 문제를 연구할 것이냐, 아니면 ② 시안적 연구문제를 그대로 연구할 것이냐, 또는 ③ 시안적 연구문제를 수정해서 연구할 것이냐 등을 결정한 뒤, 그에 따라 최종적으로 연구할 연구문제를 다시 서술하는 것을 말한다.[6] 그렇다면 이와 같은 최종 연구문제의 서술은 어떻게 해야 할까?

(1) 최종 연구문제의 선정 내지 결정방법

앞서 말했듯이 시안적 연구문제에 관한 선행연구와 관계문헌들의 조사 · 검토의 가장 중요한 목적은, 이를 통하여 시안적 연구문제에 관한 해답을 얻으려는 데 있다. 따라서 실제로 시안적 연구문제에 관련된 선행연구의 결과와 관계문헌들을 조사 · 검토해 보면, 그 결과는 다음과 같이 크게 세 가지 경우로 나눌 수 있다.

첫째, 선행연구에서 시안적 연구문제에 대한 명확한 해답이나 결론이 이미 나와 있는 경우인데, 이러한 경우는 시안적 연구문제를 더 이상 연구할 필요가 없다. 따라서 시안적 연구문제를 폐기하고 그 대신 새로운 연구문제를 선정해야 하는데, 이때 만약 시안적 연구문제의 주제 및 분야와 완전히 다른 새로운 연구문제를 선정하면 그에 관한 선행연구와 관련문헌들의 조사를 다시 해야 한다. 그러므로 새로운 연구문제는 시안적 연구문제와 같거나 비슷한 주제나 분야에서 선정하는 것이 바람직하며, 새로운 연구문제를 선정할 경우 그에 관한 연구가 왜 필요한지 등을 연구계획서나 연구보고서(논문)에서 밝혀야 한다.

둘째는, 시안적 연구문제에 관련된 선행연구의 결과와 관계문헌들을 조사 · 검토해 본 결과, 위의 첫째 경우와는 반대로 시안적 연구문제에 연구들이 거의 이루어져 있지 않아서 그 문제에 대한 해답이 아직 나와 있지 않은 경우이다. 따라서 이런 경

6 여기서는 설명의 편의상 '최종 연구문제'라는 용어를 사용하지만, 이를 연구계획서나 연구보고서(논문)에서는 그냥 '연구문제'라고 표기하면 된다. 그러나 시안적 연구문제와 꼭 구별하고 싶을 때는 '최종 연구문제'나 '본(本) 연구문제'니 하는 말을 사용해도 무방하다.

우는 시안적 연구문제를 그대로 최종 연구문제로 삼아서 연구하면 되지만, 시안적 연구문제를 다시 보완 · 수정해서 완벽한 최종 연구문제로 서술하는 것이 좋다.

셋째는, 시안적 연구문제에 관련된 선행연구의 결과와 관계문헌들을 조사 · 검토해 본 결과, 위의 첫째와 둘째 경우와는 달리 시안적 연구문제에 대한 완벽한 해답은 나와 있지 않으나 부분적 해답은 나와 있는 경우이다. 따라서 이러한 경우는 해답이 나와 있지 않은 부분과 앞으로 더 연구가 필요한 부분만 연구하면 되므로, 그에 맞게 시안적 연구문제를 수정 · 보완하고 다시 서술해서 최종 '연구문제'로 삼아야 한다. 단, 이렇게 할 경우, 특히 그 이유를 연구계획서나 연구보고서(논문)에서 밝혀야 한다. 예를 들어, "시안적 연구문제에 관한 선행연구와 관계문헌들을 조사 · 검토해 본 결과, 어떤 부분에 대해서는 어떠어떠한 결론이 나왔으나, 어떤 부분은 아직 연구되지 않았으며, 앞으로 어떠어떠한 연구가 더 필요하기 때문에, 본래의 시안적 연구문제를 어떻게 수정 · 보완해서 이를 최종 연구문제로 삼기로 했다(또는 하겠다)."는 식으로 그 이유를 설명해야 한다. 이때 연구문제에 관한 선행연구와의 관계와 이론적 체계와의 관계도 설명해야 한다. 다시 말해서, 연구하고자 하는 연구문제가 어떠한 이론적 맥락에서 어떻게 나오게 되었으며, 왜 그 연구문제에 관한 연구가 필요한지 등을 설명해야 하는데, 이러한 설명은 연구계획서나 연구결과 보고서(논문)에 붙이게 된다.[7]

(2) 최종 연구문제의 선정기준과 서술방법

앞에서 최종 연구문제('본 연구문제'라고도 부름)의 선정 내지 결정 방법에 관하여 간단히 살펴보았는데, 그렇다면 최종 연구문제는 어떤 것을 선정하며, 일단 선정한 연구문제는 어떻게 서술해야 하는가?

최종 연구문제를 선정 내지 결정할 때는, 첫째로 그에 관한 선행연구 및 이론적 체계(theoretical framework)와 관련된 것을 선정해야 한다. 모든 연구문제는 돌출

---

7 이때 설명을 붙이는 위치 내지 방법에는 대체로 세 가지가 있다. 첫째는 '연구문제에 관한 선행연구와 관계문헌들의 조사 · 검토' 항목 끝부분에 위와 같은 설명을 붙인 다음, 이어서 연구문제들을 최종 연구문제 항목에 열거하는 방법이고, 둘째는 위와 같은 설명을 최종 연구문제 항목 앞부분에 먼저 붙이고, 그 아래에 최종 연구문제를 제시하는 방법이다. 그리고 셋째는 최종 연구문제를 먼저 제시한 다음, 그 연구문제를 왜 어떻게 선정했는지에 관한 위와 같은 설명을 붙이는 방법이다. 이들 세 가지 방법들 중 어떤 방법을 사용해도 무방하다.

적인 것이 아니라, 그에 관련된 선행연구들과 이론적 맥락에서 나오기 때문이다.

둘째로, 최종 연구문제는 연구 가능한 것을 선정해야 한다. 연구자의 연구능력의 한계를 넘거나 또는 그것을 해결할 수 있는 연구방법이 없는 연구문제는 연구가 불가능하기 때문이다.

셋째로, 최종 연구문제는 간단한 초보적 연구에서는 하나만 선정해도 좋지만, 학위논문 등을 쓰기 위한 고급 연구에서는 여러 개를 선정해서 연구하는 것이 더 바람직하다. 그러나 이들 여러 개의 연구문제는 서로 이질적인 것이어서는 안 되며, 반드시 하나의 연구에서 다룰 수 있도록 서로 연관된 것들이어야 한다. 예컨대, 다음과 같이 서로 꼬리를 무는 연구문제들이야 한다.

연구문제 1 변인(變因) x는 변인 y와 관계가 있는가?

연구문제 2 만약 변인 x가 변인 y와 관계가 있다면, 그 이유는 무엇인가?

연구문제 3 변인 x와 y의 관계는 조건변인 z 아래서는 어떻게 나타나는가?

이처럼 서로 연관된 여러 개의 연구문제들을 하나의 연구에서 연구하는 것이 오히려 바람직한데, 연구의 목적은 단순히 "변인 x는 변인 y와 관계가 있는가? 또는 "없는가?" 하는 것만 기술(제1차 연구목적)하는 데 있는 것이 아니라, "만약 변인 x와 y가 관계가 있다면, 그 이유는 무엇인가?"를 설명(제2차 연구목적)하는 데도 있기 때문이다. 또한 변인들 간의 관계는 중개변인이나 조건변인 등 제3의 변인에 따라 달라질 수 있으므로, "변인 x와 y의 관계는 변인 z에 따라 어떻게 달라지는가?" 등과 같은 부차적 문제들도 연구해 보아야 주어진 현상을 정확하게 기술하고 설명하고 예측할 수 있다.

일단 최종 연구문제가 선정 내지 결정되면, 다음으로는 그것을 연구문제의 서술기준에 맞게 명확하고 올바르게 서술해야 하는데, 이에 관해서는 앞서 시안적 연구문제의 서술에서 이미 살펴보았다. 그러나 다시 한 번 주요 기준만 몇 가지 간단히 제시하면, ① 연구문제는 반드시 의문문 형식으로 명확하게 서술해야 하고, ② 연구문제에는 연구하고자 하는 변인(變因, variables)들 간의 관계를 정확하게 명시해야 하며, ③ 연구문제는 실증연구가 가능하도록 서술해야 한다.

5) 가설의 설정과 그 이론적 배경

서론 단계에서 다섯 번째로 가설의 설정과 그 이론적 배경이란, 연구문제에 관한 선행연구와 관계문헌들의 조사 · 검토 결과를 토대로 연구문제에 대한 가설을 세우고 그 이론적 근거를 제시하는 것을 말한다. 그렇다면 가설이란 무엇이며, 이는 왜 어떻게 설정해야 하는가?

(1) 가설의 개념과 설정 이유 내지 목적

가설이란, 간단히 말해서 연구자가 어떤 연구문제에 관한 선행연구와 관계문헌들을 조사 · 검토해 본 결과, 그 연구문제에 대한 가장 정확한 해답이라고 제시하면서 이를 실증적으로 검증해 보겠다고 내세우는, 연구문제에 대한 가정적 해답(假定的解答)의 진술(conjectural statement)을 말한다(Townsend, 1953, p. 45). 예컨대, 연구문제가 "학생 개인의 지능지수와 학업성적은 관계가 있는가?"일 경우, 이러한 연구문제에 관한 선행연구와 및 관계문헌들을 조사 · 검토해 본 결과, 학생 개인의 지능지수와 학업성적 간에 관계가 있다고 판단되면, "학생 개인의 지능지수(변인 x)와 학업성적(변인 y)은 서로 관계가 있을 것이다."라고 예측하면서 이를 실증적으로 검증해 보겠다고 내세우는 것이 곧 가설이다. 그렇다면 이러한 가설은 도대체 왜 세워야 하는가?

첫째 이유는, 연구문제에 대한 정확한 해답을 실증적 방법을 통하여 얻기 위해서이다. 학생들의 기말(期末) 연구보고서들을 보면, 대체로 어떤 연구문제에 관한 여러 가지 관계문헌과 선행 연구논문들을 조사해서 그 결과를 토대로 연구문제에 대한 해답을 제시하거나 결론을 내리고 있다. 그러나 이러한 해답이나 결론은 '참[眞]'일 수도 있지만, '거짓[僞]'일 가능성도 없지 않으므로 이를 실증적으로 검증해 볼 필요가 있다. 그러자면 각종 관계문헌과 선행 연구논문들을 조사해서 얻은 연구문제에 대한 해답이나 결론을 '해답'이나 '결론'이라고 하지 않고, 그것을 일단 하나의 '가설'로 삼아서 이를 다시 실증방법을 통하여 검증해 보아야 한다.[8] 그렇게 하여 그 가설이

8 실증연구에서 가설은 문헌연구에서 논제(論題, thesis)와 비슷한데, 우리가 어떤 연구문제에

비타민 2-2

학문세계에서 실증연구의 역할과 한계

타운센드(J. C. Townsend, 1953, p. 3)에 의하면, 학문의 영역은 다음 그림처럼 크게 3개 영역으로 나누어 볼 수 있다고 한다. 즉 영역 A는 이미 실증적으로 검증된 과학적 지식들의 영역이며, 영역 B는 실증적 검증을 기다리고 있는 가설들의 영역이고, 영역 C는 아직 설명이 되지 않는 신비 영역이다. 따라서 철학적 입장의 연구자들이 신비 영역(영역 C)을 설명할 수 있는 가설들을 추출해서 영역 B(가설 영역)로 넘겨주면, 그 가설들을 실증연구자들이 검증해서 영역 A의 과학적 지식으로 만듦으로써 영역 C는 점차 줄이고 영역 B는 늘리는 한편, 영역 B는 줄이고 영역 A는 점차 늘여나가는 것이 곧 학문의 주요 과제라고 한다.

학문의 세 가지 영역

그러므로 학문이 발전하려면, 우선 영역 C에 관한 가설들을 추출해 낼 수 있는 철학적 연구자들의 철학적 고구(考究)나 사고(思考)가 반드시 필요하다. 그러나 철학적 연구자들이 추출해 낸 가설이 아무리 그럴듯한 가설이라도 그것이 과학적 연구자들에 의한 실증적 검증을 수반하지 않는 가설 그대로 머물게 된다. 그러므로 실증연구가 필요하다.

그러나 실증연구는 영역 C에서 가설들을 추출해 낼 수는 없으며, 또한 검증이 불가능한 문제는 다룰 수 없다는 한계가 있다. 왜냐하면 실증연구나 그 방법은 어디까지나 검증 가능한 가설만을 실증적으로 검증하기 위해서 발달한 것이지, 만능 방법이 아니기 때문이다.

'참'임이 입증되어야만 그것을 연구문제에 대한 해답이나 결론이라고 말할 수 있는데, 바로 이와 같은 이중적 확인(double check) 방법, 즉 문헌연구방법을 통하여 얻은 해답이나 결론을 다시 실증연구방법을 통하여 확인해 보기 위한 것이 곧 가설의 첫 번째 설정 이유 내지 목적이다.

둘째로, 가설을 세우는 또 하나의 근본적 이유는 연구문제는 검증이 불가능하기 때문이다. 다시 말해서 모든 연구문제는, 예컨대 "학생 개인의 지능지수와 학업성적은 관계가 있는가?"처럼 의문문 형태로 되어 있는데, 이처럼 의문문 형태로 되어 있는 연구문제는 검증이 불가능하다. 그러므로 "학생 개인의 지능지수와 학업성적은 관계가 있는가?"라는 연구문제에 대한 해답을 얻기 위해서는 "학생 개인의 지능지수와 학업성적은 관계가 있다."는 식의 평서문 형태로 된 가설을 세운 다음 이를 실증적으로 검증해서, 만약 그 가설이 입증(accept)되면 이를 바탕으로 해서 "학생 개인의 지능지수와 학업성적은 관계가 있는가?"라는 연구문제에 대하여 그렇다고, 즉 "학생 개인의 지능지수와 학업성적은 관계가 있다"고 결론을 내리게 된다. 반면, "학생 개인의 지능지수와 학업성적은 관계가 있다."는 가설이 실증적 검증 결과 입증되지 않으면, 즉 부정(reject)되면, "학생 개인의 지능지수와 학업성적은 관계가 있는가?"라는 연구문제에 대하여 "관계가 없다."고 결론을 내리게 된다.

바로 이와 같은 식으로 연구문제에 대한 결론을 내리거나 해답을 찾는 방법은 "우리 인간이, 믿을 수 있는 지식을 얻기 위하여 발견한 가장 강력한 과학적 도구 내지 수단"이라고 커린저(Kerlinger, 1973, p. 20)는 말하였다.[9] 그러므로 연구문제에 대

관한 논문을 문헌연구방법을 통하여 쓰려면, 연구문제에 관한 선행연구와 관계문헌들을 조사· 검토해서 그 결과를 바탕으로 나름대로의 주장이나 명제(命題)를 내세운다. 그리고 그것이 옳다는 것을 여러 가지 자료들과 논리를 통하여 논증(論證)하게 된다. 따라서 문헌연구에서 '논제'와 실증연구에서 '가설'은 서로 비슷하다. 그러나 문헌연구에서는 어떤 논제가 옳다는 것, 즉 참[眞]이라는 것을 여러 가지 자료들과 논리를 통하여 입증하는 반면, 실증연구에서는 문헌연구에서의 논제를 '가설'로 설정한 다음, 이를 조사나 실험 등의 실증방법을 통하여 참인지 거짓인지를 검증한다는 점이 다르다.

9 이와 비슷한 가설은 형사재판에서도 사용하는데, 형사재판 과정을 보면 "피고는 살인범인가, 아닌가?"라는 문제(학술연구에서 연구문제에 해당)를 놓고 재판할 때, 피고가 진짜 살인범이라도 판사가 확정판결을 내리기 이전까지는 일단 "피고는 무죄(innocent)이다."라고 추정(학술연구에서 가설에 해당)한다. 그리고 이와 같은 추정을 검사에게는 반증(反證, disprove)하

한 정확하고 객관적인 해답을 과학적이고 실증적 방법을 통해서 얻기 위해서는, 그 연구문제에 관한 선행연구들과 관계 문헌들의 조사 결과를 바탕으로 연구문제에 대한 가설을 설정한 다음, 이를 검증해서 그 결과를 바탕으로 연구문제에 대한 해답을 찾거나 결론을 내리고 있다. 그렇다면 가설은 어떻게 설정해야 하는가?

(2) 가설 설정의 실증적 근거와 이론적 배경

가설은 앞서 말했듯이 어떤 연구문제에 관한 선행연구와 관계문헌들을 조사·검토해 본 결과, 그 연구문제에 대한 가장 정확한 해답이라고 연구자가 제시하면서 이를 실증적으로 검증해 보겠다고 내세우는, 연구문제에 대한 가정적 해답이다. 그러므로 가설은 무엇보다 연구문제에 대한 가장 올바른 해답이어야 한다. 그렇지 않은 가설이 검증 결과 우연히 긍정된다면, 연구문제에 대한 엉뚱한 해답을 얻게 될 수 있다. 따라서 가설을 설정할 때는 연구문제에 관한 선행연구 및 이론들을 충분하게 조사·연구해서 확실한 실증적 근거와 여러 이론들을 바탕으로 올바로 설정해야 한다.

가령, 학생 개인의 지능과 학업성적에 관한 가설을 설정할 때는, 그에 관한 선행연구들의 조사 결과와 여러 학습이론(learning theories)들을 바탕으로 설정해야 한다. 그런가 하면, 정보원의 공신력이 그 정보원의 메시지에 대한 수용자들의 수용태도에 미치는 영향에 관한 가설을 설정할 때는 그에 관한 여러 가지 선행연구들의 조사 결과와 커뮤니케이션 효과 이론(theories of communication effects), 태도변용 이론(theories of attitude change) 등을 근거로 해서 설정해야 한다. 그리고 그 근거, 즉 가설 설정의 실증적·이론적 근거를 연구계획서나 연구보고서에서 '가설의 설정근

게 하고, 변호사에게는 입증(立證, prove)하게 한다. 그리하여 검사가 여러 증거자료들을 제시하여 "피고는 무죄이다."라는 추정(가설)이 참[眞]이 아니라는 것을 충분히 반증하면, 판사는 그 대안적 추정(alternative presumption)으로서 "피고인은 유죄"라는 것을 받아들여 피고인에게 유죄를 선고하게 된다. 반면, 만약 검사가 "피고는 무죄이다."라는 추정(가설)이 참이 아니라는 것을 충분히 반증하지 못하면, 판사는 "피고는 무죄이다."라고 추정(가설)을 그대로 받아들여 피고를 무죄로 판결하게 된다. 이와 같은 형사재판법은 추리통계방법에서의 가설검증(hypothesis testing) 방법과 아주 비슷한데, 가설검증의 통계방법은 형사재판에서 "피고 ○○○는 무죄이다."라는 추정(가설)과 같은 영가설(零假說, null hypothesis)을 세워놓고 이를 실증적 자료를 가지고 긍정 또는 부정함으로써 연구문제에 대한 해답을 구하기 때문이다. 이에 관한 자세한 것은 제4장에서 살펴보기로 하겠다.

거'라든지 또는 '가설의 이론적 배경'이라는 제목으로 제시해야 한다.

이와 같이 가설을 연구문제에 관한 선행연구들의 결과뿐 아니라 여러 이론들을 바탕으로 설정해야 하는 이유는, 물론 연구문제에 대한 가장 올바른 해답으로서의 가설을 설정해서 그것이 참[眞]인지를 검증해 보기 위해서이다. 그러나 또 하나의 이유는 모든 학문적 연구는 학문세계의 어떤 외딴 섬[孤島]에서 독자적으로 이루어지는 것이 아니라, 서로 연관된 어떤 학문적 이론체계(theoretical framework) 속에서 이루어지는 것이기 때문이다.

따라서 가설도 그에 관련된 이론체계 속에서 설정해야, 그 가설이 참으로 입증되면 이를 하나의 새로운 지식으로서 그 이론체계 속에 넣어 학문을 점점 살찌우게 된다. 그러므로 모든 가설은 어떤 이론체계와 관련시켜 설정해야 하며, 그 가설을 어떠한 이론적 체계나 맥락 또는 배경에서 왜 설정하게 되었는지를 연구계획서나 연구보고서(논문)에서 밝혀야 한다.

(3) 가설의 주요 요건과 서술방법

모든 가설은 또한 그 기준이나 조건에 맞도록 설정하고 서술해야 한다. 즉, 위에서 말했듯이 ① 가설은 연구문제에 대한 가장 옳고 정확한 해답이어야 하며, ② 연구문제에 관한 여러 선행연구들의 결과와 이론들을 바탕으로 설정해야 한다. 또한 ③ 가설은 실증적 검증이 가능해야 하며, ④ 실증적 검증을 통하여 긍정(accept) 또는 부정(reject)할 수 있도록 평서문 형식으로 서술해야 하고, ⑤ 간단명료하면서도 그에 관련된 변인들 간의 관계가 명확하게 진술되어야 한다.

이러한 가설은 하나의 연구문제에 대하여 하나만 설정해도 되지만 여러 개를 설정할 수도 있다. 예컨대 "정보원의 공신력은 수용자들의 메시지 수용태도에 영향을 미치는가?"라는 연구문제에 대한 가설을 세울 경우 다음과 같이 2개의 가설, 즉 주가설(主假說)과 부가설(副假說)을 설정하여 이들을 검증해 볼 수도 있다.

가설 1(주가설) 공신력이 높은 정보원의 메시지가 공신력이 낮은 정보원의 메시지보다 메시지에서 주장한 방향으로 수용자의 태도를 더 많이 변용(change)시킬 것이다.

가설 2(부가설) 그러나 이러한 공신력의 영향은 수용자의 성별에 따라 달리 나타날 것이다. 즉 여자가 남자보다 태도변용을 더 많이 일으킬 것이다.

이처럼 하나의 연구문제에 대하여 2개나 그 이상의 가설들을 설정하는 것은, 주가설에 영향을 미치는 중개변인이나 조건변인들의 영향에 관한 부차가설도 설정해서 이들을 검증해 봄으로써 연구문제에 대한 더 정확한 해답을 얻기 위해서이다. 그러나 부차가설은 반드시 주가설과 직접 연관된 것들이어야 한다.

이상에서 가설의 설정 이유와 방법에 관하여 간단히 살펴보았는데, 실증연구는 곧 가설의 검증작업이라고 해도 과언이 아니다. 따라서 가설을 어떻게 설정해서 검증하느냐에 따라 실증연구의 성패가 좌우된다. 그러므로 실증연구를 하려면 우선 가설부터 올바로 세울 줄 알아야 한다.

6) 주요 술어의 정의

서론 단계에서 여섯 번째이자 마지막 순서인 '주요 술어의 정의(definition of terms)'란, 앞서 서술한 연구문제와 가설에 나오는 주요 개념·변인 등을 구체적으로 명확하게 정의하는 것을 말한다. 이렇게 해야 연구를 올바로 할 뿐 아니라, 그 개념이나 변인 등의 정확한 뜻을 다른 사람들도 이해할 수 있기 때문이다. 그러므로 연구를 할 때는 연구문제나 가설에 나오는 주요 개념과 술어들부터 먼저 명확하게 정의하고 넘어가야 하며, 이를 연구계획서나 연구보고서(논문)에서도 밝혀야 한다.

(1) 명명적 정의와 조작적 정의 방법

연구문제와 가설에 나오는 주요 개념과 변인의 정의(定義)란 "어떤 개념(concept or construct)이나 변인의 뜻을 구체적으로 명시(specify)하는 방법이나 절차"를 말하는데(Kaplan, 1964, p. 72), 이러한 정의의 방법은 크게 명명적 정의방법(命名的 定義方法, constitutive definition)과 조작적 정의방법(操作的 定義方法, operational definition)으로 구분할 수 있다.

명명적 정의방법이란 하나의 개념을 다른 개념을 사용하여 정의하는 것을 말한다. 가령, '중량'이라는 개념을 사물의 '무거움'이라고 풀이해서 정의한다든지, 또는

'의견'을 '말로 표현된 태도'라는 식으로 정의하는 방법을 말한다. 그러나 이러한 명명적 정의방법은 자칫하면 동어반복(同語反復, tautology)의 오류에 빠지기 쉽기 때문에, 실증연구에서는 명명적 정의방법보다는 조작적 정의방법을 주로 쓰고 있다.

여기서 조작적 정의방법이란 "어떤 개념이나 변인을 어떻게 측정 또는 조작하겠다고 구체적으로 명시함으로써 그 개념이나 변인 등에 의미를 부여하는 방법을 말한다(Kerlinger, 1973, p. 31)." 이러한 조작적 정의방법은 다시 두 가지로 나누어 볼 수 있는데, 하나는 측정에 의한 조작적 정의(measured operational definition)이고, 다른 하나는 실험에 의한 조작적 정의(experimental operational definition)이다.

측정에 의한 조작적 정의란, 어떤 개념이나 변인 등을 어떻게 측정해서 규정하겠다고 명시하는 방법으로, 예컨대 "학생의 지능(IQ)이 높으면 학업성적도 높을 것이다."는 [가설 1]에서 '지능'은 비네-시몽(Binet-Simon)의 지능검사척도로 측정해서 그 값을 기준으로 지능이 '높다, 보통이다, 낮다' 등으로 규정하겠다는 식으로 '지능'이라는 변인이나 개념을 정의하는 방법을 말한다. 그리고 실험에 의한 조작적 정의란, 어떤 개념이나 변인을 어떻게 실험조작이나 실험처치를 하겠다고 그 방법을 설명함으로써 그 개념이나 변인을 규정하는 것을 말한다. 예컨대, "학생의 지능이 높으면 대체로 학업성적도 높으나, 이는 학생 개인의 학습동기(learning motive)에 따라 달라질 것이다."라는 [가설 2]에서 '학습동기'는 실험집단 A에는 "이번 학력고사에서 한 문제를 맞출 때마다 1만 원씩 주겠다."고 실험조작을 하고, 실험집단 B에는 한 문제당 100원씩 주겠다고 조작해서, 실험집단 A의 학생(실험참여자)들은 학습동기가 높다고 규정하고, 실험집단 B의 학생들은 학습동기가 낮다고 규정하겠다는 식으로 '학습동기'라는 변인을 정의하는 방법을 말한다.

(2) 조작적 정의의 주요 요건

위와 같이 연구문제와 가설에 나오는 개념·변인·술어 등의 정의방법에는 크게 두 가지 방법이 있다. 그러나 조작적 정의가 불가능한 개념이나 변인들도 있는데, 이러한 개념이나 변인들은 명명적 정의방법을 사용하여 정의할 수밖에 없다.

하지만 조작적 정의가 가능한 개념이나 변인들은 되도록 조작적 정의를 내리는 것이 바람직하다. 조작적 정의는 관념적이고 명명적으로 정의할 수밖에 없는 개념과 실증적 자료 사이의 교량적 역할을 수행하는 동시에, 연구자들 간에 정확한 커뮤니케이션도 도와주는 유용한 정의방법이기 때문이다. 그러나 어떤 변인이나 개념에 대한 조작적 정의를 내릴 때는 반드시 그 기준에 맞게 정의를 해야 제 역할을 할 수 있는데, 조작적 정의방법의 주요 요건들을 몇 가지만 들어 보면 다음과 같다(Bachrach, 1965, p.82).

① 조작적 정의는 논리적으로 일관성(consistency)이 있어야 한다. 즉 하나의 조작적 정의는 다른 것으로부터 논리적으로 추출되어야 하며, 합치되어야 한다.
② 조작적 정의는 한계가 뚜렷해야 하며, 되도록 양적(量的)이어야 한다.
③ 조작적 정의는 실증적 바탕을 가져야 하며, 관찰 가능한 것과 연관되어야 한다.
④ 조작적 정의는 측정이나 실험조작이 실제로 가능해야 한다.
⑤ 조작적 정의는 시범 가능(示範可能, demonstrable)해야 하며, 다른 연구자에 의해 반복 가능(反復可能, repeatable)해야 한다.
⑥ 조작적 정의는 예측도가 높은 법칙이나 이론을 형성할 수 있는 개념의 창조를 목표로 해야 한다.

이와 같은 요건에 맞도록 조작적 정의를 하자면 각종 개념이나 변인들의 측정방법과 실험조작방법에 관하여 잘 알아야 하는데, 이에 대해서는 뒤에서 살펴보기로 하겠다. 한편, 연구문제와 가설에 나오는 주요 개념이나 변인 등에 대한 조작적 정의를 내릴 때는, 먼저 명명적 정의를 내린 다음 다시 조작적 정의를 내리는 것도 바람직한데, 이렇게 하면 연구문제나 가설 등에 나오는 주요 개념이나 변인 등을 다른 연구자나 독자들이 더 명확하게 이해할 수 있기 때문이다.

2. 연구방법 단계의 일반적 절차

서론 단계의 작업들이 모두 끝나면 그 다음 연구방법 단계로 들어가게 되는데, 여기서 연구방법이란 실증연구에서는 서론 단계에서 설정한 가설들의 검증을 위한 방법을 주로 말한다. 이러한 연구방법은 연구유형에 따라 약간의 차이가 있으나 크게 세 가지 작업, 즉 ① 주어진 가설을 가장 과학적이고 효율적으로 검증할 수 있는 방안의 결정 등에 관한 연구설계(research design), ② 그 연구설계에 따른 각종 자료의 수집(data gathering), ③ 수집한 자료의 검토와 분석(data analysis) 작업으로 나눌 수 있다. 그러면 이들 세 가지 작업에 관하여 구체적으로 살펴보기로 하겠다.

1) 가설검증을 위한 연구설계

연구설계란 연구문제에 대한 가설을 가장 정확하고 효율적으로 검증할 수 있는 방안 등을 결정하고 계획하는 것으로, 이는 집을 지을 때 설계도나 청사진을 그리는 것에 해당한다. 따라서 집을 튼튼하고 아름답고 경제적으로 지으려면 설계도를 정확하게 제대로 그려야 하듯이, 가설도 과학적이고 효율적으로 검증하려면 우선 그에 관한 연구설계부터 올바로 해야 한다. 그렇다면 연구설계는 도대체 어떻게 해야 하는가? 그 방법은, 집의 종류에 따라 그 설계도가 다르듯이, 연구유형이나 가설 등에 따라 각각 다르다. 그러나 여기서는 실험연구의 설계방안(experimental design)의 몇 가지 실례를 중심으로 연구설계방법과 그에 관련된 주요 개념과 원리 등에 관하여 간단히 살펴보겠다.

(1) 연구설계의 실례 1: 단사후검사 실험설계방안

앞서 가설에 관하여 살펴볼 때, "정보원(情報源)의 공신력은 수용자들의 메시지 수용태도, 즉 커뮤니케이션 효과에 영향을 미치는가?"라는 연구문제에 대한 가설의 실례로, "공신력이 높은 정보원의 메시지가 공신력이 낮은 정보원의 메시지보다 그 메시지에서 주장한 방향으로 수용자의 태도(메시지 수용태도)를 더 많이 변용시킬 것이다."라는 가설을 들었다. 그러면 이러한 가설을 실험연구를 통해 검증해 보고자 할 경우 어떻게 실험설계를 해야 하는가?

그 방법에는 여러 가지가 있을 수 있다. 그러나 그중 가장 간단한 방법으로 [그림 2-2]와 같이 실험설계를 하면 위와 같은 가설을 검증할 수 있는데, 이와 같은 실험설계방안을 '단(但)사후검사 실험설계방안(posttest-only experimental design)'이라고 부른다. 실제로 실험설계를 할 때는 [그림 2-2]와 같은 설계도를 그려가면서 설

	X_1	Y_{a1}	실험집단 1(높은 공신력 집단, $n_1 = 50$)
$\boxed{R}$			
	X_2	Y_{a2}	실험집단 2(낮은 공신력 집단, $n_2 = 50$)

그림 2-2 정보원의 공신력에 관한 단사후검사 실험설계방안

계를 하는 것이 좋다.

[그림 2-2]를 간단히 설명해 보면, 왼쪽에는 $\boxed{R}$이라는 기호가 있고 오른쪽에는 실험집단 1(높은 공신력 집단, n_1=50), 실험집단 2(낮은 공신력 집단, n_2=50)이 있는데, 이는 모두 100명의 실험참여자들을 뽑아서[10] 이들을 2개의 실험집단, 즉 실험집단 1과 실험집단 2에 각각 50명씩(n_1=50, n_2=50) 무작위로 배치(Random assignment, 그림 왼쪽에 $\boxed{R}$로 표시)하겠다는 것을 말한다.

그 다음 [그림 2-2]에서 가운데를 보면 X_1과 X_2라는 기호가 있는데, 이들은 독립변인(x)에 대한 실험처치를 뜻하는 것으로서, 2개 실험집단의 실험참여자들에게 똑같은 내용의 실험 메시지를 주면서, 예컨대 실험집단 1(높은 공신력 집단)에는 그 메시지가 공신력이 높은 A신문의 논설이라고 거짓으로 실험처치(X_1)를 하고, 실험집단 2(낮은 공신력 집단)에는 그 메시지가 공신력이 낮은 B 신문의 논설이라고 거짓으로 실험처치(X_2)를 하면서 논설(실험 메시지)을 읽도록 하겠다는 것을 말한다.

그리고 X_1과 X_2의 오른쪽을 보면 Y_{a1}과 Y_{a2}라는 기호가 있는데, 이들은 종속변인에 대한 사후검사(post-test)를 뜻하는 것이다. 즉 위와 같이 2개 실험집단의 실험참여자들에게 각각 서로 다른 실험처치를 하면서 논설(실험 메시지)을 읽게 한 뒤, 그 논설에 대한 실험참여자들의 수용태도를 각 실험집단별로 검사(Y)해서 실험집단 1의 검사치(Y_{a1})와 실험집단 2의 검사치(Y_{a2})를 각각 산출(예컨대, 산술평균치)하겠다는 것을 말한다. 그리하여 이들 2개 검사치를 서로 비교해서 그 차이를 t-검증(t-test)해본 결과, 만약 실험집단 1(높은 공신력 집단)의 검사치(Y_{a1})가 실험집단 2(낮은 공신력 집단)의 검사치(Y_{a2})보다 유의적(significantly)으로 높게($Y_{a1} > Y_{a2}$) 나타나면,

10 예전에는 '피험자(被驗者, subjects)' 또는 '실험대상자'라고 불렀으나, 인권문제 때문에 지금은 '실험참여자(experiment participants)'라고 부른다.

이는 곧 정보원의 공신력에 의한 차이로 간주하여 “공신력이 높은 정보원의 메시지가 공신력이 낮은 정보원의 메시지보다 그 메시지에서 주장한 방향으로 수용자의 태도를 더 많이 변용시킬 것이다.”라는 가설이 입증(accept)되었다고 보겠다는 것이다. 그러나 이와는 달리, 만약 2개 실험집단의 사후검사치들 간에 유의적 차이가 없다면, 위와 같은 가설은 부정(reject)된 것으로 보게 된다.

하지만 이와 같은 단순한 실험설계방안에 의한 실험 결과만으로는 위의 가설이 입증 또는 부정되었다고 확언할 수 없다. 실험 결과 실험집단 1(높은 공신력 집단)의 사후검사치(메시지 수용태도)가 실험집단 2(낮은 공신력 집단)의 사후검사치보다 유의적으로 높게 나타났다하더라도, 이는 정보원의 공신력의 영향 때문이 아니라 실험 메시지 내용에 대한 실험집단 1의 수용태도가 본래부터 실험집단 2의 그것보다 높았기 때문일 수도 있기 때문이다. 따라서 이러한 문제점 등을 통제하면서 가설을 정확하게 검증하려면, 실험 메시지에 대한 실험참여자들의 기존 태도를 미리 검사(사전검사)해 보고, 또한 다른 가외변인들이 실험과정에 혼입하지 못하도록 통제할 수 있는 실험설계를 해야 한다. 그렇다면 이와 같은 실험설계는 어떻게 해야 하는가?

(2) 연구설계의 실례 2: 사전·사후 통제집단 실험설계방안

각종 가외변인들을 통제하면서 가설을 정확하게 검증할 수 있도록 하는 실험설계방안에는 여러 가지가 있다. 그러나 이에 관한 자세한 것은 뒤에서 살펴보기로 하고, 여기서는 위에서 실례로 든 가설, 즉 “공신력이 높은 정보원의 메시지가 공신력이 낮은 정보원의 메시지보다 메시지에서 주장한 방향으로 수용자의 태도를 더 많이 변용시킬 것이다.”라는 가설을 앞서의 실험설계방안(그림 2-2)보다 좀 더 정확하게 검증할 수 있는 실험설계방안만 소개해 보기로 하겠는데, 이를 그림으로 그려보면 [그림 2-3]과 같다. 이와 같은 실험설계방안은 사전·사후 통제집단 실험설계방안(pretest-posttest control group experimental design)이라고 부르는데, 이 실험설계방안을 간단히 살펴보면 다음과 같다.

첫째, [그림 2-2]에서 맨 왼쪽에 있는 $\boxed{R}$이라는 기호는, 앞서도 말했듯이 영어 ‘Random assignment(무작위배치)’의 약자로, 곧 실험참여자(피험자)들을 무작위로 표집하여 이들을 실험집단 1과 실험집단 2에 무작위로 배치한다는 뜻이다. 이처럼

	Y_{b1}	X_1	Y_{a1}	실험집단 1(높은 공신력 집단)
R	Y_{b2}	X_2	Y_{a2}	실험집단 2(낮은 공신력 집단)
	Y_{b3}	$\sim X$	Y_{a3}	통제집단(Control Group)

그림 2-3 정보원의 공신력에 관한 사전 · 사후 통제집단 실험설계방안

실험참여자들을 무작위로 표집하고 또 이들을 각 실험집단이나 통제집단에 무작위로 배치한 것은, 실험참여자들을 선정하거나 이들을 각 집단에 배치할 때 객관적이고 공정하게 하기 위해서이다. 그렇지 않고, 가령 실험집단 1에는 실험 메시지의 주장에 반대하는 실험참여자들을, 실험집단 2에는 실험 메시지의 주장에 찬성하는 실험참여자들을 배치한다면, 이것이 실험 결과를 틀리게 만들기 때문이다. 따라서 실험설계를 할 때는 반드시 실험참여자들을 무작위로 표집하고, 또한 이들을 각 실험집단에 무작위로 배치해야 한다.

둘째, [그림 2-3]을 보면 왼쪽에 Y_b라는 기호들이 있는데, 이들은 종속변인(Y)에 대한 사전검사(pretest 또는 before test)를 말하는 것으로, 곧 실험처치를 하기 전에 실험 메시지 내용에 대한 실험참여자들의 태도 등을 미리 검사하는 것을 말한다. 이러한 사전검사를 실험집단과 통제집단에 동시에 실시하도록 실험설계를 한 것에는 두 가지 목적이 있는데, 첫째는 실험 메시지의 내용에 대한 실험참여자들의 기존 태도를 미리 알아보기 위한 것으로, 그래야 실험처치 후에 실험참여자들의 태도가 어떤 방향으로 얼마나 변했는지 여부를 알 수 있기 때문이다. 그리고 둘째는 실험참여자들이 각 실험집단이나 통제집단에 무작위로 배치되었는지를 검토하기 위한 것으로, 실험집단과 통제집단에 사전검사를 실시한 후 그 검사치들을 서로 비교해 보았을 때, 유의적 차이가 없으면 이는 실험참여자들이 각 실험집단이나 통제집단에 무작위로 제대로 배치되었다는 것을 의미하기 때문이다. 그러나 만약 유의적 차이가 나타났다면 이는 실험참여자들이 두 집단에 무작위로 배치되지 않은 것을 의미한다. 따라서 이런 경우는 다시 다른 실험참여자들을 무작위로 표집, 이들을 실험집단과 통제집단에 무작위로 배치하고, 또 사전검사를 실시해야 한다.

셋째, [그림 2-3]에서 실험집단 1의 X_1과 실험집단 2의 X_2는 각각 실험처치를 말하는 것으로, 예컨대 사전검사 1주일 뒤에 똑같은 내용의 실험 메시지를 각 실험집단의 실험참여자들에게 나누어 주면서 실험집단 1(높은 공신력 집단)에는 그 메시지가 공신력이 높은 A 신문의 논설이라고 거짓으로 실험처치(X_1)를 하고, 실험집단 2(낮은 공신력 집단)에는 그 메시지가 공신력이 낮은 B 신문의 논설이라고 거짓으로 실험처치(X_2)를 하면서 실험참여자들에게 그 논설(실험 메시지)을 끝까지 읽도록 하겠다는 것을 말한다.

넷째, [그림 2-3]에서 오른쪽의 Y_a는 종속변인(y)에 대한 사후검사(post-test or after test)를 말하는 것으로, 위에서 말했듯이 실험처치를 하면서 나누어 준 실험 메시지들을 실험참여자들이 끝까지 읽게 한 다음, 그 내용에 대한 실험참여자들의 수용태도를 다시 측정하기 위한 사후검사를 두 실험집단에 동시에 실시하겠다는 것을 말한다. 그리하여 두 실험집단의 검사치들을 서로 비교하여 실험집단 1(높은 공신력 집단)의 사후검사치와 사전검사치 간의 차이($d_1 = Y_{a1} - Y_{b1}$)가, 실험집단 2(낮은 공신력 집단)의 사후검사치와 사전검사치 간의 차이($d_2 = Y_{a2} - Y_{b2}$)보다 크게 나와서, 이러한 차이를 t-검증(t-test)해 본 결과 유의적 차이로 나타나면 가설이 입증되었다고 보겠다는 것이다. 그러나 만약 실험집단 1의 d_1과 실험집단 2의 d_2 간에 유의적 차이가 나타나지 않으면 가설이 부정되는 것으로 보게 된다.

하지만 이와 같은 검증 결과만으로도 가설이 입증 또는 부정되었다고 확언할 수 없는데, 실험집단 1의 사후검사치와 사전검사치 간의 차이(d_1)가 실험집단 2의 사후검사치와 사전검사치 간의 차이(d_2)보다 유의적으로 크게 나타난 것은 정보원의 공신력의 영향 때문이 아니라, 예컨대 실험기간에 실험집단 1(높은 공신력 집단)의 실험참여자들이 우연히 실험 메시지의 주장이 옳다는 것을 신문이나 방송 또는 다른 사람에게서 학습했을 수도 있기 때문이다. 따라서 바로 이러한 가능성 여부도 알아볼 수 있도록 실험설계를 해야 하는데, 이러한 설계방법의 하나가 바로 [그림 2-3] 아래에 있는 것과 같은 통제집단(統制集團, control group)의 설정이다. 그렇다면 통제집단이란 무엇이며, 이러한 집단의 설정 목적은 무엇인가?

(3) 연구설계에서 통제집단의 설정과 그 목적

통제집단이란 실험집단과 비교하기 위하여 실험처치를 하지 않거나($\sim X$), 또는 사전검사가 실험결과에 미치는 영향을 알아보기 위해 사전검사를 하지 않고 사후검사만 실시하는 등의 집단을 말한다. 그러나 [그림 2-3]에서 통제집단은 실험기간에 실험집단 1(높은 공신력 집단)의 실험참여자들이 우연히 실험 메시지의 주장이 옳다는 것을 신문이나 방송 또는 다른 사람들에게서 학습했기 때문에, 이러한 가외변인(加外變因)의 영향으로 인하여 실험집단 1(높은 공신력 집단)의 메시지 수용태도에 관한 사후검사치(Y_{a1})가 실험집단 2(낮은 공신력 집단)의 메시지 수용태도에 관한 사후검사치(Y_{a2})보다 유의적으로 높게 나타난 것은 혹시 아닌지 알아보기 위해서 실험처치를 하지 않고 사전검사와 사후검사만 실시한 통제집단이다.

그러므로 이러한 통제집단의 사전검사치와 사후검사치를 서로 비교해서 이들 간에 유의적 차이가 없고 동시에 그 차이(d_3)가 실험집단 1의 사전·사후검사치 간의 차이(d_1)보다는 유의적으로 작고($d_3 < d_1$), 실험집단 2의 사전·사후검사치 간의 차이(d_2)보다는 유의적으로 크다면($d_3 > d_2$), 이는 실험기간에 실험집단 1의 실험참여자들이 우연히 실험 메시지의 주장이 옳다는 것을 신문이나 방송 등에서 배운 일이 없다는 것을 말한다. 따라서 실험집단 1의 메시지 수용태도에 관한 사후검사치(Y_{a1})가 실험집단 2의 그것(Y_{a2})보다 유의적으로 높게 나타난 것은 그 메시지의 정보원의 공신력(실험처치)의 영향 때문이라고 볼 수 있으므로 가설이 입증되었다고 본다.

하지만, 이와는 달리 통제집단의 사전검사치와 사후검사치 간에 유의적 차이가 나타났다면, 이는 실험기간에 실험집단 1(높은 공신력 집단)의 실험참여자들이 우연히 실험 메시지의 주장이 옳다는 것을 신문이나 방송 등에서 배웠기 때문이라고 볼 수 있다. 따라서 이런 경우는 실험 결과를 모두 버리고 다시 실험을 해야 한다.

(4) 연구설계의 주요 요건과 요령

앞에서 실험설계방안의 몇 가지 실례를 들면서 연구설계와 그 방법에 관하여 간단히 살펴보았는데, 그렇다면 연구설계는 도대체 어떻게 해야 하는가? 그 방법은, 앞서 말했듯이 각각의 연구문제나 가설에 따라 각각 다르다. 그러므로 연구설계를 올바로 하려면, 우선 연구문제와 그에 대한 가설은 무엇이며, 독립변인, 중개변인, 종속변인은 무엇인지를 정확히 파악하고 분석한 다음 어떤 연구방법을 사용해서 가설을 검증할 것이냐 결정해야 한다. 예컨대, 조사방법을 사용하여 가설을 검증할 것인지, 또는 실험방법을 통하여 가설을 검증할 것인지를 결정해야 한다. 그리고 실제로 가설의 검증에 필요한 조사설계방안이나 실험설계방안을 선정하여 그림을 그려 가면서 구체적으로 연구설계를 해야 한다. 이때 연구설계는 가장 '과학적이고 효율적'으로 가설을 검증할 수 있도록 해야 하는데, 여기서 '과학적'이란 가설을 객관적이고 체계적이며 정확하게 검증하는 것을 말하며, '효율적'이란 가설의 검증에 필요한 인력이나 노력, 시간 등을 되도록 적게 들이면서 가설을 검증하는 것을 말한다.

한편, 연구설계를 할 때는 ① 관찰하고자 하는 독립변인의 영향, 즉 체계적 변량(體系的 變量, systematic variance)은 극대화(maximize)하고, ② 독립변인에 혼입되어 종속변인에 부작용을 일으키는 가외변인(加外變因)의 변량(extraneous systematic variance)은 통제하며, ③ 실험참여자들의 표집과 각종 변인의 측정검사에서 야기되는 오차변량(誤差變量, error variance)은 극소화(minimize)해야 한다(Kerlinger, 1973, p. 306). 이와 같은 연구설계의 요건을 '극대소화의 원리(Max-MinCon principle)'라고 부르는데, 이에 관해서는 조금 뒤에 자세히 살펴보기로 하겠다.

2) 가설검증에 필요한 자료의 수집

위와 같이 해서 일단 연구설계가 끝나면 그에 따라 연구자료, 즉 가설검증에 필요한 자료의 수집(data gathering) 단계로 들어가게 되는데, 문헌연구의 경우는 우선 자료원(資料源)을 찾아서 그에서 필요한 자료들을 수집하면 된다. 그러나 조사연구나 실험연구 등의 실증연구에서는, 우선 ① 가설검증에 필요한 변인들의 관찰·조사·측정 검사기구 등을 준비 또는 작성하고, ② 관찰·조사·측정 검사대상자들을 표집(標集, sampling)하며, ③ 실험연구의 경우는 실험처치방법과 그 재료도 준비해야 한다. 그런 다음 ④ 시행연구(試行研究, pilot study)를 실시해서 연구방법이나 측정기구 등에 혹시 문제점이 없는지 검토하고, 만약 문제점이 있으면 그것을 수정·보완한 뒤, ⑤ 실제로 조사나 실험을 통해 자료를 수집해야 한다.

비타민 2-3

구구법(九九法)의 재발견

초등학교 2학년 여름이었으니까, 벌써 40년이 훨씬 지난 일이다. 요즘은 잘 모르겠지만, 그 때는 초등학교 2학년 때 구구법을 배웠다. 선생님이 구구단을 흑판에 써 주시고 나서, 그 이튿날부터 한 학생씩 불러 세우고는 구구단을 외도록 했고, 만약 틀리면 회초리로 종아리를 치셨다. 아, 그것이 어디 그렇게 쉽게 외어지는 것인가? 갑자기 산술(그땐 수학을 이렇게 불렀다.) 시간이 지겨워졌고, 호명을 당할까봐 한 시간 내내 안절부절 하다가 산술 시간이 끝나는 종소리가 들리면, "아, 오늘도 살았구나!" 하고 긴 한숨을 내뱉었다.

그날도 집에 돌아오자마자 구구단을 붙들고 앉았으나, 아무리 외어도 잊어버리고, 또 틀리고…. "아무래도 내일쯤은 틀림없이 내가 걸릴 것 같은데…." 하는 생각을 하니 그야말로 환장할 노릇이었다. 그 순간, 눈앞에 무엇인가가 보였다. 가만히 구구단을 들여다보니, 아 글쎄, 3단을 보니까 3, 6, 9 … 하는 식으로 3씩 더해 나가면 되는 것이었다. 또 5단을 보니까 5씩 더해나가면 되었다. 다른 단들도 역시 그 단의 숫자만큼 더해 나가면 되는 것이 바로 구구법의 원리였다.

지금 생각해 보면 참 우스운 일이지만, 그때는 그것이 나에게는 대단한 발견이었고 기쁨이었다. 마치 콜럼버스가 아메리카 대륙을 발견한 것처럼. 예감대로 그 이튿날 걸렸으나, 물론 무사히 통과할 수 있었다. 그냥 줄줄 외는 것이 아니라, 머릿속으로 계속 계산을 하면서 대답을 하느라 더듬거리기는 했지만 …. 내가 발견했던 그 비법(秘法)은 물론 다른 학생들에게 일체 공개하지 않았다. 그러다가 구구법 공부가 모두 끝난 뒤, 비로소 친한 친구에게만 말했다. 그랬더니 그도 그것을 알고 있었고, 선생님께서 이미 말씀해 주신 적이 있다고 했다. 그래서 다소 김은 빠졌지만, 그래도 나는 그걸 혼자서 발견했노라는 기쁨은 가시지 않았다.

그 뒤 쭉 공부를 했고 지금은 선생이 되어 있지만, 그때 그것과 같은 위대한 발견(?)을 다시 해서 공부에 희열을 느껴 본 기억이 거의 없다. 이는 아마도 다른 사람들이 발견해 놓은 원리들을 그냥 피상적으로 받아들이고 암기해서 시험을 치르기에만 급급했을 뿐, 그 원리들을 내 나름대로 다시 골똘히 연구하고 터득해서 나의 참 지식으로 만들려는 노력이 부족했기 때문일 것이다. 참으로 부끄러운 일이다.

차배근(서울경제신문, 1988. 8. 10)

(1) 관찰·조사·측정 검사기구의 준비와 작성

가설검증에 필요한 각종 변인의 관찰·조사·측정 검사기구의 준비와 작성이란, 가설에 포함된 각종 변인들을 조사 또는 측정하기 위한 설문지나 측정척도·검사기구 등을 준비하거나 작성하는 것을 말한다. 이러한 관찰·조사·측정 검사기구들은 특히 실증연구에서는 중요한 역할을 하는데, 검증하고자 하는 가설에 포함된 변인들을 어떠한 관찰·조사·측정 검사기구들을 사용하여 어떻게 측정하느냐에 따라 연구결과가 달라질 수 있다. 그러므로 가설검증에 필요한 각종 변인들의 관찰·조사·측정 검사기구 등은 타당도(妥當度, validity)와 신뢰도(信賴度, reliability)가 높은 것들을 선정하거나 작성해야 하는데, 여기서 타당도란 측정하고자 하는 것을 얼마나 제대로 측정했느냐의 정도를 말하며, 신뢰도란 측정 자료가 얼마나 믿을 수 있느냐의 정도를 말한다.

관찰·조사·측정 검사기구 등의 준비와 작성은 각 연구에 따라 다르지만, 앞서 언급한 정보원의 공신력이 커뮤니케이션 효과에 미치는 영향에 관한 실험연구의 경우를 실례로 들어보면, 이 연구에서는 최소한 다음 2개의 측정검사척도를 선정 또는 작성해야 한다.

첫째, 종속변인인 커뮤니케이션 효과, 즉 실험 메시지의 내용에 대한 실험참여자들의 수용태도를 측정하기 위한 태도측정척도를 선정 또는 작성(부록 참고)해야 한다. 이는 '정보원의 공신력'이라는 독립변인이 '커뮤니케이션 효과'라는 종속변인에 미치는 영향을 알아보는 데 반드시 필요한 준거척도(準據尺度, criterion measure)이기 때문이다.

둘째, 독립변인인 '정보원의 공신력'을 측정하기 위한 척도의 준비나 작성(부록 참고)도 필요한데, 이는 정보원의 공신력에 대한 실험처치가 제대로 되었는지를 확인해 보기 위해서이다. 앞서 말했듯이, 정보원의 공신력이 커뮤니케이션 효과에 미치는 영향을 실험을 통하여 알아보기 위하여 실험참여자들을 두 집단으로 나눈 다음, 이들에게 똑같은 실험 메시지를 주면서 실험집단 1(높은 공신력 집단)에는 그 메시지가 공신력이 높은 'A 신문'의 논설이라고 거짓으로 실험처치를 하고, 실험집단 2(낮은 공신력 집단)에는 그 메시지가 공신력이 낮은 'B 신문'의 논설이라고 실험처치를 하여 그 논설(실험 메시지)을 읽게 한 다음, 그에 대한 두 실험집단의 수용태도를 측정해서 비교해 보고자 할 경우, 실험처치가 제대로 되었는지를 확인해 보기 위해서는 'A 신문'과 'B 신문'의 공신력을 실제로 측정해서 과연 실험처치를 한 대로 'A 신문'의 공신력이 'B 신문'의 공신력보다 높게 나왔는지를 알아볼 필요가 있다.

그리하여 만약 'A 신문'의 공신력이 'B 신문'의 공신력보다 유의적으로 높게 나왔다면, 이는 실험처치가 성공적으로 이루어졌음을 의미하므로 이 실험에서 얻은 자료를 가지고 가설을 검증해도 좋다. 그러나 'A 신문'과 'B 신문'의 공신력의 측정치 간에 유의적 차이가 나타지 않았다면, 이는 실험처치가 실패했음을 의미하므로 이 실험에서 얻은 자료를 사용하여 가설을 검증해서는 안 된다.

이처럼 조사연구나 실험연구를 통하여 가설을 검증하기 위한 자료들을 수집하려면, 종속변인 이외에 독립변인이나 중개변인 등에 관한 관찰·조사·측정 검사기구도 준비해야 하는데, 이들은 타당도와 신뢰도가 높아야 한다. 그러나 이러한 관찰·조사·측정 검사기구를 연구자 자신이 직접 만드는 것은 쉽지 않다. 따라서 초보연구자들은 자신이 직접 관찰·조사·측정 검사기구를 고안·작성하는 것보다는, 이미 타당도와 신뢰도가 입증되어 있는 표준화된 측정척도(standardized scale)들을 빌려다가 그대로 사용하거나, 또는 자신의 연구에 맞게 조금 변형해서 사용하는 것이 바람직하다. 하지만 연구자 자신이 직접 어떤 관찰·조사·측정 검사기구를 만들어서 사용할 수도 있는데, 그러자면 먼저 측정의 원리, 측정검사기구의 종류, 타당도와 신뢰도의 검토방법 등을 잘 알아야 한다.

(2) 관찰·조사·측정 검사대상자의 표집

위와 같이 해서 가설검증에 필요한 변인들에 대한 관찰·조사·측정 검사기구가 준비되면, 이들을 사용하여 실제로 각종 변인들을 관찰·조사·측정할 대상자들, 즉 조사대상자(피조사자)나 실험참여자(피험자)들을 표집(標集, sampling)해야 한다. 여기서 표집이란 조사대상자나 실험참여자들의 전집(全集, 모집단, Universe or Population)에서 표본(sample)을 추출하는 것을 말한다.

이렇게 조사대상자나 실험참여자들의 표본을 표집해서 조사나 실험을 하는 이유에는 두 가지가 있는데, 첫째는 예컨대 "한국에서도 공신력이 높은 정보원의 메시지가 공신력이 낮은 정보원의 메시지보다 그 메시지에서 주장한 방향으로 수용자의 태도(메시지 수용태도)를 더 많이 변용시킬 것이다."라는 가설의 검증을 위한 실험연구를 할 경우, 한국 국민 전체(전집)를 대상으로 실험연구를 하는 것은 불가능하기 때문이다.

그리고 둘째 이유는, 한국 국민 전체를 대상으로 실험이 가능하다고 하더라도 구태여 많은 인력과 비용을 들여가면서 그렇게 실험을 할 필요가 없기 때문이다. 요즘에는 표본에서 얻은 수치(통계치)를 가지고 전집의 수치(전집치 또는 모치수)를 추정 내지 추리할 수 있는 추리통계방법이 있어, 이를 이용하면 5천만 명의 한국 국민 전체 중에서 300명만 표집해서 조사나 실험을 하더라도 그 결과를 가지고 5천만 명을 대상으로 했을 때의 조사나 실험 결과를 거의 정확하게 추정 또는 추리할 수 있다. 그러므로 오늘날에는 거의 모든 연구가 전집 대신 표본을 대상으로 조사나 실험을 한 다음, 여기서 얻은 통계치를 가지고 전집의 전집치(모치수)를 추정하거나 또는 전집치 간의 어떤 차이를 추리하는 방법을 사용하고 있다.

그러나 전집에서 표본을 표집할 때 잘못하면 표집오차(sampling error)가 크게 나타나서 전집치를 정확하게 추정 또는 추리할 수 없게 된다. 그러므로 전집에서 표본을 표집할 때는 전집을 충실히 대표(representative)할 수 있는 표본을 공정하게 추출해야 한다. 이러한 표집방법에는 단순무작위표집방법(單純無作爲標集方法, simple random sampling method), 체계적 표집방법(體系的 標集方法, systematic sampling method), 유층화표집방법(類層標集方法, stratified sampling method), 군집표집방법(群集標集方法, cluster sampling method) 등 여러 가지가 있다.

또한 표본을 표집할 때는 시간·노력·경비 등이 되도록 적게 들도록 표본의 크기(sample size, 사례수)가 작으면서도 표집오차가 최소가 되도록 해야 한다. 그러므로 조사대상자나 실험참여자들을 표집할 때는, 먼저 최선의 표집방법과 표본의 크기 등을 결정하고, 표집의 원리와 요건에 맞도록 표집해야 하는데, 이에 관한 자세한 것은 제3장에서 살펴보기로 하겠다.

(3) 실험연구의 경우 실험재료의 준비

이와 같은 방법으로 조사대상자나 실험참여자 등을 표집하면, 다음으로는 이들을 대상으로 실제로 조사나 실험 등을 통하여 가설을 검증하는 데 필요한 자료들을 수집해야 한다. 만약 실험연구를 한다면, 실제 자료수집에 앞서 실험에 필요한 여러 가지 실험재료(experimental materials)들을 준비해야 한다. 실험연구는 다른 연구들과는 달리 통제된 상황에서 독립변인을 인위적으로 조작하여 그것이 종속변인에 어떤 영향을 미치는지를 관찰해서 가설을 검증해야 하는데, 그러자면 독립변인의 조작, 즉 실험처치(experimental treatment) 등을 위한 여러 가지 재료들의 준비가 필요하기 때문이다.

예를 들어, "공신력이 높은 정보원의 메시지가 공신력이 낮은 정보원의 메시지보다 메시지에서 주장한 방향으로 수용자의 태도를 더 많이 변용시킬 것이다."라는 가설을 실험을 통해 검증해 보기 위하여, 무작위로 배치한 2개 실험집단에 똑같은 내용의 실험 메시지를 주면서 실험집단 1(높은 공신력 실험집단)에는 그 메시지가 공신력이 높은 'A 일보'에 실렸던 사설이라고 조작(실험처치)하고, 실험집단 2(낮은 공신력 실험집단)에는 그것이 공신력이 낮은 'B 주간지'에 실렸던 논설이라고 조작하면서 이를 각 실험집단의 실험참여자(피험자)들에게 읽게 한 다음, 그 메시지의 주장을 실험참여자들이 받아들이는 정도를 검사해서 가설검증에 필요한 자료들을 수집하고자 한다고 하자. 그러면 이와 같은 실험을 위해서는 실험 메시지 및 정보원의 공신력(독립변인)을 조작하기 위한 거짓말, 즉 "A 일보에 실린 사설이다." 또는 "B 주간지의 논설이다."라는 실험처치물이 필요한데, 바로 이러한 것들이 곧 실험재료이다.

이러한 실험재료들은 각 실험연구에 따라 다르기는 하지만 모든 실험연구에서 반드시 필요하며, 이들 실험재료는 실험의 성패를 좌우하게 된다. 따라서 실험처치와 그에 필요한 재료들은 치밀하게 계획해서 준비하지 않으면 안 된다. 한편, 실험 메시지의 주제(topic), 작성방법, 전달방법(예컨대, 구두매체, 인쇄매체, 영상매체 등을 통한) 등도 실험 결과에 중요한 영향을 미쳐서 실험 결과가 달라지게 만들 수 있다.

(4) 시행연구와 측정기구·연구방법 등의 수정·보완

이상과 같은 여러 가지 준비가 모두 끝나면, 실제 본조사 · 본실험 등으로 들어가게 된다. 그러나 그에 앞서 시행연구(試行硏究, pilot study)를 해보는 것이 좋다. 시행연구란 연구설계나 측정기구 등의 연구방법상 문제점이 없는지 알아보기 위하여 소수의 조사대상자(피조사)나 실험참여자(피험자)들을 대상으로 미리 조사나 실험을 실시해 보는 것을 말한다. 이러한 시행연구가 없이 본조사나 본실험을 했다가 연구방법상에 문제점이나 잘못 등이 나타나면 연구를 다시 해야 하므로 많은 노력과 시간, 경비 등을 낭비하게 된다.

그러므로 실증연구를 할 경우는 본조사 · 본실험 등에 앞서 반드시 시행연구를 실시하여 연구설계나 측정검사기구 등에 혹시 문제점이 없는지 미리 검토해서, 만약 문제점이 있다면 이를 수정·보완한 다음 본조사나 본실험을 하는 것이 현명하다. 특히 실험연구의 경우는 계획한 실험처치가 제대로 이루어지는지 미리 시행연구를 통해 검토해 보아야 한다. 그렇지 않고 본실험을 했다가 실험처치가 제대로 이루어지지 않은 것이 발견되면 낭패를 보게 된다. 실제로 이러한 경우들이 없지 않은데, 앞서 소개한「정보원의 공신력이 수용자들의 태도변용에 미치는 영향에 관한 실험연구」에서도 보았듯이, 똑같은 내용의 실험 메시지를 주면서 실험집단 1(높은 공신력 실험집단)에는 그 메시지가 공신력이 높은 'A 일보'에 실렸던 사설이라고 조작하고, 실험집단 2(낮은 공신력 실험집단)에는 그것이 공신력이 낮은 'B 주간지'에 실렸던 논설이라고 실험처치를 했지만, 실험연구자가 'A 일보'와 'B 주간지'의 공신력을 실제로 측정해 보지 않고 'A 일보'가 'B 주간지'보다 공신력이 높다고 가정해서 실험처치를 했다. 그러나 본실험 직후 실험참여자들을 대상으로 'A 일보'와 'B 주간지'의 공신력을 실제로 측정해 보았더니 'B 주간지'가 'A 일보'보다 공신력이 오히려 높게 나타나서 실험처치가 실패로 끝나게 되었다.

그러므로 이와 같은 실패 등을 피하기 위해서는 본실험이나 본조사에 앞서, 연구설계나 측정검사기구 등에 문제점이 있는지 미리 검토해 보기 위한 시행연구를 반드시 해야 한다. 이러한 시행연구는 본실험이나 본조사와 똑같게 실시하되, 실험참여자나 조사대상자(응답자)들을 몇십 명만 뽑아서 이들을 대상으로 연구설계나 기타 연구방법상 혹시 문제점이 없는지를 검토해 본다. 그리고 시행연구에서 얻은 자료들을 가지고 측정척도의 신뢰도와 타당도도 검토하고 연구결과도 분석해 보면서 연구방법상 문제점들이 없는지를 점검해서, 만약 문제점이 발견되면 이를 수정·보완하면서 연구설계나 측정검사척도 등을 다시 고쳐야 한다.

(5) 실제 본조사·본실험 등의 실시

시행연구를 통해서 연구설계나 측정검사기구상의 문제점에 대한 수정·보완 작업이 끝나면, 실제 본조사·본실험 등으로 들어가게 된다. 여기서 본조사란 조사연구에서 조사대상자(피조사자 또는 응답자)들을 상대로 실제로 면접조사나 설문조사 등을 통해서 연구문제나 가설검증에 필요한 자료들을 수집하는 것을 말한다. 그리고 본실험이란 실험연구에서 실험참여자들에게 실험처치를 하고 그 결과를 관찰 또는 검사해서 자료를 수집하는 것을 말한다. 그러나 본조사와 본실험 중 본조사에 관해서는 제5장에서 자세히 살펴보기로 하고, 여기서는 본실험만 간단히 소개하고 넘어가기로 하겠다.

앞서 정보원의 공신력이 커뮤니케이션 효과에 미치는 영향에 관한 가설, 즉 "공신력이 높은 정보원의 메시지가 공신력이 낮은 정보원의 메시지보다 메시지에서 주장한 방향으로 수용자의 태도를 더 많이 변용시킬 것이다."라는 가설을 실험을 통하여 검증하고자 할 경우, 실험참여자들을 우선 2개 실험집단에 무작위로 배치한다. 그런 다음, 이들 두 실험집단에 똑 같은 내용의 실험 메시지를 주면서 실험집단 1(높은 공신력 실험집단)에는 그 메시지가 공신력이 높은 'A 일보'에 실렸던 사설이라고 조작(실험처치)하고, 실험집단 2(낮은 공신력 실험집단)에는 그것이 공신력이 낮은 'B 주간지'에 실렸던 논설이라고 실험처치하여 이를 각 실험집단의 실험참여자들에게 읽게 한 뒤, 그 실험 메시지(논설)의 주장을 실험참여자들이 받아들이는 정도를 알아보기 위한 사후검사를 실시하는 것을 본실험이라고 한다.

본실험도 사전에 치밀한 계획을 세운 뒤에 그에 따라 실시해야 하는데, 실험을 누가 언제 어디서 어떻게 얼마동안 실시하느냐 등에 따라 실험 결과가 달라질 수 있기 때문이다. 그러므로 본실험을 할 때는 실험 실시자, 장소, 시간 등이 가외변인으로서 실험 결과에 영향을 미치지 않도록 사전에 충분한 계획을 세운 다음 실시해야 한다. 이러한 실험연구방법에 관한 것은 제6장에서 자세히 살펴보기로 하겠다.

3) 수집자료의 정리·검토와 분석

본조사나 본실험을 통하여 각종 설문이나 검사척도에 대한 조사대상자나 실험참여자들의 응답지나 검사지들을 모두 수집하면, 우선 그에 기재된 응답 자료들, 즉 각종 변인의 측정검사 자료들을 정리하고, 둘째 그 자료들의 타당도와 신뢰도를 검토해 보아야 한다. 그리하여 만약 그 자료들의 타당도과 신뢰도가 충분히 높으면, 셋째로 이들 자료를 분석해서 주어진 가설을 검증하게 된다.

(1) 수집자료의 정리와 코딩

수집자료의 정리란, 조사대상자나 실험참여자들로부터 수집한 응답 자료들을 질적 분석이나 통계분석을 할 수 있도록 정리하는 것을 말한다. 조사대상자나 실험참여자들로부터 응답지나 검사지(檢査紙) 등을 수합하면, 우선 이들을 하나하나씩 보면서 응답을 하지 않았거나 잘못 응답했거나 또는 엉터리로 응답한 것들은 가려내서 버린다.

그리고 올바로 성실하게 응답한 응답지나 검사지만 다시 하나씩 보면서 코딩(coding)을 한다. 여기서 코딩이란 언어로 표시한 응답이나 각종 측정척도에 표시한 응답들을 양적(量的) 분석, 즉 통계분석이 가능하도록 일정한 원칙에 따라 숫자나 기호로 전환시키는 것을 말한다. 예컨대, 응답자의 성별을 묻는 설문에 '여성'이라고 표시한 응답에는 숫자 1, '남성'이라고 표시한 응답은 숫자 2로 전환하는 것을 말한다. 또한 라이커트 척도(Likert scale)를 사용하여 측정검사를 했을 경우 '적극 찬성한다'는 응답은 5, '찬성한다'는 응답은 4, '그저 그렇다'는 응답은 3, '반대한다'는 응답은 2, '적극 반대한다'는 응답은 1, '무응답'은 9라는 숫자로 바꾸는 것을 코딩이라고 하는데, 이렇게 코딩한 숫자는 응답지나 검사지의 해당 응답항목 옆에 우선 적어 놓는다.

모든 응답지나 검사지에 대한 코딩이 끝나면, 그 코딩 자료들을 컴퓨터로 분석할 수 있도록 데이터 편집 디스크 등에 입력한다. 입력 방법은 각 통계 패키지 프로그램(예컨대, SPSS, SAS 등)에 따라 조금씩 다르다. 그러므로 코딩 자료를 컴퓨터의 데이터 편집 디스크 등에 입력할 때는, 먼저 어떤 통계 패키지 프로그램을 사용하여 코딩 자료들을 분석할 것인지를 결정한 다음, 그 통계 프로그램에 맞게 코딩 자료들을 데이터 편집 디스크 등에 입력해야 한다.

(2) 수집자료의 타당도와 신뢰도의 검토

수집자료의 정리와 코딩이 모두 끝나면, 그 자료들의 타당도(validity)와 신뢰도(reliability)를 검토해 보아야 한다. 만약 타당도와 신뢰도가 없거나 낮은 응답 자료를 가지고 가설을 검증하면 그 결과도 타당성과 신뢰성을 잃게 되기 때문이다. 그러므로 수집한 응답 자료의 정리와 코딩이 끝나면 반드시 그 자료의 타당도와 신뢰도를 검토해 보아야 한다. 그리하여 응답자료가 타당성과 신뢰성을 갖고 있다고 판단되면, 이들 자료를 분석해서 가설을 검증하면 된다. 그러나 응답 자료가 타당성과 신뢰성을 갖지 못하는 것으로 나타나면, 이들 자료를 가지고 가설을 검증해서는 안 되며, 다시 조사나 실험을 하면서 측정검사를 하여 타당도와 신뢰도가 높은 자료들을 수집해야 한다. 그렇다면 응답 자료의 타당도와 신뢰도란 구체적으로 무엇이며, 이들은 어떻게 검토할 수 있을까?

첫째, 자료의 타당도란, 간단히 말해서 어떤 변인에 대한 조사나 측정검사에서 얻어진 자료가 그 조사나 검사대상 변인을 얼마나 충실하게 제대로 측정한 것인지의 정도를 말한다. 예컨대, 어떤 정보원의 공신력을 알아보기 위한 측정검사를 했을 때, 그 측정검사 자료가 정보원의 공신력을 실제로 얼마나 충실하게 측정한 것인지의 정도를 타당도라고 한다. 따라서 어떤 변인에 관한 측정검사 자료가 수집되면, 우선 그 자료의 타당도부터 검토해 보아야 한다. 예를 들어, "공신력이 높은 정보원의 메시지가 공신력이 낮은 정보원의 메시지보다 메시지에서 주장한 방향으로 수용자의 태도를 더 많이 변용시킬 것이다."라는 가설을 검증하기 위하여 그 메시지의 정보원의 공신력을 검사해 보았을 때, 그 측정검사 자료의 타당도가 낮게 나왔다면,[11] 이 때문에 이 가설이 참[眞]임에 불구하고 거짓[僞]으로 나타나게 할 수도 있기 때문이다. 따라서 어떤 변인에 관한 측정검사 자료를 수집하면 그 자료의 타당도부터 검토해 보아야 한다. 자료의 타당도 검토방법에는 ① 내용타당도(content validity), ② 예언타당도(predictive validity), ③ 공인타당도(共因妥當度, concurrent validity), ④ 구인타

---

11 정보원의 공신력에 관한 측정검사 자료의 타당도가 낮게 나오는 원인에는 여러 가지가 있으나, 주요 이유 중 하나는 그 측정척도가 잘못 작성되어 공신력의 3대 구성인자(構成因子), 즉 전문성(expertness), 신뢰성(trustworthiness), 역동성(dynamism)을 모두 제대로 측정하지 못하고 그중에서 일부만 측정했기 때문이다.

당도(構因妥當度, construct validity) 등이 있는데, 이들 검토방법에 관해서는 제3장에서 살펴보기로 하겠다.

둘째, 자료의 신뢰도란, 타당도와는 달리 어떤 수집 자료가 얼마나 믿을 수 있는지의 정도로서, 곧 측정검사 자료 등의 신뢰성·정확성·측정오차 등의 정도를 말한다. 따라서 어떤 조사나 측정검사를 통하여 자료를 수집하면 그 신뢰도도 검토해 보아야 한다. 그 방법에는 재검사법(retest method), 동등형 검사법(equivalent forms method), 반분검사법(split-half method), 내적 합치도법(internal consistency method) 등이 있는데, 이들 방법에 관해서도 제3장에서 살펴보기로 하겠다.

수집자료의 신뢰도를 검토해 보았을 때 만약 신뢰도계수가 낮게 나왔다면 그 자료로 가설을 검증해서는 안 된다. 어떤 측정검사 자료의 신뢰도가 낮게 나오는 주요 요인으로는, 측정검사기구 자체의 결함, 예컨대 측정검사 문항이 잘못 되었다든지, 문항수가 적다든지 또는 검사문항의 뜻이 모호하여 여러 가지로 해석될 수 있는 것 등을 들 수 있다. 그러나 이러한 요인보다 더 측정검사 자료의 신뢰도를 낮추는 주요 요인은 신체적 요인과 심리적 요인이다. 여기서 신체적 요인이란 조사나 검사대상자들이 조사나 측정검사를 할 때 신체적으로 피로한 상태에 있다든지 하는 것을 말하며, 심리적 요인이란 조사나 검사대상자들이 솔직하게 응답하지 않으려는 심리적 태도나 측정검사 문항의 내용 등에 대한 일시적 착각 등을 말한다.

(3) 실험연구의 경우 실험처치의 성공 여부 검토

실험연구의 경우는 위와 같은 자료의 타당도와 신뢰도의 검토 이외에, 또한 실험처치가 제대로 이루어졌는지 여부도 검토해 보아야 한다. 예컨대, 위에서 실례로 든 정보원의 공신력의 영향에 대한 실험연구에서, 똑같은 내용의 실험 메시지를 2개 실험집단의 실험참여자들에게 나누어 주면서 실험집단 1(높은 공신력 실험집단)에는 그 메시지가 공신력이 높은 'A 일보'에 실렸던 사설이라고 실험처치를 하고, 실험집단 2(낮은 공신력 실험집단)에는 그것이 공신력이 낮은 'B 주간지'에 실렸던 논설이라고 가장한 실험처치를 했을 경우, 이와 같은 실험처치대로 과연 실험참여자들이 'A 일보'가 'B 주간지'보다 공신력이 높다고 지각했는지를 실제로 측정 또는 조사해서 확인해 보아야 한다. 이 때 만약 실험참여자들이 실험처치와는 달리, 'A 일보'와 'B 주간지'의 공신력이 서로 비슷하다고 지각했거나, 또는 'B 주간지'의 공신력을 'A 일보'의 공신력보다 오히려 높게 지각했다면, 이는 실험처치가 실패하였다고 볼 수 있다. 그러므로 이처럼 실험처치가 실패한 실험에서 얻어진 자료를 가지고 가설을 검증하면 자연히 엉터리 결과가 나오게 된다. 따라서 실험연구에서는 실험처치가 제대로 이루어졌는지도 반드시 검토해 보아야 한다.

한편, 실험과정에 혹시 가외변인들이 혼입되지 않았는지도 검토해 보아야 한다. 예를 들어, 정보원의 공신력에 관한 위와 같은 실험연구에서 실험 결과 실험집단 1(높은 공신력 집단)의 수용태도가 실험집단 2(낮은 공신력 집단)의 수용태도보다 유의적으로 높게 나타났다고 하더라도, 이는 정보원의 공신력의 영향 때문이 아니라 실험 메시지 내용에 대한 실험집단 1의 수용태도가 본래부터 실험집단 2의 그것보다 높았기 때문일 수도 있다. 그러므로 이와 같은 것을 알아보기 위해서는 실험 메시지의 내용(주장)에 대한 두 실험집단의 실험참여자들의 기존 태도(initial attitude)를 실험처치 이전에 미리 사전검사(pre-test)를 해서 그 검사측정치에 혹시 유의적 차이가 없었는지 검토해 보아야 한다. 그 결과 유의적 차이가 없다면 실험에서 얻은 측정검사 자료들을 가지고 주어진 가설을 검증해도 좋으나, 본래부터 두 실험집단 간에 유의적 차이가 있다면 실험을 다시 해야 한다.

(4) 수집·검토한 자료의 실제 분석

조사나 실험연구를 통하여 수집한 자료들의 타당도와 신뢰도 등을 검토해 본 결과, 그 자료들에 하자(瑕疵)가 없는 것으로 나타나면 이들 자료의 분석으로 들어가게 된다. 여기서 자료의 분석이란, 조사나 실험에서 얻은 자료들을 집계·분류·종합·조직하고 분석·해석해서 연구문제에 대한 해답을 도출하거나, 또는 연구문제에 대한 가설을 검증하는 작업을 말한다. 이와 같은 자료분석방법에는 여러 가지가 있으나, 크게 질적 분석방법(qualitative analysis methods)과 양적 분석방법(quantitative analysis methods)으로 나누어 볼 수 있다.

질적 분석방법이란, 자유응답식 설문(open-ended question) 등을 통하여 얻은 비구조적(非構造的, unstructured) 또는 비수량적(非數量的, non-quantitative) 응답 자료들을 규범적 또는 논리적 방법으로 분석해서 가설을 검증하거나 연구문제에 대한 결론을 도출하는 방법을 말하는데, 여기서 비구조적 또는 비수량적 자료란 수치로 표시되지 않는 자료 등을 뜻한다. 따라서 이러한 자료들은 통계 등에 의한 객관적 분석이 불가능하므로, 규범적 또는 논리적 기준이나 판단에 의거하여 분석해서 가설을 검증하거나 연구문제에 대한 결론을 도출하게 된다.

다음으로 양적 분석방법이란, 분석하려는 자료가 수량화될 수 있는 구조적 자료(structured data)일 때, 이들 자료를 통계방법을 사용하여 분석해서 가설을 검증하고 연구문제에 대한 결론을 도출하는 방법을 말한다. 따라서 양적 분석방법을 통계분석방법이라고도 부르는데, 통계분석방법에는 1원적 기술통계 분석방법, 상관관계의 기술통계 분석방법, 추리통계 분석방법 등이 있으며, 이들 중 추리통계 분석방법은 다시 모수적(母數的) 통계방법과 비모수적(非母數的) 통계방법 등으로 나누어 볼 수 있다. 또한 통계분석방법에는 연구하고자 하는 변인의 수와 변인들 간의 관계, 수집 자료의 측정 수준(level of measurements) 등에 따라 여러 가지가 있는데, 이들 통계방법에 관해서는 제4장에서 살펴보기로 하겠다.

이와 같이 자료의 분석방법에는 크게 두 가지, 즉 질적 분석방법과 양적 분석방법이 있는데, 이들 각 분석방법은 그 나름대로의 필요성과 장단점을 가지고 있다. 예컨대, 질적 분석방법이 새로운 변인들 간의 관계를 찾아내서 제시하는 데 필요하다면, 양적 분석방법은 그러한 변인들 간의 관계를 실증적으로 검증 · 확인하는 데 필요하다. 그러나 양적 분석방법은 자연현상이나 사회현상에서의 수량적 측면만 다루고 처리할 수 있으며, 비수량적 영역은 다룰 수 없다. 따라서 질적 분석방법과 양적 분석방법 중에서 어느 것이 더 좋은 방법이라고는 말할 수 없다. 그러나 수량화할 수 있는 자료들은 양적 분석방법을 사용하여 분석하는 하는 더 객관적이고 정확하다.

3. 연구결과 단계의 일반적 절차

위와 같은 자료의 분석이 끝나면 그 분석 결과를 제시해야 하는데, 이는 전체 연과정에서 셋째 단계로 간단히 '연구결과(Results)'라고 부른다. 그러면 이 단계에서 연구결과, 즉 연구문제에 관한 자료들의 분석 결과나 가설검증 결과 등은 어떻게 제시해야 하는가?

1) 자료의 타당도·신뢰도 검토 결과

연구결과는 연구문제별 또는 가설별로 제시하면 된다. 그러나 그에 앞서, 자료의 분석 단계에서 이미 검토한 분석 자료의 타당도와 신뢰도 등을 먼저 밝혀야 한다. 그래야 그 다음 제시할 분석 결과도 타당하고 믿을 수 있기 때문이다.

자료의 타당도와 신뢰도의 그 검토 결과는, 예컨대 정보원의 공신력에 관한 실험 메시지에 대한 실험참여자(피험자)들의 수용태도 검사자료(검사치)의 타당도를 인자분석(factor analysis)을 통하여 구인타당도(construct validity)를 검토해 본 결과, 크게 인지적 인자(cognitive factor), 정서적 인자(affective factor), 행동적 인자(behavioral factor)로 구성되었으며, 이들 인자의 전체 변량의 백분율이 83.00%로서 타당도가 높은 것으로 나타났다. 그리고 같은 검사자료의 신뢰도는 크론바흐의 알파 계수(Chronbach's alpha)를 구해 보았더니 $\alpha = 0.705$로 나타나 신뢰성이 있다고 판단되었다. 따라서 본실험에서 얻은 검사자료들을 가지고 가설을 검증했다는 식으로 밝히면 된다.

한편, 실험연구의 경우는 실험처치가 제대로 되었는지 검토해 본 결과도 제시해야 한다. 이를 제시할 때는 그것을 어떤 방법으로 어떻게 검토해 보았더니 어떠한 결과가 나왔으므로 실험처치가 제대로 되었다고 볼 수 있어 해당 실험에서 얻어진 자료들을 가지고 주어진 가설을 검증했다고 밝혀야 한다.

2) 가설들의 검증 결과의 제시

그런 다음 연구결과를 제시해야 하는데, 그 방법은 각 연구에 따라 차이가 있을 수 있다. 또한 연구결과의 제시방법은 어떤 연구문제를 연구할 때 그 연구문제에 대한 가설을 설정하고 연구를 했느냐, 아니냐에 따라서 다르게 되는데, 연구문제에 대한 가설을 설정하지 않고 연구문제를 직접 연구한 경우는 연구문제별로 그에 관한 연구결과만 제시하면 된다. 그러나 연구문제에 대한 가설을 설정하고 그 가설을 검증한 다음, 그 결과를 토대로 연구문제에 대한 해답을 얻거나 결론을 도출하는 연구에서는, 각 가설별로 그 검증 결과를 제시하면서 가설이 입증되었는지 또는 부정되었는지를 밝혀야 한다.

연구결과의 제시방법은 또한 연구자료 분석방법의 유형에 따라서도 조금씩 다른데, 예컨대 연구자료들을 질적(質的)으로 분석한 연구에서는 연구문제나 그에 대한 가설에 관한 연구결과들을 논리적 순서로 제시하면 된다. 그러나 연구문제나 가설들에 관한 연구자료들을 양적(量的) 분석방법, 즉 통계방법을 사용하여 분석한 연구에서는 그 분석 결과를 도표 등을 사용하여 일목요연하게 제시하면서, 만약 어떤 통계치들 간의 유의적 차이나 상관관계 등을 통계적으로 검증한 경우에는 그 검증통계방법과 유의도 수준(significance level) 등도 제시하면서 주어진 가설의 입증 여부를 명확하게 밝혀야 한다.

예를 들어, 정보원(情報源)의 공신력이 수용자들의 메시지 수용태도에 미치는 영향을 알아보기 위하여 "공신력이 높은 정보원의 메시지가 공신력이 낮은 정보원의 메시지보다 메시지에서 주장한 방향으로 수용자의 태도를 더 많이 변용시킬 것이다." 라는 [가설 1]에 대한 실증적·통계적 검증 결과를 제시할 경우, "실험 결과, 공신력이 높은 정보원의 메시지를 받은 실험집단 1의 메시지 수용태도의 산술평균치($\bar{X}$)는 5점 만점에 4.37점, 공신력이 낮은 정보원의 메시지를 받은 실험집단 2의 산술평균치($\bar{X}$)는 2.50점으로서 전자(前者)가 후자(後者)보다 1.87점이 높게 나왔는데, 이러한 차이를 t-검증법을 사용하여 검증해 본 결과 0.01 수준(일방적 검증)에서 유의적 차이로 나타났다. 그러므로 [가설 1]은 본 연구에서 입증되었다."는 식으로 가설검증 결과를 구체적으로 제시해야 한다. 그리고 검증 가설들이 여러 개일 경우는 각 가설별로 그 검증 결과를, 예컨대 ① [가설 1]의 검증 결과, [가설 2]의 검증 결과 ……, [가설 n]의 검증 결과 등의 식으로 항목을 달리해서 제시한 다음, 이들 여러 가설들의 검증 결과를 종합적으로 요약해 주는 것이 좋다.

이처럼 연구결과나 가설검증 결과를 제시할 때에는 그 결과 자체, 예컨대 가설의 입증 여부만 제시하는 방법과, 이와는 달리 연구결과를 제시하면서 그에 관한 해석과 논의(discussion)도 함께 하는 방법이 있는데, 분량이 비교적 짧은 연구보고서나 논문인 경우는 연구결과를 제시하면서 그에 대한 해석과 논의도 곁들이는 경우가 많다. 그러나 학위논문처럼 분량이 많은 연구에서는 먼저 연구결과만 제시하고, 그에 관한 해석과 논의는 조금 뒤에 '연구결과에 관한 논의'라는 별도의 항목에서 다루는 것이 상례(常例)이다.

4. '연구결과에 대한 논의' 단계의 일반절차

앞서 연구결과의 제시방법에 관하여 간단히 살펴보았으나, 연구문제나 가설에 대한 어떤 연구결과가 나오면 그 결과만 제시해서는 안 되며, 그에 대한 해석과 논의도 해야 한다. 이것도 연구과정에서 주요 단계의 하나가 된다. 그러나 연구결과에 관한 해석과 논의는, 위에서 말했듯이 연구결과를 제시하면서 함께 하는 방법과, 이와는 달리 연구결과를 우선 제시한 다음에 별도로 '연구결과에 관한 논의(Discussion)'라는 제목의 항목에서 다루는 방법이 있다.

1) 연구결과에 관한 해석과 논의

연구결과에 대한 논의란, 예컨대 어떤 가설을 검증해 본 결과 그 가설이 입증되었거나 또는 입증되지 않았다면 왜 그런 결과가 나왔는지 그 이유를 밝히고, 그에 대한 연구자의 견해나 해석 등을 제시하는 것을 말한다. 따라서 이와 같은 논의를 하자면, 우선 앞서 '서론' 단계의 '선행연구와 관계문헌들의 조사·검토'에서 조사한 연구문제와 가설에 관한 선행연구의 결과, 학설 또는 이론들을 바탕으로 주어진 가설이 왜 입증 또는 부정되었는지 그 이유를 찾아내야 한다. 그리고 그 이유를 서술하면서 그에 대한 이론적 근거와 다른 선행연구들의 결과를 제시해야 한다.

이때 주어진 가설이 입증된 경우는 그에 관한 논의가 비교적 간단하다. 앞서 가설을 설정할 때 그 이유나 근거를 이미 밝힌 바 있으므로, 가설이 입증된 경우는 그 가설의 이론적 배경과 선행연구들의 결과를 토대로 그 가설이 입증된 이유를 밝히면 되기 때문이다. 하지만 가설이 입증되지 않은 경우는, 그 이유에 관한 해석과 논의가 복잡하게 되는데, 가설이 입증되지 않은 것은 그 가설을 연구자가 잘못 설정했거나, 아니면 가설의 검증방법이 잘못되었거나 또는 그 가설 자체가 이론적으로 틀렸기 때문이다. 그런데 이와 같은 이유들 중 가설이 입증되지 않은 것이 가설을 잘못 설정했거나, 그 검증방법이 잘못되었기 때문이라면, 이는 연구 자체가 잘못되었다는 것을 연구자가 인정하는 셈이 된다. 그러나 이와 같은 인정을 하기 싫다면, 연구자가 자신의 연구가 잘못되었거나 엉터리가 아니라는 것을 증명해야 하는데, 그렇게 하려면 가설이 입증되지 않은 이유가 가설의 설정이나 그 검증방법의 잘못 때문이 아니라, 그 가설 자체가 이론적으로 틀렸기 때문이라는 것을 밝히면서 그에 대한 대안적 가설도 제시해야 한다.

그러므로 연구결과에 관한 논의는 가설이 입증되었을 때보다 입증되지 않았을 때 더 어렵고 복잡하게 된다. 그러나 이는 정도의 차이일 뿐, 가설이 입증되었든 또는 입증되지 않았던 간에, 어떤 연구의 결과를 올바르고 정확하게 해석하고 그에 관하여 논의하는 것은 쉬운 일이 아니다. 그러므로 연구결과를 올바로 해석하고 논의하자면, 그에 관한 선행연구와 이론 등을 철저하게 조사하고 연구하여 그 결과를 토대로 연구결과들에 대한 올바르고 객관적이며 정확한 해석을 내려야 한다. 이때 연구자의 학술적 견해를 어느 정도 자유롭게 개진할 수 있는데, 연구결과에 관한 논의에는 일정한 형식은 없으나 각 연구문제나 가설별로 체계적으로 전개해야 한다.

2) 연구상 제한점의 검토와 제시

연구결과에 관한 위와 같은 논의가 끝나면, 그 결과를 토대로 연구문제에 관한 결론을 도출하게 된다. 그러나 그에 앞서, 연구문제와 가설검증의 연구방법상 제한점(limitations)을 검토해서 이를 밝혀야 한다. 모든 연구에는 그 나름대로 연구방법상에 제한점들이 있게 마련이므로, 이러한 제한점들을 감안하면서 연구결과로부터 결론을 도출해야 하기 때문이다. 따라서 연구결과에 관한 논의를 할 때는 그러한 연구결과가 나오기까지의 모든 연구과정을 차례로 검토·평가하면서 연구의 한계성, 가설설정상에서의 문제점, 연구방법상에서의 제약성, 결과 해석상에서의 문제점 등을 검토해 보아야 한다. 그런 다음 이러한 문제점 내지 제한점들을 충분히 감안하여 연구문제에 대한 결론을 도출해야 한다.

한편, 연구상의 제한점들은 나중에 연구보고서나 연구논문을 작성할 때, '연구결과에 관한 논의' 항목 끝부분에 반드시 제시해야 한다. 예컨대, "본 연구에서는 연구비의 제약으로 인하여 실험참여자들을 모든 계층에서 표집하지 못하고 대학생 중

비타민 2-4

한국 여성들은 과연 순종적인가?

언론학에 '설득 커뮤니케이션'이라는 연구 분야가 있는데, 여기에서는 개인의 피설득성향(被說得性向, persuasibility)도 연구하고 있다. 피설득성향이란 설득을 잘 당하는 개인의 성향을 말하는데, 이에 관한 미국에서의 연구결과를 보면 남성보다 여성이 설득을 잘 당하는 성향이 있는 것으로 나타났다.

1974년 저자(차배근)가 한국 사람을 대상으로 「피설득성향에 관한 비교문화권적 실험연구」(서울대학교 『신문연구소 학보』 제11집에 발표)를 할 때, "한국의 매스 커뮤니케이션 수용자들의 경우도 여성이 남성보다 피설득성향이 높을 것이다."라고 가설을 설정했다. 우리나라 여성들은 유교의 영향을 받아서 서양 여성들보다 문화적으로 더 순종적이라고 생각했기 때문이다.

그러나 이 가설을 실험을 통해 실제로 검증해 본 결과 입증되지 못했다. 남녀 간의 피설득성향에 유의적 차이가 나타나지 않았기 때문이다. 이런 결과가 나오자 당황하지 않을 수 없었다. 이런 결과가 나온 것은 가설검증방법이 잘못되었거나, 아니면 가설 자체가 잘못되었기 때문인데, 가설검증방법이 잘못되었다면 기껏 연구한 것을 모두 버려야 하고, 가설 자체가 잘못되었다면 한국 여성들은 결코 순종적이 아니며, 따라서 남자보다 피설득성향이 높지 않다는 것을 입증해야 하지만, 이를 입증하기는 쉬운 일이 아니었다. 그래서 고민고민하면서 여러 연구논문들을 찾아보았더니, "남녀 성역할(sex role)의 분화가 서양 사회에서는 약 15세부터 이루어지나, 동양 사회에서는 20세 정도부터 이루어지기 시작한다."는 연구결과가 보였다. 그런데 저자의 실험연구에서는 고등학교 2학생들이 대상이었고, 이들은 아직 성역할의 분화가 확연히 이루어지지 않았기 때문에, 결과적으로 성별에 따른 피설득성향의 차이가 나타나지 않았다. 그러나 성역할이 완연히 분화된 30대 이상의 남녀를 대상으로 실험해 보면 한국 여성들도 남성보다 피설득성향이 높을 것이라고 연구결과에 관한 논의를 했다.

그 뒤, 실제로 30대 이상의 남여를 대상으로 피설득성향에 관한 실험연구를 다시 해 보았는데, 역시 남녀 간에 유의적 차이가 나타나지 않았다. 따라서 이러한 실험 결과로 미루어 볼 때, 한국 여성들은 겉으로는 순종적인 것 같지만 실제로는 그렇지 않은 것 같다. 하지만 여성이 남성보다 종교에 더 잘 심취하는 것을 보면, 여성이 피설득성향이 더 높은 것 같기도 해서, 어느 것이 맞는지 잘 모르겠다. 이에 관한 연구를 부탁한다.

에서 100명만 표집해서 이들을 대상으로 실험을 했기 때문에, 연구결과를 모든 계층의 개인에게 일반화(一般化)하는 데는 제한점이 있다."는 식으로 밝혀 두어야 한다. 이는 다른 연구자들에게 "이 연구에는 이러이러한 제한점이 있었으니, 이를 감안해서 연구문제에 대한 결론을 받아들여 달라."고 알려 주기 위한 것으로, 학문 윤리상(倫理上)으로도 필요하다.

또한 '연구상의 제한점'들의 제시는, "앞으로 다른 연구자들은 이러한 제한점을 보완하여 연구를 해달라."고 제언하는 데도 필요하다. 그런가 하면 학위논문 등의 심사를 받을 때 심사위원들의 비판을 사전에 방어하는 데에도 필요한데, 연구상의 제한점을 미리 고백함으로써 그에 대한 심사위원들의 혹독한 비판을 피할 수 있기 때문이다. 그러므로 연구보고서나 연구논문을 작성할 때는 '연구결과에 관한 논의' 항목의 끝부분에 반드시 해당 연구의 주요 제한점들을 열거해야 놓아야 한다.

5. '요약과 결론' 단계의 일반적 절차

위와 같이 해서 '연구결과에 대한 논의' 단계까지 모두 끝나면, 마지막 결론 단계로 넘어가서 연구문제에 대한 결론을 내리게 된다. 그러나 연구보고서나 논문을 쓸 때는 연구문제에 대한 결론에 앞서, 우선 연구 전체를 간단히 요약해 주는 것이 좋다. 그리고 나서 연구결과, 즉 주어진 가설들의 검증 결과를 바탕으로 연구문제에 대한 결론을 내린 다음, 앞으로 다른 연구를 위한 제언을 한다. 따라서 결론 단계는 다시 세 부분, 즉 ① 연구 전체에 대한 요약(summary), ② 연구문제에 대한 결론(conclusion), ③ 앞으로 다른 연구를 위한 제언(suggestions for further research)으로 나눌 수 있다.

1) 연구 전체에 대한 요약

'연구 전체에 대한 요약'이란 연구동기, 연구문제, 가설, 가설의 검증방법과 결과 등을 간단히 요약하는 것으로, 이는 연구자가 연구문제에 대한 결론을 내리기에 앞서 자신이 수행한 연구를 다시 한 번 정리해 보는 한편, 그 연구보고서나 논문을 읽게 될 사람들, 특히 전체를 읽을 시간이 없는 사람들에게 해당 연구의 핵심을 알려주는 데 그 목적이 있다. 그러므로 '연구 전체에 대한 요약'에서는 연구의 동기나 목적을 간단히 서술하고 나서, 연구문제와 가설을 다시 한 번 제시한 뒤, 이들 연구문제에 대한 해답을 얻거나 가설을 검증하기 위하여 사용한 연구방법과 절차 등을 간단히 요약한다.

그러고 나서 연구결과, 즉 가설들의 검증 결과를 가설별로 간단히 요약해서 제시한다. 예컨대, "정보원의 공신력이 매스 커뮤니케이션 효과에 영향을 미치는가?" 하는 연구문제에 대한 [가설 1]은 "공신력이 높은 정보원의 메시지가 공신력이 낮은 정보원의 메시지보다 메시지에서 주장한 방향으로 수용자의 태도를 더 많이 변용시킬 것이다."라는 것이었는데, 이 [가설 1]을 검증해 본 결과 "입증되었다." 또는 "입증되지 않았다."라는 식으로 간단히 밝히면 된다. 이때 연구문제에 대한 결론도 함께 내릴 수 있으나, 공식적인 연구보고서나 논문 등에서는 '연구문제에 대한 결론'은 별도의 항목에서 내리는 것이 상례이다.

2) 연구문제에 대한 결론

연구문제에 대한 결론이란, 연구문제에 대한 해답이나 결론을 말한다. 그러나 이를 '가설의 검증 결과'와 혼동하여 가설 검증 결과로 생각하는 사람도 없지 않은데, 이는 잘못이다. 앞서 서론 단계에서 가설의 설정 목적이나 이유를 살펴볼 때 말했듯이, 어떤 연구문제에 대한 해답이나 결론을 직접적이고 객관적으로 얻기는 쉽지 않다. 때문에 연구문제에 관한 선행연구들의 결과, 이론이나 학설 등을 조사해서 그 결과를 바탕으로 연구문제에 대하여 가장 확실하다고 판단되는 해답을 찾아 이를 하나의 가설로 설정한 다음, 이를 실증적 방법을 통하여 검증해 본다. 그리하여 그 가설이 입증되면, 이를 연구문제에 대한 해답이나 결론으로 보게 된다.

좀 더 구체적으로 실례를 들어 설명하면, 예컨대 "정보원의 공신력이 매스 커뮤니케이션 효과에 영향을 미치는가?"라는 연구문제에 대한 정확한 해답을 얻고자 할 경우, 우선 이러한 연구문제에 관한 여러 선행연구의 결과와 이론들을 바탕으로 해서 "공신력이 높은 정보원의 메시지가 공신력이 낮은 정보원의 메시지보다 메시지에서 주장한 방향으로 수용자의 태도를 더 많이 변용시킬 것이다."라는 가설을 설정한다. 그리고 이러한 가설을 실증연구방법을 통하여 검증하여, 만약 입증되면 다시 연구문제, 즉 "정보원의 공신력이 매스 커뮤니케이션 효과에 영향을 미치는가?"라는 연구문제로 돌아가서 "그렇다."고, 즉 "정보원의 공신력은 매스 커뮤니케이션 효과에 영향을 미친다."고 결론을 내리게 된다. 그러나 가설이 입증되지 못하면, "정보원의 공신력이 매스 커뮤니케이션 효과에 영향을 미치지 않는다."고 결론을 내리게 된다.

그러므로 '가설의 검증 결과'와 '연구문제에 대한 결론'은 서로 다르다. 따라서 '연구문제에 대한 결론'을 내릴 때 가설의 검증 결과만 제시해서는 안 되며, 그 가설의 검증 결과를 바탕으로 연구문제에 대한 해답을 결론으로 제시해야 한다. 만약 연구문제가 여러 개라면 각 연구문제별로 결론을 제시해야 한다. 이때 그 결론이 확실하다고 단언하는 것보다는, 예컨대 "앞서 말한 바와 같이 본 연구상 여러 가지 제한점들이 있었지만, 이러한 제한점들을 차치(且置)하고 본 연구에서 얻은 결과만을 토대로 연구문제에 대한 결론을 내린다면, 정보원의 공신력은 매스 커뮤니케이션 효과에 영향을 미친다고 말할 수 있다."는 식으로 결론을 내리는 것이 더 객관적이다.

3) 앞으로 다른 연구를 위한 제언

'앞으로 다른 연구를 위한 제언'이란, 연구자가 이번에 연구해 본 연구문제에 대하여 앞으로 어떠어떠한 연구가 더 요구되니, 이러한 연구들을 다른 연구자들이 해주기 바란다고 끝으로 제안하는 것을 말한다. 이와 같은 제언을 하는 첫째 이유는, 해당 연구문제에 관하여 다른 연구자들이 계속해서 더 연구하도록 해서 그 연구문제에 관한 보편타당한 이론을 정립하게 하여 학문을 발전시키기 위해서이다. 학문이 발전하려면 여러 사람이 눈덩이를 번갈아 굴려서 크게 만들 듯이, 어떤 하나의 연구문제를 A라는 연구자가 연구한 다음, 그것을 B라는 연구자에게 인계해서 더 자세하고 과학적으로 연구토록 하고, B 연구자의 연구를 C 연구자가 다시 인계받아서 계속 연구해 나가는 식으로 연구의 인수인계가 잘 이루어져야 한다.

그러므로 어떤 연구문제를 연구할 때는 우선 그에 관한 선행연구자들의 연구 결과와 연구방법 등을 인계받아야 하는데, 이것이 앞서 서론 단계에서 살펴본 '연구문제에 대한 선행연구들에 관한 조사'이다. 그리고 이러한 선행연구들의 결과를 토대로 다시 연구문제를 가다듬고 그에 관한 가설을 설정해서 연구한 다음, 그 연구결과와 함께 "앞으로 어떠어떠한 것을 더 연구해 달라."고 다른 연구자들에게 인계해 주어야 하는데, 바로 이와 같은 인계가 '앞으로 다른 연구를 위한 제언'이다.

따라서 이러한 제언에서는 앞서 '연구결과에 대한 논의' 단계에서 제시한 '연구상의 제한점', 즉 미처 연구하지 못했거나, 자세히 연구하지 못했거나, 또는 여러 가지 형편상 제대로 연구하지 못한 것들을 중심으로, 예컨대 "본 연구에서는 이러이러한 제한점이 있었는데, 이를 보완해서 앞으로 이러이러한 연구를 해주기 바란다."는 식으로 제언하면 된다. 그리하면 이러한 제언을 끝으로 모든 연구작업은 대단원의 막을 내리게 된다.

다. 연구설계의 원리와 실제

앞에서 실증연구의 일반적 과정과 절차를 개관해 보았다. 그러면 이제부터는 연구의 각 과정에 관하여 자세히 알아보기로 하되, 여기서는 우선 연구설계(research design)부터 살펴보기로 하겠다. 집을 지으려면 건축설계도(청사진)가 필요하듯이, 연구를 할 때도 우선 그에 관한 연구설계가 필요하기 때문이다.

1. 연구설계의 뜻과 주요 목적

연구설계의 뜻부터 먼저 살펴보면, 연구설계는 넓은 의미로는 연구의 모든 과정에 관한 사전계획을 말한다. 즉 앞에서 살펴본 연구 과정과 절차별로 그에 관한 연구계획을 세우는 것을 말한다. 그러나 좁은 의미로는 주로 가설의 검증방안과 그에 필요한 자료의 수집과 분석방법 등에 관한 계획의 수립을 말하기도 한다. 그렇다면 연구설계의 개념에 대한 여러 학자들의 견해부터 먼저 들어본 다음, 이를 바탕으로 연구설계의 개념을 정확히 알아보기로 하겠다.

1) 연구설계의 넓은 의미와 좁은 의미

커린저(Kerlinger, 1974, p. 300)에 의하면, “연구설계란 연구문제에 대한 해답을 얻고 변량(variance)을 통제하기 위한 연구의 계획(plan) · 구조(structure)와 전략(strategy)”이라고 한다. 여기서 첫째로 ‘계획’은 연구의 전체적 스킴(scheme) 또는 프로그램을 말하는 것으로, 연구문제에 대한 가설의 설정으로부터 시작해서 그것을 검증하기 위한 자료의 분석까지, 연구자가 해야 할 모든 일의 개요(outline)를 포함한다. 둘째로 ‘구조’는 변인들의 조작에 관한 개요 · 스킴 · 패러다임(paradigm), 즉 연구목적의 수행을 위한 작전의 구조적 스킴(structural scheme)으로서, 연구하고자 하는 변인들 간의 관계를 미리 개관하는 다이아그램(diagram) 등을 그리는 것을 말한다. 셋째로 ‘전략’은 어떻게 연구목적을 달성할 것이며, 연구과정에서 봉착하게 될 문제점들을 어떻게 해결할 것이냐 등에 관한 구체적 전략을 말한다고 한다.

그러나 필립스(Phillips, 1966, p. 77)에 의하면, “연구설계란 자료의 수집 · 측정 및 분석을 위한 청사진”으로서 예컨대 ① 자료수집방법으로는 실험 · 면접 · 관찰 · 문헌분석 등 중에서 어떤 것이나 또는 어떤 것들을 배합해서 사용할 것인가, ② 이들 자료수집방법과 연구상황은 구조적인가, ③ 큰 표본을 사용한 연구가 더 좋은가, 아니면 소수 사례의 소표본을 사용하여 철저하게 연구를 하는 것이 더 효과적인가, ④ 자료분석은 주로 수량적 분석방법을 사용할 것인가, 또는 질적 분석방법을 사용할 것인가 등의 문제를 제한된 인력과 자원을 고려하면서 결정하는 과정이라고 했다.

한편, 스토우퍼(Stouffer, 1950, p. 356)는 “연구설계란 연구문제에 대한 해답을 얻거나 또는 가설의 검증을 위하여 표본조사를 할 것인가, 질적 · 구조적 관찰을 할 것인가, 또는 통제된 실험연구가 필요할 것인가 등에 대한 결정”이라고 말한다. 즉 연구설계란 주어진 가설의 수준, 연구비의 한계, 연구자들의 수와 능력, 연구기간 등을 고려해서 가장 바람직한 연구방법을 결정하는 행위라는 것이다.

이상에서 보듯이 학자들에 따라 연구설계의 개념이 조금씩 다르다. 그러나 이들을 종합해 보면 크게 넓은 개념과 좁은 개념의 연구설계로 나누어 볼 수 있다.

먼저 넓은 개념의 연구설계란, 곧 연구계획(planning)과 같은 개념으로, 문제의 제기(또는 연구동기), 연구문제의 서술부터 시작해서 선행연구에 관한 문헌조사,

가설의 설정, 자료의 수집과 분석, 연구보고서의 작성에 이르기까지 모든 연구과정에 관한 사전계획과, 나아가서는 연구일정 · 예산책정 · 연구인원의 배정 등까지를 모두 포함한 연구계획을 말한다.

그러나 좁은 개념의 연구설계란, 연구문제에 대한 가설의 검증에 직접 관련된 것만으로서, 즉 ① 연구문제에 대한 가설은 어떻게 검증할 것이며, ② 가설에서 독립변인, 중개변인, 종속변인 등은 어떻게 측정 또는 조작할 것이며, ③ 실제 조사나 실험 등은 어떤 순서로 어떻게 실시할 것인지, ④ 가설을 검증할 때 어떤 통제가 필요하고, ⑤ 가설의 검증에 필요한 자료들은 어떻게 수집할 것이며, ⑥ 수집한 자료들은 어떻게 분석해서 가설을 검증할 것이며, ⑦ 가설의 검증 결과는 어떻게 해석하여 연구문제에 대한 결론을 내릴 것인지 등에 관한 여러 가지 문제들에 대한 구상과 사전계획 및 전략의 수립 등을 말한다.

2) 연구설계의 기본목적과 방법

연구설계는 위와 같이 넓은 개념과 좁은 개념의 연구설계로 나누어 볼 수 있으나, 연구를 하려면 사실상 두 가지 개념의 연구설계가 모두 필요하다. 대규모 조사연구 등에서는 넓은 개념의 연구설계가 요구되는가 하면, 소표본(small sample)의 실험참여자들을 대상으로 한 실험연구 등에서는 넓은 개념보다 좁은 개념의 연구설계가 요구되기 때문이다. 그러므로 여러 가지 연구를 하자면 넓은 개념과 좁은 개념의 연구설계 방법을 모두 알아야 한다. 그러나 넓은 개념의 연구설계 방법에 관해서는 제5장 조사연구방법의 실제에서 알아보고, 여기서는 좁은 개념의 연구설계를 중심으로 연구설계의 목적, 요건, 구체적 연구설계방법 등에 관하여 살펴보기로 하겠다.

우선 연구설계의 기본목적부터 살펴보면, 첫째, 연구문제에 대한 가설을 과학적이고 효율적으로 검증할 수 있는 설계방안을 선정 또는 고안하고, 둘째, 가설을 검증할 때 그에 관련된 변인들의 변량(變量, variance)을 효과적으로 통제하기 위한 전략을 수립하여 주어진 가설을 정확하게 검증함으로써 연구문제에 대한 올바른 해답을 얻으려는 데 있다(Kerlinger, 1973, pp. 300-301).

따라서 모든 연구설계는 이와 같은 기본목적을 충분히 달성할 수 있도록 해야 한다. 그렇다면 구체적으로 어떻게 해야 하는가?

첫째로, 연구문제에 대한 가설을 가장 과학적이고 효율적으로 검증할 수 있는 설계방안의 강구(講究)를 위해서는, 우선 그 가설을 검증할 수 있는 여러 방안들을 모두 찾아보아야 한다. 그런 다음, 그중에서 주어진 가설을 가장 과학적이고 효율적으로 검증할 수 있는 방안을 선정해서 연구설계를 해야 한다. 여기서 '과학적으로 검증할 수 있는 방안'이란 어떤 가설이 실제로 참[眞]인지 또는 거짓[僞]인지를 객관적이고 정확하게 검증할 수 있는 것을 말하며, '효율적으로 검증할 수 있는 방안'이란 주어진 가설을 객관적이고 정확하게 검증하면서도 그에 소요되는 시간·노력·비용 등이 되도록 적게 드는 검증방안을 말한다. 따라서 연구설계를 할 때는 이처럼 가설을 과학적이고 효율적으로 검증할 수 있는 검증방안을 강구하거나 선정해야 한다.

둘째로, 연구문제에 대한 가설의 검증을 위한 연구설계를 할 때 그에 관련된 변인들의 변량을 효과적으로 통제하기 위한 전략의 수립을 위해서는, '극대소화 통제(極大小化統制)의 원리(MaxMinCon principle)'에 의거해서 각종 변인의 변량에 대한 통제전략을 세워야 한다. 여기서 '극대소화 통제의 원리'란 ① 연구하고자 하는 변인의 체계적 변량(systematic variance)은 극대화하고, ② 연구결과에 부작용을 미치는 가외변인들에 의한 가외변량(extraneous systematic variance)은 제거하며, ③ 표집이나 측정 과정에서 우연히 생기게 되는 오차변량(error variance)은 극소화하는 것을 말하는데, 이에 관해서는 조금 뒤에 자세히 살펴보기로 하겠다.

2. 과학적이고 효율적인 설계방안 선정

위에서 말했듯이 연구문제에 대한 가설을 검증하기 위한 연구설계를 할 때는, 첫째로 그 가설을 과학적이고 효율적으로 검증할 수 있는 설계방안을 고안 또는 선정하고, 둘째로 가설을 검증할 때 그에 관련된 변인들의 변량을 효과적으로 통제할 수 있는 전략을 수립해서 가설을 정확하게 검증할 수 있도록 해야 한다. 따라서 연구설계 작업은 크게 두 가지, 즉 ① 가설을 과학적이고 효율적으로 검증할 수 있는 설계방안의 고안 또는 선정과, ② 가설을 검증할 때 그에 관련된 변인들의 변량을 효과적으로 통제할 수 있는 전략의 수립으로 나누어 볼 수 있다.

1) 연구유형에 따른 여러 가지 설계방안

연구문제에 대한 가설을 과학적이고 효율적으로 검증할 수 있는 설계방안의 고안이나 선정을 위해서는, 우선 그 가설을 검증할 수 있는 여러 가지 설계방안들을 찾아본 다음, 그중에서 가장 과학적이고 효율적으로 가설을 검증할 수 있는 방안을 선정해서 연구설계를 해야 한다. 그러자면 우선 연구설계방안에는 어떤 것들이 있는지부터 알아야 하는데, 연구설계방안에는 여러 가지가 있다. 연구설계방안은 검증하고자 하는 가설에 따라 각각 다르며, 연구유형에 따라서도 다르고, 같은 실증연구에서도 조사연구와 실험연구의 설계방안이 서로 다르며, 또한 동일한 가설에 대해서도 여러 가지 검증방안들이 있을 수 있기 때문이다.

하지만 여기서는 실험연구를 중심으로 그 기본적 설계방안들을 몇 가지만 소개해 보기로 하겠는데, 실험연구의 설계방안은 다른 여러 연구의 설계방안의 원리와 형태를 이해하는 데도 좋은 사례가 될 수 있다. 실험연구란, 예를 들어 x라는 독립변인이 y라는 종속변인에 미치는 영향에 관한 가설을 검증하고 할 때, 다른 가외변인들을 엄격하게 통제한 상황에서 독립변인 x를 인위적이고 체계적으로 조작 또는 변화시켜 그것이 종속변인 y에 미치는 영향을 관찰하여 그 결과를 토대로 가설을 검증하는 방법이다. 이러한 실험연구의 설계방안은 체계적이며 또한 그림으로 나타낼 수도 있어 연구설계의 원리와 방법 등을 이해하기가 쉽다. 또한 실험연구의 설계방안의 원리를 이해하면, 이를 다른 유형의 연구의 설계방안에도 얼마든지 응용할 수 있다. 그렇다면 실험연구의 설계방안이란 구체적으로 어떤 것을 말하며, 그에는 어떤 것들이 있는가?

2) 연구설계방안의 실례로서 실험설계방안

실험연구의 설계방안(이하 간단히 '실험설계방안'이라고 함)이란, 간단히 말해서 연구문제에 가설을 어떠한 실험을 통하여 어떻게 검증할 것이냐에 관한 기본 설계도를 말한다. 따라서 이러한 실험설계방안은 주어진 가설에 따라 각각 다르다. 그러나 몇 가지 기본적인 설계방안들이 있으므로, 이들의 형태와 용도 등을 알면 그중에서 주어진 가설의 검증에 가장 적합한 것을 선정하여 그대로 사용하거나 또는 그것을 변형시켜 주어진 가설을 정확하고 효율적으로 검증할 수 있는 실험설계를 할 수도 있다. 그러므로 여기서는 기본적이고 대표적인 몇 가지 실험설계방안만 간단히 소개해 보기로 하겠다.

(1) 단사후검사 실험집단 · 통제집단 설계방안

여러 가지 실험설계방안 중에서 가장 기본적이고 간단한 것으로는 단사후검사 실험집단 · 통제집단 설계방안(posttest only experimental group - control group design)을 들 수 있는데, 이 설계방안을 그림으로 나타내면 [그림 2-4]의 (a)와 같다. 이 그림을 간단히 설명하면, 맨 왼쪽의 Ⓡ은 'Random assignment(무작위배치)'의 약자로서, 곧 실험참여자(피험자)들을 무작위로 표집해서 이들을 실험집단과 통제집단에 무작위로 배치한다는 뜻이다. 그 다음 맨 윗줄에서 실험집단 왼쪽의 X는 독립변인(x)에 대한 실험처치를 말하며, 오른쪽의 Y_a는 실험처치를 한 뒤에 종속변인(y)에 대한 사후검사(post-test or after-test)를 뜻한다. 그리고 아랫줄 통제집단 왼쪽의 $\sim X$는 실험처치를 가하지 않는 독립변인을 말하며, 오른쪽의 Y_a는 실험집단에 종속변인에 대한 사후검사를 실시할 때 통제집단에도 똑같은 검사를 실시하는 것을 뜻한다. 그리하여 실험집단과 통제집단의 사후검사치를 서로 비교해서 실험집단의 사후검사치가 통제집단의 사후검사치보다 유의적으로 높게 나오면, 독립변인 x가 종속변인 y에 영향을 미치거나 또는 관계가 있다고 보게 된다.

이와 같은 실험설계방안은, 가령 "정보원의 공신력은 커뮤니케이션 효과에 영향을 미치는가?"라는 연구문제에 대한 해답을 얻기 위하여 "신문의 칼럼에서 필자의 신분을 높게 밝힌 글이 그렇지 않은 글(신분을 전혀 밝히지 않은 필자의 글)보다 독자들의 수용태도를 더 많이 변용시킬 것이다."라는 가설을 설정해서 이를 검증해 볼 때도 사용할 수 있다. 이러한 가설의 검증을 위해서는, 우선 [그림 2-4]의 (a)와 같이 일단(一團)의 실험참여자(피험자)들은 표집하여 이들을 무작위로 2개 집단, 즉 실험집단과 통제집단에 배치한 다음, 실험집단에는 실험 메시지를 주면서 "A 신문의 독자칼럼에 실렸던 B 대학교 정치학과 C 교수의 글"이라고 거짓으로 정보원의 공신력(독립변인)에 대한 실험처치(X)를 하면서 그 글을 읽게 하고, 통제집단에는 똑같은 실험

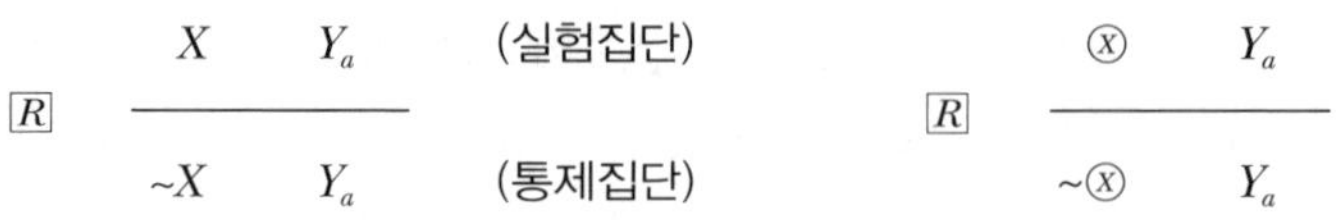

(a) 실험연구의 설계방안 (b) 조사연구의 설계방안

그림 2-4 단사후검사 실험·집단통제집단 설계방안과 그 변형방안

메시지를 주면서 필자의 신분을 밝히지 않고($\sim X$) 그 글을 읽게 한 뒤에 실험 메시지의 주장에 대한 실험참여자들의 수용태도(종속변인)를 검사(Y_a)한다.

그런 다음, 실험집단과 통제집단의 사후검사치를 서로 비교해서 그 차이를 t-검증(t-test)이나 일원적 변량분석(F-test)을 해본 결과, 실험집단의 사후검사치가 통제집단의 사후검사치보다 유의적으로 높게 나오면, "신문의 칼럼에서 필자의 신분을 밝힌 글이 그렇지 않은 글보다 그 글에서 주장한 방향으로 독자들의 수용태도를 더 많이 변용시킬 것이다."라는 가설은 입증되었다고 볼 수 있다. 그러면 이러한 가설의 검증 결과를 토대로, "정보원의 공신력은 커뮤니케이션 효과에 영향을 미치는가?"하는 연구문제에 대하여 "그렇다."고 결론을 내릴 수 있다.

이와 같은 실험설계방안은 조사연구에도 원용(援用)될 수 있는데, 가령 어떤 상품에 대한 신문광고의 효과를 조사를 통하여 알아볼 경우, 그 상품광고를 본(ⓧ) 사람들과 보지 않은(~ⓧ) 사람들을 표집한 다음, 그 광고상품에 대한 조사대상자들의 인지도·호감도·구매의도 등(종속변인인 광고효과)을 조사(Y_a)해서 그 결과를 집단별로 비교하여, 상품광고를 본 집단이 보지 않은 집단보다 그 광고상품에 대한 인지도·호감도·구매의도 등의 측정치가 유의적으로 높게 나오면 광고 효과가 있다고 볼 수 있다. 바로 이와 같은 조사연구의 설계방안을 그림으로 나타낸 것이 [그림 2-4]의 (b)인데, 이 그림에서 독립변인을 ⓧ로 표시한 것은 독립변인 x를 인위적으로 실험처치를 한 것이 아니라, 예컨대 조사 이전에 광고를 보았듯이 자연 상태에서 이미 실험처치가 이루어졌거나 또는 성별처럼 실험처치가 불가능한 독립변인이라는 것을 나타내기 위해서이다.

(2) 단사후검사 3개 실험집단 설계방안

실험연구에서 또 하나의 기본적인 설계방안으로는 단사후검사 3개 실험집단 설계방안(但事後檢査3個實驗集團設計方案, posttest only three experimental group design)을 들 수 있는데, 이 설계방안을 그림으로 나타내면 [그림 2-5]와 같다. 이 그림에서 맨 왼쪽을 보면, [그림 2-4]의 (a)와는 달리, R 대신에 Mr이라는 기호가 있는데, 이는 'Matched random assignment(결합 무작위배치)'의 약자(略字)로서, 실험참여자들을 3개 실험집단에 배치할 때, 예를 들어 실험참여자들의 지능이 가설검증에 가외변인으로 작용할 우려가 있을 경우, 각 집단의 실험참여자들의 지능을 거의 똑같게 하기 위하여 IQ가 같은 사람을 3명씩 뽑아 이들을 각 집단에 1명씩 배치해 나가는 방법을 말한다. 그 다음 X_1, X_2, X_3는 3개 실험집단에 각각 가한 독립변인의 실험처치를 말하며, 오른쪽의 Y_{a1}, Y_{a2}, Y_{a3}는 실험처치 후 3개 집단에 각각 실시한 종속변인의 사후검사를 의미한다.

이와 같은 실험설계방안은, 예컨대 정보원의 공신력이 커뮤니케이션 효과에 미치는 영향에 관한 가설의 하나로, "정보원의 공신력이 높아짐에 따라 커뮤니케이션 효과도 증가할 것이다."라는 가설 등을 검증할 때 사용할 수 있다. 이런 가설의 검증방법을 간단히 소개하면, 우선 실험참여자들을 표집하여 이들을 [그림 2-5]처럼 3개 실험집단에 결합 무작위 배치한다. 그 다음, 각 실험집단에 똑같은 내용의 실험 메시지들을 주면서 ① 실험집단 1에는 그것이 공신력이 가장 높은 A 신문(공신력 실제 측정 결과에 의한 것임)에 실린 논설이라고 거짓으로 실험처치(X_1)를 하고, ② 실험집단 2에는 그것이 공신력이 중간 정도인 B 신문의 논설이라고 실험처치(X_2)를 하고, ③ 실험집단 3에는 그 실험 메시지가 공신력이 아주 낮은 C 신문에 실린 논설이라고 실험

	X_1	Y_{a1}	(실험집단 1)
Mr	X_2	Y_{a2}	(실험집단 2)
	X_3	Y_{a3}	(실험집단 3)

그림 2-5 단사후검사 3개 실험집단설계방안

처치(X_3)를 하면서 그 논설들을 읽게 한다. 그리고 나서 이들 실험 메시지(논설)의 주장에 대한 실험참여자들의 수용태도를 검사(Y_a)해서 집단별로 그 산술평균치를 산출한 다음, 이들을 서로 비교해 본다. 그 결과, 만약 그 산술평균치가 실험집단 1, 2, 3의 순서로 높게 나오고, 이들 집단 간의 평균치들의 차이를 일원적 변량분석(one-way analysis of variance)의 추리통계방법을 사용하여 검증해 본 결과 유의적 차이로 나왔다면, "정보원의 공신력이 높아짐에 따라 커뮤니케이션 효과도 증가할 것이다."라는 가설은 입증되었다고 볼 수 있다. 그러나 3개 실험집단의 수용태도의 산술평균치들 간에 유의적 차이가 나타나지 않았다면, 위 가설은 부정되었다고 본다.

이와 같은 '단사후검사 3개 실험집단 설계방안'은 실험연구뿐 아니라, 다른 유형의 연구에도 원용할 수 있다. 예컨대, 학생의 지능(독립변인)과 학업성적(종속변인) 간의 관계를 조사방법을 통하여 알아볼 경우, [그림 2-5]와 같은 설계방안을 원용, 우선 100명의 학생(조사대상자)들을 무작위로 표집한 다음, 이들의 IQ를 조사해서 ① IQ가 아주 높은 상위집단(X_1), ② IQ가 중간인 중위집단(X_2), ③ IQ가 아주 낮은 하위집단(X_3)으로 나눈다. 그런 다음, 이들 각 집단의 학생들의 학업성적을 각각 조사(Y)해서 그 산술평균치를 집단별로 산출해서 비교해 본다. 그 결과, 학업성적의 산술평균치가 IQ가 아주 높은 상위집단, 중간 정도인 중위집단, 아주 낮은 하위집단의 순서로 높게 나왔으며, 이들 각 집단 학업성적의 산술평균치들 간에 차이가 유의적으로 나타나면, 학생의 지능이 높을수록 학업성적도 높아진다고 볼 수 있다.

(3) 사전·사후검사 통제집단 설계방안

위에서 두 가지 실험설계방안에 관하여 살펴보았으나, 이들은 실험의 타당도, 즉 가설의 검증능력이 낮은 전단계적 실험설계방안(pre-experimental design)들이다. 그러면 실험의 타당도가 높은 본격적 실험설계방안(true experimental design)의 하나로서 우선 사전·사후검사 통제집단 설계방안(pretest-posttest control group design)에 관하여 살펴보기로 하겠는데, 이 설계방안은 앞서 단사후검사 실험집단과 통제집단 설계방안의 단점을 보완하기 위해 그에 사전검사를 추가한 것이다. 따라서 이 사전·사후검사 통제집단 설계방안은 단사후검사 실험집단과 통제집단 설계방안보다 가설을 좀 더 정확하게 검증할 수 있는데, 그렇다면 그 이유는 무엇인가?

① 사전·사후검사 통제집단 설계방안의 기본형태

우선 사전·사후검사 통제집단 설계방안의 기본형태를 그림으로 나타내면 [그림 2-6]과 같다. 이 설계방안을 사용하여 앞서 실례로 든 '정보원의 공신력의 영향'에 관한 가설, 즉 "신문의 칼럼에서 필자의 신분을 높게 밝힌 글이 그렇지 않은 글, 즉 신분을 전혀 밝히지 않은 필자의 글보다 그 글에서 주장한 방향으로 독자들의 수용태도를 더 많이 변용시킬 것이다."라는 가설을 검증할 경우, [그림 2-6]에서 보듯이 먼저 실험참여자들을 무작위로 표집해서 이들을 실험집단과 통제집단에 무작위로 배치($\boxed{R}$)한다. 그 다음, 각 집단별로 신문 칼럼(실험 메시지)에서의 주장에 대한 실험참여자들의 수용태도(종속변인)를 미리 사전검사(Y_b) 한다.

그리고 나서 1주일 뒤, 실험집단에는 신문 칼럼으로 가장(假裝)한 실험 메시지를 주면서 그 필자(정보원)의 신분을 높게 밝히는 실험처치(X, 정보원의 공신력을 높게 조작)를 가하고, 통제집단에는 아무런 실험처치를 하지 않으면서($\sim X$) 실험 메시지를 읽게 한 뒤에, 그 메시지의 주장에 대한 실험참여자들의 수용태도(종속변인)를 다시 검사, 즉 사후검사(Y_a)를 한다. 이때 실험처치와 사후검사는 사전검사 1주일 뒤에 실시하는 것이 좋은데, 사전검사와 사후검사 사이에 시간적 간격이 짧게 되면 사전검사의 내용이 사후검사에 영향을 미쳐 실험의 타당도를 저해하기 때문이다. 그렇다고 해서 사전검사와 사후검사 간의 간격을 길게 하면, 그 기간에 독립변인에 관련된 사건이 발생하거나(이를 '역사요인'이라고 함) 또는 우연한 학습이 이루어져(이를 '성숙요인'이라고 함) 역시 실험의 타당도가 낮아질 수 있다.

따라서 사전검사 1주일 뒤에 실험처치와 사후검사를 한 다음, 실험집단과 통제집단의 사후검사치를 비교해서, 만약 실험집단의 사후검사치가 통제집단의 그것보다

$\boxed{R}$	Y_b	X	Y_a	(실험집단)
	Y_b	$(\sim X)$	Y_a	(통제집단)

그림 2-6 사전·사후검사 통제집단 설계방안

유의적으로 높게 나오면 위와 같은 가설이 입증된 것으로 본다. 반면, 실험집단과 통제집단의 사후검사치 간에 유의적 차이가 없으면 가설은 부정된 것으로 간주한다. 그렇다면 이런 사전·사후검사 통제집단 설계방안이 앞서 살펴본 단사후검사 실험집단·통제집단 설계방안과 다른 점은 무엇인가?

② 종속변인에 대한 사전검사 실시의 첫째 이유

다른 점은, 사전·사후검사 통제집단 설계방안에서는 종속변인에 대한 사전검사를 하지 않으나, 단사후검사 실험집단·통제집단 설계방안에서는 실험처치 이전에 사전검사를 한다는 것이다. 그렇다면 이러한 사전검사는 왜 실시하는가?

첫째 이유는 실험참여자들이 실험집단과 통제집단에 무작위로 제대로 배치되었는지를 알아보기 위해서인데, 만약 실험참여자들이 두 집단에 무작위로 제대로 배치되었다면 두 집단 간에 종속변인(예컨대, 실험 메시지의 주장에 대한 실험참여자들의 수용태도)에 대한 사전검사치에 유의적 차이가 없어야 한다. 반면, 두 집단의 사전검사치 간에 유의적 차이가 나타나면, 이는 실험참여자들의 배치가 무작위로 이루어지지 않았다는 것을 의미한다. 그러므로 이런 경우는, 실험처치 후에 다시 실시한 사후검사치(Y_a)에서 두 집단 간에 유의적 차이가 나타나더라도, 그것이 독립변인(예컨대, 정보원의 공신력)의 영향 때문인지, 아니면 실험집단의 종속변인의 값(예컨대, 실험 메시지의 주장에 대한 실험집단의 수용태도)이 본래부터 통제집단의 그것보다 높았기 때문인지 알 수 없다. 따라서 바로 이러한 문제점을 사전에 해결하기 위하여 사전검사를 추가한 것이 바로 '사전·사후검사 통제집단 설계방안'이다.

그러므로 이러한 실험설계방안을 사용하여 종속변인에 대한 사전검사를 해 보았을 때, 만약 실험집단과 통제집단의 검사치 간에 유의적 차이가 없다면 실험처치 단계로 들어가면 된다. 그러나 실험집단과 통제집단의 사전검사치 간에 유의적 차이가 있다면, 이는 두 집단에 실험참여자들의 배치가 무작위로 이루어지지 않았다는 것을 말한다. 따라서 이런 경우는 실험참여자들을 다시 뽑아서 두 집단에 무작위로 배치한 다음, 다시 사전검사를 통해 무작위로 배치되었는지 확인한 뒤에 실험처치 단계로 넘어가야 한다.

③ 종속변인에 대한 사전검사 실시의 둘째 이유

사전검사를 하는 또 하나의 이유는, 종속변인의 본래의 값(예컨대, 실험 메시지의 주장에 대한 실험참여자들의 본래의 수용태도)이 독립변인(예컨대, 정보원의 공신력)에 대한 실험처치 결과, 어떤 방향으로 얼마나 변했는지 그 정확한 양(量, net change)을 산출해서, 이를 가지고 가설을 검증하기 위해서이다. 따라서 먼저 종속변인에 대한 사전검사(Y_b)를 실시, 예컨대 실험 메시지의 주장에 대한 실험참여자들의 본래의 수용태도를 검사한 뒤, 실험처치를 하고 사후검사를 한 다음, 각 집단별로 사후검사(Y_a)의 평균치에서 사전검사(Y_b)의 평균치를 빼서 그 차이($d = Y_a - Y_b$)를 서로 비교해 본다.

이렇게 하여 실험집단에서 사전·사후검사의 평균치 간의 차이(d_e)가 통제집단의 그것(d_c)보다 유의적으로 높게 나왔는지를 통계적으로 검증해 본 결과, 만약 높게 나왔다면 이는 독립변인(정보원의 공신력)의 영향 때문으로 간주하여, 정보원의 공신력이 커뮤니케이션 효과(메시지에 대한 수용자들의 수용태도)에 영향을 미친다는 가설은 입증된 것으로 본다.

하지만 사전검사 결과, 실험집단과 통제집단의 사전검사치(종속변인에 대한)가 서로 거의 같아서 유의적 차이가 없었다면, 두 집단의 사후검사치만 서로 비교해서 가설을 검증해도 좋다. 만약 실험집단과 통제집단의 사전검사치가 거의 똑같게 나왔다면, 구태여 다시 집단별로 사후검사치에서 사전검사치를 빼서 그 차이를 비교해서 가설을 검증할 필요가 없기 때문이다.

이상에 보았듯이 사전·사후검사 통제집단 설계방안은 단사후검사 실험집단·통제집단 설계방안의 단점을 보완하기 위해 사전검사를 추가한 것으로, 단사후검사 실험집단·통제집단 설계방안에 비해 실험의 타당도가 높다. 그러나 사전검사가 사후검사에 영향을 미쳐 실험의 타당도를 저해할 우려도 있는데, 이에 관해서는 조금 뒤에 살펴보기로 하겠다.

(4) 2원적 요인방안과 다원적 요인방안

앞에서 살펴본 실험설계방안들은 하나의 독립변인이 하나의 종속변인에 미치는 영향 등에 관한 가설의 검증을 위한 것들이다. 그러나 복잡한 현상을 연구하려면

2개나 그 이상의 독립변인이 하나 또는 그 이상의 종속변인에 미치는 영향도 알아보아야 한다. 바로 이러한 경우에 사용하는 실험설계방안의 하나로 요인방안(factorial design)을 들 수 있는데, 이 설계방안은 다시 몇 개의 독립변인과 몇 개의 종속변인의 관계를 알아보느냐에 따라 여러 가지가 있다. 그러나 여기서는 2개의 독립변인이 하나의 종속변인에 미치는 영향이나, 또는 한 개의 독립변인과 한 개의 중개변인이 하나의 종속변인에 미치는 영향에 관한 가설 등의 검증을 위한 2원적 요인방안 중에서 2×2 요인방안(2×2 factorial design)만 실례를 들어 간단히 살펴보기로 하겠다.

① 2×2 요인방안의 기본형태

앞서 실험설계방안에 관한 하나의 실례로, 정보원의 공신력이 커뮤니케이션 효과에 미치는 영향에 관한 것을 들어보았다. 그런데 정보원의 공신력(독립변인)이 커뮤니케이션 효과(종속변인)에 미치는 영향은 수용자들의 성별(중개변인)에 따라 달라질 수도 있다. 따라서 이를 하나의 가설, 즉 "정보원의 공신력이 그 정보원의 메시지에 대한 수용자들의 수용태도(커뮤니케이션 효과)에 미치는 영향은 남성보다 여성들에게서 더 크게 나타날 것이다."라는 가설을 설정하여 이를 실험을 통해 검증해 보고자 할 경우, 우선 독립변인인 정보원의 공신력의 크기에 따라 실험집단을 2개(정보원의 공신력을 높게 실험처치할 실험집단과 공신력을 낮게 실험처치할 실험집단)로 나누고, 또한 중개변인인 성별에 따라 실험참여자들을 남녀 2개 집단으로 나누어 실험을 한다.[12] 이러한 실험 결과, 정보원의 공신력과 수용자들의 성별이 메시지에 대한 수용태도에 미치는 영향(태도의 변용)이 [표 2-12]와 같이 나타났다면,[13] 이 결과가

---

12 실험은 우선 실험참여자들을 표집해서 4개 집단, 즉 ① 정보원의 공신력이 높으며 실험참여자가 남성인 실험집단, ② 정보원의 공신력이 높으며 실험참여자가 여성인 실험집단, ③ 정보원의 공신력이 낮으며 실험참여자가 남성인 실험집단, ④ 정보원의 공신력이 낮으며 실험참여자가 남성인 실험집단으로 나누어 실험을 한 뒤, 그 결과를 집단별로 비교해 보아도 된다. 그러나 이렇게 하지 말고, 실험참여자들을 우선 무작위로 ① 정보원의 공신력이 높은 실험집단, ② 정보원의 공신력이 낮은 실험집단으로 나누어 실험을 한 뒤, 그 결과를 분석할 때 2개의 실험집단을 다시 각각 남성집단과 여성집단으로 나누어 분석해도 된다.

13 이는 가상적 자료이나, 이러한 자료는 앞의 각주 12에서 설명한 실험연구의 경우 각 실험참여자 개인별로 사후검사치(7점 만점)에서 사전검사치(역시 7점 만점)를 빼서 그 차이($d = Y_a - Y_b$), 즉 실험 메시지에 대한 개인별 태도변용의 점수를 구한다. 그런 다음 이들 점수를 각 실

표 2-12 2×2설계방안과 종속변인의 검사치(평균)

		성별		
		남성	여성	
정보원의 공신력	높은 실험집단	5.1	5.9	5.5
	낮은 실험집단	4.5	4.9	4.7
		4.8	5.4	

유의적인지를 2원적 변량분석(two-way analysis of variance)이라는 통계방법으로 검증해 본다.

이렇게 검증해 보면 정보원의 공신력과 수용자들의 성별이 각각 메시지에 대한 수용자들의 수용태도에 미치는 주 효과(main effects)와, 정보원의 공신력과 수용자들의 성별이 함께 수용자들의 수용태도에 미치는 상호작용 효과(interaction effects)를 알 수 있다. 이처럼 하나의 독립변인(예컨대, 정보원의 공신력)을 그 값의 크기에 따라 2개 실험집단으로 나누고, 중개변인(예컨대, 성별)도 그 값에 따라 2개 집단으로 나누어 모두 4개 집단의 각 집단별로 종속변인에 대한 검사치를 산출한 뒤, 이들 검사치를 서로 비교해서 독립변인과 중개변인이 종속변인(예컨대, 메시지에 대한 수용태도)에 미치는 주 효과와 상호작용 효과를 알아보는 실험설계방안을 2 × 2 요인방안이라고 한다.

② 다원적 요인방안의 여러 가지 형태

이러한 2×2 요인방안 외에, 2×3이나 2×4 등의 2원적 요인방안도 있고, 또한 2×2×2 요인방안, 2×4×5 요인방안 등의 다원적 요인방안도 있다. 그렇다면 여기서 2원적 요인방안과 3원적 요인방안은 어떠한 실험설계방안을 말하는가?

첫째로, 2원적 요인방안이란 2개의 독립변인이 하나의 종속변인에 미치는 영향이나, 또는 한 개의 독립변인과 한 개의 중개변인이 하나의 종속변인에 미치는 영향을

험집단별로 합산한 뒤 산술평균치를 산출하면 [표 2-12]와 같은 자료가 나올 수 있다.

알아보기 위한 설계방안을 말하는데, 2원적 요인방안에는 다시 2×2 요인방안, 2×3 요인방안, 2×4 요인방안 등 여러 가지가 있다. 그중에서 하나의 실례로서 2×4 요인방안을 간단히 살펴보면, 예컨대 "공신력이 높은 정보원의 메시지가 공신력이 낮은 정보원의 메시지보다 그 메시지에서 주장한 방향으로 수용자의 태도를 더 많이 변용시킬 것이나, 이는 수용자들의 연령에 따라 달리 나타날 것이다."라는 가설을 실험을 통하여 검증하고자 할 경우, 실험참여자들을 정보원의 공신력(독립변인)이 높은 실험집단과 공신력이 낮은 실험집단으로 나누고, 또한 실험참여자들을 연령에 따라 20대 집단, 30대 집단, 40대 집단, 50대 이상 집단으로 나누어 실험처치를 하고 나서, 곧 실험 메시지에 대한 실험참여자들의 수용태도를 검사한다. 그런 다음, 이들 8개(2×4) 각 집단별로 실험 메시지에 대한 실험참여자들의 수용태도의 검사치(산술평균치)를 서로 비교해서, 정보원의 공신력(독립변인)과 수용자들의 연령(중개변인)이 정보원의 메시지에 대한 수용자들의 수용태도(종속변인)에 미치는 주 효과와 상호작용 효과를 알아보는 것이 곧 2×4 요인방안이다.

둘째로, 3원적 요인방안이란 3개의 독립변인들(또는 한 개의 독립변인과 2개의 중개변인 등)이 한 개의 종속변인에 미치는 영향을 알아보기 위한 설계방안으로, 이에는 다시 2×2×2 요인방안, 2×2×4 요인방안, 2×4×5 요인방안 등 여러 가지가 있다. 그중에서 2×2×4 요인방안만 살펴보면, 이 방안은 예컨대 "공신력이 높은 정보원의 메시지가 공신력이 낮은 정보원의 메시지보다 그 메시지에서 주장한 방향으로 수용자의 태도를 더 많이 변용시킬 것이나, 이는 수용자들의 성별과 연령에 따라 달리 나타날 것이다."라는 가설을 실험을 통하여 검증하고자 할 경우, 실험참여자들을 정보원의 공신력(독립변인)이 높은 실험집단과 낮은 실험집단으로 나누고, 또 실험참여자들을 성별에 따라 남성집단과 여성집단으로, 그리고 연령에 따라 20대, 30대, 40대, 50대 이상 집단으로 나누어, 이들 16개(2×2×4) 각 집단별로 실험메시지에 대한 실험참여자들의 수용태도의 검사치를 서로 비교해서, 정보원의 공신력과 수용자들의 성별 및 연령이 정보원의 메시지에 대한 수용자들의 수용태도에 미치는 주 효과와 상호작용 효과를 알아보는 실험설계방안을 말한다.

바로 이와 같은 요인방안들은 실험연구뿐 아니라, 조사연구나 그 밖의 다른 유형의 연구에도 적용될 수 있다. 예컨대, 소비자의 생활 정도와 교육 정도라는 2개의 독립변인이 구매성향이라는 종속변인에 미치는 영향을 2×2 요인방안의 조사연구를 통해서 알아볼 수 있다. 이러한 요인방안의 연구결과는 주로 변량분석이라는 통계방법을 사용하여 독립변인이 종속변인에 미치는 주 효과와 상호작용 효과를 알아보지만, 또한 χ^2 검증이나 상관관계의 통계방법 등을 사용해서 분석·검증할 수도 있는데, 이에 관해서는 제4장에서 자세히 살펴보기로 하겠다.

(5) 지속효과의 검증을 위한 시간설계방안

여러 가지 기본적인 실험설계방안 중에서 마지막으로 시간설계방안(time design)을 하나 더 들어보겠는데, 이 방안은 어떤 독립변인이 그 종속변인에 미치는 지속 효과(retention effects)를 알아보기 위한 것으로, 그 기본형태는 [그림 2-7]과 같이 사전·사후검사 통제집단 설계방안에다 2개의 집단, 즉 실험집단 2와 통제집단 2를 추가해서 이들 집단에 지연검사(delayed test)를 실시하는 설계방안이다. 이러한 시간설계방안은, 예컨대 정보원의 공신력이 커뮤니케이션 효과(수용자들의 메시지 수용태도)에 미치는 영향이 얼마동안이나 지속되는지에 관한 가설 등을 검증할 때 사용하는데, 그 방법을 간단히 설명하면 다음과 같다.

먼저, 실험참여자들을 무작위로 표집하여 [그림 2-7]과 같이 4개 집단에 무작위로 배치한다. 그런 다음, 실험집단 1에는 먼저 실험 메시지의 주장에 대한 실험참여자(수용자들)의 수용태도를 사전검사(Y_b)를 하고나서, 1주일 뒤에 정보원의 공신력(독립변인)에 대한 실험처치(X)를 하고 곧바로 수용자들의 메시지 수용태도(종속변인)에 대한 사후검사(Y_a)를 실시한다. 그 다음 통제집단 1에는 메시지의 수용태도에 대한 사전검사와 사후검사만을 실험집단 1에서와 같은 때 실시한다. 그리고 실험집단 2에는 정보원의 공신력에 대한 실험처치를 실험집단 1에서와 같은 때 실시하고 나서,

	Y_b	X	Y_a		(실험집단 1)
R	Y_b	$(\sim X)$	Y_a		(통제집단 1)
		X		Y_d	(실험집단 2)
		$(\sim X)$		Y_d	(통제집단 2)

그림 2-7 시간설계방안(time design)의 형태

약 4주 뒤에 수용자들의 메시지 수용태도에 대한 지연검사(Y_d)를 한다. 마지막으로 통제집단 2에는 정보원의 공신력에 대한 실험처치를 하지 않고, 지연검사만 실험집단 1에서와 같은 때 실시한다.

이렇게 한 다음, 우선 실험집단 1과 통제집단 1의 사전검사치(평균치)들을 비교해서 유의적 차이가 없는지 검토해 본다. 그리하여 만약 유의적 차이가 없다면, 이는 실험참여자들이 두 집단에 무작위로 제대로 배치되었다는 것을 의미하므로, 실험집단 1과 통제집단 1의 사후검사치들의 산술평균치를 각 집단별로 산출해서 이들 두 평균치 간의 차이를 알아본다. 그 결과 실험집단 1의 사후검사치가 통제집단 1의 사후검사치보다 유의적으로 높게 나오면, 이를 사전검사 직후 정보원의 공신력이 실험 메시지에 대한 실험참여자들의 수용태도에 미친 영향(효과)으로 간주한다. 그 다음, 실험집단 2와 통제집단 2의 지연검사치들의 산술평균치를 각각 산출해서 비교해 본다. 그 결과, 실험집단 2의 지연검사치가 통제집단 2의 지연검사치보다 유의적으로 높게 나오면, 정보원의 공신력이 실험처치 이후 4주까지도 실험 메시지에 대한 실험참여자들의 수용태도에 영향을 미치는 것으로 간주한다.

3. 변량의 극대소화 통제전략 수립

위에서 몇 가지 기본적 실험설계방안들을 살펴보았는데, 이 밖에도 실험설계방안에는 여러 가지가 있다. 또한 이들은 연구문제나 가설에 따라 연구자가 얼마든지 변형하여 사용할 수 있다. 그러므로 연구설계를 하려면 우선 여러 가지 설계방안들을 잘 알고, 그중에서 자기의 연구문제나 가설에 적합한 것을 선정하거나 또는 그것을 변형시켜 연구설계를 하는 것이 좋다.

그러나 이때 반드시 유의할 것은, 모든 연구설계는 연구문제나 가설에 관련된 각종 변인들의 변량(變量)을 효과적으로 통제할 수 있어야 한다는 점이다. 어떤 독립변인과 종속변인 간의 관계를 알아볼 때, 그 관계에 혼입할 수 있는 가외변인(加外變因)의 변량을 제대로 통제하지 못하면, 독립변인과 종속변인 간의 관계를 정확하게 알 수 없기 때문이다. 따라서 주어진 가설을 정확하게 검증해서 연구문제에 대한 올바른 해답을 얻으려면, 첫째 연구문제에 대한 가설을 정확하고 효율적으로 검증할 수 있는 설계방안을 선정해야 하며, 둘째로는 가설을 검증할 때 그에 관련된 변인들의 변량을 효과적으로 통제하기 위한 전략을 수립해야 한다. 그러면 지금부터는 연구설계의 둘째 목적이자 요건인 변량의 통제방법에 관하여 알아보기로 하겠다.

1) 변량 통제의 의미와 유형

먼저 변량(variance)의 뜻부터 간단히 살펴보면, 수학에서는 통계량(statistic)이나 확률변수(random variable)를 변량이라고 할 때도 있으나, 일반적으로는 어떤 변인의 값이 변화하는 양(量)을 변량이라고 한다. 예컨대, 어떤 독립변인이 종속변인에 미치는 영향을 알아보기 위하여 독립변인에 실험처치를 가해서 그것이 종속변인에 미치는 영향을 관찰하는 실험을 했을 때, 그 결과로서 변화한 종속변인의 값의 변화량(variation in measures)을 곧 변량이라고 한다.[14]

(1) 변량과 그 실례

이와 같은 변량은 거의가 독립변인의 영향으로 생기게 되지만, 경우에 따라서는 실험과정에 쓸데없이 끼어든 어떤 가외변인(extraneous variable)의 영향으로 생길 수도 있으며, 또한 조사나 실험대상자들의 표집과정에서 표집오차(sampling error)나 종속변인의 측정과정에서 측정오차(measurement error) 때문에 생길 수도 있다. 이에 관한 비근한 실례를 하나만 들어보면, 비타민 X(독립변인)가 동물의 성장(종속변인)을 촉진하는지 알아보기 위하여, 몸무게 똑같은 쥐를 골라서 쥐 1에는 1개월 동안 비타민 X를 먹이고(실험처치), 쥐 2에는 먹이지 않은 다음 몸무게(종속변인)를 측정했더니, 쥐 1의 몸무게가 쥐 2보다 10g이 더 늘어났다고 하자. 그렇다면 이와 같은 몸무게의 변화량, 즉 변량은 비타민 X의 영향 내지 효과 때문에 생긴 것이라고 말할 수 있는가?

반드시 "그렇다."고는 확언할 수 없는데, 모두 10g의 몸무게 변량 중에서, 예를

---

14 그러나 통계에서는 어떤 일단의 점수들에서 그 점수들의 산술평균치를 뺀 편차(偏差)들을 제곱하여 총합한 뒤, 이를 전체 사례수로 나눈 것을 변량이라고도 하며, 이러한 변량의 제곱근을 표준편차(standard deviation)라고 한다.

비타민 2-5

신(神)은 왜 죽지 않는가?

누구나 이러한 의문을 한 번쯤은 가져보았을 것이다. 그 해답은 의외로 간단하다. '차원(次元, dimension)'이라는 말을 모르는 사람은 아마 없을 것이다. 직선은 1차원, 평면은 2차원, 공간은 3차원, 시간은 4차원이라고 초등학교 때부터 수없이 많이 들어 왔다. 그러나 이들 각 차원의 실례를 들어보라면 대답을 제대로 하지 못하는 사람들이 의외로 많다. 이런 사람들은 교통기관을 한 번 생각해 보자.

기차는 1차원의 사물이다. 따라서 선(線)만 따라 움직이며, 선을 벗어나면 꼼짝 못한다. 그러나 자동차는 선을 벗어나서도 마음대로 움직일 수 있다. 자동차는 평면을 지배할 수 있는 2차원의 사물이기 때문이다. 그렇다면 이처럼 선을 벗어나서도 마음대로 돌아다닐 수 있는 자동차를 보면서 기차는 무엇이라고 할까? 아마도 "귀신이 곡(哭)을 할 노릇"이라고 할 것이다. 하지만 이처럼 기차의 눈에는 아주 신비스러운 자동차도 공간을 날아다니지는 못한다. 그러면 자기와는 달리 공간을 자유롭게 날아다니는 3차원의 비행기를 보면서 자동차는 무엇이라고 말할까? 역시 "귀신이 곡할 노릇"이라고 할 것이다. 그러나 이러한 비행기도 4차원인 시공간(時空間)은 지배할 수 없다. 따라서 비행기는 타임머신을 보면서 "귀신이 곡할 노릇"이라고 할 것이다. 그러나 시공간을 지배할 수 있는 타임머신이 시간을 거슬러 비행할 수 있는 것은 식은 죽 먹기이다.

예를 들어, 밀봉된 상자 속에 동전이 들어 있었는데, 상자가 뜯긴 흔적이 전혀 없음에도 불구하고 그 동전이 감쪽같이 사라졌다고 하자. 그러면 대부분의 사람들은 아마도 "귀신이 곡할 노릇"이라고 말할 것이다. 그러나 만약 우리가 시간을 지배할 수 있다면, 상자를 밀봉하기 전의 시점(時點)으로 일단 돌려놓고 동전을 꺼낸 다음 다시 밀봉한 시점으로 상자를 되돌려 놓으면, 3차원의 인간의 눈에는 상자 속에 동전이 감쪽같이 사라진 것으로 보일 수 있다.

그러나 만약 하느님이나 신(神)들이 4차원을 지배한다면, 그들은 밀봉된 상자 속에 들어 있는 동전도 자유자재로 꺼낼 수 있다. 뿐만 아니라, 그들이 나이가 들어 노인이 되면, 타임머신을 타고 시간을 거슬러서 젊었을 때로 되돌아가 청년이 될 수 있다. 이처럼 하느님이나 신들은 늙어서 죽을 때가 되면 다시 젊었을 때로 돌아가면 되므로 결코 죽지 않는다. 이것이 바로 신은 죽지 않는 이유이다. 만약 이런 이유가 이해되지 않는다면 그건 혹시 차원이 낮기 때문은 아닐까?

들어 6g(전체 10g 중 60%)은 비타민 X 때문에 생겼으나, 3g(30%)는 쥐의 사료(飼料)에 섞여 들어간 다른 영양소들 때문에 생겼을 수도 있기 때문이다. 그리고 1g(10%)은 실험 쥐들을 선정할 때 성장속도가 빠른 쥐 1과 성장속도가 늦은 쥐 2를 우연히 표집했거나, 또는 쥐의 몸무게를 측정할 때 약간의 오차 때문에 생겼을 수도 있다. 따라서 쥐 1의 몸무게에서 모두 10g의 변량(전체 변량)은, 비타민 X에 의해 생긴 변량(체계적 변량), 영양소들에 의해 생긴 변량(가외적 변량), 쥐들을 표집할 때 우연히 생긴 표집오차와 쥐들의 몸무게를 측정할 때 잘못해서 생긴 오차에 의한 변량(오차변량)들을 모두 합친 것이라고 할 수 있다. 그러므로 비타민 X가 쥐의 성장에 미친 영향이나 효과는 엄밀히 말해서 10g 중에서 6g(60%)밖에 안 된다고 말할 수 있다.

(2) 변량의 세 가지 종류와 전체 변량

이와 같은 실례에서 보듯이, 어떤 독립변인이 종속변인에 미치는 영향에 관한 조사나 실험의 결과로서 얻어진 전체 변량은 크게 세 가지 변량들의 합(合)이다. 즉 첫째는 연구하고자 한 독립변인의 영향에 의한 변량으로, 이를 체계적 변량(體系的變量, systematic variance)이라고 한다. 둘째는 실험과정에 우연히 끼어든 가외변인에 의한 변량으로, 이는 가외적 변량(加外的 變量, extraneous systematic variance)이라고 한다. 셋째는 실험참여자들의 표집 과정에서 생긴 표집오차나 종속변인의 측정과정에서 생긴 측정오차 등에 의한 변량으로, 이를 오차변량(誤差變量, error variance)이라고 한다. 그리고 이들 세 가지 변량들을 모두 합쳐서 전체 변량(total variance)라고 부른다.

그런데, 예를 들어 어떤 실험에서 가외변인이 많이 끼어들었고 또한 표집이나 측정에도 착오가 있어, 그 실험에서 얻어진 전체 변량 100% 중에서 가외변인에 의한 가외적 변량이 25%나 되었고, 오차변량도 10% 생겨서, 결과적으로 연구하고자 한 독립변인에 의한 체계적 변량은 고작 65%밖에 되지 않았다면([그림 2-8] 참고), 이런 결과를 토대로 독립변인이 종속변인에 중요한 영향을 미친다고 확언하기 어렵다.

그러므로 어떤 독립변인이 종속변인에 미치는 영향에 관한 가설을 실증방법을 통하여 과학적으로 정확하게 검증하기 위해서는 ① 독립변인에 관한 체계적 변량은

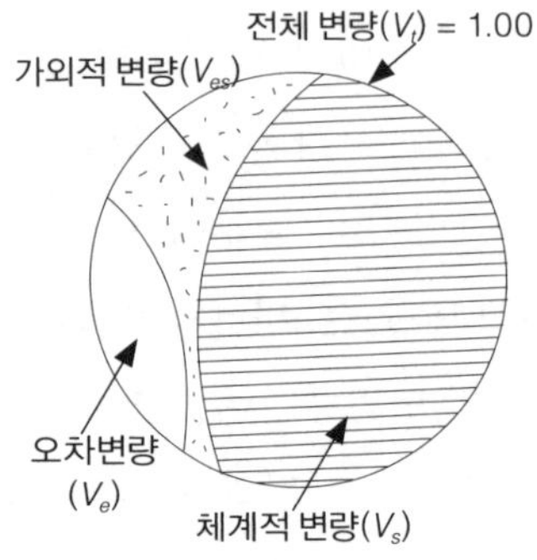

그림 2-8 변량의 종류(실례)

되도록 극대화(maximize)하는 한편, ② 실험과정에 끼어들어 실험 결과에 부작용적 영향을 미치는 가외변인들에 의한 가외적 변량은 모두 배제하고, ③ 조사대상자나 실험참여자들의 표집이나 각종 변인의 측정검사에서 발생하는 오차변량은 극소화(minimize)해야 하는데(Kerlinger, 1973, p. 306), 바로 이렇게 하는 것을 '극대소화 통제(極大小化統制)의 원리(MaxMinCon principle)'라고 한다. 따라서 이러한 원리에 따라 각종 변량을 통제하면서 독립변인이 종속변인에 미치는 영향을 조사나 실험을 통하여 정확하게 알아보려는 것이 곧 연구설계의 둘째 목적이다.

2) 세 가지 변량의 통제방법

위에서 말했듯이 어떤 독립변인이 종속변인에 미치는 영향에 관한 가설을 실증연구를 통하여 정확하게 검증하기 위해서는, ① 독립변인에 관한 체계적 변량은 극대화하고, ② 가외적 변량은 통제하며, ③ 오차변량은 극소화하도록 연구설계를 해야 한다. 그렇다면 체계적 변량은 어떻게 극대화하고, 가외적 변량은 어떻게 배제할 수 있으며, 오차변량은 어떻게 극소화할 수 있는가?

(1) 체계적 변량의 극대화 방법

체계적 변량의 극대화란, 예컨대 어떤 독립변인과 종속변인 간의 관계를 실험을 통하여 알아보고자 할 때 독립변인이 종속변인에 되도록 크게 변화를 일으키도록 만드는 것을 말한다. 이렇게 하는 이유는, 독립변인이 그 종속변인에 충분한 변화를 일으켜서 체계적 변량이 크게 나와야, 실험 과정에서 우연히 가외변인에 의한 가외적 변량이나 또는 측정과 표집 과정에서 오차변량이 발생하더라도 이들로부터 체계적 변량을 구별해서 독립변인이 종속변인에 미치는 영향을 정확하게 알 수 있기 때문이다.

반면, 독립변인이 종속변인에 충분한 변화를 일으키지 못한 결과, 체계적 변량이 아주 적게 나와서 다른 변량들, 즉 가외변량이나 오차변량과 큰 차이가 나타나지 않는다면, 실험에서 얻어진 체계적 변량이 독립변인에 의한 것인지, 아니면 가외변량이나 오차변량에 의한 것인지를 정확하게 알 수 없다.

따라서 실험연구에서 얻어진 전체변량 중에서 독립변인에 의한 체계적 변량을 다른 변량, 즉 가외적 변량과 오차변량과 확실하게 구별하기 위해서는 "체계적 변량을 극대화하도록 연구를 설계 · 계획하여 수행하라."는 통제원리가 필요하게 된다. 그렇다면 연구설계를 할 때 어떻게 하면 체계적 변량을 극대화할 수 있는가?

물론 각 연구에 따라 체계적 변량의 극대화 방법 내지 전략이 다르나, 예컨대 앞서 여러 번 언급한, 정보원의 공신력(독립변인)이 커뮤니케이션 효과(종속변인)에 미치는 영향에 관한 실험연구에서 체계적 변량을 극대화하기 위해서는, 우선 실험처치할 정보원을 선정할 때 여러 정보원(예컨대, 신문사나 방송국 등)들의 공신력을 조사 · 측정해서 그중에서 공신력이 가장 높은 정보원과, 그 반대로 공신력이 가장 낮은 정보원을 선정해야 한다. 그런 다음, 이들 정보원의 공신력에 관한 실험처치를 실제로 할 때도 '높은 공신력' 실험집단의 실험참여자들에게는 정보원에 대해서 은근히 긍정적이고 호의적으로 소개하고, '낮은 공신력' 실험집단의 실험참여자들에게는 그 정보원을 은근히 과소평가해서 소개한다. 그래야 '높은 공신력' 실험집단과 '낮은 공신력' 실험집단 간의 체계적 변량에 유의적 차이가 나타나게 되기 때문이다. 반면, 만약 공신력이 서로 비슷한 정보원들을 선정하여 아무 소개도 하지 않고 실험처치를 한다면, 정보원의 공신력 정도에 따른 체계적 변량에 유의적 차이가 나타나지 않게 되어 정보원의 공신력이 커뮤니케이션 효과에 미치는 영향을 제대로 알아볼 수 없다.

그러므로 어떤 독립변인이 종속변인에 미치는 영향을 실험을 통해 알아보고자 할 때는 독립변인에 의한 체계적 변량을 되도록 극대화하도록 실험설계나 연구계획을 해야 한다. 이는 실험연구가 아닌 다른 연구에서도 마찬가지인데, 예컨대 소비자들의 생활 정도가 상품의 구매성향에 미치는 영향에 관한 조사연구를 해서 그 결과를 분석할 경우, 생활 정도를 상 · 하 집단으로 나누는 대신, 상 · 중 · 하 집단으로 나눈 다음, 상위집단과 하위집단 간의 구매성향을 비교해 보아야 소비자들의 생활 정도에 따라 상품의 구매성향에 유의적 차이가 있는지 여부를 더 정확하게 알 수 있다.

(2) 가외적 변량의 통제방법

가외적 변량의 통제란, 예컨대 실험과정 등에 혼입되어 실험 결과에 부작용적 영향을 미치는 가외변인들을 제거하거나, 고정화하거나, 상쇄하거나 또는 격상시키는 것을 말하는데, 이와 같은 가외적 변량의 통제를 좁은 의미로 통제라고 말하기도 한다. 이러한 가외적 변량의 통제방법에는 여러 가지가 있으나, 그중에서 대표적인 네 가지 방법만 간단히 소개하면 다음과 같다.

첫째는 제거법(method of removal)으로, 이는 실험 결과에 부작용적 영향을 미칠 것으로 예상되는 가외변인들을 모두 제거하면서 연구대상인 독립변인(실험변인)만이 종속변인에 영향을 미치게 하는 방법이다.

둘째는 조건고정화법(條件固定化方法, method of consistency of conditions)으로, 이는 가외변인의 제거가 불가능할 경우 그 가외변인이 모든 실험집단에 동등하게 영향을 미치도록 하는 방법을 말한다. 예컨대, 정보원의 공신력이 커뮤니케이션 효과에 미치는 영향에 관한 실험연구에서, 만약 실험참여자(피험자)들의 지능이 가외변인으로서 실험 결과에 부작용을 미칠 것으로 우려될 경우, 지능이 비슷한(예를 들어, IQ 90~110) 실험참여자들만을 선정하여 이들을 대상으로 실험을 하는 것을 말한다.

셋째는 상쇄법(相殺法, counterbalancing method)으로, 이는 어떤 가외변인의 영향을 서로 비슷하게 만드는 방법을 말한다. 예컨대, 어떤 실험연구에서 모두 4개의 실험 메시지들을 실험참여자들에게 줄 경우, 그 순서(order of presentation)가 하나의 가외변인으로서 실험 결과에 부작용을 미칠 것으로 우려된다면, 실험집단을 A 집단과 B 집단으로 나누어, A집단에는 실험 메시지 1, 실험 메시지 2, 실험 메시지 3, 실험 메시지 4의 순서로 주고, B 집단에는 그 반대 순서, 즉 실험 메시지 4, 실험 메시지 3, 실험 메시지 2, 실험 메시지 1의 순서로 주는 방법 등을 말한다.

넷째는 격상법(格上法, built-in method)인데, 이는 어떤 가외변인을 위와 같이 제거, 고정화, 또는 상쇄하기가 어려울 경우, 그 가외변인을 하나의 독립변인(제3변인)으로 실험설계에 집어넣어 실험을 한 다음, 이 변인이 종속변인에 미친 영향을 알아내서 이를 연구결과에서 고립시키는 방법을 말한다. 예컨대, 정보원의 공신력이 커뮤니케이션 효과에 미치는 영향에 관한 실험연구를 할 경우, 실험참여자들의 성별이 하나의 가외변인으로서 부작용을 미칠 우려가 있다면, 실험참여자들의 성별을 제 3 변인으로 연구설계에 추가해서 이것과 정보원의 공신력이 커뮤니케이션 효과에 미치는 주 효과와 상호작용 효과를 알아보는 것을 말한다.

이 밖에도 가외적 변량의 통제방법에는 여러 가지가 있는데, 그중에서 실험참여자들에 관련된 가외변인의 통제방법으로는 앞서 말한 무작위배치법(method of randomization), 결합 무작위배치법(method of matched random assignment) 등이 있다.[15] 그리고 또 하나의 통제방법으로 연구설계에 통제집단(control group)을 추가해서 그 가외변인이 부작용을 미쳤는지, 또는 미치지 않았는지를 알아보는 방법이 있는데, 이에 대해서는 조금 뒤에 알아보기로 하겠다.

(3) 오차변량의 극소화 방법

오차변량의 극소화란, 실험과정에서 발생하는 오차변량을 되도록 적게 만드는 것을 말하는데, 여기서 오차변량이란 앞서 말했듯이 실험참여자들의 표집과정에서 생기는 표집오차나 종속변인 등의 측정과정에서 발생하는 측정오차 등을 말한다. 그러나 일반적으로는 어떤 실험 결과로 얻어진 전체 변량(total variance) 중에서 체계적 변량과 가외적 변량을 뺀 나머지 변량들을 모두 오차변량으로 간주하는데, 이러한 오차변량의 결정요인에는 여러 가지가 있을 수 있기 때문에 오차변량이 어떻게 발생하게 되는지 예측하기 힘들다. 따라서 오차변량을 극소화하는 것도 쉽지 않다.

그러나 오차변량은 대체로 각종 변인의 측정과정에서 많이 발생하기 때문에, 이러한 오차변량을 극소화하기 위해서는 측정오차(errors of measurement)를 줄이거나 측정의 신뢰도(信賴度)를 증가시키는 방법을 이용한다. 따라서 오차변량의 극소화는 주로 측정기구와 측정방법에 관련되며, 측정오차를 줄이기 위해서는 무엇보다도 실험 또는 연구의 상황이나 조건을 엄격하게 통제해야 된다. 실험조건들이 제대

---

15 여기서 무작위배치법이란 실험참여자들을 각 실험집단이나 통제집단 등에 무작위로 배치하거나, 또는 실험조건이나 다른 변인들을 실험집단들에 무작위로 배정하는 것을 말한다. 그리고 결합 무작위배치법이란, 예컨대 어떤 실험연구에서 실험참여자들의 지능이 하나의 가외변인으로 부작용을 미칠 것으로 예상될 경우, 지능이 같은 실험참여자들을 서로 2명 또는 3명씩 짝을 지워서 이들을 각 실험집단이나 통제집단에 한 명씩 차례로 배치하는 것을 말한다.

로 통제되지 않을수록 오차변량을 유발하는 요인들이 작용하기 때문이다. 특히 현장 실험연구에서는 실험통제가 어려우므로 실험참여자들에게 아주 구체적이고 명료한 지시를 해야 하고, 가외변인을 철저히 통제해야 된다.

또한 측정오차를 줄이기 위해서는 측정의 신뢰도를 증가시켜야 하며, 그러기 위해서는 우선 측정기구의 신뢰도가 높아야 한다. 그러므로 측정오차를 줄이기 위해서는 측정의 신뢰도를 저해하는 모든 요인들을 배제해야 하는데, 이에 대해서는 제3장에서 자세히 살펴보기로 하겠다.

3) 변량의 통제와 통제집단

앞서 세 가지 변량의 통제방법에 대하여 간단히 살펴보았으나, 실제로 이들 변량을 효과적으로 통제하기는 쉽지 않다. 그럴 경우에는 연구설계에 통제집단(統制集團, control group)을 설치하여 그 통제집단에서 얻은 검사치를 실험집단이나 또는 다른 통제집단의 검사치와 비교해 봄으로써 체계적 변량이나 가외적 변량 등이 얼마나 제대로 통제되었는지 사후에 검토해 보는 방법이 있다. 그렇다면 통제집단이란 무엇이며, 이 집단의 추가를 통하여 어떻게 각종 변량이 제대로 통제되었는지 알 수 있는가?

(1) 실험집단의 변량과의 비교를 위한 통제집단

통제집단에는 여러 종류가 있으며, 그 종류에 따라 설치목적과 성격 등이 다르다. 그러나 여기서는 솔로몬의 4개 집단실험 설계방안(the Solomon four-group experimental design)[16]에 포함되어 있는 3개 통제집단을 중심으로, 이들 각 통제집단의 설치목적과 역할 등에 관하여 살펴보기로 하겠는데, 우선 솔로몬의 4개 집단실험 설계방안의 기본형태부터 소개해 보면 [그림 2-9]와 같다.

첫째로, 이 그림에서 통제집단 1은 실험집단의 체계적 변량과 비교해 보기 위해

---

16 이 설계방안은 솔로몬(Solomon, R. L., 1949)이 처음 제시한 것으로, 여러 통제집단을 사용한 좋은 설험설계방안이다. 앞서 살펴본 사전·사후검사 통제집단 설계방안에다 2개의 통제집단을 추가함으로써 사전검사 때문에 야기될지도 모르는 가외적 변인들의 영향을 검토해서 통제하려는 데 그 목적이 있다.

	Y_{b1}	X	Y_{a1}	(실험집단)
$\boxed{R}$	Y_{b2}	$(\sim X)$	Y_{a2}	(통제집단 1)
		X	Y_{a3}	(통제집단 2)
			Y_{a4}	(통제집단 3)

그림 2-9 3개 통제집단의 솔로몬 실험설계방안

실험처치를 하지 않는 통제집단으로, 여러 가지 통제집단들 중 가장 대표적인 것이다. 이러한 통제집단은 실험집단에서 독립변인이 종속변인에 미친 영향을 알아보고자 할 때 주로 설치한다. 예컨대, 앞서 말했듯이 정보원의 공신력(독립변인)이 그 정보원의 메시지에 대한 수용자들의 수용태도(종속변인)에 미치는 영향을 실험을 통해 알아보고자 할 경우, 실험참여자들을 무작위로 선정하여 2개의 집단, 즉 실험집단과 통제집단 1로 나눈 뒤, 이들 두 집단에 똑같은 내용과 형태의 실험 메시지를 주면서 실험집단에는 그 실험 메시지가 공신력이 높은 'H 신문'에 실린 논설이라고 거짓으로 실험처치(X)를 하고, 통제집단 1에는 실험 메시지의 정보원에 대하여 아무런 실험처치도 하지 않은($\sim X$) 다음, 두 집단의 실험참여자들에게 실험 메시지를 읽게 한다. 그리고 나서 실험 메시지의 주장에 대한 실험참여자들의 수용태도를 사후검사(Y_a) 해서, 실험집단과 통제집단 1의 검사치들 간에 유의적 차이가 있는지를 비교해 본다.

이렇게 하여 실험집단의 사후검사치(Y_{a1})가 통제집단의 사후검사치(Y_{a2})보다 유의적으로 크게 나오면, 이는 정보원의 공신력(독립변인)에 관한 실험처치의 영향 때문으로 간주하여 정보원의 공신력이 커뮤니케이션 효과, 즉 메시지의 수용태도에 영향을 미친다고 보게 된다. 바로 이와 같은 실험에서 아무런 실험처치도 가하지 않고 실험집단(정보원의 공신력을 높게 실험처치한 집단)의 검사치와의 비교만을 위해서 설치한 것이 통제집단 1이다.

하지만 실험에서 실험집단의 사후검사치가 통제집단의 사후검사치보다 유의적으로 크게 나왔다고 해서, "정보원의 공신력이 커뮤니케이션 효과, 즉 메시지의 수용태도에 영향을 미친다."고 결론을 내릴 수는 없는데, 실험집단의 사후검사치(Y_{a1})가 통제집단의 사후검사치(Y_{a2})보다 유의적으로 크게 나온 것은 정보원의 공신력 때문

이 아니라, 다른 가외변인들의 영향 때문일 수도 있기 때문이다. 그러므로 "정보원의 공신력이 커뮤니케이션 효과에 영향을 미친다."고 확실한 결론을 내리려면, 위와 같은 실험과정에 다른 가외변인이 혼입되어 그것이 실험집단의 사후검사치를 통제집단의 그것보다 유의적으로 크게 나오게 만든 것은 혹시 아닌지 먼저 검토해 봐야 한다. 그렇다면 이러한 경우 가외변인의 혼입 여부는 어떻게 검토할 수 있는가?

(2) 사전검사의 부작용 여부의 검토를 위한 통제집단

[그림 2-9]에서 통제집단 2와 같은 것을 설치해 보면 가외변인의 혼입 여부를 알아볼 수 있다. 여기서 통제집단 2는 동일한 실험참여자들에게 사전검사와 사후검사를 모두 실시할 경우, 사전검사가 일종의 가외변인으로서 사후검사에 간섭을 하여 부작용을 일으키지 않는지 여부를 검토해 보기 위해, 사전검사를 하지 않고 사후검사만 실시해서 그 결과를 사전검사를 실시한 집단의 사후검사와 비교해 보려고 설치한 것이다.

좀 더 구체적으로 말해서, 가령 앞서 말한 정보원의 공신력이 그 정보원의 메시지에 대한 수용자들의 수용태도(커뮤니케이션 효과)에 미치는 영향을 실험을 통하여 알아보고자 할 경우, 메시지에 대한 수용자들의 수용태도가 정보원의 공신력에 따라 어떻게 변화하는지를 실험을 통하여 정확하게 알기 위해서는, 실험처치 이전에 실험 메시지에 대한 실험참여자들의 기존 태도를 먼저 사전검사(Y_b) 한 다음, 실험참여자들에게 정보원의 공신력에 대한 실험처치를 하고 실험 메시지를 읽게 한 뒤에, 다시 실험 메시지에 대한 태도를 사후검사(Y_a) 해서, 그 사후검사치에서 사전검사치를 빼야 한다. 그러나 이렇게 실험참여자들에게 동일 내용의 사전검사와 사후검사를 두 번이나 하면, 사전검사 이후 1주일 정도 뒤에 사후검사를 한다고 하더라도, 사전검사가 하나의 가외변인으로 작용하여 사후검사에 영향을 미칠 우려가 있다.

그러므로 이러한 경우 사전검사가 사후검사에 혹시 영향을 미쳤는지 여부를 알아볼 필요가 있다. 그러자면 [그림 2-9]에서 '통제집단 2'와 같은 통제집단을 설치해서 이 집단에는 사전검사를 하지 않고 실험처치(X) 후에 사후검사만 실시한 다음, 그 사후검사치(Y_{a3})를 사전·사후검사를 모두 실시한 실험집단의 사후검사치(Y_{a1})와 비교해 본다. 그 결과 만약 이들 사후검사치 사이에 유의적 차이가 없다면, 이는 사전검사가 사후검사에 영향을 미치지 않은 것을 의미하므로, 실험집단과 통제집단 1의 사후검사치를 비교해서 실험집단의 사후검사치가 통제집단의 그것보다 유의적으로 크게 나오면, 정보원의 공신력이 그 메시지에 대한 수용자들의 수용태도에 영향을 미친다고 보게 된다.

하지만 실험집단의 사후검사치와 통제집단 2의 사후검사치 간에 유의적 차이가 나타나면, 이는 사전검사가 사후검사에 부작용을 미쳤다고 볼 수 있다. 따라서 이러한 경우는 ① 실험집단의 사후검사치가 사전검사치보다 유의적으로 크고($Y_{a1} > Y_{b1}$), ② 실험집단의 사후검사치가 통제집단 1의 사후검사치보다 유의적으로 크며($Y_{a1} > Y_{a2}$), ③ 통제집단 2의 사후검사치는 통제집단 1의 사전검사치보다 유의적으로 크게($Y_{a3} > Y_{b2}$) 나와야, 정보원의 공신력(독립변인)이 커뮤니케이션 효과(종속변인)에 영향을 미친다고 결론을 내릴 수 있다.

(3) 역사·학습요인 등 가외변인의 검토를 위한 통제집단

또 하나의 통제집단은 [그림 2-9]에서 통제집단 3과 같은 것으로, 이 통제집단은 실험기간 동안에 발생할 수 있는 역사요인(history)이나 학습요인(maturation) 등의 가외변인이 실험 결과에 영향을 미쳤는지 여부를 알아보기 위하여 사후검사만 실시하여 그것을 실험집단의 체계적 변량과 비교해 보기 위해 설치하는 통제집단이다. 그렇다면 여기서 역사요인이니 학습요인이나 하는 것을 무엇을 말하는가?

예컨대, 정보원의 공신력이 커뮤니케이션 효과에 미치는 영향에 관한 실험을 1수일 또는 2주 동안 진행하다 보면, 실험 메시지의 내용에 관련된 사건이 우연히 일어나서 그것이 실험 메시지에 대한 실험참여자들의 수용태도에 긍정적 또는 부정적 영향을 미칠 수도 있는데, 바로 이러한 가외변인을 역사요인이라고 한다. 또한 경우에 따라서는 실험기간에 실험참여자들이 실험 메시지의 내용에 관련된 것들을 매스 미디어의 보도나 학교에서의 수업을 통하여 배울 수도 있어, 이것도 실험 메시지에 대한 실험참여자들의 수용태도에 어떤 영향을 미칠 수 있는데, 이러한 가외변인을 '학습요인'이라고 한다.

그러므로 이러한 가외요인들이 실험 결과에 영향을 미치지 않았는지 여부를 검토하여 통제하기 위해서는, [그림 2-9]에서 보듯이 통제집단 3을 설치하여 사전검사와 실험처치는 하지 않고 사후검사만 실시해서 그 검사치(Y_{a4})를 다른 집단들의 사후 검사치들과 비교해 보면 된다. 그렇게 해서 실험집단의 사후검사치(Y_{a1})가 통제집단 1의 사후검사치보다 유의적으로 크고($Y_{a1} > Y_{a2}$), 통제집단 2의 사후검사치는 통제집단 3의 사후검사치보다 유의적으로 크며($Y_{a3} > Y_{a4}$), 동시에 이들 두 집단들의 차이가 비슷하면, 역사요인이나 학습요인 등의 가외변인들이 실험 결과에 영향을 미치지 않았다고 볼 수 있다.

이상과 같이 모두 3개의 통제집단들을 설치하여 사전검사나 역사요인, 학습요인 등의 가외변인들이 실험 결과에 부작용적 영향을 미치지 않았는지를 검토하고 나면, 다음으로 실험집단과 통제집단, 또는 통제집단들 간의 검사치들을 서로 비교해서 주어진 독립변인(예컨대, 정보원의 공신력)이 종속변인(예컨대, 커뮤니케이션 효과)에 과연 영향을 미치는지 여부를 최종적으로 추정하게 된다.

이때 ① 실험집단의 사후검사치가 사전검사치보다 유의적으로 크고($Y_{a1} > Y_{b1}$), ② 실험집단의 사후검사치가 통제집단 1의 사후검사치보다 유의적으로 크며($Y_{a1} > Y_{a2}$), ③ 통제집단 2의 사후검사치는 통제집단 3의 사후검사치보다 유의적으로 크고($Y_{a3} > Y_{a4}$), ④ 통제집단 2의 사후검사치는 통제집단 1의 사전검사치보다 유의적으로 크게($Y_{a3} > Y_{b2}$) 나타나야, 주어진 독립변인이 종속변인에 영향을 미친다거나 또는 독립변인과 종속변인이 서로 유의적 관계가 있다고 결론을 내릴 수 있다.

이처럼 어떤 독립변인과 종속변인 간의 관계에 대한 가설을 실험을 통하여 검증해 보려면, 우선 실험과정에 불필요한 가외변인들이 혼입되지 않도록 연구설계를 해야 한다. 또한 연구설계에 여러 종류의 통제집단을 설치해서 가외변인들이 혼입되지 않았는지도 검토해 보아야 한다. 그런 다음, 독립변인과 종속변인 간의 관계에 대한 결론을 내리는데, 여기서는 편의상 실험연구를 중심으로 설명했으나, 이는 다른 유형의 연구들에서도 마찬가지이다.

4. 연구설계의 요건과 구체적 연구계획

지금까지 실험설계를 중심으로 연구설계방법에 관하여 살펴보았는데, 앞서 말했듯이 연구설계의 기본목적은, 첫째 연구문제에 대한 가설을 과학적으로 정확하고 효율적으로 검증할 수 있는 방안을 선정 또는 고안하고, 둘째 가설을 검증할 때 그에 관련된 변인들의 변량을 효과적으로 통제하기 위한 전략을 수립해서 주어진 가설을 정확하게 검증함으로써 연구문제에 대한 올바른 해답이나 결론을 얻는 데 있다. 따라서 이러한 두 가지 기본목적을 우선 충분히 달성할 수 있도록 하는 것이 연구설계의 가장 중요한 요건이다. 그러나 이 밖에도 연구설계는 여러 요건을 갖추어야 하는데, 끝으로 연구설계의 주요 요건과 유의사항들을 간단히 정리해 보고 나서, 설험설계에 따른 구체적 연구계획에 관해 살펴보기로 하겠다.

1) 연구설계의 주요 요건와 유의사항

우선 연구설계의 주요 요건들을 몇 가지만 들어보면, 첫째로는 "주어진 연구설계가 연구문제에 대한 해답을 줄 수 있느냐?" 하는 연구문제의 해결 가능성 및 "연구설계가 연구문제 대한 가설을 정확하게 검증할 수 있느냐?" 하는 가설검증의 가능성을 손꼽을 수 있다. 연구설계란, 앞서 말했듯이 연구문제에 대한 정확한 해답을 얻거나, 연구문제 대한 가설을 정확하게 검증하기 위한 방법과 전략 등에 관한 사전계획이기 때문이다. 따라서 연구설계를 할 때는 그것이 "연구문제에 대한 해답을 줄 수 있는가?"(연구문제의 해결 가능성), 또한 그것이 "연구문제에 대한 가설을 정확하게 검증할 수 있는가"(가설의 검증 가능성) 하는 것을 항상 염두에 두고, 연구문제에 대한 정확한 해답을 주거나, 연구문제에 대한 가설을 가장 정확하게 검증할 수 있는 설계 방안을 선정하거나 고안해야 한다.

둘째로 연구설계의 또 하나의 주요 요건으로는, 연구문제나 가설에 관련된 각종 변량들에 대한 효과적 통제능력을 들 수 있다. 연구문제에 대한 정확한 해답을 얻거나 또는 연구문제에 대한 가설을 정확하게 검증하려면, 앞서 살펴보았듯이 체계적 변량은 극대화하고, 가외적 변량과 오차변량은 극소화할 수 있어야 하기 때문이다. 따라서 연구설계를 할 때는 각종 변량을 효과적으로 통제할 수 있는 전략도 반드시 수립해야 한다.

셋째로, 연구설계의 주요 요건으로는 연구결과의 일반화 가능성(一般化可能性)을 들 수 있는데, 이는 간단히 말해서 "어떤 연구의 결과가 얼마나 많은 사람들이나 지역, 또는 상황 등에 일반화될 수 있느냐 하는 정도"를 말한다. 따라서 연구결과의 이러한 일반화 가능성을 높이기 위해서는, 예컨대 조사연구나 실험연구 등의 연구설계를 할 때 여러 계층이나 연령층에서 조사대상자나 실험참여자들을 표집하고, 또한 실험을 할 경우는 실제와 비슷한 상황이나 현장에서 실험을 해야 한다.

넷째로, 연구설계의 또 하나의 요건으로는 상세성(詳細性)과 정확성을 들 수 있는데, 연구설계는 그에 따라 실제로 연구를 체계적이고 조직적으로 진행해 나갈 수 있도록 상세하면서도 정확해야 한다.

다섯째로, 연구설계의 또 다른 주요 요건으로 실제 연구에서의 편의성(便宜性)과 자료분석의 용이성을 들 수 있다. 이러한 연구의 편의성과 자료분석의 용이성을 고려하지 않고 여러 개의 실험집단과 통제집단 등을 포함시켜 너무 복잡하게 연구설계를 하면, 그에 따라 실제로 연구를 하거나 수집한 자료를 분석하기가 쉽지 않거니와, 또한 노력이나 비용 등도 많이 들게 되기 때문이다. 따라서 연구설계를 할 때는 연구의 편의성과 자료분석의 용의성 등을 충분히 고려하고, 또한 연구자의 연구능력이나 연구비 등도 감안해서 연구설계를 한다.

끝으로, 연구설계의 요건을 하나만 더 들어보면, 실험설계의 경우 실험의 내적 타당도와 외적 타당도가 높아야 한다는 점을 들 수 있는데, 이에 관해서는 제6장 실험연구방법의 실제에서 살펴보기로 하겠다.

2) 연구설계에 따른 구체적 연구계획

연구설계를 할 때는 위와 같은 요건들을 반드시 갖추도록 해야 하는데, 그러자면 그 요건들을 항상 염두에 두면서 연구설계를 해야 한다. 그리고 연구설계가 일단 끝나면, 그것이 위와 같은 요건들을 갖추었는지 다시 검토해서, 만약 어떤 요건을 갖추지 않았다면 그 요건을 갖추도록 연구설계를 수정·보완한다. 이렇게 해서 설험설계가 모두 끝나면, 그에 따라 구체적이고 세부적인 연구계획들을 세워야 한다.

(1) 구체적 연구계획을 위한 실험설계방안 실례

실제 연구에 필요한 구체적이고 세부적인 계획들을 세우려면, 우선 해당 연구의 설계방안부터 정확하게 파악해야 한다. 그리고 그 설계방안에 따라 실제 연구에 필요한 구체적이고 세부적인 계획들을 세워나가면 된다. 그러면 실험설계방안의 하나를 실례로 들면서, 이를 중심으로 구체적이고 세부적인 연구계획들에 관하여 살펴보기로 하겠다.

가령, "정보원의 공신력(독립변인)이 커뮤니케이션 효과(종속변인), 즉 수용자들의 메시지 수용태도에 영향을 미치는가?"라는 연구문제에 대한 하나의 가설로, "공신력이 높은 정보원의 메시지가 공신력이 낮은 정보원의 그것보다 메시지에서 주장한 방향으로 수용자들의 태도(수용태도)를 더 많이 변화시킬 것이다."라고 설정했다고 하자. 그리고 이러한 가설을 [그림 2-10]과 같은 실험설계방안을 사용하여 검증해 보기로 했다고 가정하고, 이 실험설계방안을 중심으로 구체적이고 세부적인 연구계획들을 살펴보기로 하겠다.

[그림 2-10]과 같은 실험설계방안은 앞에서 이미 살펴보았으므로 설명하지 않아도 이해할 수 있을 것이다. 그러나 노파심에서 다시 한 번 간단히 설명하면, 이 실험설계방안은 [그림 2-10]에서 보듯이 우선 실험참여자(피험자)들을 무작위로 표집하여 이들을 3개 집단, 즉 ① 정보원의 공신력을 높게 실험처치할 '높은 공신력 실험집단', ② 정보원의 공신력을 낮게 실험처치할 '낮은 공신력 실험집단' 및 ③ 아무런 실험처치도 하지 않을 '통제집단'에 무작위로 배치($\boxed{R}$, Radom assignment)한다. 그런 다음, 세 집단의 실험참여자들에게 실험 메시지 내용에 대한 기존 태도의 측정을 위한 사전검사(Y_b)를 하고 나서, 약 1주일 뒤에 3개 집단에 똑같은 내용의 실험 메시지를 주면서 '높은 공신력 실험집단'에는 그것이 공신력이 높은 'D일보'에 게재된 논설이라고 거짓으로 실험참여자들에게 실험처치(X_H)를 하고, '낮은 공신력 실험집단'에는 그 실험 메시지가 공신력이 낮은 'S주간지'에 실린 독자 칼럼이라고 거짓으로 실험처

	Y_b	X_H	Y_a	(높은 공신력 실험집단)
$\boxed{R}$	Y_b	X_L	Y_a	(낮은 공신력 실험집단)
	Y_b	$(\sim X)$	Y_a	(통제집단)

그림 2-10 정보원의 공신력의 영향에 관한 실험방안(실례)

치(X_L)를 하고, 통제집단에는 그 메시지의 정보원에 관하여 아무런 실험처치도 하지 않고서($\sim X$), 세 집단의 실험참여자들에게 실험 메시지를 읽게 한다는 것이다.

이렇게 해서 실험참여자들이 실험 메시지를 모두 읽으면, 곧 그 실험 메시지의 주장에 대한 수용태토를 다시 검사, 즉 사후검사(Y_a)한 다음, 그 사후검사치들에서 사전검사치를 빼서 그 차이($d = Y_a - Y_b$), 즉 실험 메시지에 대한 수용태도의 변화량(net change)의 산술평균치를 각 집단별로 구하여 이들을 서로 비교해 본다. 이렇게 하여 만약 ① 통제집단에서는 실험 메시지에 대한 수용태도의 변화량에 유의적 차이가 없으며, ② '높은 공신력 실험집단'에서 수용태도의 변화량(d_H)이 '낮은 공신력 실험집단'의 그것(d_L)보다 유의적으로 크면, 주어진 가설, 즉 "공신력이 높은 정보원의 메시지가 공신력이 낮은 정보원의 그것보다 메시지에서 주장한 방향으로 수용자의 태도(수용태도)를 더 많이 변화시킬 것이다."라는 가설이 입증된 것으로 본다.

(2) 실제 실험연구에 필요한 구체적 · 세부적 계획

위와 같은 설험설계방안이 결정되면, 그에 따라 다음으로는 구체적이고 세부적인 연구계획들을 세우면 되는데, 이러한 계획들을 연구의 유형과 각각의 연구에 따라 다르다. 그러나 여기서는 [그림 2-10]과 같은 실험설계방안을 중심으로, 어떠한 계획들을 어떻게 세워야 하는지에 관한 몇 가지 실례를 간단히 들어보겠다.

① 실험 · 조사대상자들의 표집과 배치계획

첫째로, 실험참여자들을 몇 명이나 어떻게 표집할 것이냐에 관한 계획을 세워야 하는데, [그림 2-10]과 같은 실험설계방안의 경우 실험집단이 2개, 통제집단이 1개로서 실험참여자 집단이 모두 3개나 된다. 그런데 이들 각 집단의 사례수(事例數)가 최소한 30명은 넘어야 통계분석이 제대로 될 수 있다. 따라서 실험 도중에 약간의 탈락자가 생길 것을 예상하여, 각 집단의 사례수를 40명($n = 40$)으로 잡아서 모두 120명의 실험참여자들을 뽑겠다는 식으로 계획을 세운다. 그 다음, 이들 120명의 실험참여자들을 어떻게 표집할 것이냐에 관한 계획도 세워야 하는데, 표집방법에는 여러 가지가 있고 또 이들 표집방법은 각각 장단점이 있으므로, 이들을 잘 알고 가장 적합 표집방법을 선정해서 표집한다.

둘째로는, 위와 같이 표집한 실험참여자들을 2개의 실험집단과 1개의 통제집단에 어떻게 배치할 것이냐에 관한 계획을 세워야 한다. [그림 2-10]의 실험설계방안에서는 무작위로 배치하도록 되어 있다. 그러나 만약 실험참여자들의 지능이 가설검증에 가외변인으로 작용할 우려가 있을 경우는, 각 집단의 실험참여자들의 지능 정도를 똑같게 하기 위하여 IQ가 같은 사람을 3명씩 뽑아, 이들을 각 집단에 1명씩 배치해 나가는 결합무작위배치(Matched Random Assignment) 방법을 사용하도록 계획을 세운다.

② 사전 · 사후검사와 실험처치에 관한 계획

셋째로 사전검사(Y_b)에 관한 구체적 계획도 수립해야 하는데, 이 계획에서는 어떠한 검사척도를 사용하여 언제 어떻게 사전검사를 실시할 것이냐를 구체적으로 결정해야 한다. 예컨대, 사전검사는 25개 문항의 라이커트형 척도(Likert scale)를 사용하여 실험처치용 실험 메시지의 내용(주장)에 대한 실험참여자들의 기존 태도를 측정 · 검사하며, 사전검사는 실험처치 1주일 전에 "신문기사에 관한 여론조사"로 가장(假裝)하여 실시하겠다는 식으로 구체적으로 계획을 세운다.

넷째로 실험처치(X)를 어떻게 언제 할 것이냐에 관한 구체적 계획을 세우고, 실험처치용 재료와 실험 메시지 준비계획도 해야 한다. 예컨대, 실험처치는 앞서 말했듯이, 똑같은 내용의 실험 메시지를 2개의 실험집단에 주면서 '높은 공신력 실험집단'에는 그것이 공신력이 높은 'D 일보'에 게재된 논설이라고 거짓으로 실험참여자들에게 실험처치(X_H)를 하고, '낮은 공신력 실험집단'에는 그 실험 메시지가 'S 주간지'에 실린 독자 칼럼이라고 거짓으로 실험처치(X_L)를 하며, 실험 메시지는 '언론의 자유와 책임"을 주제로 논설형식으로 400자 정도의 길이로 작성하겠다는 식으로 계획을 세운다. 그리고 실제 실험처치는 사전검사 1주일 뒤에 연구자가 직접 실시하겠다는 식으로 계획을 세워야 한다.

다섯째로는 사후검사(Y_a)는 언제 어떻게 실시할 것이냐에 관한 구체적 계획을 세워야 하는데, 사후검사는 사전검사에서와 똑같은 측정척도를 쓰되, "왜 똑같은 검사를 두 번씩이나 하느냐?"고 실험참여자들이 의문을 제기하지 않도록 측정척도의 형태를 좀 달리 고치고 검사의 명칭도 달리하는 것이 좋다.(예컨대, 사전검사를 "신문

기사에 관한 여론조사"로 가장했다면, 사후검사는 "언론의 자유와 책임에 관한 의견 조사"로 가장한다.)

③ 측정검사자료의 분석방법에 관한 구체적 계획

여섯째로는 사전검사에서 얻은 자료(검사치)들을 어떻게 분석해서 주어진 가설을 검증할 것이냐에 관한 계획을 구체적으로 세워야 하는데, 이와 같은 분석방법에 관한 계획은 주어진 가설의 검증방안에 따라 다르다. 따라서 가설의 검증방안에 관한 연구설계부터 잘 알아야 한다.

[그림 2-10]과 같은 실험설계방안의 경우, 앞서 말했듯이 우선 각 집단별로 사후검사치과 사전검사치들 간의 차이($d = Y_a - Y_b$)들의 산술평균치를 구한 다음, 이들을 서로 비교해 보아야 한다. 그렇게 하여 만약 ① 통제집단에서는 실험 메시지에 대한 수용태도의 변화량에 유의적 차이가 없으나, ② '높은 공신력 실험집단'에서 수용태도의 변화량(d_H)이 '낮은 공신력 실험집단'의 그것(d_L)보다 유의적으로 크게 나타나면, 주어진 가설, 즉 "공신력이 높은 정보원의 메시지가 공신력이 낮은 정보원의 그것보다 메시지에서 주장한 방향으로 수용자의 태도(수용태도)를 더 많이 변화시킬 것이다."라는 가설이 입증된 것으로 보게 된다.

그런데 이렇게 가설의 입증 여부를 결정하기 위해서는, 예컨대 '높은 공신력 실험집단'에서 수용태도의 변화량(d_H)이 '낮은 공신력 실험집단'에서의 그것(d_L)보다 유의적으로 크다는 것을 통계적으로 검증해 보아야 한다. 따라서 이러한 경우 그 유의성(significance)을 어떤 통계방법을 사용하여 어떻게 검증할 것이냐에 관한 계획도 세워야 한다. 그러자면 가설검증의 추리통계방법, 예컨대 t-검증(t-test), 변량분석방법(F-test) 등의 용도 등에 관하여 잘 알아야 하는데, 이들 통계분석방법에 관해서는 제4장에서 살펴보기로 하겠다.

연습문제

1. 다음 술어들을 간단히 설명하라.
   ① 연구문제(research problem)
   ② 가설(hypothesis)
   ③ 조작적 정의(operational difinition)
   ④ 연구설계(research design)
   ⑤ 통제집단(control group)
   ⑥ 요인설계방안(factorial design)

2. 연구논문들에서 5개의 연구문제와 가설을 뽑아 이 장(章)에서 언급한 평가기준에 따라 평가하고, 잘못된 점이 있으면 보완해서 다시 서술해 보라.

3. 다음 가설들의 검증 가능성에 대하여 논하고, 이들 가설을 검증하기 위한 연구설계방안을 그림으로 나타내 보라.
   ① TV의 폭력 프로그램은 청소년들에게 공격적 성향을 조장할 것이다.
   ② 그러나 TV의 폭력 프로그램이 청소년들의 공격적 성향의 조장에 미치는 영향은 청소년들의 성별에 따라 달리 나타날 것이다.
   ③ 한편, TV의 폭력 프로그램이 청소년들의 공격적 성향의 조장에 미치는 영향은 TV의 폭력 프로그램이 단순한 폭력 프로그램이냐, 아니면 권선징악적 폭력 프로그램이냐에 따라 달리 나타날 것이다.

4. 앞서 소개한 솔로몬의 4개 집단실험 설계방안(the Solomon four-group experimental design)을 사용하여, "공신력이 높은 정보원의 메시지가 공신력이 낮은 정보원의 그것보다 메시지에서 주장한 방향으로 수용자의 태도(수용태도)를 더 많이 변화시킬 것이다."라는 가설을 검증했을 때 ① 실험집단의 사후검사치가 사전검사치보다 유의적으로 크고($Y_{a1} > Y_{b1}$), ② 또한 실험집단의 사후검사치가 통제집단 1의 사후검사치보다 유의적으로 크며($Y_{a1} > Y_{a2}$), ③ 통제집단 2의 사후검사치는 통제집단 3의 사후검사치보다 유의적으로 크고($Y_{a3} > Y_{a4}$), ④ 또한 통제집단 2의 사후검사치가 통제집단 1의 사전검사치보다 유의적으로 크게($Y_{a3} > Y_{b2}$) 나타나야 가설이 입증되었다고 볼 수 있는데, 그 이유는 무엇인지 설명하라.

제3장
연구자료의 수집과 그 방법

앞서 제2장에서는 연구과정과 연구설계에 관하여 살펴보았는데, 연구설계가 끝나면 다음으로는 연구문제에 대한 해답을 얻거나 또는 가설을 검증하기 위한 자료, 즉 연구자료들을 수집해야 한다. 그렇다면 제3장에서는 연구자료의 여러 가지 수집방법(methods of data gathering)에 관하여 살펴보기로 하겠다. 그러고 나서 실증연구자료의 가장 중요한 수집방법의 하나인 측정(測定)의 원리와, 조사대상자나 실험참여자들의 표집방법(標集方法)도 알아보기로 하는데, 이는 실증연구에서 연구자료들을 수집하려면 조사대상자나 실험참여자들을 표집해서, 이들을 대상으로 각종 변인에 대한 측정검사도 해야 하기 때문이다.

가. 자료수집의 의미와 방법

연구자료란 연구문제에 대한 해답을 얻거나 또는 가설을 검증하는 데 필요한 자료를 말하는데, 이러한 연구자료의 수집방법(이하 '자료수집방법'으로 약칭)에는 여러 가지가 있다. 그러나 이 책은 실증연구방법에 관한 것이므로, 실증자료의 수집방법에 관해서만 살펴보기로 하겠다.[1]

1　실증연구에서도 연구문제에 대한 선행연구와 이론들을 조사·검토하려면 그에 관한 문헌자료

1. 실증자료와 그 수집방법

실증자료(empirical data)라는 용어는 여러 가지 의미로 사용되고 있는데, 예컨대 역사학에서는 어떤 역사적 사실을 뒷받침해 주는 “인간행위에 관한 형질적 유물” 등을 실증자료(實證史料)라고 말하기도 한다. 또한 범죄학에서는 실물이나 그 사진, 영상 등을 실증자료라고 부른다. 그러나 자연현상이나 사회현상 등에 관한 실증연구에서 ‘실증자료’라고 하면, 관찰이나 조사 또는 실험 등을 통하여 수집한 자료를 말한다. 그렇다면 이러한 실증자료들에는 어떤 것들이 있는가?

1) 실증자료의 여러 가지 종류

실증자료에도 여러 가지 종류가 있지만, 그 수집방법에 따라 면접을 통하여 얻은 면접조사자료, 설문조사를 통하여 얻은 설문조사자료, 실험을 통하여 얻은 실험자료 등으로 나누어 볼 수 있다. 이 자료들은 다시 질적 자료(質的 資料, qualitative data)와 양적 자료(量的 資料, quantitative data)로 나누어 볼 수 있는데, 질적 자료란 예컨대 설문조사에서 어떤 문항에 대한 응답이 숫자 대신 ‘좋다’ 또는 ‘나쁘다’ 등으로 표현된 자료를 말한다. 반면, 양적 자료란 가령 ‘좋다’는 응답에는 2점, ‘나쁘다’는 응답에는 1점 등을 부여해서 수치(數値)로 나타낸 자료를 말한다.

이와 같은 실증자료들은 다시 1차 자료(primary data or first-hand data)와 2차 자료(secondary data or second-hand data)로 나눌 수 있다. 1차 자료란 연구자나 조사자가 응답자를 직접 관찰하거나 조사해서 수집한 자료를 말하며, 2차 자료란 다른 사람이 조사나 수집을 해 놓은 자료를 말하는데, 대표적인 실례로는 통계청이나 연구기관들에서 조사·수집해 놓은 각종 통계자료, 여론조사기관에서 조사한 각종 여론조사 결과, 선거위원회에서 발표한 대통령 선거나 국회의원 선거 등에서의

들을 각종 문헌을 통하여 수집해야 한다. 따라서 실증연구에서도 문헌자료의 수집방법을 알아야 한다. 하지만 이 책에서는 실증연구의 자료들을 수집하는 방법에 관해서만 살펴보며, 문헌이나 그 밖의 여러 가지 방법을 통하여 연구자료를 수집하는 방법에 관해서는 그에 관한 전문서적들을 참고하기 바란다.

지역별·연령별 투표실태 등을 들 수 있다.

실증연구라고 하면 연구자가 직접 수집한 1차 자료만 사용하는 것으로 생각하기 쉬우나, 다른 사람들이 수집해 놓은 2차 자료를 이용하거나 다시 분석해서 실증연구를 할 수도 있다. 이렇게 하는 것이 경우에 따라서는 더 정확하고 경제적일 수도 있는데, 예컨대 센서스(census) 자료와 같은 것은 정부 등 공인기관에서 전국의 모든 가구(家口)를 대상으로 조사한 것으로 정확하고 신뢰도가 높을 뿐 아니라, 사용 비용도 거의 들지 않기 때문이다. 따라서 공인기관에서 정기적으로 조사한 인구통계·물가통계·경제통계·농업통계 등의 주요 통계자료(statistical data)는 사회과학 분야의 실증연구에서 많이 이용하고 있다.

이러한 통계자료는 크게 표준통계정보(standard statistical information)와 센서스 자료(census tract data)로 나눌 수 있는데, 표준통계정보는 정부나 공공기관에서 정기적이고 체계적으로 조사·수합해 놓은 각종 수량적 정보들을 말하며, 센서스 자료는 전국의 가구 등을 대상으로 조사해 놓은 여러 가지 수량적 사실(數量的事實, collection of numerical facts)들을 말한다. 이러한 통계자료들은 조사기관에서 단행본이나 팜플렛 또는 정기간행물 등의 형태로 출판하거나, 인터넷 웹사이트 등에 올려놓기고 한다. 따라서 이들 통계자료는 도서관이나 인터넷에서 쉽게 찾을 수 있다. 그러나 여기서는 1차 실증자료의 수집방법에 관해서만 살펴보기로 하겠다.

2) 1차 실증자료의 수집방법

1차 실증자료의 수집방법에도 여러 가지가 있는데, 이들을 커린저(Kerlinger, 1973, pp. 479-601)는 크게 여덟 가지 유형, 즉 ① 면접과 설문조사(interviews and questionaire survey)에 의한 방법, ② 객관적 검사와 척도(objective tests and scales)에 의한 방법, ③ 투사법(projective methods)을 이용한 방법, ④ 습득가능한 재료(available materials)와 내용분석(content analysis)을 통한 방법, ⑤ 행동관찰(observations of behavior)을 통한 방법, ⑥ 사회성 측정(sociometry)에 의한 방법, ⑦ 의미분별척도(semantic differential)에 의한 방법, ⑧ Q-기법(Q-method)에 의한 방법으로 분류하였다.

그러나 필립스(Phillips, 1966, pp. 87-151)는 1차 실증자료의 주요 수집방법을 크게 ① 실험(experiment)을 통한 방법, ② 면접·설문지·서베이(interviews, questionnaire and survey)를 통한 방법, ③ 문헌(documents)을 통한 방법, ④ 관찰(observation)을 통한 방법, ⑤ 모의실험(simulation)을 통한 방법으로 나누면서, 실험과 서베이 등도 자료수집방법에 포함시키고 있다.

한편, 에메트와 브룩스(Emmert and Brooks, 1970, pp. 161-425)는 사회과학 연구에서 많이 사용하는 자료수집방법으로 ① Q-소트 기법(Q-sort technique)을 통한 방법, ② 의미분별척도(semantic differential scales)를 통한 방법, ③ 태도측정척도(attitude scales)를 통한 방법, ④ 평가척도(rating scales)를 통한 방법, ⑤ 언어적 행동의 분석(analysis of verbal behavior)을 통한 방법, ⑥ 내용분석(content analysis)을 통한 방법, ⑦ 문체분석(stylistic analysis)을 통한 방법, ⑧ 비언어적 및 키네식 연구(nonverbal and kinesic research)를 통한 방법, ⑨ 인간들 간의 상호작용 분석(interaction analysis)을 통한 방법을 들고 있다.

이처럼 학자들은 실증자료의 수집방법으로 여러 가지를 들고 있는데, 이들을 보면 필립스(Phillips)는 조사방법과 실험방법 등도 자료수집방법에 포함시키고 있다. 그러나 여기서는 좁은 의미의 자료수집방법들만 살펴보기로 하는데, 좁은 의미의 자료수집방법이란, 예컨대 측정척도나 설문지, 면접 등의 수단이나 기구를 통하여 자료를 수집하는 방법을 말한다. 이러한 자료수집방법에도 여러 가지가 있으나, 여기서는 사회과학 연구에서 많이 사용하는 일곱 가지 방법, 즉 ① 면접과 설문지(interview and questionnaire)를 통한 방법, ② 객관적 검사와 측정척도(objective test and scales)를 통한 방법, ③ Q-소트 기법(Q-sort technique)을 통한 방법, ④ 사회성 측정검사를 통한 방법, ⑤ 직접적 행동관찰(direct observation of behavior)을 통한 방법, ⑥ 투사법(投射法, projective method)을 통한 방법, ⑦ 그 밖에 게임(game), 모의실험(simulation) 등을 통한 자료수집방법에 관해서만 살펴보기로 하겠다.

2. 면접과 설문지를 통한 자료수집방법

면접과 설문지를 통한 실증자료의 수집방법은 서로 비슷하다. 그러나 면접을 통한 수집방법은, 연구문제에 관한 정보나 의견 등을 갖고 있는 사람(조사대상자)들을 직접 만나거나 또는 전화 등을 통해 구두로 질문을 해서 연구문제에 관한 자료들을 수집하는 방법이다. 반면, 설문지를 통한 수집방법은 조사대상자들에게 설문지를 직접 주거나 우편 등으로 보내서 그 설문지에 포함되어 있는 각 설문항목에 문자나 숫자 등으로 응답토록 하여 연구문제에 관한 자료들을 수집하는 방법이다. 그렇다면 면접이나 설문지를 통하여 자료를 수집하려면 어떻게 해야 하나?

1) 면접을 통한 자료수집방법

면접을 통한 자료수집방법에서 '면접(面接, interview)'이란 한 사람이나 여러 사람이 어떤 특정한 사람을 직접 만나거나 또는 전화로 어떤 문제나 인물 등에 관한 질의를 해서 그에 관한 응답을 얻는 대화(對話)의 한 방식을 말한다. 이러한 면접은 여러 가지 목적으로 사용되는데, 어떤 문제나 인물에 관한 정보나 뉴스 등을 얻기 위해 사용하기도 하지만, 대학입학시험이나 취직시험 등에서는 응시자나 응모자들의 인격이나 능력 등을 평가하기 위해서도 사용된다. 그러나 여기서는 학술적 연구자료의 수집을 위한 면접방법에 관해서만 살펴보기로 하겠다.

(1) 연구자료 수집을 위한 면접의 종류

학술적 연구자료의 수집을 위한 면접방법에는 여러 가지가 있는데, 이들은 ① 서로 얼굴을 맞대고 하는 대면적(對面的) 면접과 ② 전화나 인터넷 등을 통한 간접적 면접으로 나눌 수 있다. 이 중 전화를 통한 간접적 면접은 전화 면접(telephone interview), 인터넷을 통한 간접적 면접은 인터넷 면접(internet interview)이라고 한다. 이들도 반드시 구두(口頭)로 이루어져야만 면접이라고 할 수 있다.

면접의 종류는 또한 질문형식에 따라 ① 형식적 또는 표준화적 면접(structured or standardized interviews), ② 비형식적 또는 비표준화적 면접(unstructured or unstandardized interviews), ③ 이들의 중간형태인 반(半)형식적 면접(semi-structured or semistandardized interviews)으로 나눌 수 있다(Maccoby and Maccoby, 1954, p. 451; Phillips, 1966, p. 110).

첫째, 형식적 또는 표준화적 면접은 질문(설문)의 내용과 순서 등이 미리 결정되어 있는 면접 스케줄(interview schedule), 즉 면접 설문지에 따른 면접을 말한다. 따라서 연구자나 면접조사원은 반드시 면접 스케줄에 따라 질문을 해야 하며, 질문 내용이나 순서를 바꾸거나 다른 질문을 할 수 없고, 면접할 때 약간의 자유는 있지만 그것은 미리 허용된 범위 내에서만 가능하다. 그러므로 형식적 또는 표준화적 면접방법으로 면접조사를 할 때는 연구문제에 관련된 정보를 정확하고 충분히 얻을 수 있도록 면접 스케줄을 미리 작성해야 한다.

둘째로, 비형식적 또는 비표준화적 면접이란, 미리 결정한 면접 스케줄 없이 연구자나 면접조사원이 비교적 자유롭고 융통성 있는 질문으로 연구문제에 대한 자료를 수집하는 면접방법을 말한다. 따라서 이를 개방식 또는 자유응답식 면접이라고도 부른다. 그러나 면접 스케줄만 없을 뿐이지, 질문의 내용 · 순서 · 방식 등이 모두 면접조사원의 손에 완전히 맡겨지는 것은 아니다. 그러므로 비형식적 또는 비표준화적 면접에서도 형식적 또는 표준화적 면접에서처럼 주의 깊은 사전계획이 필요하며, 면접조사원들은 그 사전계획의 지침에 따라 면접조사를 해야 한다.

셋째로, 반형식적 면접은 형식적 면접방법에 비형식적 면접방법을 곁들인 것으로, 특정의 주요 질문들은 면접 스케줄에 따라 질문하고, 그에 관계된 부차적 것들은 면접조사원이 자유롭게 질문하여 그에 대한 응답을 얻는 방법을 말한다.

(2) 면접을 통한 자료수집방법의 장단점

이와 같이 면접방법에는 여러 종류가 있으나, 면접방법은 여러 가지 자료수집방법 중에서 가장 오래되고 가장 많이 사용하는 방법이라고 할 수 있다. 이는 면접방법이 그 나름대로 여러 장점들을 갖고 있기 때문인데, 그중에서 몇 가지만 열거해 보면 다음과 같다(Good, *et al.*, 1954, p. 63).

① 면접은 구두(口頭)로 하므로 읽고 쓸 수 없는 사람들에게도 적용이 가능하다.

② 특히 대면적(對面的) 면접은 응답자를 직접 만나서 하므로 그들의 인상·표정 등을 통하여 응답 내용의 진실성 여부를 판단할 수 있다.

③ 면접은 직접 응답자를 만나거나 또는 전화 등을 통해 질문을 하고 응답을 하게 되므로 제3자의 개입을 방지하고 응답자의 진정한 의견만 조사할 수 있다.

④ 면접 분위기만 잘 조성하면 응답자가 설문조사 등에서는 잘 이야기하려고 하지 않는 솔직하고 기밀에 속하는 정보나 의견 등도 구할 수 있다.

이처럼 면접을 통한 자료수집방법은 여러 가지 장점들이 있다. 그러나 단점들도 없지 않은데, 그중 몇 가지만 들어보면 다음과 같다. 면접은 한 사람씩 직접 만나거나 전화 등을 통해서 해야 하므로 시간이 많이 걸릴 뿐 아니라, 응답자와의 면접 약속이 어긋나면 다시 방문하거나 전화를 해야 하는 등 번거로우며, 광범위한 지역에 흩어져 있는 많은 사람들을 대상으로 면접조사를 할 경우 노력과 비용이 많이 든다. 또한 면접방법은 면접조사원이 미숙한 경우 그의 편견이나 그릇된 판단이 질문방법 등에 영향을 미쳐 결과적으로 수집 자료의 정확성과 객관성을 상실할 우려가 있으며, 면접조사원을 훈련시키거나 숙달된 면접조사원을 구하기 힘들다. 그리고 응답자를 직접 만나 대면적 면접을 할 경우, 응답자 중에는 자기 정체가 들어날까 염려하여 진실한 응답을 회피하는 경향도 없지 않다. 따라서 이와 같은 면접방법의 단점들을 보완하기 위해서 개발한 것이 설문지를 통한 자료수집방법이다.

2) 설문지를 통한 자료수집방법

설문지를 통한 자료수집방법은 흔히 설문조사방법(questionnaire survey method)이라고 부른다. 이 방법이 면접조사방법과 다른 점은, 응답자에게 구두(口頭)로 질문해서 연구자료를 수집하는 대신, 연구문제에 관한 설문지를 문자로 작성·인쇄해서 응답자들에게 직접 또는 우편으로 배포하여 그 설문지의 각 문항에 대한 응답을 문자나 숫자 등으로 기입토록 한 다음, 그 응답지를 회수해서 연구자료들을 수집한다는 점이다.

이러한 설문조사방법은 설문지의 배포방법에 따라 응답자에게 직접 설문지를 주고 즉시 또는 자유로운 시간에 응답케 한 뒤 회수하는 직접배포 설문조사방법(hand delivery self-administered questionnaire survey method)과, 우편이나 인터넷 등을 통하여 설문지를 응답자들에게 보내서 그에 응답케 한 뒤에 그 응답지를 연구자에게 반송하게 하는 설문조사방법으로 나누어 볼 수 있다.

이들 두 가지 방법 중 직접배포 설문조사방법은 설문지 조사방법에 면접방법을 가미(加味)한 것으로, 응답자를 만나서 연구목적을 설명하고 솔직한 응답을 부탁할 수 있고, 또한 직접 그 응답지를 찾아옴으로써 반송률(返送率) 또는 회수율(回收率)을 높일 수 있는 장점이 있다. 그러나 번거롭고 시간과 비용이 많이 들며, 응답자가 광범한 지역에 흩어져 있는 경우는 더욱 그렇다는 단점이 있다. 또한 우편이나 인터넷 등을 통한 설문조사방법은 직접배포 설문조사방법에 비해서는 간편하지만, 반송률이 낮아서 표본의 특성이 모집단(母集團)과 달라질 수 있다는 단점도 있다. 반면, 우편이나 인터넷 등을 통한 설문조사는 응답자의 익명성이 보장되므로 응답자가 어떤 사실이나 자신의 의견 등을 솔직하게 표명할 수 있다는 장점이 있다. 그러나 응답자가 설문지에 성의 없게 응답할 수 있는 단점도 있다.

이처럼 설문지를 통한 자료수집방법은 그 배포방식에 따라 각각 장단점이 다르지만, 전체적으로 볼 때 장점으로는, 첫째 다수의 응답자들을 대상으로 비교적 짧은 기간에 인력과 비용 등을 비교적 적게 들이면서 연구자료를 수집할 수 있다는 점과, 둘째 응답자가 시간적 제약 없이 편리한 시간에 각 설문문항에 대하여 잘 생각한 뒤에 응답을 할 수 있으므로 확실한 자료를 얻을 수 있다는 점을 들 수 있다.

그러나 이러한 장점과 함께 또한 단점도 있는데, 첫째 독해력이 없거나, 독해력이 있더라도 설문내용을 제대로 이해하지 못하는 사람들에게는 사용할 수 없다는 제약성이 있다. 둘째, 설문지를 통한 자료수집방법은 그 설문지의 길이의 제약을 받게 되므로, 연구문제에 관한 사실적 정보를 얻는 데는 괜찮지만, 어떤 자세한 이유 등을 알아보는 심층적 조사에는 부적합하다는 약점도 있다. 그러므로 이러한 단점을 보완하기 위해서는 설문지를 면밀하게 작성해야 한다.

3) 면접 스케줄과 설문지 작성방법

면접이나 설문지를 통하여 연구자료를 수집하려면, 면접 스케줄(interview schedule)이나 설문지(questionnaire)를 올바르게 작성해야 한다. 여기서 면접 스케줄이란, 면접조사를 할 때 조사원이 응답자에게 차례로 물을 질문들과 그에 대한 응답을 기록할 질의응답지로서, 이는 면접조사원만이 갖게 되며 응답자에게는 주지 않는다. 그리고 설문지란, 연구문제에 관한 질의응답지를 문자로 작성·인쇄해서 응답자들에게 직접 또는 우편·인터넷 등으로 배포하는 것으로, 그 내용이나 형식 등은 면접 스케줄과 같다. 그러므로 여기서는 면접 스케줄과 설문지의 작성방법을 함께 살펴보기로 하겠다.

(1) 면접 스케줄과 설문지의 내용과 형식

면접 스케줄이나 설문지를 작성하려면 우선 무엇을 물을 것인지 내용부터 결정해야 하는데, 그 내용은 연구문제나 가설에 따라 다르다. 그러나 면접 스케줄이나 설문지에 포함되는 설문들은 대체로 세 가지 유형, 즉 ① 식별적 정보(identification information)를 얻기 위한 설문, ② 센서스 타입 또는 사회학적 정보(census-type or sociological information)를 알아보기 위한 설문, ③ 연구문제에 직접 관련된 정보나 자료(problem information)를 얻기 위한 설문으로 나누어 볼 수 있다.

첫째, 식별적 정보를 위한 설문이란 응답자나 그의 응답지를 다른 것들과 구별하기 위한 간단한 설문들로서, 이들은 설문지 표지에 넣는 것이 보통이다. 둘째, 센서스 타입 또는 사회학적 설문이란 응답자의 성별·결혼관계·종교·교육정도·생활정도 등에 관한 인구학적 자료를 얻기 위한 설문들을 말하며, 셋째, 연구문제에 관한 설문이란 연구문제에 관련된 응답자들의 의견·태도 등과, 그러한 의견이나 태도 등을 갖게 된 이유 등을 묻는 질문들을 말한다(Parten, 1950, pp. 162-163).

이와 같은 유형의 설문내용들이 결정되면, 다음으로는 각 설문의 형식 또는 형태를 결정해야 하는데, 설문의 형식에는 크게 세 가지가 있다. 첫째는 선다형 설문형식(fixed alternative item)으로, 이는 하나의 설문에 대한 둘 또는 그 이상의 응답항목들을 미리 제시하고 응답자로 하여금 그중에서 하나를 선택하도록 하는 형식을 말하는데, 이러한 설문형식을 폐쇄형 또는 여론조사형 설문(closed or poll questions)이라고도 부른다. 둘째는 개방형 설문형식(open-end item)으로, 이는 어떤 설문에 대하여 응답자가 자유롭게 응답토록 하는 설문형식을 말한다. 셋째는 척도형 설문형식(scale item)으로, 예컨대 라이커드 척도(Likert scale), 의미분별척도(semantic differential scales) 등과 같은 설문형식을 말한다.

(2) 면접 스케줄과 설문지 실제 작성방법

위와 같은 여러 가지 설문형식 중에서 어떤 것을 사용하여 설문을 작성할 것인지 결정되면, 그에 따라 실제로 면접 스케줄이나 설문지를 작성하게 되는데, 그러자면 언어적 서술의 문제, 설문의 순서 등 여러 가지 원칙과 기법이 필요하다. 그러나 이에 대해서는 제5장 '조사연구방법의 실제'에서 자세히 살펴보기로 하고, 여기서는 설문을 작성할 때 유의할 몇 가지 사항들만 자문형식(自問形式)으로 열거해 보면 다음과 같다(Kerlinger, 1973, pp. 485-487).

① 설문이 연구문제 및 연구목적과 밀접한 관계를 가지고 있는가?
② 설문의 형식이 올바르고 적합한가?
③ 설문이 설문을 유도하고 있는가?
④ 설문이 명료한가? 혹시 모호하지는 않은가?
⑤ 설문이 응답자가 갖고 있지 않은 지식이나 정보를 요구하지는 않는가?
⑥ 설문이 응답자에게 저항감을 주는 개인적 정보나 응답하기에 민감한 내용 등을 요구하고 있지는 않은가?
⑦ 설문이 편향성을 띠고 있지는 않은가?

면접 스케줄이나 설문지의 설문들을 작성할 때는 이와 같은 질문들을 자문하면서 작성해야 한다. 모든 설문은 연구문제와 연구목적과 밀접한 관계가 있고, 설문형식은 설문내용에 적합하며, 설문은 명료하고 응답자에게 저항감을 주지 않고, 편향성을 지니지 않도록 해야 한다. 이와 같이 해서 면접 스케줄이나 설문지가 완성되면 실제로 면접이나 설문조사로 들어가게 되는데, 이에 관한 것은 제5장 '조사연구방법의 실제'에서 살펴보기로 하겠다.

3. 객관적 측정검사척도를 통한 자료수집방법

면접과 설문지를 통한 자료수집방법도 사회과학 연구에서 많이 사용하지만, 가장 많이 사용하는 것은 역시 표준화된 객관적 측정검사척도(standardized objective scales)에 의한 자료수집방법이다. 여기서 표준화된 객관적 측정검사척도란, 예컨대 비네-시몽(Binet-Simon)의 지능검사척도(IQ test scales), MMPI(Minnesota Multiphasic Personality Inventory) 성격검사척도, 보가더스(Emory S. Bogardus)의 사회적 거리척도(social distance scales) 등과 같이 그 타당도와 신뢰도가 입증되어 널리 사용하는 각종 측정검사척도들을 말한다. 그러므로 연구문제나 가설에 관련된 각종 변인들을 측정검사할 경우, 이와 같은 객관적 측정검사척도를 사용하는 것이 안전하다. 학생들이 타당도와 신뢰도가 높은 측정검사척도를 직접 만드는 것은 쉽지 않아서, 잘못 만들면 그에 의한 측정검사 결과뿐 아니라 연구결과 전체가 믿을 수 없게 되기 때문이다.

1) 객관적 측정검사척도의 여러 유형

객관적 측정검사척도를 사용하여 연구문제나 가설에 관련된 각종 변인들을 측정검사해서 연구자료를 수집하려면, 우선 객관적 측정검사척도에는 어떠한 것들이 있는지부터 알고, 그중에서 연구문제의 해결이나 가설의 검증에 적합한 척도를 선정해야 한다. 객관적 측정검사척도에는 수백 가지가 있으나, 이들은 측정검사 대상이나 척도의 형식 등에 따라 몇 가지 유형으로 나누어 볼 수 있다.

(1) 측정검사 대상에 따른 여러 가지 객관적 측정검사척도

우선 측정검사 대상에 따라 사회과학 연구에서 많이 사용하는 객관적 측정검사척도들을 분류해 보면, 크게 심리측정척도(psychometric scales)와 사회측정척도(sociometric scales)로 나눌 수 있다. 심리측정척도는 다시 지능검사척도(intelligence test scales), 적성검사척도(aptitude test scales), 성격검사척도(personality measures scales), 태도측정척도(attitude scales), 가치관 측정척도(value scales), 흥미도 검사척도(interests measurement scales) 등으로 나눌 수 있다. 그리고 이들 척도는 또 다시 여러 가지로 나눌 수 있있다. 예컨대, 태도측정척도는 다시 가족·종교·교육·정치·경제문제 등에 대한 척도로 나눌 수 있으며, 이들 각 분야의 태도측청척도에도 또 수십 가지가 있다(Shaw and Wright, 1967). 또한 성격검사척도만도 500여 가지나 된다(Watson, 1959, p. 10).

한편, 사회측정척도는 다시 사회지위 측정척도(social status scales), 집단구조와 역동성 측정척도(group structure and dynamics measurement scales), 사회지표 측정척도(social indicators scales), 조직구조 측정측도(measures of organizational structure), 사회참여도 측정척도(social participation scales), 지도력 측정척도(leadership measurement scales), 직업만족도 측정척도(job satisfaction measurement scales) 등으로 나눌 수 있다.

(2) 형식에 따른 여러 가지 객관적 측정검사척도

객관적 측정검사척도는 또한 그 형식(form)에 따라서 다시 크게 세 가지 유형, 즉 ① 찬성-반대형 척도(agreement-disagreement scales), ② 등위형 척도(rank order scales), ③ 강제선택형 척도(forced scales)로 나눌 수 있다(Kerlinger, 1973, pp. 503-508).

첫째, 찬성-반대형 척도란, 어떤 측정문항에 대하여 2개나 그 이상의 응답항목들을 제시하고, 응답자에게 그중에서 찬성하는 것이나 반대하는 것을 선택하게 하는 척도를 말한다. 이러한 찬성-반대형 척도는 다시 세 가지로 나눌 수 있는데, 첫째는 '예-아니오'나 '찬성-반대' 식으로 2개의 가능한 응답항목 중에서 하나만 선택토록 하는 척도이고, 둘째는 '예-모르겠다-아니오', '찬성-모르겠다-반대', '적극 찬성-찬성-반대-적극 반대', 또는 '1-2-3-4-5'와 같이, 셋 또는 그 이상의 가능한 응답항목들 중에서 하나를 고르게 하는 척도다. 그리고 셋째는 '사색적이다', '관대하다', '이기적이다', '비겁하다', '부지런하다' 등의 여러 응답항목들을 응답자에게 제시하면서 그 중에서 해당되는 것에 모두 ✓표를 하도록 하는 척도이다.

표 3-1 시의 행정에 대한 영향력 측정을 위한 조합비교척도 사례

[응답 요령] 다음 단체들을 한 번에 둘씩 비교해 볼 때, 그중에서 어떤 것이 서울시의 행정에 더 많은 영향을 미친다고 생각하십니까? 더 많은 영향을 미친다고 생각하는 쪽에 ✓표를 하시오.

___	민주시민연대	또는	종교지도자연합회	___
___	종교지도자연합회	또는	청년상공회의소	___
___	청년상공회의소	또는	여성유권자연대	___
___	여성유권자연대	또는	민주시민연대	___
___	민주시민연대	또는	청년상공회의소	___
___	종교지도자연합회	또는	여성유권자연대	___

둘째, 등위형(等位型) 척도란, 어떤 문항에 대하여 여러 개의 응답항목들을 제시하면서 응답자에게 어떤 특정한 기준에 따라 그 응답항목들의 순위를 매기도록 하는 척도를 말한다. 예컨대, 주부들에게 "가정생활에서 어떤 것들이 중요하다고 생각하는지, 다음 제시한 것들 중에서 중요하다고 생각하는 것부터 1, 2, 3, … 식으로 순위를 매겨 주십시오."라고 하면서 그 아래에 애정생활·경제·자녀·교육·식단 등등을 제시해 놓는 것을 등위형 척도라고 한다.

셋째, 강제선택형 척도란, 어떤 문항에 대한 여러 가지 선택항목들(alternative items)을 제시하면서 응답자에게 그중에서 하나만 선택하게 하는 척도를 말한다. 이러한 척도의 대표적 형태의 하나로는 조합비교척도(paired comparison scales)를 들 수 있는데, 그 실례를 들어보면 [표 3-1]과 같다. 이 표에서 보듯이, 조합비교척도는 어떤 설문에 대한 응답항목들을 2개씩 조합해서 응답자에게 주면서 어떤 특정 기준(예컨대, 시의 행정에 대한 영향력)에 따라 각 쌍(pair)의 응답항목 중에서 하나를 선택하도록 하는 척도를 말한다.

(3) 각종 이슈와 사물에 대한 여러 가지 태도측정척도

앞서 보았듯이 객관적 측정검사척도에는 여러 가지 유형이 있다. 그러나 그중에서 사회과학 분야에서 가장 많이 사용하는 태도측정척도(attitude scales)만 간단히 살펴보기로 하겠다. 태도측정척도에도 여러 가지가 있는데, 쇼와 라이트(Shaw and

Wright)는 태도측정척도를 그 측정대상인 각종 태도에 따라 43개 유형으로 나누어 모두 176개나 소개하고 있다(Shaw and Wright, 1967). 그러나 이들 태도측정척도는 그 형식에 따라 크게 다섯 가지, 즉 서스턴(Thurstone)의 동등등간척도(equal-appearing interval scales), 라이커트(Likert)의 합산평정척도(summated rating scales), 가트만(Guttman)의 스캘로그램 척도(scalogram scales), 찰스 오스굿(Osgood)의 의미분별척도(semantic differential scales), 보가더스(Bogardus)의 사회적 거리측정척도(social distance scales)로 나누어 볼 수 있는데, 이들 각 척도의 용도와 기본가정 등을 간단히 소개하면 다음과 같다.

2) 서스턴의 동등등간척도

서스턴(Thurstone)의 동등등간척도는 1929년 루이스 서스턴(Louis L. Thurstone, 1929)이 처음 개발했기 때문에 그의 이름을 따서 일반적으로 서스턴 척도(Thurstone's scale)라고 부른다. 그러면 서스턴 척도의 기본가정은 무엇이며, 그 형태는 어떠하고, 이 척도를 사용하여 어떻게 태도를 측정하는가?

(1) 서스턴 척도의 실례와 태도측정방법

서스턴 척도에도 측정하려는 이슈(issue)나 사물(object)에 따라 여러 가지가 있으며, 그에 따라 각 척도의 항목들도 서로 다르다. 그러나 '흡연'이라는 사회적 이슈에 대한 학생(응답자)들의 태도를 측정하기 위한 서스턴 척도의 실례를 들어 보면 [표 3-2]와 같다. 이 표에서 보듯이, '흡연'에 대한 응답자들의 태도를 서스턴 척도를 사용하여 측정할 경우, '흡연'에 관한 호의적(favorable) 또는 비호의적(unfavorable) 진술들을 여러 개(여기서는 9개) 제시해 놓고, 그중에서 응답자가 찬성하는 모든 진술항목들의 번호 앞에 ✓표를 하도록 한다. 그리하여 만약 A라는 응답자가 2번, 6번, 9번에 ✓표를 했다면, 이들 각 진술항목 끝의 괄호 안에 있는 척도치(scale value)들을 모두 합산(2.2 + 1.6 + 3.1 = 6.9)한 다음, 이를 찬성한 진술항목들의 사례수인 3으로 나누면 2.3(6.9/3 = 2.3)이 나오는데, 이것이 바로 흡연에 대한 응답자 A의 태도 점수이다.

표 3-2 흡연에 대한 태도측정을 위한 서스턴 척도의 실례

[응답 요령] 이것은 흡연에 관하여 학생들이 어떻게 생각하고 있는지를 알아보고자 하는 조사입니다. 다음 9개의 진술문 중에서 귀하가 찬성하는 모든 항목 앞에 ✓표를 해 주기 바랍니다. 귀하의 솔직한 응답을 부탁합니다. 귀하의 응답은 비밀로 하겠으니 응답지에 귀하의 이름이나 서명 등을 기록 하지 마십시오.

____ 1. 흡연도 그 나름대로 좋은 점이 있다.(7.1)
____ 2. 흡연은 인간의 건강을 해친다.(2.2)
____ 3. 흡연은 어떤 사람에게는 좋은 역할을 한다.(7.9)
____ 4. 나는 흡연 경험이 전혀 없기 때문에 그 영향에 관하여 모른다.(6.0)
____ 5. 흡연을 적당하게만 하면 삶을 더 즐길 수 있다.(8.9)
____ 6. 흡연은 아주 위험하며 암을 유발한다(1.6)
____ 7. 흡연은 중독성이 높으므로 처음부터 흡연을 시작해서는 안 된다.(4.9)
____ 8. 흡연은 정신건강에는 좋으므로 금연을 강요해서는 안 된다.(10.0)
____ 9. 흡연의 시작은 곧 비극의 시작이다.(3.1)

※ 실제로 태도를 측정할 때는 각 진술문 끝의 척도치를 제시하지 않는다.

바로 이와 같은 방법으로 응답자들의 태도를 측정하는 것이 서스턴의 태도측정 척도인데, 그렇다면 흡연에 대한 응답자 A의 태도점수인 2.3은 어떻게 해석하게 되는가? 서스턴 척도에서는 어떤 이슈나 사물에 대한 가장 비호의적 태도를 1점, 그리고 가장 호의적 태도는 11점으로 간주한다. 따라서 '흡연'에 대한 태도도 가장 비호의적 태도를 1점, 그리고 가장 호의적 태도를 11점이라고 보았을 때 응답자 A의 태도점수는 2.3이므로, A는 흡연에 대하여 상당히 비호의적 내지 부정적 태도를 갖고 있다고 해석할 수 있다.

다른 응답자들의 태도도 응답자 A의 경우와 똑같은 방법으로 측정해서 해석하면 된다. 그리고 여러 응답자들의 평균태도를 측정하려면, 각 응답자의 태도를 각각 측정한 다음, 이들을 모두 합산한 뒤에 이를 응답자들의 사례수로 나누면 된다. 이렇게 해서 얻어진 값이 곧 여러 응답자들의 평균태도점수이다.

(2) 서스턴 척도의 기본가정과 작성방법

위에서 서스턴 척도를 사용하여 '흡연'에 대한 응답자들의 태도를 측정하는 방법을 간단히 살펴보았다. 그렇다면 이와 같은 서스턴 척도는 어떻게 만드는가? 즉 서스턴 척도에 열거해 놓는 태도의 진술항목들은 어떻게 선정하며, 이들 각 항목의 끝 괄호 안에 적혀 있는 척도치(尺度値, scale value)는 어떻게 얻은 값인가?

이를 알기 위해서는 우선 서스턴 척도의 기본가정부터 살펴볼 필요가 있는데, 그 기본가정은 ① 개인(응답자)으로부터 어떤 이슈나 사물에 대한 태도의 진술을 얻을 수 있고, ② 이러한 태도의 진술은 그 이슈나 사물에 대하여 개인이 표명한 호감-비호감(favorableness-unfavorableness)의 정도에 따라 순서대로 늘어놓을 수 있으며, ③ 이렇게 늘어놓은 태도의 진술들 간 거리는 일직선상에 등간(等間)으로 나타날 수 있다는 것이다. 그러나 이들 태도의 진술은 서로 종속관계에 있지 않으며, 서로 독립적으로 일적선상에 하나하나의 위치(position)를 갖는다고 가정한다.

바로 이와 같은 기본가정들에 의거, 개인의 태도를 측정하는 것이 곧 서스턴 척도이다. 따라서 서스턴 척도는 위와 같은 기본가정이 충족되도록 만들어야 한다. 즉 서스턴 척도에서 각 태도진술항목 간의 간격은 거의 같아야 한다. 때문에 이러한 서스턴 척도를 동등등간척도(equal-appearing interval scales)라고 부른다.

이와 같은 서스턴 척도를 만들려면, 우선 측정하려는 이슈나 사물에 관한 수십 개의 태도진술항목들을 수집한 다음, 그중에서 혼동되기 쉽거나, 모호하거나, 하나의 진술항목에 두 가지 태도가 복합되어 있는 것 등을 빼고, 나머지 진술항목들만 하나씩 3 × 5인치 정도 크기의 카드에 적어 놓는다. 그런 다음, 이들 태도진술항목에 대한 호감도와 비호감도를 평가할 약 20명의 평가자들(judges)을 선정하여 이들에게 카드에 적어 놓은 태도진술항목들을 주고, 평가자 자신의 태도에 관계없이 객관적으로 주어진 이슈나 사물에 대한 호감 또는 비호감의 정도에 따라 가장 호감적인 진술항목에는 11점, 가장 비호감적인 진술항목에는 1점을 주는 식으로 11점에서부터 1점 사이의 점수를 각 태도진술항목에 부여하도록 한다.

이렇게 해서 평가자들이 각 태도진술항목에 점수를 부여하면, 이들 점수의 산술평균치를 산출해서 이를 각 태도진술항목에 대한 척도치(scale value)로 삼는데, 이것이 곧 각 태도진술항목 끝의 괄호 안에 적혀 있는 값이다. 이와 같은 척도치는 실

비타민 3-1

태도의 속성과 차원 및 변용

1) 태도의 속성

태도(態度, attitude)는 인간의 행동을 결정짓는 가장 중요한 요인 중 하나이다. 예를 들어, 어떤 대통령 후보자에게 투표할 것인가, 어떤 상품(brand)을 살 것인가 하는 것도, 우선 그 후보자나 상품에 대한 호의적 태도가 형성되어야만 실제로 그 후보자에게 투표하거나 그 상품을 사게 된다. 따라서 선거나 광고 캠페인의 일차 목표는 유권자나 소비자들의 태도를 조사 · 측정해서 그것을 호의적 방향으로 변용(變容)시키는 데 두고 있다. 그렇다면 여기서 태도의 호의적 방향이니 변용이니 하는 것은 무엇을 말하는가?

태도는 방향(方向)과 강도(强度)를 갖고 있는데, 방향이란 어떤 이슈나 사물 또는 인물 등에 대하여 '좋다'(호의적 방향)거나 '나쁘다'(비호의적 방향) 하는 것을 말하며, 강도란 '좋다'면 얼마나 좋으며, '나쁘다'면 얼마나 나쁜지의 정도를 말한다.

2) 태도의 차원

한편, 태도는 크게 세 가지 차원, 즉 인지적 차원(cognitive dimension), 정서적 차원(affective dimension), 행동적 차원(behavioral dimension)으로 구성되는데, 인지적 차원이란 '옳다 – 그르다'처럼 개인의 신념에 관계된 것을 말하며, 정서적 차원이란 '좋다 – 나쁘다'처럼 개인의 감정에 관한 것을 뜻하고, 행동적 차원이란 '사겠다 – 사지 않겠다'처럼 개인의 행동의지에 관한 것을 말한다.

3) 태도의 변용

태도의 변용(變容)이란 다음 세 가지를 합친 것을 말하는데, 첫째는 어떤 이슈나 사물, 인물 등에 대한 새로운 태도를 형성(formation)하는 것, 둘째는 기존의 태도를 강화(reinforcement)하는 것, 셋째는 기존의 태도를 바꾸는 것(conversion)이다.

그런데 앞서 말했듯이 태도는 3개 차원으로 구성되었으므로, 태도의 변용은 모두 아홉 가지(3개 차원 × 3개 변용)로 세분해 볼 수 있다. 즉 (1) 인지적 차원의 태도의 ① 형성, ② 강화, ③ 변환, (2) 정서적 차원의 태도의 ④ 형성, ⑤ 강화, ⑥ 변환, (3) 행동적 차원의 태도의 ⑦ 형성, ⑧ 강화, ⑨ 변환이 그것이다.

그렇다면 이들 아홉 가지 종류의 태도변용은 각각 어떤 것을 말하는가? 그 실례를 한 가지씩 들어보아라.

제로 응답자들의 태도를 측정할 때는 척도에 밝히지 않고, 응답자들의 태도점수를 채점할 때만 사용한다.

이상에서 서스턴 척도에 관하여 간단히 살펴보았는데, 이와 같은 서스턴 척도를 만들려면 많은 노력과 시간이 들게 된다. 이것이 바로 서스턴 척도의 주요 단점의 하나이다. 따라서 이러한 단점을 해결하기 위해서, 척도의 작성도 비교적 쉬우면서 서스턴 척도처럼 신뢰도가 높은 라이커트 척도(Likert scale)가 나오게 되었다.

3) 라이커트의 합산평정척도

라이커트 척도는 1932년 렌시스 라이커트(Rensis Likert, 1932)가 개발해서 라이커트 척도라고 부른다. 이 척도는 서스턴 척도와는 달리, 어떤 이슈나 사물에 관한 여러 가지 태도의 진술항목들을 응답자로 하여금 5점 척도상에 평정(評定)하게 하여 그 평정치(척도치)들을 합산, 이를 응답자 개인의 태도점수로 삼는다. 때문에 합산평정척도(合算評定尺度, summated rating scales)라고도 부른다.

(1) 라이커트 척도의 형태와 기본가정

먼저 라이커트 척도의 형태부터 소개하면 [표 3-3]과 같은데, 이 표에서 보듯이 라이커트 척도도 어떤 이슈나 사물에 관한 일련의 태도진술항목들로 구성되지만, 서스턴 척도와는 달리 응답자들로 하여금 각 태도진술항목에 대한 찬성 또는 반대의 정도를 5단계로 나눈다. 즉 ① '적극 찬성(strongly agree)', ② '찬성(agree)', ③ '그저 그렇다(neutral)' 또는 '모르겠다(undecided)', ④ '반대(agree)', ⑤ '적극 반대(strongly agree)'로 나누어, 이들 중 하나의 항목 번호 앞에 ✓표(미국에서는 주로 X표를 함)를 하도록 한다. 그리하여 만약 한 응답자가 태도진술항목 A에 대해서 '적극 찬성'에 ✓표를 했다면 5점을, '찬성'에 ✓표를 했다면 4점을, '그저 그렇다' 또는 '모르겠다'에 ✓표를 했다면 3점을, '반대'에 ✓표를 했다면 2점을, 그리고 '적극 반대'에 ✓표를 했다면 1점을 부여한다.[2] 이런 식으로 각 태도진술항목에 대한 응답자

2 이렇게 점수를 부여하는 것은 태도의 강도가 높을수록 높은 점수를 주는 것이 자연스럽기 때

표 3-3 흡연에 대한 태도측정을 위한 라이커트 척도의 실례

[응답 요령] 다음 진술을 읽고 그에 대하여 귀하는 얼마나 찬성 또는 반대하는지 그 정도를 가장 잘 나타낸 항목 앞에 ✓표를 하시오.		척도치
A. 흡연도 나름대로 좋은 장점이 있으므로 금연을 강요해서는 안 된다.		
____	1. 적극 찬성(strongly agree)	5점
____	2. 찬성(agree)	4점
____	3. 그저 그렇다(neutral) 또는 모르겠다(undecided)	3점
____	4. 반대(disagree)	2점
____	5. 적극 반대(strongly disagree)	1점
B. 흡연은 인간의 건강을 해치므로 정부는 담배판매를 금지해야 한다.		
____	1. 적극 찬성(strongly agree)	5점
____	2. 찬성(agree)	4점
____	3. 그저 그렇다(neutral) 또는 모르겠다(undecided)	3점
____	4. 반대(disagree)	2점
____	5. 적극 반대(strongly disagree)	1점

들의 찬성 또는 반대의 정도에 따라 1점에서부터 5점까지의 점수를 부여한 다음, 이들 점수를 모두 합산하여 이를 각 응답자 개인의 태도점수로 삼아서, 주어진 이슈나 사물에 대한 응답자들의 태도를 측정한다.

한편, 어떤 응답자 집단의 태도, 가령 S대학교의 여학생 집단과 남학생 집단 등의 태도를 측정할 경우는, 각 집단별로 각 응답자의 태도점수를 모두 합산한 다음, 이를 전체 응답자의 사례수(case number)로 나누면 그 값(산술평균치)이 곧 해당 집단의 태도점수가 된다. 그렇다면 이와 같은 라이커트 척도의 기본가정은 무엇인가?

라이커트 척도의 가장 중요한 기본가정은, 척도에 포함된 각 태도진술항목이 동일한 일직선상에 위치해 있다는 것이며, 이들 각 태도진술항목을 서스턴 척도에서는

문이다. 그러나 이와는 반대로 '적극 찬성'에 1점, '찬성'에 2점, '그저 그렇다' 또는 '모르겠다'에는 3점, '반대'에 4점, '적극 반대'에 5점을 주어도 무방하다. 한편, '적극 찬성'에는 +2점, '찬성'에는 +1점, '그저 그렇다' 또는 '모르겠다'에는 0점, '반대'에는 −1점, '적극 반대'에는 −2점을 부여해도 무방하나, 이처럼 음수(陰數, negaive number)를 부여하면 연산이 자유롭지 않게 된다.

각각 독립적인 것으로 보는 데 반하여, 라이커트 척도에서는 그 태도진술항목이 공통적 속성을 가지고 상호종속적 관계에 있다고 가정하고 있다. 때문에 라이커트 척도에서는 어떤 이슈나 사물 등에 관한 여러 개의 태도진술항목에 대한 응답자 개인의 태도점수를 합산해서 그의 태도의 최종 측정점수로 삼는다.

또한 라이커트 척도에서는 각각의 태도진술항목에 대한 척도치(尺度値, scale value) 사이가 반드시 등간(等間, equal interval)이라고 보지 않는다. 예컨대, '찬성'과 '적극 찬성' 간의 차이가 '찬성'과 '모르겠다' 간의 차이보다 클 수도 있다는 것이다. 그러므로 엄밀히 말해서 라이커트 척도는 서열척도(ordinal scale)라고 말할 수도 있으나, 일반적으로는 등간척도(interval scale)로 간주하고 있다. 그렇다면 이와 같은 라이커트 척도는 어떻게 만드는가?

(2) 라이커트 척도 작성방법

라이커트 척도를 만들려면, 우선 앞서 서스턴 척도의 경우와 마찬가지로 측정하고자 하는 이슈나 사물 등에 관련된 여러 가지 다양한 태도진술항목들을 수집한다. 그런 다음 이들 태도진 항목들을 일단(一團)의 평가자들로 하여금 5점 척도로 평정(rate)토록 한다. 이렇게 하여 각각의 태도진술항목에 대한 태도점수가 나오면, 이들 점수를 가지고 태도진술항목 간의 상호상관계수(intercorrelation coefficients)를 산출해서, 그 상관계수가 낮은 태도진술항목들은 제외시킨다.

그리고 나머지 각 태도진술항목에 대한 평가자의 태도점수를 조사해서 그 점수의 크기에 따라 평가자들을 4개 집단, 즉 태도점수가 상위(上位) 25%에 속하는 평가자 집단, 중상위(中上位) 25%에 속하는 평가자 집단, 중하위(中下位) 25%에 속하는 평가자 집단, 하위(下位) 25%에 속하는 평가자 집단으로 나눈다. 그런 다음 상위 25%에 속하는 평가자 집단의 태도점수들의 산술평균치와 하위 25%에 속하는 평가자 집단의 태도점수들의 산술평균치를 산출하여, 이들 두 집단의 산술평균치 간에 통계적으로 유의적 차이가 있는지를 t-검증방법(t-test)을 통하여 알아본다. 이렇게 하여 유의적 차이가 나는 태도진술항목만 선정하여 라이커트 척도의 최종 태도진술항목으로 선정한다. 왜냐하면 태도진술항목은 그에 대한 응답자들의 태도가 '적극 찬성'에서부터 '적극 반대'까지 다양하고, 서로 엇갈려서 논란적(controversial)이어야 응답자들의 다양한 태도를 제대로 측정할 수 있으며, 만약 그렇지 않고 응답자들의 태도가 모두 '찬성적' 태도진술항목이라면 이들은 측정할 필요조차 없기 때문이다.

이상에서 라이커트 척도에 관하여 간단히 살펴보았는데, 이 척도는 어떤 이슈나 사물 등에 대한 응답자의 태도의 강도(强度)를 쉽게 측정할 수 있다는 장점을 가지고 있다. 그러나 태도의 강도를 다섯 단계나 세 단계로 나누어, 이 중 반드시 한 단계를 응답자에게 반강제적(半强制的)으로 선택하게 하는 데에는 문제가 없지 않다. 그럼에도 불구하고 이 라이커트 척도는 가장 널리 사용되고 있는데, 이 척도로 개인의 태도를 측정할 때는 앞서 말했듯이 대체로 5단계, 즉 '적극 찬성', '찬성', '그저 그렇다'(또는 '모르겠다'), '반대', '적극 반대'로 나누어 측정한다. 그러나 어린이나 청소년들의 태도를 측정할 때는 3단계, 즉 '찬성', '그저 그렇다', '반대'로 나누어 측정하기도 하는데, 이는 어린이나 청소년들은 성인들에 비해 사물의 분별력(differential ability)이 아직 제대로 발달되지 않았기 때문이다.

4) 가트만의 스캘로그램 척도

가트만 척도(Guttman scale)는 루이스 가트만(Louis Guttman)이 1944년 개발한 것으로 그의 이름을 따서 이렇게 부르나, '스캘로그램 척도(scalogram scale)' 또는 '누가척도(累加尺度, cumulative scale)'라고도 부른다. 이러한 가트만 척도는 측정대상인 이슈나 사물에 관한 태도진술항목을 그에 대한 개인의 수용가능 정도에 따라 단일 차원의 일직선상(one-dimensional continuum)에 배열해 놓고, 응답자에게 그 항목 중에서 찬성하는 것에 ✓표를 하면 응답자의 태도가 수용가능 정도에 따른 일직선상의 어디에 위치해 있는지를 정확하게 측정할 수 있다.

이와 같은 가트만 척도의 실례를 들어보면 [표 3-4]와 같은데, 이런 척도를 만들기 위해서는 우선 흡연에 관계된 수십 개의 태도진술항목을 수집한 다음, 이들을 일단의 응답자에게 주고 그에 대한 수용 여부를 조사한다. 그리하여 응답자들이 아무도 수용하지 않는 항목에는 0점, 항목 A만 받아들일 경우는 1점, 항목 A와 B만을 받아들일 경우는 2점, 항목 A, B, C를 받아들일 경우는 3점을 주는 식으로 계속 채점을 해 나간다. 그러나 응답자가 항목 A와 B를 무시하고 항목 C만 받아들일 경우는

표 3-4 흡연에 대한 태도측정을 위한 카트만 척도의 실례

[응답 요령] 다음 진술을 읽고 귀하가 찬성하는 모든 항목 앞에 ✓표를 하시오.

____ A. 흡연은 정신건강에 좋으므로 금연을 강요해서는 안 된다.
____ B. 흡연도 그 나름대로 좋은 점이 있다.
____ C. 흡연은 중독성이 높으므로 처음부터 흡연을 해서는 안 된다.
____ D. 흡연의 시작은 곧 비극의 시작이다.
____ E. 흡연은 인간의 건강과 행복을 해친다.
____ F. 흡연은 아주 위험하며 암을 유발한다.

응답상의 오류로 간주해서 이는 제외시킨다.

이렇게 해서 각 태도진술항목에 대한 점수를 모두 집계한 다음, 그 점수 순위대로 태도진술항목을 차례로 배열하고 그중에서 적합하지 않은 것들은 제외시켜 [표 3-4]와 같은 최종 척도를 만든다. 그리고 이러한 척도를 응답자들에게 주고, 각 태도진술항목 중에서 찬성하는 것에 ✓표를 하게 해서, 만약 첫 항목에 ✓표를 했으면 1점, 둘째 항목에 ✓표를 했으면 2점, 셋째 항목에 ✓표를 했으면 3점을 주는 식으로 채점을 해서 이를 흡연에 대한 응답자의 태도점수로 삼는다.

가트만 척도는 이와 같이 어떤 이슈나 사물에 대한 개인의 태도를 정확하게 측정할 수 있다는 장점을 갖고 있다. 그러나 태도진술항목을 개인의 수용가능 정도에 따라 단일 차원의 일직선상에 차례로 배열한다는 것은 쉽지 않으며, 또한 단일 차원의 속성을 갖고 있지 않은 이슈나 사물 등에 대한 태도는 측정하기 어렵다는 단점 등이 있어 널리 사용되지 않고 있다.

5) 오스굿의 의미분별척도

의미분별척도(semantic differential scale)는 본래 언어의 내연적 의미(connotative meaning) 또는 감정적 의미(affective meaning)의 측정을 위하여 찰스 오스굿(Charles E. Osgood, 1957) 등이 개발한 것이었다. 이러한 목적으로 개발한 의미분별척도가 그 후 태도측정에도 타당도와 신뢰도가 높은 것으로 판명되었는데,

오스굿은 태도측정척도로서 의미분별척도의 타당도를 검토해 보기 위해 '흑인', '교회', '사형제도'에 대한 개인의 태도를 평가적 차원의 5개 쌍의 형용사(공정하다-불공정하다, 가치있다-무가치하다, 유쾌하다-불유쾌하다, 깨끗하다-더럽다, 좋다-나쁘다)로 구성된 의미분별척도를 사용하여 측정해 보았다. 그리고 다시 '흑인', '교회', '사형제도'에 대한 개인의 태도를 서스턴 척도를 사용하여 측정한 다음, 그 결과와 앞서 의미분별척도로 측정한 결과를 비교해 보았더니, 타당도계수가 각각 0.82, 0.74, 0.81로 나왔다. 따라서 의미분별척도는 태도측정척도로서도 널리 인정받게 되었다.

(1) 의미분별척도의 실례와 사용방법

이러한 의미분별척도의 실례를 들어 보면 [표 3-5]와 같은데, 이 그림에서 볼 수 있듯이 의미분별척도는 앞서 살펴본 태도측정척도들과는 그 형태가 많이 다르다. 즉 서스턴 척도, 라이커트 척도, 가트만 척도는 어떤 이슈나 사물 등에 관한 여러 가지 태도진술항목들을 응답자에게 제시하고 그에 대한 찬성의 정도를 표시하도록 해서 태도를 측정하였다. 그러나 의미분별척도는 측정하고자 하는 이슈나 사물 등에 관련된 여러 개의 대칭적 형용사(bipolar adjectives)들을 일직선의 양쪽 끝에 적어 놓고 그 사이를 7개(응답대상자가 어린이들인 경우는 5개)의 칸(의미적 공간)으로 나누어, 이들 7개 칸 중에서 한 칸에 측정하고자 하는 이슈나 사물에 대한 응답자의 느낌의 정도를 표시하게 해서 태도를 측정하는데, 이때 각 형용사의 한 끝 쪽으로 갈수록 태도의 강도가 높은 것으로 본다.

따라서 이러한 의미분별척도로 응답자의 태도를 측정해서 그 점수를 매길 때는, 7개 칸 중에서 중간 칸을 0점으로 해서 양쪽 형용사 중 호의적인 것 방향으로 나가면서 +1점, +2점, +3점을 부여하고, 그 반대쪽으로 가면서 −1점, −2점, −3점을 부여하게 된다. 그러나 이렇게 + 점수나 − 점수를 부여하면, 이들 점수를 모두 합치고 그 값을 다시 사례수로 나누는 등의 연산이 불편하다. 그러므로 +나 − 점수를 부여하는 대신, 양쪽 형용사 중에서 비호의적 쪽의 첫째 칸에 ✓표를 하면 1점, 둘째 칸에 ✓표를 하면 2점 … 등의 순으로 점수를 부여하여 호의적 쪽의 마지막 칸에는 7점을 주는 식으로 채점하는 것이 좋다(반대 순서로 채점해도 무방함). 그리고 각 척도들에 대한 응답자들의 태도점수들을 모두 합산한 다음, 이를 응답자들의 사례수로 나누어

표 3-5 흡연에 대한 의미분별척도의 실례

[응답 요령] 흡연에 대한 귀하의 느낌을 다음 항목의 척도 위에 표시해 주기 바랍니다. 각 척도의 양 끝에는 서로 반대적 형용사들이 적혀 있고 그 사이는 7개 칸으로 나누어져 있는데, 이들 중에서 가운데 칸(넷째 칸)은 귀하의 느낌 정도가 '그저 그렇다'거나 '중간 정도이다'를 나타내며, 이를 중심으로 양쪽으로 갈수록 해당 형용사에 대한 느낌의 정도가 '약간(slightly)', '꽤(quite)', '매우(extremely)'로 강해짐을 의미합니다. 다음 각 척도를 보면서 귀하의 느낌의 정도와 일치하는 칸에 ✓표를 해 주기 바랍니다.

흡연(측정대상)에 대한 느낌		
더럽다	___ : ___ : ___ : ___ : ___ : ___ : ___	깨끗하다
가치있다	___ : ___ : ___ : ___ : ___ : ___ : ___	무가치하다
좋다	___ : ___ : ___ : ___ : ___ : ___ : ___	나쁘다
느리다	___ : ___ : ___ : ___ : ___ : ___ : ___	빠르다
수동적이다	___ : ___ : ___ : ___ : ___ : ___ : ___	능동적이다
약하다	___ : ___ : ___ : ___ : ___ : ___ : ___	강하다

산술평균치를 구해서 그 값을 주어진 이슈나 사물에 대한 태도점수(태도측정치)로 삼는다.

그러나 앞서 말했듯이 응답자가 어린이일 경우는 7점 척도 대신 5점 척도를 사용한다. 이는 성인들은 사물에 대한 분별 또는 분화력이 발달해서 사물의 종류나 차이점 등을 평균 일곱 가지로 나누지만, 어린이들은 아직 분화력이 충분히 발달하지 않아서 사물의 종류나 차이점 등을 대체로 다섯 가지로 분류하는 경향이 있기 때문이다.[3] 그러므로 의미분별척도로 어린이들의 태도를 측정할 때는 7점 대신 5점 척도를 사용하며, 따라서 태도점수도 1점부터 최대 5점까지 부여한다.

3 한국인은 어떤 사물에 대한 자신들의 호의적-비호의적 태도의 강도(强度)를 대체로 몇 개 유목 내지 등간으로 나누는지를 차배근(1990)이 Q-소트 기법을 사용하여 실증적으로 조사해 본 결과, 한국인도 성인은 평균 7개, 어린이는 평균 5개로 나누는 경향을 발견했다. 따라서 의미분별척도로 한국인의 태도를 측정할 때도 성인은 7점, 어린이는 5점 척도로 측정하는 것이 타당하다고 결론지었다.

(2) 의미분별척도의 기본가정과 작성방법

앞에서 우선 의미분별척도의 형태를 살펴보았는데, 그렇다면 이러한 척도의 기본가정은 무엇인가? 그 기본가정은 모든 사물에 대한 개인의 내연적 의미나 태도는 수학에서의 벡터(vector)와 마찬가지로 일정한 방향과 힘을 가지고 있기 때문에, 이러한 방향과 힘에 따라 모든 사물에 대한 개인의 내연적 또는 감정적 의미와 태도를 평면 위나 또는 3차원 공간에 표시할 수 있다는 것이다.

예를 들어, '흡연'에 대한 개인의 내연적 의미나 태도를 조사해서 이들을 [그림 3-1]과 같은 4분면(4分面), 즉 '좋다-나쁘다'의 *X*축과 '강하다-약하다'의 *Y*축의 4분면 공간 위에 표시해 보면, 개인 A는 흡연에 대하여 '좋다-강하다'는 방향(제1 사분면 방향)으로 각각 +2와 +3의 힘을 가진 의미나 태도를 갖고 있으며, 개인 B는 '나쁘다'와 '강하다'의 방향(제2 사분면)으로 각각 -3과 +1의 힘을 가진 의미나 태도를 갖고 있고, 개인 C는 '나쁘다-약하다'의 방향(제3 사분면 방향)으로 -3과 -2의 힘을 갖고 있는 등, 어떤 사물에 대한 개인의 내연적 의미와 태도는 서로 다르며, 이러한 개인들의 의미와 태도는 그 방향과 힘의 크기에 따라 4분면의 평면이나 또는 3차원의 공간에 표시할 수 있다. 그러므로 어떤 사물에 대한 개인의 내연적 의미나 태도의 측정이 가능하며, 그러한 의미나 태도의 방향과 강도(힘)를 4분면의 평면이나 또는 3차원의 공간에 표시할 수 있다는 것이 곧 의미분별척도의 기본가정이다.

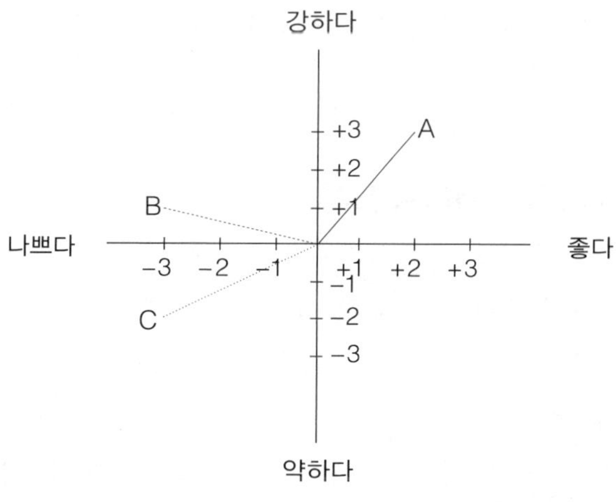

그림 3-1 '흡연'에 대한 태도의 방향과 크기(실례)

이와 같은 가정을 바탕으로 한 것이 곧 의미분별척도인데, 그렇다면 이 척도에서 대칭적 형용사(bipolar adjectives)들은 어떻게 선정하는가? 이 형용사들을 선정하려면, 우선 측정대상 사물이나 이슈에 관련된 대칭적 형용사들을 수십 개 수집해서, 이들을 가지고 의미분별척도를 만들어, 일단의 응답자들에게 주어진 측정대상 사물이나 이슈에 대한 의미나 태도를 평가하게 한다. 그리고 그 평가치들을 인자분석(因子分析, factor analysis)해서 주요 인자들과 각 인자에 대한 부하치(負荷値)가 높은 형용사들을 선정한다.

그러나 이처럼 인자분석을 해서 형용사들을 선정하지 못할 경우는, 측정대상 사물이나 이슈에 대한 개인의 내연적 의미나 태도의 각 인자 내지 차원을 대표할 수 있는 형용사들을 선정해야 한다. 오스굿에 의하면, 각종 사물에 대한 개인 의 내연적 의미나 태도는 크게 세 가지 인자 내지 차원, 즉 평가적 인자(evaluative factor or dimension), 행동적 인자(activity factor), 역동적(力動的) 인자(potency factor)로 나눌 수 있다고 한다. 이들 중 평가적 인자를 대표하는 형용사들은 '좋다-나쁘다' 등이며, 행동적 인자를 대표하는 형용사들은 '능동적-수동적' 등이고, 역동적 인자를 대표하는 형용사들은 '강하다-약하다' 등이다. 그러므로 의미분별척도에 사용할 형용사들은 선정할 때는 이와 같은 3개 인자 내지 차원을 대표할 수 있는 형용사들을 골고루 선정해야 한다. 그러나 이들 3개 인자 내지 차원의 변량의 백분율은 각각 다르다. 따라서 어떤 사물이나 이슈에 대한 태도측정을 위한 의미분별척도를 작성할 때는 각 인자나 차원의 변량의 백분율에 맞게 그에 속하는 형용사들의 수를 결정하는 것이 바람직하다.

6) 보가더스의 사회적 거리측정척도

보가더스의 사회적 거리측정척도(social distance scales)는 1925년 에모리 보가더스(Emory S. Bogardus, 1925)가 개발한 것으로, 이는 본래 인종집단(ethnic group) 간의 태도를 측정해 보기 위해서 개발했다. 따라서 이 척도는 [표 3-6]에서 보듯이 가로(행)의 각 칸에는 왼쪽부터 차례로 어떤 인종집단에 대한 태도의 정도를 7단계, 즉 ① '결혼할 용의가 있다', ② '친구로 삼을 용의가 있다', ③ '옆집에 살게 할

표 3-6 보가더스의 사회적 거리측정척도 실례

구분	① 결혼할 용의가 있다	② 친구로 삼을 용의가 있다	③ 옆집에 살게 할 용의가 있다	④ 같은 직장에서 일할 용의가 있다	⑤ 말동무로만 삼을 용의가 있다	⑥ 내 나라를 방문하게 할 용의가 있다	⑦ 내 나라에 오지 못하게 하겠다
미국인	✓						
미국 인디언					✓		
캐나다인		✓					
중국인							
⋮		⋮	⋮	⋮	⋮	⋮	⋮
스페인인				✓			
스웨덴인			✓				
터키인							✓

용의가 있다', ④ '같은 직장에서 일할 용의가 있다', ⑤ '말동무로만 삼을 용의가 있다', ⑥ '내 나라를 방문하게 할 용의가 있다', ⑦ '내 나라에 오지 못하게 하겠다'로 나눈다. 그리고 세로의 첫 단(段)에는 여러 인종의 이름을 적어 놓고, 이들 각 인종집단에 대한 응답자의 태도를 7단계 중 해당 칸에 ✓표를 하도록 한다.

이렇게 하여 응답자들이 ✓표를 한 칸의 점수(예컨대, '결혼할 용의가 있다'는 첫째 칸에 ✓표를 했으면 1점, 둘째 칸에 ✓표를 했으면 2점 등)들을 합친 다음, 이를 응답자들의 수로 나누어 산술평균치를 내서, 이를 각 인종집단에 대한 사회적 거리점수(social distance score) 내지 태도점수로 규정한다.

이와 같은 척도를 사용하여 보가더스는 수차례 여러 인종집단에 대한 미국인의 태도를 조사한 바 있는데, 그가 1926년에 1,725명의 미국인을 대상으로 30개 인종집단 간의 사회적 거리 내지 태도를 조사한 바에 의하면, 한국인에 대한 미국인의 사회적 거리(태도) 점수는 3.60점(옆집에 살게 할 용의가 있다 정도)으로서 30개 인종집단 중 29위를 차지했다. 이후 1946년 1,950명의 미국인을 대상으로 다시 조사한 결과를 보면, 한국인에 대한 사회적 거리 점수는 3.05로서 27위를 차지했다. 또한 1956년 2,053명의 미국인을 대상으로 한 조사에서는, 한국인에 대한 사회적 거리 점수가 2.83으로서, 30개 인종집단 중 최하위를 차지했는데(Bogardus, 1959, pp. 30-40), 이는 1950~1953년 한국전쟁 때 미국의 매스 미디어 등에 보도된 한국의 참상이 한국인에 대한 이미지를 저해했기 때문이라고 볼 수 있다.

7) 객관적 측정척도 선정 요령

앞에서 모두 다섯 가지의 대표적 태도측정척도들에 관하여 간단히 살펴보았는데, 이 밖에도 태도측정척도에는 피시바인(Fishbein, 1962)의 태도측정척도, 세리프(Sherif and Sherif, 1967)의 자기분류 유목태도측정척도(own-categories procedure)를 비롯하여 여러 가지가 있다. 이들 중, 특히 세리프의 태도측정척도는 응답자 자신이 태도유목을 분류해서 그 위에 자신의 태도를 나타내게 하는 방법으로, 개인의 태도를 더 정확하게 측정할 수 있으나, 측정 결과를 분석하는 데 어려움이 많아 널리 사용되지 않고 있다.

앞에서도 말했듯이, 모든 연구에서 가장 중요한 과제의 하나는 연구문제나 가설에 관련된 각종 변인들을 어떻게 올바로 측정하느냐 하는 것이다. 따라서 변인들을 올바로 측정하려면 타당도와 신뢰도가 높은 측정척도로 측정해야 한다. 그러나 이러한 척도를 특히 대학생이 만든다는 것은 어려운 일이다. 하나의 척도를 제대로 만들기 위해서는 측정대상물에 대한 인자분석도 해야 하고, 또한 타당도와 신뢰도도 검토해 보아야 하기 때문이다.

그러므로 측정에 대한 충분한 지식이 없는 학생들은 연구문제나 가설에 관한 각종 변인의 측정척도를 직접 작성하는 대신, 이미 타당도와 신뢰도가 입증되어 널리 사용하는 각종 객관적 측정검사척도들을 빌려 그대로 사용하거나 또는 약간 변형해서 사용하는 것이 좋다. 이를 위해서는 자신의 연구에 맞는 척도를 찾아내야 하는데, 이러한 척도는 전문서적이나 인터넷을 검색해 보면 쉽게 찾을 수 있다.

4. Q-소트 기법을 통한 자료수집방법

앞서 살펴본 객관적 측정검사척도들을 사용한 자료수집방법 외에 사회과학 분야에서 많이 사용하는 또 하나의 방법으로는 Q-소트 기법(Q-sort technique)을 들 수 있다. 이 기법은 1935년 윌리엄 스티븐슨(William Stephenson)과 톰슨 경(Sir G. H. Thomson)이 각각 독립적으로 같은 해 개발했는데, 이는 본래 정신질환자에게 여러 가지 색깔의 카드를 주고 그것들을 좋아하는 순서대로 늘어놓도록 해서 정신질환 상태를 진단하기 위해 개발한 것이었다. 그러나 이 기법을 1953년 스티븐슨이 과학적 방법의 하나로 체계화함으로써 사회과학 연구에서도 사용하게 되었다.

1) Q-소트 기법의 실례와 채점방법

Q-소트 기법이란, 어떤 사물에 관한 응답자들의 태도나 의견 등을 알아보고자 할 경우, 그에 관한 일련의 아이템(item)을 응답자에게 주고 그 아이템을 자신의 태도나 의견 등에 따라 몇 개의 무더기(piles)로 벌려 놓게 해서 그 사물에 대한 응답자의 태도나 의견 등을 알아보는 방법을 말한다.[4] 예를 들어, 각종 뉴스에 대한 독자의 흥미도를 알아보고자 할 경우, 우선 여러 신문에서 60개의 뉴스기사를 뽑아, 이들 각 기사의 제목과 리드(lead)를 각각 2×3인치 정도 크기의 카드에 옮겨 적어 모두 60개의 뉴스기사 카드를 만드는데, 이것을 Q-소트 아이템(Q-sort items)이라고 한다. 이러한 Q-소트 아이템 카드들의 작성이 끝나면, 이것을 응답자에게 주면서 각 카드에 적혀 있는 뉴스기사를 읽고 그것이 얼마나 흥미로운지 그 흥미도 순서대로 60개의 카드를 일직선 위에 배열하되, [그림 3-2]에서 '각 무더기의 카드 수'에 제시해 놓은 대로 60개 카드들을 9개의 무더기로 나누어 맨 왼쪽 첫째 무더기에는 가장 흥미 있는 기사 카드를 2개만 골라서 놓고, 둘째 무더기에는 그 다음으로 흥미 있는 기사 카드를 3

4 Q-소트 기법은 가끔 Q-방법론(Q-methodology)과 혼동되나, 스티븐슨에 의하면 Q-방법론은 Q-소트 기법을 사용하여 얻은 자료로 Q상관(相關)의 인자분석을 하는 방법을 말하며, Q-소트 기법은 Q-방법론을 위한 자료수집 기법 자체를 말하는데(Stephenson, 1965, p. 134), 여기서 살펴보고자 하는 것은 후자인 자료수집방법으로서의 Q-소트 기법이다.

	가장 흥미 있는								가장 흥미 없는
각 무더기의 카드 수	2	3	6	11	16	11	6	3	2
각 무더기의 척도치	9	8	7	6	5	4	3	2	1

그림 3-2 각종 뉴스기사의 흥미도에 관한 Q-소트 기법의 실례

개만 골라서 놓고, 셋째 무더기에는 그 다음으로 흥미 있는 기사 카드 6개를 골라 놓고, 넷째 무더기에는 그 다음으로 흥미 있는 기사 카드를 11개를 골라 놓도록 한다.

한편, 흥미 없는 기사들의 카드도 골라서 그중 '가장 흥미 없는' 기사 카드 2개는 아홉째(오른쪽으로부터 첫 번째) 무더기에 놓고, 다음으로 흥미 없는 기사 카드 3개는 여덟째 무더기에 놓고, 그 다음으로 흥미 없는 기사카드 6개는 일곱째 무더기에, 그 다음으로 흥미 없는 기사 카드 11개는 여섯째 무더기에 놓는다. 그리고 나머지 16개의 기사 카드는 맨 가운데인 다섯째 무더기에 놓는데, 바로 이렇게 하는 것을 Q-소트라고 한다.

이와 같은 Q-소트가 끝나면, 각 카드에 적혀 있는 기사들의 흥미도에 대한 점수를 부여하는데, 그 방법은 [그림 3-2]에서 '각 무더기의 척도치'에 제시해 놓은 대로 맨 왼쪽 첫째 무더기에 놓은 2개 카드의 기사에는 9점(카드 무더기가 모두 9개이므로)을 주고, 그 다음 둘째 무더기에 놓은 3개 카드의 기사에는 8점을 주는 식으로 계속해 나가서 마지막 무더기에 놓여 있는 카드의 기사에까지 점수를 부여한다. 그런 다음, 각 카드에 적혀 있는 기사들이 각각 모두 몇 점을 받았는지를 알아보는데, 만약 10명의 응답자들을 대상으로 Q-소트를 실시했다면 각 카드별로 각 카드가 받은 점수들을 합산하여 10으로 나누어 산술평균치를 구한다. 이것이 곧 각 뉴스 기사에 대한 응답자들의 흥미도의 평균점수가 되는데, 이러한 평균점수들을 보거나 또는 그 점수가 많은 순서대로 각 기사 카드들의 순위(rank order)를 매겨보면, 어떤 기사들이 얼마나 흥미도가 높은지 알 수 있다.

또한 각 뉴스 기사에 대한 응답자의 흥미도의 평균점수를 알게 되면, 이를 통하여 각 뉴스 기사 간의 유사성도 분석해 볼 수 있고, 뉴스 기사의 흥미도에 관한 인자분석(factor analysis)도 해볼 수 있는데, 이에 관해서는 조금 뒤에 살펴보기로 한다.

2) Q-소트 아이템의 배열분포와 선정

Q-소트 기법은, 위에서 살펴보았듯이 예컨대 각종 뉴스에 대한 독자들의 흥미도를 알아보고자 할 경우, 신문에서 60개 아이템의 뉴스 기사를 뽑아서 응답자에게 주고 그 기사들을 흥미도의 순서에 따라 9개 무더기에 각각 2, 3, 6, 11, 16, 11, 6, 3, 2개씩 배열하게 하여 각종 뉴스 기사에 대한 독자들의 흥미도 등을 알아보는 방법을 말한다. 그렇다면 이와 같은 실례에서 왜 60개 아이템의 뉴스 기사를 뽑아 이들을 9개 무더기에 각각 2, 3, 6, 11, 16, 11, 6, 3, 2개씩 배열하도록 할까?

(1) Q-소트 아이템의 여러 가지 분포형태

모든 Q-소트 연구에서 이와 같이 배열하게 하는 것은 아니며, 연구에 따라 전체 아이템의 수와 이들의 배열분포를 달리할 수 있다. 또한 경우에 따라서는 응답자에게 Q-소트 아이템을 몇 개의 무더기로 나누어 각 무더기에 몇 개씩 놓으라고 강요하지 않고, 응답자가 마음대로 무더기를 몇 개로 나누고 또한 각 무더기에 마음대로 아이템을 몇 개 놓게 할 수도 있는데, 이처럼 응답자가 Q-소트 아이템을 자유롭게 배열하게 하는 것을 '비강요적 소트 방법(unforced sort method)'이라고 한다.

그러나 이와 같은 비강요적 소트 방법은 그 결과를 분석하는 데 어려움이 뒤따를 뿐 아니라, 자칫하면 Q-소트 기법의 특성을 상실할 수도 있다. 따라서 비강요적 소트 방법보다는 강요적 소트 방법(forced sort method), 즉 Q-소트 아이템을 몇 개의 무더기로 나누어 각 무더기에 몇 개씩 놓으라고 지정해 주는 방법을 많이 사용하고 있다(Brooks, 1970, p. 173). 그러므로 여기서도 강요적 소트 방법에 관해서만 살펴보기로 하겠는데, 그렇다면 강요적 소트 방법을 사용할 경우 모두 몇 개의 Q-소트 아이템을 몇 개의 무더기로 나누고, 각 무더기에는 몇 개씩 놓도록 해야 하는가?

이는 각각의 연구와 연구자에 따라 달라질 수 있다. 그러나 전체 아이템이 반드시 정규분포(正規分布, normal distribution)를 이루도록 아이템을 각 무더기에 배열해야 한다. 그러자면 우선 전체 아이템의 사례수(n)가 최소한 50개 이상이 되어야 하는데, 이는 '많은 사례의 법칙(law of large numbers)'에 따라 전체 아이템의 사례수가 60개 이상이 되면 전집(全集, 모집단)의 분포형태에 관계없이 정규분포를 이루기 때문이다. 반면, 아이템의 전체 사례수가 50개 이하면 정규분포를 이루지 않은 수도 있고, 통계적 안정도와 신로도도 떨어진다. 그렇다고 해서 아이템의 사례수를 늘려서 100개가 넘게 되면, 응답자들이 그 아이템들을 소트하는 데 시간과 노력이 너무 많이 들어서 역시 신뢰도가 떨어지게 된다. 그러므로 아이템의 전체 사례수는 50~100개 정도로 하는 것이 바람직한데, 예컨대 아이템의 전체 사례수를 60개로 할 경우 이들이 정규분포를 이루려면, [그림 3-3]에서 ①의 첫째 줄과 같이 60개 아이템을 11개 무더기로 나누어 이들 각 무더기에 각각 2, 3, 4, 7, 9, 10, 9, 7, 4, 3, 2개씩 놓거나, 또는 ①의 둘째 줄과 같이 60개 아이템을 9개 무더기로 나누어 이들 각 무더기에 각각 2, 3, 6, 11, 16, 11, 6, 3, 2개씩 놓게 하면 된다.

한편, 전체 아이템들의 사례수가 각각 70, 80, 90인 경우는 [그림 3-3]에서 ②, ③, ④에 제시한 개수(숫자)만큼 배열하면 정규분포를 이루게 된다. 그리고 전체 아이템들의 사례수가 100개인 경우는 9개 무더기로 나누어 5, 8, 12, 16, 18, 16, 12, 8, 5개씩 배열하면 정규분포를 이루게 된다. 그래야 Q-소트 기법을 통하여 수집한 자료의 통계적 안정도가 높아지며, 그 자료를 검증력이 높은 모수적 통계방법(parametric statistics)을 사용하여 분석할 수 있다.

① n=60인 경우

2	3	4	7	9	10	9	7	4	3	2
	2	3	6	11	16	11	6	3	2	

② n=70인 경우

2	3	5	8	11	12	11	8	5	3	2
	4	6	9	10	12	10	9	6	4	

③ n=80인 경우

2	4	6	9	12	14	12	9	6	4	2
	4	6	10	12	16	12	10	6	4	

④ n=90인 경우

3	5	8	10	12	14	12	10	8	5	3
	4	8	10	16	18	16	10	8	4	

그림 3-3 Q-소트 아이템의 사례수(n)에 따른 배열분포

(2) Q-소트 아이템의 선정과 작성

바로 이와 같은 이유 때문에 Q-소트 아이템을 각 무더기에 배열할 때는 반드시 정규분포를 이루도록 한다. 그러나 앞서 말했듯이 아이템들의 사례수가 100개가 넘으면 이들을 소트하는 데 시간과 노력이 너무 많이 들 뿐 아니라, 신뢰도도 떨어지게 된다. 그러므로 Q-소트 기법을 사용하여 어떤 사물에 관한 응답자의 태도나 의견 등을 알아보려면, 그에 관한 아이템의 사례수를 50~100개 사이로 결정하는 것이 바람직하다. 만약 아이템의 사례수를 50개로 결정한다면 50개의 아이템을 선정할 때, 앞서 실례로 든 각종 뉴스에 대한 독자들의 흥미도(興味度)에 관한 연구에서는 신문에서 60개 뉴스 기사를 선정해서 이들 각 뉴스 기사의 제목과 리드(lead)를 각 카드에 옮겨 적어서 60개의 뉴스 기사 아이템을 만들면 된다.

그러나, 가령 흡연에 대한 응답자들의 태도를 Q-소트 기법을 사용하여 알아보려면, 흡연에 관한 여러 가지 태도나 의견을 나타내는 진술 아이템, 예컨대 "흡연은 정신건강에 좋으므로 금연을 강요해서는 안 된다", "흡연도 그 나름대로 좋은 점이 있다", "흡연은 중독성이 높으므로 처음부터 시작해서는 안 된다", "흡연의 시작은 곧 비극의 시작이다", "흡연은 건강과 행복을 해친다", "흡연은 암을 유발한다" 등의 진술들을 수집하거나 작성한다. 그런 다음, 그중에서 흡연에 대한 응답자들의 태도를 잘 나타내는 것들만 선정해서 이들을 하나하나씩 각각의 카드(2×3인치 크기 등)에 옮겨 적는 것이 좋다. 그래야 응답자들이 하나하나의 카드를 집어서 읽어보면서, 예컨대 '가장 찬동'하는 것부터 '가장 찬동하지 않는' 것까지 순서대로 각 무더기(pile)에 늘어놓기가 쉽기 때문이다.

또한 Q-소트 기법은 색깔에 대한 응답자들의 선호도(選好度)를 알아볼 때도 사용할 수 있는데, 이러한 연구에서는 서로 다른 색깔의 카드들을 만들어 이들을 Q-소트 아이템으로 사용하면 된다. 그리하여 이들 색깔 카드 아이템을 응답자에게 주면서 '가장 좋아하는' 색깔의 카드부터 '가장 싫어하는' 색깔의 카드까지 선호도의 순서대로 늘어놓되, 만약 서로 다른 색깔 카드 아이템의 전체 사례수가 60개였다면, 이들을 9개의 무더기에 2, 3, 6, 11, 16, 11, 6, 3, 2개씩만 늘어놓게 하면 된다. 그래서 응답자가 색깔 카드들을 모두 늘어놓으면, 첫째 '가장 좋아하는' 색깔의 무더기에 놓은 2개의 카드에는 9점을, 그 다음 둘째 무더기에 놓은 3개의 색깔 카드에는 8점을 주는 식으로 계속해서 마지막 무더기에 놓여 있는 색깔의 카드까지 점수를 부여해서, 이들 점수를 토대로 응답자가 어떤 색깔을 어떤 순서로 선호하는지를 알아보면 된다.

3) Q-소트 자료의 분석방법

위와 같이 Q-소트 기법을 통해 각 아이템에 대한 점수(이하 'Q-소트 자료'로 약칭)를 얻게 되면, 이들을 분석해서 연구문제에 대한 해답을 구하거나 가설을 검증하면 되는데, 그 방법은 연구문제나 가설에 따라 각각 다르다. 그러나 Q-소트 자료의 분석방법은 크게 두 가지로 나눌 수 있는데, 첫째는 각 아이템 간의 비교분석(item-by-item comparison) 방법이고, 둘째는 전체 아이템 간의 유사성 분석(similarity between or among entire Q-sort) 방법이다.

(1) Q-소트 각 아이템 간의 비교분석방법

첫째, 각 아이템 간의 비교분석방법이란, 앞서 각종 뉴스에 대한 독자의 흥미도에 관한 연구사례에서 말했듯이 Q-소트 기법을 통하여, 가령 60개 뉴스 아이템의 흥미도에 관한 점수를 얻게 되면 이들 점수를 토대로 60개 뉴스 아이템을 서로 비교하면서, 어떤 뉴스를 독자(응답자)들이 가장 흥미 있게 생각하며, 그 반대로 어떤 뉴스를 가장 흥미 없게 생각하는지를 분석해서 연구문제에 대한 결론을 내리거나 가설을 검증하는 것을 말한다.

이와 같은 분석방법을 좀더 세분화해서, 예컨대 응답자의 점수자료를 연령대별로 분석하여 20~30대 응답자와 50~60대 응답자는 각각 어떤 뉴스를 가장 흥미 있게 생각하는지를 분석해서 응답자(독자)들의 연령에 따라 각종 뉴스에 대한 독자의 흥미도가 어떻게 달라지를 비교해 볼 수 있는데, 이와 같은 분석방법도 역시 각 아이템 간 비교분석방법의 일종이다.

이 밖에도 Q-소트 자료는 여러 가지로 비교분석해 볼 수 있다. 예컨대, 각 뉴스 아이템을 뉴스의 종류에 따라 국내 뉴스와 국제 뉴스, 또는 정치 · 경제 · 사회 · 연예오락 뉴스 등으로 나누어, 이들 여러 종류의 뉴스 중에서 독자의 흥미도가 높은 뉴스는 어떤 것인지 비교분석해 볼 수 있다.

비타민 3-2

Q-소트 조사연구의 미니 실습

1) Q-소트용 카드의 준비

문구점에 가서 서로 다른 50가지 색깔의 색종이를 사다가 3 × 5인치(7.6 × 12.7cm) 크기로 자른다. 만약 50가지 색깔의 색종이가 없다면, 50가지 색깔의 크레파스와 50장의 공카드(3 × 5인치)를 사다가 각 카드에 서로 다른 색칠을 해서 모두 50장의 색깔 카드로 만든다.

2) Q-소트 조사의 실시

(1) 50장의 색깔 카드를 친구나 가족, 또는 아는 사람에게 주면서 그것들을 화투 목처럼 손에 쥐고 하나하나씩 보면서 '가장 좋아하는 색깔'부터 '가장 싫어하는 색깔'의 순서로 마음대로 여러 무더기(pile)로 나눠 놓으라고 한다. 카드를 몇 무더기로 벌여놓아도 좋고, 한 무더기에 몇 장을 놓아도 좋으나, 50개 카드를 하나도 남기지 말고 모두 놓도록 한다.

(2) 이와 같은 Q-소트 조사는 모두 20명(응답자)에게 실시하되, 그중 성인과 어린이가 각각 10명, 남성과 여성이 각각 10명이 되도록 한다.

3) 조사자료의 분석과 논의

(1) 응답자가 색깔 카드를 평균 몇 무더기로 벌여놓았으며, 이는 성인과 어린이, 남성과 여성에 따라 어떻게 나타나는가? 미국의 성인은 평균 7무더기, 어린이는 5무더기로 벌어놓았나고 한다. 따라서 의미분별척도도 7칸의 7점 척도로 만들었으나, 어린이에게는 5점 척도를 사용한다. 그런데 이 미니 실습 응답자 중 혹시 2~3무더기로 벌여놓은 사람은 없는가? 그런 사람은 혹시 '백 아니면 흑'이라는 흑백 논리자는 아닐까? 논의해 보라.

(2) 응답자가 가장 좋아하는 색깔과 가장 싫어하는 색깔은 어떤 것이었는가? 그 결과로 미루어 볼 때, 한국 사람들은 어떤 색깔을 선호한다고 말할 수 있겠는가? 이는 혹시 우리 민족성과 관계가 있을까? 또한 개인이 선호하는 색깔과 그들의 성격과는 혹시 관계가 없을까? 논의해 보라.

(2) Q-소트 전체 아이템 간의 유사성 분석방법

둘째, Q-소트 전체 아이템 간의 유사성 분석방법은 다시 두 가지로 나누어 볼 수 있다. 그중 하나는, 예컨대 언론인과 독자 간의 뉴스에 대한 흥미도의 유사성이나 상이성(相異性)을 알아보고자 할 경우, 언론인 집단과 독자 집단으로부터 각각 얻은 Q-소트 자료 간의 적률상관계수(積率相關係數) r을 산출하여 통계적으로 분석해 보는 방법이다. 이 분석방법에서 적률상관계수의 산출 공식은 [공식 3-1]과 같다(Block, 1961, p. 101).

[공식 3-1] $$r = 1 - \frac{d_i^2 p}{2N\sigma_D^2}$$

여기서 $d_i^2 p$ = 각 무더기(pile)에 주어진 Q-척도치 간 차의 자승

N = Q-소트 아이템의 전체 사례수

σ_D^2 = Q 세트의 표준편차

그러나 크론바흐와 글레저(Cronbach and Gleser, 1953, pp. 456-473)에 의하면, 이러한 적률상관계수를 산출하기 위해서는 위 [공식 3-1]를 사용하는 것보다는 다음 [공식 3-2]와 같은 D-검증방법(D-test)을 사용하는 것이 더 정확하다고 한다.

[공식 3-2] $$D = \sqrt{\sum_j d^2}$$

여기서 $j = a, b, c$ 등 각 아이템

d = 각 아이템의 점수 간의 차이

하지만 블로크(Block, 1961, p. 101)는 강요적 소트 기법을 사용하여 얻은 Q-소트 자료를 분석할 때는 D-검증방법보다 r계수를 쓰는 것이 더 적절하다고 주장한다. 따라서 D-검증방법은 비강요적 소트 기법을 통하여 얻는 자료를 분석할 때 사용하고, r계수는 강요적 소트 기법을 통해 얻은 자료를 분석할 때 사용하면 된다. 그리

고 2개의 r계수 간 차이의 유의도(有意度) 검증을 위해서는 r계수를 표준점수(standard score)로 바꾸어 t-검증(t-test)을 하면 된다.

다음으로, Q-소트의 전체 아이템 간 유사성 분석방법 중 다른 하나는 Q-소트 전체 아이템에 대한 인자분석(factor analysis) 방법이다. 이 방법은, 예컨대 각종 뉴스에 대한 독자의 흥미도에 관한 Q-소트 자료를 인자분석해서 뉴스의 흥미도가 몇 개의 인자(因子, factor)로 어떻게 구성되었는지 분석해 보는 방법이다. 이때 이러한 인자분석을 언론인 집단과 독자 집단을 대상으로 각각 실시하여, 뉴스의 흥미도에 대한 언론인 집단과 독자 집단 간의 유사성이나 상이성(相異性)을 비교해 볼 수도 있다.

4) Q-소트 기법의 주요 장단점

이상에서 Q-소트 기법에 관하여 간단히 살펴보았는데, Q-소트 기법은 여러 가지 장점을 가지고 있다. 첫째, 지필검사(紙筆檢査, paper and pencil test)보다 대체적으로 신뢰도가 높다는 점을 들 수 있다. 둘째, Q-소트 기법은 흥미 있는 방법으로, 응답자가 Q-소트를 하는 것을 즐거워해서, 결과적으로 그 자료의 신뢰도가 높다는 점도 장점의 하나이다. 셋째, Q-소트 기법은 융통성이 많아서, 그 자료의 분석에서도 상관계수의 산출은 물론, 여러 가지 통계분석이 가능하다는 점 등을 들 수 있다. 따라서 Q-소트 기법은 사회과학 분야의 연구에서도 많이 사용하고 있다.

그러나 Q-소트 기법은 응답자들이 그 아이템을 Q-소트 하는 데 시간이 많이 걸려서 많은 응답자들을 대상으로 실시하기 어렵다는 단점이 있다. 특히 아이템의 수가 많을 경우는 한 사람당 30여 분씩이나 걸리기 때문에 많은 수의 응답자에게 실시하기 힘들다. 또한 Q-소트에서는 해당 아이템에 대한 응답자의 선택의 독립성이 완전히 성립하지 않는다는 점, 즉 하나의 아이템에 대한 응답자의 선택이 다른 아이템에 대한 선택에 영향을 미치게 된다는 제한점도 가지고 있다. 따라서 Q-소트 기법은 일종의 서열척도라고 볼 수 있으나, 실제로 그 자료의 분석에서는 등간척도로 간주하게 되므로 통계적 가정(assumption)에 다소 어긋나게 되지만, 그 위반의 정도가 크지는 않다. 한편, 강요적 소트 기법에서는 응답자에게 각 무더기에 몇 개의 아이템만 놓게 강요함으로써 자연스럽지 못하다는 점도 있다. 하지만 이와 같은 여러 단점들에도 불구하고, Q-소트 기법은 중요한 자료수집방법의 하나로 인정받고 있다.

5. 사회성 측정을 통한 자료수집방법

Q-소트 기법과 함께 사회과학 분야에서 많이 사용하는 또 하나의 실증자료 수집방법으로 사회성 측정(sociometry) 방법을 들 수 있다. 이 방법은 본래 미국의 교육사회학자 제이컵 모레노(Jacob L. Moreno)가 학교나 학급 내에서 학생들 간의 인간관계를 측정·연구하기 위하여 1932년 처음 창안한 것이었다. 그러나 그 후 이 방법이 사회과학 분야에서도 널리 사용되기 시작, 특히 집단이나 조직 내에서 그 성원들 간의 친소행동, 커뮤니케이션 네트워크, 상호작용 패턴, 의견지도자(opinion leader)와 그 추종자(follower)의 관계, 트위터(twitter)와 그 추종자(follower) 간의 소셜 커뮤니케이션(social communication) 등에 관한 연구에도 많이 사용한다.

1) 사회성 측정방법의 개요와 주요 용도

모레노는 1932년 미국 뉴욕 시 브루클린에 있는 한 공립초등학교의 1~8학년 학생들에게 같은 책상을 사용하고 싶은 친구들을 선택해 보라고 했다. 그 결과, 어떤 학생들은 다른 학생들로부터 같은 책상을 쓰고 싶다는 선택을 많이 받았지만, 어떤 학생은 전혀 선택을 받지 못했고, 나머지 대부분의 학생들은 중간 정도의 선택을 받았다.

그래서 이와 같은 친구 선택의 관계를 좀 더 자세히 분석해 보았더니, 겉으로는 나타나지 않던 학급 내에서의 사회적 구조가 분명히 드러났다. 즉 학생들 몇몇끼리의 짝패관계, 남녀 학생들 간의 관계, 학생들 간의 친소(親疎)관계 등이 일목요연하게 나타났다. 모레노는 이와 같은 조사를 통하여 집단성원들 간의 인간관계의 형태를 분석하고 그 강도(强度)나 빈도(頻度) 등을 측정해 봄으로써 집단 내에서의 한 성원의 인간관계나 위치, 나아가서는 집단 자체의 사회적 구조와 그 발전 상태 등을 발견, 설명, 평가할 수 있다고 주장하면서, 이런 조사방법을 사회성 측정검사(sociometric test)라고 불렀다(Gronlund, 1959, p. 1).

이것이 발전되어 오늘날과 같은 사회성 측정방법이 되었는데, 이는 어떤 집단이나 조직의 성원들 간 친화(親和, attraction)와 배척(排斥,repulsions) 행위 등의 측정을 통하여 그 성원들 간의 인간관계, 커뮤니케이션과 상호작용의 패턴 등에 관한 자료를 수집하고 분석하는 방법이다. 이러한 사회성 측정방법은 선택(choice)을 토대로, 연구자가 제시한 하나 또는 그 이상의 기준에 따라 한 사람에게 하나 또는 그 이상의 다른 사람들을 선택하도록 해서 사회성을 측정한다. 이때 그 선택행위에 대한 조사는 ① 누구와 같이 일하고 싶은가, ② 누구와 같이 놀고 싶은가, ③ 누구와 같이 이 과제를 연구하고 싶은가 하는 등의 질문을 통해 할 수도 있고, 자기가 속한 집단이나 다른 집단의 성원들 중에서 하나, 둘, 셋 또는 그 이상을 선택하도록 할 수도 있다.

2) 사회성 측정검사지의 작성방법

이와 같은 사회성 측정방법을 통하여 어떤 연구문제에 대한 자료를 수집하려면 우선 그 측정검사지를 만들어야 하는데, 이를 만들려면 ① 사회성 측정기준(sociometric criteria), 즉 무엇을 선택시킬 것인지를 결정해야 하고, ② 몇 개를 선택시킬 것인지 그 선택 수(選擇數)를 결정해야 하며, 또 ③ 집단성원들에게 어떻게 하라는 지시문(指示文, instruction)을 작성해야 된다.

이러한 사회성 측정검사지의 작성에서 가장 핵심이 되는 것은 사회성 측정기준, 즉 무엇을 선택하게 할 것이냐인데, 여기서 선택대상은 사람뿐 아니라 어떤 집단이나 조직 내에서 커뮤니케이션 라인(line), 의견지도자의 영향력의 흐름, 또는 소수집단 등이 될 수도 있다. 이러한 선택대상은 응답자 개인에게 주는 지시와 질문을 통해 이루어지는데, 사회성 측정에서 많이 사용하는 대표적 측정기준과 그 설문, 지시문을 몇 가지만 소개해 보면 다음과 같다(Kerlinger, 1973, pp. 556-557).

① 당신은 누구와 같이 일하고(놀고, 옆에 앉고 등) 싶습니까?

② 당신과 가장 친한 친구 세 사람은 누구누구입니까?

③ 당신의 학급(또는 학교·클럽 등)에서 당신이 가장 좋아(싫어)하는 두 사람은 누구입니까?

④ 당신과 함께 × 과제를 연구하고 싶은 파트너(partner)를 한 사람만 선택하시오.

⑤ 당신의 학급에서 가장 좋은(나쁜) 세 명의 학생은 누구입니까?

⑥ 당신과 함께 같은 방을 쓰고 싶은 두 사람을 고르시오.

⑦ ×× 행사를 위해서는 누가 이 집단을 이끌어 나가야 하겠습니까?

⑧ 전교학생자치위원회에 내보낼 우리 학급 대표로 누구를 선정하겠습니까?

⑨ 당신의 학교(학급 · 사회 · 마을)에서 가장 존경을 받는 네 사람을 고르시오.

이와 같은 사회성 측정기준과 그에 대한 지시나 설문 이외에도 여러 가지가 있을 수 있으며, 위와는 반대로 "누가 ××하기 위해서 당신을 선택할 것이라고 생각하는가?"라는 식으로 질문할 수도 있다. 또한 응답자에게 어떤 기준에 따라 다른 사람에 대한 순위를 매기도록, 예컨대 다음과 같은 지시를 할 수도 있다.

> 여기에 당신의 급우(級友)들 명단이 있습니다. 당신과 함께 숙제를 하기 원하는 정도에 따라 각 급우들을 3, 2, 1, 0, −1, −2, −3의 숫자를 써서 점수를 매기시오. 여기서 3은 그 사람과 숙제를 하기를 '아주 많이' 원하는 것을 나타내며, 그 반대로 −3은 '아주 조금' 원하는 것을 의미하고, 0은 같이 숙제를 해도 좋고 하지 않아도 좋은 것을 말하며, 나머지 숫자들은 그 순서대로 원하거나 원하지 않는 정도를 나타냅니다.

이것은 하나의 간단한 실례에 지나지 않으며, 이 밖에도 여러 가지 방법으로 사회성 측정을 할 수 있다. 하지만 사회성 측정검사지를 작성할 때는 다른 모든 설문지나 검사지와 마찬가지로 형식에 맞게 구체적으로 작성해야 한다.

3) 사회성 측정검사의 실제 실시 요령

사회성 측정검사지의 작성이 끝나면 실제로 사회성 측정검사를 실시하게 된다. 그러자면 누가 · 어떻게 · 언제 실시할 것인지에 관한 자세한 계획을 세우고, 그에 따라 주의 깊게 사회성 측정검사를 실시해야 한다.

첫째, 사회성 측정검사는 응답자와 친화(親和)관계가 있는 사람이 실시하는 것이 바람직하다. 그러나 그렇지 않을 경우는, 우선 응답자의 마음이 편안하도록 분위기를 조성한 다음에 검사를 한다.

둘째, 사회성 측정검사 실시방법에는 응답자에게 개별적으로 실시하는 방법과 집단적으로 실시하는 방법이 있는데, 이 중 어떤 방법을 선정할 것인지는 그때그때 상황을 고려해서 결정한다.

셋째, 오래 전에 형성된 응답자 집단을 대상으로 사회성 측정검사를 할 때는 그 시기가 문제가 되지 않으나, 새로 형성된 집단을 대상으로 검사할 경우는 그 집단의 구조가 어느 정도 안정성을 띤 시기에 검사를 해야 하는데, 새로운 집단의 구조가 안정되려면 대체로 4~8주(週)가 걸린다.

넷째, 사회성 측정검사는 각 단위 집단의 성원 전원(全員)을 대상으로 실시 하며, 한 단위 집단에서 일부 성원만 표집해서 실시해서는 안 된다.

4) 사회성 측정검사자료의 분석방법

위와 같이 해서 사회성 측정검사가 끝나면 그 검사자료들을 분석해야 하는데, 그 방법에는 대체로 다음 세 가지가 있다. 첫째는 사회성 측정 행렬표(社會性測定行列表, sociometric matrices)를 통하여 분석하는 방법이고, 둘째는 소시오그램(sociogram)이라는 그래프를 통하여 분석하는 방법이며, 셋째는 사회성 측정지수(社會性測定指數, sociometric indices)를 사용하여 분석하는 방법이다.

(1) 사회성 측정 행렬표를 사용한 분석방법

사회성 측정 행렬표를 사용하여 사회성 측정검사자료를 분석·제시하는 방법은 사회성 측정검사에서 각 설문에 따라 응답자들이 선택했거나 또는 선택받은(피선) 수(數)를 행렬표 형태로 분석·제시하는 방법을 말한다. 예컨대, [표 3-7]에서 보듯이, 행렬표의 행(行)과 열(列) 앞에 먼저 사회성 측정검사를 하려는 집단의 각 성원의 이름이나 기호를 써놓은 다음, 성원(응답자) a가 성원 b와 성원 e를 자신의 파트너로 선택했다면, 성원 b와 성원 e에게 각각 1점씩을 준다. 그 다음, 성원 b가 성원 a와 성원 e를 자신의 파트너로 선택했다면, 이들에게 각각 1점씩 준다. 이와 같은 식으로 계속해서 성원 c, 성원 d, 성원 e가 선택한 다른 성원에게 1점씩 점수를 부여한 다음, 그 점수들을 각각 세로(열)로 합산하여 어떤 성원이 다른 성원으로부터 얼마나 선택을 받았는지 그 피선(被選) 점수를 산출해서 한 집단 내에서 그 성원들 간의 친소(親疎)관계를 알아본다. 또한 누가 다른 성원으로부터 가장 많은 선택을 받는 '스타(star, 인기인)'이며, 누가 가장 적은 선택을 받은 '고립자(isolator)'인지 등을 알아본다.

(2) 소시오그램을 사용한 분석방법

소시오그램(sociogram)을 통한 사회성 측정검사자료 분석방법은, 예컨대 [그림 3-4]에서 보듯이 사회성 측정대상 집단의 성원 a, b, c, d, e가 자신의 파트너로 누구를 선택했는지를 화살표로 표시해서 해당 집단 내의 사회적 구조를 분석해 보는 방법을 말한다.

좀 더 구체적으로 말해서, 만약 성원 a와 b가 서로를 파트너로 선택했다면 $a \leftrightarrow b$로 표시하고, 성원 d가 b를 자신의 파트너로 선택했다면 $d \rightarrow b$로 표시하는 식으로, 각 성원이 누구를 자신의 파트너로 선택했는지를 화살표로 표시해서 성원들 간의 선택 관계를 그림으로 나타내는 것이다. 이러한 방법을 통하여 소시오그램을 그려보면, 집단성원 간 상호관계의 여러 가지 패턴이나 네트워크(network), 예컨대 사슬형·Y형·직선형 등의 패턴이나 네트워크를 쉽게 파악할 수 있다.

표 3-7 사회성 측정 행렬표의 실례

	선택받음(피선)					
	이름	a	b	c	d	e
선택함	a	0	1	0	0	1
	b	1	0	0	0	1
	c	0	0	0	1	1
	d	0	1	0	0	1
	e	1	1	0	0	0
피선 점수계		2	3	0	1	4

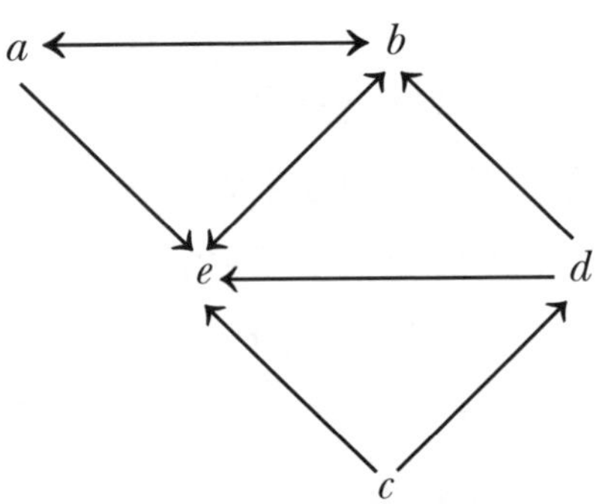

그림 3-4 소시오그램의 실례

(3) 사회성 측정지수를 사용한 분석방법

사회성 측정지수를 통하여 사회성 측정자료를 분석하는 방법은, 집단 내의 사회적 특성에 관한 지수(指數, index)를 산출해서 집단의 속성을 알아보는 방법을 말한다. 이 방법에는 크게 ① 집단 내에서 어떤 성원의 지위(地位, status of person)를 진단하기 위한 것과, ② 집단 전체의 특성을 파악하기 위한 것이 있다.

① 집단 성원의 지위 분석방법

집단 내에서 어떤 성원의 지위를 알아보기 위한 지수에도 여러 가지가 있는데, 그중에서 ① 어떤 성원이 다른 성원들로부터 얼마나 선택을 받고 있는지를 알아보는 피선지위지수(被選地位指數), ② 이와는 반대로 어떤 성원이 다른 성원들로부터 얼마나 배척을 받고 있느냐를 알아보는 배척지위지수(排斥地位指數), 그리고 ③ 어떤 성원이 다른 성원들로부터 얼마나 선택과 배척을 받고 있느냐를 알아보는 선택-배척지위지수(選擇-排斥地位指數)가 있다. 이들 지수의 산출공식은 다음과 같다(Proctor and Loomis, 1951).

① 피선지위지수(被選地位指數, Index of Choice Status, CS) 산출공식

$$CS_j = \frac{\sum C_j}{N-1}$$

여기서 $\sum C_j$는 j를 호의적으로 선택한 사람의 총수

② 배척지위지수(排斥地位指數, Index of Rejection Status, RS) 산출공식

RS ——

여기서 R_j는 j를 배척한 사람의 총수

③ 선택-배척지위지수(Index of Choice-Rejection Status, CRS) 산출공식

$$CRS_j = CS_j - RS_j$$

이들 공식 중에서 ①의 피선지위지수(CS_j)를 산출하는 방법의 실례를 앞서 [표 3-7]의 검사자료를 사용하여 살펴보면, 성원 a를 호의적으로 선택한 다른 성원들의

총수는 $\sum C_a = 2$이고 전체 성원의 사례수는 $N=5$이므로, 성원 a의 피선지위지수는 $CS_a = \frac{\sum C_a}{N-1} = \frac{2}{4} = 0.50$이 된다.

한편, 네 사람으로부터 선택을 받은 성원 e의 피선지위지수는 $CS_e = 4/4 = 1.00$이 되는데, 피선지위지수가 높을수록 집단 내에서 다른 많은 성원들로부터 선택을 받는 지위에 있는 반면, 피선지위지수가 낮을수록 다른 성원들로부터 선택을 받지 못하는 지위에 있다는 것을 나타낸다.

② 집단 전체의 특성 분석방법

집단 전체의 특징을 파악하기 위한 지수에도 여러 가지가 있는데, 그중에서 집단의 확장성(擴張性, group expansiveness), 집단의 응집성(凝集性, group cohesiveness), 집단의 긴밀성(緊密性, group coherence), 집단의 통합도(統合度, group integration)를 알아보기 위한 지수 산출공식은 다음과 같다(Proctor and Loomis, 1951).

① 집단의 확장성지수(Index of Group Expansiveness) 산출공식

$$E = \frac{\sum C_j}{N}$$

여기서 E = 성원 1인당 평균 선택수

ΣC_j = 성원들의 총 선택 수

② 집단의 응집성지수(Index of Group Cohesiveness) 산출공식

$$C_0 = \frac{R}{C_2^N} = \frac{2R}{N(N-1)}$$

여기서 R = 상호선택의 총수

C_2^N = 성원을 2명씩 짝지었을 때 가능한 조합의 총수

③ 집단의 긴밀성지수(Index of Group Coherence) 산출공식

비타민 3-3

우리 학과에서 영화 분야 여론지도자는 누구?

1940년 미국 대통령 선거를 앞두고 컬럼비아대학교 응용사회과학연구소장 라자스펠드(Paul F. Lazarsfeld)는 그의 동료들과 함께, "대통령 선거에서 유권자들은 어떻게 자신의 투표의사를 결정하는가?" 하는 문제에 관한 조사연구를 시작했다. 즉 오하이오 주 에리 카운티(Erie County) 유권자들을 대상으로 패널 조사방안(panel design)을 사용하여 5월부터 11월까지 매달 한 차례씩 모두 7차례의 면접조사를 실시했다.

그런데 면접조사를 하면서 전혀 예상하지 못한 사실 하나를 우연히 발견했다. 매스 미디어가 선거에 관련된 중대 사건들을 보도해서 이를 유권자들이 모두 보았는데, 그 사건에 대한 유권자의 의견이나 태도는 매스 미디어에 의해서보다는 그들 주위(周圍)의 어떤 인물들이, 대화 등을 통해 그 사건에 대하여 어떻게 논평이나 의견을 말했느냐에 따라 결정되고 있다는 사실이었다.

이와 같은 사실을 발견하자, 라자스펠드 등은 "주요 사건에 대한 매스 미디어의 영향(influence)은 직접 수용자 대중에게로 흐르지 않고 중간에 어떤 인물, 즉 여론지도자(opinion leader)를 거쳐 다시 대중에게 흐른다."는 소위 매스 미디어의 2단계 유통가설을 제시했다. 그리고 이러한 자신들의 가설을 입증하기 위한 연구를 1944년부터 시작하여 10년 만인 1955년 그 결과를 발표했는데(Katz and Lazarsfeld, 1955), 이 연구에서 연구자들은 선거 등에 관한 공공분야뿐 아니라, 마케팅, 패션, 영화 분야 등에도 의견지도자들이 곳곳에 존재하면서 그 영향력을 팔로어(follower)에게 행사하고 있음을 확인함으로써 매스 미디어의 2단계 유통가설이 이론으로 확립되었다.

만약 이 이론이 한국에도 그대로 일반화될 수 있다면, 여러분 학과에도 분명 의견지도자가 있을 것이다. 그렇다면 영화 분야의 의견지도자는 과연 누구일까? 한 번 찾아보자. 그 방법에는 여러 가지가 있으나, 여기서 배운 사회성 측정지수 분석방법을 이용하면 쉽게 찾을 수 있다. "영화 구경을 가려고 할 때 어떤 영화가 좋은지 누구와 상의하는가?", "우리 학과에서 영화짱은 누군지 한 사람의 이름만 써보라." 등등을 학생들에게 물어보면 가장 선택을 많이 받은 '스타'가 뜰 것이다. 그가 바로 의견지도자일 것이다.

$$I_{cc} = \frac{R_q}{U_p}$$

여기서 R = 상호선택의 수

U = 일반적 선택의 수

$P = \frac{d}{N-1}$ (단, d = 각 사람당 선택 허락 수)

$q = 1 - p$

④ 집단의 통합도 지수(Index of Group Integration) 산출공식

$$I_i = \frac{1}{I}$$

여기서 I = 고립자 수

집단 자체의 특징들을 알아보기 위한 이와 같은 여러 지수 중에서 ② 응집성 지수의 산출방법을 간단히 소개하면, 가령 어떤 집단에 대한 사회성 측정검사 결과 앞서 [그림 3-7]과 같이 나타났다면, 상호선택의 총수 R= 2이고, 집단성원의 전체 사례수 N= 5이므로, 이 집단의 응집성 지수는 다음과 같은데, 이러한 응답성 지수가 높을수록 해당 집단의 응집성은 높다는 것을 의미한다.

$$C_0 = \frac{2R}{N(N-1)} = \frac{2 \times 2}{5(5-1)} = 0.20$$

이상에서 사회성 측정을 통한 자료수집방법에 관하여 간단히 살펴보았는데, 이 방법은 여러 가지 장점들을 갖고 있다. 즉 ① 측정검사지(測定檢査紙)를 쉽게 작성해서 짧은 시간에 실시할 수 있다는 점, ② 융통성이 크기 때문에 주어진 상황에 따라 쉽게 조정해서 실시할 수 있다는 점, ③ 여러 가지 목적에 사용할 수 있다는 점, ④ 경비가 별로 들지 않는다는 점 등이다. 따라서 이러한 사회성 측정방법도 사회과학 연구에서 많이 사용한다.

6. 직접행동관찰법을 통한 자료수집방법

사회과학 연구에서 많이 사용하는 또 하나의 자료수집방법으로는 직접행동관찰법(direct observational method of behavior)을 들 수 있다. 이는 조사자가 조사대상자들에게 언어로 질문 등을 하지 않고 그들의 행동을 관찰해서 연구문제에 관한 자료를 수집하는 방법이다(Phillips, 1966, p. 135). 따라서 직접행동관찰법은 언어적 수단이 아니라 비언어적(非言語的, non-verbal) 수단을 사용한다는 점이 특징이다. 그렇다면 이러한 직접행동관찰법을 사용하여 관찰대상자의 행동을 관찰해서 연구문제나 가설에 관한 연구자료들을 수집하려면 어떻게 해야 하는가?

1) 직접행동관찰법의 개요와 여러 가지 형태

관찰대상자의 행동을 관찰하기 위해서는 무엇보다도 먼저 관찰할 행동을 올바로 선정하고 이들을 명확히 규정할 필요가 있다. 예를 들어, 관찰대상자 간의 협동행동(cooperative behavior)을 관찰하고자 한다면, 인간의 협동행동을 구성하는 여러 가지 요인이나 협동행동에 관계된 주요 변인들을 가려내서, 이들 요인이나 변인 하나하나에 대한 관찰기준을 미리 자세하게 설정해야 한다. 그리고 그 기준에 따라 관찰자가 관찰대상자의 행동을 관찰하면서 그것을 관찰한 대로 기술(記述)하거나 평정(評定, rate)해 나가며 그 결과를 관찰기록표에 기록한다.

직접행동관찰법은 그 형식에 따라 크게 두 가지로 나누어 볼 수 있는데, 하나는 행동묘사법이고, 다른 하나는 평정척도법이다. 행동묘사법은 관찰대상자의 행동을 충실하게 묘사 또는 기술(記述)해 나가는 것으로서, 이에는 어떤 행동 자체에 대한 사실적 기술과, 그 행동의 발생 장면의 묘사와, 그에 대한 관찰자의 해석과 판단이 포함된다. 이에 비해 평정척도법은 관찰한 것을 수량화해서 표시하는 방법으로, 이는 평정척도의 종류에 따라 다시 검목표(檢目表, check-list)에 의한 평정척도법, 선택강요법(forced-choice instrument)에 의한 평정척도법, 점수평가척도(numerical rating scale)에 의한 평정척도법, 그래픽 척도(graphic rating scale)에 의한 평정척도법, 유목척도(category rating scale)에 의한 평정척도법 등으로 나눌 수 있다.

또한 직접행동관찰법은 그 형태에 따라 크게 두 가지로 나누어 볼 수 있는데, 첫째는 관찰대상자들의 행동을 자연스러운 상태에서 아무런 통제를 가하지 않고 관찰하는 비통제적(非統制的) 또는 자연적 관찰법이다. 이 관찰법은 다시 두 가지로 나누어 볼 수 있는데, 하나는 관찰자 자신이 관찰대상자 속에 끼어서 그들과 함께 행동하면서 관찰하는 참여관찰법이고, 다른 하나는 관찰자가 외부인으로서 관찰 현장에 가서 직접 또는 일면 유리창(one-way mirror)을 통해 관찰하는 비참가 관찰법(非參加觀察法)이다.

이러한 비통제적 또는 자연적 관찰법과 달리 통제적 관찰법은 사전계획에 따라 어떤 상황을 인위적으로 만들어서 그 상황 속에서 관찰대상자가 어떻게 행동하는지를 관찰하는 방법이다. 따라서 이를 실험관찰법이라고도 부르는데, 통제적 관찰법은 비통제적 관찰법에서 생기는 재관찰(再觀察)의 어려움 등을 보완하기 위하여 고안되었다. 이러한 통제적 관찰법의 대표적 실례의 하나로는, 베일스(Bales, 1951)가 개인들 간의 상호작용 행동의 분석연구에서 관찰대상자들을 실험실에 넣고 서로 토의를 하게 하면서 이들의 행동을 12개의 분류체계에 따라 관찰한 방법을 들 수 있다.

2) 실제 직접행동관찰에서의 유의점

직접행동관찰법은 중요한 자료수집방법의 하나이지만, 이 방법을 사용하여 연구문제에 대한 자료를 수집할 때는 여러 가지에 유의해야 한다. 그중에서 몇 가지 중요한 유의사항들만 간단히 들어보면 다음과 같다.

첫째, 직접행동관찰법을 사용하여 연구자료를 수집할 때는 관찰자의 자질(資質)이 중요하다. 관찰자는 민첩한 감각을 지녀야 하며, 재빠르고 정확하게 판단을 내릴 수 있고, 여러 가지 세부 행동을 동시에 관찰할 수 있으며, 자신의 개인적 선입견을 통제할 수 있고, 행동관찰에서 얻은 자료들을 정확하게 기록할 수 있어야 한다. 그러므로 직접관찰법을 사용할 때는 이와 같은 자질을 지닌 관찰자를 선정해서 사전에 철저한 교육을 시켜야 한다.

둘째, 직접행동관찰법에서는 관찰자료의 타당도(validity)와 신뢰도(reliability)에 유의해야 한다. 관찰자가 관찰대상 행동을 실제로 얼마나 타당하고 믿을 수 있도록 관찰하였느냐에 따라 직접행동관찰법의 유용성이 판가름되기 때문이다.

셋째, 직접행동관찰법을 사용할 때에는 관찰이 관찰자의 인상으로만 이루어져서는 개인적 경험 이상의 가치를 지닐 수 없다는 점에 유의해야 한다. 따라서 관찰자료를 다른 사람도 활용할 수 있도록 객관적 자료로 만들기 위해서는, 그 자료를 얼마나 정밀하고 객관적으로 관찰하느냐의 문제가 직접행동관찰법의 핵심 과제가 된다. 관찰과 그 결과를 기록할 때 특히 유의할 점은, ① 관찰한 객관적 사실(fact)과 그에 대한 관찰자의 의견을 분리해서 기록하며, ② 관찰대상 행동을 구체적으로 한정시키고, ③ 단순관찰의 큰 결함인 객관성을 높이기 위해서는 미리 관찰기록표(observation schedule)를 상세하게 작성해서 이에 따라 관찰하도록 한다.

7. 기타 여러 가지 자료수집방법들

연구자료의 수집방법에는 이상에서 살펴본 다섯 가지 유형의 자료수집방법 외에도 많은 방법들이 있다. 그러나 여기에서는 그중 투사법(投射法, projective test)을 통한 자료수집방법, 게임(game)을 통한 자료수집방법, 모의실험(模擬實驗, simulation)을 통한 자료수집방법만 간단히 소개하고자 한다.

1) 투사법을 통한 자료수집방법

투사법(投射法)을 통한 자료수집방법은 심리학을 비롯하여 사회과학 연구에서 흔히 사용하는 방법의 하나이다. 이는 조사대상자나 검사대상자로 하여금 무의식적 상태에서 자신의 태도·감정·동기·욕망·가치관 등을 표출하도록 유도해서 그의 태도·감정·욕망·가치관 등을 알아보는 방법이다. 따라서 이 방법은 솔직한 응답을 의식적 또는 무의식적으로 회피하려는 개인(응답자)들로부터 솔직한 감정·태도·가치관 등을 조사하는 데 효과적이다.

(1) 투사법의 개요와 종류

투사법은 본래 정신분석학 분야에서 정신질환자의 진료를 위하여 개발한 것으로(Sargent, 1945, pp. 257-293), 이 방법은 인간 내부에 생기는 욕망·감정·이상 등을 억압해서 무의식화하고, 더 나아가 그것을 외계의 대상으로 돌려 자아(自我)와는 다른 객관적 지각 내용으로 경험하려는 투사(project)라는 인간의 심리적 기제(機制)에 근거를 두고 있다. 예를 들어, 질투가 심한 남성이 다른 남성들을 자신의 결혼생활을 방해하는 적(敵)으로 보는 심리적 기제를 이용하면, 그 사람의 동기·감정·가치관·태도 등의 내부적 상태를 외부의 어떤 대상으로 투사할 수 있게 만들 수 있는데, 이것이 투사법을 통한 자료수집방법의 이론적 근거이다(Kerlinger, 1973, pp. 514-515).

이와 같은 이론적 근거에 따라, 어떤 연구문제에 관한 직접적 질문 대신 간접적 자극을 조사대상자나 검사대상자(이하 '검사대상자'로 통일)에게 주어서 그 문제에 관한 그들의 태도·감정·성격 등을 무의식적으로 노출하게 하여 검사대상자의 태도·감정 등을 알아보는 보는 방법이 곧 투사법이다. 여기서 검사대상자에게 주는 간접적 자극이란, 예컨대 어떤 사물에 관한 그림을 그리게 한다든지, 일기를 쓰게 한다든지, 어떤 단어를 연상시키게 한다든지, 또는 추상적 그림을 보여주면서 설명하게 한다든지 하는 것을 말한다.

이처럼 투사법은 여러 가지 자극이나 방법을 사용하여 검사대상자의 태도·감정·성격이나 정신 내부의 상태(예컨대, 콤플렉스 등)를 알아보는데, 이때 어떤 자극이나 방법을 사용하느냐에 따라 투사법은 ① 시각적 자극을 사용하는 투사법, ② 언어를 사용하는 투사법, ③ 그 밖에 놀이·연극 등 여러 방법을 사용하는 투사법으로 나누어 볼 수 있다.

(2) 시각적 자극을 사용하는 투사법

시각적 자극을 사용하는 투사법은 검사대상자에게 그림이나 잉크 얼룩(ink-blots) 등을 보여주면서 그것이 무엇으로 보이는지 묻거나, 그림을 그리게 해서 그 속에 투사된 검사대상자의 태도나 성격, 정신 내부의 상태(예컨대, 콤플렉스) 등을 알아보거나, 또는 검사대상자에게 어떤 그림을 그리게 해서 그 속에 투사된 그 사람의 정신적 성향 등을 알아보는 방법을 말한다.

이 투사법은 어떠한 시각적 자극을 사용하느냐에 따라 다시 기하학적 도형을 사용하는 투사법과 인물이나 사물 등의 그림을 사용하는 투시법으로 나눌 수 있다. 기하학적 도형을 사용하는 투사법의 대표적 실례로는 로르샤흐 잉크-블로트 투사법(Rorschach ink-blot test)을 들 수 있으며, 인물이나 사물 등의 그림을 사용하는 대표적 투사법으로는 TAT(Thematic Apperception Test)를 손꼽을 수 있다.

(3) 언어를 사용하는 투사법

언어를 사용하는 투사법에도 여러 가지가 있으나, 대체로 연상법(association test), 짓기법(construction test), 선택 또는 나열법(choice or ordering test), 완성법(completion test), 표현법(expression test)의 다섯 가지 형태로 나눌 수 있다(Gardner, 1959, pp. 158-168).

첫째, 연상법은 검사대상자에게 어떤 단어(자극어라고 부름)를 제시하면서 그와 관련해서 마음속에 가장 먼저 떠오르는 연상어(예컨대, 하늘 → 땅, 엄마 → 누나)가 무엇인지 물어서 그 연상어에 나타난 검사대상자의 태도·감정·성격 등을 알아보는 투사법을 말한다. 이와 같은 연상법의 대표적 실례로는 프로이트(Sigmund Freud)의 자유연상법(free association)과 융(Carl G. Jung)의 단어연상법(word association)을 들 수 있다.

둘째, 짓기법은 검사대상자로 하여금 검사자의 지시에 따라 그림이나 이야기 등을 만들게 하여 그 결과를 분석, 검사대상자의 감정이나 태도 등을 파악하는 방법이다.

셋째, 선택 또는 나열법은 선다형 검사에서와 같이 검사대상자에게 여러 가지 응답항목을 주고 그중에서 자신과 가장 관계가 있거나 자신이 좋다고 생각하는 것을 하나만 선택하게 하여, 이 선택한 항목을 가지고 검사대상자의 심리적 상태나 태도 등을 알아보는 방법이다.

넷째, 완성법은 검사대상자에게 예컨대 "공부는 ______이다" 또는 "대학은 ______이다" 등과 같이 비어 있는 곳이 있는 미완성 문장에 단어 등을 채우게 해서, 그 단어 등을 분석하여 그의 성격·태도·감정 등을 추정하는 방법이다.

다섯째, 표현법은 짓기법과 비슷하나, 검사대상자에게 그림을 그리거나 이야기를 하도록 하고 그 과정이나 행동 등을 관찰해서 그의 감정이나 태도 등을 추정한다는 점이 다르다.

(4) 그 밖에 여러 방법을 사용하는 투사법

위와 같은 투사법 외에도, 여러 가지 다른 수단이나 방법을 사용하는 투사법들이 있다. 그중에서 몇 가지만 들어보면, 검사대상자에게 놀이를 시켜서 그에 투사된 검사대상자의 성격·태도·감정 등을 알아보는 놀이검사법, 검사대상자에게 사이코드라마 등의 연극을 시켜서 그에 투사된 검사대상자의 성격·태도·감정 등을 알아보는 연극검사법, 검사대상자에게 상황에 따라 서로 역할을 바꿔 행동하도록 하면서 그들의 태도나 행동을 관찰하는 롤 플레잉(role playing) 법을 들 수 있다.

이 밖에도 검사대상자로 하여금 손가락에 그림물감을 찍어 그림을 그리게 해서 그에 나타난 검사대상자의 성격·태도·감정 등을 알아보는 손가락 그림법(finger painting test), 검사대상자로 하여금 나무토막 쌓기를 시켜서 검사대상자의 성격·태도·감정 등을 알아보는 모자이크 검사법(mosaic test), 검사대상자에게 어떤 인물의 그림을 그리게 해서 검사대상자의 성격·감정 등을 알아보는 인물화 검사법(figure drawing test) 등 여러 가지가 있다.

이상에서 여러 가지 종류의 투사법들에 관하여 간단히 살펴보았는데, 이들 투사법은 어떤 문제에 관한 솔직한 응답을 의식적 또는 무의식적으로 회피하려는 검사대상자로부터 그 문제에 관한 솔직한 감정·태도·가치관 등을 유도해서 알아보는 데 효과적이다.

그러나 이러한 투사법은 여러 가지 단점이 있다. 그중 가장 큰 단점의 하나로는 객관성 결여를 들 수 있는데, 투사법은 검사대상자에게 직접 질문을 하는 대신 간접적 자극을 주어서 그들의 감정·태도·가치관 등을 간접적으로 알아보는 방법이므로, 그 결과로 얻어진 자료의 해석이 복잡하여 조사자에 따라 달리 해석할 수 있으며, 또한 조사자의 주관성이 개재될 수 있다. 그러므로 투사법에 전문적 지식이나 기능(技能)을 갖고 있지 않은 사람은 이 방법을 사용하지 않는 것이 좋다.

2) 게임을 통한 자료수집방법

게임을 통한 자료수집방법은 조사대상자에게 어떤 게임을 하도록 하면서 연구문제의 해결이나 가설검증에 필요한 자료들을 얻는 방법을 말하는데, 이러한 방법에도 여러 가지가 있다. 그러나 여기에서는 논-제로-섬 게임(non-zero-sum game)을 통한 자료수집방법만 간단히 소개하기로 하겠다.

(1) 논-제로-섬 게임의 개념과 실례

'수인(囚人)의 딜레마 게임(prisoner's dilemma game)'이라고도 부르는 논-제로-섬 게임은 두 사람 간의 협동과 경쟁행동(cooperative and competitive behavior)이나 갈등관계의 요인 등을 알아보는 연구에 많이 사용한다. 이러한 게임방법의 개요를 실례를 들어 간단히 설명하면, [표 3-8]의 위쪽과 같은 상벌행렬표(賞罰行列表, payoff matrix)를 두 사람의 놀이꾼(player), 즉 조사대상자에게 제시하면서, 놀이꾼 I 에게는 *X*와 *Y* 중에서 하나를 비밀리에 선택하게 하고, 놀이꾼 II 에게는 *A*와 *B* 중에서 하나를 몰래 선택하게 한다. 이렇게 하여 만약 놀이꾼 I 이 *X*를, 놀이꾼 II는 *A*를 선택했다면, 상벌행렬표에 제시한 대로 두 사람이 각각 5달러의 돈이나 포카 칩(chips)을 받게 된다.

그러나 놀이꾼들이 자신만 돈을 따고 상대방은 돈을 따지 못하도록 하기 위해서 놀이꾼 I 은 *Y*를, 놀이꾼 II 는 *B*를 선택했다면 두 사람 모두 3달러씩 잃게 된다. 하지만 놀이꾼 I 은 *X*를, 놀이꾼 II 는 *B*를 선택했다면, 놀이꾼 I 은 4달러를 잃게 되고, 놀이꾼 II 는 6달러를 따게 된다. 그러나 이와는 반대로 놀이꾼 I 은 *Y*를, 놀이꾼 II 는 *A*를 선택했다면, 놀이꾼 I 은 6달러를 따게 되나, 놀이꾼 II 는 4달러를 잃게 된다.

이와 같은 게임이 곧 논-제로-섬 게임 또는 수인(囚人)의 딜레마 게임인데,[5] 이러한 게임을 통하여 두 사람 간의 상호 신뢰도(相互信賴度, trust), 상호 커뮤니케이션

---

5 '수인의 딜레마 게임'이라고 부르는 것은, 예컨대 어떤 사람이 범법행위를 하지 않았음에도 억울하게 교도소에 갇혀 수인(囚人) 즉 죄수가 되었는데, 그 죄수에게 교도소장이 말하기를 "만약 당신이 죄를 지었다고 자백하면 즉시 석방할 것이나, 그렇지 않고 무죄라고 주장하면 계속해서 교도소에 가두어 놓을 것이다."라고 했다면, 그 죄수는 이러지도 저러지도 못하는 딜레마(석방을 위해 죄를 지었다고 말하면 범법자로 몰리게 되고, 무죄라고 주장하면 계속 옥살이를 해야 하기 때문)에 빠지게 되기 때문이다. 그런데 이 논-제로-섬 게임도 만약 놀이꾼 I이 자신만 돈을 따고 상대방은 돈을 잃게 하기 위해서 *Y*를 선택하려고 하지만, 놀이꾼 II가 *B*를 선택하면 3달러를 잃게 되고, 그래서 놀이꾼 I이 *X*를 선택하려고 하지만, 놀이꾼 II가 *B*를 선택하면 놀이꾼 I은 4달러를 잃고 놀이꾼 II는 6달러를 따게 되므로, 이렇게 하지도 저렇게 하지도 못하는 딜레마에 빠지게 되는 게임이기 때문이다.

표 3-8 2명 간 논-제로-섬 게임의 상벌 행렬표

		놀이꾼 II	
		A	*B*
놀이꾼 I	*X*	+5, +5	−4, +6
	Y	+6, −4	−3, −3

		놀이꾼 II	
		A	*B*
놀이꾼 I	*X*	X_1, X_1	X_2, X_3
	Y	X_3, X_2	X_4, X_4

의 정도, 개인 간의 협동과 경쟁행동 등에 관한 연구를 할 수 있다. 또한 이 게임은 개인들 간의 관계뿐만 아니라, 국가 간의 협동과 경쟁관계 등에 관한 연구에도 많이 사용하고 있다.

(2) 논-제로-섬 게임의 실시방법과 장단점

논-제로-섬 게임을 통하여, 가령 개인들 간의 협동과 경쟁행동에 미치는 영향 등에 관한 연구자료를 수집하려면, 우선 [표 3-8]과 같은 상벌 행렬표를 작성해야 한다. 이때 상벌로서 반드시 돈을 사용할 필요는 없으나, 그 상벌의 양(量)은 놀이꾼들을 흥분시킬 만큼 커야 한다. 그리고 각 칸에 표시한 상벌의 크기는 표의 오른쪽 각 칸에 제시한 X_i 값들이 다음 부등식(不等式)과 같이 되도록 정해야 한다.

① $2X_1 > X_2+X_3 > 2X_4$

② $X_3 > X_1$

③ $X_3 > X_2$

④ $X_4 > X_2$

이와 같은 상벌 행렬표를 작성한 다음, 실제로 놀이꾼(조사대상자)에게 게임을 시킬 때는 여러 사람들을 표집하여 2명씩 짝(팀)을 지어 게임을 하도록 하면서, 서로 비밀로 *X*나 *Y* 또는 *A*나 *B* 중에서 하나를 선택하도록 한다. 그리고 나서 어떤 것을 선택했는지를 상대방에게 알릴 때는 그것을 종이쪽지에 써서 동시에 교환하게 하거나, 또는 두 사람이 동시에 버튼을 누르면 전광판(電光板)에 선택한 *X*나 *Y* 또는 *A*나 *B* 칸에 불이 켜지도록 하는 기구를 사용한다.

이러한 게임은 1회(回)만 하는 것이 아니라, 한 팀당 대체로 5~6회씩 실시하게 한다. 그런 다음, ① 놀이꾼 I과 놀이꾼 II가 각각 X와 A를 선택해서 모두 돈을 따게 된 협동적 선택(cooperative choices)의 횟수와, ② 놀이꾼 I이 Y를, 놀이꾼 II가 A를 선택했거나 또는 놀이꾼 I이 Y를, 놀이꾼 II가 B를 선택한 횟수, 즉 이기적 선택(利己的 選擇, individualistic choice)의 횟수 및 ③ 놀이꾼 I은 Y를, 놀이꾼 II는 B를 선택해서 모두 돈을 잃게 된 경쟁적 선택(competitive choice)의 횟수를 계산해서 비교분석하게 된다. 이때 놀이꾼의 선택행동에 영향을 미치는 요인들도 함께 연구·분석하게 되는데, 예를 들어 놀이꾼 간의 상호 신뢰성이 이들 간의 협동 또는 경쟁행동에 중요한 영향을 미치는 요인이라면, 이러한 요인을 미리 조사해서 서로 신뢰성이 높은 사람들끼리 또는 신뢰성이 낮은 사람들끼리 게임을 하도록 해서 그 자료들을 집단별로 비교·분석해 본다.

이러한 논-제로-섬 게임 방법은 재미있는 방법일 뿐 아니라, 지필검사(paper and pencil test) 등을 통한 자료수집방법보다 비교적 신뢰도가 높은 자료를 얻을 수 있다. 때문에 개인들 간의 관계뿐만 아니라 국가 간의 협동과 경쟁관계 등에 관한 연구에도 많이 사용하고 있다. 그러나 이러한 게임 방법은 인위적이고 일종의 실내 실험 연구이기 때문에 그 결과를 일반화하는 데 문제점이 있으며, 또한 많은 사람들을 대상으로 실시하기에는 인력과 시간 등이 많이 드는 단점도 있다.

3) 모의실험을 통한 자료수집방법

모의실험(simulation)을 통한 자료수집방법이란, 일반적으로 컴퓨터나 과학적 수법을 사용하여 어떤 복잡한 현상에 관한 모형(model)을 만들고, 이 모형에 여러 가지 변인을 가하면서 주어진 현상을 예측하고 설명하는 방법을 말한다. 그러나 이러한 방법 외에도 모의실험은 여러 가지 뜻과 형태를 갖고 있다.

첫째 형태의 모의실험은, 문자 그대로 모의 모형을 사용한 실험을 말한다. 예컨대, 항공기의 풍동(風洞, wind-tunnel)의 원리를 알고자 할 때, 풍동의 모형을 만들어서 여러 가지 조건하에서 실험을 하여 그 원리와 구조·기능 등을 알아내는 실험이다. 이러한 모의실험은 사회과학에서도 사용하는데, 그 실례의 하나로 독일의 심리학자 에빙하우스(Hermann Ebbinghaus)가 무의미한 음절(nonsense syllables)들로 학습과 기억에 관한 모형을 통하여 인간의 학습과 기억 과정을 연구한 바 있다.

둘째 형태의 모의실험은, 예컨대 모의 UN 총회라든가 모의재판 등을 열고, 이에 여러 가지 변인들을 추가하면서 어떤 문제에 관한 의사결정 행동 등을 관찰·연구하는 방법이다. 이러한 모의실험을 통한 자료수집방법은 사회과학 분야에서도 많이 사용하는데, 예컨대 게츠코우(Guetzkow, 1959)가 실시한 국제관계에 관한 모의실험연구가 그중의 하나이다.

셋째 형태의 모의실험은 컴퓨터 모의실험(computer simulation)인데, 이는 둘째 형태의 모의실험과 같으나, 사람 대신 컴퓨터를 사용하여 모의실험을 하는 것이 다르다. 즉 컴퓨터에 어떤 문제에 관한 여러 가지 변인과 그에 관한 자료를 입력하고, 여러 가지 조건하에서 그 변인을 작동시켜 가면서 각 조건에 따라 어떠한 결과가 나오는지를 알아보는 방법이다. 이러한 모의실험은 컴퓨터의 발달에 따라 그 활용성이 점차 커지고 있다.

나. 측정의 원리와 타당도·신뢰도

앞에서 여러 가지 자료수집방법에 관하여 살펴보면서 '측정'이니 '측정척도'니 하는 말을 많이 사용하였다. 또한 측정의 '타당도'니 '신뢰도'니 하는 것도 많이 언급했다. 그러면 여기서는 측정(measurement)이란 무엇인지, 그 개념과 원리, 측정의 타당도와 신뢰도, 측정상의 유의점 등에 관하여 살펴보기로 하겠는데, 측정은 특히 실증연구에서 중요한 역할을 하기 때문이다.

1. 측정의 개념과 주요 기능

측정이라고 하면 흔히 어떤 사물의 양(量)이나 면적·길이 등을, 예컨대 저울·자[尺]·시계 등을 사용해서 재는 것을 말한다. 그러나 사회과학에서 측정이라고 하면, 앞서 살펴본 라이커트 척도(Likert scale)나 의미분별척도 등을 사용하여 응답자의 태도 등의 방향과 강도(强度) 등을 알아보는 것을 말한다.

또한 응답자의 '성별'에 관한 조사자료를 컴퓨터로 처리하거나 통계분석을 위해서, 예컨대 '여성'에게는 1, '남성'에게는 2라는 숫자를 부여하는 것 등도 측정이라고 한다.

1) 측정의 뜻과 그에 대한 정의

우선 측정에 대한 정의부터 간단히 내려보면, "측정이란 어떤 사물이나 변인 등에 수(number)를 일정한 규칙(rules)에 따라 부여(assign)하는 것"이라고 할 수 있다(Stevens, 1951, p. 1).

그렇다면 여기서 '수'니, '어떤 사물이나 변인 등에 수를 부여한다'느니, '일정한 규칙'이니 하는 것은 구체적으로 무엇을 말하는가?

첫째로, '수(數)'란 알다시피 1, 2, 3, … 이나 또는 I, II, III, … 등과 같은 기호를 말하는데, 이들 기호 자체에는 아무 뜻이 없으며 그것에 어떤 의미를 부여하느냐에 따라 그 의미가 달라진다. 예를 들어, 조사자료의 분석에서 응답자의 성별을 분류할 때, 남성에게는 1이라는 수를, 여성에게는 2라는 수를 부여하면, 1은 남성이라는 뜻이 되고, 2는 여성이라는 뜻을 갖게 된다. 한편, 학생의 학업성적에 따라 1, 2, 3, … 등의 석차(순위)를 매겼다면, 여기서 1은 학업성적이 가장 좋은 학생을, 2는 그 다음으로 성적이 좋은 학생을 의미하게 된다. 이처럼 수는 같은 수일지라도 그에 어떤 의미를 부여하느냐에 따라, 남성·여성을 뜻하기도 하고, 또는 학업성적이 가장 좋은 학생이나 나쁜 학생을 뜻하기도 하는데, 이에 관해서는 조금 뒤 수치(數値)의 종류를 살펴볼 때 다시 살펴보기로 하겠다.

둘째로, "어떤 사물이나 변인 등에 수를 부여한다"는 것은, 위에서 말했듯이 응답자들의 성별을 분류할 때, 남성에게는 1이라는 수를, 여성에게는 2라는 수를 주는 것과 같은 것을 말한다. 이처럼 어떤 사물이나 변인에 일정한 규칙에 따라 수를 부여하는 것을 수학에서는, "수라는 한 집합, 즉 정의역(定義城, domain of definition)의 원소(元素, element)와 사물이라는 다른 집합, 즉 치역(値城, range)의 원소를 어떤 일정한 규칙[函數, function]에 따라 서로 대응시켜 주는 사상(寫象, mapping)"

이라고 말한다.[6]

셋째로, '일정한 규칙'이란 위와 같이 '어떤 사물이나 변인 등에 수를 부여'할 때 그 수를 일정한 규칙에 따라 부여하라는 것으로서, 예컨대 "여자에게는 1을, 남자에게는 2라는 수를 부여하라."든지, 또는 "학업성적이 가장 좋은 학생에게는 1을, 다음으로 좋은 학생에게는 2라는 수를 매겨라." 하는 것 등을 말한다. 이와 같은 '일정한 규칙'은 수학에서는 함수(函數, function)에 해당하는데, 위에서 말했듯이 정의역의 원소인 수와 치역의 원소인 어떤 사물을 서로 대응시켜 주는 '일정한 규칙'이 곧 수학에서는 함수이기 때문이다. 그러므로 이와 같은 '일정한 규칙'에 따라 어떤 사물이나 변인에 수를 부여하는 것을 곧 '측정'이라고 말할 수 있다.

2) 측정의 주요 목적

이와 같은 측정의 이유나 목적에는 여러 가지가 있으나, 가장 중요한 목적은 어떤 사물이나 변인의 값을 정확하게 기술(記述) · 설명 · 예측 · 통제하기 위해서이다. 예컨대, '지능'이라는 변인의 값을 기술할 때, 그냥 '높다' 또는 '낮다'고 하는 것보다, 지능지수(IQ)가 '130이다' 또는 '90이다'라고 기술하는 것이 훨씬 정확하고 과학적이기 때문이다. 따라서 사회과학에서도 근래에는 변인들의 값을 되도록 계량화해서 연구하고 있다.

측정의 또 하나 주요 목적 내지 이유는, 변인의 값을 전산(電算)처리나 통계처리를 하기 쉽게 하기 위해서이다. 가령, '성별'이라는 변인의 값을 알기 위하여 총 100명의 응답자 중에서 남성이 몇 명이고 여성이 몇 명인지를 컴퓨터로 집계하려면, 일단 '여성'에게는 1, '남성'에게는 2라는 수를 부여한 다음, 1이 몇이고 2가 몇인지를 집계해야 한다. 따라서 이와 같은 측정은 '성별'이라는 변인에서 '여성'과 '남성'이라는 질

---

6 여기서 '정의역'이란 함수 $y = f(x)$에서 변인(변수) x가 취할 수 있는 값의 범위를 말하는 것으로 '변역(變域)'이라고도 부른다. 그리고 '치역'이란 $y = f(x)$에서 변수 x가 정의역(변역) 안의 모든 값을 취할 때, 그것에 대응하여 y가 취하는 값의 범위를 말한다. 또한 '사상(寫像, mapping)'이란 집합 S_1의 임의의 원소에 집합 S_2의 한 원소를 대응시키는 법칙 f를 "S_1으로부터 S_2에로의 사상(寫像)"이라고 하며, 이를 $f: S_1 \rightarrow S_2$라고 쓴다.

비타민 3-4

학문을 동네 가게에서 콩나물 팔 듯 해서야 …

"한국에 처음 와서 느낀 '문화적 충격'이라고 할까, 뭐 신기하거나 이상한 것은 혹시 없었나요?"

1992년 한 · 중 수교 후 우리 대학에 처음 유학 온 중국인 학생에게 물어보았다. 그러자 몇 가지를 들었는데, 그중 하나는 동네 가게에 가서 콩나물을 살 때 1,000원어치만 달라고 하면 주인 할머니가 손으로 적당히 집어주는 것이 참 이상했다고 했다. 중국에서는 가게나 시장에서 콩나물이나 채소 등을 팔 때는 반드시 저울로 달아서 팔지, 그냥 손으로 대충 집어주는 법은 절대 없기 때문이라는 것이다. 그러면서 덧붙이기를, 한국 학생들은 "엊저녁에 술을 3병이나 먹었다."고 말하지만, 중국에서는 "2근(斤, 600g)이나 마셨다."고 말한다는 것이었다.

이런 이야기를 듣고 "중국이 오히려 이상하구나!"라고 처음엔 생각했다. 하지만 그 후 곰곰이 생각해 보고 또 중국에도 가보니까, 콩나물이나 채소 등을 저울로 달아서 팔고 사며, 술도 병의 크기에 관계없이 그냥 3병이 아니라 2근을 마셨다는 식으로 말하는 것이 우리나라보다 정확하고 과학적(?)임을 알게 되었다.

그러면서 불연듯 나 자신이 부끄러워지기도 했다. 그건 단순히 나도 "엊저녁에 술을 3병이나 먹었다."는 식으로 말해왔기 때문만이 아니라, 혹시 이런 식으로 학문과 교육도 해온 것은 아니었나 하는 생각이 들었기 때문이다. 예컨대, "우리나라의 언론자유는 적다." 또는 "~ 많다."는 식으로 학생들을 가르쳤지, "국경 없는 기자회(Reporters Without Borders)의 2011~2012년 세계언론자유지수(World Press Freedom Index, WPFI)에 의하면, 한국의 언론자유지수는 12.67로서 세계 총 179개국 중에서 44위(중국은 136.00에 174위, 북한은 141.00에 178위)이다."라고 정확하게 가르친 적이 그리 많지 않았기 때문이다.

이젠 사회과학도 날로 발전하고 있다. 그러므로 언론자유와 같은 추상적 개념들도 되도록 계량화해서 연구하고 가르쳐야 한다. 그러자면 우선 학생들도 측정의 원리와 방법 등에 관하여 열심히 공부해야 할 것이다.

적(質的) 값에 각각 1과 2라는 수를 부여해서 양적(量的) 값으로 계량화하여 전산이나 통계처리를 쉽게 하는 데도 반드시 필요하다.

그러나 이처럼 '성별'이라는 변인에서 '여성'과 '남성'이라는 질적 값에 각각 '1'과 '2'라는 수를 부여했을 때, 이들 수는 4칙 연산(더하기 · 빼기 · 곱하기 · 나누기)이 불가능하다. '여성'과 '남성'에 각각 부여한 1과 2라는 수는 명명수(命名數, nominal number)이기 때문인데, 명명수란 어떤 사물이나 인간에게 이름 대신에 편의상 부여한 수, 예컨대 축구나 야구 선수들의 등번호와 같은 것을 말한다. 따라서 이와 같은 명명수는 더하기 · 빼기 · 곱하기 · 나누기의 4칙 연산이 불가능하다.

그러므로 '수'라고 하면 모두 4칙 연산을 할 수 있다고 생각하기 쉬우나, 이는 잘못된 생각이다. 물론 수 중에는 4칙 연산이 가능한 것들이 더 많은데, 예컨대 키[身長]라는 변인의 값을 나타내는 cm나, 체중이라는 변인의 값을 나타내는 kg, 또는 지능이라는 변인의 값을 나타내는 지능지수(知能指數, IQ) 등의 등간치(等間値, interval number)는 4칙 연산이 가능하다. 그렇다면 명명수니 등간치니 하는 것은 무엇이며, 왜 어떤 수는 4칙 연산이 가능하고, 어떤 수는 불가능한가? 도대체 그 이유는 무엇인가?

2. 측정척도와 측정치의 종류

앞서 "측정이란 어떤 사물이나 변인 등에 수를 일정한 규칙에 따라 부여하는 것"이라고 정의하였는데, 이와 같은 측정을 할 때 어떤 척도를 사용해서 사물이나 변인에 수를 부여하느냐에 따라 그 수의 성질이 달라진다. 따라서 어떤 수는 더하기 · 빼기 · 곱하기 · 나누기의 4칙 연산이 불가능하고, 또 어떤 수는 4칙 연산이 가능하게 된다. 그렇다면 어떤 사물이나 변인 등의 값에 수를 부여할 때, 즉 측정을 할 때 사용하는 척도란 무엇이며, 이런 척도에는 어떤 것들이 있고, 이들 척도를 사용하여 부여한 수, 즉 측정치들은 어떤 성질을 갖는가?

1) 측정수준에 따른 측정척도와 측정치

측정척도란, 예컨대 길이를 재는 자, 무게를 다는 저울, 온도를 재는 온도계, 또는 개인들의 태도를 알아보기 위한 라이커트 척도(Likert scale)나 의미분별척도 등을 말하는데, 이러한 척도들에는 여러 가지가 있다. 그러나 이들은 우선 측정 수준(level of measurement)에 따라 크게 네 가지, 즉 명명척도(命名尺度, nominal scales), 서열척도(序列尺度, ordinal scales), 등간척도(等間尺度, interval scales), 비율척도(比率尺度, ratio scales)로 나눌 수 있다.

(1) 명명척도와 명명수

명명척도(命名尺度)란 어떤 사물이나 변인 등의 값의 이름 대신에 수를 부여하는 척도로서, 예를 들어 축구선수들을 쉽게 구별하기 위하여 각 선수에게 선수번호(player number)를 부여한다든지, 또는 국민들의 각종 인적 사항들을 컴퓨터로 쉽게 처리하기 위하여 각 국민에게 주민등록번호를 부여한다든지, 대학에서는 대학생들에게 학번을 부여한다든지, 또는 앞서 말했듯이 응답자 중에서 남성이 몇 명이고 여성이 몇 명인지를 컴퓨터로 집계하기 위해서 '여성'에게는 1, '남성'에게는 2라는 수를 부여하는 것을 말한다.

그리고 이러한 척도를 사용하여 부여 또는 측정한 수, 예컨대 선수번호, 주민등록번호, 학번(學番) 등을 명명수(命名數, nominal number)라고 하는데, 이러한 것도 분명 수이다. 그러나 이들 수는 더하기·빼기·곱하기·나누기의 4칙 연산이 불가능한데, 선수번호, 주민등록번호, 학번 등과 같은 명명수는 어떤 사물이나 개인의 이름 대신에 편의상 부여한 수이기 때문이다. 따라서 이러한 명명수는 수이기는 하지만 연산을 해서는 절대로 안 된다. 그럼에도 불구하고, 모든 '수'는 더하기·빼기·곱하기·나누기를 할 수 있다고 생각하는 사람도 없지 않은데, 이는 큰 잘못이다.

(2) 서열척도와 서열수

서열척도(序列尺度)란 어떤 사물들을 서로 비교하기 위하여 그 사물의 특정한 속성의 많고 적음[大少]이나 크고 작음[大小]의 순위에 따라 수를 부여해 나가는 측정척도를 말한다. 예컨대, 중학교의 한 학급(學級)에서 학생들의 번호를 매기기 위하여 학생들을 복도에 키[身長] 순서대로 세워놓고, 키가 작은 학생부터 1, 2, 3 … 번으로 번호를 매겨 나가는 것 등을 서열척도라고 한다. 또한 학생의 학업성적 순으로 1, 2, 3 … 등의 석차(席次)를 매기는 것도 역시 서열척도이다.

그리고 이러한 서열척도를 사용하여 측정한 수, 예컨대 학생의 키에 따라 차례로 매긴 학생들의 번호인 1, 2, 3 … 번이나, 또는 학생의 학업성적의 석차인 1, 2, 3 … 등을 서열수(序列數, ordinal number)라고 부른다. 따라서 이러한 서열수는 더하거나 빼거나 곱하거나 나눌 수는 없는데, 이는 서열수 간에는 크고 작음이나 많고 적음 등의 서열은 유지되지만, 각 수 사이의 간격은 꼭 같지 않기 때문이다. 예를 들어, 중학생들의 신장에 따라 차례로 매긴 학생 번호인 1, 2, 3 … 에서 3번이 1번보다 키가 3배로 큰 것이 아니기 때문이다. 따라서 서열수는 어떤 수가 어떤 수보다 더 크거나 작은 것만 나타내서, 예컨대 4 〉 3, 또는 3 〉 2와 등과 같은 부등식(不等式)은 성립되지만, 4 – 3 = 1이나, 3 – 2 = 1과 같은 관계식은 성립될 수 없다. 그러나 서열수는 어떤 사물의 속성의 대소 등을 비교할 때 중요한 역할을 한다.

(3) 등간척도와 등간치

등간척도(等間尺度)란, 예컨대 신장기(身長器)나 체중기, 또는 온도계처럼 측정단위(unit of measurement) 사이의 간격이 일정하고 동일한 측정척도를 말한다. 따라서 이를 등간척도라고 부르는데, 이는 사회과학 분야에서 많이 사용하는 척도로서, 앞서 살펴본 라이커트 척도(Likert scale)나 의미분별척도도 이러한 등간척도에 해당한다.

이러한 등간척도들을 사용하여 측정한 수치들은 등간치(等間値, interval number)라고 부르는데, 등간치는 예컨대 신장의 측정치인 150cm, 체중의 측정치인 69kg, 온도의 측정치인 28도(度) 등과 같이, 각 수치 사이에 양적 대소의 서열이 유지될 뿐만 아니라, 그 수치 간의 간격도 똑같다는 특성을 가지고 있다. 따라서 이러한 등간치는 더하거나 빼거나 곱하거나 나눌 수도 있는데, 우리가 흔히 수(數)라고 하면 대체로 이러한 등간치를 말한다.

(4) 비율척도와 비율치

비율척도(比率尺度)란, 절대온도계와 같이 절대영점(絕對零點)을 가진 척도로서, 이는 위에서 살펴본 등간척도처럼 각 수치 간에 양적 대소의 서열이 유지되면서 간격도 똑같을 뿐 아니라, 절대영점을 갖고 있는 척도를 말한다. 다시 말해서, 등간척도는 절대영점이 없거나, 또는 있더라도 그것이 척도상의 영점(零點)과 일치하지 않으나, 이러한 등간척도와는 달리 절대영점을 가진 척도가 곧 비율척도이다. 따라서 등간척도에서는 "어떤 한 사물이 다른 사물보다 얼마의 측정단위만큼 더 큰가?" 하는 상대적이고 자의적(恣意的)인 비교만 가능하지만, 비율척도에서는 "어떤 한 사물이 다른 사물보다 질량적(質量的)으로 몇 배나 더 큰가?" 하는 비율적인 비교판단도 가능하다.

이와 같은 비율척도를 사용하여 측정한 수치는 비율치(比率値, ratio number)라고 하는데, 이러한 비율치의 대표적 실례로는 절대온도 1K, 10K, 150K 등을 들 수 있다. 이러한 비율치는 사물의 실제 질량과 같기 때문에 4칙 연산뿐 아니라 기하평균(幾何平均, geometric mean)도 구할 수 있는 등, 모든 산술적 연산이 가능하다. 그러나 이와 같은 비율치들은 자연과학 분야에서는 사용하지만 사회과학 분야에서는 거의 사용되지 않는데, 사회과학 분야에서 사용하는 측정척도들에는 절대영점을 가진 것이 아직 없기 때문이다.

2) 연속성 여부에 따른 측정척도와 측정치

위와 같이 측정척도는 그 측정 수준에 따라 크게 명명척도·서열척도·등간척도·비율척도 등으로 나눌 수 있다. 그러나 이들 척도는 그 측정단위의 연속성 여부에 따라 다시 비연속척도(discontinuous or discrete scales)와 연속척도(continuous scales)로 나눌 수 있다.

(1) 비연속척도와 정수

비연속척도(非連續尺度)란, 앞에서 살펴본 명명척도와 같이 계수단위(counting unit)가 사람의 명수나 물건의 건수처럼 독립된 개체의 수로서, 독립된 개체를 하나, 둘, 셋, 넷 … 식으로 세어서 값을 매기는 척도를 말한다. 따라서 이러한 비연속적 척도를 사용하여 얻어진 측정치는 빈도(頻度, frequency)이므로 1, 2, 3, …과 같은 정수(整數, exact number)로만 표시할 수 있으며, 1.3명(사람)이나 1.8개라는 것은 있을 수 없다. 빈도란 하나의 유목(類目, category or class)에 속한 개체의 수를 말하는데, 개체는 그 자체의 독립성이 있으므로 개체와 개체는 연속적일 수가 없고 반드시 비연속적이기 때문이다. 가령, 일단의 집단을 '학생'이라는 하나의 유목으로 하고 그 속에 들어 있는 개체인 학생의 수를 세어 나간다면, 그 속에는 5명 또는 10명 등만이 실재할 뿐이지, 5.1명이나 10.8명이란 있을 수 없다.

이처럼 비연속적 정수(整數)인 빈도가 계수단위인 척도를 비연속척도라고 하며, 이러한 비연속적 척도를 사용하여 얻은 측정치인 빈도를 계수적 자료(計數的 資料, enumerative data)라고 한다. 따라서 이러한 계수적 자료를 분석할 때는 그에 맞는 통계방법을 사용해야 한다.

(2) 연속척도와 약수

연속척도(連續尺度)란 비연속척도와는 달리 측정대상의 어떤 속성의 크기(magnitude)를 재서 수치를 부여하는 척도를 말한다. 예를 들어, 사람들의 키[身長]를 재거나 몸무게를 달아서 그것들을 수량화하는 신장기나 체중기 등이 바로 연속척도인데, 이러한 척도에는 대체로 앞에서 살펴본 등간척도나 비율척도가 속한다. 따라서 이런 연속척도로 측정한 측정치는 항상 약수(略數, approximate numbers)로 표시하며, 그 수열(數列)은 연속적이 된다.

이렇게 항상 약수가 되는 것은, 가령 신장기로 어떤 학생의 키를 쟀더니 170cm였다면, 이는 정확하게 170.00cm라기보다는 170cm 근처라는 뜻이 되기 때문이다. 이는 신장기가 정밀하지 않아서가 아니라, 신장기 자체가 연속척도여서 170cm와 171cm 사이의 1cm는 다시 무수히 쪼개질 수 있으며, 또한 그 쪼개진 하나하나의 간격은 또다시 무수히 쪼개질 수 있어 결국은 연속적으로 되어 있기 때문이다. 따라서 연속척도로 측정해서 얻은 측정치는 한 척도 위의 한 개의 점을 가리키는 것이 아니라, 하나의 간격을 나타내는 것으로 보아야 한다.

이상에서 살펴보았듯이 어떤 사물이나 변인 등을 측정하는 척도에는 여러 종류가 있으며, 그 종류에 따라 그 측정치들의 속성이나 성격도 달라진다. 즉 어떤 측정치는 더하기 · 빼기 · 곱하기 · 나누기의 4칙 연산이 가능하나, 또 어떤 측정치는 이러한 4칙 연산을 해서는 안 된다. 그러므로 어떤 사물이나 변인의 값, 즉 측정치를 통계방법을 사용하여 분석할 때는 우선 그것이 어떤 종류의 측정치인지를 명확히 알고, 그에 맞은 통계방법을 사용해서 분석해야 한다. 그렇지 않으면 중대한 통계적 오류를 범하게 되는데, 이에 관해서는 제4장에서 자세히 살펴보기로 하겠다.

3. 측정의 타당도 · 신뢰도와 그 검토방법

앞에서 여러 가지 측정척도와 그 측정치의 종류 및 속성 등에 관하여 살펴보았는데, 이와 같은 척도들을 사용하여 각종 사물이나 변인의 값을 측정하는 목적은, 그 사물이나 변인의 값을 정확하게 기술 · 설명 · 예측 · 통제하기 위해서이다. 그러자면 모든 측정은 타당도(validity)와 신뢰도(reliability)가 높아야 하는데, 그렇다면 여기서 측정의 타당도와 신뢰도란 각각 무엇을 말하는가?

1) 측정의 타당도와 그 검토방법

측정의 타당도(妥當度)는 측정하고자 하는 사물이나 변인의 값을 얼마나 제대로 측정하느냐의 정도를 말한다. 예컨대, 대학수학능력시험은 잘 알다시피 대학입학 지원자가 대학에 입학해서 대학교육을 제대로 받을 수 있는지 그 능력을 측정하기 위한 것인데, 이러한 능력을 얼마나 제대로 측정했느냐의 정도를 곧 대학수학능력시험의 타당도라고 한다.

이와 같은 측정의 타당도는 되도록 높아야 하는데, 만약 타당도가 낮다면 대학입학 지원자의 수학능력을 제대로 측정하지 못해서 능력이 부족한 학생을 뽑는 결과가 되기 때문이다. 그러므로 모든 사물이나 변인의 값을 측정할 때는 그 타당도를 검토해서, 만약 낮게 나오면 측정척도(예컨대, 대학수학능력시험 문제지 등)를 다시 수정 · 보완해서 타당도를 높인 다음 다시 측정을 해야 한다.

그렇다면 측정의 타당도가 높은지, 낮은지는 어떻게 알 수 있는가? 그 방법에는 여러 가지가 있으나, 여기서는 그중 내용타당도(content validity), 예측타당도(predictive validity), 공인타당도(共因妥當度, concurrent validity), 구인타당도(構因妥當度, construct validity)의 검토방법만 간단히 소개하고자 한다.[7]

(1) 내용타당도의 검토방법

내용타당도(內容妥當度)의 검토방법이란, 측정하려는 사물이나 변인의 내용과 속성 등을 논리적으로 분석하고, 또 한편으로 그 사물이나 변인의 측정척도 항목의 내용을 분석해서, 이들 두 가지 분석 결과가 서로 얼마나 합치하느냐의 정도를 검토하여, 만약 그 합치 정도가 높으면 측정의 타당도가 높다고 보고, 합치 정도가 낮으면 측정의 타당도가 낮다고 간주하는 방법을 말한다.

예를 들어, 2014학년도 대학수학능력시험이 과연 대학입학 지원자들이 대학에 입학해서 대학교육을 받을 수 있는 능력을 얼마나 제대로 측정했는지 그 타당도를 알아볼 경우, 우선 고등학생 등이 대학에 입학해서 대학교육을 받는 데 반드시 필요한 기본 지식과 기능 등을 각 분야별로 분석해서 그 주요 내용들의 목록을 만든다. 그런 다음, 2014학년도 대학수학능력시험 문제지(대학수학능력 측정척도)의 내용을 분석해서 그 주요 내용(편의상 내용 B라고 함)과, 앞서 분석한 대학수학능력의 주요 내용, 즉 대학교육 이수에 필요한 기본 지식과 기능(편의상 내용 A라고 함)과 서로 비교해 본다. 그렇게 하여 이들 두 가지 내용, 즉 내용 A과 내용 B의 합치 정도가 60%가 넘으면 대학수학능력 측정의 타당도가 높다고 보는 반면, 내용 A과 내용 B와의 합치 정도가 60% 미만이면 대학수학능력 측정의 타당도가 낮다고 간주한다.

이와 같이 어떤 측정척도(예컨대, 2014학년도 대학수학능력시험 문제지 등)나 그 측정자료(예컨대, 대학수학능력시험 점수 등)의 타당도를 검토해 보는 방법을 내용타당도의 검토방법 또는 논리적 타당도의 검토방법이라고 부른다. 그러나 이러한

7 이에 관한 자세한 내용은 Joint Committee of American Psychological Association, American Educational Research Association and National Council on Measurements Used in Education(1954), "Technical Recommendations for Psychological Tests and Diagnostic Techniques," *Psychological Bulletin,* LI, Supplement, pp. 201–238을 참고할 것.

검토방법은 대체로 검토자의 논리적 판단에 의한 것이기 때문에 검토자의 주관이 개입될 우려가 있다. 따라서 검토자의 논리적 판단이 아니라 실증적으로 측정의 타당도를 검토해 보기 위하여 예측타당도의 검토방법, 공인타당도의 검토방법, 구인타당도의 검토방법 등이 나오게 되었다.

(2) 예측타당도의 검토방법

예측타당도(豫測妥當度)의 검토방법이란, 어떤 사물이나 변인의 측정점수가 그 사물에 관한 장래의 어떤 효과나 행동 등을 얼마나 잘 예언할 수 있느냐의 정도를 기준으로 측정의 타당도를 알아보는 방법을 말한다. 예를 들어, 앞서 말한 대학수학능력시험(대학수학능력 측정검사)의 예측타당도를 알아보고자 할 경우, 우선 대학 신입생 중에서 약 60명의 표본을 추출해서 이들의 대학수학능력고사 성적(x)을 알아본다. 그런 다음, 4년 뒤에 그 학생들이 대학에서 4년 동안 받은 학점들의 산술평균치(y)를 조사해서, 이들과 4년 전 대학수학능력시험 성적 간의 적률상관계수(積率相關係數) r_{xy}를 산출해 본다.

이렇게 하여 만약 그 상관계수가 유의적으로 높게 나오면 대학수학능력시험의 타당도가 높다고 보고, 그 반대로 상관계수가 낮게 나오면 대학수학능력시험의 타당도가 낮다고 보는 것이 바로 예측타당도의 검토방법이다. 이는 대학수학능력시험의 목적이 대학입학 지원자들이 대학에 입학해서 대학교육을 제대로 받을 수 있는 능력을 측정하기 위한 것이라면, 대학수학능력시험 성적이 높을수록 그에 비례해서 대학에서 실제로 받은 학업성적(학점)도 높아야만 대학수학능력시험의 타당도가 높다고 볼 수 있기 때문이다.

이와 같은 논리에 근거한 예측타당도의 검토방법은, 어떤 사물에 대한 측정점수를 보관했다가, 일정 기간이 지난 뒤 그 측정점수가 예언했던 어떤 효과나 행동 등이 실제로 얼마나 나타났는지 그 예언력(豫言力, predictive power)을 검토해서 이를 바탕으로 측정의 타당도를 알아보는 방법인데, 이러한 검토방법에서 예언의 기준이 되는 '실제 효과나 행동'을 준거점수(criterion)라고 한다. 그러나 이러한 준거점수를 얻기 위해서는 몇 년씩 기다려야 할 경우도 있는데, 이것이 예측타당도 검토방법의 단점 중 하나이다.

(3) 공인타당도의 검토방법

공인타당도(共因妥當度)의 검토방법이란, 위와 같이 준거점수를 얻기 위해서 몇 년씩 기다려야 하는 예측타당도 검토방법의 단점을 극복하기 위하여 창안한 방법의 하나로, 어떤 사물에 대한 측정점수와 준거점수 간의 상관계수를 산출해서 이를 기준으로 측정의 타당도를 검토한다는 점에서는 예측타당도의 검토방법과 같다. 그러나 공인타당도의 검토방법에서 준거점수는 장래의 '실제 효과나 행동' 등이 아니라, '현재의 효과나 행동'이라는 점이 예측타당도의 검토방법과 다르다. 따라서 대학수학능력시험의 타당도를 알아볼 경우, 공인타당도의 검토방법에서는 대학수학능력시험 성적과 대학입학면접시험 성적 간의 상관계수를 산출해서, 만약 그 상관계수가 유의적으로 높게 나오면 대학수학능력시험의 타당도가 높다고 보게 된다.

그러나 이와는 달리 어떤 변인에 대한 A라는 측정척도의 타당도를 알아보기 위해서는, 그 사물을 우선 A라는 측정척도로 측정한 다음, 다시 타당도가 높기로 정평(定評)이 나 있는 B라는 측정척도로 측정해서 이들 두 가지 척도로 측정한 점수 간의 상관계수를 산출한다. 그리고 만약 그 상관계수가 유의적으로 높게 나오면 A라는 측정척도의 타당도가 높은 것으로 보는 것도 공인타당도 검토방법의 하나이다.

이와 같은 방법은 연구자가 어떤 측정척도를 만들었을 때 그 척도가 과연 타당도가 높은 것인지 여부를 알아볼 때 많이 사용하는데, 앞서 말한 오스굿(Charles Osgood)도 바로 이와 같은 공인타당도의 검토방법을 통하여 그의 의미분별척도가 태도측정척도로서도 타당도가 높은지 알아보았다. 즉 '흑인', '교회', '사형제도'에 대한 개인들의 태도를 의미분별척도와 서스턴 척도(Thurstone's scale)를 각각 사용하여 측정한 다음, 이들 두 가지 척도의 측정점수 간의 상관계수(타당도계수)를 산출해 본 결과, 흑인에 대한 태도에서는 $r = 0.82$, 교회에 대한 태도에서는 $r = 0.74$, 사형제도에 대한 태도에서는 $r = 0.81$로 나와, 의미분별척도가 서스턴 척도와 같은 태도측정척도로서도 타당도가 높은 것으로 나타났다. 따라서 의미분별척도를 태도측정척도로서 널리 사용하게 되었다.

(4) 구인타당도의 검토방법

구인타당도(構因妥當度)의 검토방법이란, 어떤 사물이나 구성개념(construct)

에 대한 측정척도나 측정치가 그 사물이나 구성개념의 모든 구성인자(factors) 내지 차원(dimensions)들을 모두 얼마나 제대로 측정했는지 알아보는 방법이다. 이러한 구인타당도의 방법에는 수렴타당도(收斂妥當度, convergent validity)의 검토방법, 판별타당도(判別妥當度, discriminant validity)의 검토방법, 다속성 측정방법(multitrait-multimethod matrix), 인자분석방법(factor analysis method) 등 여러 가지가 있다.

그중 인자분석방법만 간단히 소개하면, 예컨대 어떤 사물에 대한 개인의 태도 측정척도의 타당도를 알아볼 경우, 그 측정치를 가지고 우선 인자분석을 해서 주요 인자들을 추출한다. 그런 다음, 이들 인자가 그 사물에 대한 개인의 태도의 3대 주요 인자 내지 차원, 즉 인지적 차원(cognitive dimension), 정서적 차원(affective dimension), 행동적 차원(behavioral dimension)과 어느 정도 일치하는지를 검토한다. 그리하여 만약 그 일치 정도가 높게 나타나면 주어진 태도측정척도와 그 측정치들의 구인타당도가 높은 것으로 판단하고, 그 일치 정도가 낮게 나오면 구인타당도가 낮은 것으로 본다.

이상에서 어떤 사물이나 변인에 대한 측정척도와 그 측정치의 타당도를 검토하는 몇 가지 방법을 간단히 살펴보았다. 그러나 이러한 방법 외에도 측정척도와 그 측정치의 타당도에 관한 검토방법에는 내적 타당도(internal validity), 외적 타당도(external validity), 종결타당도(conclusion validity), 액면타당도(face validity), 판정관계 타당도(criterion-related validity) 등 여러 가지가 있는데, 실증연구를 할 경우 어떤 사물이나 변인을 측정했을 때는 그 측정이 과연 타당도가 높은지 반드시 검토해 보아야 한다. 그리하여 만약 타당도가 낮은 것으로 나타나면 그 측정자료는 버리고, 측정척도를 다시 수정·보완하여 타당도를 높인 뒤 측정하고자 하는 변인들을 다시 측정해야 한다. 그렇지 않고 타당도가 낮은 측정자료를 사용하여 연구를 하면 연구결과가 엉터리가 될 뿐 아니라, 학문윤리를 위반하는 것이 된다.

2) 측정의 신뢰도와 그 검토방법

앞서는 측정의 타당도에 관해서 살펴보았는데, 측정에서 타당도와 함께 또한 중요한 것이 측정의 신뢰도(reliability of measurement)이다. 따라서 실증연구를 하려면 이에 관해서도 알아야 하는데, 만약 어떤 변인을 측정하였을 때 그 측정치의 신뢰도가 낮게 나오면 이러한 측정자료를 연구에 사용해서는 안 되기 때문이다. 그렇다면 측정의 신뢰도란 구체적으로 무엇을 말하며, 이는 어떤 방법을 통하여 알 수 있는가?

(1) 측정의 신뢰도의 의미와 그 저해요인

측정의 신뢰도(信賴度)란, 간단히 말해서 어떤 측정척도나 측정치가 얼마나 믿을 수 있는지 그 정도를 뜻한다. 그러나 이는 측정의 정확성(accuracy)을 의미하기도 하며, 또는 측정에 오차(error of measurement)가 없는 상태를 일컫기도 한다. 이밖에도 신뢰도라는 말은 측정의 안정성(stability) · 종속성(dependability) · 예측성(predictability)이라는 뜻도 갖고 있다(Kerlinger, 1964, p. 430).

이처럼 측정의 신뢰도는 여러 가지 의미를 지니고 있다. 그러나 이들을 간단히 종합·요약하면, 측정의 신뢰도란 곧 어떤 측정척도나 측정치가 얼마나 믿을 수 있느냐 하는 정도를 말한다. 따라서 이와 같은 측정의 신뢰도가 높을수록 그 측정자료는 그만큼 더 믿을 수 있게 되며, 그 반대로 측정의 신뢰도가 낮을수록 그 측정자료는 그만큼 더 믿을 수 없는 것이 되는데, 만약 신뢰도가 낮은 측정자료를 사용하여 연구를 하게 되면 그 결과는 믿을 수 없게 된다. 그러므로 어떤 연구문제에 관한 연구자료를 얻기 위해서 연구문제에 관련된 사물이나 변인을 측정할 경우, 그 측정자료의 신뢰도를 되도록 높여야 한다. 그러자면 우선 측정의 신뢰도를 저해하는 요인들부터 파악해서 그것들을 배제해야 하는데, 그렇다면 측정의 신뢰도를 저해하는 요인들에는 어떤 것들이 있는가?

첫 번째 저해요인으로는 측정척도나 측정기구 자체의 결함을 들 수 있다. 만약 측정척도의 문항이 잘못 작성되었다든지, 문항의 수(數)가 너무 적다든지, 또는 문항의 뜻이 모호해서 응답자들이 여러 가지 뜻으로 해석하거나 착각하게 되면 측정의 신뢰도가 떨어지기 때문이다. 그러므로 이와 같이 측정의 신뢰도를 저해하는 요인을 배제하려면 측정척도의 문항과 항목수가 충분하되, 너무 많지 않아서 측정이 30분 이내에 끝나도록 하며, 그 문항이나 항목의 내용을 응답자가 이해하기 쉽고 명료하게 작성해야 한다.

두 번째 저해요인으로는 측정대상자, 즉 응답자의 신체적·심리적 조건을 들 수 있다. 만약 응답자가 측정검사를 받을 때 지나치게 긴장한다든지, 신체적으로 피로한 상태에 있다든지, 또는 식사를 막 끝낸 뒤라 졸립다든지, 측정검사 장소가 어둡거나 덥다든지 하면 측정의 신뢰도가 낮아지게 되기 때문이다. 따라서 이러한 저해요인을 배제해서 측정의 신뢰도를 높이려면, 응답자가 측정검사를 받을 때 긴장하지 않도록 편안한 분위기를 조성하고, 또한 응답자가 피로하거나 졸리지 않은 시간에, 안락한 장소에서 측정하도록 한다.

세 번째 저해요인으로는 측정검사에 대한 응답자의 거부감이나 기피현상 등을 들 수 있다. 만약 응답자가 측정검사를 은근히 거부하거나 기피해서 측정문항 등에 솔직하게 응답해 주지 않으면 측정의 신뢰도가 떨어지는 것은 당연하기 때문이다. 그러므로 이러한 저해요인을 배제해서 측정의 신뢰도를 높이려면, 측정검사를 시작할 때 응답자에게 그 목적을 설명해 주면서, 응답자들의 응답은 학술적 연구목적 이외에는 사용하지 않으며 또한 비밀로 하겠으니 솔직하게 응답해 달라고 부탁한다.

(2) 측정의 신뢰도에 관한 검토방법

위와 같이 어떤 사물이나 변인 등을 측정할 때는 그 신뢰도를 높이도록 노력해야 한다. 또한 측정척도나 측정자료의 신뢰도가 어느 정도나 되는지도 검토해 보아야 한다. 그리하여 신뢰도가 높게 나오면 측정자료를 분석하여 연구문제에 대한 해답을 얻어나 가설을 검증해도 좋다. 그러나 신뢰도가 낮게 나타나면 그 측정자료는 버리고 측정척도와 측정방법을 수정·보완해서 다시 측정검사를 해야 한다. 그렇다면 측정의 신뢰도는 어떻게 검토하며, 신뢰도가 어느 정도 되어야 높거나 또는 낮다고 보는가?

측정의 신뢰도를 검토해 보는 방법에도 여러 가지가 있다. 그러나 그중에서 많이 사용하는 방법으로는 재검사법(retest method), 동등형 검사법(equivalent forms method), 반분검사법(split-half method), 내적 합치도 검사법(internal consistency method) 등을 들 수 있는데, 이들은 모두 측정의 신뢰도의 정도를 '신뢰도 계수(reliability coefficient)'라는 것으로 표시하는 것이 공통점이다.

① 재검사법

재검사법(再檢査法)은 가장 기초적인 검토방법의 하나로서, 어떤 변인이나 사물에 대한 측정검사를 한 집단의 측정대상자(응답자)에게 일정 기간을 사이에 두고 2회를 실시하여 1차 검사와 2차 검사의 측정점수가 서로 얼마나 일치하는지 상관계수를 산출해서, 이를 가지고 측정의 신뢰도를 알아보는 방법이다.

이러한 재검사법에서 1차 측정검사와 2차 측정검사 점수 간의 상관계수는, 그 측정점수가 둘 다 등간치(interval number)이면 피어슨 적률상관계수(Pearson's product-moment correlations coefficient) r을 구해야 하고, 측정점수가 서열수(ordinal number)이면 스피어맨 순위상관계수(Spearman's rank order correlation coefficient) ρ를 구해야 한다.

이렇게 해서 산출한 상관계수를 '신뢰도계수'라고 부르며, 바로 이 계수를 가지고 측정의 신뢰도를 알아보는데, 신뢰도계수는 상관계수와 똑같이 해석해서 신뢰도계수가 높을수록 측정의 신뢰도가 높은 것으로 본다. 그러나 신뢰도계수가 얼마 이상이 되어야 측정의 신뢰도가 높다고 볼 것인가에 대해서는 여러 가지 견해가 있다. 하지만 사회과학 연구에서는 대체로 신뢰도계수가 0.60 이상이면 측정의 신뢰도가 어느 정도 높다고 보아 그 측정점수를 연구자료로 사용한다. 그러나 신뢰도계수가 0.60 이하면 그 측정점수는 버리고 측정척도를 수정·보완하여 다시 측정한다.

하지만 이와 같은 재검사법을 통하여 측정의 신뢰도를 검토 및 판단하는 방법은 여러 가지 단점을 가지고 있는데, 가장 큰 단점은 1차 검사에서 사용한 척도를 2차 검사에서 다시 사용하게 되므로 그 척도에 대한 응답자의 기억이나 연습효과가 가외변인(加外變因)으로 작용할 가능성이 많다는 점이다. 또한 1차 검사에 열심히 응했던 응답자가 2차 검사는 적당히 응하는 경향도 가외변인의 하나로 작용할 가능성이 있으나, 이를 완전히 통제하기 어렵다는 점도 있다. 따라서 재검사법을 통한 측정의 신뢰도 검토방법은 실제로는 잘 사용하지 않는다.

② 동등형 검사법

동등형 검사법(同等型檢查法)이란, 어떤 변인이나 사물을 측정할 때 그 내용이 서로 같거나 비슷한 2개의 측정척도, 예컨대 척도 A형과 척도 B형을 따로 만들어서

한 집단의 응답자들에는 척도 A형을 사용하여 측정검사를 하고, 또 한 집단의 응답자들에는 척도 B형을 사용하여 측정검사를 한다. 그런 다음, 이들 2개의 척도로 각각 측정한 점수들 간의 상관계수를 산출해서 이를 기준으로 측정의 신뢰도를 검토하는 방법을 말한다.

이러한 동등형 검사법에서 상관계수(신뢰도계수)의 산출과 그에 해석은, 앞서 재검사법과 동일하다. 그러나 이러한 동등형 검사법도 단점이 없지 않은데, 그중 가장 큰 단점은 완전히 똑같은 2개의 동등형 척도를 만들기가 쉽지 않다는 점이다.

③ 반분검사법

반분검사법(半分檢査法)은 동등형 검사법과 비슷하나, 측정척도들의 각 문항마다 서로 비슷한 내용의 항목을 2개씩, 예컨대 항목 a_i와 항목 b_i를 각각 만들어 이들을 사용하여 한 응답자 집단에 측정검사를 한 다음, 항목 a_i의 측정점수와 항목 b_i의 측정점수들을 각각 따로 나누어, 즉 반분(半分)하여 이들 두 가지 항목의 측정점수 간의 상관계수를 산출, 그 계수를 기준으로 측정의 신뢰도를 검토하는 방법이다.

이러한 반분검사법에서 그 측정척도 문항들을 두 가지로 반분(半分)하는 방법에는 두 가지가 있다. 하나는 전후반분법(前後半分法)으로서, 측정척도의 전체 문항수가 20개일 경우 앞부분의 10개 문항에는 항목 a_i를 넣고, 뒷부분의 10개 문항에는 항목 b_i를 넣은 측정척도를 만들어 측정검사를 실시한 다음, 항목 a_i의 측정점수와 항목 b_i의 측정점수를 각각 따로 나누어 이들 두 항목의 측정점수 간의 신뢰도계수를 산출하는 방법이다. 또 하나의 반분법은 기우수반분법(奇偶數半分法)인데, 이는 기수(奇數) 즉 홀수번호의 문항에는 항목 a_i를 차례로 배열하고, 우수(偶數) 즉 짝수번호의 문항에는 항목 b_i를 배열한 측정척도를 만들어 측정검사를 실시한 다음, 항목 a_i의 측정점수들과 항목 b_i의 측정점수들을 각각 따로 나누어 이들 두 가지 항목의 측정점수 간의 신뢰도계수를 산출하는 방법이다.

이처럼 반분검사법에서 그 측정척도 문항들을 반분(半分)해서 신뢰도계수를 산출하는 방법에는 두 가지가 있다. 그러나 기우수반분법이 전후반분법보다 더 좋은 방법으로 평가받고 있다. 어떻든 간에, 전후반분법이나 기우수반분법을 사용하여 반분한 측정점수 간의 신뢰도계수는 대체로 스피어맨-브라운(Spearman-Brown) 예언공식(豫言公式)을 사용하여 산출하는데, 이는 [공식 3-3]과 같다.

[공식 3-3] $$r_{tt} = \frac{2r_{hh}}{1 + r_{hh}}$$

여기서 r_{tt} = 전체 측정검사의 신뢰도계수

r_{hh} = 반분(半分) 측정검사의 신뢰도계수

이 공식을 사용하여 측정의 신뢰도계수를 산출하는 방법을 간단히 설명하면, 우선 반분한 척도문항의 측정점수들을 각각 따로 채점하고 그 점수들 간의 피어슨 적률상관계수 r를 산출하면 되는데, 그 계수를 반분측정검사의 신뢰도계수r_{hh}라고 한다. 만약 이 신뢰도계수 r_{hh}가 0.80로 나왔다면, 이를 [공식 3-3]에 대입해서 전체 측정검사(반분측정검사들을 모두 합친 것)의 신뢰도계수 r_{tt}를 구하면 다음과 같이 0.889가 나오는데, 이러한 신뢰도계수는 일반적인 상관계수처럼 해석하면 된다.

$$r_{tt} = \frac{2(0.80)}{1 + 0.80} = \frac{1.60}{1.80} = 0.889$$

따라서 0.889라는 신뢰도계수는 주어진 측정검사의 점수, 즉 측정자료가 상당히 높은 신뢰도를 지니고 있다고 해석할 수 있는데, 이처럼 반분검사법은 간단하게 신뢰도를 검토할 수 있다는 장점을 갖고 있다. 그러나 반분할 2개의 척도문항들을 완전히 동등하게 만들기는 매우 어렵다는 단점이 있다.

④ 내적 합치도 검사법

내적 합치도 검사법(內的 合致度檢査法)이란, 어떤 측정척도에 포함된 여러 개의 문항들의 측정점수 간의 상호상관계수(intercorrelation coefficient)를 산출하여 그 문항들이 서로 얼마나 합치하느냐 하는 정도, 즉 내적 합치도계수에 따라 측정의 신뢰도를 검토하는 방법을 말한다. 그러나 이와 같은 신뢰도 검토방법에서 척도문항들 간의 상호상관계수를 직접 계산하지 않고서도 내적 합치도계수를 산출할 수 있는 공식이 개발되어 오늘날에는 각종 측정검사의 신뢰도를 비교적 쉽게 알 수 있는데,

그 주요 공식으로 쿠더-리처드슨 공식 20(Kuder-Richardson Formula 20, 약칭 KR-20)과, 이 공식을 더욱 발전시킨 크론바흐 알파(Cronbach's α) 계수의 산출 공식을 들 수 있다(Cronbach, 1951, pp. 297-334; Cronbach and Shavelson, 2004, pp. 391-418). 이 중 사회과학 분야에서 널리 사용하는 크론바흐 α 계수의 산출 공식을 소개해보면 [공식 3-4]와 같다.

[공식 3-4]
$$\alpha = \frac{K}{K-1}\left(1 - \frac{\sum_{i=1}^{K}\sigma_{Yi}^2}{\sigma_X^2}\right)$$

여기서 K = 측정척도의 항목 수(number of items or testlets)
$\sigma^2 X$= 응답자로부터 측정한 전체 점수의 총 변량(variance)
$\sigma^2 Yi$ = 응답자로부터 측정한 각 측정문항의 점수의 변량

이 공식에다가 실제로 측정한 점수와 측정척도의 항목수를 대입하면 크론바흐 α 계수를 산출할 수 있다. 그러나 SPSS와 같은 통계 패키지 프로그램을 이용하면 크론바흐 α 계수를 더 쉽게 산출할 수 있다. 하지만 크론바흐 α 계수의 해석방법은 알아야 하는데, 사회과학 분야에서는 일반적으로 그 계수가 0.60 이상이면 측정의 신뢰성이 있다고 보고, 그 이하면 신뢰성이 없다고 판단한다.

그러나 측정척도 안에 하위 척도가 포함되어 있다든지, 각 측정문항의 난이도가 서로 크게 다를 때는 크론바흐 α 계수가 지나치게 낮게 나오기 쉽다. 따라서 이런 경우는 크론바흐 α 계수가 측정의 신뢰도를 정확하게 나타내지 못할 수도 있다. 또한 측정검사 대상자, 즉 응답자가 시간관계로 측정척도 마지막 부분의 여러 문항에 손을 대지 못한 경우도 크론바흐 α 계수가 측정의 신뢰도를 정확하게 나타내지 못하는 단점이 있다.

하지만 이러한 단점들을 고려하고서도, 크론바흐 α 계수가 0.60 이하로 작게 나온 경우는 측정척도와 측정방법을 수정·보완해서 다시 측정검사를 해야 한다. 이때 측정의 신뢰도를 높이기 위한 방법으로는 척도의 항목 수를 늘리거나, 척도의 문항이나 항목에서 모호한 내용을 명확하게 고치거나, 또는 신뢰도가 높은 것으로 검증된 측

정항목만 사용하여 측정하는 방법 등이 있다(Revellis, 1991, pp. 24-33 참고).

이상에서 측정의 신뢰도와 그에 대한 여러 가지 검토방법에 관하여 간단히 살펴보았는데, 실증연구를 할 때 어떤 사물이나 변인 등의 값을 측정한 경우에는 그 측정자료의 신뢰도를 반드시 검토해 보고, 신뢰도가 높게 나온 측정자료만 연구자료로 사용해야 한다. 그리고 연구보고서나 연구논문을 작성할 때는 그 측정자료의 신뢰도를 어떤 방법을 사용하여 검토해 보았으며, 그 결과 신뢰도계수가 얼마로 나와서 그 측정자료를 연구자료로 사용하기로 했다는 것 등을 반드시 밝혀야 한다.

다. 조사·실험대상자의 표집방법

지금까지 연구에 필요한 자료의 여러 가지 수집방법과 측정에 관하여 알아보았는데, 연구자료를 조사나 측정검사를 통해서 수집하려면 또한 조사대상자나 측정대상자, 즉 응답자들이 필요하다. 따라서 조사나 측정검사를 하려면 응답자를 선정해야 하는데, 인구센서스 등에서는 조사대상자의 전집(全集), 즉 모집단을 대상으로 조사나 측정검사를 한다. 그러나 대부분의 학술연구에서는 조사대상자나 측정대상자의 전집에서 일정한 사례수(크기)의 표본(sample)을 표집(sampling)해서, 이들을 대상으로 조사나 측정검사를 한 다음, 그 결과를 토대로 전집의 특성을 추리하는 방법을 사용하고 있다. 이런 경우 표본을 어떤 방법으로 몇 명을 표집해야 하느냐가 주요문제가 되는데, 그러면 여기서는 이러한 문제에 관하여 살펴보기로 하겠다.

1. 표집의 뜻과 표본연구의 불가피성

대부분의 학술연구에서는 그 조사대상자, 실험대상자 또는 측정검사대상자 등의 전집에서 표본을 표집해서, 이들을 대상으로 조사나 실험 또는 측정검사 등을 하는데, 그렇다면 여기서 '전집, 표집, 표본'이라는 말들은 구체적으로 무엇을 말하는지 우선 이들 용어의 뜻부터 간단히 살펴보고 넘어가기로 하겠다.

1) 전집·표집·표본과 표본의 크기의 뜻

전집(全集, Universe or Population)은 모집단(母集團)이라고도 하는데, 이는 연구자가 관심을 갖고 연구하려는 인간이나 사물 등의 전체 집합을 말한다. 예를 들어, '인간'에 관하여 연구를 할 경우 이 세상의 모든 '인간'을 전집이라고 말하며, '우리나라 TV 시청자의 시청 행동'을 연구한다면 우리나라 국민 중에서 'TV를 시청하는 모든 사람'을 전집이라고 한다. 따라서 전집이란 "어떠한 공통된 속성을 가진 모든 사례(事例)들의 전체 집합(universal set) 또는 완전 집합(complete set)"이라고 정의할 수 있는데, 이러한 전집을 기호로는 U(Universe) 또는 P(Population)로 표시한다.

그러나 전집은 하나의 가정(假定)된 집합으로서 이론적으로만 존재할 뿐, 실제로는 존재하지 않을 수도 있다. 가령 '권위주의적 성격의 소유자'를 전집으로 할 경우 이러한 성격의 소유자들이 우리나라나 전(全) 세계에 몇 명이나 있는지 아무도 알 수 없다. 또한 전집은 연구자의 목적이나 결정에 따라 얼마든지 달라질 수 있는데, 만약 어떤 연구자의 관심이 '우리나라의 모든 사람'에 있다면 그 전집은 '7천만 동포'가 되지만, 그중에서 '10대 여성'의 TV 시청 성향을 알아보려는 데 연구목적이 있다면, 이런 경우의 전집은 '우리나라 10대 여성들'이 된다.

한편, 표집(標集, sampling)이란 전집에서 실제로 조사나 실험 또는 측정검사를 할 대상자의 표본을 뽑는 것을 말하는데, 이를 흔히 '표본추출'이라고 한다. 그러나 여기서는 간단히 표집이라고 부르기로 하겠다.[8] 이처럼 전집에서 실제로 조사나 실험 또는 측정검사를 할 일부 대상자만을 표집하는 이유는, 앞서 말했듯이 전집을 대상으로 조사나 실험, 측정검사 등을 하는 것은 어렵기 때문이다. 또한 구태여 많은 시간·노력·경비 등을 들여가면서 전집을 대상으로 조사나 실험, 측정검사 등을 할 필

8 모집단은 집합론에서 '전체 집합(Universal set, U)', 즉 전집에 해당하며, 표본은 그 '부분집합(subset)'이고, 이러한 부분집합인 표본을 전집에서 추출하는 것은 간단히 '표집(標集)'이라고 말할 수 있는데, 표본을 영어로는 'sample'이라고 하며, 표집은 'sampling'이라고 한다. 표집에서 표본은 주로 인간이지만, 연구에 따라서는 그중에서도 학생·여자·교수·권위주의자 등일 수도 있고, 또는 사물이나 동물(예컨대, 쥐, 기니피그 등)일 수도 있는데, 이러한 표집대상을 표집단위(sampling unit)라고 부른다.

요도 없기 때문인데, 그 이유에 관해서는 조금 뒤에 다시 살펴보기로 하겠다. 그리고 표본을 표집할 때는 전집을 대표할 수 있는 표본을 무작위로 뽑아야 하는데, 그 방법에 관해서도 조금 뒤에 자세히 알아보기로 하겠다.

다음으로 표본(標本, sample)이란 전집에서 추출한, 실제로 조사나 실험 또는 측정검사 등을 실시할 대상자들을 말한다. 따라서 표본은 전집의 부분집합(a subset)이 되는데, 이러한 표본을 기호로는 *s*(sample)로 표시한다. 그리고 표본에 들어 있는 조사나 실험대상자 또는 측정검사 대상자의 수(數)를 '표본의 사례수(number of cases)' 또는 '표본의 크기(sample size)'라고 부르며, 이를 기호로는 *N*으로 표시하는데, 이러한 표본의 크기는 얼마가 되어야 적당한지에 관해서도 뒤에서 자세히 살펴보기로 하겠다.

2) 표본연구의 불가피성과 주요 이유

위에서 우선 전집과 표집, 표본이라는 용어부터 간단히 살펴보았는데, 학술연구에서는 전집을 대상으로 조사나 실험 또는 측정검사를 하는 경우는 거의 없으며, 대부분은 조사나 실험대상자 또는 측정검사 대상자들의 전집에서 그 표본을 표집해서 이를 대상으로 조사나 실험 또는 측정검사를 한다. 그렇다면 이렇게 하는 이유는 무엇인가?

가장 중요한 이유는, 전집을 대상으로 조사나 실험연구 등을 하는 것은 거의 불가능하기 때문이다. 가령, "인간은 이성적(理性的) 동물인가, 아니면 감정적 동물인가?" 하는 문제에 관한 조사연구에서 '인간'이라는 전집을 대상으로 설문조사를 하려면, 전 세계 모든 사람들에게 일일이 설문지를 보내서 응답을 받은 다음, 그 응답들을 모두 분석해서 연구문제에 대한 해답을 얻어야 하는데, 이러한 연구는 사실상 불가능하다. 이는 조사연구에 많은 시간과 노력이 들기 때문이기도 하지만, 조사기간 동안 인간들이 계속 죽기도 하고 새로 태어나기도 해서 '인간'이라는 전집이 계속 변동함으로써 어떤 것이 진짜 '인간'의 전집인지조차 알기 힘들기 때문이다. 따라서 '전집'을 대상으로 조사연구나 실험연구 등을 하는 것은 사실상 불가능하므로, 전집에서 표본을 뽑아 이를 대상으로 실제 조사나 실험 또는 측정검사 등을 한다.

이렇게 표본을 대상으로 연구를 하는 또 하나의 이유는, 구태여 많은 시간과 노력과 비용을 들여가면서 '전집'을 대상으로 조사나 실험, 측정검사 등을 할 필요가 없기 때문이다. 만약 전집을 대표할 수 있는 표본을 뽑아서 이를 대상으로 연구한 다음, 그 결과를 가지고 추리통계방법(inferential statistics)을 사용하여 전집의 특성을 추리하면 거의 정확하게 알 수 있기 때문이다. 따라서, 예컨대 대통령 선거에 관한 여론조사에서도 모든 유권자(전집)를 대상으로 조사를 하는 대신, 유권자 중에서 1~2천 명의 표본만 뽑아서 이들을 대상으로 조사를 해도 누가 대통령이 될지 거의 정확하게 맞추고 있다.

이는 자연과학에서도 마찬가지인데, 예컨대 어떤 광산에 매장된 석탄의 질(質)을 감정할 때 그 광산을 모두 파헤쳐서 석탄의 전량(全量)을 분석 · 검사하는 대신, 광맥의 여기저기서 몇 줌의 석탄을 채취하여 그중에서 극히 적은 양만 시험관에 넣고 검사를 해도, 그 결과를 토대로 그 광산에 매장된 전체 석탄의 질을 알 수 있다. 따라서 사회과학뿐 아니라 자연과학에서도 어떤 사물이나 현상에 관한 조사나 측정검사를 할 때, 그 사물이나 현상의 전집에서 표본을 표집해서 이를 대상으로 조사나 측정검사를 하고, 그 결과를 토대로 전집의 특성을 추리하는 방법을 사용한다.

3) 표본연구에서의 문제점과 표집오차

이와 같이 자연과학이나 사회과학을 막론하고 대부분의 연구에서는 조사나 실험, 측정검사 등을 할 때, 전집 대신에 그에서 표본을 표집해서 이를 대상으로 조사나 측정을 한 다음, 그 결과를 토대로 전집의 특성을 추리하는 방법을 사용한다. 이때 표본에서 얻은 어떤 조사나 측정검사의 값을 통계치(statistic)라고 하고, 전집을 대상으로 조사나 측정검사를 했을 때 그에서 얻은 값을 전집치(parameters) 또는 모치수라고 하는데, 만약 통계치가 전집치(모치수)와 똑같다면 표본을 대상으로 조사나 측정검사를 해도 그 결과를 토대로 전집의 특성 등을 정확하게 알 수 있다.

하지만 불행하게도 표본에서 얻은 통계치와 전집의 전집치는 대부분 같지 않은데, 전집에서 표본을 추출할 때 항상 표집상의 오차가 생기게 마련이기 때문이다. 따라서 아무리 전집을 그대로 축소시킨 것과 같은 표본을 추출하더라도, 그 표본에서 얻은 통계치와 전집에서 얻은 전집치는 일치하지 않는데, 이때 통계치와 전집치 간의 차이를 표집오차(sampling error)라고 한다.

즉 어떤 표본에서 얻은 통계치(표본의 산술평균치 · 표준편차 · 백분율 등)를 S라고 하고, 그 전집치(전집의 산술평균치 · 표준편차 · 백분율 등)를 θ라고 할 때, S에서 θ를 뺀 값을 표집오차 e라고 한다. 이를 공식으로 나타내면 $e = S - \theta$가 되는데, 실제로 표본을 표집해서 그에서 어떤 통계치를 구한 다음 그에서 전집치를 빼어 보면 $e = 0$이 되는 경우는 거의 없으며, 반드시 표집오차가 생겨서 $e \neq 0$이 된다. 이러한 표집오차는 크게 두 종류, 즉 무작위표집오차(random sampling error)와 편향표집오차(biased sampling error)로 나눌 수 있는데, 이 두 종류의 오차의 합(合)이 곧 표집오차(e)로서 이를 공식으로 나타내면 [공식 3-5]와 같다.

[공식 3-5] $$e = S - \theta = (S - \bar{S}) + (\bar{S} - \theta)$$

여기서 e = 표집오차

S = 통계치(표본의 산술평균치 · 표준편차 · 비율 등)

θ = 전집치(전집의 산술평균치 · 표준편차 · 비율 등)

$S - \bar{S}$ = 무작위표집오차

$\bar{S} - \theta$ = 편향표집오차

여기서 무작위표집오차란 전집에서 표본을 추출할 때 우연히 생기는 오차로서, 이 오차는 표본의 크기 즉 표본의 사례수를 크게 할수록 적어진다. 또한 무작위표집오차는 추리통계방법을 사용하여 추정할 수 있으므로, 표본연구에서 얻은 통계치를 가지고 전집치를 추정할 때 통제하거나 배제할 수 있다.

그러나 편향표집오차는 표본을 표집할 때 어떤 특정한 사람 등을 작위적(作爲的) 또는 의도적으로 표집함으로써 생기는 오차이다. 따라서 이러한 편향표집오차는 무작위표집오차와는 달리 표본의 크기를 크게 하더라도 사라지지 않으며, 또한 이를 통계적으로 추정할 수도 없는데, 그 이유는 표본의 표집방법 자체가 잘못되었기 때문이다. 그러므로 편향표집오차를 없애거나 줄이기 위해서는 표집을 올바로 해야 하는데, 그렇다면 표집을 올바르게 하려면 어떻게 해야 하는가?

2. 표집의 원칙과 여러 가지 방법

표본을 표집할 때 편향표집오차를 배제하기 위해서는 무작위표집(random sampling)을 해야 한다. 그리고 무작위표집에서 오차, 즉 무작위표집오차를 줄이기 위해서는 표본의 크기를 늘리되, 표본의 크기가 너무 크면 이를 대상으로 조사나 측정검사 등을 할 때 그만큼 비용 · 인력 · 시간 등이 많이 들게 되므로 표본의 크기를 알맞게 해야 한다. 그렇다면 무작위표집이란 무엇이며, 그 방법에는 어떤 것들이 있는지부터 살펴보고, 표본의 크기에 관하여 알아보기로 하겠다.

1) 무작위표집의 원칙과 주요 특성

무작위표집이란, 전집에서 표본을 표집할 때 어떤 의도적 목적을 위해 작위적으로 표집하지 않고 전집의 모든 원소(元素, element), 즉 표집단위(sampling unit)나 사례들이 뽑힐 확률이 동일한 동시에, 한 표집단위가 뽑히는 것이 다른 표집단위의 뽑힘에 영향을 미치지 않는 조건 아래서 표본을 표집하는 것을 말한다. 그러므로 무작위표집은 첫째, 전집의 모든 표집단위들이 동일하게 뽑힐 기회(equally likely chance to be selected)를 갖으며, 둘째, 하나의 표집단위를 뽑을 때 그것이 다른 표집단위의 표집에 아무런 영향을 미치지 않도록 각 표집단위가 독립성(independence)을 갖는다는 특성이 있다.

따라서 무작위표집을 할 때는 전집의 모든 표집단위(사례)에 똑같이 뽑힐 확률의 기회를 주는 동시에, 그 표집단위가 서로 독립적으로 뽑히도록 해야 한다. 그렇지 않고 전집의 어떤 특정 표집단위에 더 많이 뽑힐 기회나 더 적게 뽑힐 기회를 준다면, 이는 무작위표집이 아니라 작위적 편향표집(biased sampling)이 된다. 이러한 편향표집에 의한 표집오차는, 무작위표집에 의한 오차와는 달리 표본의 크기를 크게 하더라도 그 오차가 사라지지 않으며, 또한 이를 통계적으로 추정할 수도 없기 때문에, 표본에서 얻은 통계치를 가지고 전집치(모치수)를 정확하게 추리할 수 없게 만든다.

그러므로 전집에서 표본을 표집할 때는 작위적인 편향표집을 해서는 안 되며, 반드시 무작위표집을 통하여 전집을 대표할 수 있는 표본을 추출해야 한다. 이러한 무작위표집에서는 어떤 사례(표집단위)가 뽑힐지는 알 수 없으나, 전집의 각 표집단위가 뽑힐 확률은 알 수 있다. 때문에 무작위표집을 확률표집(probability sampling)이라고도 한다. 그러나 편향표집에서는 표집단위가 뽑힐 확률을 통계적으로 알 수 없기 때문에, 이러한 편향표집을 비확률적 표집이라고도 부른다.

2) 무작위표집의 여러 가지 방법

위에서 무작위표집의 원칙과 주요 특성에 관하여 간단히 살펴보았는데, 그렇다면 무작위표집은 구체적으로 어떻게 하는가? 무작위표집방법에도 여러 가지가 있다. 그러나 그중에서 비교적 많이 사용하는 단순무작위표집방법(simple random sampling method), 체계적 표집방법(systematic sampling method), 유층화표집방법(stratified sampling method), 군집표집방법(cluster sampling method), 비균등확률 표집방법(unequal probabilities sampling method)에 관해서만 간단히 살펴보기로 하겠다.

(1) 단순무작위표집방법

단순무작위표집방법(單純無作爲標集方法)은 여러 가지 무작위표집방법 내지 확률표집방법 중에서 가장 기본적 형태로, 모든 표집단위(사례)가 똑같이 뽑힐 수 있는 확률 조건 아래서 그 표집단위들을 독립적이고 직접적으로 뽑아서 표본을 표집하는 방법이다. 따라서 단순무작위표집방법을 사용해서 표본을 표집할 때는 최소한 다음 세 가지 원칙을 지켜져야 한다. 첫째, 전집 내의 모든 사례, 즉 표집단위가 각각 균등하게 뽑힐 기회를 가져야 하고, 둘째, 어떤 하나의 사례가 뽑힐 때 그것이 다른 사례의 표집에 아무런 영향을 미치지 않도록 독립성을 지켜야 하며, 셋째, 표집 도중에 전집 자체에 아무런 변동이 없어야 한다.

이와 같은 원칙의 단순무작위표집방법을 사용하여 실제로 표집을 할 때는 일단 전집의 전체 사례의 하나하나에 일련번호를 붙여놓고, 난수표(亂數表, table of random numbers)나 난수 제너레이터(random number generator), 또는 추첨기 등을 이용해서 뽑는다. 예컨대, 어떤 조사연구를 위하여 전체 사례수가 30명($N=30$)

인 전집에서 10명의 응답자들을 표본으로 난수표([부록 A] 참고)를 이용하여 표집한다면, 우선 전집의 30명 각 사람에게 00부터 30까지 일련번호를 붙인다. 그런 다음, 전체 사례수 30명은 10단위 수이므로, 난수표에서 두 자리의 아무 숫자나 골라 이를 기점(起點, starting point)으로 해서 그 위쪽이나 아래쪽, 또는 왼쪽이나 오른쪽으로 마음대로 두 자리씩 읽어 나가면서(이때 00은 제외하고, 30보다 큰 수는 그냥 통과할 것), 거기에 있는 난수와 같은 번호의 사례를 10개만 뽑아 이들 번호의 사람들을 표본으로 삼으면 된다.

한편, 전체 사례가 500명인 전집에서 50명을 표본으로 뽑는다면, 000번은 제외하고 세 자릿수 가운데서 500보다 적은 수를 50개만 뽑아 나가되, 이때 중복된 번호가 나오면 그것은 건너뛰고 다음 것을 뽑는다. 이렇게 하여 뽑은 번호에 해당하는 사람들을 표본으로 하면 된다. 그러나 이처럼 난수표를 이용해서 번거롭게 표본을 추출하는 대신, 요즈음은 통계 패키지 프로그램 중에서 '난수 제너레이터'라는 프로그램을 이용하면 아주 쉽게 단순무작위표집을 할 수 있는데, 그 프로그램이 나타내 주는 난수대로 그에 해당하는 번호의 응답자들을 뽑으면 된다.

이처럼 간단하게 표본을 뽑는 단순무작위표집방법은 전집에 대한 사전 지식이 많이 필요하지 않으며, 또한 이 표집방법으로 뽑은 표본에서 얻은 자료들은 분석도 쉽다는 장점도 있다. 하지만 전집이 확실하지 않거나 너무 클 경우 그 모든 사례에 번호를 붙이기가 어려우며, 또한 조금 뒤에 살펴볼 유층화표집방법 등에 비해 표본의 크기가 같더라도 표집오차가 더 크게 발생하는 단점이 있다.

(2) 체계적 표집방법

체계적 표집방법(體系的 標集方法, systematic sampling method)은 단순무작위표집방법의 한 변형으로, 전집의 모든 사례들에 일련번호를 붙여놓고, 일정한 표집간격(sampling interval)에 따라 표본을 표집하는 방법이다. 좀 더 구체적으로 말하면, 우선 표본의 사례수(크기)를 결정한 다음, 그 사례수 n으로 전집의 전체 사례수를 나누어 표집간격 k를 계산한다. 그런 다음, 1부터 k 사이에서 무작위로 하나의 번호 r을 뽑아 이를 기점(random start)으로 해서 k째, $r+k$째, $r+2k$째 … 등의 순으로 $r+(n-1)k$째까지의 사례를 뽑아 이들 사례를 표본으로 하는 방법이 곧 체계적 표집방법이다.

이와 같은 체계적 표집방법의 실례로서, 예를 들어 전집이 5,400명인 S대학교 학생 명단에서 270명의 학생들을 표본으로 뽑는다고 하자. 그러자면 우선 표집간격을 정해야 하는데, 표집간격 $k = N/n$(여기서 N= 전집의 크기, n= 표본의 크기)이므로 k= 5,400/270=20이 된다. 그 다음 기점을 정해야 하는데, 이는 난수표를 이용하여 1과 k, 즉 1~20 사이에서 아무 숫자나 무작위로 선택한다. 만약 16을 선택했다면, 학생명단에서 우선 16번째 학생을 뽑고, 이를 기점으로 해서 매 20번째 학생, 즉 36, 56, 76, 96, 116 … 5356, 5376, 5396번째 학생을 뽑아 이들을 표본(n= 270명)으로 삼으면 된다.

이러한 체계적 표집방법의 장점은 간편하고, 전집의 명단이 학년별·지역별 등으로 되어 있을 때는 자동적으로 유층화(類層化)가 이루어져 결과적으로 여러 학년과 여러 지역 학생들을 골고루 표집할 수 있다는 점을 들 수 있다. 그러나 전집의 명단을 구하기 어렵다거나, 명단이 어떤 특성을 기준으로 일정한 간격을 두고 반복되어 있으면 비슷한 특성의 소유자들만 표본으로 추출될 수 있는 단점이 있다.

(3) 유층화표집방법

유층화표집방법(類層化標集方法, stratified sampling method)도 단순무작위표집방법의 한 변형으로, 전집을 여러 개의 하위집단(subgroups), 즉 유층(類層, strata)으로 나눈 후, 각 유층별로 골고루 표본을 표집하는 방법을 말한다. 이렇게 전집을 여러 유층으로 나누어 표집하는 이유는 표본의 대표성(representativeness)을 높이고, 각각 다른 유층별로 다른 표집 절차를 사용할 수 있도록 하기 위한 것인데, 여기서 대표성이란 각각 서로 다른 유층에 포함되는 사례수에서 전집과 표본 간의 유사성을 말한다. 예컨대, 성별·연령별 사례수의 비율이 전집과 표본 사이에 서로 같거나 비슷한 것을 말하는데, 이러한 대표성이 앞서 살펴본 단순무작위표집에서는 제대로 보장되지 않는다. 때문에 이러한 단순무작위표집방법의 단점을 보완해서 표본의 대표성을 높이려는 것이 곧 유층화표집방법의 가장 중요한 목적이다.

이를 간단한 실례를 들어 좀 더 구체적으로 말하면, 예를 들어 S대학교 전체 학생 5,400명(전집) 중에서 270명의 표본을 단순무작위표집방법을 사용해서 표집하면, 만약 이 대학교에서 남학생과 여학생의 비율이 1:1이라도, 표본에서는 표집오차 때문에 남학생 150명, 여학생 120명이 뽑혀서 그 비율이 1.25:1이 될 수 있다. 따라서 이와 같은 단순무작위표집방법의 단점을 보완해서, 표본에서도 남녀 학생의 비율이 1:1이 되도록 남학생과 여학생을 각각 135명씩 뽑는 것이 곧 유층화표집방법이다.

그러나 이러한 유층화표집을 할 때, 전집과 표본에서 남학생과 여학생의 비율을 미리 계산해서 그에 따라 표집할 필요는 없으며, 남학생 집단과 여학생 집단에서 각각 전집과 표본의 크기의 비(比)에 따라 학생들을 무작위로 표집하면 자연히 전집과 표본에서의 남학생과 여학생의 비율이 같아진다. 예를 들어, S대학교 전체 학생 5,400명(전집) 중에서 남학생과 여학생이 몇 명인지를 실제로 알아보았더니, 남학생이 2,500명이고 여학생이 2,900명이라면, 전집(5,400명)과 표본(270명)의 크기의 비(比)가 20:1이므로 남학생 집단(2,500명)과 여학생 집단(2,900명)에서 각각 20명에 1명씩을 단순무작위표집방법을 사용해서 뽑으면, 남학생은 125명, 여학생은 145명이 뽑혀 전집에서의 남녀 학생의 구성비율(1:1.16)이 똑같아진다.[9]

이와 같이 유층화표집방법은 여러 가지 표집방법 중에서 가장 엄밀하고 정확한 방법으로, 표본의 대표성을 잘 반영하는 장점을 갖고 있다. 그러나 전집이 크고 전집에 대한 사전 지식이 없는 경우, 각 유층들의 구성비율을 알 수 없기 때문에 유층화표집을 하기가 쉽지 않다는 단점이 있다. 그럼에도 불구하고 유층화표집방법은, 예컨대 개인의 성별·연령·교육정도·생활수준 등의 중개변인이 그들의 각종 행동(종속변인)에 미치는 영향을 알아보거나 그 영향의 통제를 위하여, 표본에서의 남녀의 구성비율, 연령대별 구성비율, 교육정도별 구성비율, 생활정도별 구성비율 등이 전집의 그것들과 같도록 표집할 경우 등에 많이 사용하고 있다.

9 이처럼 표본에서의 남녀 학생의 구성비율을 전집의 그것과 같도록 표집하는 것을 비율유층화표집(proportional stratified sampling)이라고 한다. 그러나 이와는 달리, 자료분석상의 편의에 따라 표본에서의 남녀 학생의 비율을 전집에서의 그것과 다르게 표집을 할 수도 있는데, 이러한 표집방법은 비(非)비율유층화표집(disproportional stratified sampling)이라고 한다.

(4) 군집표집방법

군집표집방법(群集標集方法, cluster sampling method)도 단순무작위표집방법의 한 변형 형태로서, 어떤 군집에서 표본을 추출하는 방법이다. 여기서 '군집'이란, 이미 형성되어 있는 자연적 또는 인위적 단위나 집단, 예컨대 자연마을 · 행정구역 등을 말한다. 예를 들어, 서울특별시 거주 성인들을 대상으로 면접조사를 할 경우, 서울시 전역(全域)에 널리 흩어져서 사는 성인들을 한 명씩 표집해서 면접조사를 한다면, 정확한 성인 명단도 만들기 어렵고 비용과 노력이 많이 든다. 따라서 그 대신 이미 형성되어 있는 군집인 행정구역, 예컨대 서울시내 25개 구(區) 중에서 무작위로 2개 구를 뽑고, 이들 2개 구에서 다시 2개 동(洞)을 무작위로 뽑아 그곳에서 거주하는 전체 성인들을 대상으로 집중적인 면접조사를 할 수 있는데, 이처럼 자연적 또는 행정적으로 형성되어 있는 어떤 지역이나 집단 속에서 조사대상자 등을 표집하는 것을 군집표집방법이라고 한다.

이와 같은 군집표집방법은 여러 가지 장점을 가지고 있는데, 가령 대통령 선거에서 유권자들의 투표행태에 관한 조사연구를 할 경우, 군집표집방법을 사용하여 2~3개의 행정구역만 표집해서 그 구역 거주 유권자들만을 대상으로 면접조사를 한다면, ① 조사과정이 비교적 간편하고, ② 면접조사원들의 활동을 감독하기에 편리하며, ③ 비용이 절감되는 장점이 있다.

그러나 이러한 군집표집방법은 단점도 없지 않은데, 그중 하나로는 앞서 살펴본 단순무작위표집방법이나 유층화표집방법 등에 비하여 표집오차가 훨씬 크다는 점을 들 수 있다. 따라서 단순무작위표집방법을 사용할 경우는, 예컨대 표본의 크기가 1,000명이 요구된다면 군집표집방법을 사용할 경우는 2,000명이 되어야만 표집오차가 단순무작위표집방법의 그것과 비슷하게 된다.

(5) 비균등확률 표집방법

비균등확률 표집방법(非均等確率 標集方法, unequal probabilities sampling method)이란, 앞서 살펴본 유층화표집의 일종이라고 할 수 있는데, 이 표집방법은 어떤 표집단위에 다른 것보다 선택될 기회를 많이 또는 적게 주어서 표집하는 방법이다. 예컨대, 신문독자 조사(readership survey)를 할 때 단순무작위표집방법을 사용하여 신문독자의 표본을 표집한다면, 신문을 잘 보지 않는 농촌지역 거주자가 신문독자의 표본에 뽑힐 확률은 매우 적어 그 표본에서 이들의 사례수가 몇 명밖에 되지 않을 수 있다. 그런데 신문독자 조사의 주요 목적의 하나가 농촌지역 독자와 도시지역 독자 간의 신문열독 성향을 서로 비교해 보려는 것이라면, 농촌지역 독자집단의 사례수가 너무 적기 때문에 이들 두 집단 간의 신문열독 성향의 차이를 통계적으로 제대로 비교할 수 없게 된다. 따라서 이러한 문제점을 해결하기 위해서 농촌지역 독자집단과 도시지역 독자집단의 표본의 사례수(크기)는 같게 하되, 각 집단별로 그 사례수만큼의 표본을 독자적으로 뽑는 것이 곧 비균등확률 표집방법이다.

그러나 이러한 방법을 사용해서 농촌지역과 도시지역에서 각각 50명씩의 신문독자들을 뽑아 이들을 각각 농촌지역 독자집단과 도시지역 독자집단의 표본으로 한다면, 도시지역에는 신문독자들이 많기 때문에 인구가 모두 200명인 한 아파트에서도 50명의 신문독자를 쉽게 뽑을 수 있다. 그러나 농촌지역에는 신문독자가 비교적 적기 때문에 인구가 모두 1,000명인 동네에서도 50명의 신문독자를 뽑기가 어렵다. 그러므로 도시지역 독자집단의 표본 50명은 200명의 전집에서 뽑았고, 농촌지역 독자집단의 표본 50명은 1,000명의 전집에서 50명을 뽑았다면, 전집과 표본의 크기 간의 비(比)가 각 표본집단별로 달라지게 된다. 즉 도시지역 독자집단의 전집과 표본의 비는 200:50=4:1이고, 농촌지역 독자집단의 전집과 표본의 비는 1,000:50=20:1이 됨으로써, 결과적으로 표본의 대표성이 결여될 우려가 있다.

(6) 그 밖의 확률표집방법

앞에서 설명한 무작위표집방법 외에도 무작위표집방법에는 여러 가지가 있다. 그러나 그중에서 유층화군집표집방법(stratified cluster sampling method), 다단계 표집방법(multi-stage sampling method), 다상표집방법(multi-phase sampling method)만 더 간단히 소개하면 다음과 같다.

유층화군집표집방법은 유층화표집방법과 군집표집방법을 혼합한 것으로, 모든 표집단위(sampling unit), 즉 표집대상으로부터 무작위로 군집을 선정해 그 군집에서 다시 유층화표집방법을 사용하여 표본을 추출하는 방법을 말한다. 이 표집방법은 단순한 군집표집방법에서 야기되는 표본의 변동성(variability)을 감소시키려는

데 그 목적과 장점이 있다.

다단계 표집방법은 앞서 살펴본 여러 가지 무작위표집방법들을 단계적으로 하나씩 사용해서 표본을 표집해 나가는 방법을 말한다. 예컨대, 언론에 대한 한국인의 인식을 조사해 보기 위한 표본을 표집할 경우, 1단계에서는 군집표집방법을 사용해서 전국 8개 도(道)에서 2개 도를 표본으로 뽑고, 2단계에서는 앞서 뽑은 2개 도에서 500가구를 유층화표집방법을 사용하여 표본으로 뽑고, 3단계에서는 앞서 단계에서 뽑은 500가구의 주민들 중에서 1,000명을 단순무작위표집방법을 사용하여 표본으로 표집하는 방법이 곧 다단계 표집방법이다. 이러한 다단계 표집에서 몇 단계를 거치느냐에 따라, 다시 2단계 표집방법(two-stage sampling method), 3단계 표집방법(three-stage sampling method) 등으로 나눌 수 있는데, 이들 방법에 관한 자세한 것은 제5장 '조사연구방법의 실제'에서 살펴보기로 하겠다.

한편, 다상표집방법은 여러 가지 표집방법을 단계적으로 사용해서 표본을 표집해 나가는 방법으로, 1회 이상의 단계를 거쳐 나가면서 표집을 한다는 점에서는 다단계 표집방법과 마찬가지이다. 그러나 다단계 표집방법은, 가령 1단계에서는 표집단위가 도(道)였으나, 2단계에서는 표집단위가 가구가 되고, 3단계에서는 표집단위가 주민으로 표집단위(표집대상)가 단계별로 달라지나, 다상표집방법은 동일한 표집단위(예컨대, 주민)에서 단계별로 표집을 거듭해 나간다. 따라서 이러한 다상표집방법을 반복표집방법(repetitive sampling method) 또는 연속표집방법(sequential sampling method)이라고도 한다.

3) 비무작위 내지 비확률 표집의 여러 방법

앞에서 무작위표집의 여러 가지 방법들에 관하여 간단히 살펴보았는데, 이들은 무작위표집방법이지만 각 표집단위가 뽑힐 확률을 통계적으로 계산할 수 있다. 따라서 이들 무작위표집방법을 확률표집방법(probability sampling methods)이라고 한다.

그러나 이러한 확률표집방법과는 달리 각 표집단위가 뽑힐 확률을 알 수 없는 표집방법들도 있는데, 이러한 표집방법을 비확률표집방법(nonprobability sampling method) 또는 비무작위표집방법(nonrandom sampling method)이라고 부른다. 이와 같은 표집방법에도 여러 형태가 있는데, 그중에서 대표적인 것들로는 우연적 표집방법(haphazard collections), 판단표집방법(judgment sampling method), 할당표집방법(quota sampling method), 전문가 표집방법(expert sampling method), 의도적 표집방법(purposive sampling method)을 들 수 있다.

첫째, 우연적 표집방법이란, 예를 들어 덕수궁 앞을 지나는 행인이라든지, 그 앞에서 우연히 만난 사람이라든지, 또는 쉽게 접촉할 수 있는 친구, 가족, 이웃사람 등을 표본으로 하는 방법을 말한다. 그러나 이런 방법으로 표집한 표본은 그 전집이 확실하지 않아서, 그에서 뽑은 표본을 대상으로 조사나 측정검사 결과를 어떤 전집에 일반화해야 할지 알 수 없는 단점이 있다.

둘째, 판단표집방법이란 연구자나 조사자가 자신의 판단에 입각해서, 전집을 가장 잘 대표하거나 전집의 전형적 사례라고 생각하는 사람 등을 선정해 이들을 표본으로 삼는 방법을 말한다. 이러한 판단표집방법의 가장 큰 단점은 조사자가 서로 다른 판단기준에서 조사대상자를 선정할 여지가 많다는 점이다.

셋째, 할당표집방법이란, 예컨대 우리나라 전체 국민 중에서 1,000명을 표본으로 뽑고자 할 때, 2013년 총 인구조사 결과를 바탕으로 우리나라 국민의 성별·연령별·학력별·거주지역별 등의 인적 구성비율을 조사하여 그 구성비율에 따라 남성과 여성은 각각 몇 명을 뽑고, 대학졸업자·고등학교졸업자·초등학교졸업자 등은 각각 몇 명씩 뽑겠다고 그 사례수를 미리 각 유층별로 할당해 놓고, 할당한 사례수만큼의 응답자를 무작위로 뽑아서 표본으로 삼는 방법을 말한다. 그러나 이 방법을 사용해서 표집한 표본도 반드시 전집을 대표한다고 할 수 없는데, 다양한 유층의 응답자들을 골고루 표본으로 뽑았다고 해서 그것이 표본의 대표성을 보장하는 것은 아니기 때문이다.

넷째, 전문가 표집방법이란, 가령 우리나라 중학생(전집)의 창의력을 조사·연구할 경우, 교육전문가로 하여금 전국에서 4개의 전형적인 중학교를 선정토록 해서 이 학교 학생들을 표본으로 삼는 방법을 말한다. 그러나 이러한 표집방법에는 전문가들의 개인적 판단이 개입될 우려가 없지 않다.

다섯째, 의도적 표집방법이란, 예를 들어 농촌에서 대도시로 이주해 온 사람들이 대도시 생활에 어떻게 적응해 나가는지 그 적응방식을 연구해 보려면, 새로 이주해 온 사람과 오래 전에 이주한 사람의 적응방식 등을 서로 비교해 볼 필요가 있는데, 이런 경우 의도적으로 새로 이주해 온 사람과 오래 전에 이주한 사람을 뽑아서 표본으로 삼는 방법이다.

이상에서 다섯 가지 비확률표집방법들을 간단히 살펴보았는데, 이들 표집방법에는 조사자나 연구자의 주관적 판단이나 편향 등이 개입하기 쉽다. 따라서 이들 표집방법은, 앞서 살펴본 확률표집방법(무작위표집방법)으로 표집이 불가능한 경우에만 사용해야 한다.

3. 표집에서 표본의 크기와 그 결정방법

앞에서 표집의 원칙과 여러 가지 표집방법에 관하여 살펴보았는데, 실제로 표집을 하려면 우선 위와 같은 여러 가지 표집방법 중에서 자신의 연구에 가장 적합한 방법을 선정해야 한다. 그런 다음 표본의 크기를 결정해야 하는데, 그렇다면 표본의 크기란 무엇이며, 이는 어떻게 결정해야 하는가?

1) 표본의 크기와 표집오차와의 관계

표본의 크기(sample size)란, 앞서 말했듯이 표본에 포함되는 사례수(事例數, number of cases)를 말한다. 따라서 표본의 사례수라고도 부르는데, 이는 표집오차, 특히 무작위 표집오차와 밀접한 관계를 갖고 있다. 즉 [그림 3-5]에서 보듯이 표본의 크기가 클수록 표집오차는 작아지며, 그 반대로 표본의 크기가 작을수록 표집오차는 증가하기 때문이다. 따라서 표본의 크기를 크게 하면 그만큼 표집오차가 작게 되므로, 표본연구를 통해서도 전집을 대상으로 한 연구와 비슷한 결과를 얻을 수 있다. 그러므로 커린저(Kerlinger, 1973, p. 127)는 "초보연구자들에게는 되도록 큰 표본을 사용하라."고 가르쳐야 한다고 주장한다.

하지만 표본의 크기를 늘리면 그만큼 조사나 실험 또는 측정검사를 하는 데 더 많은 시간과 인력, 비용 등이 들 뿐만 아니라, 표본의 크기가 쓸데없이 크면 공연히 시간과 인력, 비용 등을 허비하는 결과가 되는데, 표본의 크기가 어느 정도를 넘으면 표집오차가 감소해 전집을 대상으로 한 조사 결과 등과 거의 차이가 없게 되기 때문이다. 그러므로 표본의 크기를 무조건 늘릴 필요가 없는데, 그렇다면 어떤 조사나 측정검사를 위해서 그 대상자들의 표본을 표집할 때 그 크기는 얼마 정도로 해야 하는가?

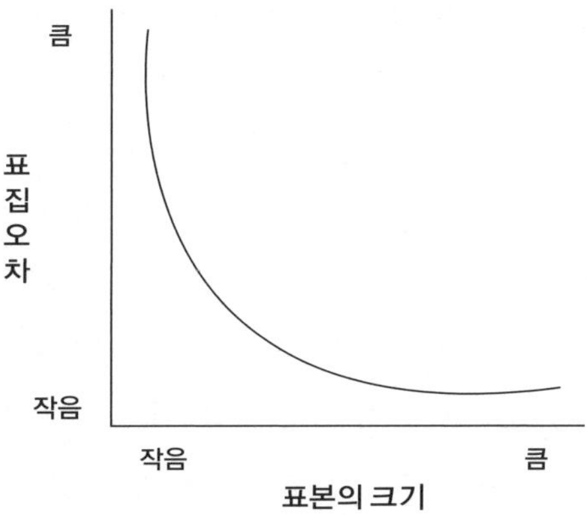

그림 3-5 표본의 크기와 표집오차와의 관계

1944년 미국여론연구소(American Institute of Public Opinion), 속칭 '갤럽여론조사연구소'에서 주류(酒類)의 제조와 판매금지 법안에 대한 미국인들의 여론을 전국적으로 조사해서 그 결과를 표본의 크기에 따라 각각 분석해 본 결과, [표 3-9]에서 볼 수 있듯이 12,494명의 표본을 모두 사용해서 찬반 응답을 집계했을 때와 그중에서 다시 8,253명, 5,255명 … 844명, 422명을 각각 무작위로 표집해서 분석했을 때 큰 차이가 없게 나타났다(Gallup, 1948, p. 15). 따라서 갤럽여론조사연구소에서 여론조사를 할 때는 대체로 1,500~5,000명을 표본으로 뽑아 이들을 대상으로 여론조사를 한 다음, 그 결과를

표 3-9 표본의 크기에 따른 갤럽연구소 여론조사 결과의 차이

표본이 크기	찬성	반대	무응답
① 12,494명인 경우	32%	61%	7%
② 8,253명인 경우	32	60	8
③ 5,255명인 경우	33	59	8
④ 2,585명인 경우	31	61	8
⑤ 1,326명인 경우	30	63	7
⑥ 844명인 경우	29	63	8
⑦ 422명인 경우	31	62	7

토대로 전집치를 추정하는데, 표본의 크기가 1,500명일 때는 약 4%의 오차가 나왔고, 5,000명을 조사했을 때에는 2.5%의 오차가 발견되었다고 한다. 그러나 전국적인 여론조사를 할 때는, 미국의 성인(成人) 약 2억 명 중에서 3,000~6,000명 정도 크기의 표본을 사용하고, 다른 나라에 가서 조사할 때에는 1,500~3,500명을 사용하고 있다.

한편, 차배근(1979)이 서울대학교 언론정보연구소에서 전국의 1,840명을 대상으로 실시한 '1976년도 경향신문 독자여론조사'에서 얻은 자료들을 이용하여, 표본의 크기에 따라 각 설문항목에 대한 응답 결과들이 어떻게 달라지는지를 알아보았다. 그중에서 평정척도를 사용한 2개의 설문항목과 선다형 척도를 사용한 2개의 설문항목에 대한 응답 결과들만 간단히 소개해 보면, [표 3-10]과 같이 표본의 크기가

표 3-10 표본의 크기에 따른 신문독자 여론조사 결과의 차이

(단위: %)

유형	설문항목	응답항목	표본의 크기별 응답 결과(%)				차의 범위
			N=1,840	*N*=912	*N*=456	*N*=228	
평정척도	1. 정가 뒷이야기와 해설이 풍부하다	① 그렇지 않다	16.4	16.0	17.1	16.0	1.1
		② 그저 그렇다	44.8	45.2	43.3	43.3	1.9
		③ 그렇다	38.1	38.2	39.1	40.0	1.9
		④ 무응답	0.7	0.7	0.5	0.7	0.2
	2. 기사 제목이 너무 크고 요란하지 않다	① 그렇지 않다	23.9	23.3	22.9	21.3	2.6
		② 그저 그렇다	30.3	29.6	26.7	28.0	3.6
		③ 그렇다	44.6	45.6	47.6	47.3	3.0
		④ 무응답	1.2	1.5	2.9	3.3	2.1
선다형 척도	1. 정치면 분량에 관하여	① 정치기사가 너무 많다	11.2	11.6	11.9	12.0	0.8
		② 지금 정도가 알맞다	62.0	61.3	61.9	63.3	2.0
		③ 정치기사가 적은 편이다	25.9	26.2	25.7	24.0	2.2
		④ 무응답	0.9	0.9	0.5	0.7	0.4
	2. 사회면 내용에 관하여	① 보도기사 위주로 할 것	43.9	41.1	48.6	49.3	5.4
		② 뒷이야기와 화제 중심으로 할 것	41.3	41.3	38.6	38.0	3.3
		③ 읽을거리 위주로 할 것	13.6	13.4	12.9	12.7	0.9
		④ 무응답	1.2	1.2	0.0	0.0	1.2

1,840명일 때와 그 반(半)인 912명일 때, 또 그 반인 456명일 때와 또 그 반인 228명일 때의 응답 결과와 척도의 종류에 관계없이 거의 비슷하게 나타났다.

이와 같은 연구결과로 미루어 볼 때, 표본의 크기가 적정 수준만 넘으면 그 조사 결과에 큰 차이를 가져오지 않는다. 따라서 표집의 크기를 결정할 때는 그 적정 수준부터 찾아야 하는데, 그렇다면 적정 수준의 표본의 크기를 결정하는 방법은 무엇인가?

2) 단순무작위표집에서 표본의 크기 결정방법

단순무작위표집을 할 경우, 표집오차의 허용범위(tolerated error)를 미리 설정하고 그 범위의 오차가 나올 수 있는 표본의 크기를 결정하는 방법이 있는데, 이는 표본이 크거나 작거나 간에 어차피 표집오차는 반드시 있게 마련이기 때문이다. 따라서 어떤 표본조사를 할 때 미리 허용할 표집오차의 범위를 설정하고, 그러한 오차가 나올 수 있는 표본의 크기를 결정하면 된다. 예를 들어, 표본조사를 할 때 만약 1%의 표집오차를 미리 허용하기로 한다면 표본의 크기를 9,604명으로 결정하면 되고, 5%의 표집오차를 허용하기로 한다면 표본의 크기를 384명으로 결정하면 된다. 이러한 크기의 표본을 표집해서 조사를 한 다음, 그 결과의 통계치(statistic)에 미리 허용한 만큼의 오차, 예컨대 1% 또는 5%를 더하거나 또는 빼 주면 전집(모집단이라고 함)에서 얻은 전집치(parameters, 모치수라고도 함)와 거의 같게 된다.

단순무작위표집에서 표집오차의 범위와 표본의 크기 간의 대체적 관계를 보면 [표 3-11]과 같은데(Backstrom and Hursh, 1963, p. 33), 이 표에서 신뢰수준(confidence level)이란, 어떤 표본에서 얻은 통계치를 가지고 전집의 전집치를 추정할 때 그 추정이 어느 정도 맞을 것인지를 나타내는 확률의 범위이다. 이러한 신뢰수준에서는 두 가지 수준을 사용하고 있는데, 하나는 95%는 맞고 5%는 틀린다는 수준(95% confidence level)이고, 또 하나는 99%는 맞고 1%만 틀린다는 엄격한 수준(99% confidence level)이다. 따라서 [표 3-11]을 이용하여 표본의 크기를 결정할 때, 만약 오차의 허용범위를 1%로 잡고 신뢰수준은 95%로 한다면 표본의 크기는 9,604명으로 결정하면 되지만, 신뢰수준을 99%로 한다면 표본의 크기는 16,587명으로 해야 한다.

표 3-11 단순무작위표집에서 오차의 허용범위와 신뢰수준과의 관계

오차의 허용범위 (tolerated error)	신뢰수준(confidence level)	
	95% 수준	99% 수준
1%	9,604명	16,587명
2%	2,401	4,147
3%	1,067	1,843
4%	600	1,037
5%	384	663
6%	267	461
7%	196	339

그러나 표본의 크기가 너무 커서 이를 대상으로 조사나 측정검사를 하는 데 인력이나 비용이 너무 많이 든다고 생각하면, 오차의 허용범위를 5%로 잡고 신뢰수준은 95%로 하면 표본의 크기를 384명으로 줄여도 된다. 하지만 이렇게 되면 어떤 표본에서 얻은 통계치를 가지고 전집치를 추정할 때, 그 추정이 95%는 맞고 5%는 틀리게 될 확률이 많다. 따라서 [표 3-11]을 이용하여 표본의 크기를 결정할 때는 오차의 허용범위와 신뢰수준을 신중하게 선정해야 한다.

한편, [표 3-11]에 실려 있는 오차의 허용범위와 신뢰수준에 따른 표본의 크기는 단순무작위표집방법을 사용해서 표집할 경우에만 사용할 수 있으며, 표집방법을 사용하여 표집할 때는 이 표를 이용하여 표본의 크기를 결정해서는 안 된다. 그렇다면 표집할 때 표본의 크기를 결정할 수 있는 다른 방법은 없는가?

3) 통계 패키지를 이용한 표본 크기 산출방법

통계적으로 표본의 크기를 결정 내지 계산할 수 있는 여러 가지 방법이 있는데, 이들 중에는 컴퓨터를 이용하여 표본의 크기를 쉽게 계산할 수 있도록 패키지 프로그램으로 만들어 놓은 것들이 많다. 이러한 소프트웨어를 이용하면 표본의 크기를 얼마로 할 것인지를 쉽게 계산할 수 있는데, 현재 나와 있는 소프트웨어 중에서 비교적 많이 사용하는 것들만 몇 가지 들어보면 [참고자료 3-1]과 같다.

참고자료 3-1

표본 크기의 계산 통계 프로그램(2012년 Version)

1. SSCALA (www.surveysystem.com/sscalc.htm)
   - Creative Research System에서의 서베이 소프트웨어(survey software)
   - 조사연구에서 표본의 크기를 구하는 데 많이 사용됨.
2. PASS12 (www.ncss.com/software/pass)
   - 미국 NCSS(1981년 창설)의 통계 소프트웨어(2012년 Version, 상용)
   - 150여 개의 검증통계방법에서 요구되는 표본의 크기 계산법들을 소개함.

   (1) 계산절차(Procedures): www.ncss.com/software/pass/procedures

   (2) 무료시행(Free Trial): www.ncss.com/download/pass/freetrial

   (3) 다운로드(Downloads): www.ncss.com/download/ncss
3. SPSS Samplepower 3.0 (www.spss.com/samplepower)
   - IBM의 SPSS 통계 패키지 프로그램의 하나(상용)로서 2012년 Version
   - 운영체계(operating systems): Windows 7 Professional, Windows Vista Business, Windows Vista Enterprise, Windows XP Professional, Windows 7 Enterprise
4. nQuery advisor + nTerim 2.0 (www.statistical-solutions-software.com)
   - 미국 Statistical Solutions 소프트웨어(2012년 Version, 상용)
5. Epiinfo StatCalc (http://cdc.gov/Epiinfo/downloads.htm)
   - 미국 Centers for Disease Control and Prevention(CDC)에서 전염병 분야 의사, 간호사, 관계자들의 각종 연구용 소프트웨어인 Epi Infotm 중의 하나
   - Dos 프로그램. 무료(Freeware).
6. East 5 (www.cytel.com/software/east)
   - 미국 Cytel(1987년 창설)의 biostatistical software 중 하나(상용)
7. STPLAN 4.7 (http://Biostatistics.mdanderson.org/SoftwareDownload)
   - MD Anderson Cancer Center, Department of Biostatistics, Division of Quantitative Sciences의 소프트웨어 프로그램 중 하나(Dos무료)
   - Version 4.7의 마지막 modified 날짜는 2012년 4월 7일
   - 사용자 매뉴얼 “the User’s Guide”(stplan-user.pdf) 있음.
8. SWOG (www.swogstat.org/statoolsout.html)
   - 미국의 암 연구기관인 SWOG(Southwest Oncology Group)의 통계센터(Statistical Center)에서 제공하는 프리 소프트웨어(free software)로서, 간단한 표본 크기(N)의 간편한 계산이 가능

(1) 서베이 소프트웨어에서 표본 크기 계산 공식

이와 같은 여러 가지 소프트웨어 중 서베이 시스템(Survey System) 프로그램에서 표본의 크기 계산방법(sample size calculator)만 간단히 소개해 보기로 하겠는데, 이 소프트웨어에서 표본 크기의 계산 공식은 [공식 3-6]과 같다.

[공식 3-6]
$$SS = \frac{Z^2 * (p) * (1-p)}{C^2}$$

여기서 Z = 표준점수(예를 들어, 1.96은 95%, 2.58은 99% 신뢰수준)
p = 특정 표본을 표집할 백분율(통상 0.5, 즉 50% 대입)
C = 신뢰구간(소수로 표현, 예컨대 0.04 = ±4)

그러나 이 공식은 전집(모집단)의 사례수가 아주 크거나 전집의 사례수를 알 수 없을 때, 이러한 전집에서 표집할 표본의 크기를 계산하는 공식이다. 그러므로 만약 전집(모집단)의 사례수를 알 수 있고, 사례수가 적은 전집에서 표집할 표본의 크기를 계산할 때는 [공식 3-6]을 사용해서 계산한 표본의 크기를 [공식 3-7]을 다시 사용하여 수정(correct)해야 한다. 그렇다면 이러한 공식들을 이용하여 실제로 표본의 크기는 어떻게 계산해야 할까?

[공식 3-7]
$$NewSS = \frac{SS}{\frac{SS-1}{1+pop}}$$

여기서 pop = 전집(모집단)의 크기(사례수)

(2) 서베이 소프트웨어를 이용한 표본 크기 계산방법

컴퓨터가 개발되기 이전에는 위와 같은 공식을 사용하여 손이나 계산기로 표본의 크기를 계산해야 했다. 그러나 요즈음은 컴퓨터 소프트웨어가 발달되어 있어서 이를 이용하면 된다. 그 방법을 알아보면, 서베이 시스템 사이트(www.surveysystem.com/sscalc.htm)에 들어가서 메뉴 중에서 'Research Aids'를 눌러 화면 왼쪽의

(a) 서베이 시스템 사이트(www.surveysystem.com)

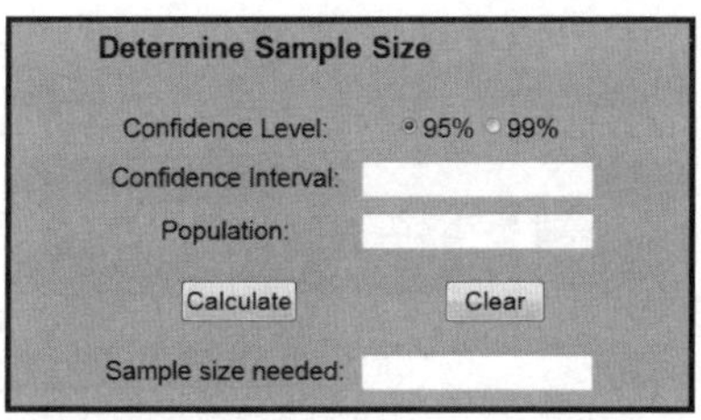

(b) 표본 크기 계산

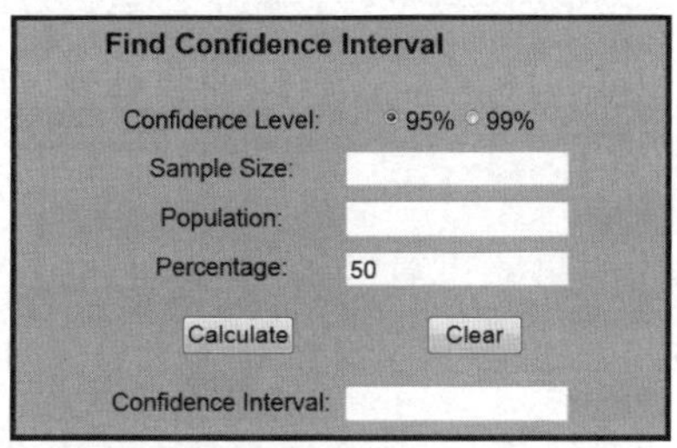

(c) 신뢰구간 계산

그림 3-6 서베이 시스템에서 표본 크기와 신뢰구간의 계산 프로그램

Research Aids 중 'Sample Size Calculator'를 선택하면 화면에 [그림 3-6]과 같은 내용이 뜬다. 그러면 'Determine Sample Size'에서 우선 Confidence Level(신뢰수준) 중 95%나 99%를 선택한다. 그런 다음, Confidence Interval(신뢰구간)과 Population(전집, 즉 모집단)의 크기를 각각 입력한 뒤, 'Calculate(계산하라)' 버튼을 클릭하면 컴퓨터가 알아서 표본의 크기를 계산해서 그 아래 빈칸에 제시해 준다. 만약 그 값(N)이 550으로 나왔다면, 이는 표본의 크기가 550명이 필요하다는 뜻이므로, 전집에서 모두 550명의 응답자를 표본으로 표집해서 이들을 대상으로 조사를 하면 된다.

한편, 예컨대 표본의 크기가 550일 때 신뢰구간은 얼마나 되는지를 알아보는 Find Confidence Interval라는 프로그램을 이용하여 신뢰구간을 알아보려면, 우선 Confidence Level(신뢰수준) 중 95%나 99%를 선택한 다음, Sample Size와

Population 및 Percentage의 값을 각각 입력하고, 'Calculate(계산하라)' 버튼을 클릭하면 컴퓨터가 신뢰구간을 계산해서 그 값을 아래 빈칸에 제시해 준다. 그렇다면 신뢰구간이란 무엇이며, 이는 왜 구하는가?

또한 [그림 3-6]과 같은 소프트웨어(또는 [공식 3-6]과 [공식 3-7])를 이용해서 표본의 크기와 신뢰구간이나 표본의 크기를 계산하려면, 'Confidence Level', 'Confidence Interval', 'Population', 'Percentage' 하는 것들부터 알아야 이들을 선택하거나 입력할 수 있는데, 그러면 이들은 각각 무엇을 말하며, 이들 값은 어떻게 입력해야 할까?

(3) 신뢰수준과 신뢰구간의 뜻과 입력방법

'Confidence Interval'이란 우리말로 '신뢰구간'이라고 부르는데, 이는 어떤 표본에서 얻은 수치(數値), 즉 통계치를 가지고 전집의 전집치(모치수)를 추정할 때 그 추정치의 오차범위를 말한다. 예를 들어, 언론기관에서 대통령 후보자들의 지지율에 관한 여론조사 결과를 발표하면서 후보자 A에 대한 유권자들의 지지도가 47±4%라고 말할 때, 여기서 ±4%를 신뢰구간이라고 한다. 이를 '오차범위(margin of error)'라고도 부르는데, 신뢰구간이 ±4%이라고 함은, "후보자 A의 지지도에 대한 여론조사는 표본을 대상으로 조사해서 추정한 것으로, 전집을 대상으로 했을 때의 모치수와는 ±4%의 오차가 있을 것이므로, 전집을 대상으로 여론조사를 했을 때 후보자 A의 지지도(모치수)는 43%(47-4)와 51%(47+4) 사이에 있다."라는 뜻이다.

이와 같은 뜻의 신뢰구간 또는 오차범위는 표본의 크기가 커질수록 작아지는데, 앞서 [그림 3-6]의 프로그램을 사용하여 어떤 조사에 필요한 표본의 크기를 계산할 때, 신뢰구간(오차범위)을 ±7%로 결정하고 이를 'Confidence Interval'라는 항목의 빈 칸에 ±7%라고 입력해서 표본의 크기 N을 구해 보면 300명이 된다. 그러나 신뢰구간을 ±4%로 줄이고자 'Confidence Interval' 항목 빈칸에 ±4%라고 입력해서 표본의 크기 N을 다시 구해 보면 550명이 되므로, 신뢰구간을 ±4%로 하려면 전집에서 550명을 표본으로 뽑아 이들을 대상으로 조사를 해야 한다. 하지만 표본의 크기와 오차범위 간의 관계는 직선적(linear)이 아니며, 표본의 크기를 2배로 늘렸다고 해서 오차범위가 반(半)으로 작아지는 것은 아니다.

비타민 3-5

여론조사에서 '오차범위'와 '신뢰수준'이란?

언론기관에서 대통령 후보자나 각 정당에 대한 유권자들의 지지율 등에 관한 여론조사 결과를 발표하는 것을 보면, 예컨대 "전국에서 19세 이상 남녀 1,500명을 대상으로 유 · 무선 전화 혼합 RDD(Random Digit Dailing) 방식을 사용해서 ○월 ○일부터 이틀간 대통령 후보자들의 지지율을 조사해 본 결과, 후보자 P에 대한 지지율은 51.6%로 나타났는데, 오차범위는 ±2.5% 포인트며, 신뢰수준은 95%이다."라는 식으로 발표한다. 그렇다면 이 발표에서 "오차범위는 ±2.5% 포인트며, 신뢰수준은 95%이다."라는 것은 도대체 무슨 말인가?

예를 들어, 20××년도 대통령 선거에서 후보자들에 대한 유권자들의 지지율을 정확하게 알아보려면, 우리나라 전체 유권자 4천여만 명(이를 전집 또는 모집단이라고 함)을 대상으로 조사해야 한다. 그러나 이러한 조사는 거의 불가능할 뿐 아니라, 또한 많은 인력과 시간 등을 들여가면서 구태여 이런 조사를 할 필요도 없다. 우리나라 전체 유권자(전집) 중에서 약 1,500명의 표본만 무작위로 뽑아서 이들을 대상으로 조사한 다음, 그에서 얻은 지지율을 가지고 통계적으로 우리나라 전체 유권자의 지지율을 추정할 수 있기 때문이다. 그러나 이때 약간의 오차가 생길 수 있는데, 이러한 오차를 표집오차(sampling error) 또는 표본오차라고 부른다.

그러므로 이처럼 어떤 표본조사에서 얻은 지지율을 가지고 전집의 지지율을 추정해서 발표할 때는 표집오차도 산출해서 그 범위, 즉 오차범위(margin of error, confidence interval, 신뢰구간이라고도 함)를 밝혀야 한다. 따라서 언론기관에서 여론조사 결과를 발표할 때, 예컨대 1,500명의 표본조사에서 후보자 P에 대한 지지율이 51.6%로 나왔지만, 오차범위가 ±2.5% 포인트라고 밝혔을 때, 이는 51.6%라는 지지율에 ±2.5%의 오차가 있기 때문에 전체 유권자(전집)의 진짜 지지율은 49.1%(51.6−2.5)에서 54.1%(51.6+2.5) 사이일 것이라는 뜻이다.

한편, 이와 같은 지지율을 발표할 때는 그 지지율에 대한 추정이 맞을 확률도 계산해서 밝히는데, 이때 위와 같은 지지율의 추정이 95%는 맞고 5%는 틀리면 신뢰수준(confidence level)이 95%라고 밝히고, 위와 같은 추정이 99%는 맞고 1%만 틀리다면 신뢰수준이 99%라고 밝힌다.

한편, 'Confidence Level'이란 우리말로 '신뢰수준'이라고 부르는데, 예를 들어 대통령 후보자들에 대한 여론조사에서 "후보자 A에 대한 유권자들의 지지율은 ± 47%, 즉 43%(47－4)과 51%(47＋4) 사이일 것이다."라고 했을 때, 이런 추정이 맞을 확률을 신뢰수준이라고 한다. 이러한 신뢰수준을 말할 때는 두 가지 수준만 주로 사용하는데, 하나는 95%는 맞고 5%는 틀린다는 '95% 신뢰수준(95% confidence level)'이고, 다른 하나는 99%는 맞고 1%만 틀린다는 '99% 신뢰수준(99% confidence level)'이다. 이들 두 가지 수준 중에서 일반적으로는 95% 신뢰수준을 많이 사용한다. 따라서 [그림 3-6]과 같은 소프트웨어를 사용해서 표본의 크기와 신뢰구간(오차범위)을 구할 때도 'Confidence Level' 항목에서 95%와 99% 수준 중 95%를 클릭해서 선택하는 것이 통례이다.

(4) 전집과 백분율의 뜻과 입력방법

다음으로 'Population'이란 표본의 전집을 말하는데, [그림 3-6]과 같은 소프트웨어를 사용해서 표본의 크기와 신뢰구간(오차범위)을 구할 때 전집의 크기, 즉 사례수를 알면 그것을 'Population' 항목의 빈칸에 입력하면 된다. 하지만 전집의 사례수를 알 수 없거나, 또는 그것이 아주 클 경우에는 'Population' 항목의 빈칸에 아무것도 입력하지 않아도 된다. 이는 연구의 전체 대상인 전집의 크기를 정확히 알 수 없는 경우도 많기 때문이기도 하지만, 또한 표본의 크기가 120을 넘어서면 전집의 크기가 표본의 크기나 신뢰구간을 구하는 데 별로 문제가 되지 않기 때문이다.

한편, [그림 3-6]의 'Find Confidence Interval(신뢰구간 구하기)'에서 'Percentage'란 어떤 특정 표본이 표집될 수 있는 확률의 백분율을 말한다. 이러한 백분율은 신뢰구간에 중요한 영향을 미치는데, 만약 어떤 사물에 대하여 한 표본의 응답자 중 99%가 '찬성(yes)', 1%가 '반대(no)'라고 응답했다면, 이 응답이 틀릴 확률은 표본의 크기에 관계없이 거의 없다. 그러나 만약 51%가 '찬성', 49%가 '반대'라고 응답했다면 이 응답이 틀릴 확률은 매우 커지므로, 결과적으로 중도(中途)나 중용적(中庸的) 응답보다 극단적 응답이 더 확실하다고 말할 수 있기 때문이다. 따라서 앞서 소개한 [공식 3-6]을 사용해서 표본의 크기를 구할 때는 그 공식에 나오는 p, 즉 'percentage'에 소수(少數, decimal)로 0.5를 대입하고, 신뢰구간을 계산하는 소프트 프로그램인 [그림 3-6]에서 'Percentage'로는 50%를 입력하면 된다.

이와 같이 해서 [그림 3-6]과 같은 소프트웨어 프로그램에 신뢰수준(confidence level), 신뢰구간(confidence interval), 전집(population), 백분율(percentage) 등을 입력하면 표본의 크기와 신뢰구간을 구할 수 있는데, 표본 크기의 계산 결과가 나오면 그 크기만큼의 조사대상자나 응답자들을 표본으로 표집해서 조사나 실험을 하면 된다. 그러나 신뢰구간의 계산 결과가 나왔을 때 그것이 너무 크다(넓다)고 생각되면 표본의 크기를 늘려서 신뢰구간을 줄이는 것이 좋다.

4) 표본 크기의 실제 결정방법

앞서 표본의 크기를 결정하는 여러 가지 방법에 살펴보았는데, 실제로 표본의 크기를 결정할 때는 어떤 한 가지 방법보다는 여러 가지 요인들을 고려해서 표본의 크기를 결정하는 것이 바람직하다. 표본의 크기는 앞서 말했듯이 표집방법에 따라 다를 수 있으며, 또한 표본의 성질 등에 따라서도 달라지기 때문이다. 따라서 표본의 크기를 결정할 때는 그에 영향을 미치는 여러 가지 요인들을 고려해서 결정해야 하는데, 이때 반드시 고려해야 할 요인들을 몇 가지만 소개하면 다음과 같다.

첫째, 전집과 표본의 동질성(同質性, homogeneity)을 고려해야 한다. 여기서 '동질성'이란 전집의 사례(원소)가 표본의 사례와 속성이 서로 비슷한 정도를 말하는데, 이러한 동질성이 클수록 표본의 크기는 작아도 된다. 따라서 표본의 크기를 결정할 때는 예비조사 등을 통해 전집과 표본의 동질성을 조사해서, 만약 동질성이 크면 표본의 크기를 작게 해도 되나, 동질성이 적으면 표본의 크기를 크게 해야 한다.

둘째, 어떤 표집방법을 사용하여 표본을 추출할 것인지를 고려해서 표본의 크기를 결정해야 한다. 이는 표집방법에 따라 표본의 크기도 달라져야 하기 때문이다. 예컨대, 군집표집방법은 가장 큰 표본을 필요로 하며, 단순무작위표집방법도 큰 표본을 요구하는 반면, 유층화표집방법은 가장 작은 크기의 표본을 요구한다. 따라서 표본의 크기를 결정할 때는, 앞서 살펴본 여러 가지 표집방법들의 특성과, 어떤 표집방법이 얼마 정도 크기의 표본을 필요로 하는지를 알아보고, 그에 맞게 표본의 크기를 결정해야 한다.

셋째, 표본을 대상으로 한 조사나 측정검사 등에 소요되는 시간과 비용, 인력 등도 고려해서 표본의 크기를 결정 해야 한다. 만약 시간과 비용이 충분하지 않은 데도 불구하고 표본의 크기를 크게 하면 조사나 측정검사를 제대로 할 수 없기 때문이다. 따라서 표본의 크기를 결정할 때는 시간과 비용, 인력 등도 고려해서 결정해야 한다. 그렇지만 연구나 조사의 범위는 크게 잡고 표본의 크기만 줄여서는 안 된다. 그러므로 시간과 비용에 맞게 연구나 조사의 범위를 조정하고, 그에 따라 표본의 크기도 결정해야 한다.

넷째, 표본에서 수집한 자료를 분석할 때 사용할 분석유목의 수(number of categories)도 고려해서 표본의 크기를 결정해야 한다. 수집자료를 분석할 때, 그 분석유목을 성별·연령별·교육정도별·인종별 등 여러 개로 나누면 나눌수록 표본의 크기는 그만큼 커야 하기 때문이다. 그런데 표본의 사례수는 적고 분석유목의 수는 많다면 각 유목에 포함되는 사례수가 적게 되는데, 한 유목의 사례수가 너무 적으면 통계분석이 불가능할 뿐 아니라, 통계분석을 하더라도 유의적(有意的) 결과를 얻을 수 없다. 그러므로 분석하려는 각 유목의 사례수가 어느 정도 충분할 수 있도록 전체 표본의 크기를 결정해야 하는데, 미국의 갤럽여론조사연구소에 의하면 전국 여론조사에서는 각 하위분석 유목(subsection)의 사례수가 약 400명일 때 가장 안정성 있는 분석 결과를 얻을 수 있었다고 한다. 따라서 표본의 크기를 결정할 때에는 이상과 같은 여러 가지 요인들을 충분히 고려해서 결정해야한다.

4. 표본의 표집 절차와 표집상의 유의점

지금까지 표집의 원칙과 여러 가지 표집방법 및 표본의 크기에 관하여 알아보았다. 그러면 마지막으로, 다시 복습하는 의미에서 표집의 절차와 실제로 표집을 할 때 유의해야 할 점들을 간단히 살펴보기로 하겠는데, 앞서 말했듯이 표본의 표집절차는 크게 세 단계, 즉 ① 전집에 대한 규정 또는 정의(definition of the population), ② 표본의 크기(size of the sample)의 결정, ③ 표본의 표집방법(sampling method)의 선정과 표본의 실제 표집으로 나눌 수 있다.

1) 전집에 대한 규정 또는 정의

전집(全集)에 대한 규정 또는 정의란, 표본을 추출하려는 전집이 무엇인지를 명확하게 규정 또는 정의하는 것을 말한다. 표집은 전집에서 표본을 추출하는 것이므로 우선 전집부터 명확히 규정해야 거기에서 표본을 추출할 수 있기 때문이다. 또한 전집을 명확히 규정해야 그에서 추출한 표본에서 얻어진 결과를 그 전집에 일반화(一般化, generalize)할 수 있다.

따라서 어떤 전집에서 표본을 표집하려면 우선 그 전집부터 명확하게 규정해야 하는데, 물론 조사나 실험연구를 할 때 그 범위를 명확히 규정하고 또한 연구문제도 명료하게 서술하면 자연히 전집도 명확하게 규정된다. 그러나 실제로 표집을 하기에 앞서 다시 한 번 전집을 명확하게 규정해 보는 것이 바람직하다.

예를 들어, 'TV 시청자들의 프로그램 선호행동'에 관한 조사연구를 한다면, 전집을 "우리나라 성인 중에서 TV를 하루 평균 60분 이상 시청하는 모든 사람"이라는 식으로 구체적으로 규정하는 것이 좋다. 그래야 이러한 전집에서 표본을 표집해서 조사연구를 한 다음 그 결과를 토대로, 예컨대 "우리나라의 TV 시청자들은 연속 드라마를 가장 선호하고 있다."는 식으로 결론을 내릴 수 있다.

2) 표본의 크기 결정

표본의 크기의 결정이란, 전집에서 표집할 표본의 사례수를 얼마로 할 것이냐를 결정하는 것을 말한다. 이처럼 표본의 크기를 결정할 때는, 앞서 살펴보았듯이 표본의 크기에 영향을 미치는 여러 가지 요인들을 충분히 고려해서 결정해야 한다. 전집과 표본 간의 동질성, 표집방법, 연구비 등에 따라 표본의 크기가 달라지기 때문이다.

표본의 크기는 또한 연구방법의 유형에 따라서도 다르게 되는데, 예컨대 실험연구에서는 많은 실험참여자들을 대상으로 실험을 실시하기가 어렵기 때문에 대체로 한 실험에서 100명 이하의 표본을 사용하는 것이 보통이다. 그런가 하면 동물실험 등에서는 몇 마리의 쥐나 비둘기를 표본으로 사용하기도 한다. 그러나 조사연구에서는 대체로 큰 표본을 쓰는데, 미국의 경우 전국적 여론조사에서 표본의 크기는 대략

1,500~5,000명이나 된다.

표본의 크기를 말할 때 소표본(small sample)이나 대표본(large sample) 등의 용어를 많이 사용하는데, 소표본은 통계적으로 말해서 표본의 사례수가 대체로 120 이하인 것을 말하고, 표본의 사례수가 120 이상인 것은 대표본이라고 한다. 이와 같은 표본의 크기는 통계분석에서도 중요한 기준이 되는데, 예컨대 가설검증을 할 때 소표본에서 얻은 자료는 t-검증법(t-test)이라는 추리통계방법을 사용해 검증해야 한다. 그리고 대표본에서 얻은 자료는 F-검증법(F-test)을 사용해서 가설을 검증해야 하는데, 이에 관해서는 제4장에서 살펴보기로 하겠다.

3) 표본의 표집방법 선정

표본의 표집방법 선정이란, 여러 가지 표집방법 중에서 주어진 조사나 실험연구 등에 가장 적합하며, 또한 전집을 대표할 수 있는 표본을 얻을 수 있는 표집방법을 선정하는 것을 말한다. 앞서 살펴보았듯이 표집방법에는 여러 가지가 있으며, 이들 방법은 각각 그 나름대로의 장점과 단점을 가지고 있다. 그러므로 이와 같은 장단점을 가진 여러 가지 표집방법 중에서 어떤 것을 선정해서 표본을 추출할 것인지는 표집 과정에서 아주 중요한 문제가 되는데, 여러 가지 표집방법의 개요와 장단점을 다시 한 번 요약해 보면 [표 3-12]와 같다(Ackoff, 1953, pp. 124-125에서 발췌).

이 표에서 보듯이 표집방법에는 여러 가지가 있고, 각 표집방법은 그 나름대로의 장단점이 있는데, 그중에서 어떤 것을 선택해야 할 것인지는 주어진 연구의 성격이나 여건에 따라 다르게 되므로 일률적으로 말할 수는 없다. 그러나 실용적 입장뿐만 아니라 순수과학적 목적에서 볼 때, 표집오차의 추정이 가능한 표집방법을 선택하는 것이 필요하다. 즉 표집방법은 표집상의 편향이나 변동성(variability)을 알아볼 수 있어야 하는데, 이러한 조건을 만족시킬 수 있는 기본적 표집방법은 각 개인이나 사례가 균등하게 뽑힐 수 있는 단순무작위표집방법이다.

그러나 표집방법을 결정할 때는 연구비용과 인력 등도 고려해야 된다. 따라서 표집방법의 궁극적인 선정기준은 표집에서의 비용과 표집오차를 극소화시키는 동시에, 전집의 대표성을 극대화시킬 수 있는 표본을 어떻게 얻느냐에 두게 된다.

표 3-12 여러 가지 표집방법의 개요와 장단점(Sampling Chart)

표집방법	개요	장점	단점
A. 단순무작위표집 (Simple random sampling)	전집의 각 사례에 일련번호를 매기고 난수표 등을 사용하여 표본을 선정하는 방법이다.	① 전집에 대한 사전 지식이 거의 필요 없다. ② 유층화에 오차가 없다. ③ 자료분석이 쉽고, 표집오차의 계산이 가능하다.	① 연구자가 갖고 있는 전집에 대한 지식을 활용할 수 없다. ② 표본의 크기가 동일한 경우 유층화표집에 비해 표집오차가 크다.
B. 체계적 표집 (Systematic sampling)	전집의 자연적 순위를 사용하여 1과 N/n(전집의 크기/표본의 크기)에서 무작위 기점(起點)을 잡아 일정한 표집 간격에 따라 사례를 표집하는 방법이다.	① 전집이 어떤 관계 속성에 의해 순위가 매겨져 있다면 유층화 효과가 생겨 단순무작위 표집방법에 비해 표본의 변동성이 감소된다. ② 표본의 추출이 간단하며, 표집오차를 검토하기 쉽다.	① 표집 간격이 전집의 주기적 순위와 관계되어 있다면 변동성 증가를 초래한다. ② 유층화 효과가 있게 되면 표집오차의 추정치가 높아지기 쉽다.
C. 다단계 무작위표집 (Multistage random sampling)	표집 단계가 최소한 둘 또는 그 이상일 때, 각 단계별로 무작위표집의 한 형태를 사용하는 방법이다.	① 표집단위, 사례의 명시, 번호 매기기가 표집단위의 요소만 요구한다. ② 표집단위가 지리적으로 규정되면 조사비용 등을 줄일 수 있다.	① 표본의 크기가 동일할 때 위의 표집방법보다 표집오차가 크게 나타나기 쉽다. ② 표집단위의 수가 감소됨에 따라 표집오차가 증가한다.
D. 유층화표집 (1) 비율적 유층화표집 (Proportionate stratified sampling)	마지막 단계를 제외하고 각 유층화에서 모든 표집단위를 그 크기의 비율에 따라 무작위로 표본을 선정하는 방법이다.	① 각 유층의 대표성을 확보할 수 있으므로 A와 C의 표집방법보다 표본의 변동성이 적게 된다. ② 전집의 사례를 누락하는 기회를 감소시킨다. ③ 각 유층의 특성을 추정할 수 있고, 비교도 가능하다.	① 각 유층에서 전집의 비율에 대한 정확한 정보를 필요로 하며, 그렇지 않을 경우는 표집오차가 증가한다. ② 유층화 목록이 만들어져 있지 않다면, 노력과 비용을 들여서 그것을 준비해야 한다. ③ 유층화가 잘못되면 표본의 변동성이 증가된다.

표 3-12 계속

표집방법	개요	장점	단점
(2) 비비율적유층화표집 (Disproportionate stratified sampling)	비율적 유층화표집과 같으나, 표본의 크기가 표집단위의 크기에 비례하지 않으며, 분석상 편의에 의하여 결정하는 방법이다.	① 비율적 유층화표집에 비해 유층 간의 비교가 용이하다. ② 각각의 다른 유층화에 따른 표집오차가 적정하다.	비율적 유층화표집에 비해 전집의 특성을 결정하기가 어렵다. 즉 같은 크기의 표본에서 변동성이 더 많다.
E. 군집표집 (Cluster sampling)	표집단위를 어떤 무작위표집방법을 사용하여 선정하는 방법으로, 궁극적 표집단위는 집단이 되며, 이들은 무작위로 선정되고, 각 군집 전체를 대상으로 한다.	① 군집들이 지리적으로 규정되면 현지 조사비용이 적게 든다. ② 선정된 군집들에서 개인들의 명단만이 요구된다. ③ 군집들의 특성은 물론, 전집의 특성들도 추정할 수 있다. ④ 개인이 아니라 군집이 선정되고 개인들의 대체가 용납되므로 계속 또는 후속 표집에 사용될 수 있다.	① 표본의 크기가 동일할 때 다른 확률표집 방법에 비해 표집오차가 크게 나타난다. ② 전집의 각 사례들을 특정한 하나의 군집에 배정할 수 있는 능력이 요구되며, 그렇지 못할 때는 응답자가 중복되거나 누락되는 결과를 초래할 수 있다.
F. 유층화군집표집 (Stratified cluster sampling)	각 표집단위로부터 군집들을 무작위로 선정하는 방법이다.	단순한 군집표집방법에 비해 표본의 변동성이 감소된다.	① 유층화표집방법과 군집표집방법의 단점을 모두 갖고 있다. ② 군집의 속성이 변화될 수 있으므로 유층화표집의 장점이 감소할 수 있고, 뒤의 연구에서 그 표본을 사용할 수 없다.
G. 반복적 표집: 다단계 또는 계속적 표집 (Repeated: multiple of sequence sampling)	이상의 여러 가지 표집방법 중에서 둘이나 또는 그 이상의 방법을 같이 사용해서 표본을 추출하는 방법으로, 이전 표본연구의 결과를 그 뒤의 연구를 위한 설계에 사용하거나 또는 처음부터 반복적 표집방법을 선택할 수 있다.	① 계속적 표집의 계획을 용이하게 하는 전집의 특성을 추정케 하여 최종 추정치의 오차를 감소시킨다. ② 장기적 입장에서 볼 때 요구되는 관찰의 수를 감소시킨다.	① 현장연구에서 표집의 실시를 복잡하게 한다. ② 비반복적 표집에서보다 자료의 집계와 분석이 많이 요구된다. ③ 계속적 표집방법은 아주 작은 표본이 대표성을 갖고 있을 때와 관찰의 수가 각 연구단계에서 편의적으로 증가될 수 있을 때만 사용할 수 있다.

표 3-12 계속

표집방법	개요	장점	단점
H. 판단표집 (Judgement sampling)	전문가들의 정보를 근거로 전집을 대표할 수 있다고 판단되는 하위집단을 선정하여 연구대상으로 하거나, 또는 이 집단에서 하위표본을 다시 추출하는 방법이다.	표집 자체와 현지 연구에서의 비용을 절감할 수 있다. 궁극적 표집단위가 서로 밀접하게 함께 선정되기 때문이다.	① 표본의 변동성과 오차추정치의 편향이 측정 또는 통제될 수 없다. ② 전집과 그 하위집단에 대한 엄격한 가정이나 많은 지식이 요구된다.
I. 할당표집 (Quota sampling)	전집을 관계 속성에 따라 분류하고 각 유층으로부터 원하는 비율의 표본을 결정하여 각 관찰자에게 할당해 주는 방법이다.	① 판단표집방법과 같은 장점을 갖고 있다. ② 약간의 유층화 효과(stratified effect)를 가져온다.	응답자들을 여러 유층으로 분류하고 각 유층 내에서 응답자를 비무작위로 선정할 때, 조사자 또는 관찰자의 편견이 개재될 수 있다.

한편, 한 가지 표집방법보다는 여러 가지 표집방법을 동시에 활용하는 것도 바람직하다. 그러나 어떤 표집방법을 쓰든, 표본의 크기가 크든 작든 간에, 어차피 표집오차가 나타나게 마련이다. 이러한 표집오차는 표집방법을 잘 선택하고 표본의 크기를 늘림으로써 사전에 줄일 수도 있으나, 그렇지 못할 경우에는 반드시 사후에 표집오차를 검토해서 통제해야 한다. 이러한 표집오차의 통제방법의 하나가 곧 추리통계인데, 표본연구에서 얻은 통계치는 반드시 추리통계방법을 사용하여 그 전집치를 추정해 보거나, 또는 표본집단 간 통계치의 차이를 검증해 보아야 하는데, 이에 대한 것은 다음 제4장에서 살펴보기로 하겠다.

연습문제

1. 다음 각 용어에 대하여 간단히 설명하라.
   ① 사회성 측정검사
   ② 합산평정척도
   ③ Q-소트 기법
   ④ 강요선택 척도
   ⑤ 측정(measurement)
   ⑥ 측정의 신뢰도
   ⑦ 측정의 타당도
   ⑧ 표집과 표집오차

2. 사회성 측정검사방법을 사용하여 우리 학과 안에서 누구누구가 서로 트위터를 하고 있는지 조사해서, 그 결과를 사회성 측정 행렬표와 소시오그램으로 분석해 보라.

3. 이 책 제3장에서 소개한 자료수집방법 이외에 또 어떤 방법들이 있는지 한 가지씩 찾아서 연구방법론 강의시간에 소개해 보라.

4. 여러 가지 자료수집방법 중에서 한 가지를 선정한 다음, 그 방법을 사용해서 실제로 연구를 하여 그에 대한 연구보고서를 기말 리포트(term paper)로 제출하라.

5. 여러 가지 측정척도 중에서 하나를 선정 또는 작성해서, 실제로 어떤 사물이나 변인을 측정하여 그 결과를 분석해 보라.

6. 여러 가지 표집방법들을 서로 비교하면서 어떤 경우에 어떠한 표집방법을 사용해야 할 것인지를 설명해 보라.

제4장
자료의 분석과 그 결과 보고

앞서 제3장에서 연구문제에 관한 해답을 얻거나 가설 검증을 위한 자료수집방법에 관하여 살펴보았는데, 자료의 수집이 끝나면 그것을 분석해서 연구문제에 대한 해답을 얻거나 가설을 검증해야 한다. 그리고 그 결과를 해석하고 논의하면서 연구문제에 대한 결론을 내리게 된다. 그러면 제4장에서는 수집한 연구자료들의 분석과 그 결과에 관한 해석, 논의 및 연구문제에 대한 결론 도출방법 등에 관하여 살펴보겠다. 그리고 나서 연구결과의 보고, 즉 연구보고서나 연구논문의 작성 요령에 관해서도 간단히 알아보기로 하겠다.

가. 자료의 정리와 여러 가지 분석방법

위에서 말했듯이 연구자료의 수집이 끝나면 다음으로는 그 자료들을 분석해야 하는데, 여기서 자료의 분석이란 연구문제에 대한 해답을 얻거나 가설을 검증하기 위하여 수집한 연구자료들을 체계적으로 분류 및 분석해서 연구문제에 대한 해답을 얻거나, 또는 연구문제에 대한 가설이 참[眞]인지, 아니면 거짓[僞]인지를 실제로 검증해 보는 것을 말한다. 그렇다면 이와 같은 자료의 분석은 구체적으로 어떻게 해야 하는가?

1. 수집한 연구자료의 정리와 코딩

조사나 실험 등을 통하여 수집한 연구자료를 분석할 때는, 우선 그 자료들을 정리부터 해야 한다. 여기서 연구자료의 정리란, 수집한 자료를 질적 분석이나 양적 분석(통계분석)을 할 수 있도록 미리 검토하고 체계적으로 분류하며 종합하는 것 등을 말한다. 이러한 연구자료의 정리는 연구문제나 가설에 따라서도 다르지만, 또한 수집한 자료의 성격과 분석방법에 따라서도 다르게 된다. 그러므로 수집한 자료를 분석할 때는 그 자료를 어떤 방법으로 분석할 것인지 그 방법부터 우선 결정한 다음, 그에 맞추어 연구자료들을 정리해야 한다.

연구자료의 분석방법에는 여러 가지가 있으나, 크게 질적 분석방법(qualitative analysis method)과 양적 분석방법(quantitative analysis method)으로 나눌 수 있다. 질적 분석방법은 각종 문헌에서 수집한 문헌자료라든지, 자유응답식 설문(open-ended question)을 통해 얻은 비구조적 또는 비수량적 자료들을 논리적 또는 규범적 방법으로 분석해서 연구문제에 대한 결론을 도출하는 방법인데, 이 분석방법은 주로 문헌연구나 역사연구 등에서 사용하나, 실증연구에서도 부분적으로 사용하고 있다.

반면, 양적 분석방법은 분석하려는 자료가 수량적 또는 구조적 자료(structured data)일 때, 이들 자료를 통계방법을 사용하여 객관적으로 분석해서 가설을 검증하거나 연구문제에 대한 결론을 도출하는 방법이다. 이러한 양적 분석방법은 조사연구나 실험연구 등 실증연구에서 주로 사용한다.

이처럼 연구자료의 분석방법은 주어진 자료가 비수량적 자료냐, 수량적 자료냐에 따라 달라진다. 그러므로 만약 수집한 자료가 여러 문헌에서 찾은 문헌자료로서, 이들을 질적 분석방법을 통해 분석해서 연구문제에 대한 해답을 얻기로 한다면, 우선 그 자료를 연구문제나 가설별, 또는 주제별·항목별 등으로 분류해서 정리해야 한다. 그러나 수집한 자료가 수량적 자료라면, 통계분석방법 등의 양적 분석방법을 사용해서 분석해야 하므로 그에 맞게 수집한 자료들을 정리해야 한다. 예를 들어, 조사나 실험연구에서 설문이나 측정검사 등을 통하여 응답자로부터 연구자료를 수집했다면, 우선 그 설문조사 응답지나 측정검사 응답지들을 하나하나씩 훑어보면서 성실하게 응답하지 않았거나, 잘못 응답했거나 또는 엉터리로 응답한 응답지를 가려내서 버려야 한다.

그런 다음, 올바로 성실하게 응답한 응답지들만 다시 하나씩 보면서 코딩(coding)을 해야 하는데, 여기서 코딩이란 설문조사 응답지나 측정검사지에 응답자가 언어나 ✓표 등의 기호로 표시한 응답들을 양적 분석, 즉 통계분석이 가능하도록 일정한 원칙에 따라 숫자로 전환시키는 것을 말한다. 가령, 응답자의 성별을 묻는 설문에서 '여성'이라는 항목에 ✓표를 한 응답에는 1, '남성'이라는 항목에 ✓표를 한 응답에는 2를 부여해서 숫자로 전환하는 것을 말한다. 또한 라이커트 척도(Likert scale)에서 '적극 찬성한다'는 응답(✓표를 한 것)에는 5점, '찬성한다'는 응답에는 4점, '그저 그렇다'는 응답에는 3점, '반대한다'는 응답에는 2점, '적극 반대한다'는 응답에는 1점을 주어서 언어나 ✓표 등의 기호로 표시한 응답들을 숫자로 바꾸는 것이 곧 코딩이다.

이와 같은 코딩이 끝나면, 다음으로는 그 코딩 자료(숫자)들을 컴퓨터로 분석할 수 있도록 데이터 편집기에 입력해야 하는데, 입력 방법은 통계 패키지 프로그램(예컨대, SPSS, SAS 등)에 따라 조금씩 다르다. 그러므로 코딩 자료를 컴퓨터로 입력할 때는 어떤 통계 패키지 프로그램을 사용하여 코딩 자료를 분석할 것인지를 먼저 결정한 다음, 그 프로그램에서 지시한 대로 코딩 자료를 입력해야 한다. 이처럼 수량적 자료의 정리방법은 조금 복잡한데, 조사나 실험연구 등 실증연구에서 수집한 수량적 자료의 정리방법은 제5장 '조사연구방법의 실제'와 제6장 '실험연구방법의 실제'에서 자세히 살펴보기로 하겠다.

2. 수집 자료의 타당도와 신뢰도 검토

수집한 자료들의 정리가 모두 끝나면, 다음으로 그 자료의 타당도(妥當度, validity)와 신뢰도(信賴度, reliability)를 검토해 보아야 한다. 타당도와 신뢰도가 낮거나 없는 자료들을 분석해서 그 결과를 바탕으로 연구문제에 대한 결론을 내리거나 또는 가설을 검증하면 그 결과도 타당도와 신뢰도가 낮거나 없게 되기 때문이다. 그러므로 수집한 자료들의 정리가 끝나면 반드시 그 자료들의 타당도와 신뢰도를 검토해서, 높다고 판단되면 그 자료들을 분석해서 가설을 검증하거나 연구문제에 대한 결론을 내려도 좋다. 그러나 수집한 자료의 타당도와 신뢰도가 낮은 것으로 나타나면, 그 자료들은 버리고 다시 조사나 측정검사 등을 통해 타당도와 신뢰도가 높은 자료를 수집해야 한다. 그렇다면 수집한 자료의 타당도와 신뢰도는 어떻게 검토하는가?

1) 연구자료의 타당도와 신뢰도 검토방법

첫째, 자료의 타당도 검토방법에는, 앞서 제3장에서 살펴보았듯이, ① 내용타당도(content validity)의 검토방법, ② 예언타당도(predictive validity)의 검토방법, ③ 공인타당도(concurrent validity)의 검토방법, ④ 구인타당도(construct validity)의 검토방법 등이 있다. 따라서 어떤 조사나 검사에서 얻은 측정검사치, 즉 수량적 자료의 타당도를 검토할 때는 이들 방법 중 하나를 선택해서 검토하면 된다. 그렇게 하여 타당도가 높게 나오면 그 자료의 분석작업으로 들어가도 좋으나, 타당도가 낮게 나오면 측정검사척도 등을 수정·보완해서 다시 자료를 수집해야 한다.

둘째, 자료의 신뢰도 검토방법에도 재검사법(retest method), 동등형 검사법(equivalent forms method), 반분검사법(split-half method), 내적 합치도법(internal consistency method) 등 여러 가지가 있다. 따라서 이들 중 하나를 사용하여 수량적 자료의 신뢰도를 검토해서, 만약 신뢰도계수가 높게 나오면 그 자료를 분석해서 연구문제에 대한 해답을 얻거나 가설을 검증하면 된다. 그러나 신뢰도의 검토 결과 그 계수가 낮게 나오면 그 자료를 분석해서 가설을 검증하거나 연구문제에 대한 결론을 내려서는 안 되며, 신뢰도가 높은 자료를 다시 수집해야 한다.

2) 실험연구의 경우 실험의 타당도 검토방법

한편, 실험연구의 경우에는 실험처치가 제대로 이루어졌는지 실험의 타당도도 검토해 보아야 한다. 예를 들어, 정보원의 공신력의 영향에 대한 실험연구에서, 똑같은 내용의 실험 메시지를 2개 실험집단의 실험참여자에게 나누어 주면서 실험집단 1(높은 공신력 실험집단)에는 그 메시지가 공신력이 높은 'A 일보'에 실렸던 사설이라고 조작하고, 실험집단 2(낮은 공신력 실험집단)에는 그것이 공신력이 낮은 'B 주간지'에 실렸던 논설이라고 가장한 실험처치를 했을 경우, 이와 같은 실험처치대로 과연 실험참여자들이 'A 일보'가 'B 주간지'보다 공신력이 높다고 지각했는지 실제로 측정 또는 조사해서 확인해 보아야 한다. 만약 실험참여자들이 실험처치와는 달리, 'A 일보'와 'B 주간지'의 공신력을 같다고 지각했거나, 또는 'B 주간지'의 공신력이 'A 일보'의 공신력보다 오히려 높게 지각했다면 이는 실험처치가 실패한 것이므로, 이러한 실험에서 얻어진 자료를 가지고 가설을 검증하면 엉터리 결과가 나오게 된다.

따라서 모든 실험연구에서는 실험처치가 제대로 이루어졌는지 검토해야 하며, 또한 실험 과정에 가외변인들이 혼입되지 않았는지도 검토해 보아야 한다. 가령, 정보원의 공신력에 관한 위와 같은 실험연구에서, 실험 결과 실험집단 1(높은 공신력 집단)의 수용태도가 실험집단 2(낮은 공신력 집단)의 수용태도보다 유의적으로 높게 나타났다고 하더라도, 이는 정보원의 공신력의 영향 때문이 아니라, 실험 메시지의 주장에 대한 실험집단 1의 수용태도가 본래부터 실험집단 2의 그것보다 높았기 때문일 수도 있기 때문이다. 따라서 이와 같은 실험연구의 경우, 실험 메시지의 주장에 대한 두 실험집단의 실험참여자의 기존 태도(initial attitude)를 실험처치 이전에 미리 사전검사를 해서 그 검사측정치에 유의적 차이가 없었는지를 검토해야 한다. 그렇게 하여 유의적 차이가 없다면 실험에서 얻은 측정검사 자료를 가지고 주어진 가설을 검증해도 좋다. 그러나 만약 본래부터 두 실험집단 간에 유의적 차이가 있었다면 새로운 실험참여자를 표집해서 실험을 다시 해야 한다.

3. 수집한 연구자료의 분석방법

위와 같이 수집한 자료의 타당도와 신뢰도를 검토해 본 결과, 타당도와 신뢰도가 모두 높은 것으로 나타나면 다음으로 실제 자료분석으로 들어가게 된다. 여기서 자료분석이란 어떤 연구문제에 대한 해답을 얻거나 또는 가설을 검증하기 위하여 그에 관한 자료들을 집계 · 분류 · 종합 · 조직 또는 분석 · 해석하여 연구문제에 대한 해답을 도출하거나 연구문제에 대한 가설을 검증하는 작업을 말한다.

1) 연구자료의 분석방법 개관

이와 같은 자료의 분석방법은, 앞서 말했듯이 크게 질적 분석방법(qualitative analysis method)과 양적 분석방법(quantitative analysis method)으로 나눌 수 있다. 그러면 이들 분석방법은 서로 어떻게 다르며, 어떤 경우에 각각 사용하는가?

(1) 질적 분석방법과 양적 분석방법

질적 분석 방법이란, 문헌 등에서 얻은 비수량적 자료 또는 비구조적 자료를 규범적 또는 논리적 기준이나 판단으로 분석해서 연구문제에 대한 결론을 도출하는 방법을 말한다. 여기서 비수량적 자료(non-quantitative data) 또는 비구조적 자료(unstructured data)란, 수치로 표시되어 있지 않는 문헌자료라든지, 자유응답식 설문(open-ended question)을 통해 얻은 자료 등을 말한다. 따라서 이러한 자료들은 통계방법에 의한 객관적 분석이 불가능하므로, 그 대신 규범적 또는 논리적 기준이나 판단에 의거하여 분석해서 연구문제에 대한 해답이나 결론을 도출하게 되는데, 이러한 질적 분석방법은 문헌연구나 역사연구 등에서 주로 사용하고 있다.

반면, 양적 분석 방법은 분석하려는 자료가 수량화될 수 있는 구조적 자료일 때, 이들 자료를 통계방법 등을 사용하여 수량적이고 객관적으로 분석해서 주어진 가설을 검증하거나 연구문제에 대한 결론을 도출하는 방법을 말한다. 이처럼 양적 분석에서는 주로 통계방법을 사용하기 때문에 양적 분석방법을 통계분석방법(statistical analysis method)이라고도 부른다.

이와 같이 연구자료의 분석방법에는 크게 두 가지가 있는데, 이들은 각각 그 나름대로의 역할과 용도 등을 갖고 있다. 즉 질적 분석방법은 연구자료가 비수량적 또는 비구조적 자료여서 질적으로 분석할 수밖에 없을 때 필요하며, 또한 어떤 연구문제를 발견하거나, 어떤 현상에 대한 가설을 설정하거나, 또는 새로운 개념이나 변인을 개념화(概念化)하는 데 필요하다. 이에 비해 양적 분석방법은 연구자료가 수량화할 수 있는 구조적 자료일 때, 이를 객관적이고 수량적으로 분석할 수 있는 특성을 갖고 있다. 때문에 질적 분석방법을 통하여 발견한 어떤 변인들 간의 관계나 그에 관한 가설 등을 과학적으로 검증 또는 확인하는 데 특히 필요하다.

그러므로 질적 분석방법과 양적 분석방법 중에서 어느 것이 더 좋은 분석방법이라고는 말할 수는 없다. 그러나 질적 분석방법은 그 분석 기준이 논리적이고 규범적이며 주관적이기 때문에, 자료의 분석 과정에 연구자의 주관성이 개입될 우려가 없지 않다. 반면, 양적 분석방법은 객관적이고 과학적이지만, 수량화할 수 있는 자료, 즉 수량적 자료의 분석만 가능하며, 비수량적 영역은 다룰 수 없다는 한계성을 갖고 있다. 그러므로 비수량적 영역에 관한 연구도 하고 수량적 영역에 관한 연구도 하기 위해서는 질적 분석방법과 양적 분석방법을 모두 알아야 한다.

(2) 1원적·2원적 및 다원적 분석방법

질적 분석방법과 양적 분석방법은 다시 1원적 분석방법(univariate analysis method), 2원적 분석방법(bivariate analysis method), 다원적 분석방법(multivariate analysis method)으로 각각 나누어 볼 수 있다.

1원적 분석방법은 하나하나의 변인을 대상으로 그 실체(entity)나 속성 등을 분석하는 방법으로, 이러한 분석방법의 목적은 어떤 하나의 변인의 실체나 속성 등을 일차적으로 기술하려는 데 있다. 그렇다고 해서 반드시 하나의 변인만 분석하는 것은 아니며, 여러 개의 변인들을 함께 분석하더라도 서로 연결하지 않고 변인 하나하나를 독립적으로 분석하는 방법이 1원적 분석방법이다. 가령, 어떤 사회집단의 성별·연령·종교·교육정도별 구성분포를 분석하더라도, 이들 4개 변인을 서로 연관시키지 않고 다음 실례와 같이, 즉 성별로는 남성과 여성이 각각 몇 %이며, 연령별로는 0~20세는 몇 %, 21~40세는 몇 %, 41세 이상은 몇 %인지 등을 분석하는 방법이다.

① 성별: 남 = 55%, 여 = 45%

② 연령: 0~20세 = 40%, 21~40세 = 31%, 41세 이상 = 29%

③ 종교: 기독교 = 35%, 불교 = 44%, 천도교 = 21%

④ 교육정도: 국졸 = 60%, 중졸 = 30%, 고졸 = 10%

2원적 분석방법은 1원적 분석방법과는 달리, 교육정도와 종교라는 2개의 변인 간에 어떤 관계가 있는지 등을 분석하는 방법으로, 이러한 분석방법의 목적은 어떤

2개의 변인 간에 어떤 관계가 있으며, 그 이유는 무엇인지를 밝히려는 데 있다.

다원적 분석방법은 2원적 분석방법과는 달리 3개 또는 그 이상의 변인 간의 인과관계(cause-effect relationships) 등을 규명하기 위한 방법으로, 이를 다변인분석방법이라고도 부른다. 이 분석방법의 목적은 복잡한 자연현상이나 사회현상을 분석해 보려는 데 있는데, 여러 가지 변인들이 서로 얽혀 있는 복잡한 사회현상이나 자연현상을 분석해 보려면 다원적 분석방법이 필요하기 때문이다. 그러나 이러한 다원적 분석방법이 과거에는 개발되지 않아서 여러 변인들 간의 복잡한 관계를 제대로 분석할 수 없었다. 하지만 근래에는 여러 가지 다원적 분석방법 내지 다변인 분석방법이 개발되어 복잡한 현상도 규명할 수 있게 되었다.

위와 같이 연구자료의 분석방법은 크게 질적 분석방법과 양적 분석방법으로 나누어 볼 수 있으며, 이들은 다시 1원적 분석방법, 2원적 분석방법, 다원적 분석방법 등으로 나눌 수 있다. 이 밖에도 자료의 분석방법에는 연구문제나 가설 또는 연구자료, 연구입장 등에 따라 여러 가지가 있다. 따라서 연구자료를 분석할 때는 여러 가지 분석방법의 용도와 특성, 장단점 등을 잘 알고, 그중에서 자신의 연구문제에 관한 연구자료를 가장 과학적이고 객관적으로 분석할 수 있는 분석방법을 선정해서 그 자료들을 분석해야 한다.

2) 통계분석방법과 그 유형

연구자료의 분석방법에는 위와 같이 여러 가지가 있다. 그러나 여기에서는 양적 분석방법, 즉 통계분석방법을 중심으로 자료분석방법의 원리와 실제에 관하여 살펴보기로 하겠다. 하지만 통계분석방법에도 여러 가지들이 있어 이들을 모두 소개할 수는 없다. 그러므로 여기서는 통계분석방법의 원리와 사회과학도들이 반드시 알아야 할 몇 가지 중요한 통계방법에 한하여 간단히 살펴보기로 하겠다.[1]

---

1 통계방법에 관한 자세한 것은 그에 관한 전문서적들을 참고하기 바란다. 그중 하나로는 차배근, 『사회통계방법』(서울: 세영사, 1977)이 있는데, 이는 본서의 하권에 해당되는 책이다.

(1) 통계라는 말의 두 가지 의미

우선 '통계'의 뜻부터 살펴보면, 통계라는 말은 크게 두 가지가 의미가 있다. 첫째, 어떤 관찰이나 조사 결과를 수치로 나타낸 수량적 사실들의 집합(collection of numerical facts)으로, 예컨대 농업통계, 인구통계, 물가통계 등의 통계자료를 일컫는다. 가령, "2012년 현재 우리나라(남한) 전체 인구는 47,990,761명이다."라든지, 또는 "우리나라의 연간 쌀 생산량은 430만 톤 내외이다."에서와 같이, 어떤 사실을 수치로써 종합해 놓은 것을 흔히 통계라고 말한다. 그러나 이와는 달리, 둘째는 수량적 자료들을 다루는 방법(method of dealing with data), 즉 수량적 자료를 분석하는 방법을 통계라고 한다.

이처럼 통계라는 말에는 크게 두 가지 뜻이 있으나, 여기서 살펴볼 통계는 후자, 즉 수량적 자료의 분석방법을 의미한다. 따라서 이를 '수량적 사실들의 집합'으로서의 통계와 구별하기 위하여 '통계방법' 또는 '통계분석방법'이라고 부르기도 하는데, 이러한 통계방법을 윌리엄스(Williams, 1968, p. 9)는 "응용수학의 한 분야로서, 관찰 자료를 통하여 어떠한 현상을 기술(describe)하고, 나아가서는 관찰 자료로부터 믿을 수 있는 결론을 추리(infer)하는 과정과 절차이다."라고 정의하고 있다.

(2) 통계방법의 여러 유형

이와 같은 통계방법은 다시 그 기능(機能)이나 분석하고자 변인의 수와 변인 간의 관계, 자료의 측정수준, 자료의 전집(全集) 형태에 대한 가정(假定), 표본의 표집방법 등에 따라 여러 가지 유형으로 나누어 볼 수 있는데, 그중에서 대표적 유형을 간단히 소개하면 [그림 4-1]과 같다.[2] 이 그림에서 보듯이 통계방법은 우선 크게 기술통계방법과 추리통계방법으로 나눌 수 있는데, 기술통계방법이란 어떤 변인이나 집단에 관한 수량적 자료를 의미 있는 형태로 조직하거나 요약 등을 해서, 그 변인이나 집단의 실체나 양태, 특성 등을 기술하거나, 또는 어떤 변인 간의 상관관계의 여부와 정도 등을 기술하는 통계방법을 말한다. 이러한 기술통계방법은 다시 어떤 변인이나 집단

2 이 그림에는 변인의 수와 변인 간의 관계에 따른 통계방법의 유형은 잘 나타나 있지 않으나, 1원적 기술통계방법을 제외한 다른 통계방법은 2원적 내지 다원적 통계방법이다. 그리고 측정수준별 통계방법도 표시되지 않았으나, 이들은 모든 통계방법에 포함되어 있다.

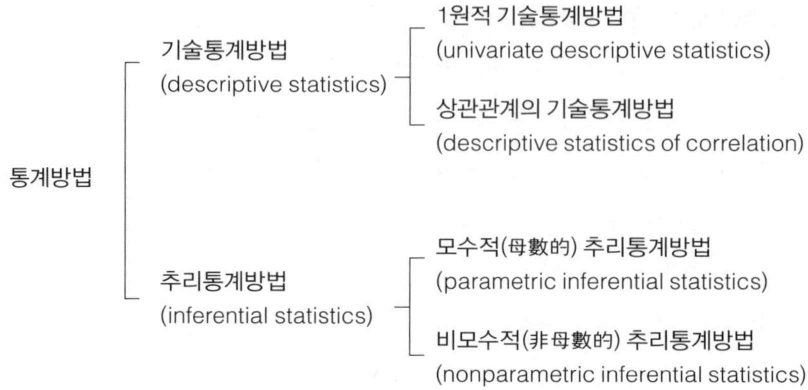

그림 4-1 통계방법의 여러 가지 유형

에 관한 수량적 자료들을 좀 더 유용하고 의미 있는 형태로 조직하고 요약해서 그 변인이나 집단의 실체나 속성 등을 기술하는 1원적 기술통계방법과, 어떤 2개의 변인 또는 그 이상의 변인 간의 상관관계를 알아보는 상관관계의 기술통계방법으로 나눌 수 있다.

한편, 추리통계방법은 전집(모집단)이 아니라 그에서 추출한 표본에서 얻어진 어떤 값, 즉 통계치(統計値, statistic)를 가지고 전집에서의 값(전집치 또는 모치수, parameters)이나 전집의 주요 특성 등을 추리하는 통계방법을 말한다. 예를 들어, 우리나라 대학생의 IQ는 얼마나 되는지 알아보기 위하여 A 대학교 학생 100명을 표본으로 뽑아서 이들의 IQ를 조사해 보았더니 산술평균치가 125였다고 했을 때, 이 값을 가지고 우리나라 전체 대학생의 IQ 평균치는 얼마인지를 추정하는 통계방법 등을 추리통계방법이라고 한다.

이러한 추리통계방법은 다시 모수적 추리통계방법과 비모수적 추리통계방법으로 나누어 볼 수 있는데, 모수적 추리통계방법이란 추정 또는 추리하려는 값의 전집(가령, 우리나라 모든 대학생의 IQ)의 분포가 정규분포를 이루고, 집단 내의 변량(變量, variance)이 동질성을 가지며, 수량적 자료 즉 측정치(가령, IQ 검사치)가 연속성과 등간성을 지니고 있다고 가정(假定)할 수 있을 때 사용하는 추리통계방법을 말한다. 그리고 비모수적 추리통계는 모수적 추리통계방법이 갖추어야 할 위와 같은 가정이나 조건들이 특별히 요구되지 않을 때 사용하는 통계방법이다.

이 밖에도 통계방법에는 연구하고자 하는 변인의 수와 변인 간의 관계, 변인의 측정검사에서 사용한 척도의 수준 등에 따라 여러 가지가 있는데, 이들 통계방법은 각각 그 용도(用途)와 적용조건이 다르다. 그러므로 어떤 수량적 자료를 통계방법을 사용해서 분석할 때는 연구목적과 연구하고자 하는 변인의 수, 주어진 수량적 자료의 측정 수준, 전집의 정규성(正規性)에 대한 가정 등을 고려해서 그에 맞는 통계방법을 선정해서 사용해야 한다. 그러면 지금부터는 여러 가지 통계방법들을 살펴보면서 이들 각 통계방법의 용도와 적용조건, 사용방법 등에 관하여 알아보기로 하겠다.

나. 1원적 기술통계방법

1원적 기술통계방법(univariate descriptive statistics)은 여러 가지 통계방법 중에서 가장 기초적이고 기본적인 것으로, 앞서 말했듯이 어떤 하나의 변인이나 집단에 관한 수량적 자료를 좀 더 유용하고 의미 있는 형태로 조직하고 요약해서 그 변인이나 집단의 실체나 특성 등을 기술하는 통계방법이다. 따라서 1원적 기술통계방법은 어떤 하나의 변인이나 집단에 관련된 수량적 자료들의 조직기능(organizing function)과 요약기능(summarizing function)을 수행하는데, 그렇다면 이는 구체적으로 어떤 기능을 말하는가?

1. 1원적 기술통계의 주요 기능과 방법

수량적 자료의 조직기능 또는 요약기능이란, 복잡하고 다양하며 흩어져 있는 수많은 자료들을 좀 더 이해하기 쉽고 유용하며 의미 있는 형태로 묶거나 정리·조직해서 제시하는 기능을 말한다. 예를 들어, 한 연구자가 어떤 사회문제에 관한 20항목의 설문지를 응답자에게 배포해서 200매의 응답지를 회수했다면 모두 4,000개의 응답이 나오게 되는데, 이처럼 많은 낱낱의 응답 자료를 가지고서는 그 사회문제에 대한 응답자들의 전체적 반응이나 태도를 알아본다는 것은 사실상 불가능하다. 그러나 만약 각 설문 문항별로 그에 대한 응답자들의 응답들을 나누어서 빈도분포(頻度分布, 도수분포라고도 함)를 작성해 본다든지, 각 설문 문항에 대한 응답의 백분율(percentages)을 계산해 본다든지, 또는 각 설문에 대한 200개 응답들의 전체 산술평균치를 산출해서 그 대표적 경향을 알아보면, 응답자들의 전체적인 반응을 쉽게 파악할 수 있다.

이처럼 빈도분포를 그려본다든지, 백분율이나 산출평균치를 산출하는 등의 통계방법을 사용해서 여러 가지 원자료(raw data)들을 이해하기에 편리하고 유용하며 의미있는 형태로 변형·요약하는 것이 곧 기술통계의 요약기능이며, 이러한 기능을 하는 통계방법들을 1원적 기술통계라고 한다. 그렇다면 이러한 1원적 기술통계방법에는 어떤 것들이 있는가?

가장 기초적이고 기본적인 1원적 기술통계방법으로는 ① a, b를 어떤 2개 유목(categories)의 사례수나 양(量)이라고 할 때, a가 b의 몇 배나 되는지 알아보기 위해 비(比, ratio)·비율(proportion)·백분율(percentage)·율(率, rates) 등을 산출해 보는 방법, ② 여러 가지 비조직적 원자료(raw data)들을 양적 유목(quan-titative category)이나 급간(class interval) 등으로 분류해서 빈도분포(도수분포)로 작성해 보는 방법, ③ 빈도분포의 형태를 쉽게 알아보기 위해 그래프(graph)로 그려보는 방법, ④ 어떤 분포에서 집중경향치를 알아보기 위해 최빈치(mode)·중앙치(median)·산술평균치(arithmetic mean) 등을 산출해 보는 방법, ⑤ 어떤 분포에서 그 사례들이 얼마나 밀집 또는 분산되어 있는지 알아보기 위하여 범위·사분편차·표준편차 등의 분산도(分散度)를 구해 보는 통계적 방법 등이 있다.

2. 비·비율·백분율·율과 그 계산방법

가장 기본적인 1원적 기술통계방법의 하나로는, 어떤 현상에 관련된 각 유목(category)의 사례수나 양의 크기[3]를 서로 비교할 때 사용하는 비(比, ratio)·비율

3 여기서 '유목'이란, 예를 들어 응답자들을 성별로 나누었을 때 '남성'과 '여성'을 말하거나 또는 남성과 여성의 키를 조사해서 각각 산술평균치를 산출해 보았을 때 '남성의 평균 신장'과 '여성의 평균 신장' 등을 말한다. 이러한 유목에는 성별을 비롯하여 인종별·종교별·직업별·

(proportion) · 백분율(percentage) · 율(率, rates) 등이 있다. 이들에 관해서는 이미 초등학교 때 배웠지만, 다시 한 번 간단히 복습해 보기로 하겠다.

1) 비 · 비율 · 백분율과 그 계산법

비(比, ratio)란 a, b를 2개 유목의 사례수나 양(量)이라고 할 때, a가 b의 몇 배인지를 분수 a/b 또는 a : b로 나타내는 것을 말하는데, 이때 a를 전항(前項), b를 후항(後項)이라고 한다. 가령, 어떤 한 집단의 성원들의 성별 분포를 조사해 보았더니 남성이 36명, 여성이 24명이었다고 할 때, 이들 남성과 여성의 사례수를 서로 쉽게 비교할 수 있도록 36 : 24 = 3 : 2로 나타낸 것을 '비'라고 한다.

한편, 비율(比率, proportion)이란 a, b를 2개 유목의 사례수 또는 양이라고 할 때, a가 b의 몇 배인지를 알아보기 위하여 a의 사례수나 양을 a과 b 유목의 전체 사례수나 또는 전체 양으로 나눈 값을 말한다. 즉 어떤 한 유목의 사례수나 양을 N_i라고 하고, 모든 유목의 전체 사례수나 양을 N이라고 했을 때, N_i/N를 해당 유목의 비율이라고 하며, 이를 p로 표시한다. 좀 더 구체적으로 말해서, 앞서 말했듯이 어떤 한 집단의 성원들의 성별 분포를 조사해 보았더니 남성이 36명, 여성이 24명이었다고 할 때, 남성의 사례수가 여성의 사례수보다 얼마나 큰지를 비교해 보려면, 남성의 사례수(N_m = 36)를 전체 사례수(N = 60)로 나누어 보면 36/60 = 0.6이 되는데, 바로 이러

연령별 · 신장별 등 여러 가지 유목들이 있는데, 이들 유목은 크게 두 가지, 즉 질적(質的) 유목과 양적(量的) 유목으로 나눌 수 있다. 질적 유목이란, 가령 응답자들의 종교를 기독교 · 불교 · 유교 · 이슬람교 등으로 나눈 종교별 유목이나, 또는 응답자들의 직업을 상업 · 농업 · 공업 등으로 나눈 직업별 유목 등을 말한다. 반면, 양적 유목이란 응답자들의 연령을 10대 · 20대 · 30대 등으로 나눈 연령별 유목이나, 또는 응답자들의 신장(身長)을 150~159cm, 160~169cm, 170~179cm 등으로 나눈 신장별 유목 등을 말한다.

한편, 이러한 유목의 '사례수'란, 예컨대 남성 또는 여성에 속하는 응답자들을 하나하나씩 세어서 얻은 계수적(計數的) 자료를 말하는데, 이러한 계수적 자료에서의 수(數)를 명명수(命名數)라고 부른다. 그리고 각 유목의 양(量)이란, 예를 들어 우리나라 성인 남자와 여자를 각각 100명씩 무작위로 표집해서 이들의 키[신장]를 조사해서 산술평균치를 산출해 보았더니 남성이 173cm, 여성이 165cm라고 했을 때, 이와 같은 키나 체중 등의 등간치를 말한다. 따라서 이와 같은 각 유목의 사례수(명명수)나 양(등간치)을 서로 비교해 보고자 할 경우, 비 · 비율 · 백분율 · 율 등을 구하면 어떤 유목의 사례수나 양이 얼마나 더 크거나 작은지를 쉽게 알 수 있다.

비타민 4-1

통계의 악용(惡用)과 통계적 무장

오늘날 통계방법은 누구나 반드시 갖추어야 할 기본 소양(素養)의 하나이다. 우리는 매일 수많은 각종 통계자료나 통계정보의 홍수 속에서 살고 있기 때문이다.

그런데 그중에는 통계를 오용(誤用) 또는 의도적으로 악용(惡用)한 것들도 없지 않다. 이러한 실례는 우리가 흔히 사용하는 백분율(%)의 경우에서도 쉽게 찾아볼 수 있다. 예를 들어, "과거 2년 동안 인건비가 10% 올랐고, 재료값도 8% 올랐으며, 점포 임대료도 10% 인상되었고, 전기료도 5% 올라 모두 33%가 올랐다."면서 음식값을 최소한 33% 이상 인상해 줄 것을 요구하는 경우를 볼 수 있다. 그러나 이러한 요구는 잘못된 것으로, 음식값의 구성요인이 되는 위와 같은 품목비(계정과목)는 평균해서 각각 10% 오른 셈이므로 전체 음식값은 10% 이상 오를 수 없기 때문이다.

한편, 어떤 감소현상을 백분율로 말하는 것도 주의해 보아야 하는데, 만약 "사과값이 지난해보다 100% 싸다."고 한다면, 이것도 잘못이다. 어떤 수량이 100%보다 적다면 그것은 0이 되므로, 이 경우는 사과를 공짜로 준다는 말이 되기 때문이다. 또한 "올 여름 태풍 때문에 사과 수확량이 지난해에 비해 120%나 떨어졌다."는 것도 있을 수 없는 말인데, 사과 수확량이 0 이하로 떨어질 수는 없기 때문이다. 또한 "기업주가 노동자보다 1000%나 돈을 더 많이 받는다."는 말도 주의해서 들어야 하는데, 1000%란 듣기에는 굉장한 것 같지만 실제로는 11배라는 말과 같기 때문이다. 또한 사례수를 밝히지 않고 백분율만 내세우는 것도 의심할 필요가 있는데, 예를 들어 여론조사 결과 "86%의 응답자들이 찬성했다."고 말하더라도, 만약 그것이 모두 6명을 조사를 해서 얻는 결과라면, 이는 응답자의 사례수가 너무 적어 조사 결과에 우연적 요소가 얼마든지 개재될 수 있기 때문이다.

이 밖에도 통계를 여러 가지로 오용 또는 악용해서 사람들을 오도(誤導)하거나 속일 수 있다. 때문에 통계불신론(統計不信論)을 주장하는 사람도 없지 않다. 그러나 통계로 하여금 오용이나 악용될 여지를 만들어 주는 것은 다름 아닌 통계에 대한 우리 자신의 무지(無知) 때문이라는 점을 명심할 필요가 있다. 그러므로 통계를 외면하거나 기피하는 것은 어리석은 일이며, 통계에 속지 않기 위해서도 통계적으로 무장할 필요가 있다.

한 값을 남성의 비율(p_m)이라고 한다. 그리고 여성의 사례수(N_f = 24)를 전체 사례수(N = 60)로 나누면 24/60 = 0.4가 되는데, 이 값을 여성의 비율(p_f)이라고 한다. 그런데 이러한 각 유목의 비율들을 모두 합치면 1이 되므로, 만약 남녀 중 남성의 비율이 p_m = 0.6이라면, 여성의 비율은 p_f = 1 − 0.6 = 0.4와 같이 1에서 남성의 비율을 빼어도 알 수 있다. 이에서도 볼 수 있듯이 비율을 항상 소수(少數)로 나타내는데, 가령 전체 응답자 중에서 남성의 비율, 즉 p_m = 0.6이라고 하는 것은 10명의 응답자 중 6명이 남성이라는 뜻이다.

마지막으로, 백분율(percentage)이란 바로 위와 같은 비율에 100을 곱한 값을 말한다. 따라서 백분율이라고 부르며, 기호로는 %로 나타낸다. 이처럼 비율에 100을 곱해서 '백분율'을 구하는 것은, 가령 성별에 관한 조사에서 남녀 응답자 전체의 사례수를 100이라고 했을 때, 그중에서 남성과 여성의 비율이 각각 얼마나 되는지를 쉽게 비교하고 이해하기 위해서이다. 따라서, 예컨대 60명의 전체 응답자 중 남성의 비율이 p_m = 0.6이라면 이는 60%가 되며, 여성의 비율은 p_f = 0.4라면 이는 40%가 되는데, 각 유목의 백분율의 총 합계는 100%가 된다.

그러나 각 유목의 백분율을 소수점까지 구하다 보면 이들의 총합이 100%를 넘거나 또는 100%에 미달하는 경우가 있는데, 이럴 경우는 크기가 큰 유목의 백분율을 가감해서 100%가 되도록 조정해야 한다. 한편, 백분율을 계산할 때는 각 유목의 사례수나 양이 충분히 커야 하는데, 그렇지 않으면 백분율이 주어진 현상을 오도(誤導)하게 된다.

2) 율과 증가율의 뜻과 계산법

율(率, rates)이란 출산율이니 신문보급률이니 할 때 사용하는 일종의 비(比, ratio)를 말한다. 그러나 비는 앞서 말했듯이 a가 b의 몇 배인지를 분수 a/b로 나타낼 때 분모 b가 가변(可變)의 값이나 이러한 가변의 값 대신, 100이라든지 1,000 또는 100,000 등 특정의 값을 분모 b로 했을 때 a/b의 비를 율이라고 한다. 이와 같은 율의 실례로는 출산율, 신문보급률 등을 들 수 있는데, 출산율은 가임(可姙) 여성 10,000명에 대한 출산 신생아의 수에 대한 비를 말하며, 신문보급률은 인구 1,000명당 신문

비타민 4-2

백분율(%)을 '프로'라고 읽는 까닭은 뭘까?

방송 같은 매스 미디어에 나와서 이야기할 때에도, 예를 들어 67%를 '67프로'라고 말하는 사람들이 적지 않다. 알다시피 %란 백분율, 즉 영어로는 'percentage'를 말하는데, 이는 본래 라틴어 'percentum'에서 나온 말이다. 여기서 per는 '…에 대하여'라는 뜻이고, centum은 '100'이라는 뜻으로, 어떤 전체 사례수(事例數, N)를 100으로 보았을 때 그중 어느 한 유목(類目, N_i)의 사례수가 차지하는 비율을 말한다. 따라서 이를 우리말로는 '백분율(百分率)'이라고 말하며, 기호로는 국제적 공통기호인 %를 사용해서 67%, 90% 등으로 나타낸다.

그러나 이러한 기호 %를 읽는 방법은 각 언어권(言語圈)에 따라 조금씩 다른데, 영어권에서는 '퍼센트(percent 또는 per-cent, 여기서 per는 '…에 대하여'라는 뜻이며, cent는 100이라는 뜻)'라고 읽으나, 독일어권에서는 '프로젠트(Prozent, 여기서 Pro는 '…에 대하여'라는 뜻이며, zent는 100이라는 뜻)'라고 읽는다. 그리고 프랑스에서는 '퓌르 상(pur cent)', 이탈리아에서는 '페르 센토(per cento)'라고 읽는다. 그런가 하면, 일본에서는 영어식으로 '파센토(パーセント)'라고 읽으며, 중국에서도 대체로는 영어의 '퍼센트'를 음역(音譯)해서 '바샨(巴先)'이라고 읽지만, 간혹 의역해서 '바이펀(百分)'이라고 부르기도 한다.

그런데 우리나라 경우를 보면, %를 영어식으로 '퍼센트'라고 읽기도 하지만, '프로'라고 말하는 사람들도 많다. 예컨대, 67%를 '67프로', 90%를 '90프로'라고 말하는 사람들이 많다. 그렇다면 '프로'라는 말은 도대체 어디서 나온 말일까? 확실치는 않으나 아마도 독일어 '프로젠트(Prozent)'에서 유래된 것은 아닐까 싶다. 그러나 독일에서는 '프로젠트'를 '프로'라고 줄여서 말하지는 않는다.

그러므로 %를 말할 때는 '프로젠트'라고 하든지, 아니면 영어식으로 '퍼센트'라고 부르는 것이 좋을 듯하다. 어원(語源)이 불분명하며 국적도 없는 '프로'라는 말을 함부로 쓰는 것은 바람직하지 않기 때문이다. 특히 '프로'라는 말에 '-테이지(-tage)'라는 어미까지 붙여 '프로테이지(protage)'라는 이상한 단어까지 만들어 사용하는 것은 잘못이다. 이는 '퍼센테이지(percentage)'라고 부르거나, 아니면 아예 독일식으로 '프로젠트사츠(Prozentsatz)'라고 불러야 옳다.

발행 부수를 말한다.

한편, 인구증가율이니 신문보급 증가율이니 할 때 사용하는 증가율(rates of increase)이라는 것도 있다. 이는 어떤 값이 일정 기간에 얼마나 증가했는지를 알아보기 위하여, 그 기간 초(기준)의 값을 분자(a), 그 전체 기간에 실제로 증가한 값을 분모(b)로 해서 구한 값을 말한다.

가령, A 도시의 인구가 2005~2010년 사이에 얼마나 증가했는지 그 증가율을 알고자 할 경우, 만약 2005년 인구가 50,000명이었고, 2010년 인구는 65,000명이었다면, 다음과 같이 2010년(최종연도) 인구에서 2005년(기준연도) 인구를 뺀 다음, 이를 다시 2005년도 인구로 나눈다.

$$\text{인구증가율} = \frac{\text{최종시점 인구} - \text{기준시점 인구}}{\text{기준시점 인구}} = \frac{65{,}000 - 50{,}000}{50{,}000} = 0.30$$

그러면 0.30이라는 값이 나오는데, 이를 백분율로 바꾸면 30%가 된다. 그러므로 A 도시의 인구는 2005년부터 2010년까지 5년 동안에 30% 또는 30% 포인트(point)가 증가했다고 말할 수 있는데, 이러한 것을 인구증가율이라고 한다.

3. 빈도분포의 기능과 작성방법

위와 같은 통계방법들과 함께, 또한 기초적이고 기본적인 1원적 기술통계방법으로는 어떤 조사나 측정검사에서 얻은 원자료(raw data)의 수치들을 같은 것끼리 묶거나, 또는 양적 유목(quantitative category)이나 급간(級間, class interval)별로 분류해서 일정한 표(table)로 정리·요약해 놓는 빈도분포(頻度分布, frequency distribution)를 들 수 있다. 그런데 이러한 빈도분포를 '도수분포(度數分布)'라고도 부른다.

1) 빈도분포의 주요 기능

이와 같은 빈도분포의 기능은, 어떤 현상이나 집단에 관한 조사나 측정검사에서 얻은 무질서하게 배열된 원자료들을 하나의 표로 간단하게 정리·조직하여 제시함으로써 그 현상이나 집단의 주요 특성을 빨리 알 수 있게 만드는 데 있다. 예를 들어, S 대학교에서 사회과학연구방법 과목 중간고사를 치렀더니 수강생들의 성적(50점 만점)이 [표 4-1]과 같이 나왔다고 하자. 그렇다면 학생들이 도대체 공부를 잘하는 건가, 아니면 못하는 건가?

[표 4-1]처럼 무질서하게 배열된 성적 점수(원자료)들만 보아서는 학생들이 공부를 잘하는지, 못하는지 얼른 알 수 없다. 그러나 학생들의 성적 점수를 5점 크기의 급간(級間), 즉 45점에서 49점까지, 40점에서 44점까지, … 10점에서 14점까지로 나누고, 이들 각 급간에 속하는 점수의 빈도를 세어서 [표 4-2]와 같은 빈도분포의 표를 작성해 보면, 몇 점을 받은 학생들이 가장 많고, 학생들의 평균점수(최빈치, 중앙치 등)는 얼마나 되며, 학생들의 성적이 정규분포를 이루는지 아닌지 등의 주요 특성을 대체적으로 알 수 있다. 이것이 바로 빈도분포의 주요 기능이다.

빈도분포는 이와 같은 중요한 기능을 수행하기 때문에, 무질서하게 배열되어 있는 원자료들을 분석할 때, 우선 그 자료들을 빈도분포표로 작성해 보는 것이 좋다. 그렇다면 빈도분포는 어떻게 작성해야 하는가? 그 방법은 빈도분포의 형태나 종류에 따라 조금씩 다르다. 그러면 우선 빈도분포의 여러 형태와 종류를 살펴보면서, 이들 빈도분포의 작성방법에 대하여 간단히 살펴보기로 하겠다.

2) 묶은 빈도분포와 묶지 않은 빈도분포의 작성방법

빈도분포는 크게 묶은 빈도분포(grouped frequency distribution)와 묶지 않은 빈도분포(ungrouped frequency distribution)로 나눌 수 있다. 이들 중 묶은 빈도분포란, [표 4-2]와 같이 학생들의 점수를 45점에서 49점까지, 40점에서 44점까지, … 10점에서 14점까지 등으로 5점 간격의 급간(또는 10점이나 3점 간격의 급간)으로 묶은 다음, 이들 각 급간에 속하는 점수들의 빈도를 세어서 '빈도(f)'란에 표시한 것

표 4-1 연구방법 중간고사 점수(원자료)

25	32	34	24	18
12	16	45	29	39
33	30	22	17	30
29	25	31	32	22
36	39	25	37	35
27	28	32	23	30
20	43	32	41	23
38	37	28	35	26
22	27	31	29	22
37	34	46	20	27

표 4-2 연구방법 중간고사 점수 빈도분포

점수	셈표	빈도(f)
45~49	//	2
40~44	//	2
35~39	//// ////	9
30~34	//// //// //	12
25~29	//// //// //	12
20~24	//// ////	9
15~19	///	3
10~14	/	1
계(N)		50

을 말한다. 그리고 '묶지 않은 빈도분포'란 학생들의 점수를 급간으로 묶지 않고, 49점, 48점, 47점 … 등과 같이 순위별로 각 점수를 나열한 후, 그 점수에 해당하는 점수들의 빈도를 세어서 빈도란에 표시한 것을 말한다.

이들 중 우선 묶지 않은 빈도분포의 작성방법부터 간단히 소개하면, 먼저 ① 원자료의 점수들 중에서 최고점과 최하점을 찾아낸 다음, ② 최고점부터 최하점까지의 점수들을 일렬로 배열한 뒤, ③ 원자료의 점수들을 하나씩 읽어 나가면서 각 점수에 해당하는 곳에 셈표(tally mark, ////)를 찍거나 또는 '바른 정[正]'자를 써 나간다. 이러한 작업이 모두 끝나면 ④ 셈표나 바른 정자를 세어서 빈도를 계산한 다음, ⑤ 빈도분포표를 만들면서 각 점수에 대한 빈도를 빈도란에 기입하면 되는데, 이때 표의 위쪽에 높은 점수, 아래쪽에 낮은 점수가 오도록 하는 것이 좋다.

묶은 빈도분포의 작성방법도 묶지 않은 빈도분포의 작성방법과 비슷하지만, 다만 점수를 일정한 급간으로 묶는 작업이 더 필요하다. 이때 급간을 묶는 방법과 지켜야 할 원칙 몇 가지 들어보면 다음과 같다.

첫째, 급간은 상호배제적(mutually exclusive)이 되도록 해야 하는데, 이는 급간을 분류할 때 어떤 하나의 점수가 반드시 하나의 급간에만 들어가야지 다른 급간에도 동시에 들어가면 안 된다는 말이다.

둘째, 급간들은 연속적으로 배열해야 하며, 그 연속상에 끊긴 부분이 있어서는 안 된다. 예를 들어, 어떤 급간의 빈도가 0이더라도 그 급간을 제외하면 안 된다.

셋째, 급간의 크기는 모두 같아야 한다. 급간의 크기가 다르면 이들 급간의 빈도를 서로 비교할 수 없기 때문이다.

넷째, 급간의 크기는 1, 3, 5, 7 등의 홀수나 5나 10의 배수(倍數)로 하는 것이 좋다. 그래야 각 급간의 중간점(midpoint)을 사용하여 전체 점수의 평균치 등을 계산하기가 편리하기 때문이다.

다섯째, 급간들을 빈도분포표에 배열할 때는 높은 점수의 급간부터 위쪽에서 아래쪽으로 차례로 배열하는 것이 급간을 읽어 내려가는 데 편리하다.

3) 그 밖의 빈도분포와 그 작성방법

위와 같은 두 가지 빈도분포 이외에, 빈도분포에는 또한 상대빈도분포(relative frequency distribution), 누가빈도분포(cumulative frequency distribution), 누가백분율분포(cumulative percentage distribution) 등이 있다.

첫째, 상대빈도분포란, 앞서 살펴본 '묶지 않은 빈도분포'에서 각 점수의 빈도나, '묶은 빈도분포'에서 각 급간의 빈도를 다시 비율(예컨대, 0.04, 0.18 등)이나 백분율(4%, 18% 등)로 환산해서 나타낸 [표 4-3]과 같은 분포를 말한다. 이처럼 각 점수나 급간의 빈도를 비율이나 백분율로 환산해 놓으면, 어떤 집단의 전체 사례수(N) 중에서 한 점수나 한 급간의 빈도의 상대적 크기를 서로 비교해 보기가 훨씬 편리하다. 특히 2개의 서로 다른 집단의 빈도분포를 비교하고자 할 경우, 이들 두 집단의 전체 사례수 N이 다르면 급간의 비교가 어려우나, 이때 각 급간의 빈도를 비율이나 백분율로 나타내면 쉽게 비교될 수 있다. 이것이 바로 상대빈도분포의 기능이자 장점인데, 이러한 상대빈도분포표를 작성하려면 절대빈도분포표에서[4] 각 점수나 급간의 빈도들을

---

4 앞서 [표 4-2]와 같은 빈도분포에서처럼 빈도가 계수(計數)로 되어 있는 것을 절대빈도분포라고 한다. 이러한 절대빈도분포에서 계수로 되어 있는 빈도를 다시 비율이나 백분율로 환산해 놓은 것은 상대빈도분포라고 부른다.

표 4-3 연구방법 중간고사의 상대빈도분포

점수	빈도(f)	비율(p)	백분율(%)
45~49	2	0.04	4
40~44	2	0.04	4
35~39	9	0.18	18
30~34	12	0.24	24
25~29	12	0.24	24
20~24	9	0.18	18
15~19	3	0.06	6
10~14	1	0.02	2
계	50	1.00	100.00

비율이나 백분율로 환산해서 이들을 비율(p)이나 백분율(%) 난에 기입하면 된다.

둘째, 누가빈도분포란 일반적 빈도분포, 즉 절대빈도분포의 빈도를 맨 아래쪽에서부터 위쪽으로 차례로 누가(累加)해 놓은 것을 말한다. 이러한 분포는 한 집단에서 어떤 개인의 점수나 점수 급간을 기준으로 그 아래나 위에 얼마나 많은 빈도들이 분포되어 있는지 쉽게 알아보기 위한 역할을 한다. 예를 들어, 총 50명의 학생에게 실시한 연구방법 중간고사에서 A라는 학생이 40점을 받았다면, 이 학생보다 시험성적이 높은 학생이 몇 명이 되며, A보다 시험성적이 낮은 학생은 몇 명이나 되는지 알고 싶은 경우 [표 4-4]의 셋째 칸과 같은 누가빈도분포를 작성해 보면, A보다 시험성적이 높거나 같은 학생은 3명, A보다 시험성적이 낮은 학생은 모두 46명임을 쉽게 알 수 있다. 이러한 역할 이외에 누가빈도분포는 또한 뒤에서 배울 백분점수(percentile score)를 쉽게 알아보는 역할도 한다.

셋째, 누가백분율분포란 [표 4-4]의 넷째 칸과 같은 백분율의 상대빈도분포에서 그 백분율을 다시 아래서부터 위쪽으로 차례로 누가(累加)해서 그 값들을 다섯째 칸처럼 나열해 놓은 것을 말한다. 누가백분율분포는 누가빈도분포를 한 걸음 더 발전시켜, 한 집단에서 어떤 개인의 점수나 그 급간을 기준으로 그 아래나 위에 얼마나 많

표 4-4 연구방법 중간고사의 누가빈도분포 및 누가백분율분포

점수	빈도(*f*)	누가빈도(*cf*)	백분율(%)	누가백분율(*c*%)
45~49	2	50	4	100.00
40~44	2	48	4	96.0
35~39	9	46	18	92.0
30~34	12	37	24	74.0
25~29	12	25	24	50.0
20~24	9	13	18	26.0
15~19	3	4	6	8.0
10~14	1	1	2	2.0

은 빈도들이 몇 %나 분포되어 있는지 쉽게 알아볼 수 있게 한다. 또한 누가백분분포와 누가백분율분포는 어떤 점수의 백분위(百分位, percentile rank)와 백분점수(百分點數, percentile score)를 쉽게 알아볼 수 있게 하는 역할도 한다.

4. 그래프의 기능과 형태 및 작성방법

앞에서 여러 가지 종류의 분포에 관하여 살펴보았는데, 이러한 분포의 특성을 시각적으로 쉽게 이해하고 서로 비교할 수 있도록 그림으로 나타낼 수도 있다. 이처럼 분포를 그림으로 나타낸 것을 그래프(graph)라고 한다.

1) 그래프의 기능과 형태

어떤 분포를 그래프로 나타낼 때는 주어진 자료의 측정수준이나 변인들의 관계 등에 맞는 그래프로 나타내야 한다. 가령, 명명수나 서열수로 된 자료는 막대 그래프(bar graph)나 원 그래프(pie chart)로 나타내야 하며, 등간치나 비율치로 된 자료는 기둥 그래프(histogram)나 절선(折線) 그래프(frequency polygon)로 나타내야 한

다. 그리고 앞서 살펴본 누가백분율분포는 누가백분율 그래프(cumulative percentage graph)로 나타내야 하며, 어떤 2개 변인 간의 관계를 그래프로 나타낼 때는 선(線)그래프(line graph)로 그려야 한다.

이와 같이 그래프를 그려보면 주어진 분포의 형태를 쉽게 알 수 있어, 연구하고자 하는 현상이나 집단 등의 특징을 쉽게 파악할 수 있으며, 또한 이를 다른 현상의 특징과도 비교해 볼 수 있다. 예컨대, 어떤 빈도분포의 그래프를 그려보면, 그 분포의 형태가 ① 좌우대칭분포(symmetrical distribution)인지 편향분포(skewed distribution)인지, 또는 ② 단봉분포(unimodal distribution), 쌍봉분포(bimodal distribution), 다봉분포(multimodal distribution)인지, ③ 첨용분포(leptokurtic distribution), 평용분포(platykurtic distribution)인지, ④ 종형분포(bell-shaped distribution), S자형 분포(S-shaped distribution), J자형 분포(J-shaped distribution)인지 쉽게 알 수 있으며, 이를 다른 분포나 현상의 형태와 비교해 볼 수도 있다.

또한 빈도분포를 그래프로 그려보면 주어진 분포나 집단의 집중경향치, 즉 최빈치, 중앙치, 산술평균치는 물론, 분산도(分散度)도 쉽게 알 수 있다. 따라서 빈도분포를 그래프로 나타내는 것도 중요한 통계방법의 하나가 되고 있다.

2) 그래프 작성방법

빈도분포를 그래프로 나타낼 때는 반드시 그에 관한 원칙들을 지켜야 한다. 예컨대, 그래프의 종축, 즉 Y축(ordinate)의 높이(0점에서부터 최고점까지)가 횡축, 즉 X축(abscissa)의 길이의 4분의 3이 되도록 해야 한다. 이와 같은 '3/4 높이의 원칙(three-quarter high rule)'에 맞지 않게 그래프를 그리면, 소위 지 위즈(Gee Whiz) 그래프가 되어 주어진 분포나 현상의 특성이나 형태를 오도(誤導)하게 된다.

이 밖에도 그래프를 그릴 때는 여러 가지 원칙을 지켜야 올바른 그래프가 된다. 예컨대, ① 독립변인을 횡축(X축)에, 종속변인을 종축(Y축)에 표시하며, ② 이들 2개의 축이 무엇을 의미하는지 분명하게 표시하고, 측정단위(예컨대 cm, 시간, 달러 등)가 있을 경우는 이들도 표시하며, ③ 하나의 그래프에 2개 이상의 선(線)이나 곡선을 표시할 때는 서로 혼동되지 않도록 각 선이 무엇을 의미하는지 명확히 표시해야 하며, ④ 그래프에는 반드시 제목을 붙이고, 또한 독자들이 그래프를 읽고 해석하는 데 필요한 모든 자료를 제시해야 한다.

5. 집중경향치의 기능과 종류

앞서 살펴보았듯이, 어떤 현상에 관한 자료들을 통계적으로 분석할 때는 우선 빈도분포표를 작성하고 이를 다시 그래프로 그려보면 그 현상의 여러 가지 특징을 알 수 있는데, 이것이 바로 어떤 현상에 관한 연구자료들을 통계적으로 분석하는 세 가지 대표적 방법 중 첫 번째 방법이다. 그러면 두 번째와 세 번째 방법은 무엇인가?

두 번째는 연구하고자 하는 어떤 현상의 전체적 특징을 대표하는 집중경향치(集中傾向値, central tendency), 즉 최빈치 · 중앙치 · 산술평균치를 산출해 보는 방법이며, 세 번째는 연구하고자 하는 현상의 분포 내의 사례들이 얼마나 분산되어 있는지 그 분산도(variability or dispersion)를 알아보는 방법이다. 이와 같은 세 가지 통계방법을 통하여 어떤 현상을 기술하면 그 현상의 주요 특징을 대체로 파악할 수 있는데, 여기서는 우선 두 번째 방법, 즉 집중경향치를 알아보는 방법을 살펴보기로 하겠다.

1) 집중경향치의 뜻과 세 가지 종류

낱낱의 수량적 자료(점수)가 모여 어떤 현상이나 집단을 대표하는 일단의 자료(a set of data)가 되고, 그 자료의 여러 특징이 종합되어 주어진 현상이나 집단의 전체적 특징을 이루게 된다는 점에 대해서는 이론(異論)이 없을 것이다. 그러나 낱낱의 수량적 자료를 모두 기억하거나, 그 기억을 통해서 어떤 현상에 대한 전체적 특징을 추출하고 기술(記述)해서 파악한다는 것은 사실상 불가능하다. 따라서 어떤 현상의 대표적 특징을 기술하기 위해서는, 그에 관한 자료를 종합 · 요약하여 그 현상의 특징을 대표하는 전체적 경향을 알아보게 되는데, 바로 이러한 경향을 밝혀 주는 통계적 수치들을 집중경향치(central tendency)라고 부른다. 그러나 이를 일반적으로는 '평균치'라고 부르는데, 이에는 세 가지, 즉 최빈치(mode, *Mo*로 표시), 중앙치(median, *Mdn*으로 표시), 산술평균치(arithmetic mean, *M* 또는 $\bar{X}$로 표시)가 있다.

(1) 최빈치

최빈치(*Mo*)란 어떤 하나의 분포에서 가장 자주 나타나는 수치로서, 이러한 수치는 한 분포 안에서 가장 많고 흔한 수치라는 점에서 그 분포의 집중경향치의 하나가 된다.[5] 예를 들어, "1, 1, 2, 3, 3, 4, 4, 5, 5, 5, 5, 6, 7, 7, 8, 9"와 같은 점수분포가 있다고 가정할 경우 이 분포에서 가장 많이 나타나는 점수는 5인데, 바로 이러한 점수를 최빈치라고 한다. 따라서 최빈치는 위와 같은 점수들의 분포를 그래프로 그렸을 때 그 정점(頂點)에 해당하는 수치가 되는데, 이러한 최빈치가 하나인 분포를 단봉분포(unimodal distribution)라고 하고, 2개인 분포는 쌍봉분포(bimodal distribution)라고 한다.

(2) 중앙치

중앙치(*Mdn*)란 한 분포 안에 포함된 전체 사례를 양등분(兩等分)하는 점에 해당하는 수치, 즉 한 분포에서 전체 사례수가 상부에 50%, 하부에 50%가 놓이는 분기점에 해당하는 점수를 말한다. 예를 들어, 학생 49명의 연구방법 중간고사 성적을 석차대로 나열해 놓았을 때, 그중에서 석차가 맨 중앙, 즉 25등인 학생의 성적이 75점이라면 이 점수(75점)를 중앙치라고 한다. 이러한 중앙치는 한 분포의 중앙에 위치한다는 점에서 그 분포의 집중경향치의 하나가 된다.

(3) 산술평균치

산술평균치($\bar{X}$)란 어떤 한 집단이나 분포의 모든 점수들을 합친 값(총화)을 전체 사례수로 나눈 값을 말한다. 가령, 한 집단에 5개의 사례가 각각 3, 5, 8, 10, 14의 값(점수)을 가지고 있을 때, 이들 값을 모두 합친 40을 5로 나누면 8이 되는데, 이러

---

5 최빈치를 영어로는 'mode'라고 하는데, 이 단어는 '유행(流行)'이라는 뜻도 가지고 있다. 유행을 왜 'mode'라고 하는지는 모르겠으나, 유행이란 최빈치처럼 '가장 눈에 많이 띄는 것'이기 때문은 아닌지 추측해 본다.

한 값을 산술평균치라고 한다. 이를 흔히들 '평균치'라고도 부르나, 앞서 말한 최빈치나 중앙치도 일종의 평균치이므로, 이러한 평균치들과 구별하기 위하여 한 분포의 모든 점수들을 합친 값을 전체 사례수로 나눈 값은 '산술평균치'라고 부른다.

2) 집중경향치의 주요 기능과 각 종류의 용도

위와 같이 어떤 분포나 현상의 전체적 경향을 나타내는 집중경향치에는 세 가지 종류가 있는데, 이들은 다음과 같이 중요한 기능을 갖고 있다.

첫째, 집중경향치는 낱낱의 수많은 원자료(原資料)들을 의미 있고 간편한 하나의 수치로 요약해서 기술해 주는 기능이 있다. 예를 들어, 연구방법을 수강하는 50명의 학생들을 대상으로 중간고사를 치러서 그 성적을 하나하나씩 훑어보면, 학생들이 연구방법을 얼마나 열심히 공부했는지 얼른 알 수 없다. 그러나 이들 50명 학생들 성적의 산술평균치를 산출해 보았더니 100점 만점 중 85점이라고 한다면, 이를 통해 우리는 학생들이 연구방법을 열심히 공부했음을 대체로 짐작할 수 있는데, 바로 이와 같은 역할을 집중경향치가 해 주고 있다.

둘째, 집중경향치는 2개나 그 이상의 분포들 간의 어떤 특징을 쉽게 비교할 수 있는 기능도 갖고 있다. 예를 들어, A 대학과 B 대학 중에서 어느 대학 학생들이 더 열심히 연구방법을 공부하는지 비교해 보고자 연구방법 중간고사 성적의 산술평균치를 각 대학별로 산출해 본 결과, A 대학 학생들은 85.7점이고, B 대학 학생들은 70.1점이었다면, 이를 통해서 어느 대학 학생들이 더 열심이 연구방법을 공부했는지 쉽게 알 수 있다.

셋째, 집중경향치는 예측 기능도 갖고 있는데, 예를 들어 위와 같이 A 대학 학생들의 산술평균치가 85.7점인 것을 알면, A 대학이라는 집단의 구성원(학생)이 얼마나 공부를 열심히 하는지, 또는 지능이 높은지, 낮은지 등도 대체로 짐작할 수 있기 때문이다.

그러나 위와 같은 세 가지 종류의 집중경향치, 즉 최빈치, 중앙치, 산술평균치는 각각 그 특성이 다르며, 그에 따라 용도(用途)도 다르다. 예컨대, 최빈치는 한 분포 안에서 가장 유행적인 수치를 알려 주며, 그 수치를 복잡한 계산을 하지 않고서도 간단히 알아볼 수 있다는 장점을 갖고 있어서, 어떤 한 분포의 집중경향을 빨리 알고 싶을 때 많이 사용한다. 그러나 묶은 분포에서 최빈치를 구할 때는 급간의 크기에 따라 최빈치의 값이 변동하게 되어 안정성이 없게 된다. 한편, 중앙치는 한 본포 안의 극단치(extreme scores)에 민감하지 않은 특성을 갖고 있다. 따라서 분포가 극도로 편포(偏布, skewed), 즉 한쪽으로 기울어져 있는 경우는 중앙치를 구해서 사용해야지 산술평균치를 사용해서는 안 되는데, 산술평균치는 극단치에 매우 민감하기 때문이다.

이처럼 같은 집중경향치이지만 최빈치 · 중앙치 · 산술평균치는 각각 그 특성이 다르며, 그에 따라 용도도 다르다. 때문에 어떤 현상이나 집단 또는 분포의 집중경향을 알아보고자 할 경우는 그에 맞는 집중경향치를 선정해서 분석해야 하는데, 세 가지 집중경향치의 적용 경우와 용례를 간단히 열거해 보면 [표 4-5]와 같다.

이 표에서 보듯이 최빈치는 대체적인 집중경향을 빨리 추정해 보고자 할 경우에 주로 사용하며, 중앙치는 주어진 분포가 극단적으로 편포되어 있거나 누락된 사례 등이 있을 때 사용한다. 그리고 산술평균치는 가장 안정되고 믿을 수 있는 집중경향

표 4-5 각 집중경향치의 적용 경우와 용례

최빈치	중앙치	산술평균치
1. 자료가 명명 · 서열 · 등간 · 비율치일 때(그러나 주로 명명수일 경우에 사용함)	1. 자료가 명명 · 서열 · 등간 · 비율치일 때(그러나 주로 서열수일 경우에만 사용함)	1. 자료가 등간 · 비율치일 때(명명 · 서열수로 된 자료에서는 계산할 수 없음)
2. 집중경향을 가장 빨리 추정하고 싶을 때	2. 산술평균치를 계산할 만한 시간이 없을 때	2. 가장 안정되고 신뢰로운 집중경향치를 원할 때
3. 집중경향의 대체적 짐작으로 충분할 때와 가장 흔히 일어나는 사례들을 알고 싶을 때	3. 분포의 상반부와 하반부에만 관심이 있고, 중앙점으로부터의 거리에는 관심이 없을 때	3. 한 분포의 중심(重心)을 알고 싶을 때
4. 빈도분포에서 양극단(兩極端)에 개방급간이 있을 때	4. 분포가 극도로 편포(偏布)되어 있고, 이런 극단치의 영향을 배제하고 싶을 때	4. 분포가 좌우 대칭적이거나 정규분포에 가까울 때
5. 집중경향을 알아보는 것으로만 충분할 때	5. 집중경향을 알아보는 것으로서만 충분할 때	5. 분산도 · 상관도 등의 후속적 계산이나 정보가 필요할 때

비타민 4-3

평균치와 노동자의 평균임금

우리가 흔히 '평균'이니 '평균치'니 하는 집중경향치에는 최빈치(mode), 중앙치(median), 산술평균치(arithmetic mean)가 있는데, 이들은 각각 특성이 달라서 그 용도도 다르다. 그러므로 평균치를 계산하거나 말할 때는 그것이 어떤 종류의 평균치인지를 구별해서 사용해야 한다. 그렇지 않으면 커다란 오류를 범하게 되는데, 이러한 오류는 노동자의 평균임금의 계산에서 종종 찾아볼 수 있다.

예를 들어, 어떤 조그만 회사에 사장을 비롯한 전체 직원이 모두 5명인데, 이들의 매월 임금이 각각 500만 원, 100만 원, 70만 원, 50만 원, 50만원이라고 하자. 그렇다면 이 회사의 평균임금이 얼마인지 평균임금을 산술평균치로 계산해 보면, (500만 원 + 100만 원 + 70만 원 + 50만 원 + 50만 원) / 5 = 154만 원 정도가 된다. 따라서 사장은 주장하기를, "우리 회사 평균임금은 154만 원으로서 결코 적지 않다."고 한다. 그러나 이 회사 평균임금을 최빈치로 계산하면 50만 원이 된다. 그러므로 직원들은 평균임금을 최빈치로 계산해서, "우리 회사 평균임금은 겨우 50만 원"이라면서 임금인상을 요구한다. 과연 어느 쪽 주장이 맞는가?

양쪽 주장이 모두 맞다. 이 회사 평균임금을 산술평균치로 계산하면 154만 원이 되며, 최빈치로 계산하면 50만 원이 되기 때문이다. 그러나 평균임금은 산술평균치나 최빈치로 계산하면 집중경향치를 제대로 나타낼 수 없다. 따라서 평균임금은 중앙치로 계산해야 하는데, 이렇게 계산하면 이 회사 평균임금은 5명의 직원들의 임금을 많은 순서대로 나열했을 때 그 중앙의 값인 70만 원이 된다.

이와 같이 노동자의 평균임금을 계산하는 방법에는 세 가지가 있는데, 노사는 서로 자기 쪽에 유리한 방향으로 평균임금을 계산해서 내세우려고 한다. 그럼에도 불구하고, 신문이나 방송 등 매스 미디어에서도 노동자들의 평균임금을 말할 때 그것이 어떤 종류의 평균치인지 밝히지 않은 경우가 많은데, 이는 일반대중을 오도(誤導)하는 결과가 될 수 있다. 따라서 노동자 등의 평균임금을 말할 때는 그것이 산술평균치인지, 최빈치인지, 아니면 중앙치인지를 반드시 밝혀야 한다. 그래야만 평균치뿐 아니라, 각종 통계자료의 악용(惡用)이나 오용(誤用)도 막을 수 있다.

치이긴 하지만, 분포가 좌우 대칭을 이루고, 분포 안에 극단치들이 없으며, 후속적 통계처리 등이 필요할 때 사용한다.[6]

6. 분산도의 기능과 계산방법

앞에서 살펴보았듯이 집중경향치는 어떤 한 분포의 특징을 알아보거나, 여러 개의 분포들의 특징을 서로 쉽게 비교해 볼 수 있게 만드는 기능을 한다. 그러나 어떤 분포나 집단의 특징을 더욱 완전하게 기술하고 이해하기 위해서는 그 분포 내의 점수들의 분산도(分散度, variability 또는 dispersion)도 알아볼 필요가 있다. 그렇다면 분산도란 무엇이며, 이는 어떤 기능을 수행하는가?

1) 분산도의 뜻과 주요 기능 및 종류

분산도란 한 분포 내의 점수들이 얼마나 서로 밀집 또는 분산되어 있는지의 정도를 나타내는 통계적 수치로서 변산도(變散度)라고 부르기도 하는데, 이는 특히 2개 분포의 특징의 차이를 완전하게 이해하는 데 필요하다. 예를 들어, 연구방법 중간고

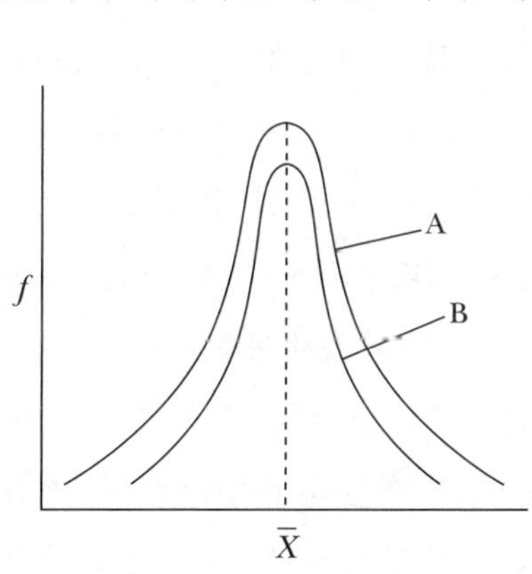

그림 4-2 집중경향치는 같으나 분산도가 다른 분포의 실례

6 집중경향치의 종류에 따라 그 산출방법도 각각 다른데, 최빈치 · 중앙치 · 산술평균치를 계산하는 방법에 관해서는 통계 서적이나 SPSS(Statistical Package for Social Science), SAS (Statistical Analysis System) 등의 패키지 통계 프로그램을 참고한다.

사에서 A 대학과 B 대학의 평균성적(산술평균치)이 똑같이 55점이었지만, A 대학에는 100점을 맞은 학생이 있는가 하면 0점을 맞은 학생도 있는 등, 학생들의 성적이 널리 분산되어 있는 반면, B 대학 학생들의 성적은 40점부터 80점 사이에 밀집되어 있었다고 하자. 이런 경우 A 대학과 B 대학의 평균성적은 똑같지만, 두 대학 학생들의 성적분포를 그래프로 그려보면, [그림 4-2]에서 보듯이 A 대학은 학생들 간에 성적 차이가 큰 이질적(異質的, hetero-geneous) 집단인 반면, B 대학은 성적이 서로 비슷한 동질적(同質的, homo-geneous) 집단임을 알 수 있다.

그러나 이와 같은 두 대학의 특징은 A 대학과 B 대학의 평균성적만 비교해 보아서는 알 수 없다. 그러므로 어떤 분포나 집단의 특징을 더욱 완전하게 기술하고 이해하기 위해서는, 앞서 살펴본 빈도분포와 집중경향치 이외에 분산도도 알아볼 필요가 있다. 그렇다면 이러한 분산도는 어떻게 알아볼 수 있는가? 그 방법에는 세 가지, 즉 범위(範圍, range)와 4분편차(interquartile range), 표준편차(standard deviation)를 통해서 알아보는 방법이 있다.

2) 범위와 4분편차를 통해 본 분산도

범위(*R*로 표시)란, 한 분포 내에서 최고점수(highest score)와 최저점수(lowest score) 사이의 간격, 다시 말해서 최고점수에서 최저점수를 뺀 값을 말하는데, 이러한 범위를 통하여 한 분포의 분산도를 알 수 있는 것은, 범위의 값이 크면 그 분포 내의 점수들이 많이 분산되어 있다고 볼 수 있는 반면, 범위의 값이 적으면 그 분포 내의 점수들이 밀집되어 있다고 볼 수 있기 때문이다. 따라서 한 분포에서 최고점수와 최저점수 간의 범위를 통하여 그 분포 내의 점수들 간의 분산도를 알 수 있다.

그러나 이러한 범위를 구할 때는 최고점수에서 최저점수를 뺀 다음, 그에다 1을 더해야 하는데, 엄격히 말해서 범위는 최고점수의 정확한계(exact limit)에서 최저점수의 정확한계까지의 거리가 되기 때문이다. 따라서, 예컨대 3, 5, 6, 7의 4개 점수가 있는 분포에서 범위는 R = 최고점수 − 최점점수 + 1 = 7 − 3 + 1이 되는데, 이처럼 범위는 아주 간단하게 구해서 분산도를 알아볼 수 있다는 장점이 있다.

하지만 범위는 한 분포 내에서 양극단의 점수, 즉 최고점수와 최저점수만 고려하고, 그 사이에 놓인 많은 점수들은 어떻게 분산되어 있는지 알 수 없을 뿐 아니라, 극단점수(극단치)의 영향을 받게 되어 안정성이 흔들리기 쉽다. 따라서 범위는 대체적 분산도를 알아볼 때만 사용해야 하며, 사례수가 현저하게 다른 두 분포의 분산도를 비교할 때는 절대로 사용해서는 안 된다. 왜냐하면 범위는 사례수(점수들)가 많을수록 커지는 경향이 있기 때문이다.

4분편차(Q로 표시)도 범위의 일종이나, 이는 한 분포의 중앙에서 전체 사례(점수들)의 50%가 차지하는 범위의 반(半)을 말한다. 다시 말해서, 한 분포의 아래로부터 전체 사례의 25%에 해당하는 제1 사분점(Q_1)과 75%(위로부터는 25%)에 해당하는 제3 사분점(Q_3) 간의 거리를 2로 나눈 것을 값을 말한다. 따라서 이러한 4분편차를 구하려면 한 분포의 점수들에서 제1 사분점(Q_1)과 제3 사분점(Q_3)을 찾아내서, 제3 사분점 Q_3의 점수에서 제1 사분점 Q_1의 점수를 뺀 다음, 이를 다시 2로 나누면 된다. 예를 들어, 1, 2, 2, 3, 5, 6, 6, 7, 8, 8, 9, 11점의 순으로 되어 있는 분포에서 4분편차를 구할 경우, 우선 Q_1과 Q_3을 각각 찾아보면 전체 사례수가 12이므로 Q_1은 2와 3의 경계점인 2.5이고, Q_3은 8과 8의 경계점인 8.0이다. 따라서 4분편차는 다음과 같이 2.75가 된다.

$$Q = \frac{Q_3 - Q_1}{2} = \frac{8.0 - 2.5}{2} = 2.75$$

그러나 만약 주어진 점수들이 묶은 분포로 되어 있을 경우는 보간법(補間法, interpolation)을 사용해서 제1 사분점과 제3 사분점을 찾아내야 한다(통계방법 책 참고하기 바람).

4분편차는 4분점 간 범위(interquartile range) 또는 백분위점간 범위(inter-percentile range)라고도 부르는데, 이러한 4분편차는 앞서 말한 범위가 양극단 간의 점수에 좌우되는 단점을 배제하기 위하여 양극단의 점수 대신, 점수들의 분포상에서 어떤 일정한 위치에 있는 점수들 간의 거리를 비교하여 그 분포의 분산도를 알아보는 방법이다. 따라서 4분편차는 범위보다 좀 더 정확하게 분산도를 알아볼 수 있다는 장점이 있다.

그러나 4분편차는 두 가지 커다란 단점을 갖고 있는데, 하나는 범위와 마찬가지로 한 분포 안에서 어떤 특정 점수의 분산도는 말해 주는 못한다는 것이고, 다른 하나는 다음에 살펴볼 표준표차와는 달리 4분편차는 분산도만 알아보는 데 사용하며, 그 밖의 후속적 통계처리에는 사용하지 못한다는 점이다.

3) 표준편차를 통해 본 분산도

표준편차(標準偏差)는 어떤 분포 내의 점수들이 그 산술평균치로부터 얼마나 떨어져 있는지를 통하여 분산도를 알아보는 방법인데, 만약 즉 분포 내의 점수들이 산술평균치와 가까이 밀접해 있으면 분산도가 작다고 할 수 있으며, 그 반대로 산술평균치와 떨어져 있으면 분산도가 크다고 할 수 있기 때문이다. 그러므로 한 분포 내의 점수들이 산술평균치와 얼마나 가까이 또는 멀리 떨어져 있는지를 알아보려면, 분포 내의 각 점수(X)들에서 산술평균치($\bar{X}$)를 빼서 그 값(x)들을 모두 합친 다음, 이를 다시 분포 내의 점수들의 사례수로 나누면 된다.

그러나 분포 내의 각 점수들에서 산술평균치를 뺀 다음 그 값을 모두 합치면 0이 되는데, 이는 산술평균치가 한 분포의 무게 중심(重心)으로서 마치 천칭(天秤) 저울과 같기 때문이다. 따라서 분포 내의 각 점수들에서 산술평균치를 뺀 값의 총합이 0이 되는 것을 피하려면, 각 점수(X)에서 산술평균치($\bar{X}$)를 뺀 값(x)을 일단 제곱한 다음, 이들을 모두 합친 뒤 이를 모든 점수들의 사례수로 나눈 다음, 제곱근(square root)을 내면 된다. 이를 공식으로 나타내보면 [공식 4-1]과 같은데, 이 공식으로 산출한 값이 곧 표준편차이다.[7]

[공식 4-1] $$s = \sqrt{\frac{\sum(X-\bar{X})^2}{N}} = \sqrt{\frac{\sum x^2}{N}}$$

여기서 s = 표준편차

X = 분포 내의 각 점수

---

7 통계치로서의 표준편차는 영어 소문자 s로 표시하나, 모치수(또는 전집치)로서의 표준편차는 그리스어 소문자 σ로 표시한다.

$\overline{X}$ = 모든 점수들의 산술평균치

$x^2 = (X - \overline{X})^2$

N = 분포의 전체 사례수

이와 같은 공식을 통하여 표준편차를 구할 수 있으나, SPSS나 SAS 등의 통계 패키지 프로그램을 사용하면 컴퓨터로 쉽게 구할 수 있다. 따라서 표준편차의 계산방법은 생략하고 그 특성과 장단점만 간단히 살펴보면, 표준편차는 분산도를 알아보는 세 가지 방법 중 가장 널리 사용되는데, 이는 표준편차는 한 분포의 각 사례의 점수가 산술평균치로부터 얼마나 떨어져 있는지 그 편차를 기초로 하고 있어 분포의 분산도를 비교적 정확하게 알려주기 때문이다. 그러나 이처럼 표준편차가 기초로 삼고 있는 산술평균치는 앞서 말했듯이 분포 내의 극단점수들의 영향을 많이 받아, 결과적으로 표준편차도 극단점수의 영향을 많이 받는 단점이 있다. 따라서 극단점수가 있거나 편포를 이룬 분포에서 표준편차를 사용하여 분산도를 알아보는 것은 적절하지 않다.

이상에서 살펴보았듯이 어떤 분포의 분산도를 알아보는 세 가지 방법, 즉 범위, 4분편차, 표준편차는 각각 서로 다른 특성과 장단점을 갖고 있으며, 적용조건도 각각 다르다. 따라서 어떤 분포의 분산도들을 알아보고자 할 때는 그 적용조건에 맞는 것을 선정해서 알아보아야 하는데, 각 분산도의 주요 적용조건들을 간단히 요약해 보면 [표 4-6]과 같다.

표 4-6 각 분산도의 주요 적용조건

범위	4분편차	표준편차
1. 가장 빨리 분산도를 추정하고 싶을 때 2. 극단치(極端値)에 대하여 알고 싶을 때	1. 집중경향치로서 중앙치만을 알고 있을 때 2. 분포가 양단(兩端)에서 절단되었거나 불완전할 때 3. 극단치가 있거나 분포가 심하게 편포되어 있을 때 4. 중앙부 50%의 사례가 차지하는 점수 범위를 알고 싶을 때	1. 가장 신뢰로운 분산도를 알고 싶을 때 2. 상관도 · 표집오차 · 회귀방정식 등의 계산이 뒤따를 때 3. 정규분포 곡선에 관련된 해석을 원할 때 4. 분포가 정규분포에 가까울 때

다. 상관관계의 기술통계방법

지금까지 1원적 기술통계방법에 관하여 살펴보았다. 그러면 이제부터는 상관관계(相關關係)의 기술통계방법(descriptive statistics of correlation)에 관하여 알아보기로 하겠는데, 이는 2개 또는 그 이상의 변인들 간에 관계가 있는지 여부를 알아보는 통계방법을 말한다. 예컨대, 개인의 지능(知能)과 학업성적 간에 상관관계가 있는지, 또는 흡연과 폐암 간에 유의적 상관관계가 있는지, 만약 상관관계가 있다면 어느 정도의 관계가 있는지 등을 밝히고 기술하는 데 사용하는 통계방법이다.

1. 변인 간의 상관관계와 상관계수의 뜻

제1장에서 말했듯이, 과학의 기본목적은 자연현상이나 사회현상에 관련된 각종 변인들 간의 관계를 밝히고 기술(記述)하고 설명해서 그 현상에 관한 보편타당한 지식체계인 이론(理論)을 정립하는 것이다. 따라서 과학적 연구의 일차적 목적은 어떤 현상에 관련된 변인 간의 관계를 밝히려는 데 있다. 이러한 관계를 알아보는 여러 가지 방법 중에서 가장 많이 사용하는 통계방법에는 두 가지가 있는데, 하나는 변인들의 값 간의 상관관계를 통하여 알아보는 방법이고, 다른 하나는 변인들의 값 간의 차이(差異, differences)를 통하여 알아보는 방법이다. 그러면 여기서는 우선 상관관계를 통하여 변인들 간의 관계를 알아보는 통계방법부터 살펴보기로 하겠다.

1) 상관관계를 통한 변인 간의 관계유무의 규명방법

상관관계를 통하여 어떤 변인들 간의 관계를 알아보는 방법이란, 예컨대 학생의 지능지수(IQ)라는 x 변인과 학업성적이라는 y 변인 간의 관계를 알아보고자 할 경우, 여러 학생들의 지능지수(x)와 학업성적(y)을 각각 조사해서, 이들 두 변인의 값들이 서로 비례하거나 또는 서로 따라 변하는지 여부를 알아보아, 만약 지능지수와 학업성적이 서로 비례(정비례 또는 역비례)하거나, 또는 지능지수의 값이 변함에 따라 학업성적의 값도 변하면, 학생 개인의 지능지수와 학업성적 간에는 상관관계가 있다고 간주하는 방법을 말한다.

이와 같은 상관관계를 통하여 변인 간의 관계를 알아보는 방법은 일찍부터 사용되어 왔다. 그러나 20세기 이전에는, 우리가 초등학교나 중학교 때 배웠듯이 2개 변인의 값들 간의 상관표(correlation table)나 상관 그래프(correlation diagram)를 작성하거나, 또는 비례식을 구해서 주어진 변인 간의 상관관계를 대략적으로 알아보았다. 그러다가 이러한 상관관계의 정도와 방향을 하나의 계수(係數)로 간단하면서도 정확하게 나타낼 수 있는 방법을 연구하기 시작해서, 1896년 영국의 유전학자 칼 피어슨(Karl Pearson)이 적률상관계수(Pearson's product-moment coefficient of correlation, 간단히 피어슨 r이라고 부름, 기호는 r)라는 상관계수의 계산방법을 개발했다.[8] 그리하여 이때부터 상관관계의 정도와 방향을 −1.00(완전한 부적 상관관계가 있음을 나타냄)에서부터 시작해서 0.00(전혀 상관관계가 없음을 나타냄)을 거쳐 +1.00(완전한 정적 상관관계가 있음을 나타냄)까지의 계수로 나타내기 시작했다.

그 뒤 피어슨 r 외에도 여러 가지 경우에 사용하는 상관계수와 그 계산방법이 개발되어, 오늘날에는 수십 가지 종류의 상관계수를 통하여 변인들 간의 관계를 알아보고 있다. 그렇다면 상관관계와 상관계수란 구체적으로 무엇이며, 이들은 어떻게 알아볼 수 있는지부터 살펴보고 넘어가기로 하겠다.

---

8 피어슨에 앞서, 상관관계의 정도와 방향을 하나의 계수로 나타낼 수 있는 방법을 본격적으로 연구하기 시작한 사람은 영국의 유전학자 프랜시스 골턴(Francis Galton)이었다. 골턴은 진화론(evolutionism)의 주창자인 찰스 다윈(Charles Darwin)의 사촌으로, 인간의 여러 특성의 개인차(individual differences)와 이들이 유전에 미치는 영향에 관한 많은 연구를 해서 '개인차 연구의 아버지'라고 불리고 있다. 골턴은 부모의 키와 그 자손의 키와의 유전관계를 알아보기 위해서 수백 명의 아버지와 이들의 아들(성인이 된 아들)의 키를 조사해서 아버지의 키를 X축(軸), 아들의 키를 Y축으로 한 상관표(correlation table)를 작성했다. 그리고 이를 이용해서 다시 상관 그래프(correlation diagram)를 작성해서 아버지의 키와 아들의 키가 서로 비례하는 경향을 하나의 직선으로 표시한 뒤, 그 직선의 기울기의 정도를 가지고 상관관계의 정도의 방향을 추리했는데, 이것이 상관계수의 시초였다. 그러나 이를 이용하여 오늘날 사용하는 것과 같은 상관계수의 계산공식을 1896년 처음 개발한 사람은 골턴의 제자였던 칼 피어슨이었다.

2) 상관관계와 상관계수의 의미

상관관계(相關關係)란 간단히 말해서 어떤 현상에 관련된 2개 또는 그 이상의 변인들이 서로 관계를 갖고 있는 것으로, 예를 들어 개인의 키[身長]가 클수록 체중도 증가하거나 또는 학생의 지능이 높을수록 학업성적도 높아지는 것 등을 말한다. 이러한 변인 간의 상관관계를 알아보는 방법에는 여러 가지가 있으나, 가장 간단한 방법은 산포도(散布圖, scatter diagram)를 그려보는 방법이다. 여기서 산포도란, 예컨대 학생의 지능과 학업성적 간의 상관관계를 알아보고자 할 경우, 지능지수(IQ)를 X축, 학업성적점수를 Y축으로 해서 [그림 4-3]과 같이 각 학생의 지능지수와 학업성적 점수를 서로 만나는 곳에 점을 찍어 놓은 그림을 말한다.

이러한 산포도를 그려보면 학생의 지능과 학업성적 간에 상관관계가 얼마나 있는지 알 수 있는데, 만약 이들 두 변인의 값이 서로 완전히 정비례한다면 그 산포도가 [그림 4-3]의 (a)처럼 되며, 이와는 달리 반비례(反比例)한다면 [그림 4-3]의 (f)와 같이 나타난다. 그리고 만약 학생의 지능과 학업성적 간에 어느 정도의 정비례 또는 반비례의 상관관계가 있다면 그 산포도는 [그림 4-3]의 (b), (c), (e)와 같이 나타나

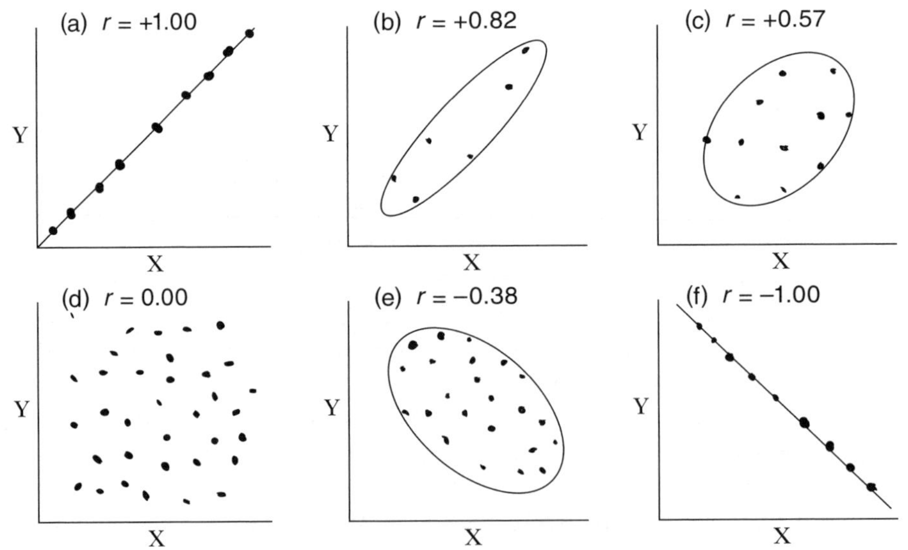

그림 4-3 2개 변인 간의 상관관계를 보여주는 산포도와 상관계수(r)

며, 학생의 지능과 학업성적 간에 상관관계가 전혀 없다면 이들 두 변인의 산포도는 (d)와 같이 나타난다.

이처럼 산포도를 그려보면 학생의 지능과 학업성적 간에 상관관계가 얼마나 있는지 알 수 있다. 그러나 정확하게 어느 정도, 어떤 방향으로 상관관계가 있는지는 알 수 없다. 따라서 이러한 문제점을 해결하기 위해서, 앞서 말했듯이 유전학자들이 2개 또는 그 이상의 변인들 간의 상관관계의 정도(상관도라고 함)와 방향을 하나의 수치로 간단하게 나타낼 수 있는 지수(指數)를 개발하게 되었는데, 이러한 지수를 상관계수(相關係數, correlation coefficient)라고 한다. 따라서 이와 같은 상관계수를 통하여 어떤 변인 간의 상관관계의 정도와 방향을 알아보게 되었다. 가령, [그림 4-3]의 산포도에 나타난 학생의 지능과 학업성적 간 상관관계의 정도와 방향을 피어슨이 개발한 적률상관계수(積率相關係數, product-moment correlations coefficient, *r*) 라는 상관계수로 나타내 보면 [그림 4-3]의 (a)에서 (f)까지의 각 산포도 위에 적어 놓은 *r* 수치와 같다.

3) 상관계수의 해석방법

이와 같은 상관계수를 구하는 통계방법에는 여러 가지가 있으며, 그에 따라 상관계수에도 여러 가지 종류가 있다. 그러나 상관계수의 표시나 해석방법은 모두 같은데, 만약 변인 x와 변인 y의 값이 완전한 정비례의 상관관계를 갖고 있다면, 그 상관계수는 +1.00으로 표시한다. 그러나 변인 x와 변인 y가 완전히 반비례(反比例)의 상관관계를 갖고 있다면, 이때 그 상관계수는 −1.00으로 표시한다. 그리고 변인 x와 변인 y 사이에 아무런 상관관계가 없다면, 그 상관계수는 0.00으로 표시한다.

이처럼 상관계수는 변인들 간의 상관관계의 정도(상관도)와 방향에 따라 +1.00에서부터 −1.00까지 사이의 여러 값, 예컨대 +0.82, −0.38, +0.57 등으로 표시하는데, 이러한 상관계수에서 +와 −기호는 상관관계의 방향을 나타낸다. 즉 '+' 값은 주어진 변인 간에 정비례의 정적 상관관계(正的 相關關係, positive relationship)가 있다는 것을, 그리고 '−' 값은 반비례의 부적 상관관계(負的 相關關係, negative relationship)가 있다는 것을 표시한다. 그리고 +나 − 기호 뒤의 수치는 상관관계의 정도,

즉 상관도(相關度)를 나타낸다.

가령, [그림 4-3]에서 (a)의 적률상관계수 $r=+1.00$은 완전한 정적 상관관계를, (f)의 $r=-1.00$은 반대로 완전한 부적 상관관계를, (b)의 $r=+0.82$는 높은 정적 상관관계를, (e)의 $r=-0.38$은 낮은 부적 상관관계를, 그리고 (d)의 $r=0.00$은 두 변인 간에 아무런 상관관계가 없음을 나타낸다. 그렇다면 상관계수가 어느 정도가 나와야 주어진 변인 간에 유의적(有意的) 상관관계가 있다고 말할 수 있는가? 이는 뒤에 살펴볼 추리통계를 통하여 검증해 보아야 한다. 그러나 길포드(Guilford, 1956, p. 145)에 의하면 상관계수의 해석은 대략 [표 4-7]과 같은 기준으로 하면 된다고 말한다.

이처럼 상관계수는 2개 또는 그 이상의 변인들 간에 어느 정도의 상관관계가 있는지를 알아보는 데 중요한 역할을 하고 있다. 또한 상관계수는 하나의 변인을 알고 다른 변인을 예측하는 데도 사용한다. 상관계수가 높다는 것은 곧 주어진 변인 간에 공변관계(共變關係)가 뚜렷하다는 것을 말해 주므로, 한 변인을 알면 다른 변인을 예측할 수 있다. 한편, 상관계수는 앞서 제3장에서 살펴보았듯이 측정자료의 신뢰도(reliability)나 타당도(validity) 등을 검토할 때도 사용하고 있다. 따라서 연구를 하려면 상관관계의 기술통계를 반드시 알아야 한다.

표 4-7 상관계수의 대략적 해석 기준

상관계수	대략적 해석 기준
+1.00	완전한 정적(正的, positive) 상관관계가 있음.
+0.90 ~ +0.99	아주 높은 정적 상관관계가 있음.
+0.70 ~ +0.89	높은 정적 상관관계가 있음.
+0.40 ~ +0.69	어느 정도[中位]의 정적 상관관계가 있음.
+0.20 ~ +0.39	낮은 정적 상관관계가 있음.
+0.01 ~ +0.19	아주 낮은 정적 상관관계가 있음.
0.00	상관관계가 전혀 없음.
−0.01 ~ −0.19	아주 낮은 부적(負的, negative) 상관관계가 있음.
−0.20 ~ −0.39	낮은 부적 상관관계가 있음.
−0.40 ~ −0.69	어느 정도[中位]의 부적 상관관계가 있음.
−0.70 ~ −0.89	높은 부적 상관관계가 있음.
−0.90 ~ −0.99	아주 높은 상관관계가 있음.
−1.00	완전한 부적 상관관계가 있음.

2. 상관계수의 종류와 그 산출방법

앞에서 상관관계의 방향과 정도를 나타내는 상관계수에 관하여 살펴보았는데, 이러한 상관계수를 구하는 통계방법에는 앞서 말한 피어슨(Karl Pearson)의 적률상관계수 산출방법을 비롯하여 여러 가지가 있다. 이는 상관관계에도 여러 종류가 있으며, 또한 주어진 변인의 값을 어떤 측정척도를 통해서 얻은 것인지에 따라서도 상관계수의 산출방법이 각각 다르기 때문이다.

1) 상관관계의 종류에 따른 여러 가지 상관계수

상관계수의 산출방법은 또한 상관관계의 종류에 따라 다르다. 따라서 어떤 변인 간의 상관계수를 알아보려면 먼저 상관관계의 종류부터 알아야 하는데, 상관관계의 종류는 주어진 변인과 그 유목(category)의 수에 따라 크게 ① 단순상관(simple correlation) 또는 2원상관(bivariate correlation), ② 중다상관(multiple correlation), ③ 특수상관으로 나누어 볼 수 있다.

(1) 단순상관 또는 2원상관

단순상관(simple correlation)이란, 2개 변인 간의 상관관계, 가령 변인 y(예, 지능점수)와 변인 y(예, 학교성적)의 상관관계를 말하는데, 여기서 '단순(simple)'이라는 말은 가장 "간단한 상관관계"라는 뜻이다. 다시 말해서, 모든 상관관계는 2개나 그 이상의 변인 간의 관계를 말하는 것으로, 그중에서 가장 단순한 것이 2개의 변인 간의 상관관계이므로 이를 '단순상관'이라고 부르나, 2원상관(二元相關, bivariate correlation)이라고도 한다.

2원상관 또는 단순상관의 상관계수를 산출하는 방법에는 여러 가지가 있으나, 대표적인 것으로는 가트만의 예언계수(Guttman's coefficient of predictability, λ), 스피어맨의 순위상관계수(Spearman's rank order correlation coefficient, ρ), 피어슨의 적률상관계수(Pearson's product moment correlation coefficient, γ) 등을 들 수 있는데, 이들 상관계수의 산출방법은 조금 뒤에 살펴보기로 하겠다.

(2) 중다상관

중다상관(multiple correlation)이란, 2개 이상의 여러 변인들 간의 상관관계를 말한다. 앞서도 말했듯이, 학문의 연구대상인 사회현상이나 자연현상은 여러 가지 변인들로 복잡하게 얽혀 있다. 따라서 이렇게 복잡한 현상을 이해하고 설명하려면 그에 관련된 여러 변인들 간의 관계를 알아볼 필요가 있는데, 이러한 여러 변인들 간의 관계, 가령 학생의 지능지수(변인 x), 연령(변인 z), 학업성적(변인 y) 간의 상관관계를 중다상관이라고 한다.

중다상관은 다시 변인의 수에 따라 3개, 4개 또는 그 이상의 변인들 간의 중다상관으로 나누어 볼 수 있다. 또한 중다상관에는 어떤 하나 또는 2개의 변인들을 통제하면서 나머지 여러 변인들 간의 상관관계를 알아보는 부분상관(partial correlation)과 준부분상관(part correlation)이라는 것도 있다. 이처럼 중다상관에는 여러 종류가 있으며, 그에 따라 그 계수를 알아보는 통계방법도 다른데, 이들에 관해서는 조금 뒤에 알아보기로 하겠다.

(3) 특수상관

특수상관은 단순상관이나 중다상관의 변형으로, 주어진 변인의 값이 명명수나 서열수로 되었거나 또는 이들 값이 정규분포를 이룬다는 조건이나 가정(假定)이 없을 때의 특수한 상관관계를 말한다. 이러한 특수상관에는 양분상관(兩分相關, biserial correlation)과 양류상관(兩類相關, point-biserial correlation), 사분상관(四分相關, tetrachoric correlation)과 사류상관(四類相關, fourth point correlation), 상관비(相關比, correlation ratio) 등이 있으며, 이와 같은 특수상관들의 상관계수 산출방법에도 여러 가지가 있다.

2) 주어진 자료의 성질에 따른 여러 가지 상관계수

한편, 변인들 간의 상관관계와 그 계수의 산출방법은 또한 주어진 변인이 서로 직선관계를 갖느냐, 아니면 곡선관계를 갖느냐에 따라서도 다르다. 즉 사분상관계수 (r_t)는 주어진 변인들이 직선관계를 갖는다는 가정(假定)이 충족될 때만 구할 수 있는 반면, 상관비(相關比, η^2)는 2개의 변인 x와 y가 비(非)직선관계를 갖고 있을 때만 산출할 수 있다. 그러므로 어떤 변인 간의 상관계수를 알아보고자 할 때는 그 변인이 직선관계를 갖느냐 또는 곡선관계를 갖느냐를 먼저 파악한 뒤에, 그에 맞는 상관계수를 산출해야 한다.

상관계수의 산출방법은 주어진 변인의 전집(全集)에서의 점수분포가 정규분포(normal distribution)를 이루고 있느냐 아니냐에 따라서도 다르게 된다. 예컨대, 주어진 2개의 변인이 원래 정규분포를 이루고 있다고 가정되면 사분상관계수를 구할 수 있지만, 그렇지 않다면 사분상관계수를 구해해서는 안 된다. 하지만 스피어맨의 순위상관계수(Spearman's rank order correlation coefficient)는 점수분포의 정규성을 가정하지 않는 비모수적 통계방법(nonparametric statistics)이므로, 그 상관계수를 산출할 때는 전집에서 두 변인이 정규분포를 이루지 않아도 상관없다.

한편, 상관관계와 그 상관계수의 산출방법은 주어진 변인의 값이 어떤 척도로 측정한 것이냐에 따라서도 다르게 된다. 모든 수량적 자료는 그것이 어떤 수준의 측정척도에 의해 얻어진 수치냐에 따라 그 성질이 다르게 되기 때문이다. 따라서 주어진 자료의 측정수준에 따라 상관계수의 산출방법도 다른데, 예컨대 양분상관이나 사분상관의 상관계수는 주어진 자료가 연속적 수치인 등간치(interval number)일 경우에만 산출할 수 있으며, 그 반대로 양류상관(兩類相關)이나 사류상관의 상관계수는 주어진 자료가 명명수(命名數)인 경우에만 산출할 수 있다.

3) 자료의 측정수준에 따른 여러 가지 상관계수

이와 같이 상관계수의 산출방법은 상관관계의 종류, 주어진 자료의 성질과 측정수준 등에 따라 각각 다르다. 따라서 어떤 변인 간의 상관계수를 구하려면, 우선 주어진 변인의 값이 어떤 측정수준의 수치(數値)인지를 파악해서 그에 맞는 상관계수를 산출해야 한다. 또한 동일한 측정수준의 자료인 경우에도 상관계수의 산출방법에는 여러 가지가 있는데, 변인 간의 상관관계를 좀 더 정확하게 밝혀서 나타낼 수 있는 새로운 상관계수의 산출방법을 현재 이 시간에도 통계학자들이 열심히 개발하고 있기 때문이다.

그러므로 상관관계수의 산출방법에는 수십 가지가 있다. 그러나 그중에서 우선 자료의 측정수준에 따른 단순상관계수의 산출방법을 몇 가지만 소개해 보면 [표 4-8]과 같다. 이 표에서 맨 왼쪽 '변인의 종류'라는 항목은 단순상관계수를 산출코자 하는 2개 변인의 값이 어떤 수준의 측정척도로 측정한 것인지를 뜻한다. 따라서 어떤 2개 변인 간의 단순상관계수를 구하려면, 우선 주어진 변인의 값이 어떤 측정수준의 수치들인지를 파악해서 그에 맞는 상관계수를 산출해야 하는데, 그 실례를 [표 4-8]을 중심으로 들어보면 다음과 같다.

첫째, [표 4-8]에서 변인의 종류 중 '2개의 명명변인 간의 단순상관계수'란, 단순상관계수를 산출해 보고자 하는 2개 변인의 값이 모두 명명척도(命名尺度)로 측정해서 얻은 명명수(命名數)로 되어 있는 것을 말한다. 그리고 그 오른쪽 칸을 보면 가트만의 예언계수, 율의 Q계수 등 모두 7개의 계수들이 나열되어 있는데, 이들은 2개의 명명변인 간의 단순상관계수를 구하는 방법으로서, 이들 중에서 어떤 방법의 상관계수를 산출해도 상관없다. 그럼에도 불구하고 여러 가지 상관계수를 구하는 방법들이 있는 것은, 앞서 말했듯이 통계학자들이 변인 간의 상관계수를 좀 더 정확하게 산출할 수 있는 새로운 방법을 계속 개발했기 때문이다.[9]

둘째, [표 4-8]에서 변인의 종류 중 '2개의 서열변인 간의 단순상관계수'는 단순상관계수를 산출해 보려는 2개 변인의 값이 모두 서열척도(序列尺度)로 측정한 서열수(序列數)로 되어 있는 것을 말한다. 그리고 그 오른쪽 칸을 보면, 굿맨과 크루스칼의 서열상관계수를 비롯한 4개의 상관계수 명칭들이 나열되어 있는데, 이들 중 어떤 계수를 구해도 상관없다.

셋째, [표 4-8]에서 변인의 종류 중 '2개의 등간변인 간의 단순상관계수'는 단순상관계수를 산출하려는 2개 변인의 값이 모두 등간척도(等間尺度)로 측정한 등간치로 되어 있는 것을 말한다. 그리고 그 오른쪽 칸에 피어슨의 적률상관계수를 비롯한 여러 가지 계수들의 이름이 적혀 있는데, 이들은 '2개의 등간변인 간의 단순상관계수'의 종류로서, 이들 중 어떤 계수를 구해도 상관없다.

---

9 따라서 각종 상관계수의 산출방법들을 보면, 그것을 개발한 통계학자들의 이름을, 예를 들어 가트만의 예언계수(Guttman's coefficient of predictability, λ)니, 율의 Q계수(Yule's Q)니, 또는 피어슨의 C계수(Pearson's C) 하는 식으로 붙여놓고 있다.

표 4-8 측정수준에 따른 단순상관계수의 산출방법

변인의 종류	단순상관계수의 산출방법
2개의 명명변인 간의 단순상관계수	① 가트만의 예언계수(Guttman's coefficient of predictability, λ) ② 율의 Q계수(Yule's Q) ③ 율의 Y계수(Yule's Y) ④ 피어슨의 C계수(Pearson's C) ⑤ 추프로의 T계수(Tschuprow's T) ⑥ 파이계수($\emptyset$) ⑦ 사분상관계수(tetrachoric correlation coefficient)
2개의 서열변인 간의 단순상관계수	① 굿맨과 크루스칼의 서열상관계수(Goodman and Kruskal's coefficient of ordinal association, γ) ② 켄달의 타우계수(Kendal's τ) ③ 스피어맨의 순위상관계수(Spearman's ρ) ④ 플라나간의 상관계수(Flanagan's coefficient of correlation)
2개의 등간변인 간의 단순상관계수	① 피어슨의 적률상관계수(Pearson's productmoment correlation coefficient, r) ② 상관비(correlation ratio, η^2) ③ 곡선상관계수(coefficient of curvilinear correlation)
명명변인과 서열변인 간의 단순상관계수	① 월콕슨의 θ ② 프리맨의 차별상관계수(Freeman's θ)
명명변인과 등간변인 간의 단순상관계수	① 상관비(相關比) η^2계수
서열변인과 등간변인 간의 단순상관계수	① 자스펜의 다분상관계수(多分相關係數, Jaspen's coefficient of multiserial correlation, M) ② 피터스와 반 부리스의 다류상관관계수(多類相關係數, Peters and Van Voorhis' point-multiserial correlation) ③ 양분상관계수(兩分相關係數, biserial correlation, r_{bis}) ④ 양류상관계수(兩類相關係數, point-biserial correlation, r_{pb})

넷째, [표 4-8]에서 변인의 종류 중 '명명변인과 서열변인 간의 단순상관계수'는 단순상관계수를 산출해 보려는 2개의 변인 중 한 변인의 값은 명명수로 되어 있고, 또 한 변인의 값은 서열수로 되어 있는 것을 말한다. 그리고 그 오른쪽 칸에 나열한 계수들은 '명명변인과 서열변인 간의 단순상관계수'의 여러 가지 종류들이다.

다섯째, [표 4-8]에서 '명명변인과 등간변인 간의 단순상관계수'는 단순상관계수를 산출하려는 2개의 변인 중 한 변인의 값은 명명수, 다른 한 변인의 값은 등간치로 되어 있는 것을 말하며, 그 오른쪽 칸의 계수들은 '명명변인과 등간변인 간의 단순상관계수'의 여러 종류들이다.

끝으로, [표 4-8]에서 '서열변인과 등간변인 간의 단순상관계수'는 단순상관계수를 산출하려는 2개의 변인 중 한 변인의 값은 서열수로, 다른 한 변인의 값은 등간치로 되어 있는 것을 말하며, 그 오른쪽 칸의 여러 계수들은 이러한 서열변인과 등간변인 간의 단순상관계수를 구하는 여러 가지 방법들이다.

3. 단순상관의 대표적 기술통계방법과 그 실례

위에서 살펴보았듯이, 2개 변인 간의 단순상관계수를 알아보는 방법에는 주어진 변인의 값이 어떠한 측정 수준의 수치로 되어 있느냐에 따라 [표 4-8]에서 보듯이 여러 가지가 있다. 따라서 어떤 2개의 변인 간의 단순상관계수를 알아보고자 할 경우, 우선 주어진 변인의 값이 어떤 수치인지를 보고 그에 합당한 상관계수를 산출해야 한다. 그러나 여기서는 사회과학도라면 반드시 알아야 할 대표적 방법만 소개해 보기로 하겠다.[10]

1) 명명변인 간의 가트만의 예언상관계수와 그 산출방법

명명수로 된 2개의 명명변인 간의 단순상관계수를 알아보는 방법에는 앞서 [표 4-8]에서 보듯이 여러 가지가 있다. 그러나 이들 중 가장 대표적 방법으로는 카트만의 예언계수(Guttman's coefficient of predictability, λ)를 들 수 있다. 따라서 여기서는 이 계수의 산출방법만 간단히 살펴보기로 하겠다.

가령, "지능이 높으면 통계 공부도 잘 한다."는 말이 과연 맞는지를 실증적으로

10 이들 상관계수는 SPSS(Statistical Package Program for Social Sciences)나 SAS(Statistical Analysis System) 등의 통계 패키지 프로그램들을 이용하면 간단히 산출할 수 있다. 그러나 여기서는 상관관계의 원리를 이해하기 위하여 손으로 산출해 보기로 하겠다.

표 4-9 대학생의 지능과 통계시험에서의 합격 여부와의 관계

지능의 정도 \ 통계시험 합격 여부	합격	과락(科落)	합계
IQ가 120 이상인 학생	22명	3명	25명
IQ가 120 미만인 학생	8	17	25
합계	30	20	50

검증해 보기 위하여, 통계과목을 수강하는 50명의 대학생을 뽑아서 이들의 통계과목 중간고사 성적과 지능지수(IQ)를 조사해 보았다고 하자. 그랬더니 [표 4-9]와 같이 지능지수가 120 이상인 학생 중에는 통계과목에 합격점(60점 이상)을 받은 학생이 22명이고, 과락(科落)을 한 학생은 3명인 반면, 지능지수가 120 이하인 학생 중에서는 8명이 통계과목에 합격점을 받았고, 17명이 과락을 했다고 하자. 그렇다면 과연 "지능이 높아야 통계도 잘 한다."고 말할 수 있는가?

이를 알아보기 위해서는 학생의 '지능지수'라는 변인과 '통계 성적'이라는 변인 간의 상관계수를 구해볼 필요가 있다. 그러자면 우선 이들 2개의 변인의 값이 어떤 측정수준의 수치로 되어 있는지부터 알아보아야 하는데, [표 4-9]를 보면 자료가 명명수인 빈도(頻度)로 되어 있다. 따라서 이러한 경우는 앞서 [표 4-8]에서 보듯이 가트만의 예언계수(λ)를 비롯하여 율의 Q계수(Yule's Q), 율의 Y계수(Yule's Y), 피어슨의 C계수(Pearson's C), 추프로의 T계수(Tschuprow's T) 등을 구하면 된다.

그러나 여기서는 앞서 말했듯이 가트만의 예언계수만 구해 보기로 하는데, 이 예언계수에는 두 가지가 있다. 첫째는 2개의 변인 중에서 어떤 하나를 독립변인으로, 다른 것을 종속변인으로 해서 독립변인이 종속변인에 미치는 영향을 한쪽 방향(only one-way)으로만 추정하여 이들 2개 변인 간의 상관계수를 알아보는 방법인데, 바로 이러한 방법으로 알아보는 상관계수를 제1 예언계수라고 하며 기호로는 λ_a(람다 a)로 표시한다.

둘째는, 2개의 변인을 독립변인과 종속변인으로 구별하지 않고, 2개의 변인이 서로 어떤 방향으로든지 간에 얼마나 서로 영향을 미치는지만 알아보는 방법으로, 이런 방법으로 산출한 상관계수는 제2 예언계수라고 하며 λ기호로 표시한다. 그러나 여기

서는 제1 예언계수의 산출방법만 알아보기로 하는데, 그 공식은 [공식 4-2]와 같다.

[공식 4-2] $$\lambda_a = \frac{\sum f_i - F_d}{N - F_d}$$

여기서 f_i=독립변인의 각 유목 중에서 가장 큰 빈도(頻度)

F_d=종속변인의 합계 중에서 가장 큰 빈도

N=전체 사례수

따라서 이 공식에 [표 4-9]에 나타난 조사자료들을 대입해서 실제로 제1 예언계수를 구해 보면 그 계수가 0.45로 나온다.

$$\lambda_a = \frac{\sum f_i - F_d}{N - F_d} = \frac{(22+17)-30}{50-30} = 0.45$$

이 수치는 대학생의 '지능지수'라는 독립변인의 값을 알면, 이를 통하여 그 종속변인인 '통계시험에서의 합격 여부'를 약 45%는 예언할 수 있다는 것을 의미한다. 그러므로 "지능이 높으면 통계 공부도 잘 한다."는 말이 맞을 확률이 45% 정도 되므로, 대학생의 지능지수와 통계성적 간에는 비교적 높은 상관관계가 있다고 볼 수 있다.

그러나 이와는 달리, 만약 대학생의 지능지수와 통계과목의 성적 간에 서로 얼마나 상관관계가 있는지만 알아보고자 한다면, 다시 말해서 지능이 높으면 통계 공부를 잘하는지, 아니면 통계 공부를 잘하는 학생은 지능이 높은지, 즉 닭이 먼저인지 달걀이 먼저인지를 따지지 않고, 다만 지능지수와 통계과목의 성적 간에 서로 얼마나 상관관계가 있는지만 알아볼 경우는 가트만의 제2 예언계수를 구해 보아야 한다. 그러나 제2 예언계수의 계산공식과 계산방법은 생략하기로 하겠다.

2) 서열변인 간의 스피어맨의 순위차 상관계수와 그 계산방법

서열수로 되어 있는 2개의 변인 간의 단순상관계수를 알아보는 방법에도 앞서 [표 4-8]에서 보듯이 여러 가지가 있다. 그러나 가장 대표적인 것으로는 스피어맨의 순위차 상관계수(順位差相關係數, Spearman's rank order correlation coefficient, ρ)를 들 수 있는데, 이 상관계수를 구하는 방법에는 주어진 변인의 값인 서열수(순위)에 중복순위(tie)가 들어 있느냐 없느냐에 따라 두 가지가 있다. 그러나 이들 중 중복순위가 없는 경우에 스피어맨의 순위차 상관계수를 구하는 방법만 소개해 보면, [공식 4-3]과 같다.

[공식 4-3] $$\rho = 1 - \frac{6\sum d_i^2}{N^3 - N}$$

여기서 d_i=각 사례수 i에 대한 두 변인 간의 순위차

N=전체 사례수

이 공식을 사용하여 스피어맨의 순위차 상관계수를 알아보는 방법의 하나의 실례로서, 예컨대 개인의 지능과 지도력(leadership) 간에 상관관계가 있는지를 알아보기 위하여 11명의 학생들을 무작위로 표집하여 이들의 지능(IQ)과 지도력을 각각 조사해서 순위를 매겨 보았더니, 그 순위가 [표 4-10]과 같이 나타났다고 하자. 그렇다면 이와 같이 서열수로 되어 있는 변인들의 값을 가지고 2개의 변인, 즉 지능과 지도력 간의 순위차 상관계수를 위의 [공식 4-3]을 이용하여 산출하려면 어떻게 해야 하는가?

우선 [표 4-10]의 넷째 단에서처럼 각 학생(사례)별로 이들의 지능과 지도력의 순위 간의 차이(d_i)를 구하여 이들을 각각 다섯째 단에서처럼 제곱(d_i^2)한 다음, 이들을 모두 총합하여 Σd_i^2의 값을 구한다. 그리고 이 값과 학생의 사례수(N=11)를 [공식 4-3]에 대입해서 [표 4-10] 맨 오른쪽 단에서 보듯이 순위차 상관계수를 구하면 된다. 그 결과, 순위차 상관계수가 0.82로 나왔는데, 이는 지능과 지도력 간에는 아주 높은 정적(正的) 상관관계가 있다고 할 수 있다.

그러나 앞서 말했듯이 주어진 자료에 중복순위가 많이 있을 경우는 그 순위가 순위차 상관계수에 영향을 미치기 때문에, 스피어맨의 순위차 상관계수를 구하는 공식과 방법이 다르게 된다. 하지만 중복순위가 있는 경우도 그 비율이 전체 사례 중에서 그리 크지 않다면, [공식 4-3]을 사용해서 순위차 상관계수를 구해도 무방하다.

표 4-10 학생의 지능과 지도력의 순위와 그 순위차 상관계수의 계산방법 실례

학생(사례)	지능순위	지도력순위	*di*	di^2	순위차 상관계수의 계산방법(예)
A	2	3	-1	1	
B	6	4	2	4	
C	5	2	3	9	
D	1	1	0	0	$\rho = 1 - \frac{6\sum d_i^2}{N^3 - N}$
E	10	8	2	4	
F	9	11	-2	4	$= 1 - \frac{6(52)}{(12)^3 - 12}$
G	8	10	-2	4	
H	3	6	-3	9	$= 1 - \frac{312}{1728 - 12}$
I	4	7	-3	9	
J	12	12	0	0	$= 0.82$
K	7	5	2	4	
L	11	9	2	4	
총합			$\Sigma d_i^2 = 52$		

그러나 만약 중복순위의 비율이 큰 경우는 수정 공식을 사용해서 순위차 상관계수를 구해야 하는데, 그 방법에 관해서는 통계 서적이나 SPSS, SAS 등의 통계 패키지 소프트웨어 프로그램들을 참고하기 바란다.

3) 등간변인 간의 피어슨의 적률상관계수와 그 계산방법

2개의 변인이 모두 등간치(等間値)로 되어 있을 경우, 이들 변인 간의 단순상관계수를 알아보는 통계방법에도 여러 가지가 있다. 그중에서 가장 대표적인 것으로는 피어슨의 적률상관계수(Pearson's productmoment coefficient of correlation, *r*)를 구해보는 방법을 들 수 있는데, 이 상관계수를 일반적으로 피어슨 *r*이라고 부른다. 이러한 피어슨 *r*을 계산하는 방법에도 여러 가지가 있으나, 그중 원점수(原點數)를 이용한 계산공식을 소개하면 [공식 4-4]와 같다.

[공식 4-4]

$$r = \frac{\frac{\sum XY}{N} - \overline{X}\,\overline{Y}}{\sqrt{(\frac{\sum Y^2}{N} - \overline{X}^2)(\frac{\sum Y^2}{N} - \overline{Y}^2)}}$$

이 공식을 사용하여 피어슨 r을 계산하는 방법의 간단한 실례로서, 가령 월간잡지가 주부들의 시사상식(時事常識)을 증가시키는지 여부를 알아보기 위하여, 7명의 주부를 표집해서 이들이 잡지를 읽는 데 소요하는 시간(독립변인)과 시사상식 점수(종속변인)를 조사해 보았더니, 그 결과가 [표 4-11]의 둘째 X단(段)과 셋째 Y단과 같이 나왔다고 하자. 그런데 이들 조사자료는 모두 등간치이므로, 이들 2개 변인 간의 상관계수를 피어슨 r의 계산공식을 이용해서 구해 보면, 우선 [표 4-11]의 넷째와 다섯째 단에서와 같이 각 사례별로 2개의 변인의 값 X와 Y를 각각 제곱한다. 또한 마지막 단에서와 같이 X와 Y값을 곱한 값(product)도 각각 구한다. 그 다음, 표의 맨 아래 행(行)에 있는 합계란에서와 같이 이제까지 구한 여러 값들을 각각 총합하고, 또한 그 아래에서 보듯이 X와 Y값의 산술평균치 $\overline{X}$와 $\overline{Y}$를 각각 계산한다. 그런 다음, 이들 값을 [공식 4-4]에 대입하여 다음과 같이 피어슨 r계수를 구하면 된다.

$$r = \frac{\frac{\sum XY}{N} - \overline{X}\,\overline{Y}}{\sqrt{(\frac{\sum X^2}{N} - \overline{X}^2)(\frac{\sum Y^2}{N} - \overline{Y}^2)}} = \frac{\frac{775}{7} - (7)(13)}{\sqrt{(\frac{455}{7} - 7^2)(\frac{1435}{7} - 13^2)}}$$

$$= \frac{110.71 - 91}{\sqrt{(16)(36)}} = \frac{19.71}{24} = 0.82$$

그 결과 상관계수가 0.82로 나왔는데, 이는 주부들의 잡지 열독시간과 시사상식 점수 간에 높은 정적(正的) 상관관계가 있다는 것을 말해 준다. 따라서 월간잡지는 주부들의 시사상식을 증가시켜 주는 역할을 하고 있다고 말할 수 있다.

그러나 이와 같이 피어슨 r계수를 산출해서 어떤 2개의 변인 간의 상관관계를 알아볼 때는 다음과 같은 점들을 유의해야 한다. 첫째, 주어진 변인의 값이 반드시 등간치로 되어 있어야 하고, 둘째, 2개 변인 간에는 직선관계가 있다는 것을 가정할 수 있어야 하며, 셋째, 2개의 변인 중에서 최소한 한 변인의 값들이 정규분포(正規分布)

표 4-11 원점수(原點數)를 이용한 피어슨 r 계산방법의 실례

사례(피조사자)	X	Y	X^2	Y^2	XY
A	1	7	1	49	7
B	3	4	9	16	12
C	5	13	25	169	65
D	7	16	49	256	112
E	9	10	81	100	90
F	11	22	121	484	242
G	13	19	169	361	247
합계(Σ)	49	91	455	1,435	775
	$\bar{X}=7$	$\bar{Y}=13$			

를 이루어야 피어슨 r계수를 구할 수 있다. 그리고 높은 상관계수가 나왔더라도, 그것이 표본에서 얻어진 자료들로부터 나온 것이라면, 전집(全集)에서도 그 정도의 상관계수가 나올 수 있는지 추리통계방법을 사용해서 검증해 보아야 하는데, 그 구체적 방법은 통계 서적이나 SPSS, SAS 등의 통계 패키지 프로그램들을 참고하기 바란다.

4. 중다상관의 기술통계방법과 그 실례

지금까지 2개 변인 간의 단순상관계수를 알아보는 방법에 관하여 살펴보았다. 그러나 이러한 방법만 가지고서는 복잡한 자연현상이나 사회현상들을 정확히 기술할 수 없다. 따라서 통계학자들은 여러 개의 변인 간의 관계, 즉 중다상관(重多相關, multiple correlation)을 알아볼 수 있는 여러 가지 통계방법들도 개발했다. 그렇다면 중다상관이란 구체적으로 무엇을 말하며, 이는 어떻게 알아볼 수 있는가?

1) 여러 변인 간의 중다상관계수와 그 계산방법

중다상관이란 2개 이상의 여러 개의 독립변인과 하나의 종속변인 간의 상관관계를 말한다. 따라서 이는 다시 주어진 변인의 수에 따라 3개 변인 간의 중다상관, 4개 변인 간의 중다상관, 그 이상의 변인 간의 중다상관 등으로 다시 나눌 수 있다. 이러한 중다상관의 정도(상관도)와 방향을 알아보기 위해서는, 앞서 살펴본 단순상관에서

와 마찬가지로 상관계수를 구해야 하는데, 이러한 중다상관의 계수는 중다상관계수(coefficient of multiple correlation)라고 부른다.

이와 같은 중다상관계수를 구하는 방법에도 여러 가지가 있다. 중다상관에도 변인의 수에 따라 여러 가지가 있고, 또한 중다상관계수도 앞서 단순상관계수와 마찬가지로 주어진 변인의 값이 어떤 측정수준의 자료(측정치)냐에 따라 다르며, 또한 동일한 측정수준의 자료로 된 변인 간의 중다상관계수의 산출방법에도 여러 가지가 있기 때문이다. 예컨대, 서열변인 간의 중다상관계수를 알아보는 방법에는 켄달의 일치도 계수(Kendall coefficient of concordance), 켄달의 *W*계수(Kendall's *W*) 등을 구해 보는 방법이 있으며, 등간변인 간의 중다상관계수를 구하는 방법에도 여러 가지가 있다. 그러나 여기서는 3개 등간변인 간의 중다상관을 알아보는 방법만 간단히 살펴보기로 하겠다.

3개 등간변인 간의 중다상관에서 종속변인의 값은 대체로 X_1로, 독립변인의 값은 각각 X_2와 X_3으로 표시한다. 그리고 이러한 2개의 독립변인 X_2 및 X_3과 하나의 종속변인 X_1 간의 중다상관계수는 $R_{1.23}$으로 표시하는데, 이러한 중다상관계수의 산출공식은 [공식 4-5]와 같다.

[공식 4-5] $$R_{1.23} = \sqrt{\frac{r_{12}^2 + r_{13}^2 - (2r_{12}r_{13}r_{23})}{1 - r_{23}^2}}$$

이 공식을 사용해서 실제로 중다상관계수를 구해 보면, 예를 들어 초등학교 어린이들의 체중(X_1), 신장(X_2), 연령(X_3) 간의 중다상관관계를 알아보기 위하여 12명의 어린이를 조사해 보았더니 그 결과가 [표 4-12]와 같이 나왔다고 하자. 따라서 이 자료를 가지고 초등학교 어린이들의 신장(X_2)과 연령(X_3)이 체중(X_1)에 미치는 영향을 알아보기 위해서 [공식 4-5]를 사용하여 $R_{1.23}$을 구하려면, 우선 앞서 배운 피어슨 r계수의 계산방법을 이용하여 체중과 신장 간의 단순상관계수 r_{12}와 체중과 연령 간의 단순상관계수 r_{13}및 신장과 연령 간의 단순상관계수 r_{23}을 산출해야 한다. 그래서 이들 단순상관계를 각각 계산해 보았더니 r_{12}=0.8196, r_{13}=0.7698, r_{23}=0.7984로 나와서, 이들을 [공식 4-5]에 대입하여 중다상관계수를 계산해 보았더니, [표 4-12]의

표 4-12 초등학교 어린이들의 체중과 신장 및 연령과의 관계

체중(X_1)	64	71	53	67	55	58	77	57	56	51	76	68
신장(X_2)	157	159	149	162	151	150	155	148	152	142	161	157
연령(X_3)	8	10	6	11	8	7	10	9	10	6	12	9

※이 표에서 사용된 수치는 가상의 수치임.

$$R_{1.23} = \sqrt{\frac{(0.8196)^2 + (0.7698)^2 - 2(0.8198)(0.7698)}{1-(0.7984)^2}} = 0.8418$$

아래와 같이 $R_{1.23}$=0.8418로 나왔다면, 초등학교 어린이들의 체중은 그들의 신장 및 연령과 높은 정적(正的) 상관관계를 갖고 있다고 말할 수 있다.

2) 부분상관계수와 준부분상관계수 및 그 계산방법

위에서 중다상관의 하나의 실례로서 초등학교 어린이들의 신장(X_2) 과 연령(X_3)이 체중(X_1)에 미치는 영향을 알아보기 위해, 이들 3개 변인 간의 중다상관계수 $R_{1.23}$을 산출해 보았다. 그러나 만약 어린이들의 연령이 같다면 체중과 신장 간에 어느 정도의 상관관계가 있을까? 이러한 문제를 알아보기 위해서는 연령이 같은 어린이들을 표집해서, 이들의 체중과 신장을 각각 측정하여 이들 측정치 간의 단순상관계수를 구해보면 된다.

그러나 굳이 이렇게 하지 않고, [표 4-12]에 나온 자료를 가지고서도 어린이의 연령이 같은 경우 체중과 신장 간에 어느 정도의 상관관계가 있는지를 알 수 있는데, 어린이의 연령을 통제하면서 체중과 신장 간의 상관관계만 알아볼 수 있는 통계방법이 있기 때문이다. 다시 말해서, 변인 X_1, X_2, X_3 간의 중다상관을 알아볼 때, X_3을 제3변인(중개변인)으로 해서 그 값을 통제한 상태에서 X_1과 X_2 간의 상관관계수를 구할 수 있는 방법이 있는데, 이처럼 어떤 하나 또는 2개의 변인을 통제하면서 여러 변인 간의 중다상관을 알아보는 것을 부분상관(部分相關, partial correlation)이라고 한다. 이러한 부분상관계수는 $r_{12.3}$(X_3을 통제했을 경우), $r_{12.34}$(X_3과 X_4를 동시에 통제했을 경우) 등으로 표시하는데, 이들 중 $r_{12.3}$ 부분상관계수의 산출 공식은 [공식 4-6]과

같다.

[공식 4-6]
$$r_{12.3}=\frac{r_{12}-r_{13}r_{23}}{\sqrt{(1-r_{13}^2)(1-r_{23}^2)}}$$

한편, 부분상관에서 제3의 변인인 연령(X_3)이 체중 (X_1)과 신장(X_2)에 미치는 영향을 모두 통제하는 대신, 연령(X_3)이 신장(X_2)에 미치는 영향만 통제하고 체중과 신장과의 상관관계를 알아볼 수도 있는데, 이러한 중다상관을 준부분상관(準部分相關, part correlation)이라고 한다. 이러한 준부분상관의 계수는 $r_{1(2.3)}$으로 표시하는데, 이와 같은 준부분상관계수 $r_{1(2.3)}$의 산출 공식은 [공식 4-7]과 같다.

[공식 4-7]
$$r_{1(2.3)}=\frac{r_{12}-r_{13}r_{23}}{\sqrt{1-r_{23}^2}}$$

이상에서는 주로 3개 등간변인 간의 중다상관을 알아보는 방법만 간단히 소개했으나, 3개 이상 변인 간의 중다상관을 알아볼 수도 있다. 또한 등간변인이 아닌 다른 변인, 즉 명명변인이나 서열변인 간의 중다상관계수를 구해 볼 수도 있는데, 서열변인 간의 중다상관계수를 알아보는 통계방법으로는 켄달의 일치도 계수(Kendall coefficient of concordance), 켄달의 *W*계수(Kendall's *W*) 등을 구해 보는 방법이 있다. 그러나 이들 방법은 생략하기로 하겠다.

라. 가설검증의 추리통계방법

지금까지 전집(모집단)이나 표본에서 얻은 수량적 자료들을 유용하고 이해하기 쉽도록 요약·정리하거나, 또는 변인 간의 상관관계를 알아보는 여러 가지 기술통계방법에 관하여 간단히 살펴보았다. 그러면 이제부터는 추리통계방법(inferential statistical methods)에 관하여 살펴보기로 하겠다.

1. 추리통계방법의 개념과 주요 기능

추리통계(推理統計)방법이란, 간단히 말해서 전집(모집단)이 아니라 그에서 추출한 표본에서 얻은 어떤 변인의 값, 즉 통계치(statistic)를 가지고 전집의 모치수(parameter)나 주요 특성 등을 추리하는 통계방법을 말한다. 따라서 이러한 추리통계방법을 알면, 만약 표본을 대상으로 연구하더라도 그 전집의 특성을 알 수 있다. 그러므로 많은 인력과 시간 등을 들여가면서 전집을 대상으로 연구를 하지 않고 표본을 대상으로 연구를 해도 그 결과를 바탕으로 전집의 모치수나 특성 등을 거의 정확하게 추리할 수 있다.

1) 추리통계방법의 뜻과 표본연구에서의 중요성

따라서 요즘에는 전집을 대상으로 연구하는 대신, 전집에서 표본을 추출(표집)해서 이를 대상으로 연구를 한다. 그리하여 표본에서 어떤 변인에 관한 값(이를 통계치, statistic이라고 함)을 얻으면, 이를 가지고 추리통계방법을 사용하여 해당 변인에 대한 전집의 값(이를 전집치 또는 모치수라 함)을 추정하거나 또는 전집치 간의 값의 차이 등을 검증해서 변인 간의 관계를 알아보는데, 이와 같은 방법을 간단히 그림으로 나타내면 [그림 4-4]와 같다.

이 그림을 간단히 설명하면, 왼쪽 위에 있는 전집은 앞서 제3장에서 말했듯이 연구자가 조사나 실험대상으로 삼은 모든 사례, 즉 개인이나 사물 등의 완전집합(complete set)으로 이를 '모집단(母集團)'이라고도 부른다. 이러한 전집을 대상으로 연구를 해서 어떤 수량적 자료를 얻었다면, 그 자료를 가지고 기술통계방법을 사용하여 산술평균치, 표준편차, 상관계수 등을 산출해서 그것들을 연구결과로 그대로 받아들이면 끝난다. 이러한 전집치는 전집을 대상으로 연구해서 얻어진 결과이기 때문이다. 그러나 이처럼 전집을 대상으로 연구를 하면 시간과 노력, 비용 등이 많이 들게 된다.

그러므로 대부분의 연구에서는 [그림 4-4]에서 보듯이 전집에서 표본을 표집해서 그 표본을 대상으로 연구한 다음, 여기서 얻은 자료를 통계분석해서 산술평균,

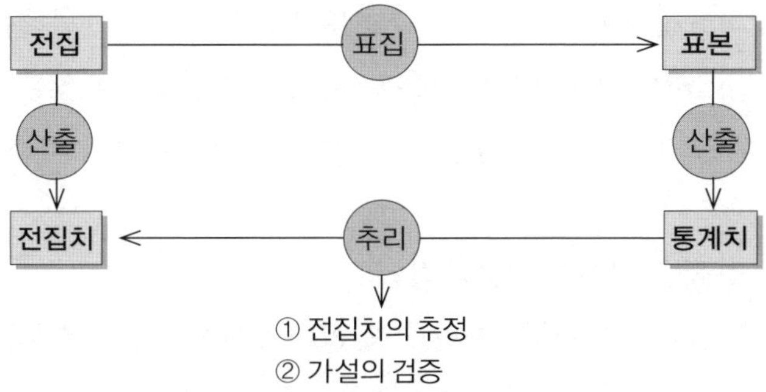

그림 4-4 표본연구를 통한 전집치의 추정과 가설검증 과정

표준편차 등을 산출하는데, 이렇게 표본에서 얻어진 수치들을 통계치(statistic)라고 한다. 그러나 이처럼 표본에서 얻은 통계치는 전집에서 얻은 전집치와 다를 수 있는데, 앞서 제3장에서 표본의 표집방법을 다룰 때 살펴보았듯이, 전집에서 표본을 추출하게 되면 그때 표집오차(sampling error)가 우연히 발생할 수 있기 때문이다.

따라서 전집이 아니라 그에서 표집한 표본을 대상으로 연구를 해서 어떤 통계치를 산출한 경우는, 그 통계치를 그대로 받아들이지 않고 그 통계치를 바탕으로 전집치를 추정(estimate)하거나, 또는 그 통계치 간의 어떤 차이가 전집에서도 그렇게 나타나는지 여부를 검증(이를 '가설의 검증'이라고 부름)해 보아야 한다. 바로 이처럼 통계치를 가지고 그 전집치를 추정하거나, 또는 어떤 통계치 간의 차이가 전집에서도 그렇게 나타나는 '진짜' 차이인지, 아니면 전집에서 표본을 표집할 때 발생하는 표집오차에 의한 우연한 차이인지 여부를 검증하는 데 사용하는 통계방법이 곧 추리통계방법이다.

2) 전집치의 추정과 가설검증의 추리통계방법

이와 같이 추리통계방법은 표본연구에서 얻어진 통계치를 가지고 그 전집치를 추정하거나, 또는 어떤 통계치 간의 차이가 '진짜' 차이인지, 아니면 표집오차에 의한 우연한 차이인지 여부를 검증하는 데 사용하는 통계방법이다. 이러한 추리통계방법은 그 기능에 따라 크게 다시 두 가지 종류로 나누어지는데, 하나는 전집치의 추정(推

定, estimation of parameters)을 위한 추리통계방법이고, 다른 하나는 어떤 통계치 간의 차이가 전집에서도 그렇게 나타나는지, 아니면 표집오차에 의한 우연한 차이인지 여부를 검증해 보기 위한 '가설검증(hypothesis testing)'의 추리통계이다.

(1) 전집치의 추정을 위한 추리통계방법

전집치의 추정을 위한 추리통계란, 어떤 표본에서 얻어진 통계치를 가지고 그 전집의 전집치를 추정하는 추리통계방법을 말하는데, 이러한 추리통계방법에서 전집치의 추정방법에는 두 가지, 즉 점추정(點推定, point estimation)과 급간추정(級間推定, interval estimation) 방법이 있다. 여기서 점추정이란, 예를 들어 사례수는 100(N=100), 표준편차는 5(s=5)인 어떤 표본에서 산출한 통계치로서의 산술평균치가 15($\bar{X}$=15)였다고 할 경우, 이를 근거로 "전집의 모치수로서의 산술평균치는 13(μ=13)이다."라는 식으로 하나의 점수를 추정하는 것을 말한다.

그러나 이와 같은 점추정을 정확하게 하기가 쉽지 않은데, 이는 표본의 표집 과정에서 우연히 생기는 오차의 범위를 명시할 수 없기 때문이다. 따라서 전집치의 추정에서는 점추정보다는 급간추정을 주로 하는데, 이는 예를 들어 N=100, s=5인 표본에서 얻은 통계치로서의 산술평균치가 $\bar{X}$=15라면 전집에서의 산술평균치, 즉 μ=15±0.98이라는 식으로 전집치의 급간을 추정하는 것을 말한다.

(2) 가설검증을 위한 추리통계방법

가설검증을 위한 추리통계란, 어떤 표본에서 얻은 통계치 간의 차이나 상관계수가 표집오차에 의한 우연한 것인지, 아니면 전집에서도 그렇게 나타나는 '진짜' 차이(유의적 차이라고 말함)인지 여부를 검증해 보는 추리통계방법을 말한다. 예를 들어, "한국의 여성은 남성보다 더 TV 연속 드라마를 선호(選好)한다."는 가설이 과연 맞는지를 검증해 보기 위하여, 우리나라 TV 시청자들 중 성인남녀 100명을 표집해서 이들을 대상으로 TV 연속 드라마의 선호실태를 조사해 본 결과, 여성 중에서는 53%, 남성 중에서는 47%가 TV 연속 드라마를 선호하는 것으로 나타났다고 하자. 이러한 결과를 볼 때, 과연 "한국의 여성은 남성보다 더 TV 연속 드라마를 선호한다."고 말할 수 있는가?

이러한 문제에 대한 결론을 내리려면, 우선 TV 연속 드라마의 선호에 대한 여성과 남성의 백분율 간의 차이, 즉 6%(53% - 47% = 6%)가 표집오차, 즉 우리나라 수백만 명의 TV 시청자들의 전집에서 100명만 표집할 때 우연히 생긴 표집오차에 의한 것인지, 아니면 전집에서도 그렇게 나타나는 유의적 차이(significant difference)인지를 검증해 보아야 한다. 왜냐하면 우리나라의 모든 TV 시청자들이 아니라 그중에서 100명만 표본으로 뽑아서 이들을 대상으로 조사를 했다면, 남여 사이에 6%라는 차이는 표집오차에 의해서 얼마든지 우연히 나타날 수 있기 때문이다. 이는 동전(銅錢)을 던져보아도 알 수 있는데, 아무리 공정한 동전이라도 그것을 수만 번 던지지 않고 단지 100번만 던져서 동전의 앞면(head)과 뒷면(tail)이 각각 나오는 빈도를 백분율로 계산해 보면, 앞면이 53%, 뒷면이 47% 나올 수 있는 확률은 아주 높은데, 이처럼 동전의 앞면이 53%, 뒷면이 47%가 우연히 나오는 사건은 아주 많고 흔하게 발생하기 때문이다.

그러므로 표본을 대상으로 연구를 해서 얻은 통계치 간에 어떤 차이가 발견되면, 그 차이가 표집오차로 인하여 우연히 생긴 것인지, 아니면 전집에서도 그러한 차이가 실제로 나타나는지 여부를 반드시 검증해 보아야 한다. 그렇게 하여 표집오차에 의한 우연한 차이가 아니라, 전집에서도 그렇게 나타나는 유의적 차이임이 증명되면, 비로소 "한국의 여성은 남성보다 더 TV 연속 드라마를 선호한다."고 결론을 내릴 수 있다. 바로 이와 같이 표본에서 얻은 어떤 통계치 간의 차이나 또는 상관계수 등이 우연한 것인지, 아니면 실제적 차이, 즉 유의적 차이인지를 표집분포와 표집오차의 원리를 적용하여 검증해 보는 것이 가설검증의 추리통계방법이다.

2. 가설검증 추리통계의 여러 가지 방법

위와 같이 추리통계방법에는 크게 두 가지, 즉 전집치의 추정을 위한 추리통계와 가설검증을 위한 추리통계가 있다. 그러나 여기서는 사회과학 연구에서 많이 사용하는 가설검증의 추리통계방법만 살펴보기로 하겠는데, 이 추리통계방법에도 그에 요구되는 가정(假定), 분석 자료의 분포와 속성 등에 따라 다시 여러 가지가 있다. 그렇다면 먼저 가설검증 추리통계방법의 여러 가지 종류부터 간단히 살펴보기로 하겠다.

1) 모수적 추리통계방법과 비모수적 추리통계방법

가설검증의 추리통계방법은 우선 그에 요구되는 가정(假定, assumptions)이나 조건 등에 따라 모수적 통계(母數的 統計, parametric statistics)와 비모수적 통계(非母數的 統計, nonparametric statistics) 방법으로 나누어 볼 수 있다. 그렇다면 이 두 가지 추리통계방법에 각각 요구되는 가정이나 조건 등은 무엇인가? 우선 모수적 통계가 요구하는 주요 가정이나 조건들을 간단히 열거해 보면 다음과 같다.

① **전집의 정규분포성**(Assumption of Normality): 모수적 통계는 정규분포(normal distribution)를 이루는 전집에서 추출한 표본에서 얻은 자료를 검증하는 데만 적용될 수 있다. 따라서 표본의 전집이 정규분포를 이루고 있다고 가정될 때는 F-검증법(F-test)이나 t-검증법(t-test) 등의 모수적 통계방법을 사용하여 가설을 검증해야 하며, 표본의 전집이 정규분포를 이루지 않는다고 가정될 경우는 χ^2검증법(χ^2-test) 등의 비모수적 통계방법을 사용해야 한다.

② **변량의 동질성**(Homogeneity of Variance): 모수적 통계방법은 전집 내의 변량(variance within groups)이 동일할 것을 전제로 한다. 따라서 전집 내의 변량이 동일하지 않을 경우는 모수적 통계방법을 사용할 수 없다.

③ **측정치의 연속성과 등간성**(Continuity and Equal Interval of Measures): 모수적 통계방법은 연속적이고 등간적인 측정치의 분석에만 적용될 수 있다. 다시 말해서, 모수적 통계방법은 주어진 변인의 값(측정치)이 등간치나 비율치인 경우에만 사용할 수 있다. 따라서 명명수(命名數)나 서열수로 된 자료는 모수적 통계방법을 사용하여 분석할 수 없으므로, 이는 비모수적 통계방법을 사용해야 한다.

이와 같이 모수적 통계가 요구하는 가정 내지 조건에는 여러 가지가 있는데, 이러한 기본 가정이나 조건을 요구하거나 충족시킬 수 있는 통계방법을 모수적 통계방법이라고 하며, 그렇지 않은 통계방법을 비모수적 통계방법이라고 한다. 그러므로 추리통계방법을 사용하여 가설을 검증하고자 할 경우는 우선 표본의 전집이 정규분포를 이룬다고 가정할 수 있는지, 전집 내의 변량이 동질성을 지니는지, 주어진 변인의 측정치가 등간치나 비율치로 되어 있는지 등을 판단해야 한다. 그렇게 하여 이와 같은 가정이 모두 충족되면 모수적 통계방법을 사용하여 가설을 검증하고, 그렇지 않은 경우는 비모수적 통계방법을 사용하여 가설을 검증해야 한다.

2) 가설검증의 여러 가지 추리통계방법

이러한 모수적 통계방법과 비모수적 통계방법에도 여러 가지가 있는데, 그렇다면 어떤 것들이 있으며, 이들은 각각 어떤 경우에 사용하는지 알아보겠다.

가설검증의 모수적 통계방법에는 t-검증법(t-test)과 F-검증법(F-test)이 있다. 이 중 t-검증법은 뒤에서 자세히 살펴보겠지만, 주어진 자료가 등간치이고 그 값이 전집에서 정규분포를 이룬다고 가정되나, 표본의 사례수가 120 이하($N \leq 120$)일 경우 2개 표본집단의 등간치(예컨대, 산술평균치) 간 차이의 유의도를 검증할 때 사용하는 통계방법이다. F-검증법도 주어진 자료가 등간치이고 그 값이 전집에서 정규분포를 이룬다고 가정되는, 하나의 통계치의 유의도나 2개 또는 그 이상의 통계치 간의 차이의 유의도를 검증할 때 사용하는 통계방법인데, 이 통계방법을 일반적으로 변량분석방법(analysis of variance, 약칭 ANOVA)이라고 부른다.

한편, 가설검증의 비모수적 통계방법에도 여러 가지 있는데, 주어진 자료의 측정 수준, 검증하고자 하는 표본의 수(數), 표본의 독립성과 종속성 등에 따라 그에 대한 통계방법이 각각 다르며, 또한 동일한 자료에 대한 통계방법에도 여러 가지가 있기 때문이다. 그러나 그중에서 중요한 방법들만 열거해 보면 [표 4-13]과 같은데(Siegel, 1956, p. 1), 이 표의 첫째 줄에서 보듯이 가설검증의 비모수적 통계방법은 주어진 자료가 명명수냐, 서열수냐 또는 등간치냐에 따라 각각 다른 여러 가지 검증법들이 있다. 또한 가설검증의 비모수적 통계방법에는 검증하려는 표본의 수(數)에 따라 단일 표본인 경우의 검증법, 2개 표본인 경우의 검증법, 3개나 그 이상의 표본인 경우의 검증법이 있으며, 또한 표본이 독립표본(independent sample)인지, 아니면 종속표본(correlated sample)인지에 따라서도 그 검증법이 서로 다르다.

그러므로 비모수적 통계방법을 사용해서 가설을 검증할 때는 우선 그에 맞는 검증법을 선정해서 사용해야 한다. 그렇지 않으면, 주어진 가설을 올바로 검증할 수

표 4-13 여러 가지 비모수적 가설검증 통계방법과 그 적용 기준

구분		명명수로 된 자료	서열수로 된 자료	등간치로 된 자료
단일표본인 경우		2항검증법, 단일표본의 χ^2검증법	Kolmogorov-Smirnov의 단일표본검증법, 단일표본 run 검증법	
2표본인 경우	종속표본	McNemar의 변화유의도 검증법	기호검증법, Wilcoxon의 결합기호 순위검증법	Walsh의 검증법, 결합조의 무작위화 검증법
	독립표본	Fisher의 정확확률 검증법, 두 독립표본의 χ^2검증법	중앙치검증법, Mann-Whitney *U*-검증법, Kolmogorov-Smirnov의 두 표본검증법, Wald-Wolfwitz의 run 검증법, Moses의 극단 반응검증법	두 독립표본 간의 무작위화 검증법
*k*표본인 경우	종속표본	Cochran의 검증법	Friedman의 2원변량분석	
	독립표본	*k*독립표본의 χ^2검증법	중앙치의 연장 검증법, Kruskal-Wallis의 1원 변량분석	
상관계수의 유의도 검증법		유관상관 계수의 검증법	Spearman의 순위차 상관계수 검증법, Kendall의 순위상관계수 검증법, Kendall의 부분상관계수 검증법, Kendall의 일치도계수 검증법	

없을 뿐 아니라, 통계를 오용(誤用)하는 결과가 되기 때문이다. 그렇다면 비모수적 통계방법을 사용해서 어떤 가설을 검증할 경우, 그에 맞는 검증법을 어떻게 선정해야 하는지 [표 4-13]을 중심으로 간단히 살펴보기로 하겠다.[11]

11 [표 4-13]에 열거한 비모수적 통계방법들은 몇 개의 실례에 지나지 않으며, 이 밖에도 여러 가지 통계방법이 있는데, 이들 방법에 관한 자세한 것은 Sidney Siegel and N. J. Castellan, *Nonparametric Statistics for the Behavioral Sciences*, 2nd ed.(New York: McGrawHill,

3) 요건에 맞는 비모수적 검증법의 선정방법

어떤 가설의 검증을 위한 비모수적 추리통계방법을 선정할 때는, 우선 검증하고자 하는 표본의 수(數)부터 파악해야 한다. 이는 검증하고자 표본의 수에 따라 그 검증법이 다르기 때문이다. 만약 검증하려는 표본이 단일표본인 경우(single sample case), 즉 주어진 가설에 독립변인이 하나인 경우는 [표 4-13]에서 '단일표본인 경우'라고 쓴 칸의 오른쪽에 나열되어 있는 검증법 중에서 선정해야 한다. 그러나 이때 주어진 자료가 명명수로 되어 있으면, '명명수로 된 자료' 칸에 나열되어 있는 2항검증법(the binominal test)이나 단일표본의 χ^2검증법(Chisquare test) 중에서 하나를 선정하고, 만약 주어진 자료가 서열수면 '서열수로 된 자료' 칸에서 하나를 선정한다. 이때 같은 칸에 여러 개의 검증법들이 있는 경우는 그중에서 어떤 것을 선정해도 무방한데, 같은 칸에 여러 개의 검증법들이 있는 것은 그 칸에 해당하는 검증법을 통계학자들이 제가끔 하나씩 개발했기 때문이다.

그 다음, 검증하려는 표본이 2개인 2표본(two-sample case)의 경우, 즉 주어진 가설에 독립변인이 2개인 경우는 [표 4-13]에서 '2표본인 경우'라고 쓴 가로 칸에 나열되어 있는 검증법 중에서 선정해야 한다. 그러나 이때 검증하려는 표본이 종속표본(correlated sample)이면 '종속표본' 항목 오른쪽 칸에 나열되어 있는 검증법 중에서 선정하고, 검증하려는 표본이 독립표본(independent sample)이면 '독립표본' 항목 오른쪽 칸에 나열되어 있는 여러 검증법 중에서 하나를 선정한다.[12] 그리고 주어

1988)을 참고할 것.

12 여기서 독립표본이란, 예컨대 응답자들의 전집에서 10명의 표본을 표집(추출)할 때 각 응답자가 뽑힐 확률이 다른 응답자가 뽑힐 확률에 영향을 주지 않는 방법으로 표집한 표본을 말한다. 그리고 종속표본이란 어떤 응답자가 뽑힐 확률이 다른 응답자가 뽑힐 확률에 영향을 주는 방법으로 표집한 표본을 말하는데, 이러한 종속표본에는 결합표본(matched sample), 반복표본(repeated sample), 상관표본(correlated sample) 등이 있다. 여기서 결합표본이란 어떤 관계변인의 값이나 조건 등이 동등한 실험대상자나 조사대상자를 2명이나 그 이상씩 서로 짝을 지어서 표집하여 각 실험집단이나 조사집단에 배치해서 얻어진 표본집단을 말한다. 그리고 반복표본이란 동일한 조사대상자나 실험대상자 등에 2회 또는 그 이상에 걸쳐 검사나 조사를 실시하고자 할 경우, 1차 검사나 조사에서 표집해서 사용했던 조사대상자나 실험대상자를 2차 조사나 실험에서도 그대로 반복해서 표집한 표본집단을 말한다. 끝으로 상관표본이란, 앞서의

진 자료의 측정수준도 파악해서, 그 자료가 명명수면 '명명수로 된 자료' 칸에, 서열수면 '서열수로 된 자료' 칸에, 등간치면 '등간치로 된 자료' 칸에 나열되어 있는 검증법 중에서 하나를 선정해야 한다.

한편, 검증하려는 표본이 3개나 그 이상인 경우, 즉 가설에 독립변인이 3개 또는 그 이상인 경우는 [표 4-13]에서 'k표본인 경우'라고 쓴 가로 칸에 나열한 검증법 중에서 선정해야 한다. 이때 2표본인 경우와 마찬가지로 검증하려는 표본이 '종속표본'이면 그 오른쪽 칸에 나열되어 있는 검증법 중에서, 그리고 '독립표본'이면 그 오른쪽 칸에 나열된 여러 검증법 중에서 하나를 선정한다. 그리고 주어진 자료의 측정수준도 파악해서, 만약 명명수면 '명명수로 된 자료' 칸에, 서열수면 '서열수로 된 자료' 칸에 나열된 검증법 중에서 하나를 선정한다.

끝으로 [표 4-13]에서 맨 아래의 가로 칸을 보면, '상관관계수의 유의도 검증법'이 나열되어 있는데, 이는 표본에서 얻는 자료를 가지고 어떤 변인 간의 상관계수를, 예를 들어 스피어맨의 순위차상관계수를 산출해 보았더니, $\rho = 0.34$로 나왔다고 할 경우, 이러한 상관계수가 전집에서도 그렇게 나오는지 그 유의도(有意度)를 검증해 보는 추리통계방법을 말한다. 이와 같은 '상관관계수의 유의도 검증법'도 [표 4-13]에서 볼 수 있듯이 주어진 자료의 측정수준에 따라 다르므로, 어떤 상관계수의 유의도를 검증할 때는 그 자료의 측정수준에 맞는 검증법을 선정해서 검증해야 한다.

3. 비모수적 가설검증 통계방법의 실례: χ^2검증법

앞에서 우선 가설검증의 여러 가지 추리통계방법에 관하여 간단히 살펴보았다. 그러나 이 책에서는 χ^2검증법(χ^2-test), t-검증법(t-test), 변량분석법(F-검증법)에 관해서만 살펴보면서 가설검증 추리통계방법의 원리와 절차를 알아보기로 하겠는데, 이 세 가지 추리통계방법은 사회과학 분야에서 가장 많이 사용하는 것들로서 사회과학도라면 누구나 반드시 알아야 하기 때문이다. 또한 이들 통계방법의 원리와 절차만

결합표본과 비슷하나, 결합표본은 어떤 관계변인의 값이 조건 등이 동등한 실험대상자나 조사대상자를 2명 또는 그 이상씩 서로 짝을 지어서 표집하여 각 실험집단이나 조사집단에 배치해서 얻은 표본집단을 말한다.

제대로 이해하면 다른 추리통계방법도 쉽게 이해할 수 있는데, 이는 추리통계방법들의 원리와 절차가 거의 동일하기 때문이다.

1) 단일표본의 검증법의 기본원리와 실례

우선 χ^2검증법(chi-square test)부터 살펴보면, 이는 앞서 말했듯이 비모수적 가설검증방법의 하나로 주어진 자료에서 종속변인의 값이 명명수일 경우에 사용한다. 이 검증법은 단일표본뿐 아니라, 2개의 독립표본이나 그 이상의 k개의 독립표본에서 얻은 통계치 간의 차이도 모두 검증이 가능하기 때문에 널리 사용되고 있다. 그러면 먼저 단일표본의 검증법을 사용하여 실제로 가설을 검증하는 방법을 실례를 들어보면서 그 원리와 절차에 관하여 살펴보기로 하겠다.

(1) 실례: '상품 포장 색깔의 영향'에 관한 연구문제와 가설

요즘 출시되는 화장품들의 포장을 보면 색깔이 매우 다양하고 화려하다. 그렇다면 이러한 "화장품의 포장 색깔은 여성 소비자의 구매행동에 영향을 미치는가?" 이와 같은 문제에 대한 해답을 얻기 위해 그에 관한 여러 가지 선행연구들을 조사해 본 결과, "영향을 미친다."는 연구결과도 많았지만, "그렇지 않다."는 것도 적지 않았다고 하자. 따라서 이러한 연구결과 중 어느 것이 맞는지 다시 한 번 실증적으로 검증해 보기 위해서 "화장품의 포장 색깔(독립변인)에 따라 그 상품에 대한 여성 소비자의 선호행동(종속변인)에 차이가 나타날 것이다."라는 가설을 설정하고, 이를 실험연구를 통해 검증해 보기로 했다고 가정하자.

이러한 가설의 검증을 위하여, 동일 품질의 핸드크림[13]을 각각 세 가지 색깔, 즉 빨간색, 흰색, 갈색 포장용기에 넣은 뒤, 600명의 여성을 무작위로 표집해서 이들에게 세 가지 포장 색깔의 핸드크림을 보여주며, "이 세 가지 핸드크림은 각각 품질이 다르며, 포장 색깔은 그 품질을 구별하기 위한 것"이라고 거짓말로 실험처치를 하면서 세

---

13 화장품 중에서 핸드크림을 실험재료로 선정한 것은, 화장품 중에서 핸드크림은 그에 대한 소비자들의 관여도(involvement)가 비교적 적기 때문이다.

표 4-14 각 포장 색깔의 핸드크림을 선택한 여성 소비자의 사례 수(명수)

핸드크림의 포장 색깔	빨간색	흰색	갈색	합계
실제 선택의 수	200명	300	100	600

가지 포장 색깔의 핸드그림 중에서 하나만 골라서 공짜로 가지라고 했다고 하자. 그 결과, [표 4-14]와 같이 200명은 빨간색, 300명은 흰색, 100명은 갈색 포장의 핸드크림을 선택하여 포장 색깔에 따라 핸드크림에 대한 선호행동에 차이가 나타났다고 하자. 그렇다면 이와 같은 차이를 볼 때, 과연 "화장품의 포장 색깔에 따라 그 상품에 대한 여성 소비자의 선호행동에 차이가 나타날 것이다."라는 가설이 입증되었으며, 따라서 "화장품의 포장 색깔은 여성 소비자의 구매행동에 영향을 미치는가?"라는 연구문제에 대하여 "그렇다."고 결론을 내릴 수 있는가?

만약 600명의 여성들이 아니라 전(全) 세계 모든 여성(전집)을 대상으로 실험을 해서 위와 같은 차이가 나왔다면, 화장품의 포장 색깔이 여성 소비자의 구매행동에 영향을 미친다고 말할 수 있다. 그러나 전 세계 여성 중 단지 600명만 뽑은 표본집단에서 위와 같은 차이가 나온 것은 표집오차에 의한 우연한 차이일 수도 있다. 따라서 화장품의 포장 색깔이 여성 소비자의 구매행동에 영향을 미친다고 결론을 내릴 수 없으며, 이러한 결론을 내리려면 위와 같이 핸드크림의 포장 색깔에 따라 소비자들의 선호행동에 차이가 나타난 것이 표집오차에 의한 우연 때문인지, 아니면 핸드크림의 포장 색깔이 진짜로 여성 소비자의 구매행동에 영향을 미치기 때문인지를 우선 검증해 보아야 한다. 그렇다면 이를 어떻게 검증할 수 있는가?

(2) 가설검증 추리통계방법의 기본원리

이와 같은 검증을 위하여 통계학자들이 '가설검증의 추리통계'라는 방법을 개발했는데, 우선 그 원리부터 간단히 살펴보겠다.

모든 가설검증의 추리통계는 간접증명법(indirect proof)의 하나인 배리법(背理法, reductive absurdum, 歸謬法이라고도 함)을 사용한다. 배리법이란, 어떤 명제를 증명할 때 그 명제의 "결론은 거짓이다."라고 우선 가정하고 추론을 진행하여, 원래 명제의 가정에 모순된다든지, 또는 이미 참[眞]으로 알고 있는 사실에 모순된다는 것으로부터 원래 명제인 "결론은 참이다."라고 증명하는 방법을 말한다.

이러한 배리법은 형사재판에서 사용하는 반증법(disproof)과도 아주 비슷한데, 형사재판 절차를 보면, 아무리 극악한 살인범이라 할지라도 최종 선고판결이 있기까지는 '무죄의 추정(presumption of innocence)'의 원칙에 따라 일단 "피의자는 결백(innocent)하다."라고 추정한다. 그리고 이러한 추정을 검사(檢事)로 하여금은 각종 증거자료, 예컨대 살인현장에서 발견한 피의자의 지문(指紋)이나 피의자의 옷에 묻은 피살자의 혈흔 등의 증거자료를 제시함으로써 "피의자는 결백하다."는 추정은 참이 아니라고 반증하게 하고, 변호사에게는 "피의자는 결백하다."라는 추정을 옹호하게 한다. 그렇게 하여 만약 검사가 "피의자는 결백하다."라는 추정을 반증하지 못하면, '무죄의 추정'을 그대로 받아들여 피의자를 석방하게 된다. 반면, 만약 검사가 "피의자는 결백하다."는 추정을 충분히 반증하면, 판사(判事)는 그에 대한 대안가정(代案假定, alternative presumption)으로서 "피의자는 결백하지 않다."는 추정을 받아들여 피의자에게 유죄판결을 내리게 된다.

왜 이처럼 복잡한 방식으로 형사재판을 진행하는지 그 정확한 이유는 알 수 없다. 그러나 재판을 더 공정하고 객관적으로 하기 위해서임에는 틀림없는데, 어떤 피의자가 유죄라는 것을 직접 증명하기는 쉽지 않다. 따라서 "피의자는 무죄이다."라는 가정을 세워놓고, 이 가정을 각종 반증자료들을 토대로 "거짓이다."라고 반증해서, "고로 피의자는 유죄이다."라는 식으로 증명하는 것이 더 합리적이기 때문일 것이다.

이와 같은 형사재판의 논리와 절차는 가설검증 추리통계방법의 그것과 아주 비슷하다. 그렇다면 앞서 말했듯이 핸드크림의 포장 색깔에 따라 여성 소비자 600명(표본)의 선호행동에 차이가 나타난 것은 표집오차에 의한 우연한 차이인지, 아니면 핸드크림의 포장 색깔의 영향에 의한 '진짜' 차이(유의적 차이)인지를 가설검증의 추리통계방법에서는 어떻게 검증하는가?

(3) 영가설의 설정과 그에 대한 반증(反證)

우선 영가설(零假說, null hypothesis)[14]이라는 것을 설정해야 하는데, 이는 예

14 이를 영어로는 null hypothesis라고 하는데, 여기서 'null'은 독일어로서 '영(零)'이라는 뜻이

컨대 형사재판에서 "피의자는 무죄이다."라는 추정에 해당하는 것으로, 위에서 실례로 든 연구가설이 "화장품의 포장 색깔에 따라 그 상품에 대한 여성 소비자의 선호행동에 차이가 나타날 것이다."라면, 이와는 반대로 "화장품의 포장 색깔에 따라 그 상품에 대한 여성 소비자의 선호행동에 차이가 나타나지 않을 것이다."라는 것이 곧 영가설이다.

이러한 영가설을 설정하는 이유는, 형사재판에서 "피의자는 결백하다."라는 무죄추정의 가정을 먼저 세워놓고, 이를 검사로 하여금 각종 증거자료를 통하여 반증케 해서, 그것을 반증하면 그에 대한 대안가정으로서 판사가 "피의자는 유죄이다."라는 가정을 받아들여 유죄판결을 내리듯이, 가설검증의 추리통계에서도 먼저 연구가설에 상반되는 영가설을 세워놓고 이를 반증해서 만약 반증되면 그 대안가설(alternative hypothesis)로서 연구가설을 받아들이는 간접적 검증법을 사용하기 때문이다.

그러나 영가설을 반증하는 방법은, 형사재판에서 "피의자는 결백하다."라는 가정을 반증하는 방법과는 다르다. 예를 들어, 살인 피의자에 대한 형사재판에서는 검사가 살인현장에서 발견한 피의자의 지문이나 피의자의 옷에 묻은 피살자의 혈흔 등 증거자료를 제시함으로써 "피의자는 결백하다."라는 가정을 반증한다. 하지만 가설검증의 추리통계방법에서는, 앞서 실례로 들었듯이 600명의 여성(표본)을 대상으로 포장 색깔에 따른 핸드크림에 대한 선호행동을 조사해 본 결과, 200명은 빨간색, 300명은 흰색, 100명은 갈색 포장의 핸드크림을 선택해서 서로 차이가 났다면, 이러한 차이의 사건(event)이 발생할 수 있는 확률을 조사해서 그 확률(probability, p)을 가지고 영가설을 반증하게 된다.

그렇게 하여 만약 그 확률이 높게 나오면, 예를 들어 $p > 0.05$이면, 즉 핸드크림의 선호행동에 차이가 발생할 확률이 100번 중에 5번 이상으로 많고 흔하게 나타난다면, 이는 핸드크림의 포장 색깔의 영향에 의한 차이가 아니라, 600명의 여성을 조사대상 표본으로 표집하는 과정에서 흔히 생길 수 있는 표집오차에 의한 것으로 간주한다. 따라서 "화장품의 포장 색깔에 따라 그 상품에 대한 여성 소비자의 선호행동

다. 영가설은 기호로는 H_0로 표시한다.

에 차이가 나타나지 않을 것이다."라는 영가설을 그대로 긍정(肯定, accept)해서 받아들이게 된다.

하지만 이와는 달리, 만약 핸드크림에 대한 여성의 선호행동에 위와 같은 차이가 발생할 확률이 $p < 0.05$라면, 즉 100번 중에 5번 이하라면, 이는 단순히 표집오차에 의한 우연한 차이가 아니라, 핸드크림에 대한 여성의 선호행동이 그 포장 색깔에 따라 실제로 달라지기 때문이라고 본다. 따라서 위와 같은 영가설은 틀렸다고 부정(否定, reject)하고, 그 대안가설로서 "화장품의 포장 색깔에 따라 그 상품에 대한 여성 소비자의 선호행동에 차이가 나타날 것이다."라는 연구가설을 받아들인다. 그리고 이러한 가설검증 결과를 토대로 "화장품의 포장 색깔은 여성 소비자의 구매행동에 영향을 미치는가?"는 연구문제에 대하여 "그렇다."라는 결론을 내리게 된다. 그렇다면 위와 같이 영가설을 긍정 또는 부정할 때 그 기준이 되는 확률, 예컨대 $p > 0.05$ 또는 $p < 0.05$ 라는 확률은 도대체 어떻게 구하는가?

(4) 영가설에 대한 단일표본의 χ^2검증법 실례

이와 같은 확률을 구하는 방법에는 여러 가지가 있는데, 이는 앞서 말했듯이 가설검증의 추리통계방법에는 여러 가지가 있고, 이들 각 방법에 따라 위와 같은 확률을 계산하는 방법이 각각 다르기 때문이다. 그러나 여기서는 위에서 실례로 든 포장 색깔에 따른 핸드크림에 대한 여성 소비자의 선호행동에서 나타난 차이(즉 600명 중 200명은 빨간색, 300명은 흰색, 100명은 갈색 포장의 핸드크림 선택)가 발생할 확률을 구하는 방법부터 알아보기로 하겠다.

우선 앞서 [표 4-14]에 나타난 조사자료를 보면, 이는 하나의 표본에서 얻은 자료이며, 그 자료가 명명수, 즉 명수(名數)의 빈도(頻度)로 되어 있다. 그러므로 이러한 경우는 앞서 [표 4-13]에서 보듯이 2항검증법(binominal test)이나 단일표본의 χ^2 검증법(χ^2 one-sample test)을 사용하여 포장 색깔에 따른 핸드크림에 대한 여성 소비자의 선호행동에 위와 같은 차이가 발생할 확률을 구해야 한다. 그러나 여기서는 단일표본의 검증법을 사용하여 그 확률을 구하는 방법만 알아보기로 하겠다.

그러자면 우선 기대빈도(expected frequency)라는 것부터 알아보아야 하는데, 기대빈도란 만약 핸드크림의 포장 색깔이 여성 소비자의 선호행동에 아무런 영향

표 4-15 각 포장 색깔의 핸드크림을 선택한 여성 소비자의 사례수(명수)

핸드크림의 포장 색깔	빨간색	흰색	갈색	합계
실제로 선택한 수(관찰빈도)	200명	300	100	600
기대한 선택의 수(기대빈도)	200	200	200	600

을 미치지 않을 때, 600명의 조사대상 여성들 중 각각의 포장 색깔의 핸드크림을 선택하리라고 예상하는 여성의 수, 즉 명수(名數)를 말한다. 다시 말해서, 핸드크림의 포장 색깔이 여성 소비자의 선호행동에 아무런 영향을 미치지 않는다면, 각 색깔의 핸드크림을 선택한 여성의 수가 [표 4-15]의 셋째 줄[行]에서 보듯이 똑같이 200명씩(600명을 세 가지 색깔로 나누면 각각 200명이 되기 때문) 나와야 하는데, 이처럼 200명씩 나오리라고 예상되는 수(數)를 기대빈도라고 한다.

이와는 달리, 실제 조사에서 각 색깔의 핸드크림을 선택한 여성의 수는 관찰빈도(observed frequency)라고 하는데, 이러한 관찰빈도([표 4-15]의 둘째 줄)가 기대빈도인 200명과 비슷하게 나왔다면, 관찰빈도와 기대빈도 간에 약간의 차이가 있더라도 이는 표집오차에 의한 우연한 차이라고 볼 수 있다. 그러므로 "화장품의 포장 색깔에 따라 그 상품에 대한 여성 소비자의 선호행동에 차이가 나타나지 않을 것이다."라는 영가설을 부정할 수 없다. 하지만 기대빈도보다 실제 관찰빈도가 훨씬 많게 또는 적게 나왔다면, 영가설은 부정하고 그 대신 "화장품의 포장 색깔에 따라 그 상품에 대한 여성 소비자의 선호행동에 차이가 나타날 것이다."라는 연구가설을 받아들이게 된다. 그렇다면 실제 조사에서 각 포장 색깔의 핸드크림을 선택한 여성의 관찰빈도와 기대빈도의 차이는 얼마나 되는가?

(5) 기대빈도와 관찰빈도의 차이와 χ^2값의 산출

[표 4-15]를 보면, 빨간색 포장의 경우는 관찰빈도가 200명으로 나와 기대빈도와 똑같으나, 흰색 포장의 경우는 관찰빈도가 300명으로 나와 기대빈도보다 100명이 많았고(+100), 갈색 포장의 경우는 오히려 기대빈도보다 100명이 적게(-100) 나왔다. 그렇다면 이러한 관찰빈도와 기대빈도 간의 차이(즉 200-200 = 0, 300-200 = +100, 100-200 = -100)를 모두 합쳐 보자. 차이는 각각 0, +100, -100이 나오므로

이들을 모두 합치면 0이 된다. 그러므로 이처럼 0이 되는 것을 피하기 위해서, 각 관찰빈도와 기대빈도의 차이를 제곱해 주자. 그런 다음 이렇게 제곱한 값을 다시 기대빈도로 나누어 그 비율을 구한 뒤, 이들을 모두 합친다. 이렇게 해서 얻어진 값을 χ^2값이라고 부르는데, 이러한 값을 왜 구하는지에 관해서는 조금 뒤에 설명하기로 하고, 우선 χ^2값을 위에서 설명한 대로 산출하는 방법을 간단히 수식으로 나타내면 [공식 4-8]과 같다.

[공식 4-8] $$\chi^2 = \sum_{i=1}^{k} \frac{(O_i - E_i)^2}{E_i}$$

이 공식에서 O_i는 포장 색깔[類目] i의 관찰빈도, E_i는 그 기대빈도, $\sum_{i=1}^{k}$는 첫 번째 포장 색깔부터 k번째 포장 색깔까지의 관찰빈도와 기대빈도 간의 차이를 제곱한 다음 이를 다시 기대빈도로 나눈 값을 모두 합치라는 말이다. 여기서 Σ(sigma)는 영어 알파벳 S에 해당하는 그리스 문자로 '합치다(sum)'의 뜻이다. 이와 같은 공식을 이용하여 [표 4-15]의 자료를 가지고 실제로 χ^2값을 구해보면 다음과 같다.

$$\begin{aligned}\chi^2 = \sum_{i=1}^{k} \frac{(O_i - E_i)^2}{E_i} &= \frac{(200-200)^2}{200} + \frac{(300-200)^2}{200} + \frac{(100-200)^2}{200} \\ &= 0 + 50.00 + 50.00 \\ &= 100.00\end{aligned}$$

그렇다면 이와 같은 값을 구하는 이유는 무엇인가? 그 이유는 위에서 말한 포장 색깔에 따른 핸드크림에 대한 여성 소비자의 선호행동에 관한 조사에서 관찰빈도와 기대빈도 간에 얼마나 차이가 났으며, 이러한 차이가 발생할 확률은 얼마나 되는지 알아보기 위해서이다. χ^2값은 위와 같은 조사에서 모든 관찰빈도와 기대빈도 간의 차이의 크기를 나타내므로, χ^2값이 적으면 이는 표집오차에 의한 우연한 차이라고 볼 수 있는 반면, χ^2값이 크면 이는 "핸드크림의 포장 색깔에 따른 여성 소비자의 선호행동의 차이"라고 볼 수 있기 때문이다. 그렇다면 χ^2값이 얼마나 적으면 이는 표집오차에 의한 우연한 차이라고 보고, χ^2값이 얼마나 크면 이는 "핸드크림의 포장 색깔에 따른 여성 소비자의 선호행동의 차이"라고 보는가?

(6) 산출한 어떤 크기의 χ^2값의 발생확률 계산

이러한 문제는 χ^2값 자체가 얼마냐를 기준으로 판단하는 것이 아니라, 어떤 자료에서 χ^2값을 산출해 보았을 때 그런 크기의 χ^2값이 나올 확률을 가지고 알아보게 된다. 예를 들어, 포장 색깔에 따른 핸드크림에 대한 여성 소비자의 선호도 조사에서 얻은 관찰빈도와 기대빈도를 가지고 위와 같이 χ^2값을 산출해 본 결과, 그 값이 100.00으로 나왔다면, 이와 같은 크기의 χ^2값이 나올 확률을 계산한다. 그리하여 그 확률이 높으면 이는 표집오차에 의한 우연한 차이라고 보는 반면, 그 확률이 아주 낮으면 이는 핸드크림의 색깔에 의한 유의적(significant) 차이로 판단하여 핸드크림(화장품)의 포장 색깔이 여성 소비자의 선호행동에 영향을 미치는지, 또는 미치지 않는지에 관한 결론을 내리게 된다. 그렇다면 이때 χ^2값이 100.00이 나올 확률은 얼마나 되며, 이는 어떻게 계산하는가?

이러한 확률을 계산하는 방법은 매우 복잡하고 시간이 많이 걸린다. 따라서 이와 같은 불편을 없애기 위해 통계학자들이 χ^2값이 1이 나올 확률, 2가 나올 확률, 3이 나올 확률 … 100이 나올 확률, 200이 나올 확률 등을 모두 일일이 미리 계산해서 그 확률들을 수표(數表)로 만들어 놓았는데, 이를 χ^2의 표집분포표(χ^2 sampling distribution table)라고 한다. 그런데 이 표는 분량이 너무 많기 때문에, 그중에서 각 유의도 수준(有意度水準)에서 영가설의 부정(reject)에 필요한 χ^2값들만 뽑아놓은 것이 이 책 뒤의 부록에 실려 있는 [수표 B]이다.

이 수표를 보면, 위와 같이 χ^2값이 100.00이 나올 확률이 얼마인지는 나타나 있지 않으나, 각 유의도 수준에서 영가설의 부정에 필요한 값을 쉽게 찾아볼 수 있다. 그런데 [수표 B]를 보면 각 단(段)의 위에는 '일방적 검증(one-tailed test)의 유의도 수준'과 '양방적 검증(two-tailed test)의 유의도 수준'이라는 것이 있고, 각 줄(行)의 맨 왼쪽에는 '자유도(自由度)'라 하여 1에서부터 30까지 나와 있으며, 그 오른쪽으로 여러 수치들이 나열되어 있다. 그렇다면 여기서 유의도 수준, 일방적 검증과 양방적 검증, 그리고 자유도란 무엇을 말하는가?

(7) 가설검증을 위한 유의도 수준의 결정

유의도 수준(significance level)이란, 가설검증의 추리통계에서 어떤 사건

(event)이 발생할 수 있는 확률을 조사해서 이를 기준으로 영가설을 부정 또는 긍정할 때 그 기준이 되는 확률의 크기를 말한다. 앞서 말했듯이, 600명의 여성 표본을 대상으로 포장 색깔에 따른 핸드크림에 대한 선호행동을 조사해 본 결과, 200명은 빨간색, 300명은 흰색, 100명은 갈색 포장의 핸드크림을 선택했다고 했을 때, 이와 같은 선호행동의 차이가 단순히 표집오차에 의한 것인지, 아니면 포장 색깔이 핸드크림에 대한 여성 소비자의 선호행동에 영향을 미치기 때문인지를 추리통계를 사용하여 검증해 보기 위해서는, 우선 위와 같은 선호행동의 차이가 발생할 수 있는 확률(p)을 알아보아야 한다.

이렇게 하여 그 확률이 아주 낮게 나오면, "화장품의 포장 색깔에 따라 그 상품에 대한 여성 소비자의 선호행동에 차이가 나타나지 않을 것이다."라는 영가설을 부정하고, 그 대안가설로서 "화장품의 포장 색깔에 따라 그 상품에 대한 여성 소비자의 선호행동에 차이가 나타날 것이다."라는 연구가설을 받아들이게 된다. 바로 이와 같이 포장 색깔에 따른 핸드크림에 대한 여성 소비자의 선호행동의 차이가 발생할 수 있는 확률을 조사해서 이를 기준으로 영가설을 부정 또는 긍정할 때 그 기준이 되는 확률의 크기를 유의도 수준이라고 한다. 그렇다면 이러한 유의도 수준, 즉 확률의 크기는 얼마가 되어야 영가설을 부정 또는 긍정하는가?

이 문제에 대해서는 통계학자들 사이에도 여러 학설 내지 주장들이 있다. 그러나 일반적으로는 그 수준을 0.05 또는 0.01로 잡으며, 이를 기호로는 'probability(확률)'의 약자인 p를 사용하여 $p \leq 0.05$ 또는 $p \leq 0.01$로 표시하거나, 또는 그리스 문자 α(알파)를 사용하여 $\alpha = 0.05$ 또는 $\alpha = 0.01$로 표시하기도 한다. 그러면서 "포장 색깔에 따른 핸드크림에 대한 여성 소비자의 선호행동의 차이에 관한 검증에서 유의도 수준은 0.05였다."거나, 이러한 차이의 검증에서 "유의도 수준은 0.01로 잡았다."거나 또는 "포장 색깔에 따른 핸드크림에 대한 여성 소비자의 선호행동의 차이를 검증해 본 결과, 0.05 수준에서 유의적이었다."라고 표현한다.

이처럼 가설검증의 추리통계에서 유의도 수준에는 두 가지가 있는데, 그중에서 $p \leq 0.05$란, 예를 들어 포장 색깔에 따른 핸드크림에 대한 선호행동을 600명의 여성 표본집단을 대상으로 조사해 본 결과, 200명은 빨간색, 300명은 흰색, 100명은 갈색 포장의 핸드크림을 선호했는데, 이러한 차이(사건)가 발생할 확률이 100번 중에서 5

번이나 또는 이보다 적으면 그 차이를 '진짜' 차이, 즉 '유의적 차이(significant difference)'로 보고, 그렇지 않으면, 즉 $p > 0.05$이면 표집오차에 의한 우연한 차이로 보는 것을 말한다.

한편, $p \leq 0.01$이란 위와 같은 포장 색깔에 따른 핸드크림에 대한 여성 소비자의 선호행동의 차이가 발생할 수 있는 확률이 100번 중에서 1번이나 이보다 적어야만 그것을 유의적 차이로 보고, 그렇지 않으면(즉 $p > 0.01$이면) 표집오차에 의한 우연한 차이로 보는 것으로, 이는 앞서 $p \leq 0.05$보다 더 엄격한 기준이 된다. 그렇다면 어떤 통계치 간의 차이가 표집오차에 의한 우연한 차이인지, 또는 전집에서도 그렇게 나타나는 실제 차이인지를 가설검증의 추리통계를 사용하여 실제로 검증할 때, 유의도 수준은 $p \leq 0.05$, $p \leq 0.01$ 중에서 어떤 것으로 잡아야 하는가?

(8) 유의도 수준의 결정에서 범하기 쉬운 두 가지 오류

앞서 말한 두 가지 유의도 수준 중에서 어떤 것을 선택해도 무방하지만, 어떤 가설을 엄격하게 검증하겠다고 유의도 수준을 $p \leq 0.01$로 낮게 잡으면 영가설이 '참[眞]'인데도 이를 부정하는 오류를 범할 수 있다. 이러한 오류를 제1종 오류(type I error) 또는 α 오류(alpha error)라고 부르는데, 이는 형사재판에서 법을 너무 엄격하게 적용하면 피의자가 실제로는 무죄인데도 불구하고 유죄로 판결해서 공연히 생사람을 잡게 되는 오류와 비슷하다. 그렇다고 해서 이러한 오류를 피하기 위하여 법을 너무 관대하게 적용하면, 피의자가 실제로는 도둑인데도 불구하고 무죄로 석방하게 되는 오류를 범할 수 있듯이, 가설검증에서도 유의도 수준을 관대하게 잡으면, 즉 p

		영가설의 상태	
		H_0가 참인 경우	H_0가 거짓인 경우
검증 결과	H_0의 긍정	정확한 검증 $(1-\alpha)$	제2종 오류 (β)
	H_0의 부정	제1종 오류 (α)	정확한 검증 $(1-\beta)$

그림 4-5 가설검증의 네 가지 경우와 두 가지 오류

비타민 4-4

동전 던지기 게임과 유의도 수준

가설검증의 추리통계방법에서 유의도 수준은, 동전(銅錢) 던지기 게임을 할 때 앞면(head)과 뒷면(tail)이 나오는 확률을 가지고 그 동전이 찌그러졌는지 아닌지 여부를 가리는 기준과 같다. 예를 들어, A과 B 두 사람이 동전을 각각 100번씩 던져서 앞면이 뒷면보다 더 많이 나오면 B가 A에게 1만 원을 주고, 반대로 뒷면이 더 많이 나오면 A가 B에게 1만 원을 주기로 했다고 하자. 그리하여 A가 먼저 동전을 100번 던졌더니 앞면이 60번, 뒷면이 40번 나왔다고 하자. 그렇다면 B가 A에게 돈을 순순히 주면서 "오늘 참 재수가 없네!"라고 말할까? 아니면, "찌그러진 동전을 가지고 와서 야바위를 친다!"고 항의하면서 돈을 주지 않으려고 할까?

이러한 경우 대부분은 B가 A에게 순수하게 돈을 주면서 "오늘 참 재수가 없네!"라고 말할 것이다. 왜냐하면 찌그러지지 않은 동전을 수천 번 던진다면 앞면과 뒷면이 각각 50 대 50으로 나오겠지만, 동전을 100번만 던진다면 전혀 찌그러지지 않은 공정(fair)한 동전이라도 우연히 앞면이 60번, 뒷면이 40번 나올 확률은 매우 높기 때문이다. 하지만 이와는 달리, 만약 동전을 모두 100번 던져 앞면이 90번, 뒷면이 10번 나왔다면, B가 A에게 "찌그러진 동전을 가지고 와서 야바위를 친다!"면서 돈을 주지 않으려고 할 것이다. 왜냐하면 동전의 앞면은 90번이나 나오고, 뒷면은 겨우 10번만 나올 확률은 매우 낮으므로, 이처럼 발생확률이 낮은 사건(event)은 우연이라기보다는 동전 자체가 찌그러졌기 때문에 발생했다고 볼 수 있기 때문이다. 그렇다면 동전의 앞면은 90번이나 나오고, 뒷면은 겨우 10번만 나올 사건의 확률이 구체적으로 얼마나 되면, 그 사건이 우연이 아니라 동전 자체가 찌그러졌기 때문에 발생했다고 보겠는가?

이러한 문제에 대하여 통계학자들은 주장하기를, 동전을 100번 던졌을 때 앞면이 90번, 뒷면이 10번 나올 확률 p가 0.05 이상($p > 0.05$)이면 이는 우연히 일어난 사건으로 보는 반면, 0.05나 그 이하($p < 0.05$)가 나오면 동전이 찌그러졌기 때문에 발생한 사건으로 보자고 한다. 동전을 100번 던졌을 때 "앞면이 90번, 뒷면이 10번 나올 확률이 0.05이나 그 이하"라는 것은 곧 동전을 100번씩 100차례를 던졌을 때 앞면이 90번, 뒷면이 10번 나오는 경우가 겨우 다섯 번이나 그보다 적다는 것으로, 이러한 사건이 우연히 발생할 확률이 매우 적으므로 이는 우연이 아니라 동전이 찌그러졌기 때문이라고 보아야 하기 때문이다.

그러므로 가설검증의 추리통계에서도 어떤 통계치 간의 차이가 발생할 확률이 $p > 0.05$이면 이는 표집오차 때문에 우연히 발생한 것으로 보는 반면, 그 확률이 $p \leq 0.05$이면 이는 우연히 아니라 어떤 변인의 영향에 의해 발생한 차이, 즉 유의적 차이라고 본다. 그리고 이러한 유의적 차이 여부를 판가름하는 기준인 $p \leq 0.05$나 $p \leq 0.01$ 등을 유의도 수준이라고 한다.

≤ 0.05로 높게 잡게 되면, 영가설이 '거짓[僞]'인데도 이를 부정하지 못하고 긍정하는 오류를 범할 수 있는데, 이러한 오류를 제2종 오류(type II error) 또는 β 오류(beta error)라고 부른다.

이처럼 가설검증에서 유의도 수준을 어떻게 잡느냐에 따라 항상 두 가지 오류를 범할 수 있다. 그러므로 가설을 검증할 때는 이와 같은 두 가지 오류를 모두 피하면서 [그림 4-5]에서 볼 수 있듯이 영가설(H_0) 이 참인 경우는 이를 긍정하고, 영가설(H_0)이 거짓인 경우는 이를 부정해야 한다. 그렇다면 이렇게 정확한 검증을 하기 위해서는 어떻게 해야 하는가?

그 방법의 하나로 표본의 크기를 크게 하거나 또는 표본에서 얻은 통계치들 간의 차이를 크게 하는 방법이 있는데, 이렇게 하면 이 두 가지 오류를 범할 가능성이 줄어든다. 그러나 표본의 크기를 크게 하면 그만큼 조사비용이나 인력 등이 많이 들게 된다. 때문에 통계학자들이 표본의 크기를 크게 하지 않고서도 영가설을 정확하게 검증할 수 있는 능력, 즉 검증력(power efficiency)이 높은 추리통계방법을 개발하게 되었다. 따라서 가설검증의 통계방법 중에도 검증력이 높은 것들이 있는데, 이는 판사들 중에도 유죄와 무죄의 재판을 정확하게 할 수 있는 능력이 높은 판사가 있는 것과 마찬가지이다. 그러므로 가설을 검증할 때는 되도록 검증력이 높은 통계방법을 사용하는 것이 바람직한데, 가설검증에 관한 통계 서적들을 보면 각 통계방법마다 그 검증력이 표시되어 있다.

(9) 일방적 검증과 양방적 검증 및 자유도

위에서 가설검증에서 유의도 수준에 관하여 간단히 살펴보았는데, 이 책 부록의 [수표 B]를 보면 '일방적 검증의 유의도 수준'과 '양방적 검증의 유의도 수준'이라는 것이 또 있다. 따라서 이것들도 알아야 [수표 B]에서 영가설의 부정에 필요한 χ^2값을 찾아볼 수 있는데, 그렇다면 '일방적 검증'과 '양방적 검증'은 도대체 무엇인가?

일방적 검증(one-tailed test)이란, 예를 들어 0.05의 유의도 수준에서 어떤 χ^2값의 확률을 알아볼 때, χ^2값의 분포의 어느 한쪽 끝에서부터 0.05에 해당되는 점을 기준으로 해서 그 χ^2값이 유의적인지 아닌지를 검증하는 것을 말한다. 이러한 일방적 검증은 앞서 말한 포장 색깔의 영향에 관한 연구에서 연구가설을 "여성 소비자는 빨간색이나 갈색보다 흰색 포장의 화장품(핸드크림)을 더 선호할 것이다."라는 식으로 선호의 방향을 구체적으로 명시한 경우에 사용한다. 이와 같이 선호의 방향을 명시했을 경우는 χ^2분포에서 그 방향 쪽의 0.05 수준에 해당되는 점만을 기준으로 주어진 χ^2값이 유의적인지 아닌지를 알아보면 되기 때문이다.

반면 양방적 검증(twotailed test)은 연구가설이, 예를 들어 "화장품의 포장 색깔에 따라 그 상품에 대한 여성 소비자의 선호행동에 차이가 나타날 것이다."라는 식으로 그 선호행동에 차이가 있을 것이라는 것만 서술했을 뿐, 특정 색깔의 선호 방향은 명시하지 않은 경우에 사용한다. 이러한 경우는 선호의 방향이 명시되어 있지 않으므로, 만약 0.05 유의도 수준에서 어떤 χ^2값의 확률을 알아본다면 χ^2분포의 양쪽에서 각각 0.025(0.05/2)에 해당되는 점을 기준으로 가설을 검증해야 하기 때문이다. 따라서 실제로 χ^2검증을 할 때는 연구가설에서 만약 어떤 변인 간 값의 차이의 방향이 구체적으로 명시되어 있으면 일방적 검증을 하고, 그렇지 않으면 양방적 검증을 하면 된다.

또 [수표 B]를 보면, 맨 왼쪽 에 '자유도'라고 하여 1에서부터 30까지 나와 있는데, 여기서 자유도(degree of freedom, *df*)란, 어떤 사례수나 유목의 수 내에서 임의(任意)로 조합할 수 있는 수를 뜻한다. 따라서 만약 표본의 크기(사례수)가 n인 경우는 임의로 조합할 수 있는 수가 $n-1$이 되며, 유목의 수가 k인 경우는 임의로 조합할 수 있는 수가 $k-1$이 된다. 그러므로 자유도란 표본의 사례수나 또는 유목의 수에서 1을 뺀 값이라고만 알아두기 바란다.

그러나 χ^2검증에서 자유도는 유목의 수에서 1을 뺀 값을 말한다. 따라서 한 행(行)이 유목이 수가 r이면 자유도는 $df - r-1$이고, 한 열(列)이 유목이 수가 k이면 자유도는 $df = k-1$이 된다. 그러므로 앞서 [표 4-15]와 같은 자료의 경우는, 행의 유목이 빨간색 · 흰색 · 갈색의 3으로 나누어져 있기 때문에 그 자유도가 $df = r-1 = 3-1 = 2$가 된다. 그러나 이와는 달리, 열(列)은 k개 유목으로, 행(行)은 r개 유목으로 각각 나누어져 있는 경우에서의 자유도는 $df = (k-1)(r-1)$이 되는데, 이에 관해서는 조금 뒤에 살펴보기로 한다.

(10) 표집분포표에서 영가설의 부정한계영역 찾기

위에서 χ^2값의 표집분포의 하나인 [수표 B]에 나오는 여러 가지 개념, 즉 유의도 수준, 일방적 검증과 양방적 검증, 자유도 등에 관하여 살펴보았다. 그러면 이와 같은 여러 가지 개념들로 구성된 [수표 B]를 사용하여, 앞서 말한 포장 색깔에 따른 핸드크림에 대한 여성 소비자의 선호행동에 관한 연구에서 영가설의 부정(reject)에 필요한 χ^2값을 찾아보기로 하자. 그러자면 앞서 말했듯이 우선 주어진 영가설을 양방적 검증을 할 것인가, 또는 일방적 검증을 할 것인가를 결정해야 하는데, 이 연구에서 연구가설을 보면, "화장품의 포장 색깔에 따라 그 상품에 대한 여성 소비자의 선호행동에 차이가 나타날 것이다."라고만 서술했을 뿐, 특정 색깔에 대한 선호의 방향은 명시하지 않았으므로 양방적 검증을 해야 한다.

그러면 이처럼 양방적 검증을 할 때 유의도 수준은 얼마로 잡을 것인가? 앞서 말했듯이 유의도 수준은 크게 두 가지, 즉 $p \leq 0.05$로 잡는 방법과 $p \leq 0.01$로 잡는 방법이 있다. 그러나 여기서는 주어진 가설을 좀 더 엄격하게 검증하기 위해서 유의도 수준을 $p \leq 0.01$로 잡기로 하자. 그렇다면 자유도도 알아야 되는데, 위에서 말했듯이 포장 색깔에 따른 핸드크림에 대한 여성 소비자의 선호행동은 빨간색 · 흰색 · 갈색 포장의 3개 유목으로 나눠져 있으므로, 이 경우의 자유도는 $df = r-1 = 3-1 = 2$가 된다.

다시 부록의 [수표 B]를 보면, 위쪽에는 일방적 검증의 유의도 수준이 0.10부터 시작해서 0.0005까지 나열되어 있고, 그 아래에는 양방적 검증의 유의도 수준이 0.20부터 시작해서 0.001까지 나열되어 있다. 그리고 왼쪽에는 '자유도'라 하여 1에서부터 30까지 나와 있으며, 그 오른쪽으로 여러 수치들이 나열되어 있다.

그런데 우리는 영가설을 양방적 검증을 하기로 했으며, 유의도 수준은 $p \leq 0.01$로 잡기로 했고, 자유도는 2이다. 그러므로 [수표 B]의 양방적 검증에서 유의도 수준이 0.01인 단(段)에서 자유도가 2인 칸을 보면 9.21이라는 수치가 나와 있는데, 이 수치는 영가설을 0.01의 유의도 수준에서 양방적 검증을 할 때 영가설의 부정(reject)에 필요한 최소한의 χ^2값을 말한다. 따라서 이러한 수치를 영가설의 부정한계영역(critical region)이라고 부르는데, 이는 어떤 연구에서 실제로 얻어진 χ^2값이 이 부정한계영역의 수치와 최소한 같거나 커야만 영가설을 부정할 수 있기 때문이다.

그런데 위에서 말했듯이 포장 색깔에 따른 핸드크림에 대한 여성 소비자들의 선호도 조사에서 얻은 관찰빈도와 기대빈도를 가지고 [공식 4-8]을 사용하여 χ^2값을 산출해 본 결과 그 값이 100.00으로 나왔는데, 이는 영가설의 부정한계영역인 9.21보다 거의 10배나 더 크다. 그러므로 "화장품의 포장 색깔에 따라 그 상품에 대한 여성 소비자의 선호행동에 차이가 나타나지 않을 것이다."라는 영가설은 부정할 수 있다. 따라서 이러한 영가설 대신, 그 대안가설로서 "화장품의 포장 색깔에 따라 그 상품에 대한 여성 소비자의 선호행동에 차이가 나타날 것이다."라는 연구가설을 받아들인다. 그러면 이와 같은 가설검증 결과를 토대로 해서, "화장품의 포장 색깔은 여성 소비자의 구매행동에 영향을 미치는가?"라는 연구문제에 대하여 "그렇다."고 결론을 내릴 수 있다.

(11) 단일표본의 χ^2검증법의 일반적 절차 요약

지금까지 단일표본의 χ^2검증법을 사용하여 실제로 가설을 검증하는 방법의 실례를 들어보았다. 즉 "화장품의 포장 색깔은 여성 소비자의 구매행동에 영향을 미치는가?"라는 연구문제에 대한 가설의 하나로서 "화장품의 포장 색깔에 따라 그 상품에 대한 여성 소비자의 선호행동에 차이가 나타날 것이다."라는 연구가설을 설정하고, 이를 χ^2검증법을 사용하여 통계적으로 검증하는 방법에 관하여 살펴보았는데, 그 검증절차를 다시 한 번 간단히 요약해 보면 다음과 같다.

① **연구문제**(Research Problem): 화장품의 포장 색깔은 과연 여성 소비자의 구매행동에 영향을 미치는가?

② **연구가설**(Alternative Hypothesis, H_1): 화장품의 포장 색깔(독립변인)에 따라 그 상품에 대한 여성의 선호행동(종속변인)에 차이가 나타날 것이다.

③ **영가설**(Null Hypothesis, H_0): 화장품의 포장 색깔에 따라 그 상품에 대한 여성의 선호행동에 차이가 나타나지 않을 것이다.

④ **검증통계방법**(Statistical Test): 위와 같은 가설의 검증을 위해 동일한 품질의 핸드크림을 세 가지 색깔(빨간색 · 흰색 · 갈색)로 각각 포장해서 600명의 여성들(표본집단)에게 보여 주면서 하나씩만 선택해서 가지라고 한 결과, 200명은 빨간색, 300명은 흰색, 100명은 갈색 포장의 핸드크림을 선택했는데, 이 조사연구에서 여

성들의 표본은 독립표본이고, 선호행동인 종속변인의 값은 빈도(선택한 사람 수)로서 곧 명명수이며, 단일의 독립변인인 포장 색깔은 3개 유목, 즉 빨간색 · 흰색 · 갈색으로 나누어져 있으므로, 비모수적 추리통계방법의 하나인 단일표본의 χ^2검증법을 사용해서 검증하기로 한다.

⑤ **유의도 수준**(Significance Level): α = 0.01로 하되, 위의 연구가설에서 선호행동의 차이의 방향이 명시되지 않았기 때문에 양방적 검증을 한다.

⑥ **표집분포**(Sampling Distribution): ④번에서 단일표본의 χ^2검증법을 사용하여 주어진 가설을 검증하기로 했으므로 χ^2표집분포에서 영가설의 부정한계영역을 알아보되, 자유도 $df = k-1 = 3-1 = 2$이므로 자유도가 2인 χ^2표집분포를 사용한다.

⑦ **H_0의 부정한계영역**(Critical Region): χ^2표집분포(이 책 부록에서 [수표 B]를 볼 것)에서 자유도(df)가 2이고 α = 0.01이며 양방적 검증인 경우, 영가설 H_0의 부정에 필요한 χ^2값을 찾아보면 그 값이 최소한 9.21이므로 H_0의 부정한계영역은 $\chi^2 \geq$ 9.21이다.

⑧ **검증통계치의 계산**(Computation of Test Score): 앞서 [표 4-15]와 같은 실제 조사에서 χ^2값이 얼마로 나오는지를, 앞서 소개한 [공식 4-8]에 관찰반도와 기대빈도들을 대입, χ^2값을 계산해 보니 다음과 같이 100.00이 나왔다.

$$\chi^2 = \sum_{i=1}^{k} \frac{(O_i - E_i)^2}{E_i} = \frac{(200-200)^2}{200} + \frac{(300-200)^2}{200} + \frac{(100-200)^2}{200}$$
$$= 0 + 50.00 + 50.00$$
$$= 100.00$$

⑨ **통계적 결론**(Statistical Decision): ⑦번에서 보듯이 0.01 수준에서 영가설(H_0)의 부정한계영역은 $\chi^2 \geq$ 9.21로서, 만약 실제 조사에서 얻어진 χ^2값이 9.21이나 그 이상이면 영가설을 부정할 수 있는데, ⑧번에서 실제 값을 계산해 본 결과 그 값이 100.00로서 H_0의 부정한계영역보다 거의 10배나 크게 나왔다. 그러므로 화장품의 포장 색깔에 따른 여성 소비자의 선호행동, 즉 관찰빈도 간의 차이는 표집오차에 의한 것이 아니라, 유의적 차이라고 볼 수 있으므로, ③번과 같은 영가설은 부정되고 그 대신 ②번의 연구가설(대안가설)이 긍정되었다고 할 수 있다. 따라서 이를 볼 때 "화장품의 포장 색깔은 그 상품에 대한 여성 소비자의 구매행동에 영향을 미치

는가?"라는 연구문제에 대해서 "그렇다."고 결론을 내릴 수 있다.

이와 같은 가설검증의 절차는 인간의 논리적 사고 과정(reasoning process)을 그대로 나타낸 것으로, 단일표본의 χ^2검증법뿐 아니라 모든 가설검증의 추리통계에서도 마찬가지이다. 따라서 지금부터는 이러한 절차에 따라 모든 가설검증법을 설명해 나가기로 하겠다.

2) 2개 표본의 χ^2검증법 절차와 실례

앞에서 단일표본의 χ^2검증법에 관하여 살펴보았는데, 이번에는 2개 독립표본(two-sample case)의 χ^2검증법에 관하여 알아보기로 하겠다. 이 검증법은 독립변인이 2개이거나 또는 독립변인과 중개변인이 각각 1개이며, 조사대상자나 실험대상자(응답자)들의 표본을 표집할 때 각 대상자가 뽑힐 확률이 다른 대상자가 뽑힐 확률에 아무런 영향을 주지 않는 방법으로 표집한 독립표본에서 얻은 관찰빈도 간의 차이의 유의도를 검증하는 방법이다. 그렇다면 이와 같은 2개 독립표본의 χ^2검증법은 어떠한 것이며, 어떻게 검증하는지 실례를 들어 간단히 살펴보기로 하겠다.

(1) 2개 표본의 χ^2검증법과 그 실례

위에서는 단일표본에서의 χ^2검증법의 실례의 하나로서, 화장품의 포장 색깔이 여성 소비자의 구매행동에 영향을 미치는지를 알아보기 위해, 핸드크림의 포장 색깔을 빨간색 · 흰색 · 갈색의 3개 유목으로 나누어 각 포장 색깔이 핸드크림에 대한 여성 소비자의 선호행동을 조사하여 그 행동에 유의적 차이가 있는지를 검증하는 방법에 관하여 살펴보았다. 그러면서 가상적 결론이기는 하지만, 화장품의 포장 색깔은 여성 소비자의 구매행동에 영향을 미친다는 결론을 내렸다.

그러나 화장품의 포장 색깔이 그 상품에 대한 여성 소비자의 선호행동에 미치는 영향은 여성의 연령에 따라 달리 나타날 수도 있다. 따라서 이러한 문제, 즉 "만약 화장품의 포장 색깔이 그 상품에 대한 여성 소비자 선호행동에 영향을 미친다면, 그 영향은 여성 소비자의 연령(중개변인)에 따라 달리 나타나는가, 아니면 같게 나타나

표 4-16 각 포장 색깔의 핸드크림을 선택한 여성 소비자의 연령별 실태

구분	빨간색		흰색		갈색		합계(行)
	관찰빈도	기대빈도	관찰빈도	기대빈도	관찰빈도	기대빈도	
20대 여성	87	72.0	76	108.0	53	36.0	216
30대 여성	64	64.7	98	97.0	32	32.3	194
40대 여성	49	63.3	126	95.0	15	31.7	190
합계(列)	200		300		100		600

는가?" 하는 부차적 연구문제를 알아보기 위하여, 핸드크림의 각 포장 색깔을 선택한 여성 응답자들을 다시 연령대별로 20대, 30대, 40대 이상으로 나누어 집계해 보았더니, [표 4-16]에서의 관찰빈도와 같이 연령대별로 선호행동에 차이가 나타났다고 하자. 그렇다면 이와 같은 조사자료를 볼 때, "화장품의 포장 색깔이 그 상품에 대한 여성 소비자의 선호행동에 미치는 영향은 여성의 연령에 따라 달라진다."고 말할 수 있는가?

이와 같은 부차적 연구문제에 대한 결론을 내리기 위해서는, 그에 앞서 우선 각 포장 색깔의 핸드크림을 선택한 여성의 수가 연령대에 따라 [표 4-16]에서와 같이 차이가 나타난 것이 여성들의 전집(universe)에서도 그렇게 나타날 수 있는 유의적 차이인지, 아니면 표집오차에 의한 우연한 차이인지를 검증해 보아야 한다. 그런데 [표 4-16]의 자료를 보면, 이 자료는 한 개의 독립변인(포장 색깔)과 한 개의 중개변인(연령)이 종속변인(핸드크림에 대한 선호행동)에 미치는 영향을 알아보기 위한 것이며, 조사대상자의 표본은 독립표본이고, 종속변인인 선호행동의 값은 빈도(명명수)로 되어 있다. 그러므로 이러한 선호행동의 차이, 즉 포장 색깔과 여성의 연령에 따른 핸드크림에 대한 선호행동의 빈도 간의 차이를 2개 독립표본에서의 χ^2검증법을 사용하여 검증해 보기로 하는데, 이 검증법도 앞서 살펴본 단일표본의 χ^2검증법과 거의 같으며, 기대빈도를 구하는 방법과 χ^2값을 구하는 방법만이 다를 뿐이다.

(2) 2개의 독립표본에서 χ^2값의 계산방법

우선 2개의 독립표본의 χ^2검증법에서 기대빈도를 구하는 방법부터 살펴보면,

관찰빈도의 행(行)의 합계에다 열(列)의 합계를 곱한 다음, 그 값을 전체 사례수로 나누면 된다. 예컨대, [표 4-16]에서 빨간색 포장의 핸드크림을 선택한 20대 여성의 관찰빈도인 87에 대한 기대빈도를 구하려면, 그 행 오른쪽 끝의 합계(row marginal total), 즉 20대 여성의 사례수의 합계인 216에다 그 열의 맨 아래에 있는 열의 합계(column marginal total), 즉 빨간색 포장의 핸드크림을 선택한 여성의 사례수의 합계인 200을 곱한 다음, 그 값 43,200을 전체 사례수 600으로 나누면 72.0이라는 기대빈도가 나오게 된다. 즉 216×200 = 43,200이고, 43,200÷600 = 72.0이 되는데, 이는 만약 핸드크림의 포장 색깔과 여성의 연령이 핸드크림에 대한 여성의 선호행동에 아무런 영향을 미치지 않는다면, 빨간색 핸드크림을 선택한 20대 여성의 수가 72명이 되어야 한다는 것을 말한다. 그러나 이러한 기대빈도에 대한 실제 관찰빈도를 보면 87명이나 되므로, 핸드크림의 포장 색깔이 핸드크림에 대한 여성의 선호행동에 미치는 영향은 여성의 연령에 따라 달라지는 것 같다.

그러나 이는 실제로 검증해 보아야 하는데, 이에 관해서는 뒤에서 다시 살펴보기로 하고, 우선 기대빈도를 구하는 방법부터 더 알아보겠다. [표 4-16]에서 갈색 포장의 핸드크림을 선택한 40대 여성의 관찰빈도인 15에 대한 기대빈도를 구하려면, 그 행의 합계인 190에다 그 열의 합계인 100을 곱하여 그 값 19,000을 전체 사례수인 600으로 나누면 31.7이라는 기대빈도가 나오게 된다. 즉 190×100 = 19,000이고, 19,000÷600 = 31.7이다.

이와 같은 식으로 모두 구한 기대빈도가 [표 4-16]의 기대빈도 난에 적혀 있는 수치들인데, 이 기대빈도들은 방금 위에서 말했듯이 만약 핸드크림의 포장 색깔과 여성의 연령이 핸드크림에 대한 여성 소비자의 선호행동에 아무런 영향을 미치지 않을 때, 각 포장 색깔의 핸드크림을 선택할 것이라고 예상(기대)하는 여성들의 명수(名數), 즉 빈도를 말한다.

이와 같이 기대빈도를 모두 구하고 나면, 다음으로는 기대빈도와 실제 조사에서 나타난 관찰빈도 간의 차이를 가지고 χ^2값을 계산해야 하는데, [표 4-16]에서와 같이 행(行, r)의 독립변인(핸드크림의 포장 색깔)과 열(列, k)의 중개변인(여성의 연령)이 각각 3개의 유목(類目)으로 나누어져 $r \times k$의 행렬표로 되어 있는 경우에서 χ^2값을 구하는 방법은 [공식 4-9]와 같다.

[공식 4-9] $$x^2 = \sum_{i=1}^{r}\sum_{j=1}^{k}\frac{(O_{ij}-E_{ij})^2}{E_{ij}}$$

여기서 O_{ij}=r개 유목의 행(行)과 k개 유목의 열(列)로 된 행렬표에서 i째 행과 j째 열이 교차하는 칸(cell)의 관찰빈도

E_{ij}=위와 같은 표에서 i째 행과 j째 열과의 교차 칸의 기대빈도

$\sum_{i=1}^{r}\sum_{j=1}^{k}$=$r$개 행과 k개 열의 모든 교차 칸의 빈도들의 총합

이 공식에다 [표 4-16]에 나타나 있는 것과 같은 관찰빈도와 기대빈도들을 대입하여 χ^2값을 계산한다. 이렇게 하여 나온 χ^2값이 영가설 H_0의 부정한계영역과 같거나 크면, "핸드크림의 포장 색깔에 따른 여성 소비자의 선호행동은 여성의 연령에 따라 달리 나타난다."고 볼 수 있다. 그러나 만약 χ^2값이 H_0의 부정한계영역보다 적으면 "핸드크림의 포장 색깔이 여성 소비자의 선호행동에 미치는 영향은 여성의 연령에 따라 다르게 나타나지 않는다."고 할 수 있다.

(3) 2개 표본의 χ^2검증법의 절차별 실례

이와 같은 결론을 내리려면, 먼저 연구가설과 영가설을 설정하고, 이들 가설의 검증통계방법도 선정하며, 또한 유의도 수준도 결정하고, 양방적 검증을 할 것인지, 아니면 일방적 검증을 할 것인지 하는 것도 결정하고, 자유도도 알아보는 등 여러 가지 절차가 필요하다. 그 절차를 간단히 요약해 보면 다음과 같다.

① **연구문제(Research Problem)**: 화장품의 포장 색깔이 그 상품에 대한 여성 소비자의 선호행동에 영향을 미친다면, 그 영향은 여성의 연령(중개변인)에 따라 달리 나타나는가, 아니면 같게 나타나는가?

② **연구가설(대안가설, H_1)**: 화장품의 포장 색깔이 그 상품에 대한 여성 소비자의 선호행동에 미치는 영향은 여성들의 연령(중개변인)에 따라 달리 나타날 것이다. 즉 여성의 연령에 따라 포장 색깔에 대한 선호행동에 차이가 나타날 것이다.

③ **영가설(Null Hypothesis, H_0)**: 화장품의 포장 색깔이 그 상품에 대한 여성 소비자

의 선호행동에 미치는 영향은 여성의 연령에 따라 차이가 나타나지 않을 것이다.

④ **검증통계방법**: 위와 같은 가설의 검증을 위하여 각 포장 색깔의 핸드크림을 선택한 600명의 여성을 다시 연령대별로 20대, 30대, 40대 이상으로 나누어 집계해 보았더니, 그 결과가 [표 4-16]과 같이 나왔는데, 이 표에서 여성의 표본은 독립표본이고 종속변인인 선호행동의 값은 빈도(선택의 수)로서 명명수이며, 독립변인(포장 색깔)과 중개변인(여성의 연령대)이 각각 3개 유목으로 되어 있다. 그러므로 2개 독립표본인 경우의 χ^2검증법을 사용하기로 한다.

⑤ **유의도 수준**: $a = 0.05$로 하되, ②의 연구가설에서 여성의 연령대에 따른 차이의 방향이 명시되지 않았으므로 양방적 검증을 한다.

⑥ **표집분포**: ④에서 χ^2검증법을 사용하기로 했으므로 χ^2표집분포(부록의 [수표 B] 참고)에서 영가설의 부정한계영역을 알아보기로 하되, 앞서 자유도는 $df = (3-1)(3-1) = 4$이므로 자유도가 4인 χ^2표집분포를 사용하기로 한다.

⑦ **H_0의 부정한계영역**: χ^2표집분포(부록의 [수표 B] 참고)에서 $df = 4$이고 $a = 0.05$이며 양방적 검증인 경우 영가설(H_0)의 부정에 필요한 χ^2값을 찾아보면, 그 값이 최소한 9.49와 같거나 커야 하므로 H_0의 부정한계영역은 $\chi^2 \geq 9.49$이다.

⑧ **검증통계치 χ^2값의 계산**: [표 4-16]과 같은 조사자료에서 실제로 χ^2값을 구해 보기 위하여, 앞서 소개한 [공식 4-9]에 관찰반도와 기대빈도를 대입, χ^2값을 계산해 보니 다음과 같이 42.81이 나왔다.

$$
\begin{aligned}
x^2 &= \sum_{i=1}^{r}\sum_{j=1}^{k}\frac{(O_{ij}-E_{ij})^2}{E_{ij}} \\
&= \frac{(87-72)^2}{72}+\frac{(76-108)^2}{108}+\frac{(53-36)^2}{36}+\frac{(64-64.7)^2}{64.7}+\frac{(98-97)^2}{97}+ \\
&\quad \frac{(32-32.3)^2}{32.3}+\frac{(49-63.3)^2}{63.3}+\frac{(126-95)^2}{98}+\frac{(15-31.7)^2}{31.7} \\
&= 3.13+9.48+8.03+0.01+0.01+0.002+3.23+10.12+8.80 \\
&= 42.81
\end{aligned}
$$

⑨ **통계적 결론**: 그런데 ⑦번에서 보듯이 0.05 수준에서의 영가설(H_0)의 부정한계영역은 $\chi^2 \geq 9.49$이므로, 실제 조사에서 얻어진 χ^2값이 9.49나 그 이상이면 영가설이 부정될 수 있는데, ⑧번에서 실제 χ^2값을 계산해 본 결과, 그 값이 42.81로서 H_0의

부정한계영역보다 훨씬 크게 나왔다(0.001 수준에서의 H_0의 부정한계영역인 $\chi^2 \geq$ 18.46보다도 크게 나왔음). 따라서 ③번의 영가설은 부정되고, 그 대신 ②번의 연구가설이 긍정되었다고 할 수 있다. 그러므로 이와 같은 가설검증 결과를 볼 때, ①번의 연구문제에 대하여 "화장품의 포장 색깔이 그 상품에 대한 여성 소비자의 선호행동에 미치는 영향은 여성의 연령에 따라 달리 나타난다."고 결론을 내릴 수 있다.

그러나 이와 같은 결론을 내리려면, 다시 연구문제 대한 조사자료를 보면서 핸드크림의 포장 색깔이 그 상품에 대한 여성 소비자의 선호행동에 얼마나 영향을 미치며, 이때 그 영향은 여성의 연령에 따라 어떻게 달리 나타나고 있는지를 구체적으로 밝히며 그에 관하여 논의를 해야 한다. 예컨대, [표 4-16]와 같은 조사자료를 보면, 전체적으로 볼 때 대체로 여성은 흰색 포장의 핸드크림을 가장 선호하는 반면, 갈색 포장의 핸드크림은 덜 좋아하고 있다고 하겠다. 그러나 이러한 성향을 연령별로 다시 분석해 보면, 40대 이상의 여성은 흰색을 선호하지만, 20대의 젊은 여성은 오히려 색깔이 있는 핸드크림을 더 선호한다고 볼 수 있다는 식으로 연구결과를 구체적으로 설명하고 논의해야 된다.

이상에서 두 가지 경우에서의 χ^2검증방법, 즉 단일표본에서의 χ^2검증법과, 2개의 독립표본에서의 χ^2검증법에 관하여 살펴보았다. 그러나 χ^2검증방법에는 2개 이상의 독립표본에서의 검증법, 즉 'k 독립표본(k-sample)'에서의 χ^2검증법도 있는데, 이는 연구문제나 가설에 독립변인이나 중개변인이 모두 합쳐 3개나 그 이상이며, 이들 변인이 각각 여러 개의 유목으로 나누어져 있고, 응답자의 표본이 독립표본인 경우에 사용하는 χ^2검증법을 말한다. 그러나 이러한 χ^2검증법도 앞서 살펴본 2개의 독립표본에서의 χ^2검증법과 비슷하므로, 이 χ^2검증법에 관한 설명은 생략하기로 하겠다.

4. 모수적 가설검증 통계방법의 실례 I: t-검증법

앞에서는 어떤 표본에서 얻은 통계치인 종속변인의 값이 명명수, 즉 빈도일 때, 이들 빈도 간의 차이의 유의도를 비모수적 추리통계방법의 하나인 χ^2검증법을 사용하여 검증하는 방법에 관하여 살펴보았다. 그러나 어떤 한 표본에서 얻은 통계치인 종속변인의 값이 등간치(等間値)일 때 이들 등간치 간의 어떤 차이의 유의도를 검증해 보려면, 앞서 말했듯이 모수적 통계방법(parametric statistics)을 사용하여 검증해야 한다.

1) 모수적 추리통계방법의 기본가정

모수적 통계방법(母數的 統計方法)이란, 앞서 말했듯이 주어진 자료에서 종속변인의 값(측정치)이 연속성과 등간성(continuity and equal interval of measures)이 있고, 표본의 전집(Population)이 정규성(normality)이 있으며, 전집 내의 변량이 동질성(homogeneity of variance) 등을 나타낼 때 사용하는 통계방법을 말한다. 즉 ① 주어진 자료에서 종속변인의 값(측정치)이 등간치(interval number)나 비율치(ratio number)이고, ② 표본의 전집이 정규분포를 이루고 있으며, ③ 전집 내의 변량(variance within groups)이 동질성을 갖고 있는 경우는 반드시 모수적 통계방법을 사용하여 전집치(모치수)를 추정하거나 가설을 검증해야 한다.

이러한 모수적 통계방법에도 여러 가지가 있으나, 그중에서 대표적인 가설검증 방법으로는 t-검증법(t-test)과 F-검증법(F-test, 즉 변량분석방법)이 있다. 이 중 t-검증법은 주어진 자료(종속변인의 값)가 등간치이며 이 값들이 전집에서 정규분포를 이루고 있다고 가정되나, 표본의 사례수가 120 이하($N \leq 120$)일 때, 어떤 한 통계치의 유의도(有意度)나, 또는 2개의 통계치 간의 차이, 예컨대 2개의 표본집단의 산술평균치 간의 차이의 유의도를 검증하는 추리통계방법이나. 그러므로 이러한 t-검증법은 조사나 실험대상인 표본의 전집이 정규분포를 이루고 있다고 가정할 수 있으나, 표본의 사례수 N이 120 이하($N \langle 120$)인 소위 소표본(small sample)의 경우에만 사용할 수 있다. 그러나 이 t-검증법은 2개의 등간치, 예컨대 2개의 산술평균치 간의 차이만 검증할 수 있다. 따라서 t-검증법을 사용하고자 할 때는 먼저 이와 같은 점들을 충분히 고려해서 선정해야 한다.

한편, F-검증법은 그 전집이 정규분포를 이룬다고 가정되는 그 어떤 크기의 표본에서 얻은 하나의 통계치의 유의도나, 2개 또는 그 이상의 통계치 간의 차이의 유의도를 검증할 때 사용할 수 있는 통계방법으로, 이를 변량분석방법(analysis of variance, 약칭 ANOVA)이라고도 부른다. 이러한 변량분석방법, 즉 F-검증법은 2개나 그 이상의 변인들 간의 주 효과(主效果, main effect)뿐 아니라, 그 변인들 간의 상호작용 효과(interaction effects)도 알아볼 수 있어 널리 사용되고 있다.

2) 모수적 통계의 하나로서 t-검증법의 기본원리

위와 같이 모수적 통계에서 가장 대표적인 가설검증방법으로 t-검증법과 F-검증법(변량분석방법)이 있는데, 이 중 t-검증법부터 살펴보면, 이 검증법도 기본원리는 앞서 살펴본 χ^2검증법과 대체로 비슷하다. 그렇다면 t-검증법에서는 어떤 2개의 등간치 간의 차이의 유의도, 즉 그 차이가 표집오차에 의한 우연한 차이인지, 아니면 전집에서도 그렇게 나올 수 있는 유의적 차이인지를 어떻게 검증하는가?

(1) 2개 표본집단에서 얻은 산술평균치에서 t값의 산출방법

어떤 표본에서 얻어진 2개의 등간치 간의 차이가 표집오차에 의한 것인지, 아니면 유의적 차이인지를 t-검증법을 사용하여 검증하기 위해서는 우선 t값이라는 것을 구한다. 그런 다음, 그 t값이 나올 수 있는, 즉 발생할 수 있는 확률을 조사해서 그 확률(p)이 0.05나 0.01보다 크게 나오면 2개의 등간치 간의 차이가 표집오차에 의한 것으로 보고, 그 확률이 0.05나 또는 0.01보다 작게 나오면 2개의 등간치 간의 차이를 유의적 차이로 본다. 그렇다면 이와 같은 t-검증법에서 t값은 어떻게 구하는가?

t값의 산출방법은 표본의 수와 통계치의 종류 등에 따라서 각각 다르다. 그러나 여기서는 그중에서 가장 많이 사용하는 것으로서, 2개의 표본집단에서 얻어진 2개의 산술평균치 간의 차이의 유의도를 검증할 때 t값의 산출방법만 간단히 소개하기로 하겠다. 그러나 이러한 경우에서 t값의 산출방법도, 2개의 표본집단의 사례수인 n_1과 n_2가 같은가, 아니면 서로 다른가에 따라 각각 다른데, 그 산출방법의 원리에 대한 설명은 생략하고 2개의 표본집단의 사례수가 서로 같은 경우(즉, $n_1 = n_2$인 경우)와 서로 다른 경우(즉, $n_1 \neq n_2$인 경우)에서 값의 산출 공식들만 소개해 보면 다음과 같다.

① 2개의 표본집단의 사례수가 서로 같은 경우(즉, $n_1 = n_2$인 경우)

[공식 4-10]

$$t = \frac{\overline{X_1} - \overline{X}_2}{\sqrt{(\frac{\sum x_1^2 + \sum x_2^2}{n_1 + n_2 - 2})(\frac{1}{n_1} + \frac{1}{n_2})}}$$

② 2개의 표본집단의 사례수가 서로 다른 경우(즉, $n_1 \neq n_2$인 경우)

[공식 4-11]

$$t = \frac{\overline{X_1} - \overline{X}_2}{\sqrt{(\frac{\sum x_1^2 + \sum x_2^2}{n(n-1)})}}$$

여기서 $\overline{X}_1$ = 표본집단 1의 산술평균치

$\overline{X}_2$ = 표본집단 2의 산술평균치

$\sum x_1^2 = \sum X_1^2 - \frac{(\sum X_1)^2}{n_1}$, 즉 표본집단 1의 제곱합

$\sum x_2^2 = \sum X_2^2 - \frac{(\sum X_2)^2}{n_2}$, 즉 표본집단 2의 제곱합

이와 같은 공식을 이용하여 t값을 산출하면, 다음으로는 그 t값이 나올 수 있는, 즉 발생할 수 있는 확률(p)을 알아보아야 한다. 그리하여 그 확률이 만약 0.05나 0.01보다 크게 나오면 2개의 표본집단에서 얻은 산술평균치 간의 차이가 표집오차에 의한 것으로 간주한다. 그러나 그 확률이 0.05나 0.01보다 작게 나오면, 2개의 표본집단에서 얻은 산술평균치 간의 차이를 실제 차이, 즉 유의적 차이로 본다. 그렇다면 이와 같은 t-검증법에서 어떤 크기의 t값이 발생할 수 있는 확률은 어떻게 알아보는가?

(2) 산출한 t값의 발생확률을 알아보는 방법과 t-분포

이러한 확률을 알아보는 방법은 아주 복잡하고 시간과 노력이 많이 든다. 때문에 통계학자들이 t값이 1로 나올 확률부터 시작해서 모든 크기의 t값이 나올 수 있는 확률들을 각각 미리 계산해서 수표(數表)로 만들어 놓았는데, 이를 t-분포(t-distribution) 또는 t-표집분포(t-sampling distribution)라고 부른다. 그러나 이러한

t-분포의 분량은 어마어마하게 많다. 따라서 그중 일방적 검증(one-tailed test)에서 유의도 수준이 각각 0.10, 0.05, 0.25, 0.01, 0.005, 0.0005인 경우에 영가설(H_0)의 부정에 필요한 최소한의 값들과, 양방적 검증(two-tailed test)에서 유의도 수준이 각각 0.20, 0.10, 0.05, 0.02, 0.01, 0.001인 경우에 영가설(H_0)의 부정에 필요한 최소한의 t값만 간추려서 수표(數表)로 만들어 놓았는데, 이것이 바로 이 책 뒤의 부록에 실려 있는 [수표 C]의 t-분포(각 유의도 수준에서의 t값)이다.

그러므로 이러한 [수표 C]의 t-분포를 이용하면, 각 유의도 수준에서 영가설(H_0)의 부정에 필요한 최소한의 t값(즉 H_0의 부정한계영역)을 찾아볼 수 있다. 그 방법은 앞서 살펴본 χ^2검증법에서 영가설(H_0)의 부정에 필요한 최소한의 χ^2값을 [수표 B]에서 찾는 방법과 거의 비슷한데, 부록의 [수표 C]를 보면 위쪽에는 일방적 검증에서의 유의도 수준이 0.10부터 시작해서 0.0005까지 나열되어 있고, 그 아래에는 양방적 검증에서의 유의도 수준이 0.20부터 시작해서 0.001까지 나열되어 있다. 그리고 그 아래 왼쪽에는 '자유도'가 1에서부터 120을 거쳐 무한대까지 나열되어 있고, 그 오른쪽에 여러 수치들이 나열되어 있는데, 여기서 '일방적 검증'이나 '양방적 검증', '유의도 수준', '자유도'는 앞서 χ^2검증법에서 설명한 바와 같다. 따라서 [수표 C]에서 영가설(H_0)의 부정에 필요한 최소한의 t값을 찾으려면, 우선 일방적 검증을 할 것인가, 양방적 검증을 할 것인가를 판단한 다음, 유의도 수준을 결정하고 자유도도 계산해야 하는데, t-분포에서 자유도는 각 표본의 사례수에서 1를 뺀 값($df = n - 1$)이 된다.

이상과 같이 해서, 만약 일방적 검증을 하기로 했고 유의도 수준은 $p \leq 0.05$, 자유도는 $df = 17$이라면, [수표 C]에서 일방적 검증에서 유의도 수준이 0.05인 단(段)에서 자유도가 17인 칸을 보면 1.740이라는 수치가 있는데, 이 수치가 곧 영가설을 0.05의 유의도 수준에서 일방적 검증을 할 때 그 영가설의 부정에 필요한 최소한의 t값이다. 따라서 영가설의 부정한계영역은 $t \geq \pm 1.740$이므로, 어떤 실제 조사나 실험에서 얻은 t값이 1.740과 같거나 크면 영가설을 부정하고, 그 대신 연구가설(대안가설)을 받아들인다. 그러나 이와는 달리, 어떤 실제 조사에서 얻은 t값이 1.740보다 작으면($t \leq 1.740$) 영가설을 그대로 긍정하게 된다.

비타민 4-5

소표본과 학생 *t*-분포(分布)

어떤 전집에서 일정한 사례수 *N*을 가진 표본을 추출할 경우, *N*이 크면 그 표본의 통계치의 표집분포는 전집의 분포형태에 관계없이 정규분포에 가깝게 되는데, 이를 '많은 사례의 법칙(law of large numbers)'이라고 부른다. 그러나 표본의 사례수 *N*이 줄어들수록 그 표집분포는 정규분포에서 이탈하게 된다. 따라서 *N*이 작은 경우는 전집의 '정규성(normality)'이라는 기초 가정이 무너지게 되므로 정규분포곡선, 즉 z 점수를 기준으로 모치수를 추정하거나 가설을 검증할 수 없다. 그렇다면 표본의 사례수 *N*이 얼마일 때 그 표집분포가 정규분포가 되거나 또는 정규분포에 가깝게 되는가?

이에 관해서는 여러 가지 견해가 있으나, 대체로 $N=30$을 기준으로 삼고 있다. 그러나 더 정확한 접근을 위해서는 $N=120$을 기준으로 보기도 한다. 이러한 두 가지 기준을 중심으로, 표본의 크기가 30 또는 120 이상($N > 30$ or 120)인 경우를 대표본(large sample)이라고 하며, 그 반대로 30 또는 120 이하($N < 30$ or 120)인 경우를 소표본(small sample)이라고 부른다.

대표본의 경우는 그에서 얻은 각종 통계치의 표집분포가 정규분포나 그에 가깝게 되므로 정규분포곡선에 입각한 통계적 추리가 가능하다. 그러나 소표본의 경우는 그에서 얻은 통계치의 표집분포가 정규분포에서 이탈하므로 정규분포곡선에 입각한 모치수의 추정이나 가설 검증이 불가능하다.

그러므로 소표본인 경우는 정규분포 대신 소위 '*t*-분포(t-distribution)'라는 것을 사용하여 모치수를 추정하거나 가설을 검증하게 되는데, *t*-분포란 간단히 말해서 소표본에서 각종 통계치들의 표집분포를 말한다. 이러한 *t*-분포는 1908년 영국의 유명한 통계학자인 윌리암 고세트(William Gosset)가 처음 발견했다. 그러나 당시는 이에 대한 확신이 서지 않아 '학생'이라는 익명으로 발표했다고 한다. 따라서 *t*-분포를 '학생의 *t*-분포(student's t-distribution)', 그리고 이 분포에 입각한 *t*-검증법은 '학생의 *t*-검증법(student's t-test)'이라고 부르기도 한다.

3) 2개 산술평균치 간의 차이에 대한 t-검증법 실례

위에서 우선 t-검증법의 특성과 용도 및 t값의 계산법과 가설검증방법 등에 관하여 간단히 살펴보았다. 그러면 이러한 t-검증법을 하나의 실례를 들어 좀 더 구체적으로 살펴보기로 하되, 사례수가 서로 다른 2개의 표본에서 얻은 통계치인 2개의 산술평균치 간의 차이의 유의도를 검증하는 방법만 간단히 소개해 보기로 하겠다.

(1) 정보원의 공신력의 영향에 관한 실험연구 사례

앞서도 여러 번 실례로 들었듯이, "정보원의 공신력은 그 정보원의 메시지에 대한 수용자들의 수용태도에 과연 영향을 미치는가?" 하는 연구문제를 실험을 통해 알아보기 위하여 19명의 실험참여자(피험자)들을 무작위로 표집한 뒤, 이들을 A와 B 2개의 실험집단에 무작위로 배치하되, A 집단에는 9명을, B 집단에는 10명을 배치했다고 하자. 그리고 이들 2개 집단의 실험참여자들에게 똑같은 내용의 실험 메시지를 주면서 실험집단 A(낮은 공신력 실험집단)에는 그 메시지가 공신력이 낮은 'S 주간지'에 실린 논설이라고 말하고, 실험집단 B(높은 공신력 실험집단)에는 그 메시지가 공신력이 높은 권위지인 'D 일보'의 사설이라고 거짓으로 실험처치를 가하면서 실험참여자들에게 각 실험 메시지를 읽게 하였다. 그리고 그 실험 메시지의 주장에 대한 각 실험참여자들의 수용태도를 5개 문항의 5점 등간척도(5-point interval scales)를 사용하여 측정검사를 해 보았더니, 그 결과 [표 4-17]에서 X_1단(段)과 X_2단에 적혀 있는 점수들과 같이 나왔다고 하자. 그래서 이들 점수를 각 실험집단별로 합산한 뒤 산술평균치를 구해 보았더니, 실험집단 A(낮은 공신력 실험집단)의 메시지 수용태도의 산술평균치는 $\bar{X}_1 = 9.778$점인 반면, 실험집단 B(높은 공신력 실험집단)의 산술평균치는 $\bar{X}_2 = 15.100$점으로서, 공신력이 높은 실험집단(B)의 실험참여자들의 수용태도가 공신력이 낮은 실험집단(A)의 실험참여자들의 수용태도의 산술평균치보다 5.332점이나 높게 나타났다고 하자.

그렇다면 이와 같은 산술평균치의 차이는 정보원의 공신력의 영향에 의한 유의적 차이, 즉 모든 인간의 전집(全集)에서도 그렇게 나타나는 차이일까, 아니면 전집에서 겨우 19명의 실험참여자들을 표본으로 뽑는 과정에서 우연히 생긴 표집오차에 의

표 4-17 높은 공신력 및 낮은 공신력 집단의 메시지 수용태도 점수

실험집단 A(낮은 공신력 집단)		실험집단 B(높은 공신력 집단)	
X_1	X_1^2	X_2	X_2^2
12	144	21	441
14	196	18	324
10	100	14	196
8	64	20	400
16	256	11	121
5	25	19	361
3	9	8	64
9	81	12	144
11	121	13	169
		15	225
$\sum 88$	996	151	2445
$n_1=9$		$n_2=10$	
$\bar{X}_1=9.778$		$\bar{X}_2=15.100$	

한 차이일까?

(2) 2개 표본의 산술평균치 간 차이의 t-검증법 절차

이와 같은 문제에 대한 해답을 얻기 위해서는 위와 같은 2개 실험집단의 산술평균치 간의 치이를 t-검증법을 사용하여 검증해 보아야 한다. [표 4-17]의 자료를 보면, 종속변인인 '메시지 수용태도'의 값이 등간치(점수)이며, 그 값들이 전집에서 정규분포를 이루고 있다고 가정되나, 표본의 전체 사례수가 19로서 120 이하($N=120$)이기 때문이다. 그러므로 t-검증법을 사용하여 A, B 2개 실험집단의 산술평균치 간의 차이를 검증해 보되, 가설검증의 일반적 절차에 따라 연구문제부터 시작해서 연구가설과 영가설의 설정, 검증통계방법의 선정, 유의도의 결정, 표집분포, 영가설(H_0)의 부정한계영역, 검증통계치인 t 값의 계산과 통계적 결론을 내리는 방법까지 각 단계별로 그 실례를 간단히 들어보면 다음과 같다.

① **연구문제**: 정보원의 공신력은 그 정보원의 메시지에 대한 수용자들의 수용태도, 즉 커뮤니케이션 효과에 과연 영향을 미치는가?

② **연구가설(H_1)**: 만약 똑같은 내용의 실험 메시지를 2개 실험집단에 각각 주면서 실험집단 A(낮은 공신력 실험집단)에는 그 메시지가 공신력이 낮은 'S 주간지'에 실린 논설이라고 말하고, 실험집단 B(높은 공신력 실험집단)에는 그 메시지가 공신력이 높은 'D 일보'에 실린 사설이라고 거짓으로 실험처치를 가하면서 실험 메시지를 읽게 한 뒤, 그 메시지의 주장에 대한 각 실험집단의 수용태도를 검사해서 그 산술평균치를 산출해 보면, 높은 공신력 실험집단(실험집단 B)의 전집(全集)의 산술평균치(μ_2)가 낮은 공신력 실험집단(실험집단 A)의 전집의 산술평균치(μ_1)보다 클 것이다. 즉 $\mu_1 < \mu_2$일 것이다.

③ **영가설(H_0)**: 실험 메시지의 주장에 대한 높은 공신력 실험집단(실험집단 B)의 전집의 수용태도의 산술평균치(μ_2)와 낮은 공신력 실험집단(실험집단 A)의 전집의 수용태도의 산술평균치(μ_1) 사이에는 차이가 없을 것이다. 즉 $\mu_1 : \mu_2$ 또는 $\mu_1 - \mu_2 = 0$일 것이다.

④ **검증통계방법**: ②번의 연구가설(H_1)에서 2개의 표본집단, 즉 실험집단의 전집이 각각 정규분포를 이룬다고 볼 수 있으며, 표본의 크기가 작고(30명 이하의 소표본), 2개 집단의 산술평균치 간의 차이에 대한 검증이므로 t-검증법을 사용한다.

⑤ **유의도 수준**: $\alpha=0.05$로 하고 일방적 검증을 한다. 이는 ②번의 연구가설(H_1)에서 $\mu_1 < \mu_2$일 것이라고 그 대소의 방향을 밝혔기 때문이다.

⑥ **표집분포와 자유도**: 표집분포는 t-분포며, 자유도는 $df = n_1 + n_2 - 2 = 9 + 10 - 2 = 17$이다.

⑦ **영가설(H_0)의 부정한계영역**: 부록의 [수표 C]에서 일방적 검증이고 유의도 수준은 0.05이며 자유도는 $df=17$인 경우에 영가설(H_0)의 부정에 필요한 최소한의 t값을 보면 1.740이다. 따라서 ③과 같은 영가설(H_0)의 부정한계영역은 $t \geq \pm 1.740$이다.

⑧ **검증통계치 t값의 계산**: 2개 표본의 사례수가 각각 다르므로, 즉 $n_1 \neq n_2$이므로 앞서 소개한 [공식 4-11]을 사용하여 t값을 구하면 다음과 같다.

a) 표본집단(실험집단) A의 제곱합(sum of squares)

$$\sum x_1^2 = \sum X_1^2 - \frac{(\sum X_1)^2}{n_1} = 966 - \frac{(88)^2}{9} = 135.56$$

b) 표본집단(실험집단) B의 제곱합

$$\sum x_2^2 = \sum X_2^2 - \frac{(\sum X_2)^2}{n_2} = 2445 - \frac{(151)^2}{10} = 164.10$$

c) 이들 두 표본집단의 제곱합의 값을 [공식 4-11]에 대입하면

$$t = \frac{\overline{X}_1 - \overline{X}_2}{\sqrt{(\frac{\sum x_1{}^2 + \sum x_2{}^2}{n_1 + n_1 - 2})(\frac{1}{n_1} + \frac{1}{n_2})}}$$

$$= \frac{9.778 - 15.100}{\sqrt{(\frac{135.56 + 164.90}{17})(\frac{1}{9} + \frac{1}{10})}} = \frac{-5.322}{1.93} = -2.758$$

⑨ **통계적 결론**: 이렇게 산출된 t값 −2.758(− 부호는 표본집단 B의 산술평균치가 표본집단 A의 그것보다 크다는 것을 의미하는 것으로서, [수표 C]에서 t값을 찾을 때는 이러한 − 부호나 + 부호를 무시할 것)은 ⑦번에서 말한 영가설(H_0)의 부정에 필요한 최소한의 t값인 1.740보다 커서 영가설(H_0)의 부정한계영역에 포함된다. 따라서 ③과 같은 영가설(H_0)을 부정하고, 그 대신 ②번과 같은 연구가설(H_1)을 긍정할 수 있다.

그러므로 위와 같은 정보원의 공신력의 영향에 관한 실험연구 결과, 실험집단 A(낮은 공신력 실험집단)의 메시지 수용태도의 산술평균치는 $\overline{X}_1$=9.778점인 반면, 실험집단 B(높은 공신력 실험집단)의 메시지 수용태도의 산술평균치는 $\overline{X}_2$=15.100점으로서, 실험집단 B가 실험집단 A보다 5.332점이나 높은 차이가 나타난 것은 정보원의 공신력의 영향 때문이라고 볼 수 있다. 따라서 이러한 실험 결과로 미루어 볼 때, "정보원의 공신력은 그 정보원의 메시지에 대한 수용자들의 수용태도, 즉 커뮤니케이션 효과에 과연 영향을 미치는가?"라는 연구문제에 대하여 "그렇다."고 결론을 내릴 수 있다.

5. 모수적 가설검증 통계방법의 실례 II: 변량분석방법

위에서 t-검증법에 관하여 간단히 살펴보았는데, 이 검증법은 검증력(power

efficiency)이 높은 가설검증법의 하나이다. 하지만 t-검증법은 2개의 등간치 간의 차이의 유의도만 검증할 수 있다는 커다란 제약점을 가지고 있다. 따라서 이러한 제약점을 극복하여 2개 이상의 등간치 간의 차이의 유의도를 검증할 수 있는 모수적 추리통계방법이 개발되었는데, 이것이 곧 변량분석방법(變量分析方法, analysis of variance)으로서 F-검증법(F-test)이라고도 부른다. 또한 분산분석(分散分析)이라고도 부르며 간단히 ANOVA라고 하는데, 이는 영어 'analysis of variance'의 약자(略字)이다.

1) 변량분석방법의 특성과 적용조건

이와 같은 여러 가지 이름의 변량분석방법은 1936년 영국의 저명한 생물학자이자 통계학자인 피셔(R. A. Fisher)가 처음 개발했다. 그러나 이 검증법을 사용하여 가설을 검증하는 데 필요한 표집분포표(sampling distribution table)를 완성하지 못하여 주로 농업분야에서만 사용되었다. 그러다가 1956년 스네드코(G. S. Snedecor)가 표집분포표를 완성한 후, 이를 피셔 성명의 두음자(頭音字)를 따서 F-분포표(F-distribution table)라고 명명했다. 그러자 변량분석방법은 각 학문 분야에서 사용하기 시작해서 오늘날에는 가장 널리 사용하는 가설검증법의 하나가 되었다.

이 검증법에서는 집단 간 변량(between-groups variance)의 추정치에 대한 집단 내 변량(within-groups variance)의 추정치의 비율인 F값을 구한 다음, 이러한 F값이 나올(발생할) 확률을 F-분포표에서 찾아서 영가설을 부정 또는 긍정하게 된다. 따라서 F-검증법이라고도 부르기도 하나 일반적으로는 변량분석이라고 한다.

이러한 변량분석방법은, 앞서 말했듯이 2개 변인의 등간치 간 차이의 유의도는 물론, 그 이상의 변인들의 등간치 간 차이의 유의도뿐 아니라, 하나의 독립변인이 2개나 그 이상의 유목으로 나누어졌을 때 이들 유목에 따른 종속변인의 등간치 간 차이의 유의도도 검증할 수 있다는 장점을 갖고 있다. 또한 변량분석방법은 2개나 그 이상의 독립변인들이 각각 하나 또는 그 이상의 종속변인에 영향을 미치는 주 효과(main effects)는 물론, 2개나 그 이상의 독립변인이 동시에 하나 또는 그 이상의 종속변인에 영향을 미치는 상호작용 효과(interaction effects)도 알아볼 수 있어 현재로는 가장 훌륭한 통계방법이라고 할 수 있다.

그러나 변량분석방법은 앞서 말했듯이 모수적 통계방법이기 때문에, 이 통계방법이 요구하는 기본 가정이나 조건에 부합할 경우에만 사용할 수 있다. 그러므로 변량분석방법을 사용하여 어떤 표본집단에서 얻은 자료들을 분석할 때는, 그 표본집단의 전집이 모수적 통계방법의 기본 가정이나 조건에 부합한지부터 따져 보아야 하는데, 이에 관해서는 앞에서 이미 살펴보았다. 변량분석방법이 요구하는 주요 조건들을 다시 한 번 열거해 보면 다음과 같다. 첫째, 분석 또는 비교하고자 하는 표본집단의 전집(모집단)이 정규분포를 이룬다고 가정할 수 있어야 하나, 그 전집이 정규분포를 이루지 않더라도 분석 또는 비교하고자 하는 각 표본집단의 사례수가 $N > 120$일 경우는 변량분석이 가능하다. 이는 각 표본집단의 사례수가 크면 중앙집중한계의 정리(central-limit theorem)에 따라 정규분포에 접근하기 때문이다. 둘째, 모든 표본집단의 전집의 변량이 동일하다는 가정, 즉 변량의 동질성(homogeneity of variance)을 가정할 수 있어야 한다. 셋째, 표본은 무작위으로 표집한 독립적인 표본이어야 하며, 넷째, 주어진 자료는 등간치나 또는 비율치여야 한다. 그렇다면 이와 같은 경우에 사용할 수 있는 변량분석은 어떻게 가설을 검증하는가?

2) 변량분석방법의 기본원리

변량분석에 의한 가설검증법도 앞서 살펴본 χ_2검증법이나 t-검증법과 거의 비슷하다. 다른 점은 χ_2값이나 t값이 아니라, F값이라는 것을 구한 나음, 이러한 F값이 나올(발생할) 확률을 F-분포표에서 찾아서 영가설을 부정 또는 긍정하게 된다는 점뿐이다. 따라서, 앞서 말했듯이 변량분석을 F-검증법이라고 부르기도 한다. 그렇다면 변량분석에서 F값이라는 것은 무엇이며, 이는 어떻게 구하는가?

(1) 변량의 뜻과 역할

F값이란, 간단히 말해서 전체 변량(total variance) 중에서 집단 간 변량(between-groups variance)의 추정치에 대한 집단 내 변량(within-groups variance)의 추정치의 비율(ratio)로서, 곧 집단 간 변량의 추정치를 집단 내 변량의 추정치로

나눈 값을 말한다. 그렇다면 여기서 변량이란 무엇이며, 또한 집단 간 변량과 집단 내 변량은 무엇이고, 이들 변량의 추정치(estimate)란 또 무엇인가?

우선 '변량(variance)'이라는 용어부터 살펴보면, 일반적으로는 독립변인 등에 의하여 그 종속변인이 변화하는 양(量)을 말한다. 그러나 변량분석에서 변량이란, 앞서 1원적 기술통계방법에서 살펴본 분산도를 나타내는 값의 하나로, 한 분포나 집단 내의 점수들이 그 평균치로부터 얼마나 분산되어 있느냐의 정도를 나타내는 값을 말한다(변량을 기호로는 V또는 σ^2로 표시함). 이와 같은 변량의 값을 알아보려면, 어떤 분포나 집단 내의 각 점수(X)들에서 산술평균치($\bar{X}$)를 뺀 다음, 그 값(x)들을 각각 제곱(x^2)해서 모두 합친 뒤, 이를 다시 모든 점수들의 전체 사례수(n)로 나누면 되는데 이를 공식으로 나타내면 [공식 4-12]와 같다.

[공식 4-12] $$V = \sigma^2 = \frac{\sum x^2}{n}$$

여기서 $\Sigma x^2 = \Sigma(X - \bar{X})^2$로서, 곧 제곱합(sum of squares)

n = 사례수(한 분포 내의 모든 점수들의 사례수)

이와 같은 공식을 사용하여 얻는 변량의 값을 제곱근(square root)하면 표준편차(standard deviation)가 된다. 그러므로 변량은 제곱근을 하지 않은 표준편차라고 할 수 있는데, 이와 같은 변량을 우리말로 '분산(分散)'이라고 번역하여 'analysis of variance'를 '분산분석'이라고 부르기도 한다. 그러나 이 책에서는 'variance'는 '변량', 'analysis of variance'는 '변량분석'이라고 부르기로 하겠다. 그 명칭이야 어떻든 간에, 변량은 한 분포나 집단 내의 점수들이 그 평균치로부터 얼마나 분산되어 있느냐의 정도를 말해 주는 역할을 하지만, 또한 어떤 분포나 집단의 변량을 서로 비교해 봄으로써 가설을 검증할 수도 있는데, 이것이 곧 변량분석이다. 그렇다면 구체적으로 어떤 분포나 집단의 변량을 어떻게 비교해서 가설을 검증하게 되는가?

(2) 집단 간 변량, 집단 내 변량, 전체 변량과 그 추정치

위에서 말했듯이 변량분석에서는 집단 간 변량의 추정치를 집단 내 변량의 추정치와 비교해서 그 비율인 F값을 가지고 가설을 검증하게 되는데, 그러면 여기서 집단 간 변량과 집단 내 변량은 무엇인가?

먼저 집단 간 변량(V_b로 표시)이란, 어떤 독립변인의 영향에 의하여 생기는 2개 또는 그 이상 집단의 종속변인의 평균치 간의 변량을 말한다. 따라서 이를 체계적 변량(systematic variance)이라고도 부르는데, 이러한 변량의 값은 각 집단의 평균치를 하나하나의 점수로 간주해서 [공식 4-12]를 이용하여 구한다.

그러나 이렇게 해서 얻은 집단 간 변량의 값이 전집(모집단)에서 얻은 값이 아니라 표본에서 얻은 것(통계치)이라면, 그 값은 표집오차 때문에 전집에서의 값과 차이가 있을 수 있다. 그러므로 이럴 경우는 전집에서 집단 간 변량의 값(전집치, 모치수)을 추정(estimate)해 보아야 하는데, 이러한 집단 간 변량의 추정치($\hat{S}_b^2$)의 추정 공식은 [공식 4-13]과 같다.

[공식 4-13] $$\hat{S}_b^2 = \frac{\sum x_b^2}{df_b} = \frac{SS_b}{k-1}$$

여기서 Σx_b^2 = 집단 간 점수들의 제곱합(sum of squares between groups)

SS_b = 집단 간 점수들의 제곱합

df_b = 집단 간 자유도(degree of freedom between groups)

$k-1$ = 집단의 수$(k)-1$

한편, 집단 내 변량(V_w로 표시)이란, 어떤 표본의 표집 과정에서 우연히 생기는 표집오차나 종속변인 등의 측정 과정에서 생기는 측정오차, 또는 그 밖의 다른 여러 가지 가외변인(extraneous variable)들의 영향에 의한 변량을 말한다. 따라서 이러한 집단 내 변량을 오차변량(error variance)라고도 부른다.

그러나 이를 집단 내 변량이라고 부르는 것은, 이 변량은 각 집단별로 그 집단의 변량을 따로따로 계산한 뒤 이들의 평균치를 낸 것이기 때문이다. 그러나 이러한 집단 내 변량도 전집에서 계산한 것이 아니라 표본에서 계산한 통계치라면, 그 값은 표집오차 때문에 전집에서의 값(전집치)과 차이가 있을 수 있다. 그러므로 이럴 경우는 전집에서의 집단 간 변량의 값을 추정해 보아야 하는데, 그 추청치($\hat{S}_w^2$)의 추정 공식은 [공식 4-14]와 같다.

[공식 4-14] $$\hat{S}_w^2 = \frac{\sum x_w^2}{df_w} = \frac{SS_w}{N-k}$$

여기서 $\Sigma x_w^2 = SS_w$ = 집단 내 점수들의 제곱합

df_w = 집단 내 자유도(degree of freedom within groups)

$N - k$ = 전체 사례수 - 집단의 수

그리고 위와 같은 2개의 변량, 즉 집단 간 변량과 집단 내 변량을 합친 것을 전체 변량(total variance, V_t로 표시)이라고 하는데, 어떤 연구에서 얻어진 전체 변량은 집단 간 변량인 체계적 변량과 집단 내 변량인 오차변량으로 구성된다. 즉 전체 변량을 V_t, 집단 간 변량을 V_b, 집단 내 변량을 V_e라고 하면, $V_t = V_b + V_e$이다. 그러므로 V_t, V_b, V_e 중에서 2개 값만 알면 그 나머지 변량의 값은 쉽게 구할 수 있다. 그러나 이들 중 전체 변량의 값이 표본에서 얻은 것이라면, 위의 집단 간 변량의 추정치와 집단 내 변량의 추정치를 합해서 전체 변량의 추정치를 구해야 한다.

이상과 같은 변량들의 추정 공식에서 볼 수 있듯이, 각 변량의 추정치는 각 변량에 관계된 점수들의 제곱합(sum of square), 즉 각 점수를 제곱한 값들을 모두 합친 값을 자유도(degree of freedom)로 나눈 평균제곱합(mean squires)이라고 할 수 있다. 예컨대, 집단 간 변량의 추정치는 집단 간 점수들의 제곱합을 집단 간 자유도(df_b)인 $k-1$(집단의 수+1)로 나눈 평균제곱합이며, 집단 내 변량의 추정치는 집단 내 점수들의 제곱합을 집단 내 자유도(df_w)인 $N - k$(전체 사례 수+집단의 수)로 나눈 평균제곱합이 된다.

(3) *F*값 구하는 법과 영가설의 부정한계영역 찾는 법

위에서 변량의 종류와 각 변량의 추정치를 계산하는 방법에 관하여 간단히 살펴보았는데, 그러면 이러한 변량들의 추정치는 왜 알아보는가? 그 이유는, 앞서 말했듯이 *F*값을 구하기 위해서인데, *F*값이란 집단 간 변량의 추정치에 대한 집단 내 변량의 추정치의 비율(ratio)로서, 곧 집단 간 변량의 추정치를 집단 내 변량의 추정치로

나눈 값이다. 그렇다면 F값은 왜 이처럼 집단 간 변량의 추정치를 집단 내 변량의 추정치로 나누어서 구하는가?

그 이유는, 예를 들어 어떤 표본연구에서 얻어진 2개 또는 그 이상의 집단의 산술평균치 간 차이의 유의도를 검증해 볼 경우, 그 집단의 집단 간 변량과 집단 내 변량의 추정치를 각각 계산해서 서로 비교해 보았을 때, 독립변인의 영향에 의해 생기는 집단 간 변량의 추정치가 표집오차나 측정오차 등에 의해 생기는 집단 내 변량의 추정치보다 크게 나와야, 연구결과에서 나타난 각 집단의 평균치 간의 차이가 표집오차에 의한 것이 아니라, 독립변인의 영향에 의한 유의적 차이라고 볼 수 있기 때문이다. 따라서 집단 간 변량 추정치를 집단 내 변량 추정치로 나누어, 그 비인 F값을 [공식 4-15]와 같이 구하게 된다.

[공식 4-15] $$F = \frac{\text{집단 간 변량의 추정치}}{\text{집단 내 변량의 추정치}} = \frac{\hat{S}_b^{\,2}}{\hat{S}_w^{\,2}}$$

그렇다면 이러한 F값이 얼마가 나와야 각 집단의 산술평균치 간의 차이를 유의적인 것으로 보는가? 이러한 문제를 알아보기 위해서는, 연구자료를 가지고 실제로 F값을 구했을 때 그러한 크기의 F값이 나올(발생할) 확률이 얼마나 되는지를 우선 알아보아야 한다. 그리하여 그 확률(p)이, 앞서 χ^2검증법이나 t-검증법에서와 같이 0.05나 0.01보다 작게 나오면 각 집단의 산술평균치 간의 차이를 유의적인 것으로 보지만, 그 확률이 0.05나 0.01보다 크게 나오면 그 차이를 표집오차에 의한 우연한 것으로 본다. 그렇다면 어떤 크기의 F값이 나올 확률이 얼마나 되는지는 어떻게 알 수 있는가?

이러한 확률을 알아보는 방법은 복잡하며 많은 노력이 든다. 따라서 이러한 불편 없이 누구나 그 확률을 쉽게 알아볼 수 있도록, 각각의 F값이 나올 수 있는 확률을 모두 산출해서 1956년 스네드코(G. S. Snedecor)가 F-분포라는 표를 완성해 놓았다. 그러나 이 F-분포표는 분량이 너무 많아 그중에서 확률(유의도 수준)이 0.05와 0.01인 경우에 영가설(H_0)의 부정에 필요한 최소한의 값들만 뽑아놓은 것이 이 책의 부록에 실려 있는 [수표 D]이다.

이 수표를 보면, 행(行)에는 분자(分子)의 자유도가, 그리고 열(列)에는 분모(分

母)의 자유도가 나와 있는데, 여기서 분자의 자유도는 집단 간 변량의 자유도이고, 분모의 자유도는 집단 내 변량의 자유도이다. 그리고 이들 분자와 분모의 자유도의 교차점에는 두 가지 수치가 아래 위에 나열되어 있는데, 이 중 위의 수치는 0.05 수준에서 영가설(H_0)의 부정에 필요한 최소한의 F값이며, 그 아래 수치는 0.01 수준에서 영가설을 부정하는 데 필요한 최소한의 F값이다.

따라서 만약 어떤 연구결과에서 F값이 51.43으로 나왔는데, 이 값이 0.01 수준에서 영가설을 부정할 수 있는 값인지 아닌지를 알아보자면, 분자(집단 간 변량)의 자유도와 분모(집단 내 변량)의 자유도를 우선 계산해 본다. 그 결과 분자의 자유도(집단의 수 $k-1$)는 1이고, 분모의 자유도(전체 사례수 $N-$ 집단의 수 k)는 16이라면, [수표 D]에서 이들 자유도가 교차하는 점에 있는 수치 중에서 아래 것을 보면 8.53으로, 곧 H_0의 부정한계영역은 $F \geq 8.53$임을 알 수 있다. 그런데 실제 연구에서 얻어진 F값은 51.43으로서 영가설의 부정한계영역보다 훨씬 크므로 영가설을 부정할 수 있다.

3) 변량분석의 여러 가지 방법

위에서 우선 "의 기본원리에 관하여 간단히 살펴보았다. 그러나 변량분석방법은 그 종류에 따라 조금씩 다르다. 그러므로 변량분석을 하자면 그 종류들을 알고, 그에 맞게 변량분석을 해야 하는데, 변량분석의 종류는 연구설계 또는 분석하고자 하는 독립변인이나 그 유목의 수 등에 따라 여러 가지로 나눌 수 있다. 그러나 이러한 변량분석의 종류는 크게 다섯 가지, 즉 ① 1원변량분석(one-way analysis of variance), ② 2원변량분석(two-way analysis of variance), ③ 중다변량분석(multiple analysis of variance), ④ 공변량분석(analysis of covariance), ⑤ 다변인변량분석(multivariate analysis of variance)으로 구분할 수 있다.

(1) 1원변량분석

1원변량분석이란, 예를 들어 TV의 폭력적 프로그램(독립변인)이 어린이에게 공격적 성향(종속변인)을 조장하는지 여부를 알아보기 위하여, 여러 명의 어린이들을 무작위로 표집해서 이들을 두 집단으로 나누어 집단 A의 어린이들에게는 폭력적 내용의 TV 프로그램을 보여주고, 집단 B의 어린이들에게는 폭력적 내용이 없는 프로그램을 보여준 뒤, 어린이들의 공격적 성향을 등간척도를 사용하여 측정해 본 결과, 집단 A과 집단 B의 공격적 성향 간에 유의적 차이가 나타났는지 여부를 검증할 때 사용하는 변량분석방법이다. 따라서 이러한 실례에서 보듯이, 1원변량분석은 어떤 하나의 독립변인의 유목을 2개 또는 그 이상으로 나누었을 때, 이들 유목에 따라 종속변인의 값에 유의적 차이가 나타나는지 여부 등을 검증할 때 사용한다.

(2) 2원변량분석

2원변량분석은 1원변량분석과는 조금 달리, 예컨대 TV의 폭력적 프로그램(독립변인)이 어린이의 공격적 성향(종속변인)에 미치는 영향이 어린이의 성별(중개변인)에 따라 달리 나타나는지 등을 알아볼 때 사용하는 변량분석방법이다. 이러한 2원변량분석은 다시 독립변인이나 중개변인을 각각 몇 개의 유목으로 나누느냐에 따라 여러 가지로 나누기도 한다. 예를 들어, 하나의 독립변인과 하나의 중개변인을 각각 2개의 유목으로 나누어 이들 유목에 따라 그 종속변인의 값들에 유의적 차이가 나타나는지 여부를 알아볼 경우의 변량분석은 2×2 요인방안(factorial design)의 변량분석이라고 하며, 독립변인은 2개의 유목으로, 중개변인은 3개의 유목으로 나누어, 이들 유목에 따른 종속변인의 값들의 유의적 차이를 검증할 경우의 변량분석은 2×3 요인방안의 변량분석이라고 한다.

(3) 중다변량분석

중다변량분석이란, 3개 또는 그 이상의 독립변인들이나 중개변인들이 하나의 종속변인에 미치는 영향을 알아보기 위하여, 독립변인이나 중개변인을 각각 여러 개의 유목으로 나누어 이들 유목에 따라 그 종속변인의 값들에 유의적 차이가 나타나는지 여부를 알아보는 변량분석을 말한다. 이러한 중다변량분석에는 독립변인이나 중개변인이 몇 개이며 이들을 각각 몇 개의 유목으로 나누었느냐에 따라, 예를 들어 2×3×2, 3×2×4 또는 2×2×3×2 요인방안의 변량분석 등 여러 가지가 있다. 그러나 독립변인이나 중개변인의 수가 증가할수록 변량분석의 검증력이 떨어진다. 따라서 독립변인이나 중개변인의 수가 모두 합쳐 3개 이상인 경우에 변량분석을 하면 가설검증력이 떨어질 수 있다.

(4) 공변량분석

공변량분석은 독립변인과 종속변인 간의 관계를 알아볼 때, 그에 부작용적 영향을 미치는 가외변인을 통제하면서 독립변인의 유목에 따라 종속변인의 값에 유의적 차이가 나타나는지 여부 등을 검증할 때 사용하는 변량분석방법이다.

(5) 다변인변량분석

다변인변량분석이란, 하나 또는 그 이상의 독립변인(중개변인 포함)들과 2개 이상의 종속변인들 간의 관계를 알아보기 위한 변량분석방법을 말한다. 따라서 다변인변량분석은 위에서 살펴본 네 가지 변량분석과 다른 장점을 갖고 있다. 즉 위의 네 가지 변량분석에서는 하나 또는 그 이상의 독립변인(중개변인 포함)들이 하나의 종속변인에 미치는 영향만 분석할 수 있으나, 다변인변량분석은 하나 또는 그 이상의 독립변인(중개변인 포함)들이 2개나 그 이상의 종속변인들에 각각 미치는 영향도 분석해 볼 수 있다.

4) 1원변량분석방법의 일반적 절차와 실례

위와 같이 변량분석에는 여러 가지 종류가 있다. 그러나 여기서는 1원변량분석방법과 2원변량분석방법 및 다변인변량분석방법에 관해서만 간단히 살펴보기로 하겠는데, 이들 세 가지 변량분석방법은 사회과학 분야에서 많이 사용하므로 사회과학도라면 반드시 알아야 한다.

(1) TV의 폭력적 프로그램의 영향에 관한 연구사례

1원변량분석방법은, 앞서 말했듯이 어떤 하나의 독립변인의 유목을 2개 또는 그 이상으로 나누었을 때 이들 유목에 따라 종속변인의 값에 유의적 차이가 나타나는지 여부 등을 검증할 경우 사용하는 변량분석방법이다. 그러면 이와 같은 변량분석의 실례의 하나로서 TV의 폭력적 프로그램이 어린이에게 미치는 영향에 관한 1원변량분석방법을 간단히 살펴보기로 하겠다.

TV의 폭력적 프로그램이 어린이에게 어떠한 영향을 미치느냐에 관해서는 여러 가지 학설이 있다. 예컨대, 어린이에게 폭력행동을 모방하게 만든다는 모방설(the imitation theory), 어린이의 공격적 성향을 자극한다는 자극설(the stimulating effects theory), 어린이의 폭력적 행동을 강화시킨다는 강화설(the reinforcement theory), 어린이에게 현실사회를 폭력사회로 인식하게 만든다는 문화계발설(the cultivation theory) 등이 있다. 또한 이와는 달리 TV의 폭력적 프로그램은 오히려 어린이의 공격적 성향이나 감정을 정화(淨化)시켜 준다는 감정정화설(the catharsis theory)도 있다.

그런가 하면, 어린이들은 TV 프로그램에 나오는 폭력을 그대로 모방하는 것이 아니라, 그와 같은 폭력행동을 했을 때 상(reward)을 받을 것이냐, 아니면 벌(punishment)을 받을 것이냐를 관찰하고 판단해서, 만약 상을 받을 것으로 판단하면 그 폭력행동을 재현하지만, 벌을 받을 것으로 판단하면 그 폭력행동을 따르지 않는다는 모델링 학설(the modeling theory)도 있다(Bandura, 1972). 따라서 이 학설에 의하면, 권선징악적 내용의 TV의 폭력적 프로그램은 어린이에게 나쁜 영향을 미치지 않는데, 대부분의 폭력적 프로그램은 권선징악적인 것이기 때문에 이러한 프로그램은 어린이에게 나쁜 영향을 많이 미치지 않으며 오히려 사회규범을 강화하는 역할을 한다는 것이다. 그렇다면 이러한 주장의 모델링 학설은 과연 타당성이 있는가?

이러한 타당성을 실험을 통하여 검증해 보기 위하여, 가령 15명의 유치원 어린이들을 무작위로 표집하여 이들을 다시 무작위로 3개의 집단, 즉 2개 실험집단과 1개 통제집단(control group)으로 나눈 뒤, ① 실험집단 1($n = 5$)에는 폭력적 장면이 있으며 폭력자가 칭찬(reward)을 받는 내용의 10분짜리 TV 만화를 보여주고, ② 실험집단 2($n = 5$)에는 실험집단 1에게 보여준 것과 같은 내용이나 폭력자가 벌(punishment)을 받는 TV 만화를 보여주고, ③ 통제집단($n = 5$)에는 실험집단에 보여준 것과 같은 내용의 TV 만화이지만 여기에서 폭력적 장면을 모두 삭제한 것을 보여주었다고 하자.

그런 다음, 각 실험집단의 어린이들을 놀이방에 넣고 여러 가지 장난감을 갖고

표 4-18 TV 프로그램의 내용에 따른 세 집단의 공격적 성향 점수

실험집단 1(폭력+칭찬)	실험집단 2(폭력+징벌)	통제집단(비폭력)
56점	54점	49점
57	52	52
57	56	52
60	50	53
60	53	49
산술평균치 $\bar{X}_1 = 58$	$\bar{X}_2 = 53$	$\bar{X}_C = 51$

놀게 하면서 연구자가 일면 유리창(one-way mirror)을 통하여 어린이들의 행동을 관찰하면서 이들이 나타내는 공격적 성향을 7개 문항의 10점짜리 등간척도(10-point interval scales)로 측정했다. 그리고 나서 각 어린이의 공격적 성향의 측정치(점수)를 각 실험집단별과 통제집단별로 합산하여 산술평균치를 산출해 본 결과, [표 4-18]의 맨 아랫줄과 같이 나타났다고 하자. 그렇다면 이와 같은 실험 결과를 볼 때, 앞에서 말한 모델링 학설은 과연 타당성이 있다고 말할 수 있는가, 또는 없는가?

(2) TV의 폭력적 프로그램의 영향에 관한 실험 결과

우선 [표 4-18]에서 통제집단부터 살펴보면, 공격적 성향 점수의 산술평균치가 51점으로, 폭력적 장면이 전혀 없는 TV 만화를 본 통제집단의 어린이들도 기본적으로는 약간의 공격적 성향을 나타냈다. 그런데 폭력적 장면이 있으며 그 폭력자가 칭찬을 받는 내용의 TV 만화를 본 실험집단 1의 공격적 성향의 산술평균치는 58점으로, 통제집단보다 7점이나 높게 나왔다. 따라서 TV 만화의 폭력적 내용이 어린이의 공격적 성향을 조장하는 것으로 나타났다. 반면, 폭력적 장면이 있으나 그 폭력자가 징벌을 받는 내용의 TV 만화를 본 실험집단 2의 공격적 성향의 산술평균치는 53점으로, 통제집단보다는 2점이 높지만 실험집단 1보다는 5점이나 낮게 나와 폭력 프로그램의 영향을 그리 많이 받지 않는 것으로 나타났다.

따라서 이와 같은 연구결과로 미루어 볼 때 모델링 학설은 타당성이 있는 것으로 보인다. 그러나 확실한 결론은 내릴 수는 없는데, 위와 같은 각 실험집단의 공격적 성향 점수 간의 차이는 TV 만화의 폭력적 내용에 의한 것이 아니라, 15명의 어린이들

을 표본으로 표집하는 과정에서 우연히 생긴 표집오차에 의한 차이일 수도 있기 때문이다. 특히 이럴 가능성이 높은 것은 표본의 크기가 겨우 15명으로 아주 작기 때문이기도 하다.

그러므로 우선 위와 같은 각 실험집단의 공격적 성향의 점수 간의 차이가 TV 만화의 폭력적 내용에 의한 유의적 차이인지, 아니면 15명의 어린이를 표본으로 표집하는 과정에서 우연히 생긴 표집오차에 의한 것인지를 검증해 본 다음, 모델링 학설이 타당성이 있는지 없는지에 대한 결론을 내려야 한다. 그렇다면 이와 같은 실험집단의 공격적 성향 점수 간의 차이가 TV 만화의 폭력적 내용에 의한 유의적 차이인지, 아니면 표집오차에 의한 우연한 차이인지는 어떻게 검증할 수 있는가?

(3) 실험 결과에 대한 1원변량분석방법의 절차

[표 4-18]을 보면, 1개의 독립변인인 'TV 프로그램의 폭력적 내용'을 3개의 유목(집단), 즉 ① 폭력적 내용이 있으며 그 폭력자가 칭찬 받는 경우(실험집단 1), ② 폭력적 내용이 있으며 그 폭력자가 처벌 받는 경우(실험집단 2), ③ 폭력적 내용이 전혀 없는 경우(통제집단)로 나누었다. 그리고 종속변인인 어린이의 '공격적 성향'의 값은 10점 만점의 등간척도로 측정한 등간치이다. 한편, 실험참여자인 어린이들의 표본은 무작위로 표집한 독립표본이며, 그 전집(모집단)은 정규분포를 이루고, 전집의 변량은 동일하다고 가정할 수 있다. 그러므로 [표 4-18]에서 3개 유목 집단(2개의 실험집단과 1개의 통제집단) 어린이들의 공격적 성향의 산술평균치 간의 차이가 TV 프로그램의 폭력적 내용의 영향에 의한 유의적 치이인지, 아니면 표집오차에 의한 우연한 차이인지는 1원변량분석을 통해 검증할 수 있다. 그렇다면 구체적으로 어떻게 검증해야 하는가?

1원변량분석방법을 비롯하여 모든 변량분석의 원리도 앞서 살펴본 χ^2검증법이나 t-검증법과 거의 비슷하다. 다른 점은, χ^2값이나 t값이 아니라, F값이라는 것을 산출해서 이것을 가지고 가설을 검증한다는 것일 뿐이다. 그러면 F값을 산출해 보기에 앞서, 우선 위에서 실례로 든 실험연구에서 얻은 [표 4-18]의 자료를 1원변량분석방법을 사용하여 검증할 때, 그 절차를 연구문제부터 영가설의 부정한계영역까지 간단히 정리해 보면 다음과 같다.

① **연구문제**: 어린이들은 TV 프로그램에 나오는 폭력을 그대로 모방하는 것이 아니라, 그와 같은 폭력행동을 했을 때 상(賞)을 받을 것인지, 아니면 벌(罰)을 받을 것인지를 관찰 및 판단해서, 만약 상을 받을 것으로 판단하면 그 폭력행동을 재현(再現)하지만, 벌을 받을 것으로 판단하면 그 폭력행동을 따르지 않는다는 요지의 모델링 학설(the modeling theory)은 과연 타당성이 있는가?

② **연구가설(H_1)**: 만약 유치원 어린이들을 무작위로 표집해서 3개 집단, 즉 2개의 실험집단과 1개의 통제집단으로 무작위로 나눈 뒤, 실험집단 1에는 폭력적 장면이 있으며 그 폭력자가 칭찬을 받는 내용의 10분짜리 TV 만화를 보여주고, 실험집단 2에는 실험집단 1에 보여준 것과 같은 내용이지만 그 폭력자가 벌을 받는 것을 보여주고, 통제집단에는 실험집단에 보여준 것과 같은 내용의 TV 만화이나 폭력적 장면을 모두 삭제한 것을 보여주고 나서, 어린이들의 공격적 성향을 관찰해서 등간척도로 측정한다면, 실험집단 1의 공격적 성향의 측정치의 산술평균치는 통제집단보다 높게 나오나, 실험집단 2의 공격적 성향의 측정치의 산술평균치는 실험집단 1이나 통제집단에 비해 그리 높게 나오지 않을 것이다.

③ **영가설(H_0)**: 위와 같이 했을 때 세 집단, 즉 실험집단 1과 실험집단 2 및 통제집단의 공격적 성향의 산술평균치 간에는 차이가 없을 것이다.

④ **검증통계방법**: ②번의 연구가설(H_1)을 보면, 1개의 독립변인인 'TV 프로그램의 폭력적 내용'을 3개 유목(즉 집단)으로 나누었고, 종속변인인 어린이의 '공격적 성향'의 측정치는 10점짜리 등간척도로 측정한 등간치이며, 어린이들의 표본은 무작위로 표집한 독립표본이고, 그 전집은 정규분포를 이루며, 전집의 변량은 동일하다고 가정할 수 있다. 그러므로 1원변량분석방법을 사용하여 가설을 검증하겠다.

⑤ **유의도 수준**: 가설을 엄격하게 검증하기 위하여 $\alpha = 0.01$로 한다.

⑥ **표집분포와 자유도**: 표집분포는 F-분포이며, 집단 간 변량(분자)의 자유도는 집단(유목)의 수에서 1를 뺀 값, 즉 $df_b = k - 1 = 3 - 1 = 2$이며, 집단 내 변량의 자유도는 전체 사례 수(N) $- k$(집단의 수), 즉 $df_w = N - k =$ 15명 $-$ 3집단 $= 12$이다.

⑦ **영가설(H_0)의 부정한계영역**: 이 책 부록의 [수표 D]에서 유의도 수준이 0.01이고, 분자(집단 간 변량)의 자유도는 2이며, 분모(집단 내 변량)의 자유도는 12인 경우, 영가설(H_0)의 부정에 필요한 최소한의 F값을 찾아보면 6.93이다(위쪽 숫자는 0.05

수준에서의 F값임). 고로 ③과 같은 영가설(H_0)의 부정한계영역은 $F \geq 6.93$이다.

그렇다면 [표 4-18]의 자료에서 실제로 F값을 구해보면 얼마가 나오는가? 이러한 F값을 구하려면, 앞서 말했듯이 집단 간 변량의 추정치와 집단 내 변량의 추정치를 각각 앞서 살펴본 공식들을 이용하여 산출한 다음, 집단 간 변량의 추정치를 집단 내 변량의 추정치로 나누면 된다. 그러나 그 자세한 방법은 생략하기로 하는데, 요즈음은 SPSS나 SAS 등의 통계 패키지 프로그램을 이용하면 F값을 쉽게 구할 수 있기 때문이다.

(4) 실험 결과에 대한 1원변량분석 결과 요약

SPSS나 SAS 등의 통계 패키지 프로그램을 이용하여 1원변량분석을 하면 그 결과를 하나의 표로 제시해 주는데, 이를 변량분석 결과의 요약표(summary table)라고 부른다. 이 표에는 집단 간 변량과 집단 내 변량의 제곱합(SS), 자유도(df), 변량추정치(평균제곱합)와 F값이 들어 있는데, [표 4-18]의 자료를 가지고 SPSS 통계 패키지 프로그램을 이용하여 1원변량분석을 실행해서 얻은 요약표만 제시하면 [표 4-19]와 같다.

이 표에서 보듯이, [표 4-18]의 자료를 가지고 1원변량분석을 해본 결과, 집단 간 변량의 제곱합은 130이고, 자유도는 2이므로, 130을 2로 나누면 집단 간 변량의 추정치는 65가 되었다. 한편, 집단 내 변량의 제곱합은 48이고, 자유도는 12이므로, 48을 12로 나누면 집단 내 변량의 추정치는 4가 되었다. 따라서 집단 간 변량의 추정치 65를 집단 내 변량의 추정치 4로 나누면 다음과 같이 F값이 16.25로 나온다.

$$F = \frac{\text{집단 간 변량의 추정치}}{\text{집단 내 변량의 추정치}} = \frac{\hat{S}_b^2}{\hat{S}_w^2} = \frac{65}{4} = 16.25$$

그렇다면 이러한 크기의 F값은 0.01 수준에서 영가설을 부정할 수 있는 값인가, 또는 아닌가? 이를 알아보기 위해서 [수표 D]에서 분자(집단 간 변량)의 자유도인 2와 분모(집단 내 변량)의 자유도인 12가 교차하는 지점에 있는 2개의 수치 중에서 그

표 4-19 1원변량분석 결과 요약표

변량원(source of variance)	제곱합(*SS*)	자유도(*df*)	변량추정치	*F*값
집단 간 변량(V_b)	130	2	65	16.25
집단 내 변량(V_w)	48	12	4	
전체 변량(V_t)	178	14		

아랫 것(0.01 수준의 값)을 보면 6.93이므로, 영가설(H_0)의 부정한계영역은 $F \geq 6.93$임을 알 수 있다. 그런데 TV의 폭력적 프로그램이 어린이에게 미치는 연구에서 실제로 얻어진 *F*값은 16.25로서 영가설의 부정한계영역인 6.93보다 2배 이상 크다. 그러므로 ③과 같은 영가설(H_0)을 부정하고, 그 대신 ②와 같은 연구가설(H_1)을 긍정할 수 있다.

따라서 이와 같은 가설의 검증 결과를 토대로 ①번의 연구문제에 대한 결론을 내려 보면, "어린이들은 TV 프로그램에 나오는 폭력을 그대로 모방하는 것이 아니라, 그와 같은 폭력행동을 했을 때 상(賞)을 받을 것인지, 아니면 벌(罰)을 받을 것인지를 판단해서, 만약 상을 받을 것으로 판단하면 그 폭력행동을 재현(再現)하지만, 벌을 받을 것으로 판단하면 그 폭력행동을 따르지 않는다."는 요지의 모델링 학설(the modeling theory)은 타당성이 있다고 결론을 내릴 수 있다. 그러나 이것은 하나의 가상적 실례에서 얻어진 결론이기 때문에, 실제로도 이와 같은 결론을 내릴 수 있는지는 알 수 없다는 점을 밝혀 둔다.

5) 2원변량분석방법의 일반적 절차와 실례

위에서 1원변량분석방법을 하나의 실례를 들어 간단히 살펴보았다. 그렇다면 이제부터는 2원변량분석방법에 관하여 알아보기로 하겠는데, 2원변량분석이란, 앞서 말했듯이 2개의 독립변인(또는 한 개의 독립변인과 한 개의 중개변인)이 하나의 종속변인에 미치는 영향 등을 알아볼 때 사용하는 변량분석방법을 말한다. 이러한 2원변량분석은 다시 독립변인이나 중개변인을 각각 몇 개 유목으로 나누었느냐에 따라 여러 가지로 나누는데, 예를 들어 하나의 독립변인과 하나의 중개변인을 각각 2개의 유목으로 나누어 이들 유목에 따라 그 종속변인의 값들에 유의적 차이가 나타나는지 여부를 알아보는 변량분석은 2×2 요인방안의 변량분석이라고 한다. 그리고 독립변인은 2개의 유목으로, 중개변인은 3개 유목으로 나누어, 이들 유목에 따른 종속변인의 값들의 유의적 차이를 검증할 경우의 변량분석은 2×3 요인방안의 변량분석이라고 부른다. 그러나 여기서는 2×2 요인방안의 변량분석을 중심으로 2원변량분석방법에 관해서 간단히 살펴보기로 하겠다.

(1) 성별에 따른 TV 폭력물의 영향에 관한 실험연구 사례

앞서 1원변량분석의 실례에서 말했듯이, 모든 폭력적 내용의 TV 프로그램이 어린이의 공격적 성향에 영향을 미치는 것은 아니지만, 폭력자의 폭력행동이 상을 받는 경우에는 TV의 폭력적 프로그램이 어린이의 공격적 성향을 조장하는 것으로 나타났다고 하자. 그렇다면 이처럼 TV의 폭력적 프로그램(독립변인)이 어린이 시청자의 공격적 성향(종속변인)에 미치는 영향은 어린이의 성별(중개변인)에 관계없이 똑같이 나타나는가, 아니면 성별에 따라 달리 나타나는가?

이러한 문제를 실험을 통하여 연구해 보기 위해, 유치원 어린이들 중에서 남자와 여자 어린이를 각각 10명씩 무작위로 표집하고, 이들 남녀 어린이들을 다시 무작위로 5명씩 나누어서 [그림 4-6]과 같이 모두 4개(2×2)의 실험집단을 만들었다고 하자. 그러고 나서 실험집단 A_1B_1과 실험집단 A_1B_2의 어린이들에게는 비폭력적 내용의 10분짜리 TV 만화(비폭력물)를 보여주고, 실험집단 A_2B_1과 실험집단 A_2B_2의 어린이들에게는 폭력적 내용의 TV 만화(폭력물)를 보여주고 나서, 어린이들을 각 실험집단별로 놀이방(실험실)에 넣고 여러 가지 장난감을 갖고 놀게 하면서 연구자가 일면 유리창(one-way mirror)을 통하여 어린이들이 나타내는 공격적 성향을 7개 문항의 10점짜리 등간척도(10-point interval scales)로 측정했다. 그리고 각 어린이의 공격적 성향의 측정치(점수)를 각 실험집단별로 합산하여 산술평균치($\bar{X}$)를 산출해 본 결과, [그림 4-6]의 소계(marginal total)와 같이 나타났다고 하자.

즉 비폭력적 내용의 TV 만화(비폭력물)를 본 실험집단 A_1B_1과 실험집단 A_1B_2의 어린이의 공격적 성향의 산술평균치는 $\bar{X}_{A1}$ = 48점으로 나타난 반면, 폭력적 내용

		TV 프로그램별(A)		
		비폭력물 집단(A_1)	폭력물 집단(A_2)	소계
성별(B)	남자집단 (B_1)	실험집단 A_1B_1 $n=5$ $\bar{X}=51$	실험집단 A_2B_1 $n=5$ $\bar{X}=59$	$\bar{X}_{B1}=55$
	여자집단 (B_2)	실험집단 A_1B_2 $n=5$ $\bar{X}=45$	실험집단 A_2B_2 $n=5$ $\bar{X}=49$	$\bar{X}_{B2}=47$
	소계	$\bar{X}_{A1}=48$	$\bar{X}_{A2}=54$	

그림 4-6 2×2 요인방안에서 각 실험집단의 공격적 성향의 평균치

의 TV 만화(폭력물)를 본 실험집단 A_2B_1과 실험집단 A_2B_2의 어린이의 공격적 성향의 산술평균치는 $\bar{X}_{A2} = 54$점으로, 비폭력적 TV 만화를 본 실험집단의 그것보다 6점이나 높게 나타나 폭력적 TV 프로그램이 어린이들의 공격적 성향을 부추기는 경향을 보였다.

한편, 어린이의 공격적 성향의 평균치를 성별로 나누어 보았더니, 남자 집단(B_1)의 소계는 $\bar{X}_{B1} = 55$점, 여자 집단(B_2)의 소계는 $\bar{X}_{B2} = 47$점으로, 남자 어린이의 공격적 성향의 산술평균치가 여자 어린이의 그것보다 8점이나 높게 나타났다. 그런데 이러한 결과를 좀 더 자세히 살펴보면, 폭력적 TV 만화를 본 여자 어린이 집단(실험집단 A_2B_2)의 공격적 성향의 산술평균치는 49점인 데 비하여, 남자 어린이 집단(실험집단 A_2B_1)의 공격적 성향의 산술평균치는 59점으로서 10점이나 높게 나타났다. 그렇다면 이와 같은 실험 결과를 볼 때, TV의 폭력 프로그램이 어린이 시청자의 공격적 성향에 미치는 영향은 어린이의 성별에 따라 달리 나타난다고 말할 수 있는가?

(2) 성별에 따른 TV 폭력물의 영향에 관한 가설의 검증 절차

만약 [그림 4-6]과 같은 실험 결과가 세계 모든 어린이들(전집)을 대상으로 한 실험연구에서 나왔다면, TV의 폭력적 프로그램이 어린이 시청자들의 공격적 성향에 미치는 영향은 어린이의 성별에 따라 달리 나타나며, 남자 어린이가 여자 어린이보다

TV의 폭력적 프로그램의 영향을 더 많이 받는다고 말할 수 있다. 그러나 [그림 4-6]과 같은 실험 결과는 단지 20명의 표본을 대상으로 한 실험연구에서 얻어진 것이므로, 이러한 실험 결과에서 나타난 여러 실험집단의 공격적 성향의 산술평균치 간의 차이는 표집오차에 의하여 우연히 생긴 것일 수도 있다.

그러므로 [그림 4-6]과 같은 실험 결과를 토대로, "TV의 폭력적 프로그램이 어린이 시청자의 공격적 성향에 미치는 영향은 어린이의 성별에 따라 달리 나타난다."는 결론을 내리려면, 위와 같은 실험 결과에서의 차이가 표집오차에 의한 것인지, 아니면 TV의 폭력적 프로그램과 어린이의 성별에 따른 실제의 유의적 차이인지를 먼저 통계적으로 검증해 보아야 한다. 이러한 검증도 앞서 배운 가설검증의 추리통계방법의 절차에 따라 검증해 나가면 되는데, 그 절차 중에서 첫째 연구문제의 서술부터 시작해서 넷째 검증통계방법 선정하기까지만 우선 간단히 정리해 보면 다음과 같다.

① **연구문제:** TV의 폭력적 프로그램(독립변인)은 과연 어린이 시청자의 공격적 성향(종속변인)의 조장에 영향을 미치며, 그 영향은 어린이의 성별(중개변인)에 관계없이 똑같이 나타나는가, 아니면 성별에 따라 달리 나타나는가?

② **연구가설(H_1):**

[연구가설 1] TV의 폭력적 프로그램은 어린이 시청자의 공격적 성향의 조장에 영향을 미치기 때문에, 폭력적 내용의 TV 프로그램을 본 어린이 집단의 공격적 성향이 비폭력적 내용의 TV 프로그램을 본 어린이 집단의 그것보다 높게 나타날 것이다(TV의 폭력적 프로그램의 주 효과에 관한 가설).

[연구가설 2] 그러나 이와 같은 공격적 성향은 어린이의 성별에 따라 달리 나타날 것이다. 즉 남자 어린이 집단과 여자 어린이 집단의 공격적 성향에 차이가 있을 것이다(어린이의 성별의 주 효과에 관한 가설).

[연구가설 3] TV의 폭력적 프로그램과 어린이의 성별은 상호작용을 하면서 어린이의 공격적 성향의 조장에 영향을 미칠 것이다(TV의 폭력적 프로그램과 어린이의 성별과의 상호작용 효과에 관한 가설).

③ **영가설(H_0):**

[영가설 1] TV의 폭력적 프로그램은 어린이 시청자의 공격적 성향의 조장에 영향

을 미치지 않기 때문에, 폭력적 내용의 TV 프로그램을 본 어린이 집단과 비폭력적 내용의 TV 프로그램을 본 어린이 집단의 공격적 성향에는 차이가 없을 것이다.

[영가설 2] TV의 폭력적 프로그램이 어린이의 공격적 성향에 미치는 영향은 성별에 따라 달리 나타나지 않기 때문에, 남자 어린이 집단과 여자 어린이 집단 간에 공격적 성향에 차이가 없을 것이다.

[영가설 3] TV의 폭력적 프로그램과 어린이의 성별은 상호작용하지 않고 각각 독립적으로 어린이의 공격적 성향의 조장에 영향을 미치기 때문에, TV의 폭력적 프로그램과 어린이의 성별 간에 상호작용 효과가 나타나지 않을 것이다.

④ **검증통계방법:** ②번의 연구가설(H_1)을 보면, 독립변인인 'TV의 폭력적 프로그램'과 중개변인인 어린이의 '성별'이 각각 2개의 유목으로 나누어져 있으며, 종속변인인 어린이의 공격적 성향의 측정치는 등간치이고, 표본은 무작위로 표집한 독립표본이며, 표본의 전집은 정규분포를 이루고, 전집의 변량은 동질성을 갖고 있다고 가정할 수 있다. 그러므로 2원변량분석방법을 사용하여 위의 연구가설과 영가설을 검증하겠다.

2원변량분석방법을 통한 가설검증방법도 앞서 살펴본 1원변량분석방법의 그것과 비슷하다. 그러나 2원변량분석에서는 독립변인과 중개변인이 각각 그 종속변인에 미치는 주 효과(main effects)뿐 아니라, 이들 두 변인이 동시에 종속변인에 미치는 상호작용 효과(interaction effects)도 함께 검증하는데, 그렇다면 여기서 주 효과와 상호작용 효과란 무엇을 말하는가?

(3) TV 폭력물과 성별의 주 효과 및 상호작용의 효과 검증방법

주 효과란 한 개의 독립변인과 한 개의 중개변인이 각각 그 종속변인에 미치는 영향이나, 또는 2개나 그 이상의 독립변인이나 중개변인이 각각 그 종속변인에 미치는 영향을 말한다. 즉 위와 같은 연구 실례에서 독립변인인 'TV의 폭력적 프로그램'과 중개변인인 어린이의 '성별'이 각각 그 종속변인인 어린이의 '공격적 성향'에 미치는 효과를 주 효과라고 한다. 따라서 이 경우 주 효과가 2개가 되는데, 하나는 TV의 폭력적 프로그램이 어린이의 공격적 성향의 조장에 미치는 주 효과, 즉 TV의 폭력적 프로그램의 주 효과이고, 다른 하나는 어린이의 성별이 공격적 성향에 미치는 주 효과, 즉 성별의 주 효과이다. 그러므로 위와 같은 연구에서 2원변량분석방법을 통하여 가설을 검증할 때는, 먼저 TV의 폭력적 프로그램의 주 효과에 관한 [연구가설 1]과 성별의 주 효과에 관한 [연구가설 2]부터 검증하게 된다.

한편, 상호작용 효과란, 위와 같은 연구 실례에서 TV의 폭력적 프로그램과 어린이의 성별이 동시에 어린이의 공격적 성향에 미치는 효과를 말한다. 2원변량분석에서는 이와 같은 상호작용 효과도 검증하게 되는데, 그 이유는 TV의 폭력적 프로그램과 어린이의 성별이 각각 독립적으로 그 종속변인인 공격적 성향에 영향을 미치는지, 아니면 서로 상호작용을 하면서 공격적 성향에 영향을 미치는지를 알아보기 위해서이다. 그러므로 위의 연구가설에서도 [연구가설 3]으로서 "TV의 폭력적 프로그램과 어린이의 성별은 상호작용을 하면서 어린이의 공격적 성향의 조장에 영향을 미칠 것이다."라는 가설을 설정해서 이를 검증해 보기로 했다.

그렇다면 위와 같은 가설들, 즉 TV의 폭력적 프로그램의 주 효과에 관한 [연구가설 1]과 성별의 주 효과에 관한 [연구가설 2] 및 TV의 폭력적 프로그램과 어린이의 성별과의 상호작용 효과에 관한 [연구가설 3]은 어떻게 검증할 수 있는가? 그 구체적 검증방법은 생략하겠는데, 요즘은 SPSS나 SAS 등의 패키지 통계 프로그램을 이용하면 컴퓨터로 2원변량분석도 쉽게 할 수 있기 때문이다. 따라서 그 분석 결과만 간단히 소개해 보면, 위에서 실례로 든 실험연구에서 얻는 자료들을 가지고 패키지 통계 프로그램을 이용하여 2원변량분석을 실행하면 [표 4-20]와 같은 분석 결과의 요약표(summary table)를 출력해 준다.

이 요약표를 보면, '변량원(source of variance)'이라는 제목 아래 'TV 프로그램(A)', '성별(B)', 'TV 프로그램×성별($A \times B$)', '집단 내 변량(오차변량)'이라고 적혀 있다. 이 중 'TV 프로그램(A)'은 TV의 폭력적 프로그램이 어린이의 공격성 성향에 미치는 주 효과의 변량원을 말하며, '성별(B)'은 어린이의 성별이 그들의 공격성 성향에 미치는 주 효과의 변량원이고, 'TV 프로그램×성별($A \times B$)'은 TV의 폭력적 프로그램과 어린이의 성별이 서로 동시에 어린이의 공격적 성향에 미치는 상호작용 효과의 변량원을 말한다. 그리고 '집단 내 변량'이란 앞서 설명한 오차변량을 말한다.

표 4-20 2×2 요인방안의 2원변량분석 결과 요약표

변량원(source of variance)	제곱합	자유도	변량추정치 (평균제곱합)	F값
TV 프로그램(A)	180	1	180.0	51.43
성별(B)	320	1	320.0	91.43
TV 프로그램 × 성별($A \times B$)	20	1	20.0	5.71
집단 내 변량(오차변량)	56	16	3.5	
전체	576	19		

한편, 이들 각 변량원의 오른쪽에는 그 변량원의 제곱합, 자유도, 변량추정치, F값이 차례로 나열되어 있는데, 이들은 앞서 1원변량분석에서 설명한 바와 같이 각 변량원의 제곱합을 그 자유도[15]로 나눈 값이 변량추정치이며, 이를 집단 내 변량의 추정치로 나눈 값이 곧 F값이다. 따라서 이러한 F값을 영가설의 부정한계영역과 비교하여, 만약 영가설의 부정한계영역보다 크면 영가설(H_0)을 부정하고 그 대신 연구가설(H_1)을 받아들인다. 그러나 F값이 영가설의 부정한계영역보다 작으면 영가설을 긍정하고 연구가설은 부정하게 된다. 그렇다면 앞에서 열거한 3개의 영가설들의 부정한계영역은 각각 얼마인가?

(4) TV의 폭력물이 공격적 성향에 미치는 주 효과의 검증방법

위와 같은 각 변량원의 부정한계영역은, 앞서 1원변량분석의 기본원리에서 말했듯이 이 책 뒤의 부록에 실려 있는 [수표 D]의 F-분포표에서 찾아볼 수 있는데, 이 수표는 0.05와 0.01인 경우에서 영가설(H_0)의 부정에 필요한 최소한의 F값들만 뽑아 놓은 것이다. 이 수표를 보면, 행(行)에는 분자의 자유도들이, 열(列)에는 분모의 자유

15 이들 자유도의 계산방법은, 앞에서 살펴보았듯이 집단 간 변량의 자유도는 $df = k-1$이며, 집단 내 변량의 자유도는 $df = N-k$이다. 여기서 k는 실험집단 등의 수를 말하며, N은 모든 집단의 전체 사례수를 말한다. 따라서 [표 4-20]에서 TV 프로그램에 따른 두 실험집단 간 변량의 자유도는 $df = 2-1$이 되고, 성별에 따른 두 실험집단 간 변량원의 자유도도 $df = 2-1$이 되었다. 그리고 전체 실험대상자(피험자)의 사례수(N)가 20명이고, 실험집단의 수(k)는 4이기 때문에, 집단 내 변량원의 자유도는 $df = N-k = 20-4 = 16$이 되었다.

도들이 나와 있는데, 여기서 분자의 자유도는 집단 간 변량의 자유도이고, 분모의 자유도는 집단 내 변량의 자유도이다. 그리고 이들 분자와 분모의 자유도들의 교차점에는 두 가지 수치가 아래 위에 나열되어 있는데, 이들 중 위의 수치는 0.05 수준에서 영가설(H_0)의 부정에 필요한 최소한의 F값이고, 그 아래 수치는 0.01 수준에서 영가설의 부정에 필요한 최소한의 값이다.

그러므로 이 수표에서 첫째로 'TV 프로그램'의 주 효과에 관한 [영가설 1], 즉 "TV의 폭력적 프로그램은 어린이 시청자의 공격적 성향의 조장에 영향을 미치지 않기 때문에, 폭력적 내용의 TV 프로그램을 본 어린이 집단과 비폭력적 내용의 TV 프로그램을 본 어린이 집단의 공격적 성향에는 차이가 없을 것이다."라는 영가설의의 부정한계영역을 찾으려면, 이 가설의 변량원의 자유도부터 알아야 하는데, [표 4-20]에서 보듯이 분자의 자유도는 1이고, 분모(집단 내 변량)의 자유도는 16이다. 따라서 [수표 D]에서 분자의 자유도 1과 분모의 자유도 16이 서로 교차하는 곳을 보면, 위에는 4.49, 아래는 8.53이라는 수치가 있는데, 이 중 위의 수치는 0.05 수준에서 영가설의 부정에 필요한 최소한의 F값이며, 아래 수치는 0.01 수준에서 영가설의 부정에 필요한 최소한의 F값이다.

그러므로 만약 0.05 수준에서 가설을 검증한다면, 영가설의 부정한계영역은 $F \geq 4.49$가 되며, 0.01 수준에서 가설을 검증한다면 영가설의 부정한계영역은 $F \geq 8.53$이다.

그런데 위에서 말한 실험연구에서 TV의 폭력적 프로그램의 주 효과에 대한 F값을 구해본 결과, [표 4-20]의 맨 오른쪽 칸에서 보듯이 51.43이 나왔는데, 이는 0.05 수준에서의 영가설의 부정한계영역인 $F \geq 4.49$는 물론, 0.01 수준에서의 영가설의 부정한계영역인 $F \geq 8.53$보다도 훨씬 크다. 따라서 위의 실험에서 나타난 공격적 성향의 차이, 즉 비폭력적 프로그램을 본 어린이 집단과 폭력적 프로그램을 본 어린이 집단의 공격적 성향의 평균치($\bar{X} = 48$과 $\bar{X} = 54$) 간의 차이([그림 4-6] 참고)는 표집오차에 의한 차이가 아니라, TV의 폭력적 프로그램의 영향에 의한 유의적 차이라고 볼 수 있다.

그러므로 "TV의 폭력적 프로그램은 어린이 시청자들의 공격적 성향의 조장에 영향을 미치지 않기 때문에, 폭력적 내용의 TV 프로그램을 본 어린이 집단과 비폭력적 내용의 TV 프로그램을 본 어린이 집단의 공격적 성향에는 차이가 없을 것이다."라는 [영가설 1](TV의 폭력 프로그램의 주 효과에 관한 영가설)은 부정하고, 그 대신 "TV의 폭력적 프로그램은 어린이 시청자의 공격적 성향의 조장에 영향을 미치기 때문에, 폭력적 내용의 TV 프로그램을 본 어린이 집단의 공격적 성향이 비폭력적 내용의 TV 프로그램을 본 어린이 집단의 그것보다 높게 나타날 것이다."라는 [연구가설 1]을 받아들일 수 있다.

그런데 앞서 [그림 4-6]에서 폭력 프로그램을 본 어린이 집단과 비폭력 프로그램을 본 어린이 집단의 공격적 성향의 산술평균치들을 비교해 보면, 폭력 프로그램을 본 집단의 산술평균치가 비폭력적 프로그램을 본 어린이 집단의 산술평균치보다 6점이나 더 높게 나왔다. 따라서 TV의 폭력적 프로그램은 어린이의 공격적 성향을 조장한다고 말할 수 있다.

(5) 어린이의 성별이 공격적 성향에 미치는 주 효과의 검증방법

다음으로 어린이의 '성별'이 공격적 성향에 미치는 주 효과에 관한 [영가설 2]의 부정한계영역을 찾아보기 위해 [표 4-20]에서 자유도를 보면, 이 역시 분자(집단 간 변량)의 자유도는 1이고, 분모(집단 내 변량)의 자유도는 16이다. 따라서 [수표 D]에서 분자의 자유도 1과 분모의 자유도는 16이 서로 교차하는 곳을 보면, 0.05 수준에서 영가설의 부정에 필요한 최소한의 F값은 4.49이며, 0.01 수준에서 영가설을 부정하는 데 필요한 최소한의 F값은 8.53이다. 그러므로 만약 0.05 수준에서 가설을 검증한다면, 영가설의 부정한계영역은 $F \geq 4.49$가 되며, 0.01 수준에서 가설을 검증한다면 영가설의 부정한계영역은 $F \geq 8.53$이다. 그런데 위에서 말한 실험연구에서 성별의 주 효과에 대한 F값을 구해본 결과, [표 4-20]의 맨 오른쪽 칸에서 보듯이 91.43이 나왔는데, 이 값은 0.05 수준에서 영가설의 부정한계영역인 $F \geq 4.49$보다는 약 20배나 크며, 0.01 수준에서 영가설의 부정한계영역인 $F \geq 8.53$보다도 10.7배나 크다.

따라서 위의 실험에서 성별에 따라 달리 나타난 공격적 성향의 산술평균치 간의 차이, 즉 남자집단(B_1)의 소계는 $\bar{X}_{B1} = 55$점, 여자집단(B_2)의 소계는 $\bar{X}_{B2} = 47$점으로, 남자 어린이의 공격적 성향의 산술평균치가 여자 어린이의 그것보다 8점이나 높게 나타난 것은 표집오차에 의한 차이가 아니라 어린이들의 성별의 영향에 의한 유의적 차이라고 할 수 있다. 그러므로 "TV의 폭력적 프로그램이 어린이의 공격적 성향에 미치는 영향은 성별에 따라 달리 나타나지 않기 때문에 남자 어린이 집단과 여자 어린이 집단 간에 공격적 성향에 차이가 없을 것이다."라는 [영가설 2]은 부정하고, 그 대신 "TV의 폭력적 프로그램이 어린이 시청자의 공격적 성향은 어린이의 성별에 따라 달리 나타날 것이다. 즉 남자 어린이 집단과 여자 어린이 집단의 공격적 성향에 차이가 있을 것이다."라는 [연구가설 2]를 받아들일 수 있다.

(6) TV의 폭력물과 성별과의 상호작용 효과의 검증방법

끝으로 TV의 폭력적 프로그램(A)과 어린이의 성별(B)이 서로 동시에 어린이의 공격적 성향에 미치는 상호작용 효과($A \times B$)에 관한 [영가설 3], 즉 "TV의 폭력적 프로그램과 어린이의 성별은 상호작용하지 않고 각각 독립적으로 어린이의 공격적 성향의 조장에 영향을 미치기 때문에, TV의 폭력적 프로그램과 어린이의 성별 간에 상호작용 효과가 나타나지 않을 것이다."라는 영가설의 부정한계영역을 찾아보기 위해 [표 4-20]에서 자유도를 보면, 이 역시 분자(집단 간 변량)의 자유도는 1이고, 분모(집단 내 변량)의 자유도는 16이다. 따라서 [수표 D]에서 분자의 자유도 1과 분모의 자유도 16이 서로 교차하는 곳을 보면, 0.05 수준에서 영가설의 부정에 필요한 최소한의 F값은 4.49이며, 0.01 수준에서 영가설을 부정하는 데 필요한 최소한의 F값은 8.53이다.

그런데 위의 실험연구에서 폭력 프로그램(A)과 성별(B)과의 상호작용 효과($A \times B$)에 대한 F값을 구해 보면, [표 4-20]의 맨 오른쪽 칸에서 보듯이 5.71이 나왔다. 그러므로 만약 0.05 수준에서 가설을 검증한다면, 위와 같은 [영가설 3]은 부정하고 그 대신 [가설 3], 즉 "TV의 폭력적 프로그램과 어린이들의 성별은 상호작용을 하며 어린이의 공격적 성향의 조장에 영향을 미칠 것이다."라는 가설을 받아들이게 된다. 그러나 만약 0.01 수준에서 [영가설 3]을 검증한다면, 그 영가설을 그대로 받아들여 "TV의 폭력적 프로그램과 어린이의 성별은 상호작용하지 않고 각각 독립적으로 어린이의 공격적 성향의 조장에 영향을 미친다."고 볼 수밖에 없다.

그렇다면 왜 0.05 수준에서는 [영가설 3]을 부정할 수 있으나, 0.01 수준에서는 부정할 수 없는가? 그 이유는 영가설을 엄격하게 검증했기 때문이지만, 다른 한편으로는 폭력적 프로그램과 어린들의 성별이 공격적 성향에 미치는 상호작용 효과가 그리 크기 않기 때문이라고 볼 수 있다. 이는 위에서 보듯이 폭력적 프로그램과 성별과의 상호작용 효과에 대한 F값이 5.71밖에 나오지 않았기 때문이다.

(7) 그림으로 본 TV의 폭력물과 성별과의 상호작용 효과

이와 같은 TV의 폭력적 프로그램(A)과 어린이의 성별(B)이 어린이의 공격적 성향에 미치는 상호작용 효과의 크기 내지 정도는 그것을 그래프로 그려보면 쉽게 알 수 있는데, 위에서 말한 실험 결과 4개 실험집단의 공격적 성향의 산술평균치가 [그림 4-7]의 왼쪽과 같이 나왔다고 하자. 따라서 [그림 4-7]의 오른쪽에서 보듯이 공격적 성향 점수를 Y축(axis)으로 하고 성별을 X축으로 한 제1 사분면을 그리고, 그 위에 위와 같은 4개 실험집단의 공격적 성향의 산술평균치에 해당하는 곳에 점을 찍었다. 그런 다음, ① 폭력적 프로그램(A_2)을 본 남자 실험집단과 여자 실험집단의 공격적 성향의 산술평균치의 점들을 서로 실선(實線)으로 연결하고, ② 비폭력 프로그램(A_1)을 본 남자 실험집단과 여자 실험집단의 공격적 성향의 산술평균치의 점들은 서로 점선으로 연결해 보았다. 그랬더니 이들 실선과 점선이 서로 완전히 교차했는데, 이는 TV의 폭력적 프로그램(A)과 어린이의 성별(B)이 완전하게 상호작용을 하면서 어린이의 공격적 성향에 영향을 미친다는 것을 나타낸다.

그러나 위에서 실례로 든 실험 결과, 4개의 실험집단의 공격적 성향의 산술평균치가 [그림 4-8]의 왼쪽과 같이 나왔다고 할 경우 이들 산술평균치를 가지고 앞서와 같은 그래프로 그려보면 [그림 4-8]의 오른쪽과 같이 나타난다. 이처럼 2개의 선, 즉

		TV 프로그램(A)		
		비폭력물 (A_1)	폭력물 (A_2)	
성별 (B)	남자(B_1)	45	55	100
	여자(B_2)	55	45	100
		100	100	

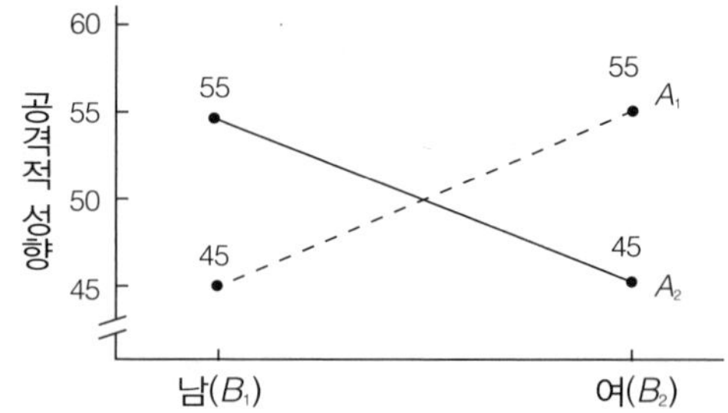

그림 4-7 TV의 폭력적 프로그램과 어린이 성별과의 완전한 상호작용 효과가 있는 경우

		TV 프로그램(A)		
		비폭력물 (A_1)	폭력물 (A_2)	
성별 (B)	남자(B_1)	50	56	106
	여자(B_2)	45	51	96
		95	107	

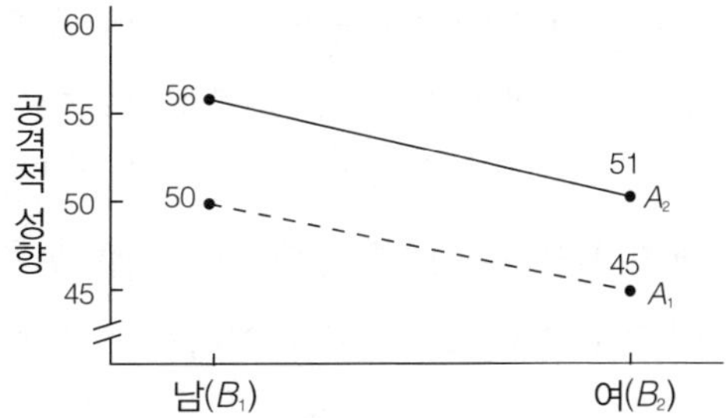

그림 4-8 TV의 폭력적 프로그램과 어린이 성별과의 상호작용 효과가 전무한 경우

폭력물 프로그램을 본 남자 실험집단과 여자 실험집단의 공격적 성향의 차이를 나타내는 실선과, 비폭력물 프로그램을 본 남자 실험집단과 여자 실험진단의 공격적 성향의 나타내는 점선이 서로 만나지 않고 평행선을 이루는 것은 곧 TV의 폭력적 프로그램과 어린이의 성별 간에 상호작용 효과가 없다는 것을 말한다. 다시 말해서, TV의 폭력적 프로그램(A)과 어린이의 성별(B)이라는 2개의 독립변인이 함께 공격적 성향에 미치는 상호작용 효과가 전혀 없다는 것을 의미한다. 즉 TV의 폭력적 프로그램과 어린이의 성별이 전혀 상호작용을 하지 않으면서 독자적으로 공격적 성향에 영향을 미친다는 것이다.

그렇다면 앞서 실례로 든 실험연구에서 나타난 TV의 폭력적 프로그램과 성별이 어린이의 공격적 성향에 미치는 상호작용 효과는 얼마나 되는가? 앞서 실험연구의 결과에서 나타난 4개 실험집단의 공격적 성향의 산술평균치가 [그림 4-9]의 왼쪽과 같은데, 이들 산술평균치를 가지고 앞서와 같은 그래프로 그려보면 [그림 4-9]의 오른

		TV 프로그램(A)		
		비폭력물 (A_1)	폭력물 (A_2)	
성별 (B)	남자(B_1)	51	59	110
	여자(B_2)	45	49	94
		96	108	

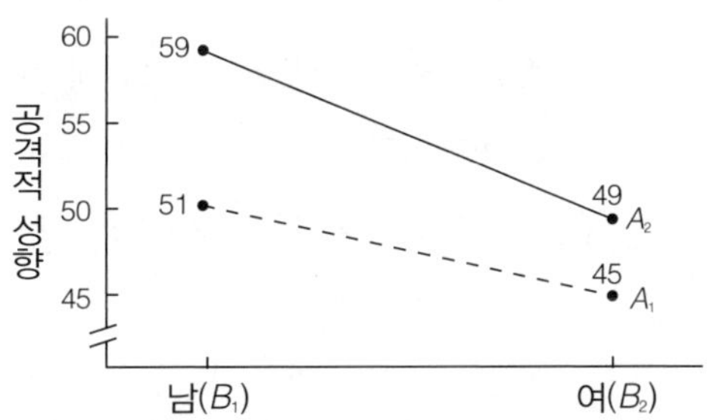

그림 4-9 TV의 폭력적 프로그램과 어린이 성별과의 상호작용 효과가 전무한 경우

쪽에서 보듯이 실선과 점선이 서로 평행은 아니고, 언젠가는 한참 뒤에 교차할 경향은 보인다. 따라서, 이를 볼 때 TV의 폭력적 프로그램과 어린이의 성별은 어느 정도 상호작용을 하면서 어린이의 공격적 성향에 영향을 미치지만, 그 상호작용 효과는 그리 크지 않다고 말할 수 있다. 그러므로 앞서 말했듯이 0.05 수준에서는 [영가설 3]을 부정할 수 있으나, 0.01 수준에서는 부정할 수 없게 되었다.

(8) 2원변량분석방법을 통한 가설검증 절차의 요약

지금까지 "TV의 폭력적 프로그램(독립변인)이 어린이 시청자의 공격적 성향(종속변인)의 조장에 영향을 미친다면, 그 영향은 어린이의 성별(중개변인)에 관계없이 똑같이 나타나는가, 아니면 성별에 따라 달리 나타나는가?"라는 연구문제에 대한 여러 가지 가설들을 2원변량분석을 통하여 검증하는 방법에 관하여 살펴보았다. 그러면 이를 다시 한 번 가설검증의 일반적 절차에 따라 정리·요약하되, 첫째 연구문제의 서술부터 넷째 검증통계방법의 선정까지는 앞에서 이미 요약했으므로, 여기서는 다섯째 유의도 수준의 결정에서부터 아홉째이자 마지막 단계인 통계적 결론을 내리기까지를 간단히 요약하면 다음과 같다.

⑤ **유의도 수준**: 가설을 엄격하게 검증하기 위하여 $\alpha = 0.01$로 한다.

⑥ **표집분포와 자유도**: 표집분포는 F-분포이며, 집단 간 변량(분자)의 자유도는 집단(유목)의 수에서 1를 뺀 값, 즉 $df = k-1$이므로, TV 프로그램에 따른 2개 실험집단 간 변량의 자유도는 $df = 2-1$이 되고, 성별에 따른 2개 실험집단 간 변량원의 자유도도 $df = 2-1$이며, TV 프로그램과 성별에 따른 2개 실험집단 간 변량원의 자유도도 $df = 2-1$이다. 한편, 집단 내 변량의 자유도는, $df = N-k$, 즉 전체 사례수(N)에서 실험집단의 수(k)를 뺀 값인데, 실험대상자(피험자)의 전체 사례수(N)는 20명이고 실험집단의 수(k)는 4이므로 $df = N-k = 20-4 = 16$이다.

⑦ **영가설(H_0)의 부정한계영역**: 부록의 [수표 D]에서 유의도 수준이 0.01이고, 분자(집단 간 변량)의 자유도는 1이며, 분모(집단 내 변량)의 자유도는 16인 경우에 영가설(H_0)의 부정에 필요한 최소한의 F값을 찾아보면 8.53이다. 따라서 앞서 ③번의 [영가설 1], [영가설 2], [영가설 3]의 부정한계영역은 $F \geq 8.53$이다.

⑧ **검증통계치 *F*값의 계산**: 앞서 실례로 든 실험연구에서 얻어진 자료들을 가지고 통계 패키지 프로그램을 이용하여 2원변량분석을 실행해서 각 변량원에 대한 *F*값을 구해 본 결과, [표 4-20]에서 보듯이 [연구가설 1]에 관한 TV의 폭력적 프로그램의 효과에 대한 *F*값은 51.43, [연구가설 2]에 관한 성별의 주 효과에 대한 *F*값은 91.43, [연구가설 3]에 관한 폭력적 프로그램과 성별과의 상호작용 효과에 대한 *F*값은 5.71로 나왔다.

⑨ **통계적 결론**: 따라서 [영가설 1]과 [영가설 2]은 부정(否定)하고, 그 대신 ②번과 같은 [연구가설 1], 즉 "TV의 폭력적 프로그램은 어린이 시청자의 공격적 성향의 조장에 영향을 미칠 것이다."와 "그러나 이러한 영향, 즉 TV의 폭력적 프로그램이 어린이의 공격적 성향에 미치는 영향은 어린이의 성별에 따라 달리 나타날 것이다."라는 [연구가설 2]를 긍정할 수 있다. 그러나 [영가설 3]은 부정할 수 없어, "TV의 폭력적 프로그램과 어린이의 성별은 상호작용하지 않고 각각 독립적으로 어린이의 공격적 성향의 조장에 영향을 미친다."고 볼 수밖에 없다.

그러므로 위와 같은 가설들의 검증 결과만을 토대로 [연구문제], 즉 "TV의 폭력적 프로그램이 어린이 시청자의 공격적 성향(종속변인)의 조장에 영향을 미치며, 그 영향은 어린이의 성별에 관계없이 똑같이 나타나는가, 아니면 성별에 따라 달리 나타나는가?"라는 연구문제에 대한 결론을 내려 본다면, "TV의 폭력적 프로그램은 어린이 시청자의 공격적 성향(종속변인)의 조장에 영향을 미치며, 그 영향은 어린이의 성별에 따라 달리 나타나지만, TV의 폭력적 프로그램과 어린이의 성별은 상호작용적으로 공격적 성향의 조장에 영향을 미치기보다는 서로 독자적으로 영향을 미친다."고 결론을 내릴 수 있다.

6) 다변인변량분석방법의 일반적 절차와 실례

위에서는 2 × 2 요인방안의 변량분석을 중심으로 2원변량분석방법에 관하여 살펴보았다. 그러면 여기서는 마지막으로 다변인변량분석(multivariate analysis of vari-ance) 방법에 관하여 간단히 살펴보고 변량분석에 관한 것을 끝내기로 하겠다.

다변인변량분석은 간단히 'MANOVA'라고 부르는데, 이는 여러 개의 독립변인(중개변인 포함)들과 2개 이상의 종속변인들 간의 관계를 알아보는 변량분석방법이다. 이러한 다변인변량분석방법은 사회과학이나 자연과학의 발전에 커다란 공헌을 하고 있는데, 앞서 살펴본 χ^2검증법, t-검증법, 1원변량분석방법, 2원변량분석방법 등은 하나 또는 그 이상의 독립변인(중개변인 포함)들이 오직 하나의 종속변인에 미치는 영향만 분석할 수밖에 없어, 복잡한 자연현상이나 사회현상을 제대로 분석해서 그 메커니즘(mechanism)을 정확히 이해할 수 없었기 때문이다. 그러나 여러 개의 독립변인(중개변인 포함)들이 2개나 그 이상의 종속변인들에 미치는 영향을 분석할 수 있는 다변인변량분석방법 등이 개발됨으로써 이제는 복잡한 현상도 어느 정도 분석이 가능하게 되었다.

(1) 다변인변량분석의 종류와 2원다변인변량분석의 실례

다변인변량분석방법에는 독립변인(중개변인 포함)의 수에 따라 1원다변인변량분석(one-way multivariate analysis of variance), 2원다변인분석(two-way multivariate analysis of variance) 방법 등이 있으며, 또한 다변인공변량분석(multivariate analysis of covariance) 방법도 있다. 그러나 여기서는 2개의 독립변인과 2개의 종속변인 간의 관계를 알아보는 2원다변인변량분석방법만 실례를 들어 간단히 살펴보기로 하겠다.

앞서 1원변량분석방법과 2원변량분석방법의 실례에서는 TV의 폭력적 프로그램(독립변인)이 어린이의 공격적 성향(종속변인)에 미치는 영향에 관해서만 살펴보았다. 그러나 TV의 폭력적 프로그램에 의하여 유발된 어린이의 공격적 성향이 실제 폭력행동으로 나타나는 경우는 많지 않기 때문에, TV의 폭력적 프로그램이 어린이에게 크게 유해(有害)하지 않다는 주장이나 견해도 없지 않다. 그러므로 이번에는 TV의 폭력적 프로그램(독립변인 A)이 어린이들의 공격적 성향(종속변인 C_1)뿐 아니라 실제 폭력행위(종속변인 C_2)에는 얼마나 영향을 미치며, 그 영향은 어린이의 성별(독립변인 B)에 따라 어떻게 달리 나타나는지를 실증적으로 연구해 보기로 했다고 하자.

그리하여 모두 48명(남녀 각 24명)의 어린이들을 표집, 이들을 2개의 실험집단

표 4-21 성별로 본 공격성향과 일탈행동에 대한 TV 프로그램의 영향

TV 프로그램	비폭력물(A_1)		폭력물(A_2)		합계	
효과 / 성별	공격성향 (C_1)	폭력행위 (C_2)	공격성향 (C_1)	폭력행위 (C_2)	공격성향 (C_1)	폭력행위 (C_2)
남 자(B_1)	8.20	8.10	10.01	11.09	9.11	9.60
여 자(B_2)	8.42	8.91	9.48	9.52	8.95	9.21
합 계	8.31	8.51	9.75	10.31	9.03	9.41

으로 나누어 실험집단 A_1(남녀 각 12명)에는 비폭력적 내용의 TV 프로그램을 주고, 실험집단 A_2(남녀 각 12명)에는 폭력적 내용의 TV 프로그램을 보여준 다음, 이들의 공격적 성향과 실제 폭력행위를 15점 만점의 등간척도를 사용해서 측정한 뒤, 그 측정점수들을 다시 실험집단 A_1과 실험집단 A_2 및 남자 집단(B_1)과 여자 집단(B_2)으로 나누어, 이들 각 집단별로 공격적 성향(C_1)과 폭력행위(C_2)의 측정검사 점수들의 산술평균치를 산출해 보았더니 [표 4-21]과 같이 나왔다고 하자.

이 표에서 우선 각 집단의 산출평균치를 비교해 보면, 폭력적 내용의 TV 프로그램을 본 어린이의 공격적 성향과 폭력행위가, 비폭력적 내용의 TV 프로그램을 본 어린이의 그것들보다 높게 나타났으며, 성별로는 남자의 그것들이 여자보다 더 높게 나왔다. 그렇다면 이와 같은 실험연구 결과를 가지고, 폭력적 내용의 TV 프로그램은 어린이의 공격적 성향뿐 아니라 폭력행위도 유발하며, 이러한 영향은 여자보다 남자에게 더 많이 나타난다고 말할 수 있겠는가?

이러한 문제에 대한 결론을 내리기 위해서는, 우선 [표 4-21]에 나타난 각 실험집단별 공격성향과 폭력행위의 평균치 간의 차이가 유의적 차이인지, 아니면 전집에서 단지 48명을 실험참여자(표본)로 표집하는 과정에서 생긴 표집오차에 의한 우연한 차이인지부터 검증해 보아야 한다. 그렇다면 이는 어떻게 검증할 수 있는가?

(2) 2원다변인변량분석 결과의 요약표와 해석

위와 같은 차이의 유의성 여부를 검증하려면 먼저 주어진 자료부터 살펴보아야

하는데, [표 4-21]의 자료를 보면 독립변인(중개변인 포함)이 2개(TV 프로그램과 어린이의 성별)이고, 종속변인도 2개(공격성향과 실제 폭력행위)이다. 그리고 종속변인의 값은 앞서 말했듯이 등간척도로 측정한 등간치이다. 한편, 실험참여자의 표본은 무작위로 뽑은 독립표본이고, 표본의 전집은 정규분포를 이루며, 전집의 변량은 동질성을 갖고 있다고 가정할 수 있다.

그러므로 [표 4-21]에서 TV 프로그램의 종류와 어린이의 성별에 따른 어린이의 공격적 성향과 실제 폭력행위의 측정점수의 산술평균치 간 차이가 유의적 차이인지, 아니면 표집오차에 의한 우연한 차이인지에 대한 검증은 2원다변인변량분석방법을 사용해서 검증해 보면 된다. 그러나 자세한 검증방법은 생략하고 검증 결과만 간단히 살펴보기로 하겠다.

위에서 실례로 든 실험에서 얻은 자료를 가지고 SPSS나 SAS 등의 통계 패키지 프로그램에서 MANOVA 프로그램을 이용하여 컴퓨터로 2원다변인변량분석을 실시하면 [표 4-22]와 같은 요약표(summary table)를 출력해 준다. 그러므로 이 표에 나타난 근사 *F*값이 0.05 수준 또는 0.01 수준에서 통계적으로 유의적인 값인지 여부만 알아보면 되는데, 그렇다면 이는 어떻게 알아보는가?

우선 [표 4-22]와 같은 다변인변량분석 결과의 요약표를 앞서 살펴본 2원변량분석 결과의 요약표인 [표 4-20]과 비교해 보면, 앞서 2원변량분석에서는 집단 간 제곱합과 집단 내 제곱합을 구한 다음, 이들을 자유도로 나누어 평균제곱합(변량추정치)을 구한 뒤, 집단 간 평균제곱합을 집단 내 평균제곱합으로 나누어 *F*값을 산출했다. 그러나 다변인변량분석에서는, 우선 각 집단간 일반화 변량(generalized variance, Log)과 그 잔차오차(殘差誤差, residual error)를 구한 다음, 다시 *U*-통계치

표 4-22 TV 프로그램의 영향에 대한 2원다변인변량분석 결과 요약표

변량원	일반화 변량(Log)	*U*-통계치	근사 *F*값	자유도
TV 프로그램(*A*)	8.972	0.672	10.498	2, 43
성 별(*B*)	8.602	0.973	0.595	2, 43
프로그램×성별(*A*×*B*)	8.822	0.781	6.044	2, 43
잔차오차(*S*)	8.574			

(*U*-statistic)를 구해서 이를 가지고 근사(近似) *F*값(approximate *F*-value)을 산출한다. 그리하여 그 근사 *F*값이 0.05 또는 0.01 수준에서 통계적으로 유의적인지 여부를 알아보게 되는데, 이때 그 유의성 여부는 앞서 1원 또는 2원변량분석에서와 마찬가지로 *F*-분포, 즉 이 책의 부록에 실린 *F*-분포인 [수표 D]에서 찾아보면 된다.

(3) 주 효과와 상호작용 효과에 관한 가설의 검증

[표 4-22]에서 TV 프로그램(*A*)의 주 효과의 근사 *F*값을 보면 10.498로 나와 있으며, 그 오른쪽 칸에는 자유도가 2와 43으로 나와 있다. 따라서 [수표 D]에서 분자(집단 간 변량)의 자유도가 2이고, 분모(잔차오차)의 자유도가 43인 경우 영가설의 부정에 필요한 최소한의 *F*값을 찾아보면, 분모의 자유도가 43인 경우의 *F*값은 나와 있지 않고, 분모의 자유도가 42인 경우에 0.05 수준에서의 *F*값은 3.22이고, 0.01 수준에서의 *F*값은 5.15로 나와 있으며, 분모의 자유도가 44인 경우에 0.05 수준에서의 *F*값은 3.21이고, 0.01 수준에서의 *F*값은 5.12로 나와 있다. 따라서 분자의 자유도가 2이고 분모(잔차오차)의 자유도가 43인 경우, 영가설의 부정에 필요한 최소한의 *F*값을 0.05 수준에서는 3.215, 그리고 0.01 수준에서는 5.135로 잡는다고 해도, 이들보다 TV 프로그램(*A*)의 주 효과의 근사 *F*값인 10.498이 훨씬 커서 영가설의 부정한계영역에 속한다.

그러므로 TV 프로그램(*A*)의 주 효과에 대한 영가설, 즉 "폭력적 내용의 TV 프로그램을 본 어린이의 공격적 성향과 폭력행위의 산술평균치와, 비폭력적 내용의 TV 프로그램을 본 어린이의 공격적 성향과 폭력행위의 산술평균치 사이에는 차이가 없을 것이다."는 영가설을 부정하고, 그 대신 "폭력적 내용의 TV 프로그램을 본 어린이의 공격적 성향과 폭력행위의 산술평균치가 비폭력적 내용의 TV 프로그램을 본 어린이의 공격적 성향과 폭력행위의 산술평균치보다 더 높을 것이다."라는 연구가설을 받아들일 수 있다. 따라서 이 결과를 토대로 폭력적 내용의 TV 프로그램이 비폭력적 내용의 프로그램보다 청소년의 공격적 성향과 폭력행동을 더 많이 유발한다고 결론을 내릴 수 있다.

다음으로, [표 4-22]에서 성별(B)의 주 효과의 근사 *F*값을 보면 0.595이고, 분자의 자유도는 2, 분모의 43이다. 따라서 [수표 D]에서 분자의 자유도가 2이고 분모의 자유도가 43인 경우 영가설의 부정에 필요한 최소한의 F값을 찾아보면, 분모의 자유도가 43인 경우에서의 F값은 나와 있지 않고, 분모의 자유도가 42인 경우와 44인 경우에서의 F값만 나와 있다. 따라서 위와 같이 이들 2개의 F값의 중간 점수를 분모의 자유도가 43인 경우에서 영가설의 부정에 필요한 최소한의 F값으로 잡는다면, 0.05 수준에서는 3.215이고 0.01 수준에서는 5.135이다. 그런데 [표 4-22]에서 보듯이 실제로 성별(B)의 주 효과의 근사 F값은 겨우 0.595로 나와서, 0.05 수준에서의 영가설의 부정한계영역인 $F \geq 3.215$나 0.01 수준에서의 영가설의 부정한계영역인 $F \geq 5.135$에 들지 못했다. 그러므로 성별(B)의 주 효과에 대한 영가설, 즉 "폭력적 내용과 비폭력적 내용의 TV 프로그램을 본 어린이의 공격적 성향과 폭력행위의 산술평균치는 어린이의 성별에 따라 차이가 없을 것이다."는 영가설은 부정할 수 없다. 따라서 앞서 [표 4-21]에서는 폭력적 내용의 TV 프로그램을 본 남자 어린이가 여자 어린이보다 공격적 성향과 폭력행위의 점수(산술평균치)가 높게 나왔지만, 이는 표집오차에 의한 우연한 차이이며, 실제로는 남자 어린이와 여자 어린이 사이에 차이가 없다고 말할 수 있다.

마지막으로, [표 4-22]에서 TV 프로그램(A)과 어린이의 성별(B)과 상호작용 효과에 대한 근사 F값을 보면, 6.044이고, 분자의 자유도는 2, 분모의 43이다. 따라서 [수표 D]에서 분자의 자유도가 2이고 분모의 자유도가 43인 경우 영가설의 부정에 필요한 최소한의 F값을 찾아보면, 분모의 자유도가 43인 경우에서의 F값은 나와 있지 않고, 분모의 자유도가 42인 경우와 44인 경우에서의 F값만 나와 있다. 따라서 위에서와 마찬가지로 분자의 자유도는 2이고, 분모의 자유도는 44인 경우에서 영가설의 부정에 필요한 최소한의 F값을 0.05 수준에서는 3.215로, 0.01 수준에서는 5.135로 잡는다면, 0.05 수준에서의 영가설의 부정한계영역은 $F \geq 3.215$이고, 0.01 수준에서의 영가설의 부정한계영역인 $F \geq 5.135$이다.

그런데 [표 4-22]에서 볼 수 있듯이 실제로 얻어진 TV 프로그램(A)과 어린이의 성별(B)과의 상호작용 효과($A \times B$)에 대한 근사 F값은 6.044로서 영가설의 부정한계영역에 속한다. 그러므로 "TV의 폭력적 프로그램과 어린이의 성별은 상호작용을 하지 않고 각각 어린이의 공격적 성향과 폭력행위에 영향을 미칠 것이다."는 영가설은 부정하고, 그 대신 "TV의 폭력적 프로그램과 어린이의 성별은 상호작용을 하면서 어린이의 공격적 성향과 폭력행위에 영향을 미칠 것이다."는 연구가설을 받아들일 수 있다. 그러나 이러한 결과는 하나의 실례로서 가상적 자료에서 얻어진 것이니 그대로 믿지 말기를 바란다.

(4) 다변인변량분석의 일반적 절차에 따른 요약

지금까지 2원다변인변량분석의 실례를 중심으로 다변인변량분석방법에 관하여 간단히 살펴보았는데, 이러한 다변인변량분석방법도 그 기본적 원리나 절차는 앞서 배운 여러 가지 가설검증의 추리통계방법과 비슷하다. 그러면 위에서 실례로 든 TV의 폭력적 프로그램이 어린이의 공격적 성향과 폭력행동에 미치는 영향에 관한 2원다변인변량분석방법을 일반적 절차에 따라 다시 한 번 간단히 정리해 보면 다음과 같다.

① **연구문제**: TV의 폭력 프로그램은 어린이들의 공격적 성향뿐 아니라 실제 폭력행위에도 영향을 미치며, 그 영향은 어린이들의 성별에 따라 달리 나타나는가?

② **연구가설(H_1)**:

[연구가설 1] TV의 폭력적 프로그램은 어린이 시청자의 공격적 성향과 폭력행위의 조장에 영향을 미치기 때문에, 폭력적 내용의 TV 프로그램을 본 어린이 집단의 공격적 성향과 폭력행위가 비폭력적 내용의 TV 프로그램을 본 어린이 집단의 그것보다 높게 나타날 것이다(TV의 폭력적 프로그램의 주 효과에 관한 가설).

[연구가설 2] 그러나 이러한 차이는 어린이의 성별에 따라 달리 나타날 것이다. 즉 남자 어린이 집단과 여자 어린이 집단의 공격적 성향과 폭력행위에 차이가 있을 것이다(어린이의 성별의 주 효과에 관한 가설).

[연구가설 3] TV의 폭력적 프로그램과 어린이의 성별은 상호작용을 하면서 어린이의 공격적 성향과 폭력행위의 조장에 영향을 미칠 것이다(TV의 폭력적 프로그램과 어린이의 성별과의 상호작용 효과에 관한 가설).

③ **영가설(H_0)**:

[영가설 1] TV의 폭력적 프로그램은 어린이 시청자의 공격적 성향과 폭력행위의 조

장에 영향을 미치지 않기 때문에, 폭력적 내용의 TV 프로그램을 보여준 어린이 집단과 비폭력적 내용의 TV 프로그램을 보여준 어린이 집단의 공격적 성향과 폭력행위에는 차이가 없을 것이다(TV의 폭력적 프로그램의 주 효과).

[영가설 2] TV의 폭력적 프로그램이 어린이의 공격적 성향과 폭력행위에 미치는 영향은 성별에 따라 달리 나타나지 않기 때문에, 남자 어린이 집단과 여자 어린이 집단 간에 공격적 성향과 폭력행위에 차이가 없을 것이다.

[영가설 3] TV의 폭력적 프로그램과 어린이의 성별은 상호작용하지 않고 각각 독립적으로 어린이의 공격적 성향과 폭력행위의 조장에 영향을 미치기 때문에, TV의 폭력적 프로그램과 어린이의 성별 간에 상호작용 효과가 나타나지 않을 것이다.

④ **검증통계방법**: ②번의 연구가설(H_1)들을 보면, 독립변인인 'TV의 폭력적 프로그램'과 중개변인인 어린이의 '성별'이 각각 2개의 유목으로 나누어져 있으며, 종속변인은 2개, 즉 공격적 성향과 폭력행위이고, 이들 종속변인의 측정치는 등간치이며, 표본은 무작위로 표집한 독립표본이고, 표본의 전집은 정규분포를 이루며, 전집의 변량은 동질성을 갖고 있다고 가정할 수 있다. 그러므로 2원다변인변량분석방법을 사용하여 위의 연구가설들과 영가설들을 검증한다.

⑤ **유의도 수준**: 가설을 엄격하게 검증하기 위하여 $\alpha=0.01$로 한다.

⑥ **표집분포와 자유도**: 표집분포는 F-분포인데, 자유도는 [표 4-22]에서 보듯이 TV 프로그램의 주 효과, 성별의 주 효과 및 TV 프로그램과 성별과의 상호작용 효과에서 분모의 자유도는 모두 2이고, 분자의 자유도는 모두 43이다.

⑦ **영가설(H_0)의 부정한계영역**: 부록의 [수표 D]에서 유의도 수준이 0.01이고, 분자(집단 간 변량)의 자유도는 2이며, 분모(잔차오차)의 자유도는 43인 경우, 영가설(H_0)의 부정에 필요한 최소한의 F값을 찾아보면 약 5.135이다. 따라서 ③번의 [영가설 1], [영가설 2], [영가설 3]의 부정한계영역은 각각 모두 $F \geq 5.135$이다.

⑧ **검증통계치 F값의 계산**: 앞서 실례로 든 실험연구에서 얻어진 자료를 가지고 통계패키지 프로그램을 이용하여 2원다변인변량분석을 실행해서 각 변량원에 대한 F값을 구해본 결과, [연구가설 1]에 관한 TV의 폭력적 프로그램의 주 효과에 대한 근사 F값은 10.498, [연구가설 2]에 관한 성별의 주 효과에 대한 근사 F값은 0.595,

그리고 [연구가설 3인]에 관한 폭력적 프로그램과 성별과의 상호작용 효과에 대한 근사 F값은 6.044로 나왔다.

⑨ **통계적 결론**: 그러므로 [영가설 1]은 부정하고, 그 대신 "TV의 폭력적 프로그램은 어린이 시청자의 공격적 성향과 폭력행위의 조장에 영향을 미치기 때문에, 폭력적 내용의 TV 프로그램을 본 어린이 집단의 공격적 성향과 폭력행위가 비폭력적 내용의 TV 프로그램을 본 어린이 집단의 그것보다 높게 나타날 것이다."라는 TV의 폭력적 프로그램의 주 효과에 관한 [연구가설 1]을 받아들일 수 있다. 그러나 [영가설 2]은 부정되지 못해서, "TV의 폭력적 프로그램이 어린이의 공격적 성향에 미치는 영향은 성별에 따라 차이가 없다."로 나타났다. 하지만 [영가설 3]은 부정됨으로써, "TV의 폭력적 프로그램과 어린이의 성별은 상호작용을 하면서 어린이의 공격적 성향과 폭력행동의 조장에 영향을 미친다."는 것으로 나타났다.

따라서 위와 같은 가설들의 검증 결과를 토대로 ①번의 [연구문제], 즉 "TV의 폭력적 프로그램은 어린이들의 공격적 성향뿐 아니라 실제 폭력행위에도 영향을 미치며, 그 영향은 어린이의 성별에 따라 달리 나타나는가?"라는 연구문제에 대한 결론을 내리면, "TV의 폭력적 프로그램이 어린이 시청자의 공격적 성향과 폭력행위의 조장에 영향을 미치나, 그 영향은 어린이의 성별에 따라 달리 나타나지는 않는다."라고 말할 수 있다.

6. 다변인통계분석과 그 방법

앞서 다변인변량분석방법에 관하여 간단히 살펴보았는데, 이와 같이 여러 개의 독립변인들이 여러 개의 종속변인에 미치는 영향을 동시에 알아보는 다변인통계분석방법(multivariate statistical analysis methods)이 개발되어 사회과학 분야의 연구에서도 크게 각광을 받고 있다. 그러므로 사회과학도라면 앞서 살펴본 다변인변량분석방법뿐만 아니라 그 밖의 여러 가지 다변인통계분석방법들도 알아야 한다.

1) 다변인분석통계방법의 중요성과 여러 종류

다변인변량분석방법을 알아야 하는 가장 중요한 이유는 복잡한 사회현상이나 자연현상을 분석하여 이해하기 위해서인데, 복잡한 현상을 이해하려면 그에 관한 여러 가지 다양한 변인들 간의 관계를 분석해 보아야 한다. 그러나 과거에는 하나 또는 그 이상의 독립변인(중개변인 포함)들이 단지 하나의 종속변인에 미치는 영향만 분석할 수 있는 통계분석방법만 존재했다. 따라서 복잡한 자연현상이나 사회현상을 제대로 분석해서 그 메커니즘(mechanism)을 정확히 이해할 수 없었다. 그러나 학문이 발전하면서 근래에는 여러 변인들 간의 관계를 분석할 수 있는 여러 가지 다변인통계분석방법들이 계속 개발되었는데, 그중에서 대표적 방법들을 기능별 및 분석하고자 하는 변인의 수와 속성별로 분류해 보면 [그림 4-10]과 같다.

이 그림에서 보듯이 다변인통계분석방법은 크게 두 가지, 즉 여러 개의 변인들 간의 함수관계를 알아보기 위한 방법과 여러 개의 변인들 간의 구조관계를 분석해 보기 위한 방법으로 나누어 볼 수 있다. 그리고 함수관계를 알아보는 통계분석방법들은 다시 여러 개의 독립변인들과 하나의 종속변인 간의 함수관계를 분석할 때 사용할 수 있는 방법과 여러 개의 독립변인들과 여러 개의 종속변인들 간의 함수관계를 알아볼 때 사용되는 방법으로 나누어진다. 그리고 이들 방법은 다시 그 분석대상 변인이 등간치로 된 등간변인이냐, 아니면 비등간치(非等間値)로 된 변인이냐에 따라 나누어

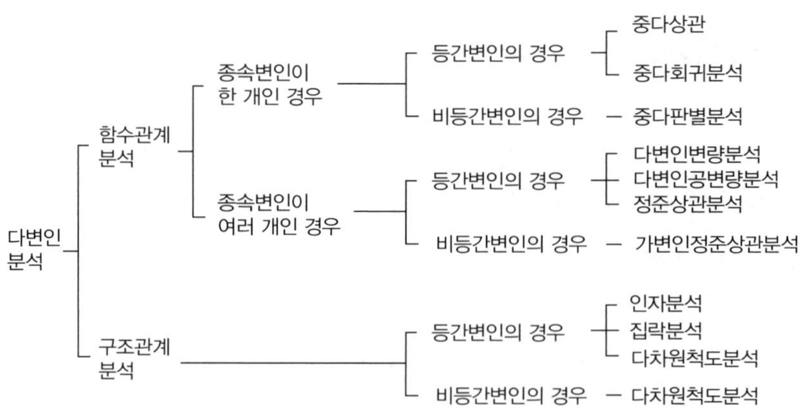

그림 4-10 유형별로 본 대표적인 다변인통계분석방법들

볼 수 있는데, 등간치로 된 여러 개의 독립변인들과 한 개의 종속변인 간의 함수관계를 알아보는 대표적인 다변인분석방법에는 중다상관(multiple correlation)과 중다회귀분석(重多回歸回歸分析, multiple regression analysis)이 있다. 그리고 비등간치로 된 여러 개의 독립변인들과 한 개의 종속변인 간의 함수관계를 알아보는 방법으로는 중다판별분석(重多判別分析, multiple discriminant analysis)이 있다.

한편, 여러 개의 독립변인들과 여러 개의 종속변인들 간의 함수관계를 알아보는 방법도 주어진 변인이 등간치냐, 비등간치냐에 따라 두 가지로 나누어지는데, 등간치로 된 변인의 경우 사용되는 대표적 방법에는 다변인변량분석(multivariate analysis of variance), 다변인공변량분석(multivariate analysis of covariance), 정준상관분석(canonical correlation analysis) 등이 있다. 그리고 비등간변인으로 된 여러 개의 독립변인들과 여러 개의 종속변인들 간의 함수관계를 알아보는 방법으로는 가변인(假變因, dummy variable)을 사용한 정준상관분석방법이 있는데, 여기서 가변인이란 주어진 변인이 지니고 있는 속성에 따라 0이나 1을 부여해서 등간치로 변환시킨 비등간변인을 말한다.

또한 여러 변인들 간의 구조관계를 밝히기 위한 다변인통계분석방법들도 주어진 변인이 등간치로 된 등간변인이냐 또는 비등간치로 된 변인이냐에 따라 달라지는데, 여러 개의 등간변인들의 구조관계를 알아보는 대표적 방법으로는 인자분석(因子分析, factor analysis, 요인분석이라고도 함), 집락분석(集落分析, cluster analysis), 다차원 척도분석(多次元尺度分析, multidimensional scaling) 등이 있다. 이들 중 다차원 척도분석방법은 비등간치로 된 변인 간의 구조관계를 분석하는 데도 사용될 수 있다.

이상에서 보듯이, 오늘날에는 여러 개의 독립변인들과 하나의 종속변인 간의 관계는 물론이고, 여러 개의 독립변인들과 여러 개의 종속변인들 간의 관계를 동시에 분석해 볼 수 있는 다변인통계분석방법들도 개발되어 복잡한 현상도 과학적으로 연구할 수 있는 길이 점차 넓게 열리고 있다. 따라서 시대에 뒤떨어지지 않으려면, 이러한 새로운 방법들을 알고 그것들을 실제로 이용할 수 있는 능력을 갖추어야 한다. 그러나 이들 다변인통계분석방법에 관해서는 통계 서적들을 참고하기 바라며, 여기서는 중다회귀분석방법에 관해서만 간단히 살펴보기로 하겠다.

2) 중다회귀분석의 원리와 방법 및 용례

중다회귀분석에 앞서 회귀분석(回歸分析, regression analysis)이란 무엇인지부터 간단히 살펴보면, 이는 t-검증법, 변량분석방법(ANOVA)과 더불어 대표적 추리통계방법이며, 인과관계를 설명하기 위해 사용하는 다변인 분석방법이다. 이러한 회귀분석에 사용되는 종속변인과 독립변인은, t-검증법이나 변량분석방법과 마찬가지로 원칙적으로 등간척도 또는 비율척도의 연속변인이어야 한다. 그러나 독립변인 중 일부가 명목척도 또는 서열척도인 경우에는 가변인(假變因, dummy variable) 처리하여 사용할 수 있다. 또한 종속변인이 명목변인일 경우에는 판별분석(discriminant analysis)이나 제한적 종속변인 모형(limited dependent variable model)을 사용해야 한다.

(1) 회귀식의 추정과 최소제곱법(OLS)

회귀분석은 크게 단순회귀분석(simple regression analysis)과 중다회귀분석(multiple regression analysis)으로 구분되는데, 단순회귀분석은 한 개의 독립변인과 한 개의 종속변인 간의 인과관계를 파악하는 것으로, 예컨대 교육수준(독립변인)이 소득(종속변인)에 영향을 미친다고 예측될 때, 이들 두 변인 간의 선형적 관계를 식으로 추정하는 방법이다. 그리고 중다회귀분석은 2개 이상의 독립변인들이 한 개의 종속변인에 미치는 인과관계를 분석하는 회귀분석방법이다. 그러면 변인들 간의 함수관계를 밝히는 회귀식을 추정하는 원리와 방법을 설명하기 위하여 우선 단순회귀분석부터 간단히 살펴보기로 하겠다.

2개의 변인들이 선형관계를 가지고 있다는 것을 전제로 그 관계식을 표현하면, [공식 4-16]과 같이 절편 α와 기울기 β를 갖는 1차 방정식이 된다. 이는 독립변인 X가 특정 값을 가질 때 종속변인 Y의 값을 예측해 주며, 독립변인의 값이 한 단위 변화함에 따라 종속변인의 값이 β(기울기) 만큼 변화하는 관계를 설명해 준다.

[공식 4-16] $$Y = \alpha + \beta X$$

만약 전집(모집단)을 대상으로 조사를 한다면, 실제 X와 Y값을 가지고 위의 관계식을 밝히면 된다. 그러나 많은 시간과 노력, 비용을 들여가며 전집조사를 하는 것이 현실적으로 어려울 뿐 아니라 굳이 그렇게 할 필요도 없기 때문에, 표본조사를 실시한 후 그 결과를 토대로 전집의 특성을 추리하는데, 표본을 추출할 때는 전집의 대표성을 확보하기 위해 정교한 방법을 사용한다.

그럼에도 불구하고 표본의 통계치와 전집의 전집치(모수치) 간에 오차가 생기게 마련이다. 이러한 오차는 결국 X와 Y의 관계를 나타낸 위의 회귀식으로 설명이 되지 않는데, 표본 i번째 관측에서 X가 Y를 예측하는 데 따르는 오차(ε_i)를 수식으로 표현하면 [공식 4-17]와 같으며, 이때 표본을 통해 예측하는 회귀식은 [공식 4-18]과 같다.

[공식 4-17] $$Y_i = \alpha + \beta X_i + \varepsilon_i$$

[공식 4-18] $$\hat{Y}_i = \alpha + \beta X_i$$

한편, X와 Y의 관계를 보여주는 관측치들은 [그림 4-11]에서의 점들과 같은데, 이들의 분포형태를 가장 잘 대표할 수 있는 직선을 그은 것이 회귀선(regression line)이고, 이 직선을 방정식으로 나타낸 것이 회귀식이다. 결국 회귀분석에서 가장 중요한 것은 정확한 회귀식을 추정하는 것인데, 물론 사례 i에 대해 얻은 예측값 $\hat{Y}_i$와 실제 관측값 Y_i가 일치하는 회귀선을 그을 수 있다면 가장 이상적이겠지만, 현실적으로는 두 값 사이에 오차($\varepsilon_i = Y_i - \hat{Y}_i$)가 존재한다. 그러므로 가장 바람직한 방법은 관측점과 직선과의 거리, 즉 오차(error) 또는 잔차(residual)를 최소화하는 회귀식($\hat{Y} = \alpha + \beta X$)을 구하는 것이다.

이러한 회귀식에서 오차항을 최소화하는 방법은 여러 가지가 있지만, 널리 사용되는 방법은 최소제곱법(OLS, Odinary Least Squares)이다. 즉 [그림 4-11]에서와 같이 실제 관측값과 도출된 직선과의 거리인 오차($\varepsilon_i = Y_i - \hat{Y}_i$)를 제곱한 후, 이 값이 최소가 되도록 하는 회귀선을 도출하는 것이 곧 [공식 4-19]와 같은 최소제곱법이다.

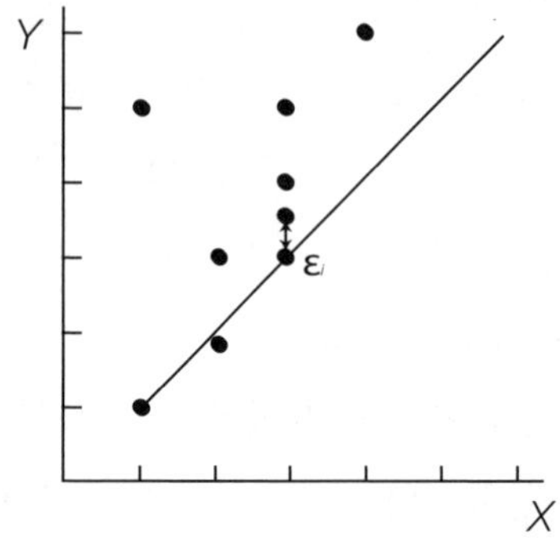

그림 4-11 *X*, *Y*의 관측치와 회귀선의 추정

[공식 4-19] $$Minimize \sum {}_{i}^{2} = \sum (Y_i - \hat{Y})^2$$

이와 같은 최소제곱법(OLS)에 의해 도출한 회귀식 $\hat{Y}=\alpha+\beta X$에서 기울기(^)와 절편($\hat{\alpha}$) 값을 구하는 일반적 공식은 [공식 4-20]과 같다.

[공식 4-20]
$$\hat{\beta} = \frac{\sum (X - \overline{X})(Y - \overline{Y})}{\sum (X - \overline{X})^2}$$
$$\hat{\alpha} = \overline{Y} - b\overline{X}$$

(2) 회귀식의 실제 추정방법 실례

앞에서 최소제곱법에 의한 회귀식의 추출공식에 관하여 간단히 살펴보았다. 그러면 이 공식을 이용하여 실제로 회귀식을 추출해 보기로 하겠는데, 예를 들어 월간 잡지가 주부들의 시사상식을 증가시키는지를 알아보기 위하여, 7명의 주부를 표집해서 이들의 잡지열독시간(독립변인, X)과 시사상식 점수(종속변인, Y)를 조사해 보았더니 [표 4-23]에서 둘째 칸의 점수(X)와 셋째 칸의 점수(Y)와 같이 나타났다고 하자. 그러면 넷째 칸에서 보듯이 각 주부별로 잡지열독시간(X)에서 7명의 주부의 평균 열독시간($\overline{X}$)을 뺀다. 또한 다섯째 칸에서 보듯이 각 주부별로 시사상식 점수(Y)에서 7명의 주부의 시사상식 점수의 산술평균치($\overline{Y}$)를 뺀다. 그 다음, 여섯째 칸에서 보듯이 각 주부별로 잡지열독시간(X)에서 그 평균열독시간($\overline{X}$)을 뺀 값들을 제곱해서 이

표 4-23 최소제곱법(OLS)에 의한 회귀식 도출방법의 실례

사례 (응답자)	잡지열독시간 X	시사상식 점수 Y	$X-\bar{X}$	$Y-\bar{Y}$	$(X-\bar{X})^2$	$(X-\bar{X})(Y-\bar{Y})$
A	1	7	-6	-6	36	36
B	3	4	-4	-9	16	36
C	5	13	-2	0	4	0
D	7	16	0	3	0	0
E	9	10	2	-3	4	-6
F	11	22	4	9	16	36
G	13	19	6	6	36	36
n=7	$\bar{X}$= 7	$\bar{Y}$= 13	$\Sigma(X-\bar{X})$ = 0	$\Sigma(Y-\bar{Y})$ = 0	$\Sigma(X-\bar{X})^2$ = 112	$\Sigma(X-\bar{X})(Y-\bar{Y})$ =138

들 값을 총합(Σ)한다.

한편, 일곱째 칸에서 보듯이 각 주부별로 잡지열독시간(X)에서 평균열독시간($\bar{X}$)을 뺀 값, 즉 $X-\bar{X}$과 시사상식 점수에서 그 산술평균치를 뺀 값, 즉 $Y-\bar{Y}$을 곱한 다음, 이들을 총합(Σ)한다. 이렇게 해서 $\Sigma(X-\bar{X})^2$과 $\Sigma(X-\bar{X})(Y-\bar{Y})$ 값이 얻어지면, 이들을 앞서 [공식 4-20]에 대입해서 회귀식을 도출해 보면 다음과 같이 나온다.

$$\hat{\beta} = \frac{\sum(X-\overline{X})(Y-\overline{Y})}{\sum(X-\overline{X})^2} = \frac{138}{112} = 1.232$$

$$\hat{\alpha} = \overline{Y} - b\overline{X} = 13 - (1.232 \times 7) = 4.375 \text{ 이므로}$$

$$\therefore \hat{Y} = 4.375 + 1.232X$$

이와 같은 회귀식에서 기울기($\hat{\beta}$) 1.232를 회귀계수(비표준화 회귀계수, unstandardized regression coefficient)라고 하는데, 이는 독립변인 X가 한 단위 변화할 때 종속변인 Y가 얼마만큼 변화하는지를 나타낸다. 한편, 절편($\hat{\alpha}$) 4.375는 상수항(constant)이라고 하는데, 이는 독립변인 X값이 0일 때 종속변인 Y의 기댓값이다. 따라서 위의 회귀식을 보면, 주부들이 잡지를 읽는 데 소요하는 시간이 1시간 증가할 때 시사상식 점수는 1.232점 증가함을 알 수 있다. 또한 이러한 회귀식을 통해서 특정 독립변인 값에서 종속변인의 값을 추정할 수 있는데, 예를 들어 잡지를 3시간

읽는 주부의 시사상식 점수는 4.375+1.232×3 = 8.07점임을 예측할 수 있다.

(3) 중다회귀식과 회귀계수 도출방법

위에서 단순회귀분석에서 회귀식의 추출방법에 관하여 간단히 살펴보았는데, 그러면 중다회귀분석(multiple regression)에서는 회귀식과 회귀계수를 어떻게 추출하는가? 중다회귀분석이란, 앞서 말했듯이 독립변인이 2개 이상인 경우 독립변인과 종속변인 간의 선형적 인과관계를 설명해 주는 회귀분석을 말하는데, 이러한 중다회귀분석에서 회귀식의 추정, 기본가정 등도 단순회귀분석과 같은 원칙에 의해 이루어진다. 우선, 여러 개의 독립변인(X_1, X_2, ⋯ X_k)과 한 개의 종속변인(Y)을 갖는 중다회귀모형의 회귀식을 소개하면 [공식 4-21]과 같으며, 표본을 통해 예측하는 회귀식은 [공식 4-22]와 같다.

[공식 4-21] $$Y_i = \alpha + \beta_1 X_1 + \beta_2 X_2 + \cdots \beta_k X_k + \varepsilon_i$$

[공식 4-22] $$\hat{Y}_i = \alpha + \beta_1 X_1 + \beta_2 X_2 + \cdots \beta_k X_k$$

이와 같은 공식을 이용하여 실제로 중다회귀식을 도출해 보기로 하겠는데, 앞서 실례로 든 주부의 잡지열독시간(독립변인 X_1)과 시사상식 점수(종속변인 Y)의 실례에 연령이라는 또 하나의 독립변인(독립변인 X_2)을 추가해서 중다회귀분석을 해 보면 [표 4-24]와 같은 결과가 나온다. 따라서 이 결과를 토대로 중다회귀식을 도출해 보면 다음과 같다.

$$\hat{Y} = -18.594 + 0.115X_1 + 0.754X_2$$

이와 같은 중다회귀분석에서는 다른 독립변인의 영향력을 통제한 상태, 다른 독립변인을 고정한 상태(all other variables being equal or held constant)에서 특정 독립변인이 종속변인에 미치는 영향력을 측정하는 것이 가능하다. 그러므로 위의 중다회귀식에서 잡지열독시간(X_1)의 회귀계수($\hat{\beta}_1$) 0.115이 의미하는 것은, 다른 독

표 4-24 주부의 잡지열독시간과 연령이 시사상식에 미치는 영향에 관한 중다회귀분석의 결과(실례)

종속변인: 시사상식 점수

독립변인	B 비표준화 회귀계수	B* 표준화 회귀계수	t	sig.	R^2	adjusted R^2
잡지열독시간	.115	.077	3.057	.031	.897	.846
연령	.754	.881	2.946	.042		
상수항	-18.594		-2.315	.082		

립변인이 동일할 때, 즉 연령의 영향력을 통제할 때, 잡지열독시간이 1시간 증가하면 시사상식 점수는 0.115점 증가한다는 것을 말해 준다.

또한 잡지열독시간이 일정할 경우 연령(X_2)이 1세 증가하면 시사상식 점수는 0.754점($\hat{\beta}_2$) 증가함을 의미한다. 따라서 이와 같은 중다회귀분석 결과를 통해 잡지열독시간이 증가할수록, 그리고 연령이 증가할수록 시사상식 수준이 높아짐을 알 수 있다. 또한 어떤 주부의 잡지열독시간과 연령을 알면 그 주부의 시사상식 점수를 예측하는 것도 가능한데, 예를 들어 잡지열독시간이 3시간인 40세 주부의 시사상식 점수는 (-18.594)+(0.115×3)+(0.754×40)=11.91점이 될 것이라고 예측할 수 있다.

그러나 이와 같은 중다회귀계수는 비표준화 회귀계수(unstandardized regression coefficient)인데, 이러한 비표준화 회귀계수를 통해 독립변인이 종속변인에 미치는 영향력을 평가할 경우 독립변인의 측정척도에 따라 종속변인의 값이 달라진다는 점을 유의해야 한다. 예컨대, 독립변인을 센티미터(cm)로 측정했다가 이를 미터(m)로 바꾸면 비표준화 회귀계수의 값은 100배 증가하게 되는데, 이렇게 단위가 바뀌었다고 해서 변인들 간의 관계의 본질이 변화하는 것은 아니지만, 독립변인이 여러 개인 중다회귀분석에서는 종속변인에 대한 독립변인의 상대적 영향력을 판단하기가 어렵게 된다.

그러므로 이와 같은 문제를 해소시키기 위해서 독립변인과 종속변인을 모두 z 점수로 표준화($z = \frac{X - \overline{X}}{\delta}$)하여 원점수의 분포와 동일한 모양을 갖되, 평균이 0이고 표준편차는 1인 분포로 바꾸어 주는 방법이 있다. 이러한 방법으로 표준화를 하면 회귀식의 상수항이 0이 되므로 회귀선은 원점을 지나는 직선이 되고, 이 직선의 기울기를 표준화 회귀계수(standardized regression coefficient)라고 하는데, 이와 같은 표준화 회귀계수(β*)를 통해 측정척도와 상관없이 각 독립변인이 종속변인에 미치는 상대적 영향력을 비교할 수 있다.

(4) 중다회귀 모델의 설명력과 결정계수

위에서 중다회귀분석에 관하여 간단히 살펴보았는데, 중다회귀분석에서 가장 중요한 과제는 종속변인을 설명하는 독립변인들을 올바르게 선택하여 정확한 회귀식을 도출하고 추정된 회귀식의 정확도를 평가하는 것이다. 그렇게 하여 추정된 회귀식이 얼마나 정확한지를 판단하고, 포함된 독립변인이 종속변인을 얼마나 잘 설명하고 있는지 판단해야 한다. 만약 종속변인을 설명하는 데 크게 도움이 되지 않는 독립변인이 발견되면, 이를 제거하거나 다른 변인으로 대체하여 회귀식을 수정하는 과정을 거쳐 가장 적합도(goodness of fit)가 높은 것을 찾아내야 한다.

회귀식에 의해 설명되는 변량의 제곱합을 SSR(Sum of Square of Regression)이라 하며, 설명되지 않는 부분의 제곱합을 SSE(Sum of Square of Error), 총변량의 제곱합을 SST(Sum of Square of Total)라고 한다. 이때 총변량의 제곱합 중 회귀식이 설명하는 변량의 제곱합을 비율로 나타낸 것, 즉 SSR/SST를 결정계수(coefficient of determination)라고 하며 이를 R^2로 표기하는데([공식 4-23] 참고), 이러한 R^2 값이 1이면 독립변인이 종속변인의 분산을 100% 설명한다는 의미이고, R^2 값이 0이면 전혀 설명하지 못한다는 의미이다. 그러므로 R^2 값이 1에 가까울수록 독립변인들의 설명력이 높고, 회귀모델의 적합도가 높다고 판단한다.

그러나 확률관계를 검증하는 사회과학의 연구에서 R^2 값이 1이 되는 경우는 현실적으로 발생하지 않으며, R^2 값이 0이라고 해도 변인들 간에 전혀 관계가 없다는 의미는 아니다. 왜냐하면 변인들 간에 선형관계가 아닌 경우가 존재할 수 있기 때문이다.

[공식 4-23] $$R^2 = \frac{\sum(\hat{Y} - \overline{Y})^2}{\sum(Y - \overline{Y})^2} = \frac{SSR}{SST} = 1 - \frac{SSE}{SST}$$

여기서 $\mathrm{SSR} = \sum(\hat{Y} - \overline{Y})^2$

$\mathrm{SSE} = \sum(Y - \hat{Y})^2$

$\mathrm{SST} = \mathrm{SSR} + \mathrm{SSE} = \sum(Y - \overline{Y})^2$

그런데 표본을 통해 얻은 결정계수 R^2의 값은 전집을 대상으로 한 모결정계수보다 약간 커지는 경향이 있다. 또한 중다회귀분석에서 회귀식에 포함되는 독립변인의 수가 증가하면 SSR이 커지기 때문에 R^2의 값 또한 증가한다. 수정결정계수(adjusted R^2)는 전집(모집단)에 대한 적합도를 고려하여 자유도와 독립변인의 개수를 반영함으로써 더 정확한 결정계수를 추정한 값인데, 수정결정계수는 [공식 4-24]를 이용하여 구할 수 있다.

[공식 4-24]

$$adjusted\ R^2 = R^2 - \frac{k(1-R^2)}{n-k-1}$$

여기서 k=독립변인의 개수

이러한 수정결정계수(adjusted R^2)는 결정계수(R^2)보다 항상 작은 값을 갖는다. 그러므로 독립변인의 개수가 많이 포함된 중다회귀분석에서는 수정결정계수로 모델의 설명력을 판단하는 것이 바람직하며, 수정결정계수와 결정계수 값의 차이가 클 경우 불필요한 독립변인이 포함되어 있다고 볼 수 있다. 만약 종속변인을 설명하는데 크게 도움이 되지 않는 독립변인들이 발견되면, 이를 제거하거나 다른 변인으로 대체하여 적합도가 높은 회귀모델로 수정해야 한다.

마. 분석 결과에 대한 논의와 보고

앞에서 연구자료의 분석방법, 특히 통계분석방법에 관하여 살펴보았는데, 이러한 분석방법들을 통하여 어떤 가설을 검증해 본 결과 그 가설이 입증되었거나 또는 입증되지 않았다면, 다음으로는 이와 같은 결과가 왜 나왔는지 그 이유를 밝히면서 연구자의 견해를 제시해야 하는데, 이를 연구결과에 관한 논의(discussion)라고 한다. 그리고 이러한 논의가 끝나면 마지막으로 연구문제에 결론을 도출(drawing conclusion)해야 한다. 그러면 끝으로 이와 같은 일련의 작업들에 관하여 간단히 살펴보기로 하겠다.

1. 연구결과에 대한 해석과 논의

방금 말했듯이 어떤 연구문제에 대한 가설을 앞서 살펴본 여러 가지 분석방법 등을 통하여 검증해 본 결과, 그 가설이 입증되었거나 또는 입증되지 않았다면, 왜 그러한 결과가 나왔는지에 관하여 논의를 해야 한다. 그러나 이러한 논의에 앞서, 가설의 검증방법을 비롯한 모든 연구방법이 제대로 되었으며, 연구결과가 가설을 충분히 입증하고 있는지부터 먼저 확인해 보아야 한다.

1) 연구방법론상의 오류와 제한점들의 검토

이와 같은 연구방법에 대한 검토는 가설이 입증되지 않은 경우는 물론이고, 가설이 입증된 경우도 해야 한다. 이는 연구방법이 잘못되어 가설이 입증되지 않을 수도 있지만, 반대로 연구방법이 잘못된 까닭에 마땅히 부정되어야 할 가설이 입증된 것으로 나타날 수도 있기 때문이다. 그러므로 가설의 입증 여부에 관계없이 일단 연구결과가 나오면, 그에 관한 논의에 앞서 연구방법을 다시 한 번 검토해 보아야 한다.

이러한 연구방법에 관한 검토는 크게 두 가지, 즉 연구자료의 수집방법에 관한 검토와 연구자료의 분석방법에 관한 검토로 나누어 볼 수 있다. 연구자료의 수집방법에 관한 검토에서는 연구설계, 연구대상이나 대상자(응답자, 실험참여자 등)의 표집방법, 각종 변인에 대한 관찰이나 측정검사기구의 적합성과 타당도, 신뢰도 등을 검토해 보아야 한다. 그 다음 연구자료의 분석방법에 관한 검토에서는, 특히 가설검증에 사용한 통계방법의 적합성과 부적합성 등을 다시 검토해 보아야 한다.

이러한 연구방법에 관한 검토는 주어진 연구에서 사용한 여러 가지 연구방법들의 적합성(appropriateness)에 귀착된다고 말할 수 있는데(Kerlinger, 1973, p.

135), 어떤 연구에서 사용한 연구설계·자료수집방법·통계적 분석방법 등은 어디까지나 주어진 연구문제에 대한 해답을 얻는 데 적합해야 되기 때문이다. 따라서 연구방법을 검토할 때는 연구에서 사용한 여러 가지 연구방법들의 적합성을 충분히 검토해야 하는데, 이러한 검토 없이 어떤 연구결과를 해석하게 되면 여러 가지 중요한 오류를 범할 수 있기 때문이다. 예컨대, 독립변이나 종속변인의 측정기구의 적합성에 관한 검토 없이 타당도와 신뢰도가 낮은 측정기구를 사용하여 측정한 자료들을 분석해서 그 결과를 연구문제 대한 해답으로 해석한다면 커다란 오류를 낳게 된다.

그러므로 어떤 연구결과가 나오면 그러한 결과가 나오기까지의 모든 연구과정을 차례로 검토 및 평가해 보면서 연구범위의 한계성이라든지, 가설의 설정에서의 문제점, 연구방법상에서의 제약성과 문제점 등을 반성해 보아야 한다. 그 결과 방법론상에 중요한 문제점이 발견되면, 그 연구결과는 버리고 연구방법을 수정·보완해서 다시 연구해야 한다. 그러나 방법론상에 결정적 문제점은 없고 약간의 제한점들만 있다면, 이들을 충분히 감안 또는 고려해서 연구문제에 대한 결론을 내리고, 그 제한점들을 연구보고서나 논문에서 반드시 명시해야 한다.

2) 가설의 검증 결과에 대한 해석과 논의

연구결과에 대한 해석과 논의를 할 때는 위와 같이 먼저 연구방법상에 잘못이나 제한점이 없었는지부터 다시 검토해 보아야 한다. 그렇게 하여 별 잘못이나 제한점이 없다면 연구결과에 대한 해석과 논의를 해도 좋은데, 연구결과 주어진 가설이 입증된 경우는 그에 관한 해석과 논의가 비교적 간단할 수 있다. 왜냐하면 앞서 가설을 설정할 때 그 근거나 이유를 여러 이론과 선행연구의 결과 등을 바탕으로 해서 이미 밝혔으므로, 이를 토대로 밝히면서 그에 관한 논의를 하면 되기 때문이다.

예를 들어, "본 연구에서 [가설 2], 즉 '공신력이 높은 정보원의 메시지가 공신력이 낮은 정보원의 메시지보다 수용자의 태도를 더 많이 변용시키는 것은, 수용자들이 정보원의 공신력이 높다고 지각하면 그의 메시지도 공정하고 합리적이라고 평가해서 받아들이는 반면, 수용자들이 정보원의 공신력이 낮다고 평가하면 그의 메시지도 과소평가해서 받아들이지 않으려는 심리적 경향 때문일 것이다."라는 가설이 입증되었는데, 이는 코헨(Arther Cohen)의 인지균형 이론(cognitive consistency theory)과 일치한다. 다시 말해서 만약 수용자들이 정보원의 공신력을 높게 평가하면서 그 정보원의 주장을 받아들이지 않으면 인지적 불균형 상태(cognitive dissonance)가 야기되므로 이를 피하기 위해 그 정보원의 주장도 좋게 평가해서 그 주장의 방향으로 자신의 태도를 변화시키는 반면, 정보원을 싫어하면 그의 주장도 과소평가해서 거부함으로써 수용자 내부의 인지적 균형 상태를 유지하려는 심리적 경향이 있기 때문에 [가설 2]는 입증되었다고 해석하면 된다.

하지만 이와는 달리, 가설이 입증되지 않은 경우는 그에 관한 해석과 논의가 더 복잡하게 되는데, 왜 가설에서 예측한 대로 연구결과가 나오지 않았는지 그 이유를 밝혀야 하기 때문이다. 그 이유에는 여러 가지가 있을 수 있으나, 첫째는 가설의 검증방법을 비롯한 연구방법이 잘못되었기 때문일 수 있으며, 둘째는 가설을 연구자가 잘못 설정했거나, 아니면 가설 자체가 이론적으로 틀렸기 때문일 수 있다.

그러므로 연구결과 가설이 입증되지 않았다면, 첫째로 혹시 연구방법상에 잘못이나 제한점이 없었는지부터 검토해 보아야 한다. 그리하여 만약 연구방법상에 잘못이나 제한점이 없었다면, 둘째로는 가설의 설정이 제대로 되었는지, 그 가설의 설정근거로 삼은 이론(理論) 자체나 선행연구의 결과에는 문제가 없었는지 등을 다시 검토해 보아야 한다. 왜냐하면 연구방법상에 별 잘못이 없었음에도 불구하고 가설이 입증되지 않은 것은 연구자가 가설을 잘못 설정해서 그럴 수 있기 때문이다. 그러므로 가설의 설정근거로 삼은 이론 자체나 선행연구의 결과를 다시 검토하면서 혹시 가설을 잘못 설정한 것은 아닌지 검토해야 한다. 그렇게 하여 가설을 잘못 설정해서 그 가설이 입증되지 못했다면, 그 연구결과는 일단 버리고 가설을 다시 올바로 설정해서 다시 검증을 해야 한다.

그러나 만약 가설은 올바로 설정했음에도 불구하고 가설이 입증되지 않았다면, 이는 그 가설의 설정근거로 삼은 이론이나 또는 선행연구의 결과가 틀렸거나 잘못되었기 때문일 수도 있다. 그러므로 이러한 경우는 가설의 설정근거로 삼은 이론이나 선행연구의 결과에는 문제가 없었는지 검토해서, 만약 문제가 있다면 가설의 설정근거가 된 기존의 이론이나 선행연구의 결과가 틀렸기 때문에 결과적으로 가설이 입증되지 않았다는 것을 충분히 논의하면서 틀린 가설에 대한 대안적 가설도 제시해야 한다.

2. 연구문제에 대한 결론의 도출

위와 같이 연구결과에 대한 해석과 논의까지 모두 끝나게 되면, 마지막으로 연구결과를 토대로 연구문제에 관한 결론을 도출하게 된다. 그러나 결론의 도출 단계로 들어가기에 앞서, 연구결과에 관한 해석과 논의에서 검토한 연구방법상의 제한점(limitations)들을 충분히 감안하면서 연구문제에 대한 결론을 도출해야 한다.

1) '연구문제에 대한 결론'의 본질과 도출방법

'연구문제에 대한 결론'이란 연구문제에 대한 해답을 말한다. 그러나 이를 '가설의 검증 결과'와 혼동하여 가설검증 결과로 생각하는 사람도 없지 않다. 하지만 이는 잘못인데, 앞서 제2장에서 가설의 설정 목적과 이유를 살펴볼 때 말했듯이, 어떤 연구문제에 대한 해답을 직접적이고 객관적으로 얻기란 쉽지 않다. 때문에 그 연구문제에 관한 선행연구나 이론, 학설들을 조사해서 그 결과를 바탕으로 연구문제에 대하여 가장 정확하다고 판단되는 해답을 찾아 이를 하나의 가설로 설정한 다음, 이를 실증적 방법을 통하여 검증해서, 그 가설이 입증되면 이를 연구문제에 대한 해답으로 보게 된다.

예를 들어, "정보원의 공신력이 매스 커뮤니케이션 효과에 영향을 미치는가?"라는 연구문제에 대한 정확한 해답을 얻고자 할 경우, 우선 이러한 연구문제에 관한 여러 가지 선행연구와 이론들을 바탕으로 해서 "공신력이 높은 정보원의 메시지가 공신력이 낮은 정보원의 메시지보다 메시지에서 주장한 방향으로 수용자의 태도를 더 많이 변용시킬 것이다."라는 가설을 설정한다. 그리고 이러한 가설을 실증연구를 통해 검증해서, 만약 입증되면 다시 연구문제, 즉 "정보원의 공신력이 매스 커뮤니케이션 효과에 영향을 미치는가?"라는 연구문제로 돌아가서 "그렇다."고, 다시 말해서 "정보원의 공신력은 매스 커뮤니케이션 효과에 영향을 미친다."고 결론을 내리게 된다. 그러나 만약 가설이 입증되지 못하면, "정보원의 공신력이 매스 커뮤니케이션 효과에 영향을 미치지 않는다."고 결론을 내리게 된다.

그러므로 '가설의 검증 결과'와 '연구문제에 대한 결론'은 서로 다르다. 따라서

'연구문제에 대한 결론'을 내릴 때 가설의 검증 결과를 제시해서는 안 되며, 그 가설의 검증 결과를 바탕으로 연구문제에 대한 해답을 결론으로 제시해야 한다. 이때 연구문제가 여러 개라면 각 연구문제별로 각각 결론을 제시해야 한다. 그러나 그 결론이 확실하다고 단언하는 것보다는, "본 연구의 방법상에 여러 가지 제한점들이 있었지만, 본 연구에서 얻어진 결과만을 토대로 연구문제에 대한 결론을 내린다면, 정보원의 공신력은 매스 커뮤니케이션 효과에 영향을 미친다고 말할 수 있다."는 식으로 결론을 내리는 것이 좋다.

2) 연구문제에 대한 결론의 진술 형식과 방법

이런 식으로 결론을 내리는 것이 좋은 이유는, 오류를 범할 수 있는 위험성을 완전히 배제한 진술의 결론을 내리는 것은 매우 어렵기 때문이다. 모든 과학적 진술에서 가장 중요한 것은 그 진술의 증명(proof) 문제인데, 엄격히 말해서 과학적으로 완벽하게 증명할 수 있는 것은 아무것도 없으며, 연구자가 할 수 있는 일은 어떤 명제(proposition)나 가설(hypothesis)이 '참(true)'이라는 것을 보여 주기 위해서 그 증거자료(evidence)들을 제시하는 것일 뿐이다.

또한 연구방법이란 것도 엄격히 말하면 증명방법이 아니라, 주어진 명제나 가설이 참[眞]이냐 거짓[僞]이냐를 보여주기 위한 증거자료를 제시하는 하나의 통제된 방법에 지나지 않는다. 다시 말해서, 과학적 연구 자체는 결코 어떤 것을 증명하지 않는다. 그렇다고 해서 실제 연구에서 증명(proof)과 인과성(因果性, causality)에 대하여 너무 지나치게 걱정할 필요는 없다. 왜냐하면 확률적으로 만족할 만한 수준의 증거자료는 주어진 연구문제에 대한 결론을 내라는 데 어느 정도 충분하기 때문이다. 비록 과학적 연구방법론이 그 타당성을 완전히 보장해 줄 수는 없지만, 연구자료로부터 올바른 결론을 추리하는 데 큰 도움을 줄 수 있다.

그러므로 어떤 연구문제를 과학적 연구방법을 사용하여 연구해서 어떤 연구결과가 나오면, 이를 토대로 연구문제에 대한 결론을 도출하게 되는데, 이때 그 결론은 어디까지나 검증된 가설의 타당성을 긍정 또는 부정하는 증거자료에 국한시켜 도출해야 한다. 그리고 연구문제에 대한 결론은 "만약 p이면 q이다."는 식으로 조건적·확률적 진술문(conditional probabilistic statements)의 형식을 취하거나, 또는 이러한 진술문에 조건을 부연해서 "*r*, *s* 및 *t*라는 조건하에서, 만약 *p*라면 *q*이다."는 식으로 결론을 내리는 것이 바람직하다.

3. 연구결과에 관한 보고서 및 논문의 작성

지금까지 연구자료의 분석과 연구결과에 대한 해석과 논의 및 결론의 도출방법 등에 관하여 간단히 살펴보았다. 그러면 끝으로 연구결과의 보고(報告, research report), 즉 연구보고서나 연구논문의 작성방법에 관하여 간단히 알아보고 제1편 실증연구의 원리에 관한 것은 끝내기로 하겠다.

1) 연구보고의 목적과 주요 평가 기준

연구보고의 목적은 연구자가 어떤 문제를 왜, 어떻게 연구했으며, 그 결과는 어떻게 나왔고, 연구문제에 대하여 어떤 해답이나 결론은 얻었는지 등을 구두(口頭)나 보고서, 논문 등을 통하여 다른 사람들에게 보고해서 주어진 연구문제에 관한 새로운 학술적 정보나 지식 등을 공유(共有)함으로써 학문을 발전시키려는 데 있다. 그러므로 이러한 연구보고의 목적을 효과적으로 달성하려면, 연구보고서나 논문 등은 상세하면서도 간단 명료하게, 객관적이고 정확하며 독자들이 이해하기 쉽게 작성해야 한다. 따라서 연구보고서나 논문의 기본요건으로 흔히들 명료성(clarity), 정확성(accuracy), 단순성(simplicity), 독이성(讀易性, readability) 등을 들고 있다.

그러나 커린저(Kerlinger, 1973, p. 694)는 연구보고서나 논문의 가장 중요한 평가기준으로서, '반복연구의 가능성', 즉 "독자가 어떤 연구보고서나 논문을 읽고 나서 그대로 반복해서 연구할 수 있는가?(Can another investigator replicate the research by following the research report?)" 하는 것을 들고 있다. 독자가 어떤 연구보고서나 논문을 읽고 그 연구결과에 대하여 의문이 있을 경우, 연구자가 했던 그대로 반복 연구해서 의문점이나 연구결과를 확인해 볼 수 있도록 하는 것이 연구보고서나 논문의 주요 목적의 하나이기 때문이라는 것이다. 그러므로 연구보고서나 논문은, 독자가 그대로 반복해서 연구할 수 있도록 연구과정과 연구방법 등을 순서대로, 즉 "어떤 문제를 왜, 어떻게 연구했으며, 그 결과는 어떻게 나왔고, 따라서 연구문제에 대하여 결론은 어떻게 내렸는지" 등등에 관하여 상세하게, 그러나 간결하고 명료하게 서술해야 한다는 것이다. 그렇다면 구체적으로 연구보고서나 논문은 어떻게 작성해야 하는가?

2) 연구보고서나 논문의 기본체제와 골격

연구보고서나 논문은 연구과정이나 절차에 따라 순서대로 써나가면 된다. 따라서 연구보고서나 논문의 구성체제나 골격은 연구과정의 절차와 비슷한데, 연구과정이나 절차는 각 연구의 유형에 따라 조금씩 다르다. 그러므로 연구보고서나 논문의 구성체제나 골격도 각 연구의 유형에 따라 조금씩 다를 수 있다. 즉 해당 연구가 문헌연구냐, 역사연구이냐, 조사연구냐, 또는 실험연구냐 등에 따라 그 연구보고서나 논문의 구성체제에 차이가 있다.

하지만 여기서는 실증연구의 보고서나 논문의 기본체제(anatomy of a research article)만 소개하면 [참고자료 4-1]과 같은데, 이에서 ① 서론, ② 연구방법, ③ 연구결과, ④ 연구결과에 대한 논의, ⑤ 요약 및 결론 등의 내용과 그 서술요령은 이미 앞서 제2장 '연구과정의 일반절차'에서 자세히 살펴보았다. 따라서 이들에 관한 설명은 생략하고, 제2장에서 다루지 않은 연구보고서나 논문의 제목, 연구자의 성명, 초록(抄錄), 참고문헌의 서술요령만 간단히 소개해 보기로 하겠다.

첫째, 모든 연구보고서나 논문에는 먼저 그 제목(title)을 달아야 하는데, 제목은 연구의 핵심적인 개념이나 내용을 명확하고 간결하게 나타내도록 해야 한다.

둘째, 연구보고서나 논문의 제목 아래는 연구자의 성명을 적어 놓아야 하며, 연구보고서나 논문을 학술지에 발표할 때는 연구자의 성명 다음이나 또는 각주에 연구자가 소속한 대학이나 연구소 등의 이름도 밝혀 놓아야 한다.

셋째, 연구보고서나 논문을 학술지에 발표하거나 학위논문으로 제출할 때는 연구자의 성명 다음에 초록(抄錄, abstract)을 붙여야 하는데, 이 초록에서는 해당 연구보고서나 논문의 주요 내용을 간단히 요약하면서, 특히 새로운 발견이나 사실 등을

참고자료 4-1

연구보고서 및 논문의 기본 구성체제

제목(Title)

연구자 성명(Author Name)

초록(Abstract)

I. 서론(Introduction)

1. 문제의 제기(Genesis of Problem)
2. 선행연구와 관계 문헌(Review of Previous Researches and the Literature)
3. 연구문제(Research Problem)
4. 가설과 그 이론적 배경(Hypothesis and Its Theoretical Background)
5. 주요 술어의 정의(Definition of Key Terms)

II. 연구방법(Methods)

1. 연구계획 또는 연구설계(Research Planning and/or Design)
2. 연구자료의 수집방법(Data Gathering)
   (1) 표본과 표집방법(Sample and Sampling Method)
   (2) 변인들의 측정기구와 측정방법(Measuring Instruments)
   (3) 실험연구의 경우 실험재료의 준비(Experiment Materials)
   (4) 실제 조사 또는 실험 등의 실시(Administration)
3. 연구자료의 분석방법(Data Analysis)
   (1) 자료의 정리와 검토(Coding and Testing of Reliability and Validity)
   (2) 자료의 분석방법(Methods of Data Analysis)

III. 연구결과(Results)

1. 자료의 신뢰도 · 타당도의 검토 결과(Reliability and Validity)
2. 가설들의 검증 결과(Test Results of Each Hypothesis)
   (1) 가설 1의 검증 결과(Test Results of Hypothesis 1)
   (2) 가설 2의 검증 결과(Test Results of Hypothesis 2)
   (3) 가설 *n*의 검증 결과(Test of Hypothesis *n*)
3. 연구결과의 요약(Summary of Results)

IV. 연구결과에 대한 논의(Discussion)
  1. 연구결과에 대한 해석과 논의(Interpretation and Discussion)
  2. 연구상의 제한점(Limitations of the Study)
V. 요약 및 결론(Summary and Conclusion)
  1. 연구 전체의 요약(Summary of the Study)
  2. 연구문제에 대한 결론(Conclusion to the Research Problem)
  3. 앞으로 다른 연구를 위한 제언(Suggestions for Further Study)
참고문헌(References)

제시해야 한다. 초록의 분량은 연구보고서나 논문을 게재할 학술지나 또는 해당 논문을 제출할 대학 등에서 지정해 주는 경우가 많으나, 대체적으로 200자에서 500자 내외이다.

끝으로 '참고문헌'에서는 해당 연구에서 인용하거나 참고한 논문이나 서적 등의 이름을 가나다 순으로 배열해서 소개하면 된다.

3) 연구보고서와 논문의 작성요령

실증연구의 보고서나 논문은 대체로 [참고자료 4-1]과 같은 체제나 골격에 따라 적성해 나가면 된다. 그러나 내용은 정확하고 명확·간결하며, 독자가 이해하기 쉽게 논리적이고 체계적으로 서술해야 한다. 특히 연구문제와 연구방법, 연구결과들은 자세하면서도 간단명료하게 서술해야 한다. 그리고 단어·문구·문장·문단 등의 문체(文體)도 학술논문답게 써야 한다. 그러나 이렇게 쓴다는 것은 쉬운 일이 아니다. 그러므로 연구보고서나 논문을 올바로 쓰려면, 다른 사람들의 연구보고서 논문을 많이 읽고, 또한 자신이 직접 써 보면서 훌륭하게 쓸 때까지 계속 퇴고를 하면서 보완과 수정을 해야 한다.

한편, 연구보고서나 논문을 쓸 때에는 그 양식에 맞게 써야 한다. 특히 학위논문이나 학술지에 발표할 논문은 해당 대학이나 학술지에서 요구하는 양식이나 지침에 맞추어 써야 한다. 그러나 이러한 양식이나 지침은 각 대학이나 학술지마다 조금씩 다르므로, 먼저 그 양식이나 지침을 찾아보고 그에 맞추어 논문을 작성해야 한다. 또한 연구보고서나 논문의 양식과 작성요령에 관한 여러 가지 지침서들도 찾아보면서, 예컨대 인용이나 참고문헌의 주(註, note)는 어떻게 달고, 도표(圖表)는 어떻게 그리며, 참고문헌 목록은 어떻게 작성하는지 등에 관하여 연구해야 한다.

이러한 논문의 양식이나 작성요령에 관한 참고서들은 인터넷의 웹 사이트(websites)에서도 쉽게 찾아볼 수 있는데, 그중에서 몇 개만 열거해 보면, *Chicago-Style Citation Quick Guide, Citing Soures, OWL: The Purdue Online Writing Lab., Son of Citation Machine, Turabian Quick Guide* 등을 들 수 있다.

또한 도서관이나 서점에 가면 논문의 양식이나 작성요령에 관한 매뉴얼(manual)들, 즉 스타일 가이드북(style guide books)들을 많이 볼 수 있다. 따라서 이들을 찾아보는 것이 좋은데, 그중에서 세계적으로 널리 사용되는 대표적 매뉴얼들을 몇 가지만 열거해 보면 다음과 같다.

① American Psychological Association, *Publication Manual of the American Psychological Association.* Washington, D.C.: American Psychological Association: 심리학을 위시하여 사회과학 분야에서 가장 많이 사용한다.

② Crane, Nancy B. and Xia Li, *Electronic Styles: A Handbook for Citing Electronic Information.* Medford, NJ: Information Today, Inc.: 인터넷에 게재하는 논문이나 글의 스타일로서, 여러 분야에서 많이 사용한다.

③ Gibaldi, Joseph, *MLA Handbook for Writers of Research Papers.* New York: Modern Language Association: 영어영문학, 독일어와 슬라빅계 어문학, 로만계 어문학, 신문방송학, 음악 등의 분야에서 많이 사용한다.

④ Lipson, Charles, *How to Write a BA Thesis: A Practical Guide from Your First Ideas to Your Finished Paper.* Chicago: University of Chicago Press: 학사학위 논문의 스타일북으로, 학부과정 대학생들이 많이 사용한다.

⑤ Strunk, William Jr. and E. B. White, *The Elements of Style.* New York: Penguin

Press: 기본적인 스타일북으로 초보자들이 많이 사용한다.

⑥ Turabian, Kate L., *A Manual for Writers of Term Papers, Theses and Dissertations*. 7th ed. Chicago: University of Chicago Press: 경영학·경제학·교육학·신문학·정치학·사회학·인류학 등에서 많이 사용한다.

이와 같은 스타일 매뉴얼을 찾아보는 한편, 모범적 연구보고서나 논문을 보면서 그 양식을 배우는 것도 좋은 방법이다. 이처럼 연구보고서나 논문을 보면서 그 양식을 배우는 것이 참고서를 통하여 배우는 것보다 이해가 빠를 수 있으며, 또한 모범적 연구보고서나 논문을 보면서 그 양식을 그대로 따르는 것도 논문을 잘 쓰는 방법의 하나가 될 수 있다.

4) 연구보고서와 논문에 대한 자체 평가

연구보고서나 논문의 초고(草稿)를 일단 작성하면, 그 내용이나 형식 등을 수정·보완하면서 여러 번 퇴고(推敲)를 해야 하는데, 이때 잘못되었거나 미비한 점들을 수정·보완해서 좋은 논문을 만드는 방법에는 크게 두 가지가 있다. 하나는 우선 초교를 쓴 다음 그것을 며칠 두었다가 다시 읽으면서 고쳐나가는 방법이고, 다른 하나는 초고를 다른 사람에게 읽고 비판하게 하는 방법이다. 그렇게 하면 잘못된 점이나 문제점 등을 쉽게 발견할 수 있는데, 이러한 것들을 수정·보완할 때에는 서술형식은 물론이고, 내용과 연구방법 등도 개선해야 한다.

(1) 제목과 초록에 대한 자체 평가

연구보고서나 논문을 수정·보완할 때에는 그 내용이나 형식 등을 스스로 평가해 보면서, 혹시 잘못된 점이나 부족한 점 등이 있으면 그것들을 수정·보완해 나가는 것이 좋다. 따라서 마지막으로 연구자가 자신의 연구보고서나 논문의 내용과 형식 등을 스스로 평가해 볼 때 자문(自問)해 보아야 할 사항들을 간단히 살펴보면 다음과 같다.[16]

첫째, 연구보고서나 논문을 평가할 때는 그 제목(title)부터 평가해야 한다. 즉

① 제목이 명확하고 간결한가, ② 제목이 해당 연구를 명료하게 기술(記述)하는가, ③ 제목에서의 키워드(key words)들은 연구의 핵심적 개념을 표현하고 있는가, ④ 제목이 독자에게 논문을 읽도록 유도하고 있는가 등을 자문해 본다. 그 결과, 만약 "아니다."라는 평가가 나오면, 그것을 "그렇다."는 평가가 나올 수 있도록 계속 수정·보완해야 한다.

둘째, 연구보고서나 논문의 초록(abstract)을 평가해 보아야 한다. 초록은 모든 연구보고서나 논문 앞에 간단하게 붙이는데, 독자들이 연구보고서나 논문 전체를 읽지 않고서도 그 주요 내용을 알 수 있도록 하는 목적도 있지만, 또한 해당 연구보고서나 논문의 전문(全文)을 읽도록 유도하려는 목적도 있다. 따라서 초록은 매우 중요한 역할을 하며, 이러한 초록을 평가해 볼 때는 ① 초록이 해당 연구의 목적, 방법, 결과, 결론 등을 간결하게 서술하고 있는가, ② 초록만 읽어도 논문의 핵심적 내용을 알 수 있는가, ③ 초록이 독자에게 논문의 전체 내용을 읽도록 만들 수 있는 데 충분한 정보를 제공하고 있는가 등을 자문해 보아야 한다.

(2) 서론에 관한 자체 평가

연구보고서나 논문의 제목과 초록에 대한 평가가 끝나면, 다음에는 서론의 서술형식과 내용 등을 평가해야 한다. 서론은 앞서 말했듯이 대체로 ① 연구의 동기 또는 연구목적, ② 선행연구와 관계문헌들의 조사, ③ 연구문제, ④ 연구가설 등으로 구성되는데, 이들 각 부분에 대하여 다음과 같은 사항들이 제대로 되었는지 평가해 보아야 한다.

(1) 연구의 동기 또는 목적(The Genesis or Purpose of Study)

① 연구의 목적을 명확하게 설명했는가?

② 연구자가 연구목적을 명확하게 인식하고 있는가?

(2) 선행연구와 관계문헌들의 조사(The Review of the Related Literature)

---

16 이 부분은 T. R. Lunsford and B. R. Lunsford(1966), "Research forum: How to critically read a journal research article." *Journal of Public Opinion*, 8(1), pp. 24-32 및 P. Rumrill, S. Fitzgerald and M. Ware(2000), "Guidlines for evaluation research articles", *Work*, 14(3), pp. 257-261에서 요약했다.

① 연구문제에 관련된 선행연구와 관계문헌들을 충분하게 검토했는가?

② 조사한 선행연구와 관계 문헌들이 근래나 최근의 것들인가?

③ 선행연구와 관계문헌들의 조사 결과가 연구문제의 해결에 필요한 실마리와 방법을 제공하며, 또한 가설의 설정에 필요한 이론적 근거나 틀(framework)을 제공하고 있는가?

(3) 연구문제(The Research Problem)

① 연구문제가 연구할 만한 충분한 가치를 갖고 있는가?

② 연구문제를 명확하게 인식하고, 명료하고 논리적으로 서술했는가?

③ 연구문제의 중요성과 연구의 범위(scope)를 명확하게 제시했는가?

④ 연구문제가 단일 이슈(single issue)로서 또는 그 이슈에 관련된 부차적 이슈로서 명확하게 서술되었는가?

⑤ 연구문제에서 중요한 술어들의 정의가 적절하게 되었는가?

(4) 연구가설(The Working Hypothesis)

① 가설이 명확히 서술되었고 연구문제의 해결에 직접 관련되는가?

② 가설이 연구문제에 대한 기본가정과 그 해답을 명확하게 나타내고 있는가?

③ 가설의 설정이 연구문제에 대한 적절한 이해를 반영하고 있는가?

④ 가설의 설정방법이 객관적이고 공정한 태도를 반영하고 있는가?

(3) 연구방법에 대한 자체 평가

다음으로는 연구방법에 관하여 특히 철저하게 평가해 보아야 하는데, 연구방법이 잘못되면 연구결과도 잘못되기 때문이다. 연구방법에 대한 검토와 평가에서는 우선 전체적으로 ① 연구방법이 연구문제의 해결에 적합하며 타당하고 과학적인가, ② 연구방법이 명확하며 그 방법을 충분하게 제시 · 설명했는가, ③ 해당 연구에서 사용한 연구방법을 다른 연구자들이 그대로 반복해서 시행할 수 있도록 자세하면서도 간단명료하게 서술하고 있는가 등을 평가해 보아야 한다. 그런 다음, 다시 연구계획과 설계, 자료의 수집방법, 자료의 분석방법에 관하여 다음과 같은 구체적 사항들을 평가해서, 만약 문제점이 있다면 수정 · 보완해야 한다.

(1) 연구계획과 설계(The Research Planning and Design)

① 연구계획과 설계가 주어진 가설의 검증에 적합하며 충분한가?

② 연구계획과 설계의 세부사항(예컨대, 표집과정 · 통계분석방법 등)이 일정 수준에 달하는가?

③ 실험연구의 경우, 그 실험설계에 적절한 통제집단을 사용했는가?

(2) 자료의 수집방법(The Collection of Data)

① 연구자료의 수집이 제대로 충분히 이루어졌다는 증거가 제시되었는가?

② 표본을 무작위적이고 적절하게 표집했으며, 그 크기, 주요 특성 등을 명확하게 기술했는가?

③ 조사나 실험 등에 사용한 재료(materials)들을 명확하게 기술했는가?

④ 수집한 자료가 연구문제의 해결에 직접적 관련성을 지니며, 적절한가?

⑤ 수집한 모든 자료의 신뢰도와 타당도를 적절하게 검토했는가?

(3)자료의 분석방법(The Analysis of Data)

① 자료의 분석 과정이나 방법이 객관적이고 공정했는가?

② 자료의 분석에 사용한 모든 방법(통계적 또는 기타 분석방법)이 적절했으며, 명료하게 기술했는가?

③ 모든 자료가 제대로 분석되었는가?

④ 자료의 분석에서 도출한 추론(inferences)들은 타당하며, 그 추론들을 올바로 해석하고 설명했는가?

(4) 연구결과 · 논의 · 결론 등에 대한 자체 평가

연구방법에 관한 위와 같은 사항들에 대한 평가가 끝나면, 다음으로는 연구결과(results)에 대한 평가도 해 보아야 한다. 이에서는 ① 연구결과가 연구문제나 가설과 직접적으로 연결되어 있는가, ② 연구결과가 연구문제에 대한 해답을 올바로 제공하고 있는가, ③ 만약 가설을 설정했다면 그 가설이 긍정되었는가, 아니면 부정되었는가, ④ 연구결과의 유의성 여부는 통계적으로 정확하게 검증했는가, ⑤ 연구결과의 조직과 제시 방법이 적합한가, ⑥ 연구결과를 잘 요약하고 조직해서 명확하고 간결하게 제시했는가 하는 것들을 검토 및 평가해 보아야 한다.

이와 같은 평가가 끝나면, 연구결과에 관한 논의(discussion)도 제대로 이루어졌는지 평가해 보아야 하는데, 이에서는 ① 연구결과에 대한 논의가 연구문제와 가설에 관한 선행연구들과 이론적 틀과 연관하여 제대로 이루어졌는가, ② 연구의 제한점을 솔직하게 밝혔으며, 그 제한점의 제거나 해결방안 등도 제시했는가, ③ 앞으로 다른 후속적 연구들을 위한 제언들이 적절하며 그것들을 명확하게 서술했는가 등을 평가해서, 만약 문제점이 있다면 시정해야 한다.

다음으로는 결론(conclusion) 부분에 관하여 평가를 해야 하는데, 이에서는 ① 결론이 연구결과를 토대로 올바로 도출되었는가, ② 결론이 기존의 지식이나 이론들과 합치되는가, ③ 결론이 새로운 지식을 제공하고 있는가, ④ 결론 부분에서 앞으로의 후속적 연구를 제시하고 있는가 등에 관하여 평가해 보아야 한다.

마지막으로, 연구보고서나 논문의 맨 뒤에 붙이는 참고문헌(references) 목록도 다시 한 번 점검하고 평가해 보아야 한다. 즉 ① 참고문헌이 충분하고 시의적인가, ② 참고문헌이 연구주제에 직접 관련된 것들인가, ③ 앞서 연구보고서나 논문의 본문에서 인용했거나 참고한 문헌자료들이 모두 포함되어 있는가, ④ 참고문헌이 가나다 순으로 제대로 배열되어 있으며, 연구보고서나 논문의 양식에 맞게 제시되었는가 하는 것들을 자체적으로 평가해서, 만약 문제가 있다면 그것들을 수정 · 보완해야 한다.

연습문제

1. 다음 사항들을 간단히 설명하라.
   ① 자료의 분석
   ② 분석 결과의 해석
   ③ 질적 및 양적 분석
   ④ 1원적 · 2원적 및 다원적 분석
   ⑤ 기술통계와 추리통계
   ⑥ 비모수적 통계방법
   ⑦ 상관도와 상관계수
   ⑧ 가설검증의 통계

2. 학술지에 발표된 여러 가지 연구논문들을 찾아서 어떤 분석방법을 사용했으며, 그 분석 결과를 어떻게 해석했는지 알아보고 이들을 평가해 보아라.

3. 연구보고서나 논문을 작성할 때 각주(脚註)는 어떻게 달고, 도표(圖表)는 어떻게 제시하며, 참고문헌 목록은 어떤 형식으로 작성해야 하는지 알아보아라.

4. 학술논문을 3편만 골라서 이들을 논문의 체제에 따라 요약해 보아라.

5. 학술지에 발표된 다른 사람의 연구논문의 본론 부분을 읽고, 그것의 개요를 작성해 보아라.

제2부

실증연구방법의 실제

제5장
조사연구방법의 실제

앞서 제1~4장에서는 실증연구방법의 원리에 관하여 살펴보았다. 그러면 이제부터는 실증연구의 실제 방법에 관하여 알아보기로 하되, 그중에서 가장 대표적인 두 가지 실증연구방법, 즉 조사연구(survey research)와 실험연구(experimental research)의 방법에 관해서만 살펴보기로 하겠다. 우선 제5장에서는 조사연구방법의 실제에 관하여 살펴보고, 다음 제6장에서는 실험연구방법의 실제에 관하여 알아보기로 하겠다.

가. 조사연구방법의 특성과 용도

조사연구방법은 19세기 말 프랑스에서 처음 개발되어 가족연구 등에서 사용했으며, 20세기 초에는 영국에서도 찰스 부스(Charles Booth)가 런던의 빈민들에 관한 연구에서 사용했다. 그러나 조사연구방법이 하나의 과학적 연구방법으로 정립되기 시작한 것은 1920년대에 통계학자들이 개발한 조사대상자들의 표집이론과 표집방법을 도입하고, 또한 그에 체계적 면접조사방법을 결합시키면서부터였다. 그 뒤 여론조사, 시장조사, 학술연구 등에서 널리 사용하면서 다시 통계방법을 도입함으로써, 1940년경에는 거의 오늘날의 것과 같은 조사연구방법으로 정립되었다. 그러나 1960년대까지는 컴퓨터가 제대로 보급되지 않아 면접조사 등을 통해 수집한 자료들을 정리 및 분석하여 발표하는 데는 많은 시간과 노력이 들었다.

1. 조사연구방법의 뜻과 주요 특성

조사연구방법이 언제부터 우리나라에 도입되었는지는 알 수 없으나, 현재 우리나라에서도 가장 대표적인 연구방법의 하나로 널리 사용되고 있다. 그러면 조사연구방법이란 구체적으로 어떠한 연구방법을 말하며, 그 특성은 무엇이고, 주로 어떤 경우에 어떻게 사용하는지 알아보자.

1) 조사연구에 대한 여러 가지 정의

조사연구방법의 개념을 알기 위해서는 우선 '조사연구'라는 말의 뜻부터 살펴볼 필요가 있는데, '조사연구'를 영어로는 'survey research'라고 한다. 그러나 우리나라에서 '조사연구'라고 하면, 예컨대 표본조사(sample survey), 여론조사(opinion poll), 센서스(census), 현장연구(field studies), 기술적 연구(descriptive research) 등의 여러 유사 개념들과 혼용되면서 다양한 개념으로 사용되고 있다. 그러면 우선 조사연구의 개념부터 간단히 살펴본 뒤에, 이와 유사한 여러 가지 개념들과의 공통점과 차이점들에 대해서도 알아보기로 하겠다.

먼저 조사연구, 즉 '서베이 연구(survey research)'에 대한 몇몇 학자들의 정의(定義)부터 들어보면, 커린저(Kerlinger, 1973, p. 420)는 "서베이 연구란 사회과학 연구방법의 한 분야로, 사회적 또는 심리적 변인들의 존재·분포 및 상호관계를 발견하기 위하여 크고 작은 전집(全集, population or universe)으로부터 표본(sample)을 표집하여 조사해서 전집을 연구하는 것"이라고 정의한다. 한편, 캠블과 카토나(Campbell and Katona, 1953, p. 16)는 "서베이 연구란 인간들의 표본과 직접 접촉을 통하여 특정 연구문제에 관련된 인간들의 속성·행동 또는 태도 등을 연구하는 것"이라고 말한다.

그런가 하면 워위크와 리닌저(Warwick and Lininger, 1965, pp. 1-2)는 "서베이 연구란 설문지나 면접 등의 체계적 수단을 사용하여 개인이나 조직체·지역사회 등과 직접적 접촉을 통하여 인간들의 전집(human population)에 관한 정보를 수집하는 방법"이라고 정의한다. 반면, 오펜하임(Oppenheim, 1966, p. 1)은 "서베이 연구란 인간의 어떤 행동을 기술(記述)하거나 예측할 목적으로, 또는 어떤 변인들 간의 관계를 분석할 목적으로 그에 관한 자료들을 계획적으로 수집하는 방법의 한 형태이다.”라고 말하고 있다.

이상과 같이 조사연구, 즉 ‘서베이 연구’에 관한 정의는 학자들에 따라 조금씩 다르다. 그러나 이들을 종합해 보면, 조사연구란 ① 사회과학적 연구의 한 형태로서, ② 어떤 연구문제에 관련된 사회적 또는 심리적 변인들의 상태나 관계를 기술(記述)하거나 설명할 목적으로, ③ 인간들의 전집(全集)에서 표본을 추출하여 이들을 대상으로, ④ 설문지 · 면접 · 전화 등을 통하여 주어진 연구문제에 관계된 실증적 자료를 체계적이고 계획적으로 수집하고 분석해서 연구문제에 대한 해답을 얻는 연구 내지 그 방법이라고 정의할 수 있다. 그렇다면 이러한 조사연구 내지 조사연구방법이 다른 연구나 방법과 구별되는 특성은 무엇인가?

2) 조사연구와 그 방법의 주요 특성

조사연구 내지 조사연구방법의 특성에는 여러 가지가 있다. 그러나 위와 같은 조사연구의 정의를 중심으로, 그리고 학술연구의 하나로서의 조사연구 또는 조사연구방법의 주요 특성을 몇 가지만 들어보면 다음과 같다.

첫째로는, 사회과학적 연구(social scientific investigation)의 한 행태 내지 방법이라는 점을 들 수 있는데, 여기서 ‘사회과학적 연구’라고 함은 과학적 요건을 갖춘 연구 내지는 연구방법으로서, 주로 사회과학 분야에서 사용하는 것이라는 말이다.

둘째로는, 주로 사회적 및 심리적 변인들의 상태 · 분포 · 관계 등을 발견하고자 하는 연구 또는 연구방법이라는 점을 들 수 있는데, 여기서 사회적 변인(sociological variables)이란 사회집단의 성원으로서의 개인의 속성(attributes), 즉 성별 · 수입 · 정당 · 종교 · 사회경제적 지위 · 교육 · 연령 · 직업 · 인종 등을 말한다. 그리고 심리적 변인이란 보통 개인의 의견 · 태도 · 가치관 등을 말하나, 여기에 외적 행동이 포함되기도 한다.

셋째로는, 실험연구와는 달리 기술적 연구(記述的 硏究, descriptive research)라는 점을 들 수 있는데, 실험연구와 조사연구는 다 같이 실증연구방법이다. 하지만 실험연구는 변인들을 인위적으로 변화시키면서 그 변인들 간의 관계를 관찰하는 방법인 데 반하여, 조사연구는 이미 주어진 그대로의 상태에서 변인들 간의 관계를 연구하는 방법이다.

넷째로는, 조사연구는 연구하고자 하는 개인(personal)이나 사물(objects)들의 전집(population)에서 표본을 추출하여 주로 이를 대상으로 실시한다는 점도 또 하나의 특성으로 들 수 있다. 그렇다고 해서 표본을 대상으로 한 것만이 조사연구라는 말은 아닌데, 물론 전집을 대상으로 한 조사연구, 즉 센서스(census)와 같은 것도 있다. 그러나 이러한 센서스와는 달리, 대부분의 조사연구에서는 전집에서 추출한 표본을 대상으로 조사를 한다. 이는 전집을 대상으로 조사연구를 한다는 것은 매우 어려울 뿐 아니라, 굳이 많은 비용과 노력을 들여서 전집을 대상으로 조사를 할 필요도 없기 때문이다. 따라서 거의 모든 조사연구에서는 표본을 대상으로 조사연구(sample survey)를 한 후에, 그 결과를 가지고 전집의 특성 등을 추리하고 있다.

다섯째로, 조사대상인 개인이나 집단과의 직접적 접촉을 통하여 일차적이고 실증적 자료를 계획적으로 수집해서, 그것을 바탕으로 주어진 연구문제에 대한 해답을 얻는다는 것도 조사연구의 특성으로 들 수 있다. 그러나 조사연구는 연구하고자 하는 변인이나 이들 변인 간의 관계를 있는 그대로의 상태에서 조사해서 연구한다는 점에서 다음 제6장에서 살펴볼 실험연구와 구별되는데, 실험연구에서는 독립변인을 인위적으로 변화시켜 그것이 종속변인에 어떠한 영향을 미치는지를 관찰해서 독립변인과 종속변인 간의 관계를 알아보기 때문이다.

2. 조사연구와 그 유사개념의 공통점과 차이점

조사연구 내지 조사연구방법은 바로 위와 같은 여러 가지 특성들을 갖고 있다. 그러나 앞서 말했듯이 조사연구나 조사연구방법이라는 말은 종종 설문조사(questionnaire survey), 면접조사(interview survey), 표본조사(sample survey), 센서스(census), 여론조사(public opinion poll), 현장연구(field studies), 기술적 연구(descriptive research), 엑스 포스트 팩토 연구(ex post facto research) 등과 혼용하기도 한다. 그러면 이들과 조사연구는 무엇이 같으며, 무엇이 다른가?

1) 설문조사·면접조사·표본조사·센서스·여론조사·현장연구

일반적으로 조사연구(survey)라고 하면 설문조사나 면접조사를 말하거나 또는 이들 두 가지를 모두 지칭하기도 하는데, 이는 설문조사와 면접조사가 조사연구의 가장 대표적 조사방법이기 때문이다. 그러나 설문조사와 면접조사는 조사연구에서 자료를 수집하는 한 가지 방법으로서 조사연구의 하위개념(下位槪念)인데, 조사연구 방법에는 설문조사와 면접조사 이외에 우편조사(mail survey), 전화조사(telephone survey), 웹 조사(Web based survey) 등도 있다. 하지만 이와 같은 여러 가지 조사방법 중 설문조사와 면접조사가 조사연구에서 가장 대표적 조사방법이기 때문에, 조사연구라고 하면 설문조사나 면접조사를 지칭하게 되었다.

표본조사는 전집(全集, Population or Universe)이 아니라 그 전집에서 추출한 표본을 대상으로 하는 조사연구를 말하는데, 거의 모든 조사연구는 이러한 표본조사이다. 따라서 조사연구에 대한 앞서 커린저(Kerlinger)의 정의에서도 보듯이, 조사연구는 으레 표본을 대상으로 하는 것으로 간주하여, 굳이 그 앞에 '표본'이라는 말을 덧붙이지 않는다. 그러나 엄밀히 말하면 표본조사도 조사연구의 하위개념의 하나인데, 조사연구에는 표본이 아니라 전집을 대상으로 한 조사연구도 있기 때문이다. 이와 같이 전집을 대상으로 한 조사는 대체로 '센서스(census)' 또는 '총조사'라고 부르는데, 우리나라에서 정기적으로 실시하는 인구주택 총조사 등이 바로 이에 해당한다.

조사연구라고 하면 또한 '여론조사'를 머리에 떠올리기도 하는데, 이는 현재 우리나라에서도 여론조사가 매우 유행하고 있으며, 이러한 여론조사를 실시하는 기관들이 '○○여론조사연구소'라는 명칭을 많이 사용하고 있기 때문이다. 그 대표적 실례로는 흔히 '갤럽(Gallup)여론조사연구소'라고 부르는 미국여론연구소(American Institute of Public Opinion) 등을 들 수 있다. 그러나 여론조사란 정치나 선거 등에 관계된 이슈(issue)에 관한 대중들의 여론을 알아보기 위하여 주로 영리적 조사기관이 스폰서(sponsor)에게서 돈을 받고 실행하는 조사로서, 학술적 조사연구와는 거리가 있다.

또한 조사연구를 간혹 현장조사연구라고 부르기도 하는데, 현장조사연구란 "현지(field)에 나가서 실제 사회구조(real social structure) 속에서 여러 사회적 및 심리적 변인들 간의 관계나 상호작용을 발견하기 위한 연구"를 말한다(Kerlinger, 1973, p. 405). 따라서 현지나 현장에 나가서 실증자료를 수집해서 연구한다는 점에서는 현장연구도 조사연구의 한 형태라고 할 수 있다. 그러나 현장연구는 표본만을 대상으로 연구를 하는 것은 아니며, 또한 설문지나 면접 등을 통하여 자료를 수집하는 것이 아니라, 가능한 자료수집방법을 모두 사용할 수도 있다.

2) 기술적 연구와 엑스 포스트 팩토 연구

조사연구를 기술적(記述的) 연구라는 말과 혼용하기도 하는데, 본래 기술적 연구란 실험연구의 상대 개념으로서, 실험연구가 변인들을 인위적으로 변화시키면서 그 변인들 간의 관계를 관찰하는 방법인 데 반하여, 기술적 연구는 주어진 그대로의 자연적 상태에서 변인들 간의 관계를 연구하는 것을 말한다. 따라서 기술적 연구는 실험연구를 제외한 모든 실증적 연구를 통칭하는 말로서, 이에는 조사연구도 포함된다. 따라서 기술적 연구는 조사연구의 상위 개념이다.

한편, 엑스 포스트 팩토 연구(ex post facto research)라는 것도 조사연구의 하나로 간주하기도 하는데, 엑스 포스트 팩토 연구란 어떤 종속변인의 영향이 이미 발생한 경우에 그러한 영향을 발생시킨 독립변인이 무엇인지를 역행적(逆行的)으로 알아보기 위한 연구를 말한다. 예를 들어, 흡연과 폐암의 관계를 알아보기 위하여 폐암에 걸린 환자들을 대상으로 흡연 여부를 조사해서, 만약 흡연자가 유의적으로 많게 나타나면 흡연이 곧 폐암의 원인이라고 추정하는 방식의 조사연구를 말한다. 이러한 엑스 포스트 팩토 연구는 통상적 연구와는 반대 방식의 연구인데, 통상적 연구에서는 어떤 독립변인(x)의 변화에 따라 종속변인(y)에 어떤 변화가 생기느냐를 관찰해서 독립변인이 종속변인에 미치는 영향($x \rightarrow y$)을 알아보는 데 반하여, 엑스 포스트 팩토 연구에서는 이미 일어난 종속변인의 변화를 관찰한 다음, 그에 영향을 미친 독립변인이 어떤 것인지를 역행적으로, 즉 $x \leftarrow y$ 식으로 알아보는 연구이다.

이상에서 보듯이 조사연구와 비슷한 연구에는 여러 가지가 있는데, 이들은 간혹 조사연구와 혼용되기도 한다. 그러나 이 책에서는 앞서 살펴본 특성을 지닌 학술적 조사연구(academic survey research) 방법에 관해서만 살펴보기로 하겠다. 즉 사회과학적 연구의 한 형태로서, 어떤 연구문제에 관련된 사회적 또는 심리적 변인들의 상태나 관계를 기술(記述)하거나 설명할 목적으로, 인간들의 전집(全集)에서 표본을 추출하여 이들을 대상으로 설문지 · 면접 · 전화 등을 통하여 주어진 연구문제에 관계된 실증적 자료를 체계적이고 계획적으로 수집해서 분석하는 연구방법에 관해서만 살펴보기로 하겠다. 그렇다면 이러한 조사연구 내지 조사연구방법은 어떤 경우에 주로 사용하는가?

3. 연구목적에서 본 조사연구의 주요 용도

조사연구방법은 연구문제가 실증적이고 수량적인 자료를 요구하거나, 연구하고자 하는 전집의 규모가 크거나, 또는 연구결과를 대규모의 전집에 일반화시키고 싶을 때 사용하는 등, 그 쓰임새가 매우 넓다. 그러나 연구목적을 중심으로 조사연구의 용도를 들어보면 대체로 다음 일곱 가지로 나눌 수 있다.

1) 탐색을 위한 용도

조사연구 내지 조사연구방법은 어떠한 문제에 관한 탐색(to explore)을 하고자 할 때 사용한다. 우리는 종종 어떠한 문제에 관심은 있으나, 그에 관한 사전(事前)연구들이 없어서 그에 관하여 제대로 알 수 없는 경우가 있다. 예를 들어, 현(現) 정부에 대한 국민의 불평이 많으나 그 불평이 구체적으로 어떤 것들인지는 분명하게 알려져 있지 않은 경우, 그 불평이 도대체 어떤 것들인지 탐색해 볼 필요가 있는데, 바로 이런 경우에 조사연구가 요구된다.

이러한 탐색적 목적의 조사연구에서는 선다형(選多型) 설문보다는 자유응답식 면접방법을 사용하여 불평의 소재를 발견하는 데 주안점을 두게 된다. 그러므로 이러한 탐색적 조사연구는 차후에 어떤 문제에 대한 더 체계적 연구를 위한 탐사적 또는 예비적 연구의 성격을 띤다.

2) 가설 검증을 위한 용도

조사연구 내지 조사연구방법은 어떤 가설의 검증(to test hypothesis)을 위한 연구에서도 많이 사용하는데, 여기서 가설의 검증이란 앞서 설명한 탐색적 조사연구 등의 결과를 토대로 설정한 어떤 가설을 실증적으로 검증해 보는 것을 말한다. 예를 들어, 우리나라 현 정부에 대한 국민의 불평이 무엇인지를 탐색적 조사연구를 통하여 탐색해 본 결과, 그 불평의 대부분은 정부와 국민 간에 소통이 제대로 이루어지지 않은 데에서 기인하는 것으로 나타났다고 하자. 그러면 이것이 과연 사실인지를 알아보기 위하여, 예컨대 "정부와 국민 간에 소통이 제대로 이루어지지 않을수록 정부에 대한 국민의 불평은 증가한다."는 가설을 설정하고 이를 실증적으로 검증해 보고자할 때 조사연구방법이 사용된다.

3) 기술을 위한 용도

조사연구방법은 또한 어떤 집단·사건·현상 등의 상태나 특성 등을 기술(to describe)하기 위한 목적의 연구에도 많이 사용한다. 여기서 기술을 위한 목적의 연구란, 예컨대 개인의 신문구독 실태라든지, 또는 이러한 개인의 신문구독 실태와 사회경제적 지위(socioeconomic status)와의 관계 등을 조사해서 그 실태나 관계 등을 정확하게 밝히기 위한 연구를 말한다. 이와 같은 목적의 조사연구를 '기술적 조사연구'라고 하는데, 이러한 연구는 모든 연구에서 가장 기본적 연구가 된다.

4) 설명을 위한 용도

조사연구는 설명(to explain)을 위한 목적의 연구에서도 사용하는데, 여기서 설명을 위한 목적의 연구란, 위와 같은 기술적 목적의 연구에서 개인의 신문구독 실태와 사회경제적 지위 사이에 인과관계(因果關係)가 있음이 발견되었다고 할 경우, 왜 그러한 인과관계가 있는지를 설명하기 위한 연구를 말한다.

5) 예측을 위한 용도

조사연구는 또한 어떤 사상(事象)에 대한 예측(to predict)을 위한 목적의 연구에도 사용한다. 이러한 목적의 조사연구의 실례로는, 개인의 신문구독 실태와 사회경제적 지위 사이에 인과관계가 존재한다고 할 경우, 개인의 사회경제적 지위에 관한 조사를 통하여 신문구독 여부 등을 예측하기 위한 조사연구를 들 수 있다.

한편, 어떤 현상의 동향 분석이나 경향 분석을 위한 조사연구도 이러한 목적의 연구에 속한다. 비록 학술조사는 아니지만, 대통령 선거나 총선 등에서 후보자들의 당락(當落)이나 지지율 등을 예측하기 위한 여론조사도 어떤 사상을 미리 예측하기 위한 조사의 하나이다.

6) 평가를 위한 용도

조사연구는 어떤 사상(事象)에 대한 평가(to evaluate)를 위한 목적의 연구에서도 많이 사용하는데, 이러한 목적의 연구는 어떤 계획된 프로그램의 과정과 결과를 검토 및 평가하기 위한 것을 말한다. 예를 들어, 초·중등학교에서 폭력추방운동 등 사회교육 프로그램을 대상으로 ① 그 목표가 제대로 설정되었는가, ② 계획된 프로그램이 그 목표를 효과적으로 달성할 수 있는가, ③ 이 프로그램이 과연 기대한 효과를 얻을 수 있겠는가 하는 것 등을 평가하기 위한 조사연구를 말한다.

이러한 사회교육 프로그램 등의 평가를 위한 조사연구는 다시 제도의 개선을 위한 조사연구(formative evaluation), 프로그램의 과정에 대한 평가를 위한 조사연구(evaluation of process), 프로그램의 효과에 대한 평가를 위한 조사연구(evaluation of effects), 프로그램에 대한 종합적 평가를 위한 조사연구(summative evaluation) 등으로 나눌 수 있다. 그리고 이들 연구는 다시 단기적 평가(short term evaluation)를 위한 것과 장기적 평가(long term evaluation)를 위한 것 등으로 나눌 수 있다.

7) 사회지표 개발을 위한 용도

조사연구는 또한 어떤 사회지표(社會指標)의 개발(to develop social indicator)을 위한 조사연구에도 사용한다(Warwick and Linninger, 1965, pp. 47-56). 예를 들어, TV 시청률, 광고비의 증가 추세 등을 조사해서 이들을 나타내는 어떤 지표를 개발하고자 할 때 등에도 조사연구를 사용한다. 이 밖에도 조사연구는 여러 가지 목적의 연구나 경우 등에 사용되고 있다.

4. 조사연구와 그 연구방법의 장단점

위와 같이 조사연구는 여러 가지 목적으로 사용하고 있다. 그렇다고 해서 조사연구가 만능의 연구나 방법은 아니다. 모든 연구방법은 그 나름대로의 장점과 단점을 가지고 있는데, 조사연구방법도 예외는 아니다. 따라서 조사연구를 하고자 할 때는 그 장점과 단점을 충분히 고려해서 결정해야 된다. 그렇다면 조사연구나 그 방법은 어떠한 장점과 단점을 갖고 있는가?

1) 조사연구와 그 연구방법의 장점

일반적으로 어떤 연구방법을 결정하거나 평가할 때는 보통 다음과 같은 다섯 가지 기준, 즉 ① 연구목적에 대한 적합성(appropriateness)과, ② 측정의 정확성(accuracy), ③ 연구결과의 일반화 가능성(ability of generalization), ④ 설명력(explanatory power), ⑤ 연구의 편의성(convenience)을 고려해야 한다. 따라서 이들 다섯 가지 기준을 중심으로 조사연구방법의 주요 장점과 단점을 각각 몇 가지만 들어보기로 하겠다.

첫째, 조사연구나 그 방법의 장점 내지 강점으로 많은 사람들로부터 다량(多量)의 정보나 자료를 얻을 수 있으며, 그 얻어진 정보가 비교적 정확성을 띠고 있다는 점을 들 수 있다. 예를 들어, 인구 100만 명의 지역사회에서 600~700명 정도의 표본만 제대로 추출해서 조사연구를 해도, 그 지역사회 주민들의 특성과 여론 등을 거의 정확히 알 수 있는 정보를 얻을 수 있다(Warwick and Linninger, 1965, pp. 47-56).

둘째, 조사연구나 그 방법은 또한 비교적 많은 노력과 돈을 들이지 않고 다량의 자료를 얻을 수 있다는 장점도 있다. 다시 말해서, 수집한 자료의 분량에 비하여 그 수집 비용이 다른 연구방법에 비하여 적다는 뜻이다. 따라서 조사연구는 비용상 효과적(cost-effective) 연구방법이라고 할 수 있다.

셋째, 조사연구의 또 하나의 장점으로 조사 결과의 일반화 가능성의 범위가 비교적 넓다는 점을 들 수 있다. 조사연구는 다른 연구들에 비해 많은 사람을 대상으로 실시하므로, 그만큼 연구결과를 많은 사람들에게 일반화할 수 있기 때문이다.

넷째, 조사연구나 그 방법의 또 한 가지 장점으로는 현실적 상황에서 현실에 가까운 자료를 얻을 수 있다는 점을 손꼽을 수 있다. 조사연구는 실험실에서 하는 실험연구와는 달리, 주어진 그대로의 상태에서 주어진 문제에 대한 현실적 자료들을 얻을 수 있기 때문이다.

2) 조사연구와 그 연구방법의 단점

위와 같이 조사연구나 그 연구방법은 여러 가지 장점들을 가지고 있다. 그러나 다른 한편으로는 단점들도 없지 않은데, 그중에서 몇 가지 대표적인 단점들만 간단히 들어보면 다음과 같다.

첫째, 조사연구나 그 연구방법은, 위에서 말했듯이 표본만 제대로 추출하면 비교적 정확한 다량의 정보나 자료를 얻을 수 있다는 장점이 있지만, 표적 전집(the target population)을 잘 대표할 수 있는 적절한 크기의 표본을 추출하는 것이 실제적으로는 어렵다는 단점을 갖고 있다. 또한 표본으로 추출한 응답자 중에는 응답을 제대로 하지 않거나 응답을 회피하는 사람들이 많아, 응답률(response rate)이 낮아지면 그만큼 응답의 정확성도 떨어지게 된다.

둘째, 조사연구나 그 방법은 비용상 효과적(cost-effective)이라는 장점이 있지만, 이는 수집한 자료의 분량에 비하여 그에 드는 비용이 적다는 말이며, 실제로는 다른 연구들보다 많은 비용과 노력이 든다는 단점이 있다. 조사연구는 대체로 많은 인력과 경비 등이 요구되며, 어떤 조사연구는 몇 달 동안 걸릴 수도 있기 때문이다.

셋째, 조사연구나 그 방법은 또한 여러 가지 내재적 취약성도 지니고 있는데, 그 중에서도 가장 취약한 점은, 조사연구는 '기본적으로 탐사적(basically exploratory)' 특성을 갖고 있다는 점이다. 때문에 조사연구는 실험연구에서와 같이 검증하고자 하는 어떤 가설을 원인과 효과의 수준(at the level of cause-and-effect)에서 긍정이나 부정(기각)하기가 어렵다.

넷째, 조사연구나 그 방법은 또한 응답자들의 마음속 깊이 파고 들어가기가 어렵기 때문에, 그 응답자들에게서 얻은 정보나 자료가 피상적이 되기 쉽다는 단점도 있다. 그러나 이는 조사연구방법 자체의 모순이라기보다는, 실제 조사 과정이나 면접 조사원의 능력이나 기능의 한계 등에서 야기되는 약점이라고 볼 수도 있다.

다섯째, 조사연구는 현실적 상황에서 현실에 가까운 자료를 얻을 수 있다는 장점을 갖고 있지만, 조사연구에서는 어떤 독립변인이 그 종속변인에 미치는 영향 등을 관찰할 때 그에 부작용적 영향을 미치는 가외변인(加外變因)에 대한 엄격한 통제가 불가능하다. 때문에 결과적으로 어떤 변인들 간의 오비이락적(烏飛梨落的) 관계를 인과관계로 잘못 판단하는 오류를 범하기 쉽다는 단점이 있다.

이 밖에도 조사연구는 응답자가 자신을 좋게 보이도록 하거나 또는 조사자가 바라는 방향으로 반응하려는 경향, 즉 반응성(reactivity)에 취약하며, 또한 가끔 체계적 편향이나 편향적 질문으로 인하여 측정의 신뢰도가 낮아지는 단점도 있다. 따라서 어떤 연구문제의 해결을 위하여 조사연구방법을 선정할 때는 이상과 같은 장점과 단점들을 충분히 고려해서 결정해야 한다. 그러나 조사연구의 장단점들은 조사연구의 유형에 따라 적지 않은 차이가 있으므로, 조사연구방법을 선정할 때는 그 유형과 각 유형의 조사연구방법의 장단점들도 알아야 한다.

나. 조사연구의 유형별 특성과 장단점

앞서 말했듯이 조사연구의 특성과 장단점 등은 조사연구의 유형에 따라 차이가 많다. 즉 같은 조사연구라도 그 유형에 따라 특성이 다르고, 또한 장단점도 다르다. 그렇다면 조사연구에는 어떤 유형 내지 종류가 있으며, 이들은 각각 어떠한 특성과 장단점들을 지니고 있는가?

1. 조사연구의 여러 유형의 분류기준

다른 모든 사상(事象)과 마찬가지로 조사연구의 유형도 그 분류기준에 따라 여러 가지로 나누어 볼 수 있다. 만약 조사연구의 유형을 그 목적에 따라 분류하면, 탐색을 위한 조사연구, 설명을 위한 조사연구 등으로 나눌 수 있고, 조사연구의 유형을 그 설계방법에 따라 분류하면, 횡단적 조사연구(cross-sectional survey)와 종단적 조사연구(longitudinal survey)로 나눌 수 있다. 또한 조사연구의 유형을 조사방법을 기준으로 분류하면, 면접조사연구, 전화조사연구, 우편조사연구, 웹 조사연구(Web based survey) 등으로 나눌 수 있다.

1) 연구목적과 대상 분야에 따른 조사연구의 유형

조사연구의 유형을 우선 그 목적에 따라 분류하면 크게 두 가지, 즉 학술적 조사연구와 실용적 조사로 나눌 수 있다. 이 중 학술적 조사연구는 앞서 말한 조사연구의 주요 목적에 따라 다시 ① 탐색을 위한 조사연구, ② 가설검증을 위한 조사연구, ③ 변인들의 상태나 관계의 기술을 위한 조사연구, ④ 변인들 간의 관계에 대한 설명을 위한 조사연구, ⑤ 어떤 현상에 대한 예측을 위한 조사연구, ⑥ 어떤 현상 등에 대한 평가를 위한 조사연구, ⑦ 어떤 지수(指數)나 계수의 개발을 위한 조사연구 등으로 나눌 수 있다.

한편, 실용적 조사는 그 대상 분야에 따라 여론조사(opinion poll), 시장조사(marketing research), 독자조사(readership survey), 시청자 조사(audience survey) 등으로 나눌 수 있다. 이 중 여론조사는 문자 그대로 어떤 사회적 또는 정치적 문제(issue)에 대한 대중의 의견이나 태도를 조사하는 것을 말한다. 그리고 시장조사는 시장의 특성과 범위 또는 상품의 수용성(acceptability of products) 등에 대한 소비자들의 의견이나 태도 등에 관한 조사를 말한다. 그러나 이러한 시장조사에서는 소비자들의 라이프스타일(lifestyle), 구매행동(consumer behavior), 좀 더 구체적으로 소비자들의 구매행동의 결정요인과 상품의 채택 과정(adoption process), 매스 미디어가 소비자들의 구매행동에 미치는 영향 등에 관하여 학술적 입장에서 조사연구를 할 수도 있다.

다음으로 독자조사는 신문 · 잡지 등의 독자에 대한 조사로, 누가 · 왜 · 무엇을 · 언제 · 어디서 · 얼마나 · 어떻게 신문이나 잡지 · 서적 등을 읽고 있는가를 알아보기 위한 조사를 말한다. 이러한 독자조사는 독자들의 신문 · 잡지 등의 구독행동을 알아보려는 목적도 있지만, 나아가서는 독자들의 정보추구와 정보수용 행동을 학술적으로 분석해 보려는 데도 목적이 있다. 그러나 이러한 학술적 독자조사와는 달리, 각 신문사나 잡지사 등에서 판매촉진(promotion)을 위한 목적의 하나로서, 자기 신문이나 잡지 등의 내용에 관한 독자들의 의견이나 호감, 요망사항 등을 알아보기 위한 조사도 있다. 그러나 이러한 조사는 엄밀한 의미에서는 독자조사(readership survey)가 아니라, 독자들의 여론조사(readers opinion polls)에 해당된다.

끝으로 시청자 조사란 라디오 청취자나 TV 시청자들에 대한 조사로서, 이 조사에도 두 가지가 있다. 하나는 독자 여론조사처럼 방송국이나 시청자 조사 대행기관에서 특정 방송 프로그램에 대한 평가(rating)를 위하여 실시하는 청취율 또는 시청률 조사와, 방송 프로그램 내용의 개선을 위한 시청자들의 여론조사 등이 그것이다. 그리고 다른 하나는 방송 청취자 및 시청자들의 행동이나 방송의 효과를 분석해 보기 위한 학술적 조사연구이다.

2) 기본설계의 형태에 따른 조사연구의 유형

조사연구의 유형은 그 기본설계(basic survey design)의 형태에 따라서도 분류할 수 있는데, 그러면 크게 횡단적 조사연구(cross-sectional survey)와 종단적 조사연구(longitudinal survey)로 나눌 수 있다. 그리고 이 중 종단적 조사연구는 다시 세 가지, 즉 ① 동향조사연구(trend survey), ② 코호트 조사연구(cohort survey), ③ 패널 조사연구(panel survey)로 나눌 수 있다.

(1) 횡단적 조사연구

횡단적 조사연구란, 어떤 한 시점(時點, at a single point in time)에서 어떤 전집을 대표하는 표본을 대상으로 어떤 사상(事象)에 관한 개인(응답자)의 태도나 의견, 감정 등에 관한 자료를 한 차례만 수집하는 방식의 조사연구를 말한다. 예를 들어, 2012년 1월 26일 ○○○ 서울시 교육감이 발표한 '학생인권조례'에 대하여 학부모들이 어떻게 생각하는지에 관한 자료를 같은 해 2월 1일 시점(時點)에서 1회만 조사하는 방식의 조사를 말한다. 이러한 조사에서 '학생인권조례'에 대한 학부모들의 의견이나 태도 등만을 단순히 알아보는 데 그치지 않고, 학생인권조례에 대한 학부모들의 찬반 견해와 이념적 성향(예를 들어, 진보와 보수 성향 등)의 관계도 알아보는 것 역시 횡단적 조사연구에 포함된다.

(2) 종단적 조사연구

종단적 조사연구란, 횡단적 조사연구와는 달리 어떤 사상(事象)에 관한 개인들의 태도나 의견, 감정 등에 관한 자료를 일정한 기간(over a period of time)에 동일한 설문지 등을 통하여 두 번 이상 여러 차례 조사하는 방식의 조사연구를 말한다. 이러한 종단적 조사연구의 목적은 어떤 사상에 대한 개인의 태도나 의견, 감정 등이 일정 기간에 어떻게 변하며, 그 원인은 무엇인지 등을 기술하고 설명하려는 데 있다.

이와 같은 목적의 종단적 조사연구는 다시 세 가지 유형, 즉 ① 동향조사연구(trend survey), ② 코호트 조사연구(cohort survey) 및 ③ 패널 조사연구(panel survey)로 나눌 수 있다. 동향조사연구는 어떤 사상에 대한 개인의 태도나 의견, 감정 등이 일정 기간에 어떻게 변화하는지를 알아보기 위하여 개인들의 표본을 대상으로 여러 다른 시점에서 조사해 보는 조사연구를 말한다. 코호트 조사연구는 동향조사연구와 비슷하나, 어떤 사상에 대한 개인의 태도나 의견, 감정 등이 일정 기간의 각 시점(時點)에서 어떻게 변화하는지를 알아보려는 데 목적이 있는데, 이때 조사대상자(표본)는 각 조사시점마다 다를 수 있다. 패널 조사연구도 어떤 사상에 대한 개인들의 태도나 의견, 감정 등이 일정 기간에 어떻게 변하는지를 알아보는 데 목적이 있으나, 동일한 개인의 표본을 대상으로 여러 시점에서 조사를 한다는 점이 앞서 동향조사연구나 코호트 조사연구와 다르다.

3) 기타 여러 분류기준과 그에 따른 조사연구의 유형

조사연구의 유형에는 위에서 살펴본 연구목적과 대상 분야에 따른 유형들 이외에, 또한 조사의 시행형태, 설문의 형식, 조사대상자, 표본의 크기 등에 따라 다음과 같은 유형들도 있다.

(1) 조사의 시행 형태에 따른 유형

조사연구의 유형은 조사의 시행 형태(modes of survey administration)에 따라 직접 면접을 통한 면접조사(personal or face-to-face survey), 전화를 통한 전화조사(telephone survey), 우편을 통한 우편조사(mail survey), 이메일을 통한 이메일 조사(email surveys), 인터넷 웹 페이지를 통한 웹 조사(Web based survey) 등으로 나눌 수 있다. 이들 조사연구는 다시 크게 두 가지로 나눌 수 있는데, 하나는 면접조사연구나 전화조사연구처럼 조사자가 응답자를 직접 인터뷰(interview)하면서 질문을 해서 응답자가 응답하면 그것을 설문지의 응답란에 적어 넣는 식으로 조사하는 인터뷰식 조사(interviewing survey)이고, 다른 하나는 우편조사나 이메일 조사처럼 조사자가 응답자에게 설문지를 배포해서 그에 대한 응답을 응답자가 직접 응답란에 기입토록 하는 자답식(自答式) 조사(self-administered survey)이다.

(2) 질문이나 설문의 형식에 따른 유형

조사연구의 유형은 또한 질문이나 설문의 형식에 따라 질적 조사연구(qualitative survey)와 양적 조사연구(quantitative survey)로 나눌 수 있다. 질적 조사연구란, 자유응답식 설문(open-ended questions)을 통하여 자료를 수집한 다음, 그 자료를 질적 분석방법을 사용하여 분석하는 조사연구를 말한다. 반면, 양적 조사연구란 선다형 설문(forced-choice questions) 등의 객관식 설문을 사용하여 자료를 수집한 다음, 그 자료를 통계방법 등을 통하여 분석하는 조사연구를 말한다.

(3) 조사대상자의 성격과 표본의 크기에 따른 유형

조사연구의 유형은 또한 조사대상자의 성격과 표본의 크기에 따라서 세 가지,

즉 대표본 조사연구(large-scale survey), 소표본 조사연구(small-scale survey), 비교문화권적 연구(cross-cultural survey)로 나눌 수 있다. 여기서 대표본 조사연구란 많은 사람들이나 사물을 대상으로 한 대규모의 조사연구로, 예를 들어 우리나라 전체 국민을 타깃 전집(target population)으로 하여 표본의 크기가 1,500~3,000명 또는 이보다 큰 조사연구를 말한다. 반면, 소표본 조사연구란 표본의 크기가 200~300명 정도의 조사연구를 말한다. 그리고 비교문화권적 조사연구는 어떤 사상(事象)에 대한 개념·태도·의견 등이 나라에 따라 어떻게 다른지를 비교하기 위한 조사연구로서, 조사대상 국가의 수는 3~6개국이며, 각 국가에서 표집하는 응답자의 수(표본의 크기)는 약 1,000명 정도인 조사연구를 말한다.

2. 조사연구의 주요 유형의 특성과 장단점

위에서 조사연구의 유형에 대한 여러 가지 분류기준과 그에 따른 조사연구의 유형 내지 종류에 관하여 살펴보았다. 그러나 조사연구의 유형 분류에서 가장 많이 사용되는 기준은 역시 조사의 시행 형태 내지 방법에 의한 것이라고 할 수 있다. 이러한 기준에 따라 조사연구의 유형을 나누어 보면, ① 응답자와 직접 얼굴을 맞대고 조사하는 면접조사연구(personal or face-to-face interview survey), ② 전화를 통한 전화조사연구(telephone interview survey), ③ 우편을 통한 우편조사연구(mail survey), ④ 조사자가 설문지를 응답자에게 직접 배포하면서 그에 응답을 기입토록 하는 직접배포 설문조사연구(hand delivery questionnaire survey), ⑤ 요즈음 유행하는 이메일을 통한 이메일 조사연구(email surveys), ⑥ 인터넷 웹 페이지를 통한 웹 조사연구(Web based survey) 등으로 나눌 수 있다.

1) 면접조사연구의 주요 특성과 장단점

면접조사는 면접조사원(interviewer)이 면접대상자(interviewee), 즉 응답자를 그의 집이나 직장 또는 쇼핑몰, 커피숍, 영화관 로비, 길거리 등에서 만나 얼굴을 직접 맞대고 연구문제에 관한 질문을 하고, 그에 관한 응답자의 응답을 들으면서 연구문제에 관한 여러 가지 자료나 정보 등을 수집하는 것을 말한다. 그러면 이러한 면접조사의 특성과 장단점은 무엇인가?

(1) 면접조사의 뜻과 주요 특성

면접조사에 관하여 살펴보기에 앞서, 우선 '면접'이란 말의 뜻부터 확실히 하고 넘어가기로 하겠는데, 면접이란, 간단히 말해서 두 사람이나 여러 사람이 서로 "얼굴[面]을 서로 맞대고[接]" 질의응답을 하는 것을 말한다. 이를 영어로는 '인터뷰(interview)'라고 하나, '인터뷰'라는 영어 단어는 '면접'이라는 우리말보다 넓은 뜻을 갖고 있다. 즉 영어로 '인터뷰'라고 하면, 직접 얼굴을 맞대고 하는 대면 인터뷰(face-to-face interview or personal interview)뿐 아니라, 전화를 통한 전화 인터뷰(telephone interview), 인터넷 채팅 사이트를 통한 컴퓨터 인터뷰(Computer-Assisted Interview, CAI), 서면(書面)을 통한 서면 인터뷰(paper interview) 등도 모두 포함하는 말이다.

따라서 면접을 그냥 '인터뷰'라고 하면 오해가 있을 수 있기 때문에 이 책에서는 영어로 '페이스-투-페이스 인터뷰(face-to-face interview, 즉 대면 인터뷰)' 또는 '퍼스널 인터뷰(personal interview)'를 통한 조사만 우리말로 '면접조사'라고 부르기로 하는데, 이를 다시 한 번 간단히 정의하면, 위에서 말했듯이 "면접조사란 조사원이 면접대상자, 즉 응답자를 그의 집이나 직장 또는 쇼핑몰, 커피숍, 영화관 로비, 길거리 등에서 만나서 그와 얼굴을 직접 맞대고 어떤 연구문제에 관한 질문을 하고, 그에 관한 응답자의 응답을 들으면서 연구문제에 관한 여러 가지 자료들을 수집, 조사하는 것"이라고 말할 수 있다.

이와 같은 면접조사는 그 방식에 따라 다시 다음과 같이 세 가지로 나눌 수 있다. 첫째는 자유응답식 면접조사(unstructured interview survey)로서, 이는 연구문제에 관계된 사항에 관하여 조사원이 응답자와 자유롭게 질의응답을 하면서 조사원이 연구문제에 관한 자료들을 조사하는 것을 말한다.

둘째는 설문지식 면접조사(structured interview survey)인데, 이는 연구자가 미리 작성해 준 '인터뷰 스케줄(interview schedule)'이라는 객관적 방식의 설문지를 면접조사원이 들고 그에 따라 응답자에게 질문을 하면서 그 응답을 인터뷰 스케줄의 해당란에 기입하는 방식으로 연구문제에 관한 자료나 정보 등을 수집하는 것을 말한다.

셋째는 절충식 면접조사(semi-structured interview survey)로서, 이는 자유응답식 면접조사와 설문지식 면접조사를 혼합한 것으로, 어떤 부분은 자유응답식 방법으로, 또 어떤 부분은 설문지식 방법으로 면접조사를 하는 것을 말한다.

(2) 면접조사연구의 장단점

위와 같이 면접조사에도 여러 가지 종류가 있는데, 이러한 면접조사의 장점과 단점은 면접조사의 종류에 따라 약간 차이가 있을 수 있다. 그러나 여기서는 모든 종류의 면접조사들의 일반적인 장단점만 알아보기로 하겠다.

① 면접조사연구의 장점

첫째, 면접조사의 가장 큰 장점으로는 비교적 신뢰감이 있는 자료나 정보를 얻을 수 있다는 점을 들 수 있다. 만약 면접조사자가 응답자를 직접 만나 조사목적을 설명하고, 협조도 구하고, 또한 좋은 분위기를 만들면서 응답자와 일단 라포르(rapport)만 잘 형성하면, 대부분의 응답자들은 면접조사자의 질문에 비교적 솔직하고 성실하게 응답해 주기 때문이다. 또한 응답자가 응답을 주저할 때는 면접조사자가 다시 간곡하게 응답을 부탁할 수도 있고, 응답자가 거짓말을 하는 것 같으면, 이를 응답자료에서 제외시킬 수도 있기 때문이다.

둘째, 면접조사의 또 하나의 장점으로 다른 조사방법보다 길고 복잡한 조사가 가능하기 때문에, 응답자로부터 양(量)도 비교적 많고, 내용도 자세하며, 질(質)도 높은 정보나 자료를 얻을 수 있다는 점을 들 수 있다. 면접조사는 사전에 응답자의 허락을 받고 그의 집이나 약속 장소로 찾아가서 인터뷰를 하게 되므로, 전화로 인터뷰를 할 때보다 응답자가 더 오랫동안 면접조사에 응해 주기 때문이다.

셋째, 면접조사는 복합적 자료수집방법(multi-method of data collection)이라는 것도 주요 장점의 하나로 들 수 있다. 예를 들어, 면접조사가 어떤 인물이나 상품, 사물 등에 관한 정보나 자료를 조사할 때, 그것들에 관계된 그림 · 사진 · 실물 등을 응답자에게 보여 주면서 질문이나 설명을 할 수 있고, 응답자가 말로 대답하기를 꺼리는 수입 정도 등에 관한 질문은 카드에 적어 달라고 할 수도 있는 등, 여러 가지 방법을 동시에 활용하여 응답자로부터 정보나 자료를 수집할 수 있기 때문이다. 이 밖에도 면접조사는 여러 가지 장점이 있다.

② 면접조사연구의 단점

면접연구조사는 위와 같이 여러 가지 장점들이 있지만, 다른 한편으로는 단점들도 있는데, 그중에서 중요한 것만 몇 가지 들어 보면 다음과 같다.

첫째, 면접조사의 가장 큰 단점으로는 인력과 경비가 가장 많이 든다는 점을 들 수 있다. 이처럼 인력과 경비가 많이 드는 것은, 대부분의 면접조사에서는 여러 명의 면접조사원들이 필요하며, 이들이 응답자들을 일일이 찾아가서 면접조사를 해야 하므로 인력이나 시간은 물론, 교통비와 경비 등도 많이 들기 때문이다.

둘째, 자료수집 기간이 다른 조사방법들에 비하여 길다는 단점을 들 수 있다. 특히 응답자(표본)들의 사례수가 많은 경우, 이들을 일일이 찾아가서 몇십 분씩 면접조사를 하려면 많은 시간이 걸리기 때문이다.

셋째, 면접조사는 면접조사원의 능력이나 태도 등에 따라 조사 결과에 적지 않은 차이가 발생할 수 있다는 점도 또 하나의 단점으로 들 수 있다. 면접조사원의 개인적 능력이나 태도 등에 따라 응답자가 성실하고 솔직하게 응답할 수도 있고, 그렇지 않을 수도 있기 때문이다.

넷째, 면접조사는 면접조사원의 개인적 능력이나 태도뿐만 아니라, 면접 장소에 따라서도 조사 결과에 차이가 발생할 수 있다는 것도 단점의 하나이다. 그러나 이러한 단점은 응답자를 미리 선정하고 그의 집이나 약속 장소로 찾아가서 면접조사를 하는 경우가 아니라, 예를 들어 면접조사원이 쇼핑몰이나 영화관 등에 가서 그곳에 있는 사람 중에서 무작위로 응답자를 선정하여 면접조사를 할 경우에만 해당한다. 쇼핑몰이나 영화관 등에 가서 면접조사를 할 경우, 쇼핑몰이나 영화관 등의 소재 지역이나 위치, 성격, 등급 등에 따라 그곳에서 만난 사람들의 사회경제적 지위 등도 차이가 있을 수 있다. 그러므로 쇼핑몰이나 영화관 등에 가서 면접조사를 할 경우는, 그곳의 성격이나 특색 등을 고려해서 면접조사 장소를 선정해야 한다.

2) 전화조사연구의 주요 특성과 장단점

전화조사(telephone survey)란, 면접조사와는 달리 전화를 통하여 응답자와 인터뷰를 하면서 연구문제에 관한 정보와 자료들을 수집하는 조사방법이다. 따라서 이를 정확히 말하면 '전화 인터뷰 조사(telephone interview survey)'라고 해야 한다. 전화조사도 면접조사와 마찬가지로 조사자가 응답자를 인터뷰해서 자료를 수집하지만, 응답자를 직접 만나는 대신, 전화라는 매체를 이용하여 인터뷰를 하는 것만 다르다.

(1) 전화조사연구의 뜻과 주요 특성

전화조사의 주요 특성으로 면접조사와 마찬가지로 조사원이 응답자에게 연구문제에 관한 질문을 해서 응답자가 응답하면 이를 조사원이 응답지에 적어 넣는 인터뷰식 조사(interviewing survey)의 한 형태라는 점을 들 수 있다. 따라서 이러한 전화조사는 직접배포의 설문지 조사, 우편조사, 이메일 조사 등의 자답식 조사(self-administered survey)와 구별되는데, 직접배포의 설문지 조사나 우편조사, 이메일 조사 등은 조사원이 응답자에게 설문지를 배포만 하고 그에 대한 응답은 응답자가 직접 응답지에 기입하는 방식의 조사이기 때문이다.

그러나 근래에는 전화조사도 조사원이 응답자에게 직접 전화를 걸어 답변을 받아서 응답지에 기입하는 '전화면접' 방식 대신, 연구자나 조사원이 질문내용을 미리 녹음해서 전화로 들려 주면서 응답자로 하여금 버튼을 눌러서 응답토록 하는 '자동응답(ARS)' 방식을 이용한 전화조사도 많이 하고 있다. 그러나 이러한 자동응답 방식은 응답률이 평균 2~3%로서 매우 낮으며, 이들 응답자는 조사 문제나 주제에 특히 관심이 많은 사람들일 가능성이 있어 전집을 대표하기 힘들다. 전화면접 방식도 응답률이 15~20% 정도로서 높은 것은 아니지만, 자동응답 방식보다는 훨씬 높다. 그러므로 학술적 조사연구를 할 때는 가능한 한 전화면접 방식의 조사를 해야 한다.

전화조사는 응답률은 높지 않지만 가장 많이 사용하며 또한 효율적인 조사방법의 하나인데, 그 이유는 요즘은 전화가 널리 보급되어 전체 가구의 90% 정도가 전화를 갖고 있어 전화를 통한 조사가 면접조사보다 조사경비가 적게 들고, 또한 조사기간도 짧은 장점이 있기 때문이다. 따라서 오늘날 전화조사는 대통령이나 국회위원 후보자 등에 대한 여론조사나 각종 정치 현안 등에 관한 여론조사 등에서 많이 사용하고 있다. 그러나 전화조사는 전화가 없거나, 전화가 있어도 전화번호부에 이름을 올리지 않은 응답자들은 조사할 수 없다는 제한점을 가지고 있다.

우리나라의 경우 유선전화를 갖고 있는 가정은 전체 가구의 90% 정도이지만 그 수가 점차 줄고 있는데, 이는 휴대전화가 널리 보급되면서 가정의 유선전화를 폐쇄하고 휴대전화만 사용하는 가구가 늘기 때문이다. 그런가 하면, 가정에 유선전화가 있어도 그것을 전화번호부에 등록하지 않은 가구가 전체 가구의 30% 이상이나 된다. 그러므로 유선전화번호부에 등록된 가구만을 대상으로 전화조사를 하면 그 결과가 국민 전체를 제대로 대표할 수 없다는 문제점을 갖게 된다.

따라서 유선전화번호부에 등록하지 않은 가구까지 표본에 포함해서 RDD (Random Digit Dailing, 무작위로 전화 걸기, '임의번호 걸기'라고 함) 방식으로 응답자들에게 전화를 거는데, 이 방식은 응답자들의 전화번호를 알지 못하는 경우에도 사용이 가능하다. 그러나 이러한 RDD 방식에도 문제가 없지 않은데, 가정에 유선전화를 갖고 있는 가구들 중에서만 RDD 방식으로 응답자에게 전화를 걸면, 유선전화 없이 무선 휴대전화만 사용하는 가구가 표본에서 제외되기 때문이다. 따라서 근래에는 무선 휴대전화를 사용하는 사람들도 표본에 포함시켜 무작위로 전화를 거는 유·무선 혼합 RDD 방식을 쓰기도 한다.

(2) 전화조사연구의 장단점

전화조사는 앞서 말했듯이 가장 많이 사용하는 효율적 조사방법이지만, 전화가 없거나 전화가 있어도 전화번호부에 이름을 올리지 않은 응답자들은 조사할 수 없다는 제한점을 가지고 있다. 또한 전화가 있어도 조사원이 전화를 걸면 수신이나 응답을 거절하는 응답자의 비율이 아주 높다는 단점이 있다.

그러므로 연구자는 전화조사방법을 사용하기 전에 우선 이와 같은 장단점들부터 알아야 한다.

① 전화조사연구의 장점

첫째, 전화조사방법은 다른 조사방법보다 응답자들과 신속하게 접촉할 수 있다는 장점이 있다. 특히 CATI(Computer-Assisted Telephone Interviewing) 시스템과 같은 컴퓨터 소프트웨어 프로그램을 사용할 경우, 응답자에게 바로 전화를 연결할 수 있다.

둘째, 전화조사는 면접조사보다 자료의 수집과 분석 기간이 짧다는 장점도 있다. 특히 CATI를 사용하여 전화조사를 할 경우, 마지막 응답자를 인터뷰하고 나서 몇 분만 있으면 조사 결과를 알 수 있다. 또한 '더 서베이 시스템(The Survey System)'과 같은 전화조사 관계 컴퓨터 소프트웨어는 현재 조사자료와 그 이전의 조사자료를 통합해 주기도 한다.

셋째, 전화조사는 면접조사보다 조사경비가 적게 든다는 장점도 있다. 그러나 웹 조사(Web based survey)보다는 비싸다.

넷째, 전화조사는 면접조사처럼 조사원이 직접 응답자와 질의응답을 할 수 있기 때문에, 응답자가 응답을 꺼리거나 불분명하게 응답할 경우 솔직하고 명확하게 응답해 달라고 응답자에게 요청할 수 있다. 그리고 잘 훈련된 조사원들은 응답자와의 인터뷰 시간을 늘리면서 완성된 응답을 유도할 수 있으며, CATI 시스템을 사용하면 조사원이 응답자로부터 더 완전하고 사실적인 응답을 얻을 수 있다. 또한 전화조사는 면접조사에 비해 연구자가 조사원들에 대한 감독과 통제도 비교적 쉽게 할 수 있다.

② 전화조사연구의 단점

전화조사는 위와 같이 여러 가지 장점을 갖고 있다. 그러나 또한 단점들도 적지 않은데, 그중에서 중요한 것들만 몇 가지 들어 보면 다음과 같다.

첫째, 전화조사는 앞서 말했듯이 전화가 없거나, 전화가 있어도 전화번호부에 이름을 올리지 않은 응답자들은 조사할 수 없다는 제한점을 가지고 있다.

둘째, 전화조사는 응답률(response rate)이 아주 낮다는 단점을 갖고 있는데, 그 이유에는 여러 가지가 있다. 그러나 가장 큰 이유의 하나는, 직업을 갖는 주부들이 점차 늘어남에 따라 낮에 집에 있는 사람들이 적어 전화조사는 대체로 저녁 6시부터 9시까지 하게 되는데, 이 시간은 응답자들이 저녁식사를 하거나 좋아하는 TV 프로그램을 시청하는 시간이라 방해를 받기 싫어해서 응답을 거부하는 경우가 많기 때문이다. 또 하나의 이유는 전화조사에 대한 응답자들의 신뢰도가 낮기 때문인데, 이는 텔레마케터(telemarketer)들이 상품이나 보험 등을 판매하기 위해 전화를 하거나, 또는 각종 여론조사기관에서 여론조사를 하면서 이를 연구조사로 가장(假裝)하는 사례가 많게 되자, 많은 사람들이 전화조사에 응하기를 꺼려 전화기 화면에 알지 못하는 전화번호가 뜨면 전화를 아예 받지 않거나, 일단 전화를 받더라도 전화조사를 하겠다면 전화를 끊어 버리기 때문이다. 그 결과 전화조사에 대한 응답률이 우편조사보다는 높지만 대체적으로 매우 낮은데, 응답률이 10% 미만에 그칠 경우 타깃 전집의 응답자들의 의견이나 태도 등을 제대로 반영하기 어렵게 된다.

셋째, 전화조사의 그 밖의 단점들로는 응답자들이 강제적 압박감을 느껴 응답을 거부하기 쉬우며, 민감하거나 복잡한 사안(事案)에 관한 조사가 비교적 어렵고, 질문할 때 그에 필요한 시각적 재료를 응답자에게 보여 줄 수 없는 점 등을 들 수 있다.

3) 우편조사연구의 주요 특성과 장단점

우편조사란, 인쇄한 설문지를 응답자에게 우편으로 보내서 그에 응답한 뒤 반송토록 하는 자답식 설문조사방법(self-administered questionnaire survey)이다. 따라서 정확히 말하면 우편설문조사(mail questionnaire survey)이지만, 간단히 우편조사(mail survey)라고 부르기로 하겠다. 그렇다면 이러한 우편조사방법은 어떠한 장점과 단점들을 가지고 있는가?

(1) 우편조사의 주요 장단점

① 우편조사의 장점

첫째, 우편조사방법은 여러 곳에 흩어져 있는 많은 사람들을 대상으로 노력과 비용을 비교적 적게 들이면서 조사할 수 있다는 장점이 있다. 따라서 우편조사는 경비와 인력이 가장 적게 드는 조사방법 중 하나이다.

둘째, 우편조사는 응답자들의 이름과 주소만 알면 시행할 수 있고, 몇 사람이 시행할 수 있으며, 현장에 나가지 않고서도 조사가 가능하다는 장점도 갖고 있다.

셋째, 우편조사는 바쁘거나 다른 방법으로 조사하기 힘든 사람들에게도 시행할 수 있으며, 전화조사나 면접조사와는 달리 필요하다면 설문지에 그림이나 사진을 넣을 수 있는 장점도 있다.

넷째, 우편조사의 응답자들은 한가한 시간에 설문지에 응답할 수 있으며, 그때 응답에 필요한 정보를 구해 볼 수 있고, 다른 사람들과 의논을 할 수도 있다는 장점도 가지고 있다.

② 우편조사의 단점

우편조사는 위와 같은 장점들도 있지만, 여러 가지 단점들도 적지 않게 갖고 있다. 따라서 우편조사를 하고자 할 때는 먼저 그 장단점을 비교해 보아야 하는데, 우편조사의 단점으로는 다음과 같은 것들이 있다.

첫째, 무엇보다도 응답지의 반송률(response rates)이 매우 낮다는 단점이 있다. 특히 학력과 문자해득 수준이 낮은 응답자들의 반송률이 아주 낮아 3%도 되지 못하는 경우도 적지 않은데, 이럴 경우 학력과 문자해득 수준이 낮은 응답자 집단은 조사에서 빠지는 결과가 되므로 그 조사자료를 사용해서 분석을 하면 안 된다. 또한 우편조사의 반송률은 학력이 높은 응답자들의 경우에도 그리 높지는 않아, 우편조사에서 응답지의 반송률은 대체적으로 10% 정도가 된다. 그러므로 연구자가 1,000명분의 응답지를 얻고자 한다면, 10,000명에게 설문지를 보내야 한다.

둘째, 우편조사는 다른 조사에 비해 시간이 오래 걸린다는 단점이 있는데, 이는 설문지를 우송한 뒤 응답지를 모두 회수하기까지는 몇 주가 걸리기 때문이다.

셋째, 우편조사는 면접조사나 전화조사와는 달리, 응답자가 응답을 거부하거나 제대로 응답을 하지 않을 때 응답자의 협조를 얻기가 어렵다는 단점도 있다.

(2) 우편조사에서 반송률을 높이는 방법

위와 같이 우편조사는 비교적 간편하고 경비와 인력도 적게 드는 조사방법이지만, 특히 응답지의 반송률이 적다는 것이 커다란 단점이다. 그러므로 우편조사를 할 경우는 반송률을 되도록 높이도록 해야 하는데, 그 방법에는 여러 가지가 있으나 세 가지만 소개해 보면 다음과 같다.

첫째, 설문지를 우송하기 1~2주 전에 먼저 응답자들에게 "다음 주나 그 다음 주에 설문지를 보내겠으니, 설문지를 받으시면 성심껏 응답해 주시면 감사하겠습니다."라는 요지의 엽서를 미리 보낸다. 그리고 1주일이나 2주일 뒤 응답자에게 설문지를 우송(이때 우표가 붙은 반송봉투도 함께 보냄)한 다음, 다시 1~2 주 후에 "설문지에 응답을 마치셨으면 반송해 주시기 바랍니다."라는 요지의 정중한 독촉 엽서를 다시 보낸다. 이렇게 하면 반송률을 어느 정도 높일 수 있다. 그러나 응답자들에게 엽서나 편지를 여러 번 보내면 우편료가 그만큼 많이 들게 되며, 또한 응답자들의 명단(주소 포함)을 공급업자에게 샀을 경우는 그 명단을 다시 사용하여 엽서를 보내게 되면 명단 공급업자가 명단 사용료를 더 요구할 수도 있다.

그러므로 우편조사는 경비가 가장 적게 드는 조사방법 중 하나라고 하지만, 이는 다른 조사방법에 비해 그렇다는 것일 뿐, 우편조사의 경비도 적지 않게 든다. 예를 들어, 1,000명분의 응답지를 얻으려면, 10,000명의 응답자들에게 설문지를 보내야 하는데, 이들 10,000명에게 세 차례나 우편물을 보내려면 우송료가 적지 않게 든다. 그렇다고 우송료를 아끼기 위하여 설문지 등을 '요금별납(bulk mail)' 방식으로 응답자들에게 우송하는 것은 바람직하지 않은데, 많은 사람들이 생각하기를 '요금별납' 우편물은 광고용 '쓰레기 우편물(junk mail)'로 생각해서 개봉도 하지 않고 버리는 경우가 적지 않기 때문이다. 그러므로 설문지 등을 응답자에게 우송할 때는 우표를 사서 붙이고, 수취인의 주소와 성명도 컴퓨터 대신 직접 손으로 써서 보내는 것이 반송률을 높이는 방법의 하나이다.

둘째로, 반송률을 높이는 또 하나의 주요 방법은, 응답자들에게 응답지를 반송하도록 유인책(incentive)을 사용하는 것이다. 이러한 유인책으로는 응답자들에게 설문지를 보낼 때 간단한 선물을 함께 넣어 보내거나, 또는 응답지를 반송한 응답자 중에서 몇 명을 추첨해서 상품을 주는 것 등을 들 수 있다. 그러나 이러한 반송 유인책을 사용할 때는 그것이 응답을 해준 대가(代價)가 아니라, 어디까지나 고마움의 표시라는 점을 응답자들에게 이해시켜야 한다. 응답자들이 응답에 할애한 시간이나 수고를 조사자가 얼마 안 되는 선물이나 상품으로 대체하려 한다는 오해가 있어서는 안 되기 때문이다.

셋째로, 응답지의 반송률을 높이기 위한 또 한 가지 방법으로는, 이미 회수한 응답지 자료의 일부를 분석해서 그 결과 중에서 하이라이트(highlights) 부분들에 관한 임시결과 보고서를 아직 응답지를 반송하지 않은 응답자들에게 보내면서 "귀하의 응답 결과도 이런 결과보고서에 포함시켜서 다시 자세히 분석해 보고 싶습니다."고 하면서 응답지를 속히 반송해 줄 것을 은근히 독촉하는 방법이다. 이러한 방법은 크게 두 가지 목적이 있는데, 하나는 자신의 응답이나 개인적 사항이 노출될까봐 꺼리는 응답자들에게 조사결과 보고서의 견본을 보여주면서, 이에서 보듯이 응답자의 개인적 응답 사항 등이 노출될 염려가 없으니 안심하고 응답지를 보내달라는 목적이고, 다른 하나는 응답자들에게 연구문제에 관심을 갖게 해서 응답자 자신도 해당 연구에 동참하기 위해 응답지를 연구자에게 반송토록 유도하려는 데 있다.

4) 직접배포 설문조사연구의 주요 특성과 장단점

직접배포 설문조사(hand delivery questionnaire survey)란, 조사자가 미리 준비한 설문지를 응답자에게 직접 배포하면서 그에 응답을 기입토록 하는 조사방법을 말한다. 이러한 직접배포 설문조사는 그 배포방법에 따라 크게 두 가지로 나눌 수 있는데, 첫째는 연구자나 조사원이 응답자들이 모여 있는 장소나 또는 모아놓은 장소, 즉 교실이나 사무실, 강연회장 등에 가서 응답자들에게 설문지를 배포하고 즉시 그 자리에서 응답하도록 한 다음, 그 응답지를 회수하는 조사방법이다.

둘째는 조사원이 응답지의 가정이나 직장 등을 직접 찾아가서 설문지를 주면서, 1주일 뒤에 응답지를 찾으러 올 것이니 그 동안에 설문지에 응답해 달라고 부탁한 다음, 1주일 뒤에 다시 응답자를 찾아가서 응답지를 찾아오는 조사방법이다. 이러한 조사방법의 변형으로는 조사원이 직접 응답자를 찾아가는 대신, 예를 들어 학생들에게 설문지를 나누어 주면서 집에 가서 아버지나 어머니에게 응답토록 한 뒤에, 그 응답지를 며칠 뒤 학교의 담임 선생님께 가져오게 하는 방법도 있다.

이와 같은 직접배포 설문조사는 앞서 살펴본 우편조사와는 달리 응답지 회수율이 상당히 높기 때문에, 우편조사 대신에 많이 사용한다. 그러나 문자를 제대로 해득하지 못하거나 학력이 낮은 응답자들에게는 실시할 수 없다는 단점이 있다. 직접배포 설문조사도 우편조사와 마찬가지로 응답자가 설문지를 읽어가면서 각 설문에 직접 응답을 하는 자답식 조사(self administration survey)이기 때문이다.[1]

하지만 직접배포 설문조사는 연구자가 설문지를 준비해서 응답자들에게 배포해서 그에 응답케 한 다음 그 응답지를 회수해서 분석하기만 하면 되기 때문에, 간편하다는 장점을 갖고 있다. 따라서 특히 우리나라에서 많이 사용되고 있다. 그러나 강의실이나 사무실, 강연회장 등에 가서 그곳에 모인 응답자들에게 설문지를 배포하고, 그 자리에서 응답하도록 한 다음, 그 응답지를 회수하는 조사방법은 큰 취약점을 갖고 있다. 강의실이나 사무실, 강연회장 등에 모여 있는 응답자들에게 조사를 하는 것은 표본조사연구의 기본원칙인 무작위 표집에 어긋나기 때문이다. 그러므로 응답자들을 무작위로 표집한 다음, 이들을 한 곳에 모아놓고 조사를 하는 것은 무방하나, 그렇지 않고 순전히 편의만을 위해서 아무 강의실이나 모임장소에 찾아가서 그곳에 모인 사람들에게 설문지를 배포하고, 그 자리에서 응답토록 하는 방식의 조사를 해서는 안 된다.

5) 이메일 조사연구의 주요 특성과 장단점

이메일 조사(email survey)란, 간단히 말해서 이메일을 통해서 응답자들에게 설문지를 보내 응답토록 해서 연구문제에 관한 자료를 수집하는 조사방법을 말한다. 이러한 이메일 조사는 요즘 이메일 사용이 점차 보편화하고 있는 데다가 여러 가지 장점들이 있기 때문에 많이 사용하는데, 주요 장점은 다음과 같다.

첫째, 매우 경제적 조사방법이라는 장점이 있는데, 이메일 조사 프로그램을 한 번 설치해 놓으면, 그 다음에는 실제적으로 경비가 들지 않기 때문이다.

둘째, 신속하게 자료를 수집할 수 있다는 장점이 있는데, 이메일 조사는 하루나 이틀 동안에 수천 명의 응답자로부터 자료를 수집할 수 있기 때문이다.

1 이러한 자답식 조사와는 달리, 면접조사나 전화조사에서처럼 조사원이 응답자에게 질문을 하면서 그 응답을 조사원이 설문응답지에 적어 넣는 것은 인터뷰식 조사(interviewing survey)라고 하는데, 이러한 인터뷰식 조사는 문자를 제대로 해득하지 못하거나 학력이 낮은 응답자들에게는 실시할 수 있다는 장점이 있다.

셋째, 이메일 조사는 새롭다는 특성도 갖고 있다. 때문에 통상적인 우편조사(ordinary 'snail' mail survey)에 비하여 응답률도 상당히 높다. 또한 이메일 조사 설문지에는 그림이나 사진 또는 음성 파일(sound files)도 붙일 수 있다.

이처럼 이메일 조사는 여러 가지 장점들을 갖고 있지만 또한 단점들도 적지 않은데, 그중에서 몇 가지만 들어보면 다음과 같다.

첫째, 이메일을 사용할 줄 모르는 응답자들에 대한 조사가 불가능하다는 점을 들 수 있다. 이메일 사용이 보편화되고 있지만, 특히 노령층이나 저학력층 · 저소득층 중에는 아직도 이메일을 사용할 줄도 모르는 사람들이 많다. 그 결과, 이메일 조사는 모든 계층의 전집(全集, population)의 의견, 태도 등을 제대로 반영하지 못한다는 제약점이 있다.

둘째, 이메일 조사의 또 하나의 단점으로, 우편조사보다는 응답률이 높지만 전체적으로 볼 때 응답률이 비교적 낮다는 점을 들 수 있다. 이는 원하지 않는 이메일(unsolicited email)을 받는 것을 싫어하는 사람들이 많기 때문이다.

셋째, 이메일 조사에서 얻은 응답 중에는 신뢰성이 낮은 것도 적지 않다는 단점도 있는데, 응답자 중에는 자기에게 온 설문지를 친구에게 보내서 대신 응답토록 하거나, 또는 장난으로 동일한 설문지에 여러 번 중복응답을 해서 보내는 사람들도 있기 때문이다. 그러므로 이메일 조사를 할 때는 이러한 사람들의 응답지를 걸러낼 수 있는 소프트웨어 프로그램을 설치해야 한다. 예컨대 '서베이 시스템(The Survey System)'이라는 소프트웨어 프로그램의 이메일 모듈(email module)을 설치하면 각각의 이메일 주소에서 한 번씩의 응답만 받게 되어 있으며, 복사한 설문지나 다른 사람에게 보낸 설문지를 체크해서 걸러낼 수도 있다. 또한 응답자가 설문을 잘못 이해해서, 가령 한 설문에 하나의 응답만 선택하라는 설문에 2개의 응답을 한 경우, 이를 걸러낼 수도 있다.

6) 웹 조사연구의 주요 특성과 장단점

웹 조사란, 설문지를 인터넷 차트(chat)나 불리틴 보드(bulletin board)에 포스트(post)해 놓고 인터넷 이용자들에게 응답해 달라고 부탁해서 연구문제에 관한 자료를 수집하는 조사방법을 말한다. 따라서 이를 정식으로는 웹 베이스드 조사(Web based survey)라고 부르나, 여기서는 간단히 웹 조사(Web survey)라고 부르기로 하겠다.

웹 조사방법은 근래에 인터넷 사용자들을 대상으로 한 조사방법의 하나로 큰 인기를 끌고 있는데, 인터넷을 사용하는 사람들이 급속하게 증가하는 데다가, 응답자로부터 신속하게 응답을 얻을 수 있으며, 경비도 많이 들지 않기 때문이다. 따라서 웹 조사는 전화조사와 함께 가장 많이 사용하는 조사방법의 하나가 되고 있다. 그러나 이러한 웹 조사방법도 여러 가지 장점들과 함께 단점들도 있다. 따라서 웹 조사방법을 사용하려면 먼저 그 장단점부터 알 필요가 있다.

우선 주요 장점들부터 들어보면, 첫째, 웹 조사는 수많은 사람들을 대상으로 조사할 수 있으며, 우리나라 사람만이 아니라 전(全) 세계 사람들을 대상으로 조사를 할 수도 있다는 점을 들 수 있다. 따라서 웹 조사는 다른 조사방법들보다 표본의 크기가 더 클 수 있다.

둘째, 웹 조사는 또한 빠른 시간 내에 신속하게 조사를 할 수 있다는 장점이 있는데, 인기가 많은 웹 사이트(Web site)에 포스트한 설문지는 몇 시간 안에 몇천 명의 응답을 얻을 수도 있다.

셋째, 웹 조사의 또 하나의 장점으로 조사경비가 거의 들지 않는다는 점을 들 수 있는데, 조사 프로그램만 일단 설치해 놓으면 경비가 거의 들지 않으며, 이는 표본의 크기가 크거나 작거나 관계가 없다.

이 밖에도 웹 조사는 필요한 경우 설문지에 사진이나 영상물도 포함시킬 수 있고, 오디오도 첨부할 수 있으며, 이메일 조사에서는 불가능한 컬러, 폰트(fonts) 등도 사용할 수 있다는 장점이 있다. 또한 웹 조사는 면접조사와는 달리 응답자의 익명성(anonymity)이 보장되기 때문에, 응답자들이 마약 사용, 성생활 등과 같은 민감한 문제에 관한 질문에도 비교적 솔직하게 응답해 준다는 장점도 있다. 그리고 자유응답식 설문인 경우, 응답자들이 다른 조사보다 긴 응답을 주는 장점이 있다. 이메일 조사는 주로 간단한 설문조사에 국한되나, 웹 조사에는 복잡한 논리의 설문도 포함할 수 있다.

이처럼 웹 조사는 여러 가지 장점을 갖고 있다. 그러나 다른 한편으로 단점도 적지 않은데, 가장 큰 단점으로는 웹 페이지에 접근할 수 없는 '컴맹'들에게는 조사가 불가능하다는 점을 들 수 있다. 따라서 웹 조사는 조사대상자들의 일반적 전집(general population) 전체를 제대로 반영하지 못하기도 하는데, 이는 응답자들의 연령·성별 등 여러 가지 인구학적 속성들을 고려해서 표본을 추출했을 경우에도 마찬가지이다. 그러므로 웹 조사는 타깃 전집(target population), 즉 조사대상자들의 전집이 주로 인터넷 사용자로 구성되어 있는 경우에만 사용하는 바람직하다.

웹 조사의 또 하나의 단점 내지 문제점으로, 설문지에 한 번만 응답하도록 통제하지 않으면, 응답자들이 동일한 설문지에 두 번, 세 번 중복응답을 해서 조사 결과를 왜곡시킬 수 있다는 점을 들 수 있다. 또한 타깃 표본(target sample) 밖의 응답자들(random respondents), 즉 연구자가 조사대상으로 삼지 않은 응답자들이 응답하는 것을 통제하지 않으면, 이들 응답자들이 웹 페이지에 올린 설문지에 응답을 해서 조사 결과에 가외적(加外的) 영향을 미칠 수도 있다. 그러므로 웹 조사를 할 때는 설문지에 한 사람이 한 번 이상 중복 응답하거나, 또는 타깃 표본 밖의 사람들이 응답하지 못하도록 하는 소프트웨어 프로그램을 설치해야 한다.

7) 특정 조사방법의 선정조건과 선정방법

위에서 여러 가지 조사방법의 종류와 그 장단점들에 관하여 살펴보았는데, 그렇다면 이와 같은 여러 조사방법들 중 어떤 것을 사용하는 것이 좋은가? 이러한 문제에 대해서 한 마디로 어떤 것이 좋다고 말할 수는 없는데, 조사방법을 포함한 모든 연구방법은 우선 주어진 연구에 따라 달라지기 때문이다.

그러므로 어떤 조사방법을 선정할 때는 우선 다음과 문제들을 다시 한 번 명확히 해야 한다. 즉 ① 연구문제는 무엇인가, ② 조사대상자(응답자)의 타깃 전집(target population)은 누구로 할 것인가, ③ 이러한 타깃 전집에 관하여 얼마나 알고 있는가, ④ 이들 타깃 전집에서 표본은 어떻게 표집할 것인가, ⑤ 설문의 주요 내용과 형식은 무엇인가, ⑥ 조사는 언제까지 끝내야 하는가, ⑦ 연구경비는 모두 얼마나 되는가 등이다. 다시 말해서, 연구문제, 조사대상자의 전집(population), 전집의 특성(characteristics of the sample), 설문의 종류(types of questions), 설문의 주제

(question topic), 응답속도(response rate), 조사비용(cost), 조사기간(time) 등을 우선 살펴본 다음, 이들 조건에 맞는 조사방법을 선정해야 한다.

이는 앞서 살펴보았듯이 각 조사방법은 각각 그 주요 특성이 다르며, 그에 따라 여러 가지 특성과 장단점을 갖고 있기 때문이다. 그러므로 어떤 조사방법을 선정할 때는 그 특성과 장단점을 우선 알아본 다음, 조사기간이 촉박한 경우는 조사속도가 빠른 이메일 조사나 웹 조사 방법을 선정하는 것이 좋다. 그러나 조사대상자(응답자)들이 컴퓨터를 사용할 줄 모르는 저학력층이나 노년층일 경우는 면접조사나 전화조사 방법을 선정해야 하는데, 여러 가지 조사방법의 주요 특성과 그에 따른 각 조사방법의 장단점을 다시 한 번 간단히 요약해 보면 [표 5-1]과 같다.

이 표에서 볼 수 있듯이 각 조사방법은 조사속도, 조사비용, 인터넷 사용, 응답자의 문자해득 수준, 민감한 질문에 대한 응답자의 응답 등이 서로 다르다. 그러므로 조사연구에서 조사방법을 선정할 때는 여러 가지 조사방법들의 특성들을 잘 알고, 자신의 연구에 가장 알맞은 특성의 조사방법을 선정해야 한다.

표 5-1 조사방법의 주요 특성과 그에 따른 장단점

주요 특성	장점과 단점
조사속도(Speed)	이메일 조사와 웹 조사가 가장 빠르며, 다음은 전화조사이다. 우편조사는 가장 느리다.
조사비용(Cost)	면접조사가 가장 비싸며, 다음은 전화조사, 우편조사의 순이다. 이메일 조사와 웹 조사가 가장 싸다(대표본의 경우).
인터넷 사용 (Internet Usage)	웹 조사와 이메일 조사의 필수요건이다. 그러나 인터넷 사용자를 대상으로 한 조사 결과를 전체 전집에 일반화할 수 없다.
문자해득 수준 (Literacy Levels)	문맹자와 저학력층은 우편조사에 거의 응답할 수 없다.
민감한 질문 (Sensitive Question)	이메일 조사나 웹 조사 등 인터넷을 이용한 조사에서 응답자들이 민감한 질문에 더 솔직하게 응답한다.
비디오(Video), 사운드(Sound), 그래픽(Graphics)	웹 조사에서는 비디오를, 우편조사에서는 그림을 사용할 수 있으며, 전화조사에서는 음악을 응답자에게 들려 줄 수 있다.

그러나 학술 목적의 조사연구는 면접조사방법을 사용하는 것이 가장 바람직한데, 이 조사방법은 시간·인력·비용이 많이 들기는 하지만, 가장 정확하고 믿을 수 있는 자료를 수집할 수 있는 방법이기 때문이다. 그러므로 여기서는 면접조사방법을 중심으로 조사연구의 절차와 구체적 방법들을 살펴보기로 하겠다.

다. 조사연구의 절차와 실제 방법

조사연구를 하자면 우선 그 절차부터 알아야 하는데, 조사연구의 절차는 크게 두 가지, 즉 넓은 의미의 연구 절차와 좁은 의미의 연구 절차로 나누어 볼 수 있다. 넓은 의미의 연구 절차란 다른 연구들과 마찬가지의 공통적이고 일반적인 연구 절차를 말하며, 좁은 의미의 연구 절차란 주로 조사연구방법 자체에 관련된 구체적 연구 절차를 말한다. 그렇다면 조사연구의 일반적 절차와 구체적 절차는 어떠한가?

1. 조사연구의 일반적 절차와 구체적 절차

조사연구의 일반적 절차도 다른 연구들과 마찬가지로 크게 다섯 단계, 즉 ① 서론 단계, ② 연구방법 단계, ③ 연구결과와 ④ 그에 관한 논의 단계, ⑤ 결론 단계로 나눌 수 있다. 그러나 이들 단계 중 연구방법 단계는 다른 연구의 절차와 많은 차이가 있는데, 조사를 하려면 여러 가지 작업들이 필요하기 때문이다. 그러면 우선 서론 단계의 절차부터 간단히 살펴본 다음, 구체적 절차는 연구방법 단계에서 자세히 살펴보기로 하겠다.

1) 조사연구의 서론 단계의 일반적 절차

조사연구도 다른 연구들과 마찬가지로 서론 단계부터 시작되는데, 이 단계는 다시 다섯 단계, 즉 ① 연구의 동기 또는 목적의 진술, ② 연구문제의 서술, ③ 연구문제에 관한 선행연구과 관계문헌들의 조사, ④ 연구문제에 대한 가설의 설정과 그 이론적 근거의 제시, ⑤ 주요 술어들에 대한 정의로 나눌 수 있다. 이들에 관해서는 앞서 제2장에서 자세히 살펴보았으므로, 여기서는 간단히 살펴보고 넘어가기로 하겠다.

첫째, 연구의 동기 또는 목적의 진술이란, 연구를 하게 된 계기나 이유 또는 목적을 밝히는 것을 말하는데, 모든 연구에는 반드시 그 동기와 목적이 있게 마련이며, 바로 이러한 동기와 목적에서 연구가 비롯된다. 따라서 연구를 할 때는 그 목적부터 명확하게 해야 하는데, 그래야만 연구목적을 명확하게 달성할 수 있기 때문이다.

둘째, 연구문제의 서술이란, 연구하려는 문제를 명확하게 서술하는 것을 말한다. 연구란 곧 연구문제에 대한 해답을 얻기 위한 것이므로, 연구문제를 정확히 알아야만 그에 대한 해답을 얻을 수 있는 방법을 찾을 수 있고, 또한 연구문제에 대한 정확한 해답을 얻을 수 있다. 따라서 연구를 할 때는 우선 연구문제를 명확하게 서술한 뒤에 그에 대한 정확한 해답을 얻도록 노력해야 한다.

셋째, 연구문제에 관한 선행연구와 관계문헌들의 조사란, 연구문제에 관한 그간의 여러 연구들과 그 결과를 조사해서 그 실태를 알아보고, 또한 연구문제에 관련된 문헌들도 조사해서 연구문제에 관한 이론이나 학설들을 알아보는 것을 말한다. 이처럼 연구문제에 관한 선행연구와 이론 등을 조사해서 알아보는 목적에는 크게 두 가지가 있다. 하나는 연구하고자 하는 문제에 관한 연구 현황과 동향을 파악하고, 연구문제에 관한 충분한 사전지식과 이론 등을 알아서 그것들을 바탕으로 연구가설을 설정하려는 데 있으며, 또 하나는 연구문제를 해결하는 데 필요한 연구방법을 제시받고자 하는 데 있다. 그러므로 연구문제에 관한 선행연구와 관계문헌들에 관한 조사는 매우 중요하다.

넷째, 연구문제에 대한 가설의 설정과 그 이론적 근거의 제시란, 연구문제에 관한 선행연구와 관계문헌들의 조사 결과들을 토대로 연구문제에 대한 가설을 세우고 그 이유를 밝히는 것을 말한다. 이는 앞서 제2장에서 자세히 설명하였듯이, 연구문제에 대한 정확한 해답을 과학적 방법을 통해 얻으려면, 우선 연구문제에 관한 선행연구와 이론들을 조사해서 그것을 토대로 연구문제에 대한 해답을 찾은 다음, 그 해답을 하나의 가설로 설정해서 실증적으로 검증해 보아야 하기 때문이다.

다섯째, 연구문제나 가설에 나오는 주요 술어들에 대한 정의란, 곧 연구문제나 가설에 관련된 주요 개념이나 변인 등의 의미를 일단 명확하게 규정하는 것을 말한다. 그렇게 해야 그 개념이나 변인들의 조사나 측정 등이 가능하며, 또한 개념상의 혼란이 없기 때문이다. 그러므로 서론 단계에서 맨 마지막으로는 연구문제나 가설에 나오는 주요 술어들을 명명적 정의(命名的 定義, constitutive definition) 방법이나 또는 조작적 정의(操作的 定義, operational definition) 방법을 사용해서 명확하게 정의해 놓아야 한다.

2) 조사연구 단계의 구체적 절차

위와 같은 서론 단계의 절차가 모두 끝나면, 다음으로는 연구방법 단계로 들어가게 되는데, 이 단계부터 조사연구의 절차는 다른 종류의 연구들과 많은 차이가 있다. 조사연구를 하려면 그에 필요한 여러 가지 작업과 절차가 요구되기 때문이다.

조사연구를 하려면 먼저 연구계획을 수립하고, 어떤 방식의 조사를 할 것인지, 즉 면접조사를 할 것인지, 우편조사 또는 전화조사를 할 것인지 등의 구체적 조사방법을 선정해야 한다. 다음으로는 조사연구의 설계(research design)를 해야 하고, 조사대상자(응답자)의 표집방법과 표본의 크기를 결정한다. 그 다음 설문항목과 설문지를 작성한 다음, 사전조사(pretest)를 해서 그 결과를 바탕으로 연구계획과 설문지 등을 검토·수정해야 한다. 또한 조사원을 선정하여 훈련시키고, 실제 조사를 하면서 조사원들을 감독·통제해야 하며, 응답지들을 수집해서 정리와 코딩(coding)을 한 다음, 그 자료의 신뢰와 타당도를 검토하여 유의적으로 높게 나오면 그 자료들을 분석해서 가설을 검증, 그 결과를 바탕으로 연구문제에 대한 결론을 도출한다.

이처럼 조사연구를 하려면 여러 가지 많은 작업들과 절차가 요구된다. 그러나 이러한 작업과 절차는 대체로 여섯 단계, 즉 ① 조사연구의 계획(planning), ② 조사연구의 설계(research design), ③ 설문의 작성(questionnaire design)과 사전검사(pretest of the questionnaire), ④ 조사대상자(응답자)들의 표집(sampling), ⑤ 실제 조사(field work), ⑥ 조사자료(응답자료)의 편집(editing)·코딩(coding)과 분석(analysis) 단계로 나누어 볼 수 있다.

이와 같은 여러 단계의 작업과 절차가 모두 끝나면, 다음으로는 연구결과와 그에 관한 논의 단계 및 결론 단계로 들어가 조사자료의 분석 결과를 제시하면서 그에 대하여 논의를 한 다음, 그 결과를 토대로 연구문제에 대한 결론을 도출한다. 그리고 나서 그 결과를 구두나 논문으로 보고해야 한다. 그러면 위와 같은 절차에 따라 조사연구의 구체적 방법에 관하여 살펴보기로 하겠다.

2. 조사연구에 관한 구체적 계획의 수립

다른 방법의 연구와 마찬가지로, 조사연구를 할 때도 우선 연구계획부터 수립해야 하는데, 연구계획이란 연구 전반과 각 절차나 작업에 관한 계획과 방향 또는 방침 등을 사전에 수립하는 것을 말한다. 이러한 연구계획은 주의 깊게 세워야 하는데, 연구계획은 연구의 성패를 좌우할 뿐 아니라, 실제 조사에 들어간 뒤 연구계획을 변경하게 되면 비용이나 노력의 커다란 손실을 가져오기 때문이다.

1) 조사연구의 각 절차별 계획의 수립

조사연구에 관한 계획을 올바로 세우기 위해서는, 우선 연구목적은 무엇이고, 연구문제는 무엇이며, 이에 관한 선행연구들과 이론 등의 현황은 어떠하며, 따라서 연구문제에 대한 가설은 어떻게 설정했으며, 이에 나오는 주요 술어들은 어떻게 정의했는지를 다시 한 번 점검하고 확인해 보아야 한다. 이는 연구계획의 수립에 있어 매우 중요한데, 우선 연구목적과 연구문제를 정확히 알아야만 연구목적을 달성할 수 있으며, 또한 연구문제에 대한 정확한 해답을 얻을 수 있는 연구계획을 세울 수 있기 때문이다. 그러므로 연구계획을 세울 때는 우선 연구목적, 선행연구와 관계이론, 연구문제, 가설 등을 다시 한 번 확인한 후, 조사연구의 절차 내지 단계별로 구체적 계획을 세워야 한다.

첫째, 조사연구의 기본 설계방안에 대한 계획부터 세워야 한다. 예컨대, 횡단적 조사연구(cross-sectional survey)의 설계방안을 사용할 것인지, 아니면 종단적 조사연구(longitudinal survey)의 설계방안을 사용할 것인지를 결정해야 한다. 그리고 만약 종단적 조사연구의 설계방안을 사용한다면, 동향조사연구(trend survey), 코호트 조사연구(cohort survey), 패널 조사연구(panel survey)의 설계방안 중 어떤 것을 선정할 것인지도 결정해야 한다.

둘째, 어떤 형식의 조사방법을 사용할 것인지에 대한 계획을 세워야 한다. 앞서 살펴보았듯이 조사방법에는 면접조사, 전화조사, 우편조사, 이메일 조사, 웹 조사 등 여러 가지가 있는데, 이들 중에서 어떤 조사방법을 사용할 것이냐를 결정해야 한다. 그러기 위해서는 각 조사방법의 장단점들을 비교해서 가장 장점이 많고, 주어진 연구문제에 대한 해답이나 가설을 검증하는 데 가장 적합한 조사방법을 선정해야 한다.

셋째, 설문의 내용과 형식, 분량 등에 관한 계획을 세워야 하는데, 이는 조사연구의 핵심이 되므로 특히 이에 관한 계획을 잘 세워야 한다. 이러한 계획에서는 또한 설문들에 대한 사전검사(pretest)는 어떻게 하고, 그 결과를 토대로 설문의 내용과 형식 등을 어떻게 수정·보완할 것인가 관한 계획도 세워야 한다.

넷째, 조사대상자의 전집(全集)은 어떻게 규정할 것이며, 그 전집에서 실제 조사대상자(응답자)들의 표본은 어떤 방법으로 표집할 것인지, 표본의 크기는 얼마로 할 것인지 등에 관한 계획을 세워야 한다. 이때 조사대상자의 전집부터 명확하게 규정해야 하는데, 대부분의 조사연구는 표본을 대상으로 실시하지만 그 조사 결과는 전집에 일반화시키는 데 궁극적 목적이 있기 때문이다. 따라서 일반화하고자 하는 전집, 즉 타깃 전집(target population)이, 예를 들어 '전 세계 사람'인지, 아니면 '우리나라 사람'인지, 또는 '대학생'인지, '청소년'인지 등을 먼저 명확히 규정한 다음, 그 전집에서 표본을 추출해야 한다.

다섯째, 실제 조사에 대한 계획도 세워야 하며, 이때 실제 조사를 담당할 조사원들의 선출과 훈련 방법 등에 관한 계획도 함께 세워야 한다.

여섯째, 실제 조사를 통해서 수집한 자료의 분석방법에 관한 계획도 미리 세워야 한다. 예컨대, 가설은 어떠한 통계방법을 사용하여 어떻게 검증할 것인지 등에 관한 구체적 계획을 세워야 한다.

2) 조사연구의 진행일정과 예산안의 편성

위와 같은 여섯 가지 기본사항들의 하나하나에 대한 계획이 끝나면, 다음으로는 조사연구의 기간과 진행일정에 관한 계획도 세워 놓아야 한다. 이러한 계획을 세울 때는 앞서 살펴본 조사연구의 절차에 따라 각 단계별 작업에 시간이 얼마나 걸릴지 결정해서, 예컨대 [표 5-2]와 같은 진행일정표를 만든 다음, 그에 따라 조사연구를 진행해 나가야 한다.

한편, 조사연구를 하는 데 소요되는 예산에 관한 계획도 세워야 한다. 만약 면접조사를 한다면, 연구보조원과 면접조사원 등은 몇 사람이나 필요하며, 또한 인건비를 포함해서 조사비·수용비 등은 얼마나 드는지 구체적 예산안(豫算案)을 작성해 본다. 이러한 예산안은 인건비·여비·재료비·수용비·기타 경비 등 계정과목별(計定科目別)로 구분해서 [표 5-3]과 같이 작성하면 되는데, 이 표에서 1, 2, 3은 '과(科)'를, 그리고 (1), (2), (3)은 '목(目)'을 가리킨다. 그리고 각 계정과목 비용의 산출근거를 [표 5-3]의 맨 오른쪽 난에서와 같은 방법으로 반드시 명시해야 한다.

이상과 같은 여러 가지 사항에 대한 계획이 일단 끝나면, 이를 다시 면밀하게 검토해 나가면서 수정해야 한다. 만약 연구기간이나 연구비의 제약 등으로 말미암아 계획대로 연구가 불가능하다면 그것이 가능하도록 다시 계획을 조정해야 한다. 그리고 조정이 끝나면 연구계획서를 작성해 보아야 하는데, 이는 앞에서 살펴본 여러 가지 항목에 대한 계획들을 조사연구의 절차 내지 단계별로 정리해서 작성하면 된다. 그러나

표 5-2 조사연구의 진행일정표(실례)

주요 연구작업	4월				5월			
	1주	2주	3주	4주	1주	2주	3주	4주
1. 조사연구 계획의 수립	→							
2. 조사연구의 설계		→						
3. 조사설문지의 작성			→					
4. 설문지의 사전검사와 수정				→				
5. 조사대상자들의 표집					→			
6. 실제 조사의 시행						→		
7. 자료의 정리와 분석							→	
8. 연구결과의 보고								→

표 5-3 학술조사연구비의 예산안(실례)

총액: 7,435,000원정

과(科)	목(目)	예산액(원)	산출근거
1. 인건비		5,500,000	
	(1) 연구보조원(2인)	2,000,000	월 500,000원 × 2개월 × 2인
	(2) 면접조사원(10인)	3,500,000	일당(日當) 50,000원 × 7일 × 10인
2. 여 비		1,215,000	
	(1) 예비조사 시 교통비	25,000	1일 5,000원 × 5인 × 1일
	(2) 본조사 시 교통비	350,000	1일 5,000원 × 10인 × 7일
	(3) 점심 식대	840,000	1일 7,000원 × 15인 × 8일
3. 수용비		720,000	
	(1) 설문지 인쇄비	20,000	200부 × 100원(예비조사용 포함)
	(2) 연구보고서 인쇄비	500,000	50부 × 10,000원
	(3) 기타 잡비	200,000	

이러한 연구계획은 어디까지나 계획으로서, 연구의 각 절차나 작업, 방법 등에 관한 방향, 방침, 원칙, 예정 등일 뿐이다. 그러므로 이보다 더 구체적 계획은 연구를 진행하면서 그때그때 계속 세워서 실행해야 한다.

3. 조사연구의 설계와 그 방안들

위와 같은 조사연구의 여러 가지 절차나 작업, 방법 등에 관한 계획이 끝나면, 그에 따라 각 절차 내지 단계별로 하나하나씩 연구를 진행해 나가면 된다. 이때 첫 번째로 조사연구의 설계(survey design)부터 해야 하는데, 이는 연구문제의 해결을 위한 자료를 가장 효율적으로 얻기 위하여 어떤 방식의 조사를, 언제 누구를 대상으로 어떻게 실시할 것이냐 등에 관한 청사진(靑寫眞)을 말한다.

1) 조사연구의 대표적 설계방안 실례

이러한 조사연구의 설계는 연구목적이나 연구문제에 따라 다르게 되기 때문에,

일률적으로 어떻게 해야 한다고 말하기 어렵다. 따라서 여기서는 조사연구의 기본적이고 대표적인 설계방안의 몇 가지 실례를 중심으로 조사연구의 설계방법을 간단히 소개하겠다.

(1) 1940년 미국 대통령선거에 관한 조사연구 설계방안

조사연구의 역사상 가장 이정표적(里程標的) 설계방안으로는 미국의 사회학자 폴 라자스펠드(Paul F. Lazarsfeld), 버나드 베렐슨(Bernard Berelson), 해이즐 가뎃(Hazel Gaudet)이 1940년 미국 대통령선거에서 유권자들의 의사결정 과정에 관한 조사연구에서 사용했던 것을 손꼽을 수 있는데, 우선 이 조사연구의 설계방안을 소개하면 [표 5-4]와 같다(Lazarsfeld, Berelson and Gaudet, 1948, p. 4). 이 표에서 보듯이 라자스펠드 등은 1940년 5월부터 11월 초까지 모두 일곱 차례에 걸쳐 면접조사방법을 사용하여 유권자들의 투표 의사결정 과정을 계속 추적해 보기로 설계하였다.

제1차 조사는 민주당과 공화당의 대통령후보 지명대회가 시작되기 전달인 5월 실시하기로 했으며, 이 제1차 조사에서 유권자들의 표본(조사대상자)의 크기는 3,000명으로 결정했다. 그리고 조사지역은 미국 전역(全域)을 대상으로 세밀하게 조사·검토한 끝에 오하이오 주(Ohio State) 북부 에리 호(Late Erie) 연안에 위치한 에리 군(Erie County)을 최종 조사지역 으로 선정한 다음, 이곳에 거주하는 총 1만 2천 가구 중에서 4가구마다 1가구씩을 무작위로 선정하고, 이들 가구에서 다시 1명씩

표 5-4 미국 대통령선거에 관한 라자스펠드 등의 조사연구 설계방안

<table>
<tr><th rowspan="2">구분</th><th>1940년 5월</th><th>6월</th><th>7월</th><th>8월</th><th>9월</th><th>10월</th><th>11월</th></tr>
<tr><th></th><th colspan="3">공화당과 민주당 대통령후보 지명대회</th><th></th><th></th><th></th></tr>
<tr><td>면접조사</td><td>제1차</td><td>제2차</td><td>제3차</td><td>제4차</td><td>제5차</td><td>제6차</td><td>제7차</td></tr>
<tr><td rowspan="2">패널집단
(사례수)</td><td rowspan="2">전체 응답자
(3,000명)</td><td>주 패널
(600명)</td><td>→</td><td>→</td><td>→</td><td>→</td><td>→</td></tr>
<tr><td></td><td>통제집단
A (600명)</td><td>통제집단
B (600명)</td><td></td><td>통제집단
C (600명)</td><td></td></tr>
</table>

의 응답자를 뽑아 제1차 조사를 실시했다.

이렇게 제1차 조사를 실시한 다음, 연구자들은 제1차 조사에서 선정했던 3,000명의 유권자(응답자) 중에서 다시 유층화표집방법(stratified sampling method)을 사용해서 2,400명을 표집하여 이들을 600명씩 모두 4개 집단, 즉 1개의 주 패널집단(main panel group)과 3개의 통제집단(control groups)으로 나누었다. 이처럼 주 패널집단 이외에 3개 통제집단 A, B, C를 각각 설치한 것은, 주 패널집단에 대한 여러 차례의 반복적 조사가 혹시 가외변인(加外變因)으로서 응답자들의 투표의사 결정에 영향을 미치지 않는지를 검토해 보기 위해서, 주 패널집단의 조사 결과를 통제집단의 조사 결과와 비교하기 위해서였다. 따라서 주 패널집단에 3개 통제집단을 추가했는데, 이러한 설계방안을 '통제집단 패널 조사설계방안(panel plus control groups design)'이라고 부른다.

그러나 제2차 조사는 6월 민주당과 공화당의 대통령후보 지명대회 시작 직후에 주 패널집단만을 대상으로 면접조사 방식으로 실시했으며, 제3차 조사는 7월에 주 패널집단과 통제집단 A(600명)를 대상으로 실시했고, 제4차 조사는 8월 민주당과 공화당의 대통령후보 지명대회가 막 끝난 뒤, 주 패널집단과 통제집단 B(600명)를 대상으로 역시 면접조사 방식을 사용하여 실시했다. 그리고 제5차 조사는 9월에 주 패널집단만을 대상으로 실시했고, 제6차 조사는 10월에 주 패널집단과 통제집단 C(600명)를 대상으로 실시했으며, 마지막 제7차 조사는 11월 4일 대통령선거가 끝난 직후, 주 패널집단만을 대상으로 실시했다.

이와 같은 조사연구 설계방안은 당시로는 대단히 획기적인 것이었는데, 1940년대 이전에는 조사연구방법이 오늘날처럼 발달되어 있지 않았기 때문이다. 그러나 이 조사연구를 계기로 조사연구의 각종 설계방안이 크게 발전하게 되었다. 또한 1940년 당시는 컴퓨터는커녕 전자계산기도 없어, 조사자료의 모든 분석을 일일이 수작업으로 해야만 했다. 때문에 위의 라자스펠드 등의 조사연구도 연인원 8,400명분의 응답자료들을 일일이 손으로 정리·분석해서 그 결과를 발표하는 데 무려 4년이나 걸렸다. 그리고 또 4년이 지난 1948년에야 모든 조사 결과가 『국민의 선택: 대통령선거에서 유권자는 어떻게 그의 마음을 결정하는가?(*People's Choice: How the Voter Makes up His Mind in a Presidential Election?*)』라는 제목의 단행본으로 출판되었다.

(2) 1940년 미국 대통령선거에 관한 조사연구 결과

참고로 위의 라자스펠드 등의 조사연구 결과도 간단히 소개해 보면, 우선 주 패널집단에 대한 여러 차례의 반복조사가 가외변인으로서 응답자들의 의사결정 과정에 부작용을 미치지 않는지 검토해 보기 위해, 주 패널집단의 조사 결과를 통제집단의 조사 결과들과 비교해 보았다. 그랬더니 유의적 차이가 나타나지 않았다. 따라서 주 패널집단에 대한 여러 차례의 반복조사가 가외변인으로서 응답자들의 투표 의사결정 과정에 부작용을 미치지 않은 것으로 나타났다.

그러므로 주 패널집단에 대한 조사 결과들만 분석해 본 결과, 주 패널집단의 전체 응답자 600명 중 57%가 제1차 면접조사가 실시된 5월에 이미 어떤 대통령 후보자에게 투표할 것인지를 결정한 것으로 나타났다. 그러나 그중에서 8%는 본래의 결정을 중도에 바꾸어 투표 날에는 다른 후보자에게 투표하였다. 따라서 49%의 유권자는 선거 캠페인이나 다른 영향을 전혀 받지 않고 자신들의 본래의 정치성향에 따라 투표한 것으로 나타났다. 그리고 제1차 면접조사 때 투표의사를 결정하지 않았던 43%의 유권자 중에서 28%는 결정을 계속 미루다가 투표 날에 임박해서야 결정했으며, 15%는 중간에 일단 결정했다가 다시 마음을 바꾸어 다른 후보자에게 투표한 것으로 나타났다.

한편, 유권자들의 투표 의사결정 과정에 미치는 선거 캠페인, 매스 미디어, 가족·동료 등의 영향을 조사·분석해 본 결과, 이들이 유권자들의 기존의 의사결정을 전환시키는 효과(conversion)는 8% 정도밖에 되지 않은 반면, 기존의 의사결정을 오히려 강화하는 효과(reinforcement effects)는 64%나 되었고, 잠재적 의사를 활성화(活性化)시키는 효과(activation effects)는 14% 정도로 나타났다. 그런가 하면 매스 미디어가 유권자들의 투표의사 결정에 미치는 영향은 이상하게도 의견지도자(opinion leader)를 거쳐 유권자들에게 전달된다는 사실이 발견되어, '매스 커뮤니케이션의 2단계 유통설(The Two-step Flow Theory of Mass Communication)'과 '의견지도자'라는 새로운 개념이 나오게 되었다.

또한 라자스펠드 등의 이 조사연구는 고대 희랍의 플라톤(Platon)이 그의 『국가론(*The Republic*)』에서 주창했던 '철학자 군주론(Philosopher King)' 대신, '국민의 선택'이라는 말도 유행시켰는데, 『국민의 선택(*People's Choice*)』이라는 이 조사연구 보고서 제목이 말해 주듯이 현대 국가의 "대통령은 국민이 선택하면 누구든지 되는 것"이지, 플라톤이 주창한 바와 같이 철학자가 되어야 하는 것은 결코 아니기 때문이다.

2) 조사연구의 여러 가지 기본적 설계방안들

위에서 우선 조사연구 설계방안의 실례로서 미국의 사회학자 폴 라자스펠드 등이 1940년 미국 대통령선거에서 유권자들의 의사결정 과정에 관한 조사연구에서 사용했던 설계방안을 살펴보았다. 그러나 조사연구의 설계방안은 연구목적이나 연구문제 등에 따라 각각 다르다. 따라서 조사연구의 설계방안에는 수십 가지가 있을 수 있다. 하지만 기본적 설계방안은 앞서 말했듯이 크게 두 가지 유형, 즉 횡단적 조사설계방안(cross-sectional survey design)과 종단적 조사설계방안(longitudinal survey design)으로 나누어 볼 수 있다.

(1) 횡단적 조사설계방안

횡단적 조사설계방안이란, 어떤 한 시점(時點, at a single point in time)에서 어떤 사건이나 사회문제 등에 관한 정보나 자료를 얻을 때 사용하는 조사방식이다. 즉 어떤 한 시점에서 어떤 전집을 대표하는 표본의 응답자들에게 그 사건이나 사회문제 등에 관한 태도나 의견, 감정 등을 묻는 조사를 한 차례만 실시하여 그에 관한 정보나 자료를 수집하는 방식의 조사연구를 말한다.

예컨대, 2012년 1월 26일, ○○○ 서울시 교육감이 발표한 '학생인권조례'에 대하여 학부모들이 어떻게 생각하는지에 관한 자료를 같은 해 2월 1일의 시점에서 1회만 조사해서 수집하는 방식의 조사를 말한다. 그러나 이러한 조사에서 '학생인권조례'에 대한 학부모들의 의견이나 태도 등만 단순히 알아보는 데 그치지 않고, 한 걸음 더 나가서 '학생인권조례'에 대한 학부모들의 찬반 견해와 그들의 이념적 성향(예를 들어, 진보와 보수 성향 등)과의 관계, 즉 2개 변인 간의 관계를 알아보는 것 역시 횡단적 조사연구에 포함된다.

(2) 종단적 조사설계방안

종단적 조사설계방안이란 위의 횡단적 조사설계방안과는 달리 어떤 사건이나 사회문제 등에 관한 개인(전집의 표본)의 태도나 의견, 감정 등에 관한 자료를 동일한 설문을 통하여 일정한 기간(over a period of time)에 2회 이상 여러 차례 여러 시점(時點)에서 조사·수집하는 방식을 말한다. 이러한 종단적 조사의 목적은 어떤 사건이나 사회문제 등에 대한 개인의 태도나 의견, 감정 등이 일정 기간에 어떻게 변하며, 그 변화의 원인은 무엇인지 등을 기술하고 설명하려는 데 있다. 바로 이와 같은 종단적 조사설계방안은 그 구체적 목적에 따라 다시 세 가지 유형, 즉 ① 동향조사설계방안(trend survey design), ② 코호트 조사설계방안(cohort survey design), ③ 패널 조사설계방안(panel survey design)으로 나눌 수 있다.

① 동향조사설계방안

동향조사설계방안이란, 어떤 사건이나 사회문제 등에 대한 어떤 개인들의 태도, 의견, 감정 등이 일정 기간에 어떻게 변화하는지를 알아보기 위하여 그들의 태도, 의견, 감정 등을 서로 다른 여러 시점(時點), 예컨대 한 달마다 몇 달에 걸쳐, 또는 1년마다 몇 년에 걸쳐 조사하는 방식의 조사를 말한다.

이와 같은 동향조사연구의 핵심 목적은 개인의 어떤 태도나 의견 등이 일정 기간 동안에 시간의 경과에 따라 어떻게 변화하는지를 알아보려는 데 있다. 그러므로 동향조사에서는 조사시점이 서로 다르며, 여러 번 조사하지만 설문 내용은 동일해야 하며, 조사대상자의 타깃 전집(target population)도 동일해야 한다. 그러나 동일한 전집에서 매 조사시점마다 다시 표본을 추출해서 조사를 하게 되므로 표본의 구성원들은 각 조사시점마다 다르게 되는데, 이는 동향조사는 특정 전집에만 초점을 맞추고 그에서 표본을 계속 반복하여 추출해서 조사하는 것이기 때문이다. 따라서 동향조사는 종단적 조사의 한 형태이지만, 기본적으로 반복적인 횡단적 조사방안(cross-sectional design)이라고 볼 수도 있다. 이러한 동향조사에서는 조사연구자도 한 사람이 아니라 여러 사람이 되어도 무방한데, 동향조사는 긴 기간에 걸쳐 시행되기 때문이다.

② 코호트 조사설계방안

코호트 조사설계방안은 동향조사설계방안과 비슷하나, 어떤 사상에 대한 개인(응답자)의 태도나 의견, 감정 등이 일정 기간의 각 시점(時點)에서 어떻게 변화하는지를 알아보는 방식의 조사를 말한다. 이 조사에서 '코호트(cohort)'는 옛날 로마시대의 보병대(300~600명으로 구성)에서 유래된 말로, 동일한 삶을 경험하는 조직체나 장소(location)에 소속한 사람들, 예컨대 '군내'나 '동료' 등을 말하는데, 이러한 조사대상자의 표본은 각 시점의 조사 때마다 추출하므로 그때마다 응답자들이 서로 다를 수 있다. 그러나 이들 응답자(표본)의 전집은 동일해야 함은 물론인데, 코호트 조사는 특정 전집의 구성원들의 태도, 의견, 감정 등이 어떻게 변화하는지에 초점을 맞추기 때문이다.

이와 같은 코호트 조사의 실례의 하나로, S여자대학교 1999년도 졸업생들의 표본을 대상으로 진보적 정치이념에 대한 태도를 조사한 다음, 5년 뒤에 다시 그 대학교 1999년도 졸업생들 중에서 표본을 뽑아서 진보적 정치이념에 대한 태도를 조사해서, 그 태도에 어떤 변화가 있는지를 알아보는 것을 들 수 있다.

③ 패널 조사설계방안

패널 조사설계방안은 어떤 사건이나 사회문제 등에 대한 개인의 태도, 의견, 감정 등이 일정 기간 동안에 왜 변화하는지를 알아보기 위하여, 전집에서 추출한 동일한 표본의 응답자들에게 동일한 설문을 사용하여 여러 시점에서 반복 조사해 보는 것을 말한다. 이를 패널 조사라고 부르는 것은 동일한 응답자들의 표본을 패널(panel)이라고 부르기 때문이다.

이러한 패널 조사의 실례로, S여자대학교 2012학년도 졸업생 중에서 표본(패널)을 선정해서, 이들의 정치적 성향을 매년 5년 동안 조사해서 어떤 변화가 왜 일어나는지 그 원인을 알아보는 조사를 들 수 있다. 이와 같은 패널 조사는 어떤 사건이나 사회문제 등에 대한 개인의 태도, 의견, 감정 등이 시간의 경과에 왜 변화하는지 알아보는 데 유용한 조사방법이다. 그러나 이러한 조사는 시간과 비용이 많이 들며, 또한 오랫동안 동일한 표본을 대상으로 조사를 하기 때문에 중도에 응답자들 중에 탈락자가 많이 생겨, 표본의 크기 등에 변화가 일어난다는 등의 단점이 있다.

3) 조사연구의 여러 가지 다양한 설계방안들

위와 같이 조사연구의 기본적 설계방안은 크게 두 가지 유형, 즉 횡단적 조사설계방안과 종단적 조사설계방안으로 나눌 수 있으며, 이들 중 종단적 조사설계방안은 다시 세 가지 유형, 즉 동향조사설계방안, 코호트 조사설계방안, 패널 조사설계방안으로 나눌 수 있다. 그러나 이들 기본적 설계방안은 얼마든지 변형하거나 또는 서로 조합해서 사용할 수 있다. 따라서 조사설계방안에는 수십 가지가 있을 수 있고 그 명칭들도 매우 다양한데, 그중에서 몇 가지만 간단히 소개해 보면 다음과 같다.

(1) 계속적 표본조사설계방안

앞서 말한 동향조사설계방안의 하나로 계속적 표본조사설계방안(successive sample survey design)을 들 수 있는데, 이는 어떤 사건이나 여론 등의 동향분석(trend analysis)을 위한 조사연구에서 주로 사용되는 시계열 설계방안(時系列設計方案, time series)의 한 형태로서, 동일한 전집으로부터 조사시점마다 서로 다른 표본들을 계속적으로 추출하여 이들을 대상으로 조사하는 방안을 말한다.

예컨대, 우리나라 신문독자들 중에서 2008, 2009, 2011, 2012년에 각각 서로 다른 표본을 계속 추출하여 이들의 신문매체에 대한 태도가 어떻게 변화했는지 그 동향을 조사해 보는 것이 바로 계속적 표본조사설계방안의 조사인데, 이를 표로 나타내면 [표 5-5]와 같다.

이와 같은 계속적 표본조사설계방안은 개인이나 집단의 어떤 태도나 행동의 변화 동향을 알아보고자 할 때나, 정책의 변화나 어떤 자연적 또는 인위적 상황의 동향을 분석하거나 평가하고자 할 때, 또는 어떤 일정 기간에 어떤 현상의 변천 동향 등을 알아보기 위한 조사연구에서 주로 사용한다. 실제로 이러한 설계방안을 사용한 대표적 조사연구로는 미국조사연구센터(American Survey Research Center)에서 1946년부터 현재까지 계속 실시해 오고 있는 미국 소비자들의 태도와 행동에 관한 조사연구 및 1948년부터 미국 대통령선거 때마다 시행하는 유권자들의 투표행동에 관한 조사연구 등을 들 수 있다.

그러나 이러한 계속적 표본조사설계방안은 그 조사대상 표본이 조사시점마다

표 5-5 계속적 표본조사설계방안의 실례

시점(Time) 1	시점 2	시점 3	시점 4
표본 A	표본 B	표본 C	표본 n

다르게 되므로, 실질적 변화의 차이(net change)는 알아볼 수 있으나 전반적 변화(gross change)는 알아보기 어려우며, 또한 변화의 역동성(dynamics of change)도 알아보기 힘들다는 단점을 갖고 있다. 따라서 이러한 단점을 보완하기 위해서 그 대신 패널 조사설계방안(panel survey design)을 사용하기도 한다.

(2) 패널 조사설계방안

패널 조사설계방안(panel survey design)이란, 앞서 말했듯이 동일한 표본을 대상으로 동일한 내용의 설문을 사용하여 일정한 시간적 간격을 두고 계속해서 조사해 나가는 조사방안을 말한다. 이러한 패널 조사설계방안이 앞서 계속적 표본조사설계방안과 다른 점은, [표 5-6]에서 보듯이 계속적 표본조사설계방안은, 전집은 동일하나 그로부터의 표본은 조사시점마다 서로 다른 표본을 계속 추출하여 사용하는 반면, 패널 조사설계방안은 전집에서 하나의 표본을 추출하여 그 표본, 즉 패널(panel)을 조사 때마다 계속 사용한다는 점이다.

이와 같은 패널 조사설계방안은 앞서의 계속적 표본조사설계방안이나 또는 1회 조사로 끝나는 횡단적 조사설계방안에 비하여 여러 가지 장점들을 가지고 있는데, 그중에서 중요한 것들만 간단히 열거해 보면 다음과 같다.

① 전집에서의 전반적 변화의 정도를 알아볼 수 있다. 예를 들어, 어떤 지역에서 신문 구독자들의 실태를 알아보고자 할 경우, 과거 5년간의 실질적 변화의 차이(net change)를 알아볼 수 있을 뿐 아니라, 구독을 중단한 독자들의 수(數)와 새로 구독하게 된 독자의 수도 알아볼 수 있다.

② 패널 조사자료는 변화의 역동성(dynamics of change)에 관한 문제에 해답을 제공할 수 있다. 예컨대 신문구독을 왜 중지했으며, 'A 신문'을 구독하다가 왜 'B 신문'

표 5-6 계속적 표본조사설계방안과 패널 조사설계방안의 차이

구분	시점(Time) 1	시점(Time) 2	시점(Time) 3
계속적 표본조사설계방안	표본 A	표본 B	표본 n
패널 조사설계방안	표본 A	표본 A	표본 A

을 구독하게 되었는지 등의 변경의 원인과 구독 변경자의 속성 등을 알아볼 수 있다.

③ 연차적 조사 때 몇 개의 새로운 설문의 추가가 가능하므로 각 응답자에 관한 정보를 누가(累加)해 나갈 수 있다.

④ 일정한 시간적 간격을 두고 계속 조사하므로 응답자들의 태도나 행동 변화의 차이와 방향을 정확히 측정할 수 있고, 그 변화의 과정을 심층적으로 파악할 수 있다.

⑤ 동일한 표본의 응답자들을 계속 조사하게 되므로 응답자들이 의심을 버리게 되어 이들로부터 비교적 솔직한 정보를 얻어낼 수 있다.

이처럼 패널 조사설계방안은 여러 가지 장점들을 가지고 있다. 하지만 단점도 있는데, 그중 하나는 응답자가 계속적 조사를 거부하거나, 조사기간에 사망·이주·질병 등으로 표본에 손실(sample mortality)을 가져올 경우가 많다는 점이다. 그리고 또 하나의 단점으로는 동일한 응답자를 계속 조사하게 되므로 응답자가 흥미를 잃고 귀찮게 생각하여 성실하고 솔직한 대답을 기피하는 '조건화 효과(conditioning effects)'도 발생할 수 있다는 것이다. 따라서 이러한 조건화 효과 등의 부작용이 발생했는지 여부를 검토해 보기 위해 패널 조사설계방안에 통제집단(control group)을 추가한 통제집단 패널 조사설계방안을 사용하기도 한다.

(3) 통제집단 패널 조사설계방안

통제집단 패널 조사설계방안(panel plus control group design)이란, 위에서 말했듯이 패널 조사설계방안의 조사가 조건화 효과 등의 부작용을 야기했는지 여부를 검토해 보기 위해서 패널 조사설계방안에 통제집단을 추가한 것을 말한다.

이러한 설계방안을 그림으로 나타내 보면 [표 5-7]과 같은데, 이 표에서 보듯이

표 5-7 통제집단을 추가한 패널 조사설계방안의 실례

구분	1차 조사: 시점(Time) 1	2차 조사: 시점(Time) 2
패널집단	표본 A	표본 A
통제집단		표본 B

패널집단으로서 표본 A와 통제집단으로서의 표본 B를 각각 따로 뽑아놓은 다음, 패널집단인 표본 A에 대해서는 일정한 시간적 간격을 두고 1차 조사(Time 1)와 2차 조사(Time 2)를 모두 실시하고, 통제집단인 표본 B에 대해서는 2차 조사만 실시한다. 그런 다음, 패널집단인 표본 A와 통제집단인 표본 B에 대한 2차 조사의 결과를 서로 비교해 본다. 그 결과 만약 이들 두 집단의 조사 결과 사이에 유의적 차이가 나타나지 않으면, 이는 동일한 응답자를 대상으로 두 차례나 계속 조사하는 데 따른 '조건화 효과'가 야기되지 않았다고 보고, 패널집단인 표본 A에 대한 1차와 2차 조사 결과를 비교해서 유의적 차이가 나타나면 이는 시간의 경과에 따라 변화가 일어났다고 간주한다. 그러나 패널집단인 표본 A와 통제집단인 표본 B에 대한 2차 조사 결과를 서로 비교해 본 결과, 만약 유의적 차이가 나타났다면 이는 동일한 응답자를 두 차례나 계속 조사하는 데 따라 '조건화 효과'가 나타났기 때문이라고 간주해서, 모든 조사자료들을 버리고 다시 조사를 해야 한다.

[표 5-7]과 같은 통제집단 패널 조사설계방안에서는 통제집단을 하나만 추가했으나, 만약 조사를 여러 차례에 걸쳐 실시한다면 그때마다 통제집단을 여러 개 설치할 수도 있다. 예컨대, 앞서 소개한 라자스펠드 등이 1940년 미국 대통령선거에 관한 조사에서 사용한 '통제집단 패널 조사설계방안'에서처럼 통제집단을 3개를 추가할 수도 있고, 그보다 더 많이 추가할 수도 있다.

끝으로 조사연구의 설계에서 유의할 점을 간단히 들어 보면, 조사설계는 자료의 수집과 분석 방법에 대한 계획이므로 자료의 수집방법뿐 아니라 그 결과의 분석방법도 미리 고려하면서 설계해야 한다. 만약 조사설계가 너무 복잡하면 조사를 하기도 힘들 뿐 아니라, 조사를 하더라도 그 자료를 분석할 수 있는 통계방법이 없을 수도 있기 때문이다. 그러므로 조사설계를 할 때는 그 설계대로 실제 조사가 가능한지, 그리

고 조사 결과는 어떤 통계방법을 사용하여 분석할 것인지 하는 것도 충분히 고려하면서 조사설계를 해야 한다.

4. 조사설문지의 작성

위와 같은 조사설계가 끝나면, 다음으로는 연구자료의 수집을 위하여 응답자에게 물을 질문들을 만들어야 하는데, 이러한 질문을 흔히 설문(question)이라고 하며, 이들 설문과 그에 대한 응답란들을 차례로 배열하고 디자인해 놓은 것을 설문지(設問紙, questionnaire)라고 부른다. 그러나 이러한 설문지 중 면접조사에서 면접조사원이 응답자에게 구두(口頭)로 질문하고 그 응답을 기입해 놓는 설문지는 '면접스케줄(interview schedule)'이라고 부른다. 하지만 이것도 여기서는 편의상 설문지라고 부르기로 하겠다.

설문지는 조사연구에서 가장 핵심적 요소의 하나로서, 연구의 성패를 좌우하게 된다. 조사연구는 곧 설문지를 사용하여 응답자로부터 연구문제에 관한 자료를 수집하는 방법의 연구이기 때문이다. 그러므로 조사연구를 하려면 무엇보다도 설문지를 올바로 만들어야 한다. 그렇다면 설문지는 어떻게 만들어야 하는가?

1) 설문지의 기본 기능과 작성 절차

설문지를 올바로 만들기 위해서는, 우선 설문지의 기본 기능부터 알 필요가 있는데, 설문지는 연구문제에 대한 해답을 얻는 데 반드시 필요한 자료들만 응답자로부터 수집하되, 타당도(validity)와 신뢰도(reliability)가 높은 자료를 수집토록 하는 이중적 기능(dual functions)을 갖고 있다. 그러므로 설문지는 이러한 이중적 기능을 동시에 올바로 수행할 수 있도록 작성해야 하는데, 설문지의 작성 과정 내지 작업은 크게 세 단계로 나누어 볼 수 있다.

첫째로는 응답자에게 '무엇을 물을 것인지' 설문의 내용부터 결정하고 선정해야 한다. 이와 같은 설문 내용의 선정은 특히 설문지의 타당도와 밀접한 관계가 있는데, 설문 내용은 연구문제의 해결에 반드시 필요하며 또한 그에 직접 관련된 것이어야지,

만약 그렇지 않고 필요 없는 것들까지 이것저것 많이 물으면 설문지의 타당도뿐 아니라 신뢰도까지 떨어지고, 설문지의 분량이 많으면 응답자들이 싫증을 느껴 성실하게 응답하지 않기 때문이다.

둘째로는 설문 내용들을 '어떻게 물을 것인지' 각 설문 문항(item)의 서술 방식과 형식 등을 결정해야 하는데, 똑같은 내용의 설문이라도 그것을 어떻게 묻느냐에 따라 응답자들의 응답뿐 아니라, 나아가서는 조사 결과에까지 영향을 미치게 된다. 따라서 설문지를 만들 때는 설문의 서술 방식과 형식 등도 주의 깊게 결정하되, 모든 설문 문항은 의문문 형식으로 간단명료하게 서술해야 한다. 한편, 설문이 자유응답식 설문(open-end question)이 아니라 선다형 설문(multiple choice question)인 경우는 그 설문에 대한 응답 항목(response alternatives)들도 만들어야 하는데, 그 항목들은 상호배제적(mutual exclusive)이고 소진적(消盡的, exhaustive)이어야 한다.

셋째로는 설문 문항들을 일정한 순서로 조직 배열하고 또한 디자인해서 하나의 완성된 설문지로 만들어야 하는데, 설문들을 '어떤 순서로 어떻게 배열할 것인지' 그 배열 순서와 설문지의 전체적 디자인도 응답자들의 응답 결과에 중요한 영향을 미치게 된다. 그러므로 설문지를 만들 때는 설문 문항들을 일정한 순서에 따라 체계적으로 조직 배열하고, 설문지의 전체적 디자인도 보기 좋게 만들어야 한다.

위와 같이 설문지의 작성 과정 내지 작업은 크게 세 단계, 즉 첫째, 응답자들에게 묻고자 하는 설문 내용의 선정(selection of the questions), 둘째, 설문 문항의 서술과 작성(writing of the question items), 셋째, 설문의 배열과 설문지의 디자인(arrangemcnt and design of the questions)으로 나누어 볼 수 있다. 그러면 지금부터는 이들 세 단계의 각 작업에 관하여 좀 더 구체적으로 살펴보기로 하겠다.

2) 설문 내용의 선정과 그 목록의 작성

위에서 말했듯이 설문지를 작성하려면 첫째로 '무엇을 물을 것인지' 그 내용부터 결정하고 선정해야 한다. 이때 설문 내용은 연구문제의 해결에 반드시 필요하며 또한 그에 직접 관련된 것이어야 하는데, 연구문제에 관한 충분한 사전지식을 가지고 있는 경우는 설문 내용을 쉽게 결정할 수 있다. 그러나 그렇지 않은 경우는 연구문제에 관한 선행연구와 관계문헌들을 다시 읽어 보면서 반드시 물어야 할 설문 내용을 선정하여 그 목록을 작성해야 하는데, 연구문제에 관한 선행연구들을 보면 그 연구에서 사용한 설문들을 소개해 놓고 있다. 그러므로 이러한 설문들 중에서 자신의 연구에 필요한 설문 내용을 선정하는 것이 좋으며, 다른 연구자들이 개발하여 그 신뢰도와 타당도를 검토해 본 설문들을 다시 사용하거나 또는 약간 변형시켜 사용하는 것이 안전하고 편리하다.

(1) 각 유형별 설문 내용의 선정

설문 내용을 선정하려면 그 종류도 알아야 하는데, 각 종류별로 설문 내용을 선정해야 모든 종류의 설문 내용을 빠짐없이 선정할 수 있기 때문이다. 설문 내용의 종류는 다양하나, 크게 네 가지 유형, 즉 ① 연구문제에 관한 정보나 응답자의 의견과 태도 등을 알아보기 위한 설문(information, opinion and attitude questions), ② 응답자의 인구학적 속성(인적 사항)을 알아보기 위한 설문(demographic questions), ③ 응답자의 자격요건을 확인하기 위한 설문(qualification questions), ④ 응답자에게 안도감을 주고 좋은 관계를 수립하기 위한 설문(warm-up questions)으로 나눌 수 있다.

첫째, 연구문제에 관계된 정보나 응답자의 의견과 태도 등을 알아보기 위한 설문이란, 문자 그대로 연구문제에 관한 사실 · 의견 · 태도 등에 관한 질문들로서 조사연구에서 가장 핵심이 된다. 따라서 이들 질문을 본설문(本設問)이라고도 부르는데, 이러한 본설문에는 다시 의견이나 태도의 강도를 묻는 설문(intensity question)과 그러한 의견이나 태도를 갖게 된 이유를 묻는 설문(probe or why question) 등이 있다. 그러나 이와 같은 본설문은 각 연구의 목적이나 연구문제에 따라 다르다. 따라서 본설문을 선정할 때는 우선 연구문제가 무엇이며, 그것의 해결을 위해서는 어떤 설문들이 필요한지를 생각하면서 설문 내용들을 선정하여 그 목록을 작성해야 한다.

둘째, 응답자의 인구학적 속성(인적 사항)을 알아보기 위한 설문이란, 응답자들의 연령 · 성별 · 수입 · 학력 · 결혼상태 · 직업 · 종교 · 인종 · 주택소유 여부 · 가족관계 · 정당가입 여부 · 거주지역 등에 관한 설문을 말한다. 이러한 설문의 목적은 ① 연구문제에 관계된 정보나 의견과 태도 등에 관한 본설문에 대한 응답자들의 응답을 그들의 인구학적 속성별로 비교·분석해 보고, ② 전집(全集)과 표본의 응답자들의 인구학적 구성분포를 서로 비교해서 표본의 대표성을 검토하려는 데 있다. 따라서 거의 모든 조사연구에서는 응답자들의 인구학적 속성들을 알아보기 위한 설문을 넣게 된다. 그러나 응답자들의 여러 가지 속성을 모두 묻는 것은 아니며, 그중에서 연구문제에 직접 관련된 것만 묻는다. 그러므로 응답자들의 여러 가지 속성 중에서 어떤 것을 물을 것인지도 선정해서 우선 그 목록을 작성해 놓아야 한다.

셋째, 응답자의 자격요건을 확인하기 위한 설문이란, 응답자가 조사대상자로 뽑은 당사자인지를 알아보기 위한 설문, 응답자가 조사의 주제나 문제에 관하여 응답할 만한 지식을 갖고 있는지를 알아보기 위한 소위 필터 설문(filter question), 또는 응답자가 자기 자신에 대하여 어떻게 지각하고 있는지 등을 확인해 보기 위한 설문(self-perception question) 등을 말한다. 예컨대, "저희 이번 조사에서는 이 댁[宅]에서 가장 나이가 많은 남자분에게 질문하게 되어 있습니다. 귀하는 이 댁에서 가장 연장자이신지요?"라든지, 또는 조사하려는 정치적 이슈에 관하여 응답자가 얼마나 알고 있는지 등의 수준을 확인해 보기 위한 설문을 말한다.

넷째, 응답자에게 안도감을 주고 좋은 관계를 수립하기 위한 설문이란, 면접조사 등을 시작할 때, 예를 들어 "요즘 날씨가 무척 좋은데, 날씨가 좋은 날에는 어떤 야외활동을 주로 하시는지요?"라든지, "요즘 우리 사회에서 가장 문제가 되는 것이 있다면 어떠한 것이라 생각하시는지요?" 등의 질문을 말하는데, 이러한 설문은 어디까지나 응답자에게 안도감을 주고 좋은 관계를 수립하기 위한 것이다. 그러므로 이들 설문에 대한 응답자들의 응답은 조사 결과의 분석 자료로는 거의 쓰지 않지만, 간혹 응답자의 자격요건을 확인하기 위한 자료로는 사용하기도 하는데, 그야 어떻든 이러한 설문들도 선정해서 그 목록을 만들어야 한다.

(2) 설문 내용의 취사선택과 전체 분량

위와 같이 해서 설문 내용들을 일단 선정하면, 그 목록을 보면서 그중에서 반드시 물어야 할 것들만 다시 취사선택해야 한다. 설문의 분량이 많으면 응답자들이 지루하게 느끼게 되어 그만큼 응답자료의 신뢰도도 떨어지기 때문이다. 예를 들어, 20쪽짜리 긴 설문지를 응답자에게 주고 그에 응답하라면, 대부분의 응답자들은 기가 차서 응답하기도 전에 포기할 것이다.

그러므로 연구문제를 해결하는 데 꼭 필요하지 않은 설문들은 과감하게 버려야 하는데, 그러기 위해서는 앞서 선정한 설문 내용의 목록을 하나하나씩 보면서 그 설문이 과연 연구문제의 해결에 얼마나 필요한지를 자문(自問)해 본다. 그러면서 이러한 자문에 대한 해답을 3개의 그룹, 즉 ① '반드시 필요하다', ② '유용하다', ③ '물어보면 좋겠다'로 나누어 놓는다. 이렇게 하여 앞의 두 그룹의 설문 분량이 적지 않다면, 셋째 그룹의 설문들을 과감하게 버린다. 또한 위와 같은 자문에 대하여 명확하고 만족할 만한 대답을 하지 못하겠거든 그 설문도 빼어 버린다. 이때 "이왕 설문조사를 하는데 설문을 한두 개 더 넣는 것이 무슨 대수냐!" 하는 유혹을 피해야 한다.

이렇게 해서 반드시 필요한 설문들만 선정해서 설문지의 전체 분량을 되도록 짧게 해야 하는데, 그렇다면 설문지의 전체 분량은 '질의응답에 필요한 시간'을 기준으로 할 때 어느 정도가 되는 것이 바람직한가? 이는 한 마디로 말하기 힘든데, 설문지의 전체 분량은 조사의 목적과 범위, 연구비용, 조사방법, 조사원의 능력 등에 따라 다를 수 있기 때문이다. 만약 전문적이고 유능한 면접조사원이라면 한 명의 응답자에게 60분 정도 질의응답을 유도해 나갈 수 있으나, 잘 훈련되지 않은 면접조사원은 30분 정도도 응답자를 붙들어 놓을 수 없기 때문이다. 이처럼 설문의 전체 분량은 면접조사원의 자질과도 관계가 있지만, 또한 조사비용과도 관계가 있는데, 설문의 분량이 길게 되면 조사시간이 증가해서 그만큼 비용도 증가하게 된다.

설문지의 전체 분량은 또한 조사목적에 따라서도 달라지는데, 예를 들어 어떤 입후보자의 대략적 이미지만 조사한다면 설문지의 전체 길이는 15분으로도 충분하다. 그러나 선거 이슈(issue), 입후보자에 대한 유권자들의 태도와 투표의사 등을 모두 조사하려면 30분으로도 부족하다. 그러므로 설문지의 전체 분량은 조사의 범위, 면접조사원의 자질, 조사비용 등을 고려해서 결정해야 된다. 그리고 설문지 작성이 끝나면, 몇 명의 응답자에게 우선 응답을 하게 하여 너무 길다고 하면 꼭 필요하지 않은 설문들은 빼는 것이 좋다.

설문지의 전체 분량은 물론 조사의 목적과 범위, 연구비용, 조사방법, 조사원의 능력 등에 따라 다를 수 있지만, 대체로 30분 이내에 응답할 수 있게 하는 것이 바람직하다. 그렇다고 해서 해당 조사연구에 꼭 필요한 설문들이 빠지면 안 된다. 따라서 일단 설문들을 취사선택한 다음에는, 연구문제나 그에 대한 가설에 포함된 변인들에 직접 관련된 설문들이 포함되었는지 여부를 반드시 확인해 보아야 한다.

3) 여러 가지 설문 형식과 그 선정

위와 같이 '무엇을 물을 것인지'에 관한 설문 내용들의 목록이 작성되면, 다음으로는 '어떻게 물을 것인지', 즉 설문의 형식(format of question)과 서술 방식 등을 결정해서 설문 문항(item)들을 실제로 작성해야 하는데, 똑같은 내용의 설문이라도 그것을 어떻게 묻느냐에 따라 응답자들의 응답뿐 아니라, 나아가서는 조사 결과까지 다를 수 있다. 또한 설문의 형식에 따라 응답 자료들의 속성과 분석방법도 다르게 된다. 따라서 설문을 작성할 때는 연구목적, 연구문제, 자료분석방법 등을 충분히 고려하여 설문의 형식을 결정해서 그에 따라 설문을 작성해야 한다. 설문의 형식에는 여러 가지가 있으나, 크게 두 가지 유형, 즉 자유응답식 설문과 객관식 설문으로 나누어 볼 수 있다.

(1) 자유응답식 설문의 형식과 그 실례 및 장단점

자유응답식 설문이란, 예컨대 주관식 시험문제와 같은 형식의 설문으로 응답자가 자유롭게 응답할 수 있는 형식의 설문을 말한다. 따라서 이를 자유응답식 설문이라고 부르나, 영어로는 'open-end questions', 'open response questions', 'open format questions' 또는 'unstructured question'이라고 한다. 이러한 자유응답식 설문은 문자(언어)로 응답하느냐 숫자로 응답하느냐에 따라 다시 두 가지로 나누어 볼 수 있는데, 하나는 [설문 1]처럼 문자로 응답토록 하는 '문자 자유응답식 설문(text open-end question 또는 'verbatims'라고도 함)'이며, 다른 하나는 [설문 2]처럼 숫자로 응답토록 하는 '숫자 자유응답식 설문(numeric open end question)'이다.

[설문 1] 귀하의 회사는 어떻게 근로조건을 개선할 수 있다고 생각합니까?

____

____

[설문 2] 귀하의 가정에서는 이번 주에 식료품 구입에 얼마나 돈을 썼습니까?

약 ________ 원

자유응답식 설문은 또한 응답자에게 얼마나 자유롭게 응답토록 하느냐의 정도에 따라 다시 두 가지, 즉 무제한적 자유응답식 설문(free response with no classification)과 제한적 자유응답식 설문(free response question with classification)으로 나눌 수 있다. 이 중 무제한적 자유응답식 설문은 [설문 3]처럼 응답자에게 무엇이든지 자유롭게 응답하도록 하는 형식의 설문을 말한다. 그리고 제한적 자유응답식 설문은 [설문 4]처럼 우선 객관식 응답 항목에 응답을 한 다음, 맨 마지막의 '기타' 항목에 대해서만 자유롭게 응답하도록 하는 것을 말한다.

[설문 3] 근래에 범죄가 급증하고 있습니다. 지난해 한 해 동안 귀하나 귀하의 가족 중에서 피해를 당한 적이 있습니까?(구체적으로 적어 주십시오.)

____

____

____

____

[설문 4] 근래에 범죄가 급증하고 있습니다. 지난해 한 해 동안 귀하나 귀하의 가족 중에서 피해를 당한 적이 있습니까?(해당되는 모든 항목에 ✓ 표 해 주세요).

〔 〕집에 도둑 또는 강도가 든 적이 있다.

〔 〕지갑을 소매치기 또는 들치기 당한 적이 있다.

〔 〕우편함의 우편물을 도둑맞은 적이 있다.

〔 〕건물이나 가재도구가 파괴되거나 손상을 입은 적이 있다.

〔 〕다른 사람에게서 인신공격을 받거나 얻어맞은 적이 있다.

〔 〕자동차를 도둑 맞거나 손상을 입은 적이 있다.

〔 〕기타(구체적으로 적어 주세요): ______________

____

자유응답식 설문은 여러 가지 장점들을 갖고 있는데, 그중 하나는 응답자로부터 주관적 자료를 얻어내거나 폭넓고 다양한 응답, 기대하지 않은 응답, 더 진실되고 통찰적인 응답 등을 얻어낼 수 있다는 것이다. 그러므로 자유응답식 설문은 연구자가 응답자들의 응답 범위를 엄격하게 한정하지 않고 광범위한 응답들을 얻고 싶을 때, 응답의 범위가 클 것이라고 기대할 때, 응답자의 자발적 응답에 관심이 있을 때, 응답자의 응답 동기(動機) 등을 좀 더 깊게 파고들어가 보고 싶을 때 유용한 설문 형식이다. 하지만 이러한 자유응답식 설문은 다음과 같이 여러 가지 단점들도 갖고 있다.

첫째, 자유응답식 설문은 응답자들이 응답할 때 더 많은 생각과 시간을 필요로 하기 때문에, 설문이 많은 경우는 응답자의 피로감이나 지루함을 증가시켜, 결과적으로 응답 자료의 신뢰도가 낮아질 수 있다.

둘째, 면접조사를 할 경우, 자유응답식 설문은 그에 대한 응답자들의 응답 내용을 면접조사원이 일일이 모두 기록하는 데 많은 시간이 많이 걸리며, 따라서 많은 질문을 하기 어렵다.

셋째, 자유응답식 설문은 응답자의 동기 등을 알아보는 데 좋다고는 하지만, 면접조사원이 잘 훈련되어 있지 않을 경우는 응답자의 동기 등에 관한 질문이 응답자에게 거부 반응을 일으켜 솔직한 응답을 얻지 못할 수도 있다.

넷째, 자유응답식 설문은 그에 대한 응답이 주관적 자료(subjective data)인 동시에 질적 자료(qualitative data)이기 때문에 응답자들의 태도의 강도 등을 정확히 알아보기 힘들다. 또한 응답 자료들을 분석할 때 컴퓨터 등을 통하여 집계를 하거나 통계분석을 할 수 없고 그 대신 질적 분석을 해야 하므로 그 과정에 주관성이 개제할 수 있을 뿐 아니라, 시간과 인력도 더 들게 된다는 단점이 있다.

바로 이와 같은 자유응답식 설문의 단점들을 극복하기 위하여 개발한 것이 객관식 설문인데, 그렇다면 객관식 설문이란 어떤 것을 말하며, 이는 어떠한 장점과 단점을 갖고 있는가?

(2) 객관식 설문과 그 종류 및 장단점

객관식 설문이란, 예컨대 객관식 시험문제와 같은 형식의 설문으로, 미리 결정된 한 세트의 응답(predetermined set of responses)들 중에서 응답자가 선택하게 하는 형식의 설문이다. 다시 말해서, 각 설문에 대하여 미리 결정한 몇 개의 응답 항목(fixed response alternatives)을 제시하고 그중에서 하나 또는 그 이상의 응답을 선택하게 하는 형식의 설문을 말한다. 따라서 이러한 형식의 설문을 폐쇄식 설문(closed format question 또는 closed response question), 구조적 설문(structured question), 선다형 설문(multiple choice question)이라고 부르나, 여기서는 객관식 설문이라고 부르기로 하겠다. 이러한 객관식 설문은 다시 여러 가지 유형으로 나눌 수 있는데, 그중에서 대표적인 것들만 몇 가지 들어 보면 다음과 같다.

① 2분선택식 설문(Dichotomous Choice Question)

'예-아니요', '그렇다-아니다', '좋다-나쁘다', '옳다-그르다', '맞다-틀리다' 등 두 가지 응답 항목 중에서 하나를 선택하게 하는 형식의 설문을 말한다. 이러한 형식의 설문으로는 [설문 5]와 같은 보수주의적 태도의 측정척도를 들 수 있는데, [설문 5]는 다만 하나의 실례로서 태도에 관한 서술문을 둘만 소개했으나, 실제 측정척도에는 그 서술문들이 여러 개이다. 이러한 척도에서 태도점수의 채점은 각 응답자별로 서술문들에 대한 '찬성'의 전체 수에서 '반대'의 수를 빼서, 정수(正數, positive scores)의 차이가 많이 나올수록 그 응답자는 보수적 태도를 많이 지닌 사람으로 보고, 부수(負數, negative scores)의 차이가 많이 나오면 그 응답자는 진보주의적 태도를 많이 지닌 것으로 본다.

[설문 5] 다음 각 서술문을 읽고 그 말에 찬성하면 '찬성'에, 반대하면 '반대'에 ○표를 해 주세요.

① 체제의 변경이 없이도 이 나라의 모든 집단은 조화 속에에서 살아갈 수 있다.

찬성 반대

② 나는 재산이 없는 사람보다 있는 사람에게 더 의존한다.

찬성 반대

② 선다형 설문(選多型 設問, Multiple Choice Question)

3개 이상의 응답 항목 중에서 하나를 선택하게 하는 형식의 설문이다. 이러한 선다형 설문의 실례로는 [설문 6]과 같은 것을 들 수 있다. 그러나 이러한 설문 외에도 여러 개의 응답 항목 중에서 하나를 선택하게 하는 형식을 취하는 설문들은 모두 선다형 설문이라고 부른다. 따라서 선다형 설문에는 여러 가지 종류가 있다.

[설문 6] 귀하는 서울의 어느 쪽에 사십니까?(해당되는 곳의 □ 안에 ✓ 표 해 주세요.)

□ 중앙　□ 북쪽　□ 남쪽　□ 동쪽　□ 서쪽

③ 평가척도형 설문(評價尺度型 設問, Scaled Response Questions)

선다형 설문의 한 형태이나, 어떤 사물에 대한 응답자들의 반응, 예컨대 의견이나 태도, 가치관, 평가, 판단 등의 강도(强度)를 정확히 알아보기 위해서 그 강도를 몇 단계로 척도화(尺度化)해서 그 단계들 중 하나를 응답자에게 선택하게 하여 점수를 매기는 형식의 설문을 말한다. 따라서 이러한 설문을 '평가척도(rating scale)'라고도 부른다. 이와 같은 설문의 실례의 하나로는 [설문 7]과 같은 것을 들 수 있는데, 이 설문에서 응답자가 만약 '우수하다'는 응답 항목에 ✓ 표를 했다면 4점을 주고, '좋다'는 응답 항목에 ✓ 표를 했으면 3점, '보통이다'라는 응답 항목에 ✓ 표를 했다면 2점, '나쁘다'는 응답 항목에 ✓ 표를 했다면 1점을 주는 식으로 상품에 대한 응답자의 평가점수를 매긴다.

[설문 7] 귀하는 ○○상품을 어떻게 평가합니까?(해당되는 곳의 □ 안에 ✓ 표 해주세요).

□ 우수하다　□ 좋다　□ 보통이다　□ 나쁘다

이러한 설문의 또 하나의 실례로는 [설문 8]과 같은 것을 들 수 있는데, 이는 [설문 7]과 같은 것을 약간 변형한 것으로, 응답 항목을 중요도(重要度) 순으로 나열하고 그중에서 하나를 응답자에게 선택하게 하는 형식의 설문이다. 이러한 형식의 설문에서도 점수를 매기는 방법은 [설문 7]과 같은데, 중요도가 높은 것부터 낮은 것의 순으로 4, 3, 2, 1의 순서로 점수를 매기는 것이 자료를 분석하고 또 그 결과를 알아보는 데 편리하다.

[설문 8] 대학에서 동아리 활동은 귀하에게 얼마나 중요하다고 생각하십니까? 다음 네 가지 응답 중에서 하나만 선택해서 그 앞의 괄호 안에 ✓를 해 주세요.

( ) 1. 아주 중요하다.

( ) 2. 중요하다.

( ) 3. 중요하지 않다.

( ) 4. 전혀 중요하지 않다.

④ 라이커트 척도형 설문(Likert Scale Type Questions)

이는 평가척도형 설문의 한 형태이나, 어떤 사물에 대한 응답자의 의견이나 태도에 관한 응답 항목을 '적극 찬성(strongly agree)', 찬성(agree)', '그저 그렇다(neutral)' 또는 '모르겠다(undecided)', '반대(disagree)', '적극 반대(strongly disagree)'로 나누어 측정하는 설문을 말한다. 따라서 이러한 척도를 '찬성척도(agreement scales)'라고도 부른다. 그러나 이 척도는 앞서 제3장에서 말했듯이 1932년 미국의 심리학자 레니스 라이커트(Renis Likert)가 태도의 측정을 위하여 처음 개발했기 때문에, 그의 이름을 따서 일반적으로 '라이커트 척도(Likert scale)'라고 부르는데, 이와 같은 라이커트 척도형 설문의 실례를 들어보면 [설문 9]와 같다.

[설문 9] 귀하는 다음 각 서술문에 얼마나 찬성하십니까? 해당되는 칸에 ✓표를 해 주세요.

이러한 척도에서 응답자들의 응답에 대한 채점방법에는 여러 가지가 있는데, 그 중 하나는 '적극 찬성'이라는 응답에는 +2, '찬성'이라는 응답에는 +1점, '그저 그렇다'나 '모르겠다'는 응답에는 0점, '반대'라는 응답에는 −1점, '적극 반대'라는 응답에는 −2점을 주는 방법이다. 그러나 이런 식으로 채점을 하면 − 값이 있어서 계산하기기 불편하다. 따라서 '적극 찬성'이라는 응답에는 5점, '찬성'이라는 응답에는 4점, '그저 그렇다'나 '모르겠다'는 응답에는 3점, '반대'에는 2점, '적극 반대'에는 1점을 주는 것이 통례이다. 하지만 이와 반대의 순으로 점수를 부여해도 무방하다.

서술항목	적극 찬성	찬성	그저 그렇다	반대	적극 반대
① 정부에 대한 건설적 비판은 보장해야 한다.					
② 우리나라 건강보험은 수혜 폭이 적당하다.					
③ 주중 근무시간을 늘리고 그 대신 토요일은 휴무하는 것이 좋다.					

⑤ 의미분별척도형 설문(Semantic Scale Type Question)

이것도 평가척도형 설문의 한 형태이나, 본래는 어떤 사물들의 내연적 의미(connotative meaning)를 측정하기 위하여 미국의 언어심리학자 찰스 오스굿(Charles E. Osgood, 1957) 등이 개발한 것이었다. 따라서 이를 의미분별척도(semantic differential)라고 부른다. 그러나 이 척도가 개인의 태도를 측정하는 데도 유용한 것이 입증되어, 오늘날에는 어떤 사물이나 사건 등에 대한 개인의 의견이나 태도 등을 측정하는 데 널리 사용하고 있다. 이 척도는 [설문 10]에서 보듯이 응답자들에게 평가대상인 어떤 사물이나 인물 등을 제시하고 그것에 대한 의견이나 감정 등을 그 아래에 제시한 2개씩의 대칭적 형용사(bipolar adjectives) 사이에 벌려놓은 5개 내지 7개 칸[급간] 위에 ✓표를 하도록 하는 것이다.

[설문 10] 귀하는 ○○○ 시장(市長)에 대하여 어떻게 생각합니까?

나쁘다 ____ : ____ : ____ : ____ : ____ : ____ : ____ 좋다
(1) (2) (3) (4) (5) (6) (7)

강하다 ____ : ____ : ____ : ____ : ____ : ____ : ____ 약하다
(7) (6) (5) (4) (3) (2) (1)

느리다 ____ : ____ : ____ : ____ : ____ : ____ : ____ 빠르다
(1) (2) (3) (4) (5) (6) (7)

이러한 의미분별척도형 설문에서 대칭적 형용사 사이의 칸은 대체로 7개로, 따라서 이를 7점 척도라고도 부른다. 그러나 사물에 대한 분화력(分化力)이 아직 충분히 발달하지 않은 어린이들을 대상으로 조사를 할 때는 5개의 칸으로 된 5점 척도를 사용한다. 그러므로 7점 척도로 하느냐, 아니면 5점 척도를 하느냐에 따라 응답자들의 응답에 대한 채점방법도 달라지는데, 여기서는 [설문 10]처럼 7점 척도로 된 경우의 채점방법만 간단히 소개해 보겠다.

[설문 10]에서 보듯이 2개의 대칭적 형용사로 각각 이루어진 각 척도에서 호감적 형용사, 예컨대 '좋다'는 형용사 쪽에 가장 가까운 칸에 응답자가 ✓표를 했으면 7점, 그 다음 칸에 ✓표를 했으면 6점, 그 다음다음 칸에 ✓표를 했으면 5점의 순으로 점수를 주면 된다. 그런 다음, 한 쌍의 형용사로 이루어진 각 척도에 대한 점수들을 모두 합친 후, 이를 척도의 수([설문 10]의 경우는 척도가 모두 3개임)로 나눈 값(평균치)이 곧 ○○○ 시장(市長)에 대한 각 응답자의 평가점수가 된다. 그리고 이러한 각 응답자의 평가점수를 응답자의 수대로 모두 합친 다음, 그 평균치를 낸 값이 곧 ○○○ 시장(市長)에 대한 전체 응답자의 평가점수가 된다.

⑥ 순위평가형 설문(Rank Order Question)

응답자들에게 어떤 문제나 인물 등에 대하여 일정한 기준에 따라 순위를 매기도록 해서 평가를 하는 형식의 설문으로서, 그 실례를 들어보면 [설문 11] 및 [설문 12]와 같다. 이 중 [설문 12]의 〈설문지 A〉와 〈설문지 B〉를 보면, 평가대상 인물의 제시 순서를 서로 달리해서 물어보았는데, 이는 평가대상 인물의 제시 순서가 응답자의 순위평가에 영향을 미칠 수 있기 때문이다. 따라서 순위평가형 설문을 사용하여 조사를 할 때는 [설문 12]에서 보듯이 인명의 제시 순서를 달리해서 설문지를 2개, 즉 A와 B 설문지로 만들어서 전체 응답자 중 50%에는 〈설문지 A〉를 사용해서 조사하고, 다른 50%의 응답자에게는 〈설문지 B〉를 사용해서 조사하는 것이 바람직하다.

[설문 11] 귀하는 다음 각 문제에 관하여 얼마나 관심이 많으신지요? 관심이 아주 많으면 1, 관심이 꽤 많으면 2, 관심이 약간 있으면 3점, 관심이 전혀 없으면 4를 해당 문제 앞의 ( )에 기입해 주세요.

( ) 국내 정치(Domestic Politics)

( ) 외교 문제(Foreign Affairs)

( ) 과학과 건강(Science & Health)

( ) 비즈니스(Business)

[설문 12] 귀하는 다음 4명의 국회의원 입후보자 중에서 어떤 사람이 가장 자격이 있다고 생각합니까?(가장 자격이 있는 사람부터 1, 2, 3, 4 순으로 순위를 매겨 주세요.)

〈설문지 A〉	〈설문지 B〉
__ 홍길동	__ 김삿갓
__ 이몽룡	__ 김선달
__ 김선달	__ 이몽룡
__ 김삿갓	__ 홍길동

이 밖에도 객관식 설문의 형식에는 여러 가지가 있으며, 위와 같은 여러 형식의 설문들을 연구목적이나 연구문제 등에 따라 얼마든지 변형 또는 개선해서 사용할 수 있다. 그러나 이러한 객관식 설문도 주관식 설문과 마찬가지로 장단점을 갖고 있는데, 장점으로는 응답 자료에 대한 수량적 분석이 가능하다는 점을 들 수 있다. 객관식 설문에 대한 응답 자료는 수량적 자료(quantitative data)가 되기 때문이다. 또한 조사 작업과 응답 자료의 분석 과정이 간편하다는 점을 장점으로 들 수 있는데, 객관식 설문은 그 응답 유목들을 몇 가지로 미리 결정해 놓기 때문이다.

그러나 이러한 응답 항목들을 상호 배제적(mutual exclusive)이고 소진적(exhaustive)으로 만드는 작업은 쉽지 않다는 점이 객관식 설문의 단점이 될 수 있다. 또한 설문에 대한 응답자들의 다양하고 자세한 반응들을 몇 개의 응답 항목으로 제한시킴으로써 응답자의 여러 가지 다양하고 자세한 반응들을 많이 상실할 수 있다는 점도 객관식 설문의 큰 단점의 하나로 들 수 있다.

(3) 설문 형식의 선정 내지 결정 방법

위에서 설문의 여러 가지 형식에 관하여 살펴보았는데, 똑같은 내용의 설문이라도 그것을 어떤 형식으로 묻느냐에 따라 응답자들의 응답뿐 아니라 응답 자료의 속성도 달라지며, 그에 따라 응답 자료의 분석방법도 다르게 된다. 예컨대, 설문 형식을 자유응답식으로 하면 그에 대한 응답 자료는 주관적 자료나 질적 자료가 되므로, 이들 자료는 질적 분석을 해야 한다. 그러나 설문 형식을 객관식으로 하면 그에 대한 응답 자료는 객관적 자료와 수량적 자료가 되므로, 이 자료는 통계분석 등의 수량적 분석이 가능하다. 그러므로 어떠한 속성의 자료를 얻고자 하는지 등을 충분히 고려해서 설문의 형식을 선택해야 한다. 그렇다면 설문의 형식은 어떻게 결정해야 하는가?

설문 형식을 결정하거니 선정할 때는 연구목적, 연구문제, 응답자의 유형, 응답 자료의 분석방법 등을 고려해서 그에 맞는 것을 선택해야 한다. 그중에서도 특히 각 설문의 목적과 종류에 적합한 형식을 선택하는 것이 바람직하다. 예를 들어, 설문이 과연 응답자가 응답할 만한 지식이나 자격을 지니고 있는지를 알아보기 위한 소위 '필터 설문(filter question)'이라든지, 또는 응답자가 어떤 의견을 가졌을 때 왜 그러한 의견을 가졌는지 그 이유를 알기 위한 탐사적 설문(probe or why question)인 경우는 자유응답식이 좋다. 그러나 어떤 문제에 대한 응답자의 찬반 의견을 묻기 위한 설문은 객관식 형식 중에서 2분선택식으로 하는 것이 바람직하며, 응답자의 의견이나 태도의 방향과 강도(强度)를 알아보기 위한 설문(intensity question)인 경우는 라이커트 척도형이 좋다. 이처럼 각 설문의 목적에 따라 그에 맞는 여러 형식을 단계적으로 사용하는 것을 '음계식 방안(quintamensional design)'이라고 하는데, 참고로 각 목적에 따른 설문에 적합한 설문 형식과 그 실례를 들어보면 다음과 같다.

(1) 일반적 지식을 알아보기 위한 필터 설문 — 자유응답식(실례: "시의회의 회칙에 대하여 알고 있습니까?")

(2) 일반적 의견을 알아보기 위한 설문 — 자유응답식(실례: "시의회의 회칙에 대하여 알고 있다면, 무엇을 어떻게 개정해야 된다고 생각합니까?")

(3) 구체적 의견을 알아보기 위한 설문 — 객관식 중 2분선택식(실례: "시의회 의장을 시장이 겸임하도록 회칙을 개정하자는 주장이 있는데, 이러한 주장에 대하여 귀

하는 찬성합니까, 아니면 반대합니까?")

(4) 이유를 알아보기 위한 탐사적 설문 — 자유응답식(실례: "시의회 의장을 시장이 겸임하도록 회칙을 개정하자는 주장에 대하여 귀하가 찬성(또는 반대)한다면, 그 이유는 무엇입니까?")

(5) 의견의 방향과 강도를 알아보기 위한 설문 — 객관식 중 라이커트 척도형(실례: "시의회 의장을 시장이 겸임하도록 회칙을 개정하자는 주장에 대하여 귀하는 어느 정도 찬성(또는 반대)합니까?")

이와 같이 설문 형식을 결정하거나 선정할 때는 각 설문의 목적에 따라 그에 가장 알맞는 형식을 선정해서 설문을 작성해야 한다. 또한 설문을 작성할 때는 기존의 형식들만 그대로 사용하지 말고, 그것들을 자신의 목적에 맞도록 조금씩 개선 또는 변형해서 사용하는 것도 좋은데, 그래야 설문 형식도 발전할 수 있기 때문이다.

4) 설문 문항의 서술 방식과 주요 유의점

위와 같이 해서 설문 형식이 결정되면, 다음으로는 설문 문항들을 실제로 작성해야 하는데, 모든 설문 문항은 의문문 형식으로 간단명료하게 서술해야 한다. 그러나 객관식 설문에서 그에 대한 선다형 응답 항목들은 긍정문 형태의 문장이나 어구 또는 문구로 서술한다. 그렇다면 설문 문항들을 실제 작성할 때 그 내용은 어떻게 서술해야 하는가?

(1) 각 설문 문항의 서술과 작성상의 주요 원칙

우선 설문 문항(question item)을 작성할 때 반드시 지키거나 유의해야 할 사항부터 간단히 살펴보면, 바비(Babbie, 1973)는 다음과 같은 일곱 가지를 들고 있다.

① 질문은 명료하게 할 것(당신이 사용하는 술어를 응답자가 알 것이라고 추정하지 않는다.)

② 하나의 설문 문항에서 두 가지 내용의 질문(double-barrelled question)을 하지

말 것(한 설문 문항에서는 오직 한 문제에 관해서만 물어야 한다.)

③ 응답자가 명확하게 대답할 수 없는 질문은 하지 말 것(설문은 응답자가 명확하게 응답할 수 있도록 작성한다.)

④ 응답자가 전혀 관심이 없거나 생각해 본 적이 없는 주제나 문제에 관해서는 묻지 말 것

⑤ 질문은 응답자가 쉽게 이해하고 빨리 응답할 수 있도록 할 것(간단하고 짧은 질문이 최고이다.)

⑥ 부정적 질문(negative question item)은 되도록 피할 것(응답자에게 부정적 내용의 질문을 하면 응답을 회피하거나 반발한다.)

⑦ 편향적 내용이나 표현을 피할 것(응답자에게 편향적 내용이나 표현의 질문을 하면 응답을 회피한다.)

한편, 부샤와 하터(Busha and Harter, 1980)는 설문 문항을 작성할 때 반드시 유의해야 할 것들로서 다음 여덟 가지를 열거하고 있다.

① 조사연구의 목적이나 성격상 반드시 사용해야 할 경우가 아니면, 설문에 속어(slang), 특수용어(jargon), 전문용어(technical terms) 등을 사용하지 말 것

② 설문들은 되도록 서로 일관성을 갖도록 작성할 것

③ 설문은 비개인적(impersonal) 형식으로 서술할 것

④ 앞서의 설문에서 사용한 어휘나 용어가 뒤의 설문에 대한 응답자들의 응답에 선입관이나 부작용을 미치지 않도록 할 것

⑤ 객관식 형식의 설문을 작성할 때는 그 응답 항목들(response alternatives)이 상호배제적(mutually exclusive)이고 소진적(exhaustive)이 되도록 할 것

⑥ 설문은 되도록 응답하기 쉽도록 작성할 것

⑦ 설문에 사용한 특수 용어를 정의(定義)할 필요가 있을 때는 그것을 명확하게 정의할 것

⑧ 연구자의 전문적 이미지(professional image)를 응답자들에게 전달할 수 있는 매력적인 설문 형식을 사용할 것

그러나 무엇보다도 설문은 짧고 간단하면서도 의도한 응답을 얻을 수 있도록 작성해야 한다. 따라서 부샤와 하터는 설문을 작성할 때는 항상 'KISS(Keep It Short and Simple)'라는 말을 명심하라고 설문 작성자들에게 권고하고 있다.

이 밖에도 설문을 작성할 때 유의해야 할 점들에는 여러 가지가 있는데, 응답자 중에는 학력이 낮은 사람도 있고, 주어진 이슈(issue)에 대하여 충분한 지식을 갖지 못한 사람도 많다. 따라서 설문 작성자는 이러한 응답자들을 충분히 고려해서 설문을 작성해야 한다.

또한 설문을 작성할 때, 하나의 설문이 2개의 다른 응답을 요구하는 설문(two-part question)이 되지 않도록 유의해야 한다. 예를 들어, "이번 서울시장 선거에 홍길동 현 시장이 다시 입후보해야 된다고 생각하십니까, 아니면 ○○당에서 더 좋은 후보자를 내야한다고 생각하십니까?"라는 설문처럼, 2개의 다른 응답을 요구하는 설문은 응답자를 곤경에 빠뜨리기 때문이다. 그러므로 하나의 설문은 반드시 하나의 응답만 요구하도록 작성해야 한다. 설문을 작성할 때 특히 유의할 점은, 언어의 사용문제(wording problems)인데, 설문에 사용하는 언어는 응답자의 반응에 중요한 영향을 미치기 때문에 언어의 선정에도 주의해야 한다.

(2) 설문 작성상의 주요 문제점과 그에 대한 유의점

위에서는 설문 문항들을 작성할 때 반드시 지켜야 할 원칙과 유의점들에 관하여 간단히 살펴보았다. 그중에서도 특히 유의할 것은 설문 내용이 모호하거나, 오해를 불러일으키거나, 또는 편향적이어서는 안 된다는 것인데, 이들에 관하여 좀 더 구체적으로 살펴보면 다음과 같다.

① 모호성(模糊性, Ambiguity)

설문 내용이 모호하면 안 되는데, 그 내용이 모호하면 설문의 타당성을 잃게 된다. 그러므로 설문은 간결하고 직접적이며 명확해야 하며, 불완전하고 불명확하며 한계가 분명하지 않은 설문은 피한다. 예를 들어, "전번 선거에 투표를 하였습니까?"라는 식의 설문은 모호한데, 이는 선거라면 어떤 사람들은 대통령선거만 생각할 수도 있기 때문이다. 또한 "이 지역 주민의 8%가 현재 실업(失業) 상태인데, 이런 사실에 대하여 어떻게 생각합니까?"라는 식의 설문도 모호한데, 이는 8%의 주민 중에는 직업을 가질 수 없는 65세 이상의 노인이나 주부 · 학생 또는 전직(轉職) 중인 사람들도 포함될 수 있으며, 또한 8%의 실업률이 높은 것인지, 아니면 낮은 것인지 일반 응답자들은 잘 모를 뿐 아니라, '이 지역'이라는 말도 그 한계가 명확하지 않기 때문이다.

한편, 설문에 시간적 한계가 명시되지 않은 것도 모호성의 한 원인이 되는데, 예컨대 '종종', '가끔', '항상' 등의 단어가 그런 것들이다. 만약 "얼마나 가끔 투표를 하느냐?"는 질문을 던진다면, 그 응답은 '할 수 있을 때마다'라든지, '언제나'라는지 또는 '전혀 하지 않는다'는 식으로 여러 가지 응답이 나올 수 있다. 따라서 이러한 때에는 "지난 2012년 12월 대통령선거에서 투표를 했습니까?"라고 묻는 것이 응답자에게 과거를 회상시켜 정확한 응답을 할 수 있도록 만든다.

설문의 모호성은 또한 불명확한 비교(indefinite comparisons)를 요구할 때도 야기되는데, 예를 들어 "귀하는 우리나라의 생활보호자생계지원법이 공정하다고 생각하십니까?"라고 묻는다면, '공정'에 관한 비교평가 기준이 모호해서 '공정하다' 또는 '공정하지 않다'고 응답하기 어렵기 때문이다. 그러므로 이러한 문제점을 피하기 위해서는 "귀하는 우리나라의 생활보호자생계지원법이 얼마나 공정하다고 생각하십니까?"라고 설문을 고치고, 그 응답 항목으로 '아주 공정하다', '공정하다', '그저 그렇다'(또는 '모르겠다'), '공정하지 않다', '아주 공정하지 않다'를 제시하고 그중에서 하나를 선택토록 하는 것이 좋다.

한편, 설문은 되도록 간결하고 짧아야 하지만, 그렇다고 해서 너무 간결하면 그 뜻이 모호해질 수도 있다. 그러나 너무 복잡한 것도 설문의 내용을 모호하게 만들 수 있다. 그러므로 설문을 작성할 때는 되도록 간결하고 짧으나, 너무 간결해서 그 내용이 모호해지지 않도록 유의한다.

② 오해가능성(誤解可能性, Misperception)

설문이 응답자에게 오해나 그릇된 지각(知覺)을 일으킬 수 있게 해서는 안 된다. 응답자가 설문 내용을 오해하거나 잘못 지각하면 엉뚱한 응답을 하기 때문이다. 설문 내용을 응답자가 오해하거나 잘못 지각하게 만드는 이유에는 여러 가지가 있을 수 있으나, 첫째로는 의미론(意味論) 학자들이 주장하듯이 동일한 단어일지라도 그에 대한 내연적 또는 감정적 의미가 개인마다 서로 다르기 때문이다. 그러므로 설문 작성자가 설문에 사용할 용어들을 선정할 때는 응답자에게 오해나 그릇된 지각을 불러일으킬 수 있는 용어나 단어는 되도록 사용할지 말아야 한다.

특히 어려운 학술용어나 전문용어(technical terms) 등을 사용하지 말아야 하는데, 응답자 중에는 어려운 학술용어나 전문용어를 제대로 이해하지 못하는 사람도 있어 그 용어의 뜻을 오해하기 쉽기 때문이다. 학술용어나 전문용어를 부득이 사용해야 할 경우에는 그 용어의 뜻을 쉽게 풀이해 주어야 한다. 어려운 학술용어나 전문용어도 그렇지만, 유행어나 은어(隱語) 또는 너무 친근한 말도 응답자에게 오해를 불러일으킬 수 있다. 그러므로 설문을 작성할 때에는 어려운 용어와 일상용어의 중간 형태의 말을 사용하되, 응답자의 교육정도 · 직업 · 거주지역 등을 고려해서 그에 맞는 말을 사용해야 설문이 본래의 기능(機能)을 발휘할 수 있다.

설문 내용을 응답자가 오해하거나 잘못 지각하게 만드는 또 하나의 주요 이유로는 문법상 오류를 들 수 있는데, 설문이 문법에 맞지 않으면 그 설문의 내용이나 의미를 응답자가 잘못 이해하거나 달리 해석할 수 있다. 그러므로 설문을 작성할 때는 무엇보다도 설문의 문장을 문법에 맞게 서술해야 하며, 문법상의 오류가 있어서는 안 된다. 그럼에도 불구하고 어떤 조사연구자들이 배포하는 설문지들을 보면, 특히 주술(主述) 관계가 문법적으로 맞지 않는 것들이 종종 있다.

③ 편향성과 감정어(Loading Words)

모든 설문은 공정하고 객관적이며 중립적으로 서술해야 한다. 설문이 공정하지 못하고 편향적이면 응답자로부터 편향적 반응을 초래하기 때문이다. 그럼에도 불구하고 조사 설문들을 보면 고의적으로 편향적 반응을 유도하는 것들도 없지 않다. 또한 불공정한 비교평가(unfair alternatives)를 요구하는 설문들도 없지 않은데, 이러한 설문도 공평성(impartiality)을 저해한다. 이와 같은 설문의 한 가지 실례로는, 예컨대 "우리나라 사립대학교의 등록금은 너무 비싸다고 많은 사람들이 말하는데, 이러한 말에 대하여 귀하는 찬성하십니까, 아니면 반대하십니까?"라는 식의 설문을 들 수 있다. 이런 설문은 우리나라 사립대학교의 등록금이 비싸다는 것에 동조하도록 은근히 요구하고 있기 때문이다. 그러므로 이런 식으로 설문을 서술해서는 안 되며, 그 대신 "어떤 사람들은 말하기를 우리나라 사립대학교의 등록금은 너무 비싸다고 하며, 또 어떤 사람들은 말하기를 너무 비싼 것이 아니라고 하는데, 귀하는 어느 쪽 주장에 찬성하십니까?"라고 서술해야 훨씬 중립적이고 공정한 설문이 된다.

편향적 설문의 또 하나의 실례로 "모든 계층의 젊은이에게 고등교육의 기회를 공평하게 부여하기 위해서는 대학 등록금을 대폭 내려야 하는데, 이 점에 대해서 당신은 어떻게 생각하십니까?"라는 설문을 들 수 있다. 이러한 원론적 설문에 대하여 아주 용감한 응답자를 제외한 나머지 응답자들은 반대하기 힘들기 때문이다. 한편, "홍길동은 서울시장 후보자의 한 사람인데, 귀하는 어떤 후보자에게 투표하시겠습니까?"라는 식으로 특정 후보자의 이름만 제시하고 다른 후보자의 이름은 생략하는 것도 편향적 설문의 하나로, 이런 식의 설문을 사용한 여론조사를 흔히 '창녀여론조사(娼女與論調査, prostitute pollster)'라고 부른다.

설문을 서술 또는 작성할 때는 또한 감정적 용어(emotionally charged words), 예컨대 독재파쇼 집단·빨갱이·수구골통·변절자·사기꾼 등 상대방을 모함하거나 또는 정치적·도덕적·이념적 가치관에 관계된 용어들을 피하고, 그 대신 간접적으로 표현해야 한다. 이와 함께 또한 응답자가 거북해 하거나 수치스럽게 생각하는 속된 말, 쌍스러운 말들도 피해야 한다. 이러한 말들은 응답자의 반응에 부정적 영향을 미칠 뿐 아니라, 조사연구자의 이미지도 추락시켜 응답자들이 제대로 응답하지 않게 만들기 때문이다.

(3) 선다형 설문에서 그 응답 항목의 서술과 작성 요령

객관식 형식의 설문을 작성할 때는 그 응답 항목들(response alternatives), 예컨대 "대학에서 동아리 활동은 귀하에게 얼마나 중요하다고 생각하십니까?"라는 설문에 대하여 '아주 중요하다', '중요하다', '그저 그렇다', '중요하지 않다', '전혀 중요하지 않다'는 등의 응답 항목들도 작성해야 한다. 이와 같은 응답 항목들은 상호배제적(mutually exclusive)이고 소진적(exhaustive)이 되도록 작성해야 하는데, 여기서 '상호배제적'이란 그 응답 항목들이 서로 독립적이어야 한다는 것이다. 즉 하나의 응답 항목만 선택하도록 설문이 되어 있으나, 응답 항목들 중에 서로 비슷하거나 뜻이 중복되는 것들이 있다면, 그중에서 어떤 항목을 선택해야 할지 응답자가 알 수 없을 뿐 아니라, 이러한 설문에 대한 응답들을 가지고서는 응답자들의 응답 실태를 정확하게 분석할 수 없기 때문이다. 예를 들어, "귀하는 어떤 종교를 믿고 있습니까? 다음 종교 중에서 귀하가 믿는 종교 앞에 ✓표를 하십시오."라는 설문에 대한 응답 항목으로 기독교, 예수교, 불교, 원불교, 이슬람교, 회교, 가톨릭교, 유교를 나열해 놓았다면, 이들 중 기독교와 예수교, 불교와 원불교, 이슬람교와 회교가 상호배제적이 아니라, 이들 종교를 믿는 응답자는 어떤 것에 ✓표를 해야 할지 알 수 없기 때문이다. 그러므로 객관식 설문의 응답 항목들은 상호배제적이어야 한다.

다음으로 응답 항목들이 '소진적'이어야 한다는 것은, 예를 들어, "귀하는 다음 종교 중에서 어떤 종교를 믿고 있습니까?"라는 설문에 대한 응답 항목들을 작성할 경우, 그 응답 항목들에 모든 종교가 포함되어 있어, 종교를 가진 응답자들은 누구나 그 중에서 자신의 종교를 선택할 수 있도록 해야 한다는 것을 말한다. 그렇지 않고 응답 항목 중에 응답자의 종교가 들어 있지 않다면 그 응답자는 설문에 응답할 수 없으며, 그렇게 되면 모든 응답자들의 종교 실태를 정확하게 분석할 수도 없게 된다. 그러므로 응답 항목들은 '소진적'이어야 하는데, 이는 만약 50명의 응답자들을 대상으로 이들의 종교를 객관식 설문을 통해 조사를 해서 그 응답들을 종교별로 분류하여 집계한다면, 50명의 응답 모두가 각각 어떤 한 종교의 응답 항목에 반드시 들어가서, 결과적으로 응답 항목에 들어가지 못한 응답자(나머지)가 한 명도 없어야 한다. 때문에 이를 소진적이라고 말한다.

그러나 이처럼 응답 항목들을 소진적으로 선정한다는 것은 쉽지 않다. 그러므로 종교별 응답 항목들을 만들 때, '기타(others)'라는지, '종교 없음(none)', '해당 없음(not applicable)' 등의 응답 항목을 넣어, 설문의 응답 항목에 나열한 종교를 믿지 않는 응답자들은 '기타' 항목에 ✓표를, 그리고 종교를 믿지 않는 응답자들은 '종교 없음'이나 '해당 없음' 항목에 ✓표를 하도록 해서 응답자들의 모든 응답들이 소진적이 되도록 한다. 하지만 이러한 방법은 바람직한 것은 아닌데, 만약 '기타' 등 항목에 ✓표를 한 응답의 사례수가 아주 많게 나오면, 이는 응답 항목들을 제대로 선정하지 못했다는 것이 되기 때문이다.

그렇다고 해서 '기타'나 '해당 없음' 또는 '모르겠음(Don't Know)' 등의 응답 항목을 전혀 넣지 말라는 것은 아닌데, 어떤 설문에 대해서 어떤 응답자의 경우에는

'해당 없음'이나 '모르겠음'이라는 것이 그의 가장 정확한 응답일 수도 있기 때문이다. 또한 선다형 설문의 응답 항목에 '기타'나 '해당 없음' 또는 '모르겠음' 등의 항목이 없으면, 응답자가 응답을 꺼리는 설문에 대한 응답을 조사자가 강요한다는 느낌을 주어 그런 설문에 응답하지 않는 경우도 종종 있기 때문이다. 그런가 하면, 어떤 설문에서 조사자가 제시한 응답 항목들 이외에 또한 논리적으로 다른 응답이 있을 수도 있기 때문이다. 그러므로 이러한 경우들에는 객관식 설문의 응답 항목들에 '기타', '해당 없음', '모르겠음' 등의 항목을 넣어야 한다. 특히 응답 항목들이 어떤 설문에 대한 응답자들의 다양한 의견이나 선호(preferences) 또는 행동 등의 목록일 때는 '기타', '해당 없음', '모르겠음' 등의 항목을 반드시 넣어야 한다.

그러나 이러한 응답 항목들을 넣으면 그에 대한 응답 자료들을 처리 · 분석할 때 주의해야 하는데, 예컨대 '모른다'는 응답자의 응답은 설문의 뜻을 모른다는 뜻일 수도 있고, 어떻게 응답할지 모르겠다는 뜻일 수도 있으며, 어떻게 응답할지 결정하지 못했다(undecided)는 뜻일 수도 있고, 또는 '중립(neutral)'이라는 뜻일 수도 있다. 그러므로 '모른다'는 응답 항목에 대한 응답 자료들을 처리 · 분석할 때는 그 진정한 뜻을 구별해서 처리해야지, 그렇지 않으면 사실을 왜곡할 수 있다.

(4) 작성한 설문 항목에 대한 자체 평가와 수정 · 보완

지금까지 설문의 작성방법에 관하여 살펴보았는데, 설문 문항의 작성이 끝나면 그것들을 다시 한 번 검토해 보면서 잘못된 점이나 부족한 점 등을 수정 · 보완해야 한다. 이때 다음과 같은 사항들을 하나씩 자문(自問)해 보면서, 모든 사항에 대하여 '그렇다'는 대답이 나올 때까지 설문들을 계속 수정 · 보완하고 가다듬어야 한다.

① 모든 설문이 간단하고 직접적이며, 모든 응답자들에게 친근한가?

② 모든 설문이 명료하고 구체적인가? 설문 내용이 모호하지는 않은가?

③ 설문 중에 이중적 응답을 요구하는 것은 없는가?

④ 설문이 편향적이거나 어떤 특정 방향으로 응답을 유도하지는 않는가?

⑤ 설문이 모든 응답자들에게 적용될 수 있는가?

⑥ 객관식 설문의 경우, 응답 항목들이 상호배제적이고 소진적인가?

⑦ 설문이 의미를 상실할 수 있을 정도로 너무 축약되지는 않았는가?

⑧ 설문이 읽거나 말하기에 어색하지 않는가?

이와 같은 사항들 외에, 또한 설문 문항을 작성할 때 반드시 지켜야 할 원칙들을 제대로 지켰는지도 검토해 본다. 예컨대, 자신이 작성한 설문들이 앞서 바비(Babbie)가 열거한 일곱 가지 원칙이나, 부샤와 하터(Busha and Harter)가 열거한 여덟 가지 원칙 등에 맞게 작성했는지를 검토해서, 만약 잘못된 부분이 있으면 고쳐야 한다.

5) 설문지의 구성체재와 설문의 배열

위와 같이 해서 모든 설문들에 대한 검토와 수정·보완이 끝나면, 이들 설문을 일정한 순서로 배열하고 보기 좋게 디자인해서 하나의 완성된 설문지로 만들어야 한다. 설문들의 배열방법과 디자인도 응답자의 응답에 중요한 영향을 미치므로, 설문지를 만들 때는 설문 문항들을 일정한 순서에 따라 체계적으로 조직 배열하고 디자인도 효과적으로 해야 한다.

(1) 설문지의 일반적 구성체재

설문들은 설문지의 구성체재(構成體裁)에 따라 체계적으로 배열해야 하는데, 설문지는 대체로 크게 다섯 부분, 즉 ① 조사연구의 제목(title), ② 인사말(welcome message) 또는 서론(introduction), ③ 도입설문(warm-up questions), ④ 본설문(本設問, body or heart questions), ⑤ 인적(人的) 사항에 관한 설문(demographic questions)의 순서로 구성된다.

① 조사연구의 제목(Title)

문자 그대로 조사연구에 대한 제목으로서, 예를 들어 '여가활동에 관한 조사(Leisure Activities Survey)'와 같은 것을 말하는데, 설문지 맨 앞장에는 반드시 이러한 제목을 써놓아야 한다. 이와 같은 제목을 맨 앞장에 써놓을 때는 책 표지(標紙)처럼 제목만 써놓을 수도 있고, 또는 앞장 위쪽에 제목을 써놓고 그 아래에 인사말을 붙일 수도 있는데, 책의 표지처럼 제목만 써놓을 경우는 그 아래쪽에 조사연구자나 조사기관의 이름을 적어 넣어야 한다. 그러나 앞장 위쪽에 제목을 써놓고 그 아래 인사말을 붙일 경우는, 인사말 끝부분에 조사연구자나 조사기관의 이름을 적어 놓으면 된다.

② 인사말(Welcome Message) 또는 서론(Introduction)

응답자와의 접촉을 시도하는 인사말과 조사목적 등을 밝히는 짤막한 글이나 말로서, 조사연구의 제목 아래 또는 표지 다음 장에 넣는, 예컨대 다음과 같은 글이나 말을 뜻한다.

> "안녕하십니까? 저는 ○○대학교 언론정보연구소 면접조사원입니다. 이번에 저희 연구소에서는 우리나라 국민들은 어떻게 주요 시사문제에 관한 뉴스를 얻고 있는지를 조사·연구하고 있습니다. 제가 묻는 질문에 대하여 솔직한 의견을 말씀해 주시기 바랍니다. 귀하의 응답은 저희 연구자들 이외에는 절대로 비밀로 하며, 컴퓨터로 일괄 처리해서 학술연구 자료로만 사용합니다. 귀하의 적극적인 협조를 바랍니다. 감사합니다.

이처럼 인사말 또는 서론 부분에서는 누가 왜 어떤 조사를 하는지를 간단하게 설명하면서 조사대상이 누구인지 밝히고, 조사대상자들의 개인적 응답은 절대 공개되지 않으며, 전체 응답 결과만 학술논문에 소개할 것이라는 점을 약속해야 한다. 훌륭한 인사말이나 서론은 응답자들로부터 솔직하고 적극적 응답을 유도하고 응답률을 높이는 데 중요한 역할을 한다. 이와 같은 인사말이나 서론은 우편조사(mail survey)나 웹 조사(Web survey)에서는 설문지의 커버 레터(cover letter)나 초대장(invitation letter) 형식으로 하는 것도 좋다. 그리고 우편조사의 경우는 인사말이나 서론에서 응답 요령, 응답지의 반송 방법과 반송 주소, 조사자나 조사기관의 전화번호(의문이 있을 경우 질문하도록) 등을 알려 주어야 한다.

③ 도입설문(Warm-up Questions)

인사말 또는 서론 다음에 응답자에게 안도감을 주고, 또한 응답자와 좋은 관계를 수립하거나 좋은 분위를 조성하기 위한 질문들로서, 예를 들어 "이 도시에 얼마나 오래 살고 계십니까?," "요즘 건강을 위해 어떤 운동을 하십니까?" 등의 말을 뜻한다. 이러한 질문들은 정중하고 친근해야 소기의 목적을 이룰 수 있다. 그러나 이들 질문은 어디까지 응답자와 좋은 관계나 분위기를 조성하기 위한 것이므로, 그에 대한 응답자의 응답은 분석 자료로는 거의 쓰지 않는다.

하지만 도입설문 중에는 응답자의 속성이나 자격 여부를 알아보기 위한 목적의 설문도 있는데, 예를 들어 조사대상으로 선정한 가구(家口) 내에서 가장 나이가 많은 여자를 대상으로 면접조사를 해야 할 경우, 그 가구를 찾아가서 "실례지만, 댁[宅]에는 21세 이상의 성인은 몇 분이나 되십니까?"라고 물어서, 만약 성인이 모두 3명이라고 한다면, "이번 저희 조사원칙에 의하면 이 댁에서 가장 나이가 많은 여성분을 대상으로 조사를 하게 되어 있습니다. 죄송하지만 그분을 불러 주실 수 있으시겠습니까?" 라는 설문이 곧 응답자의 속성이나 자격 여부를 알아보기 위한 설문이다. 그렇게 하여 그 가구에서 가장 나이가 많은 여성이 나오면, 그를 대상으로 조사를 한다. 그러나 이는 면접조사의 경우이며, 우편조사나 웹 조사 등의 경우는 응답자의 표집 과정에서 미리 응답자의 자격을 지정해서 그 사람을 대상으로 조사해야 한다.

④ 본설문(Body Questions)

설문지의 핵심 부분으로서, 연구문제에 직접 관계된 사실·정보·의견·태도 등에 관한 설문들을 말한다. 이러한 본설문에는 의견이나 태도의 방향과 강도를 묻는 설문(intensity question)과, 그러한 의견이나 태도를 갖게 된 이유를 묻는 탐사설문(probe or why question) 등이 있다. 이와 같은 본설문은 일반적인 것부터 시작해서 구체적인 것의 순으로 배열하되, 설문들이 서로 일관성을 갖도록 하며, 비슷한 내용의 설문들은 되도록 함께 모아서 배열하는 것이 좋은데(Busha and Harter, 1980), 이러한 배열방법에 관해서는 조금 뒤에 자세히 살펴보기로 하겠다.

⑤ 인적 사항에 관한 설문(Demographic Questions)

응답자의 성별, 연령, 학력(교육정도), 직업, 수입정도, 가족사항, 결혼관계, 주택소유 여부, 종교, 가입단체, 정치성향 등에 관한 설문들을 말한다. 이러한 설문들은 본설문 다음에 묻는 것이 좋다. 따라서 대체로 설문조사나 설문지의 맨 마지막 부분에 넣는데, 응답자의 인적 사항을 먼저 물으면 본설문에 대하여 솔직한 의견이나 생각 등을 말하지 않는 경향이 있기 때문이다.

응답자들은 또한 인적 사항에 관한 설문에 대하여 솔직한 응답을 꺼리는 경향이 있으므로, 인적 사항에 대한 설문들은 응답자가 꺼리지 않도록 주의 깊게 물어야 한다. 예를 들어, 여성 응답자의 연령을 물을 때는 미리 카드에 ㉠ '11~18세', ㉡ '19~34세', ㉢ '35~49세', ㉣ '50~64세', ㉤ '65세 및 그 이상' 등의 응답 항목들을 써서 응답자에게 보여주면서 그중 해당되는 연령의 항목을 손으로 가리키도록 하는 것이 좋다. 또한 응답자의 수입 정도를 물을 때에도 "귀하의 월수입은 평균 얼마입니까?"라고 직접 묻지 말고, 별도의 카드에 월수입 금액을 유목별로 나누어 적은 것을 보여 주면서 그중 해당되는 유목을 손으로 가리키도록 하는 것이 좋다. 한편, 학력(교육정도)을 물을 때는 "교육을 얼마나 많이 받았습니까?"라고 묻는 대신, "총 몇 년 동안이나 학교에 다녔습니까?"라고 묻는 것이 좋다. 그리고 응답자의 정치성향을 물을 때는 "귀하는 어느 정당에 더 가깝다고 생각하십니까?"라든지 또는 "어느 정당의 정책을 더 좋아하십니까?"라고 물어야 한다. 만약 "귀하는 어떤 정당에 가입 또는 소속되어 있습니까?"라고 직접적으로 물으면 대부분의 응답자는 '무소속'이라고 응답하는 경향이 있기 때문이다.[2]

(2) 설문 문항과 응답 항목의 배열순서

위에서 말했듯이 설문들의 배열순서는 응답자의 응답 결과에 영향을 미칠 수 있다. 때문에 설문들을 설문지에 배열할 때는 어떤 순서로 배열하는 것이 바람직한지를 먼저 연구해서 그에 따라 배열해야 한다. 그렇다면 설문들의 배열순서는 응답자의 응답 결과에 왜 어떠한 영향을 미치는가? 그 이유에 관해서는 여러 가지 학설과 연구 결과들이 있으나, 이들을 종합해 보면 다음과 같이 크게 세 가지로 나눌 수 있다.

---

2 한편, 직업은 기획재정부에서 인구조사 시 사용하는 직업분류표를 기준으로 물어야 하며, 가입단체의 유무와 단체 이름 등은 직접 물어도 좋으나, 단체의 분류는 사회단체 · 전문단체 · 공공봉사단체 · 사업단체 · 종교단체 · 농업단체 · 애국단체 · 취미오락단체 등으로 분류해서 물어야 한다.

첫째는, 앞서의 설문에서 언급한 어떤 아이디어, 이슈, 상품 등이 그와 연관된 뒤의 설문에 응답자가 응답할 때 생각나게 만들기 때문이다. 그러므로 이러한 영향을 줄이기 위해서는 서로 연관된 설문들을 되도록 멀리 떨어지게 배열하거나, 또는 서로 관련된 설문들의 순서를 무작위화(randomizing)하면 되나, 그 영향을 완전히 배제할 수는 없다.

둘째는, 앞서의 설문이 뒤의 설문에 대한 응답을 익숙하게 만들거나 또는 습관적으로 응답하게 만들기 때문이다. 다시 말해서, 서로 비슷한 형식의 설문들을 계속해서 배열하거나 물으면, 응답자가 각각의 설문을 깊이 생각하지 않고 똑같은 응답을 하는 경향이 있다는 것이다. 그러므로 이러한 경향 내지 영향을 통제하기 위해서는 ① 설문들을 무작위 순서(random order)로 배열하면, 그것이 응답자의 습관적 응답의 영향을 완전히 제거하지는 못하나, 그 영향을 모든 설문들에 동등하게 분산시킬 수 있으며, ② 형식이나 길이가 서로 다른 설문들을 번갈아 가면서 묻거나 설문지에 배열하는 것도 응답자의 습관적 응답의 영향을 줄일 수 있다.

셋째로, 설문의 배열순서가 응답자의 응답 결과에 영향을 미치는 또 하나의 이유는, 예를 들어 선다형의 개관식 설문에서 그에 대한 응답 항목들을 응답자가 서면(書面)이나 컴퓨터 화면에서 읽으면서 그중에서 하나를 선택할 때는 앞부분의 응답 항목을 선택하는 경향이 있는 반면, 면접조사원이 구두로 선다형 질문을 하면서 그에 대한 응답 항목들을 읽어 줄 경우는 뒷부분에서 읽어 준 응답 항목들을 주로 기억해서 선택하는 경향이 있기 때문이다. 그러므로 이러한 영향을 배제하기 위해서는 선다형의 개관식 설문에 대한 응답 항목들의 순서를 앞뒤로 번갈아 바꾸어 응답자에게 제시하는 것이 좋다.

이와 같이 설문들의 배열순서는 응답자들의 응답 결과에 영향을 미치기 때문에, 그 영향을 최소화하도록 설문들을 배열해야 한다. 또한 설문들의 배열순서는 응답자들로 하여금 열심히 또는 쉽게 응답하도록 만들기도 하고, 그 반대로 응답을 어렵게 만들거나 기피 또는 거부하도록 만들기도 한다. 따라서 설문들을 배열할 때는 응답자들이 열심히 쉽게 응답할 수 있는 방향으로 배열해야 한다. 그렇다면 어떻게 배열해야 응답자들이 열심히 응답하게 되는가?

첫째, 응답하기 쉬우며 즐겁고 재미있는 설문들을 먼저 앞부분에 배열한다. 이러한 종류의 설문들은 응답자로 하여금 응답을 계속하도록 촉진하며, 또한 전화조사나 면접조사에서는 조사원과 응답자 간의 좋은 관계(rapport)를 조성해 주기 때문이다.

둘째, 응답자가 응답하기 어렵거나 민감한 설문들은 되도록 설문지나 면접조사의 끝부분으로 미루어 놓는 것이 좋다. 이렇게 하면 앞부분의 조사 때 형성된 응답자와 조사원 간의 관계가 응답자로 하여금 응답하기 어렵거나 민감한 설문에 대하여 좀 더 쉽고 솔직하게 응답할 수 있게 만들어 주기 때문이다. 또한 응답하기 어렵거나 민감한 설문들을 설문지나 면접조사의 끝부분으로 미루어 놓으면, 이들 설문에 대하여 응답자가 응답하지 않더라도 앞서의 설문들에 대한 응답은 이미 했으므로, 이들 응답자료를 자료분석에 활용할 수 있다.

셋째, 객관식 설문에 대한 여러 개의 응답 항목들을 배열할 때는 그 항목의 논리적 순서 또는 자연적 순서에 따라 배열하는 것이 좋다. 그리고 '찬성-반대(agree-disagree)'와 같은 2분선택식 설문(dichotomous choice question)의 경우는 '찬성-반대'의 순(順)으로 배열하는 것이 좋은데, '반대-찬성'의 순으로 배열하면 어색하기 때문이다. 똑같은 이유로서, 평가척도형 설문의 응답 항목들도, 예를 들어 '긍정적이다-부정적이다(positive-negative)'라든지, '수-우-미-양-가' 등의 순서로 배열하는 것이 좋다. 그리고 점수평가 척도형 설문(numeric rating scales question)의 응답 항목들을 배열할 때는 높은 점수에서 낮은 점수의 순으로 배열하되, 점수가 높을수록 더 긍정적이거나 더 찬성적인 것을 의미하도록 해야 한다.

넷째, 설문들은 일반적 내용의 설문부터 시작해서 구체적 내용의 설문의 순으로 배열하는 것이 좋으며, 같은 토픽에 관한 설문들이나 또는 비슷한 내용의 설문들은 함께 묶어서(grouping) 배열하여 응답하기 쉽게 만들어 주어야 하다.

6) 설문지의 디자인과 사전검사 및 인쇄

위와 같은 방법과 요령에 따라 설문들의 배열순서가 결정되면, 다음으로는 실제로 설문들을 종이 위나 웹 페이지 등에 배열하고 디자인도 해서 완성된 설문지를 만들어야 한다. 여기서 설문지의 디자인(questionnaire designing)이란 설문들을 일정한 공간에 효과적으로 배치하는 것을 말한다. 이러한 디자인 작업이 끝나면, 각 설문 문항에 코딩 번호(coding number)를 붙인 후 사전검사(pretest)를 해서 잘못된 점이나 부족한 점 등이 있으면 이를 수정·보완해야 한다. 그런 다음 설문지를 인쇄 또는 복사해서 완성하면 된다.

(1) 설문지의 디자인상 일반적 유의점

설문지의 디자인은 '레이아웃(layout)'이라고도 부르는데, 이러한 레이아웃이나 디자인의 목적은 응답자가 설문지를 보면서 응답을 쉽게 기입하거나, 또는 면접조사원이 설문지를 보면서 응답자에게 묻고 그 응답을 기록하기에 편리하고 효율적이며 또한 보기도 좋게 하는 데 있다. 그러므로 설문지를 디자인할 때는 설문들과 그에 대한 설명, 응답 요령, 지시문, 각종 부호나 기호, 삽화 등을 적당한 공간에 체계적이고 일관성이 있으면서도 보기에도 좋게 배치해야 한다. 그렇다면 구체적으로 어떻게 해야 하는가?

첫째, 설문지의 디자인은 조사 방식에 맞도록 해야 한다. 우편조사를 한다면 설문에 관계된 그림이나 사진 등을 설문지에 넣을 수 있으나, 전화조사용 설문지에는 그림이나 사진을 사용할 수 없기 때문이다. 그러므로 설문지를 디자인할 때는 우선 어떤 방식의 조사를 하느냐를 먼저 고려해서 그에 맞게 디자인을 해야 한다.

둘째, 설문 문항들은 종이나 컴퓨터 화면 등의 공간에 배치할 때는 그 설문들이 서로 너무 밀집되어서는 안 되며, 설문의 문항과 문항 사이에 충분한 여백을 두어야 한다. 또한 설문 문항들의 배열 순서는 앞서 말했듯이 논리적이고 일관성이 있어야 하는데, 만약 설문들의 배열에 일관성이 없으면 조사자와 응답자 간의 질의응답이 엉뚱한 방향으로 전개될 수 있기 때문이다.

셋째, 설문지의 크기(판형)는 A4 정도로 하는 것이 좋다. 설문지가 너무 크면 다루기 힘들고, 너무 작으면 설문의 일부가 끊겨 다른 쪽[面]으로 넘어 가게 되기 때문이다. 또한 설문지의 지질(紙質)은 응답을 볼펜으로 쓸 때 찢어지지 않을 정도의 종이가 좋으며, 설문지가 여러 부분으로 구성되어 있을 경우는 각 부분별로 서로 다른 색깔의 종이를 사용하는 것이 구별하기에 편리하다.

넷째, 선다형의 객관식 설문의 경우, 설문 문항 자체와 그에 대한 응답 항목들을 응답자나 면접조사원이 쉽게 구별할 수 있도록 하기 위해서는 [설문 13]에서 보듯이 설문 자체의 글자체는 명조체(明朝體)로, 그리고 그 설문에 대한 응답 항목들은 고딕체로 쓰거나 인쇄하는 것이 좋다.

[설문 13] 귀하는 5년 전에는 어디 사셨습니까? 서울특별시입니까? 서울 근방입니까? 아니면 다른 지역이었습니까?

( ) 서울특별시

( ) 서울 근방(수도권)

( ) 다른 지역(구체적으로 적어 주세요): ____________

다섯째, 설문지에서 면접조사원이나 응답자에게 지시하는 사항들은 눈에 잘 띌 수 있도록 박스나 괄호 안에 넣거나 또는 지시사항을 고딕체로 쓰거나 인쇄하는 것이 좋은데, 그 실례를 들어 보면 다음과 같다.

- 만약 응답자가 '모르겠다'고 하면 [설문 63]으로 넘어갈 것
- (응답자에게 카드를 제시하면서 물을 것)
- '찬성한다'고 응답할 경우 그렇다면 그 이유는 무엇입니까?
- 한 항목에만 체크할 것

(2) 설문지 디자인에서 각종 부호와 글자체의 적절한 활용

설문지를 디자인할 때는 여러 가지 부호(symbols), 글자체[書體] 등을 사용하여 응답 방법이나 요령 등을 면접조사원이나 응답자에게 지시하는 것이 효과적이며 또한 보기에도 좋은데, 설문지에서 많이 사용하는 여러 가지 부호 중에서 몇 가지 부호의 사용방법만 간단히 소개하면 다음과 같다.

① 휴지표(Pause)

2개의 점(‥)으로, 예를 들어 면접조사원이 응답자에게 설문을 읽어 줄 때, 어떤 단어들을 서로 구별하거나 또는 특정 단어를 강조하기 위하여 약간 쉬었다가, 즉

휴지(休止, pause)했다가 읽으라고 지시할 때 등에 사용한다. 예컨대, [설문 14]에서 보듯이 휴지하라는 곳에 2개의 점(··)을 넣어 주면 된다.

[설문 14] 귀하는 자신을 보수주의자라고 생각하십니까, ·· 진보주의자라고 생각하십니까?

② 별표(Asterisk)

별표는 면접조사원이 응답자에게 [설문 15]와 같은 질문을 할 때, 별표(*)가 있는 응답 항목을 선택한 응답자에게는 그 아래의 다른 질문을 하라고 지시할 때 등에 사용한다.

[설문 15] 요즘 대통령이 정치를 어떻게 하고 있다고 생각하십니까?

1. __ 잘 하고 있다.
2. __ 잘 못하고 있다.*
3. __ 모르겠다 또는 그저 그렇다.
4. __ 응답 거부

* 만약 '잘 못하고 있다'고 응답하면 다음 질문:

만약 귀하가 대통령이라면, 어떻게 정치를 하겠습니까? ____________

③ 밑줄(Underline)

설문의 어떤 부분을 약간 강조해서 읽어 응답자의 환기를 불러일으키라는 표시로, 강조하고자 하는 주요 단어나 문구 등에 밑줄을 쳐 놓는다([설문 16] 참고). 그러나 이렇게 밑줄 친 부분을 너무 극적(劇的)으로 감정을 섞어 읽으면 안 된다.

[설문 16] 만약 귀하가 <u>대통령</u>이라면, 국가를 어떻게 <u>통치</u>하겠습니까? __________

④ 화살표(Arrow)

면접조사원이 [설문 17]과 같은 질문을 응답자에게 할 때, 화살표가 있으면 그

화살표가 가리키는 질문도 하라고 지시할 때 사용한다. 또한 화살표는 응답자가 [설문 17]과 같은 설문에 직접 자답(自答)할 때, 예를 들어 '기타 정당'에 ✓표를 했다면 다시 화살표가 가리키는 질문에도 응답하라고 지시할 때도 쓴다.

[설문 17] 귀하는 자신을 어느 정당에 더 가깝다고 생각하십니까?

1. 새누리당 ( )
2. 민주당 ( )
3. 기타 정당 ( ) → (다시 질문:) "어떤 정당?" ______________
4. 무소속 ( )
5. 무응답 또는 모르겠다

→ 만약 '무소속' 또는 '무응답'일 경우 질문:

그렇다면 어떤 정당에 더 가깝거나 어느 정당이 더 마음에 듭니까?

1. 새누리당 ( )
2. 민주당 ( )
3. 통합진보당 ( )
4. 기타 (구체적으로:)

⑤ 수직선(Vertical Line)

주설문(主設問)과 부설문(副設問) 등을 구별할 때 사용한다. 실례를 들어 보면, [설문 18]에서 보듯이 주설문에서 첫째 항목(2년 이상)에 ✓표를 한 경우, 그 아래 부설문에 대한 응답 항목 앞에 수직선을 그어 이들을 설문의 응답 항목들과 구별하도록 하는 것이다.

[설문 18] 귀하는 얼마동안 이 도시에 살고 계십니까?

1. 2년 이상 ( )*
2. 2년 이하 ( )

* 만약 '2년 이상'이라면 질문:

| 2년 동안 계속 살고 계십니까, 아니면 다른 곳에 가서 살다가 다시 오셨습

니까?
(1) 계속 살고 있다 ( )
(2) 다른 곳에 가서 살다가 다시 왔다 ( )
(3) 무응답 ( )

이 밖에도 설문지를 디자인할 때 사용하는 기호들에는 여러 가지가 있다. 예컨대, 박스는 [설문 18]에서도 보듯이 면접조사원이나 응답자에게 지시하는 사항들이 눈에 잘 띠도록 할 때 사용하며, 괄호( )는 응답란 등을 표시할 때 많이 사용한다.

한편, 기호는 아니지만 글자체도 설문지의 디자인에서 주요 요소가 되는데, 예를 들어 설문지에 고딕체·명조체·견고딕체·견명조체 등의 글자체들을 그 성격이나 기능(機能)에 맞게 적절히 사용하면, 특정 내용을 강조하거나 돋보이게 할 뿐 아니라, 설문지를 미적(美的)으로 보기 좋게 만들 수 있다.

(3) 설문 문항에 코딩 번호 붙이기와 표지에 확인사항란 설치

설문지의 디자인 작업이 끝나면, 각 설문 문항에 코딩 번호(coding number)를 붙여야 한다. 이는 설문조사를 한 다음 응답자에게서 응답지를 회수해서 그 응답 자료들을 컴퓨터로 집계하고 분석할 때 편리하게 하기 위해서이다. 따라서 각 설문 문항에 코딩 번호를 붙이는 작업을 사전(事前) 코딩(pre-coding)이라고도 하는데, 코딩 번호는 설문 번호와 비슷하나, 각 설문의 응답 자료들을 컴퓨터로 처리할 때 자료 카드의 칼럼 번호와 일치하도록 붙여야 한다. 그리고 코딩 번호는 사례 번호를 비롯하여 모든 설문 문항에 아라비아 숫자로 일련적(一連的)으로 붙여야 하는데, 이에 관한 간난한 실례를 들어보면 다음과 같다.

C 1 __ (사례 번호)
C 4 __ 귀하의 집에 TV 수상기가 있습니까?
　1 __ 있다*
　2 __ 없다
C 5 __ *만약 있다면 어제 저녁 TV 뉴스 프로그램을 시청했습니까?

1 __ 보았다*

2 __ 보지 않았다

C 6 __ | *만약 보았다면 | 어떤 방송국의 저녁 TV 뉴스 프로그램을 시청했습니까?

1 __ KBS 1

2 __ MBC

3 __ SBS

4 __ 기타

위의 예문을 보면, 사례 번호 다음에 두 자리를 건너뛰고 그 다음 설문 문항 번호는 C4가 되었는데, 이는 전체 응답자의 사례수(표본의 크기)가 100 단위이기 때문이다. 그러나 사례수가 1,000 단위이면 네 자리, 그리고 10 단위라면 두 자리의 번호를 주게 되는데, 이는 응답 자료를 컴퓨터로 처리할 경우 코딩 번호를 자료 카드의 칼럼 번호와 일치시키기 위해서이다. C5는 응답 자료가 1이나 2 중에서 하나이므로 한 자리 단위의 번호를 붙였고, C6도 응답 자료가 1에서 4까지로 한 자리 단위이므로 한 자리 단위의 번호를 붙였는데, 이런 식으로 응답 자료의 단위에 따라 코딩 번호를 계속 붙여나가면 된다.

한편, 면접조사원들이 사용하는 면접조사용 설문지의 경우는 그 앞표지나 뒷표지에 면접조사원들이 확인사항(identification items)들을 기재할 수 있는 난(欄)을 만들어 놓고 여기에 각 확인사항을 기재하도록 해야 하는데, 여기서 확인사항이란 응답자의 사례 번호, 거주지역, 면접일자 등을 말한다. 이들 확인사항은 면접조사가 끝나고 응답지를 확인하거나 또는 응답 자료를 분석할 때 필요하다. 이러한 확인사항은 조사목적에 따라 차이가 있을 수 있으나, 일반적 확인사항들과 그 기재요령을 간단히 들어 보면 다음과 같다.

① **사례 번호**(Case number): 응답자들의 일련 번호로서, 각 응답자를 확인할 때 필요하다. 그러므로 이러한 사례 번호를 적어 넣는 난을 만들고, 여기에 각 응답자의 사례 번호를 기재하도록 한다.

② **군집 번호**(Cluster number): 조사대상 가구(家口)들이 군집을 이루고 있을 때는

그 번호를 해당 난에 적어 놓도록 그 난을 만들어 놓는다.

③ **면접조사 날짜**(Date of interview): 현장에서 조사기간이 1주일을 넘을 때는 면접 조사 날짜를 적어 넣는 난도 만들어 놓아야 한다. 면접조사 날짜에 따라 조사 결과가 다소 달라질 수 있기 때문이다.

④ **응답자 거주지역**(Place of residence): 설문지에 응답자의 거주지역의 기재란도 만들어 놓고 여기에 각 응답자의 거주지역을 기재한다.

⑤ **면접조사원 번호**(Interviewer's number): 면접조사원에게는 각각 고유 번호를 주고 이를 기재할 난을 만들어 그곳에 각 면접조사원 고유 번호를 기입하게 한다.

(4) 설문지의 사전검사와 수정·보완 및 인쇄

설문지가 일단 작성되면 이를 인쇄하기 전에 반드시 사전검사를 해서, 만약 잘못된 점이나 부족한 점 등이 발견되면 그것들을 수정·보완해야 한다. 이러한 목적의 사전검사는, 본조사에서 조사할 응답자들과 같은 속성의 응답자들을 대상으로 실시하되, 20~50명 정도의 응답자들에게 실시하면 된다. 그러나 이러한 사전검사가 불가능하다면, 최소한 몇 사람에게라도 설문지에 응답해 보도록 해야 한다. 그러면서 설문이 제대로 작성되었는지, 다음과 같은 문제들을 검토해 본다.

① 각 설문 문항이 명확하게 서술되었는가? 연구자가 의도한 대로 응답자들도 같은 의미로 파악하고 있는가? 응답 항목이 연구목적에 적절한가? 또는 충분한가? 자유응답식 설문인 경우는 그 응답 결과를 분석하는 데 어려움은 없겠는가?

② 설문 내용의 해석상에 지역적 차이는 없는가? 만약 차이가 있다면 이를 피하기 위해서 어떻게 해야 되겠는가?

③ 어떤 설문들이 응답자가 응답하기 어려운가? 어떤 설문들이 혼동을 가져오고 있는가? 설문이 너무 길지는 않은가?

④ 설문이 조사하기에 편리한가? 면접조사원에 대한 지시사항은 명확한가? 설문과 설문 사이의 연결은 자연스럽게 되어 있는가?

이와 같은 문제들을 사전검사를 통하여 검토해 보면, 설문 문항이나 그에 대한 응답방법 등에 관한 지시(예를 들어, 어떤 질문은 건너뛰고 다른 질문으로 가라는 등의 지시)에서 예상하지 않았던 문제점들이 노출되는 경우가 많다. 그러한 경우에는 그 문제점들을 수정·보완해야 한다. 또한 가능하다면 사전검사 결과를 가지고 설문지의 타당도와 신뢰도도 검토해 보는 것이 좋다. 예컨대, 문항 분석(item analysis)을 하거나 내적 합치도(internal consistency)를 검토해서, 만약 타당도와 신뢰도가 낮게 나오면 설문지를 다시 작성해야 한다. 그러나 설문지의 타당도와 신뢰도가 유의적으로 높게 나오면, 그 설문지를 인쇄 또는 복사해서 실제 조사에 사용해도 좋다.

5. 조사대상자(응답자)의 표집

설문지가 완성되면, 이를 사용하여 조사할 대상자들, 즉 응답자들을 표집해야 한다. 그러나 응답자들의 표집은 설문지 작성보다 먼저 하거나 또는 동시에 해도 무방한데, 그야 어떻든 응답자들의 표집 작업도 조사연구에서 매우 중요하다. 왜냐하면 응답자들의 종류와 사례수 등에 따라 조사 결과가 달라지기 때문이다.

1) 표본의 표집 원칙과 표집방법

조사나 실험대상자들의 표집의 개념·원리·방법과 표본의 크기 등에 대해서는 이미 제3장에서 자세히 살펴보았다. 그러므로 여기서는 조사연구에서 많이 쓰는 대표적 표집방법과 표본의 크기에 관해서만 간단히 살펴보기로 하겠다.

(1) 조사대상자의 타깃 전집의 명확한 규정

조사대상자들의 표본을 표집하기 위해서는, 우선 누구를 조사대상자로 할 것인지 그 조사대상자의 전집(全集, Population 또는 Universe)부터 명확하게 규정해야 한다. 실제 조사는 전체 조사대상자(전집) 중에서 일부의 표본(sample)을 뽑아서 이를 대상으로 조사하지만, 그 조사 결과는 전체 조사대상자의 전집에 일반화하려는 데 조사연구의 궁극적 목적이 있기 때문이다. 그러므로 실제 조사대상자들인 표본을 표집할 때는 그 조사연구의 결과를 어떤 사람들까지 일반화하고자 하는지를 결정해서 조사대상자들의 전집부터 명확히 규정해야 그 전집을 대표하는 표본도 제대로 뽑을 수 있을 뿐 아니라, 그 조사 결과를 일반화할 수 있는 범위도 결정되는데, 이처럼 어떤 조사에서 그 조사대상자들의 전집으로 규정하는 전집을 '타깃 전집(target population)', 즉 우리말로는 표적 전집(標的 全集)이라고 부른다.

조사대상자들인 표본을 표집할 때는, 우선 그 조사연구의 타깃 전집부터 명확하게 규정해야 하는데, 이러한 타깃 전집을 규정할 때는 지리적 요인을 중심으로, 예를 들어 '우리나라 모든 국민', '경기도 주민', '대도시 거주자' 또는 '농촌 사람' 등으로 규정할 수 있고, 또한 연령에 따라 우리나라의 모든 '성인', '청소년' 또는 '어린이' 등으로 전집을 규정할 수도 있다. 또한 개인의 성별 · 직업 · 생활정도 · 신문구독 여부 등을 기준으로 전집을 규정할 수도 있으며, 이러한 요인들을 배합해서, 예를 들어 '우리나라의 20세 이상의 농촌지역 거주 남자' 등으로 규정할 수도 있다.

이와 같이 전집의 규정은 각 조사연구의 목적이나 종류 등에 따라 달라질 수 있다. 그러나 타깃 전집을 정확하고 올바르게 결정하는 것은 매우 중요한데, 조사연구자가 타깃 전집의 응답자들을 정확하게 규정하지 못한다면, 엉뚱한 응답자들을 조사하는 결과가 될 수도 있기 때문이다.

(2) 타깃 전집을 대표할 수 있는 표본의 표집

타깃 전집이 규정되면 그 전집 중에서 실제 조사대상자, 즉 응답자들의 표본을 뽑아야 하는데, 이때 그 표본은 전체 조사대상자들인 타깃 전집을 대표(representative)할 수 있는 것으로 뽑는다. 그렇다면 조사대상자들인 타깃 전집을 대표할 수 있는 표본이란 어떤 것을 말하는가? 이는 간단히 말해서 표본의 조사대상자들의 모든 속성이 전집의 그것들과 같으나, 다만 조사대상자의 수만 적은 집단으로, 곧 전집을 일정한 비율로 축소해 놓은 집단(전집의 부분집합, subset)을 말한다.

이와 같이 타깃 전집을 대표할 수 있는 표본을 표집하려면 무엇보다도 그 표집 과정에 표집자의 편향성(bias)이 개재해서는 안 된다. 즉 어떤 특정 조사대상자들을 편향적이고 의도적으로 뽑아서는 안 된다. 이처럼 편향성을 배제하고 공정하게 표본을 뽑기 위해서는 전집 내의 모든 조사대상자들에게 표본으로 뽑힐 수 있는 똑같은 기회를 주어야 하는데, 이러한 표집방식을 '무작위화(randomization)'라고 한다. 그렇다면 어떻게 조사대상자들의 표본을 뽑는 것이 그 전집의 모든 조사대상자들에게 똑같이 뽑힐 수 있는 기회를 주는 것이며, 또는 그런 기회를 주지 않는 것인가?

만약 어떤 조사연구자가 대학 도서관의 서비스에 관한 S여자대학교 전체 학생들(조사대상자들의 전집)의 태도를 조사해 보기 위해 2013년 4월 6일 S여자대학교 중앙도서관에 들어오는 학생들 중에서 매 100번째 학생들을 조사대상자로 뽑았다면, 이는 이 대학교의 모든 학생들에게 똑같이 표본으로 뽑힐 수 있는 기회를 부여했다고 볼 수 없다. 왜냐하면 이는 조사대상자를 뽑고 있을 당시에 우연히 도서관에 들어오는 학생들에게만 표본으로 뽑힐 기회를 준 결과가 되기 때문이다. 그러므로 이렇게 뽑은 표본은 S여자대학교의 모든 학생들을 대표하지 못한다.

한편, 조사연구자가 S여자대학교 학생회관 앞에 서 있다가 그곳을 지나가는 학생들을 대상으로 설문조사를 한다면, 이 역시 무작위표본(random sample)을 얻지 못하게 되는데, 이는 그날 캠퍼스에 온 학생에게만 조사를 한 것이며, 더구나 우연히 학생회관 앞을 지나간 학생들만 조사를 한 것이기 때문이다. 또한 학생회관 앞을 바쁘게 걸어서 지나가거나 친절해 보이지 않은 학생들에게는 조사를 하지 못하고, 다만 학생회관 앞에 우두커니 있던 학생들만 조사를 한 셈이기 때문이다.

그러므로 S여자대학교 전체 학생(전집)을 대표할 수 있는 표본을 뽑기 위해서는, 그 대학교 전체 학생 명단을 구해서 그중에서 무작위로 표본을 표집해야 한다. 그러나 이때 조사연구자가 S여자대학교 전체 학생 명단을 컴퓨터로 다운로드 받은 다음, 그중에서 다시 2%의 학생들을 무작위로 표본으로 뽑았더라도 그 표본은 전집을 대표할 수 없는데, 각 학년 학생들의 정확한 비율(proportion)에 따라 학생들을 뽑지 않았다면 그 학생들이 S여자대학교의 전체 학생(전집)을 대표할 수 없기 때문이다. 따라서 이러한 경우 S여자대학교 전체 학생을 진정으로 대표할 수 있는 표본을 뽑기 위해서는, 먼저 전체 학생들의 각 학년별(대학원 포함) 비율을 알아본 뒤에 그 비율에 따라 각 학년 학생들을 표본으로 뽑아야 하는데, 이러한 표집방법을 유층화표집방법(stratified sampling technique)이라고 부른다.

(3) 표본의 표집방법과 선정

이와 같은 유층화표집방법 외에도 조사대상자들의 전집을 대표할 수 있는 표본을 뽑는 방법에는 여러 가지가 있는데, 그 방법은 이미 앞서 제3장에서 살펴보았다. 그중에서 대표적인 표집방법들만 다시 열거해 보면 다음과 같다.

1. 확률적 표집방법(Probability Sampling Techniques)
   (1) 단순무작위표집방법(單純無作爲標集方法, Simple Random Sampling Technique)
   (2) 단순무작위 표집방법의 여러 변형 방법들(Variations on SRS Techniques)
      ① 유층화표집방법(類層化 標集方法, Stratified Sampling Technique)
      ② 군집표집방법(群集標集方法, Cluster Sampling Technique)
      ③ 체계적 표집방법(體系的 標集方法, Systematic Sampling Technique)
      ④ 비균등확률 표집방법(Unequal Probabilities of Selection Technique)
      ⑤ 다단계 표집방법(多段階 標集方法, Multistage Sampling Technique)
2. 비확률적 표집방법(Nonprobability Sampling Techniques)
   (1) 우연적 표집방법(偶然的 標集方法, Haphazard Sampling Technique)
   (2) 판단표집방법(判斷標集方法, Judgment Sampling Technique)
   (3) 할당표집방법(割當標集方法, Quota Sampling Technique)
   (4) 전문가 표집방법(專門家 標集方法, Expert Sampling Technique)
   (5) 의도적 표집방법(意圖的 標集方法, Purposive Sampling Technique)

이들 여러 가지 표집방법 중에서 어떤 방법을 선택할 것이냐는 주어진 연구문제와 여건, 예컨대 조사기간 · 비용 · 인력 · 편의성 등에 따라 결정하게 된다. 그러나 각 표집방법의 장단점을 잘 알아서 같은 조건이라면 그중에서 가장 좋은 방법을 선택하는 것이 바람직하다.

그리고 어느 한 가지 표집방법만 사용하는 것보다는 단계별로 여러 표집방법을 사용하는 다단계 표집방법을 쓰는 것도 좋은데, 실제로 대부분의 조사연구에서는 한 가지 표집방법만 사용하는 경우보다는 여러 가지 표집방법을 단계적으로 사용하는 경우가 많다.

예를 들어, 우선 유층화표집방법을 사용하여 일단 표본을 추출한 후, 다시 군집표집방법을 사용하여 최종적으로 응답자를 뽑는 방법도 있는데, 이러한 방법을 유층화적 군집표집방법(stratified cluster sampling)이라고 부른다.

그런가 하면 군집표집에서도, 예를 들어 서울시내 25개 구(區) 중에서 무작위로 2개 구를 선정하고, 이들 2개 구의 30개 동(洞)에서 다시 10개 동을 뽑아 여기에 살고 있는 성인들을 조사대상자로 선정할 수도 있다. 이처럼 단계적으로 여러 가지 표집방법을 사용하여 표본을 추출하는 방법을 통틀어서 다단계 표집방법(multi-stage sampling technique)이라고 하는데, 이때 2단계에 걸쳐 두 가지 표집방법을 사용하는 것을 2단계 표집(two-stage sampling)이라고 하며, 3단계에 걸쳐 세 가지 방법을 사용하는 경우를 3단계 표집(three-stage sampling)이라고 한다. 이러한 다단계 표집의 대표적 형태의 하나로는 다단계 지역표집(multistage area sampling)을 들 수 있는데, 이 표집방법에 관해서는 조금 뒤에 자세히 살펴보기로 한다.

2) 표본의 크기와 그 결정방법

위와 같이 표본의 표집방법이 결정되면, 다음으로는 표본의 크기(sample size), 즉 몇 명의 조사대상자들을 표본으로 뽑아서 실제로 조사할 것인지를 결정해야 하는데, 앞서 제3장에서 보았듯이 표본의 크기가 클수록 대체로 표집오차는 감소하며, 그 반대로 표본의 크기가 작을수록 표집오차가 커지는 경향이 있다. 그러므로 표본의 크기는 클수록 좋으나, 그러면 그만큼 조사비용과 인력 등도 많이 들게 된다. 따라서 이러한 폐단을 줄이면서도 전집의 특성을 정확하게 반영할 수 있는 크기의 표본을 추출하는 것이 표본조사연구에서 항상 중요한 문제가 된다. 그렇다면 표본조사연구에서 그 표본의 크기를 얼마 정도로 하는 것이 가장 합리적인가?

(1) 표본의 크기와 표집오차의 관계

전집을 대표할 수 있는 표본은 크기가 작아도 전집의 특성을 제대로 반영할 수 있다. 예를 들어, 우리나라 국민을 가장 잘 대표할 수 있는 사람들을 10명만 뽑을 수 있다면, 이들만을 대상으로 조사를 해도 우리나라 전체 국민의 특성을 대체적으로 알 수 있다. 그러나 이처럼 전집을 대표할 수 있는 표본을 뽑는 것은 쉽지 않다.

그러므로 전집을 대표할 수 있는 표본을 뽑기 위해서는, 표본의 크기도 어느 정도 커야 하는데, 표본의 크기가 클수록 표집오차가 감소해서 결과적으로 전집을 더 정확하게 대표할 수 있기 때문이다. 그렇다고 해서 이러한 정확성이 표본의 크기에 비례해서 증가하는 것은 아닌데, 예를 들어 표본의 크기가 250명에서 1,000명으로 4배 증가하면 그 정확성은 단지 2배로 증가할 뿐이다. 따라서 표본의 크기를 무조건 크게 한다고 해서 정확하고 신뢰로운 결과를 얻는다고는 말할 수 없다.

그런가 하면 표본의 크기가 적정 수준만 넘어서면 조사 결과에 거의 차이가 없게 된다. 흔히 '갤럽여론조사연구소'로 알려진 미국여론조사연구소(American Institute of Public Opinion)에서 1944년 주류(酒類)의 제조와 판매금지 법안에 대한 미국인들의 찬반 태도를 전국적으로 조사해서 표본의 크기별로 분석해 본 결과, [표 5-8]에서 보듯이 모두 12,494명의 응답자들의 응답들을 분석해 보았을 때와, 그 중에서 다시 8,253명, 5,255명 … 422명을 무작위로 뽑아서 그 응답들을 분석해 보았을 때 유의적 차이가 나타나지 않았다(Gallup, 1948, p. 15).

한편, 차배근(1970)이 서울대학교 언론정보연구소에서 전국의 1,840명의 신문 독자들을 대상으로 실시한 '1976년도 경향신문 독자여론조사'에 얻어진 자료를 이용하여 표본의 크기에 따라 각 설문 항목에 대한 응답 결과들이 어떻게 달라지는지를 알아본 결과에서도, 표본의 크기가 1,840명일 때, 그 반(半)인 912명일 때, 또 그 반인 456명일 때, 또 그 반인 228명일 때의 응답 결과들이 척도의 종류에 관계없이 거의 비슷하게 나타났다.

표 5-8 표본의 크기에 따른 주류금지에 대한 태도조사 결과

표본의 크기	찬성	반대	무응답
① 12,494명을 조사했을 때	32%	61%	7%
② 8,253명을 조사했을 때	32	60	8
③ 5,255명을 조사했을 때	33	59	8
④ 2,585명을 조사했을 때	31	61	8
⑤ 1,326명을 조사했을 때	30	63	7
⑥ 844명을 조사했을 때	29	63	8
⑦ 422명을 조사했을 때	31	62	7

이와 같은 연구 결과들로 미루어 볼 때, 표본의 크기가 적정 수준만 넘으면 그 조사 결과에 큰 차이를 가져오지 않는다. 그러므로 표집의 크기를 결정할 때는 표본의 크기를 늘리는 대신, 적정 수준의 크기를 찾는 것이 중요하다. 그렇다면 이러한 표본의 크기는 어떻게 찾을 수 있는가?

(2) 적정 수준의 표본 크기 산출방법

적정 수준의 표본의 크기를 찾는 방법에는 앞서 제3장에서 살펴보았듯이 여러 가지가 있다. 그중에서 두 가지만 간단히 소개하면, 첫째는 미리 표집오차(sampling error)의 범위를 설정하고 그러한 오차가 나올 수 있는 표본의 크기를 찾는 방법이다. 이는 곧 표본이 크든 작든 간에 어차피 표집오차는 있게 마련이므로, 표본의 크기를 무조건 늘리는 대신 미리 허용할 수 있는 표집오차의 범위를 설정하고, 그에 따라 표본의 크기를 결정하는 방법이다. 이러한 방법으로 표본의 크기를 결정할 때, 허용오차의 범위(tolerated error)와 단순무작위 표본(simple random sample)의 크기 간의 대체적 관계를 보면 [표 5-9]와 같다(Backstrom and Hursh, 1963, p. 33).

이 표에서 신뢰한계(confidence limits)란 어떤 통계치(statistic)를 가지고 그 전집치(parameters, 모치수라고도 함)를 추정할 때, 그 추정이 어느 정도 맞을 것인가를 나타내는 확률의 범위로, 이러한 신뢰한계로는 두 가지 수준을 사용하고 있다. 즉 하나는 95%는 맞고 5%는 틀린다는 수준(95% confidence level)이고, 다른 하나는 99%는 맞고 1%만이 틀린다는 보다 엄격한 수준(99% confidence level)이다. 따라서 [표 5-9]에 의거해서 표본의 크기를 결정할 경우, 허용오차의 범위를 5%로 잡는다면 표본의 크기는 384명으로 하면 되는데, 이때 그 신뢰한계는 95%가 되지만, 표본의 크기를 663명으로 한다면 그 신뢰한계는 99%가 된다. 그러나 이 표를 사용하여 표본의 크기를 결정할 때 유의할 점은, 이 표는 어디까지나 단순무작위표집방법(simple random sampling method)을 사용하여 표본을 추출할 경우에만 사용할 수 있다는 점이다. 그렇다면 다른 표집방법을 사용하여 표본을 추출할 경우에 표본의 크기를 결정하는 방법은 없는가?

적정 수준의 표본 크기를 찾는 두 번째 방법으로, 통계적으로 표본의 크기를 결정 내지 계산할 수 있는 여러 가지 방법들이 있는데, 이들 중에는 컴퓨터를 이용하여

표 5-9 허용오차의 범위와 신뢰한계와의 관계

허용오차의 범위(tolerated error)	신뢰한계(confidence limits)	
	95% 수준	99% 수준
1%	9,604명	16,587명
2%	2,401	4,147
3%	1,067	1,843
4%	600	1,037
5%	384	663
6%	267	461
7%	196	339

쉽게 할 수 있도록 패키지 프로그램으로 만들어 놓은 것들이 많다. 따라서 이러한 소프트웨어(software)들을 이용하면 표본의 크기를 얼마로 할 것인지를 쉽게 계산할 수 있는데, 현재 나와 있는 소프트웨어 중에서 비교적 많이 사용하는 것들만 몇 가지 들어 보면 앞서 제3장의 [참고자료 3-1]과 같다.

그러나 여기서는 통계적으로 전집치의 추정을 통하여 표본의 크기를 결정하는 방법만 간단히 살펴보면, 이 방법을 통하여 표본의 크기(N)을 결정할 경우에도 먼저 신뢰한계 또는 신뢰수준을 결정해야 되는데, 95% 신뢰수준(z=1.96)에서 표본의 크기 N을 결정하려면 다음 [공식 5-1]을 사용하면 된다.

[공식 5-1] $$0.1 = 1.96\frac{\sigma}{\sqrt{N}}$$

이 공식에서 σ는 표본의 표준편차, 그리고 N은 표본의 크기를 말하는데, 예를 들어 σ=2.5라고 한다면, 이를 위의 공식에 대입해서 N을 계산하면 N=2401이 된다. 그러므로 표본의 크기를 2,401명으로 하면 되는데, 이러한 크기의 표본에서 얻은 통계치(統計值)와 전집치(全集值, 모치수) 간에는 5%의 오차가 있다.

$$0.1 = 1.96\frac{2.5}{\sqrt{N}}$$

$$\sqrt{N} = \frac{1.96(2.5)}{0.1} = 49$$

$$N = 2401$$

그러나 99% 신뢰수준(z=2.50)에서 표본의 크기 N을 결정하려면 [공식 5-2]를 사용해서 N을 구해야 하는데, 위에서 실례로 든 표준편차 σ=2.5를 다시 이 공식에 대입해서 N을 계산해 보면 N=4160으로, 즉 표본의 크기가 3,906명이 된다.

[공식 5-2] $$0.1 = 2.50\frac{\sigma}{\sqrt{N}}$$

하지만 이와 같은 방법을 사용하여 표본의 크기를 결정하기는 쉽지 않은데, 표본의 표준편차의 σ값을 알 수 없기 때문이다. 그러므로 이러한 표준편차를 알려면 먼저 예비조사(pilot study)를 통하여 σ의 값을 구해 보는 수밖에 없다. 그러나 예비조사에서 얻는 표준편차는 실제 표본에서 얻은 표준편차와 차이가 있을 수 있기 때문에 표본의 크기를 정확하게 계산하기는 쉽지 않다.

(3) 표본 크기의 결정요인과 고려사항

이와 같이 표본의 크기를 통계적으로 결정하는 여러 방법들이 있지만, 실제로는 과거의 경험에 의거, 적당한 크기의 표본을 결정하고 조사 후에 표집오차를 측정해 보는 방법을 많이 사용하고 있다. 미국 갤럽여론조사연구소에서 여론조사 후에 표본의 크기별로 표집오차를 측정해 본 결과, 표본의 크기가 1,500명일 때는 약 4%의 오차가, 5,000명일 때는 2.5%의 오차가 발견되었다. 따라서 갤럽여론조사연구소는 미국 전국을 대상으로 조사할 때는 표본의 크기를 3,000~6,000명 정도로 하며, 외국에 나가서 조사할 때는 1,500~3,500명으로 하고 있다. 그러나 미국의 여러 전국적 조사연구들에서 표본의 크기를 살펴보면 대체로 1,500~5,000명 정도이다.

한편, 표본의 크기를 결정할 때는 표본의 크기에 따른 조사기간, 인력, 비용 등도 고려해서 결정해야 하는데, 충분한 시간과 비용 및 인력이 없이는 많은 응답자를 대상으로 조사를 할 수 없기 때문이다. 따라서 표본의 크기 결정에 실제적으로 가장 많은 영향을 미치는 요인은 조사기간과 비용 및 인력이라고 하겠다. 그렇다고 전집의 범위는 크게 잡고 표본의 크기만 줄여서는 안 되므로. 미리 조사기간과 비용 등에 맞게 전집을 규정하고 그에 따라 표본의 크기도 결정해야 한다. 이 밖에도 표본의 크기를 결정할 때는 여러 가지 요인들을 고려해서 결정해야 하는데, 그중에서 몇 가지만 들어 보면 다음과 같다.

첫째, 표본의 전집의 동질성(homogeneity)을 고려해서 표본의 크기를 결정해야 한다. 만약 표본의 전집이 동질성을 갖고 있다면 표본의 크기는 어느 정도 작아도 되기 때문이다.

둘째, 표집방법도 고려해서 표본의 크기를 결정해야 한다. 예를 들어, 군집표집방법을 사용하여 표본을 뽑을 때는 표본의 크기가 아주 커야 하며, 단순무작위표집방법을 사용하여 표본을 뽑을 때는 표본의 크기가 그 다음으로 커야 하지만, 만약 유층화 표집방법을 사용해서 표본을 뽑을 때는 표본의 크기가 어느 정도 작아도 되기 때문이다.

셋째, 조사자료의 분석에서 사용할 유목(類目)의 수도 고려해서 표본의 크기를 결정해야 한다. 왜냐하면 분석 유목의 수가 많을수록 표본의 크기도 그만큼 커야 하기 때문인데, 미국 갤럽여론조사연구소에 의하면, 미국 전국을 대상으로 한 여론조사의 경우, 각 분석 유목에 400명 정도가 들어가게 표본의 크기를 정했을 때 가장 안정성 있는 조사 결과를 얻을 수 있다고 한다.

3) 다단계 지역표집방법의 실례와 실제

위에서 조사대상자들의 표본의 표집방법과 표본의 크기 등에 관하여 대략적으로 살펴보았다. 그러면 마지막으로 다단계 지역표집방법(multistage area sampling method)을 하나의 실례로 들어서 조사대상자들의 표집방법을 좀 더 구체적으로 살펴보기로 하겠다.[3] 다단계 지역표집방법은 여러 가지 표집방법들을 단계적으로 사용하여 조사대상자들의 표본을 추출하는 방법의 하나로, 이는 여러 가지 표집방법의 특성과 실제를 이해하는 데 좋은 실례가 될 수 있기 때문이다. 그러나 여기서는 이 표집방법의 절차만 실례를 중심으로 간단히 소개해 보겠다.

---

3 이 부분은 Warwick and Linninger(1965)의 *The Sample Survey: Theory and Practice*, 제5장(pp. 111-125)을 주로 참고하였다.

(1) 표본의 크기와 실제 조사대상자 수의 결정

비근한 실례의 하나로서, 우리나라의 5개 광역도시 및 8개 도(道) 중에서 인터넷 보급률이 중간 정도인 ○○도에서 인구가 5만 이상인 8개 도시의 주민들을 대상으로 각종 인터넷 이용실태에 관한 조사연구를 해 보기로 했다고 하자. 그리하여 우선 이들 8개 도시(전집)의 인구와 가구수(家口數)를 알아보기 위하여 2008년도 총인구조사(census) 결과보고서를 찾아보았더니, [표 5-10]의 둘째 난과 같았다. 그러나 이 통계자료는 4년 전 것이므로 이를 바탕으로 이 조사의 연도인 2012년도 인구를 추정해야 하는데, 과거 4년간 우리나라 도시의 평균 인구성장률이 연(年) 4.5%이므로, 이를 기준으로 8개 도시의 2012년 인구를 추정해 보았더니 [표 5-10]의 셋째 난과 같이 나왔으며, 이들 도시의 2012년 총인구 추정수는 2,460,000명이었다고 하자.

한편, 이들 8개 도시의 2012년도 가구수(家口數)도 추정해 보기 위해, 각 가구의 평균 가족수를 3.6~3.7로 잡고 이를 기준으로 2012년 각 도시의 가구수를 추정해 보았더니 [표 5-10]의 마지막 난에서와 같이 나타났으며, 8개 도시의 총 가구수(추정치)는 649,000가구였다고 하자. 그렇다면 이들 중에서 몇 가구를 표본으로 뽑고, 각 가구 중에서 다시 1명씩의 응답자를 선정해서 조사해야 하는가?

과거의 여러 가지 조사 결과와 관계문헌들을 조사해 본 결과, 표본의 크기는 2,000명이면 충분한 것으로 나타나 표본의 크기는 2,000명으로 결정했다고 하자. 그러나 실제로는 이보다 많은 수의 응답자들을 선정해야 하는데, 실제로 조사를 하다보면 응답자가 집에 없거나 또는 응답을 거부하는 경우가 적지 않기 때문이다. 그렇다면 표본의 크기를 2,000명으로 할 경우 실제로는 몇 사람을 선정해서 조사해야 하는가?

만약 각 가구(家口)를 방문해서 만날 수 있는 응답자들을 전체의 85%로 잡고, 한 가구에서 1명씩을 다시 선정하여 면접조사를 할 수 있는 사람을 96%로 잡는다면, 실제로 방문할 가구의 수(x)를 다음과 같이 계산하면 2,450가구가 된다.

$$x = \frac{2000}{(0.85)(0.96)} = \frac{2000}{0.816} = 2450$$

그러므로 2,000명분의 완성된 응답지를 얻으려면 실제로는 2,450가구를 방문해서 각 가구에서 1명씩을 조사해야 하는데, 이러한 크기의 표본과 전집(全集), 즉 8

표 5-10 ○○도 내 50,000명 이상의 8개 도시의 인구와 가구수

도시명	2008년 인구(명)	2012년 추정 인구(명)	2012년 추정 가구수(가구)
A 도시	1,000,000	1,200,000	324,000
B 도시	300,000	360,000	98,000
C 도시	190,000	288,000	62,000
D 도시	140,000	168,000	45,000
E 도시	120,000	144,000	39,000
F 도시	110,000	132,000	35,000
G 도시	80,000	96,000	26,000
H 도시	60,000	72,000	20,000
계	2,000,000	2,460,000	649,000

개 도시의 전체 가구들과의 비(比, sampling fraction) f를 계산해 보면 다음과 같이 265:1로서, 곧 265가구 중 1가구가 된다.

$$f = \frac{n}{N} = \frac{\text{조사대상 가구수}}{\text{전체 가구수}} = \frac{2450}{649000} = \frac{1}{265}$$

따라서 8개 도시의 전체 649,000가구 중 매 265가구마다 한 가구씩을 표본으로 뽑아 각 가구에서 1명씩을 대상으로 조사하면 되는데, 그렇다면 이들 2,450가구는 실제로 어떻게 뽑으면 되는가? 그 방법에는 여러 가지가 있을 수 있는데, 예컨대 각 도시별로 인구비례에 따라 8개 도시에서 골고루 조사가구를 선정할 수도 있고, 또는 군집표집방법을 사용하여 8개 도시 중 몇 개만 선정하여 그중에서 조사가구를 선정할 수도 있다. 그러나 여기서는 앞서 말했듯이 다단계 지역표집방법을 사용해서, 첫 단계로 조사대상 도시의 선정은 군집표집방법을 통해 선정하고, 둘째 단계로 각 도시 내에서 실제 조사지역은 유층화표집방법과 체계적 표집방법을 사용해서 선정하며, 셋째 단계로 각 조사지역 내에서 조사가구는 체계적 표집방법으로 뽑고, 마지막 단계로서 각 가구 내에서 실제 응답자는 응답자 선정지침표(respondent-selection key)에 따라 선정하는 방법에 관하여 알아보기로 하겠다.

(2) 제1단계 표집: 조사대상 도시의 선정

첫째 단계로, 조사대상 도시는 군집표집방법을 통하여 선정하기로 하는데, 그러자면 총 8개 도시 중에서 몇 개의 어떤 도시를 선정할 것이냐가 문제가 된다. 따라서 이러한 문제의 해결을 위해서 앞서 [표 5-10]을 보면, A 도시는 인구(2012년 추정)가 모두 120만 명으로서 8개 도시 전체 인구의 50%에 해당하므로, 이 도시가 표본에 선택될 확률(probability of selection)도 1 : 1이 된다. 따라서 이 A 도시는 표본대상에 포함시켜야 한다. 그 다음 B 도시를 보면 인구가 36만 명인 데다가 ○○도의 도청(道廳) 소재지이다. 따라서 B 도시는 ○○도의 대표적 도시라고 할 수 있으므로 이 도시도 표본에 포함시키기로 하자.

다음으로 인구가 많은 도시를 보면 C 도시와 D 도시인데, 이들 두 도시는 인구도 비슷하고 항구도시로서 어업과 국제무역에서 중요한 역할을 하고 있다. 반면, 나머지 4개 도시, 즉 E, F, G, H 도시는 내륙도시로서 각각 인구도 비슷하고 해당 지방의 상업중심지들이다. 그러므로 이들 6개 도시는 크게 2개 집단(domains), 즉 C 도시와 D 도시를 하나의 집단(집단 3)으로, 그리고 E, F, G, H 도시를 또 하나의 집단(집단 4)으로 나누어 볼 수 있다. 따라서 이들 2개 집단 중에서 각각 한 도시씩만 조사대상 도시로 선정하면 되는데, 그렇다면 어떤 도시를 선정하면 되겠는가?

이를 위해 각 도시별로 전집에 대한 표본의 비(比)의 확률(probabilities proportional to size)을 구해 보면 [표 5-11]의 넷째 단과 같다. 먼저 집단 3의 도시들의 가구수를 보면, C 도시가 62,000가구, D 도시가 45,000가구로서 총 107,000가구이다. 따라서 C 도시가 선정될 확률은 62:107인 반면, D 도시가 선정될 확률은 45:107이다. 한편, 표집범위를 계산해 보면, C 도시가 001-062며, D 도시가 063-107이 되어, 집단 3의 전체 범위는 001-107이 된다. 그렇다면 이들 두 도시 중에서 어떤 도시를 조사대상 도시로 선정하면 되겠는가? 그 방법에는 여러 가지가 있겠으나, 대체로는 난수표(亂數表)를 사용하여 001-107 사이에서 아무 숫자나 손으로 짚어서 그 숫자가 001-062 사이의 것이면 C 도시를 선정하고, 063-107 사이의 숫자면 D 도시를 조사대상 도시로 뽑으면 된다. 그리고 이와 똑같은 방식으로 E, F, G, H 도시(집단 4) 중에서도 한 도시를 뽑으면 된다. 그 결과 집단 3에서는 D 도시가, 집단 4에서는 H 도시가 선정되었다고 하자.

표 5-11 8개 도시의 인구와 가구수 및 표집확률과 범위

도시	2012년도 추정 인구		제1단계 표집확률	표집범위
	인구수(명)	가구수(가구)		
① 집단 1				
A 도시	1,200,000	324,000	1:1	결정적
② 집단 2				
B 도시	360,000	98,000	1:1	〃
③ 집단 3	456,000	107,000		
C 도시	288,000	62,000	62:107	001-062
D 도시	168,000	45,000	45:107	063-107
④ 집단 4	444,000	120,000		
E 도시	144,000	39,000	39:120	001-039
F 도시	132,000	35,000	35:120	040-074
G 도시	96,000	26,000	26:120	075-100
H 도시	72,000	20,000	20:120	101-120

이상과 같이 하여 8개 도시 중에서 4개 도시, 즉 A, B, D, H 도시가 선정되었다면, 다음으로는 각 도시에서 몇 가구를 조사대상으로 선정할 것인지를 결정해야 한다. 앞서 말하기를 표본(2,450가구)과 전집(8개 도시의 총가구 수)의 비(比)가 1 : 265이므로 각 도시별로 265개 가구들 중 1가구씩을 조사대상 가구로 선정하면 된다. 그러나 이런 식으로 조사대상 가구를 선정하게 되면 A 도시와 B 도시의 경우는 별 문제가 없으나, D 도시와 H 도시의 경우는 [표 5-11]에서 보듯이 어떤 가구가 뽑힐 표집확률이 A 도시와 B 도시보다 낮다. 그러므로 D 도시와 H 도시에서도 조사대상 가구의 표집확률이 1 : 265가 되도록 해야 한다.

우선 [표 5-11]에서 D 도시의 표집확률을 보면, 제1단계에서는 45:107이므로, 1:265가 되려면 45:107 = 1:265 = (45×265)÷(1×107) = 111.4로, 곧 후속 단계에서의 표집확률은 1:111.4가 되어야 한다. 한편, 이와 같은 방식으로 H 도시의 후속 단계에서의 표집확률을 구해보면 1:44.16이 나온다. 따라서 [표 5-12]에서 보듯이, A 도시와 B 도시에서는 전체 가구 중에서 265가구마다 1가구씩을 표집하고, D 도시에서는 112가구마다 1가구씩, 그리고 H 도시에서는 45가구마다 1가구꼴로 실제 조사대

표 5-12 각 도시별 조사대상 가구의 표집확률

지역집단	도시명	표집확률		
		제1단계 ×	후속 단계 =	전체 비(比)
1	A 도시	1:1	1:265	1:265
2	B 도시	1:1	1:265	1:265
3	D 도시	45:107	1:111.4	1:265
4	H 도시	20:120	1:44.16	1:265

상 가구를 뽑으면 된다. 그러나 이처럼 4개의 각 도시에서 조사대상 가구들을 골고루 뽑아서 조사를 하려면 비용과 인력이 많이 든다. 그렇다면 어떻게 하면 많은 비용과 인력 등을 들이지 않고서 조사를 할 수 있는가?

(3) 제2단계 표집: 각 도시에서 조사대상 지역의 선정

조사비용과 인력, 시간 등을 절감하기 위해서는 각 도시를 몇 개의 지역(area)으로 나눈 뒤, 그중에서 몇 개 지역을 선정해서 이들 지역만을 대상으로 실제 조사를 하는 방법을 많이 사용한다. 이러한 방법을 사용하려면, 우선 앞서 선정한 4개의 각 도시를 몇 개 지역으로 나누어야 하는데, 이들 지역을 제1차 표집단위(Primary Sampling Units, PSU)라고 부른다. 이러한 제1차 표집단위는 구(區)나 동(洞) 등이 될 수 있으나, 각 표집단위(PSU)는 우선 가구수가 서로 비슷하고 또한 속성들도 서로 비슷하도록 나누어야 한다. 그러기 위해서는 구나 동과 같은 행정단위를 표집단위로 나누는 것보다는, 인구총조사(census) 등에 나타난 여러 가지 자료를 충분히 활용하고, 또한 자세한 지도를 사용해서 제1차 표집단위(지역)를 나누는 것이 좋다.

이렇게 해서 일단 각 도시를 제1차 표집단위, 즉 지역들로 나누면, 그중에서 다시 몇 개를 실제 조사지역으로 선정해야 하는데, 그러자면 먼저 각 도시의 지역들을 사회경제적 수준에 따라 유층화(類層化, stratify)해 보는 것이 좋다. 예를 들어, 앞서 선정한 4개 도시 중 B 도시를 503개 지역으로 나눴다면, 이들 지역의 사회경제적 수준을 조사해서 그 수준이 높은 지역에서부터 낮은 지역의 순서로 나열하여 명단을 작성한 다음, 각 지역의 이름, 가구수, 누가가구수(累加家口數), 표집범위 등을 [표

표 5-13 B 도시의 유층별 지역의 명단 실례

번호	지역 이름	가구수(가구)	누가가구수(가구)	표집범위
1	1지역 6블럭	220	220	00001-00220
2	1지역 4블럭	260	480	00221-00480
3	6지역 7블럭	140	620	00481-00620
⋮	⋮	⋮	⋮	⋮
502	9지역 5블럭	210	99,730	99521-99730
503	5지역 3블럭	230	99,960	99731-99960

5-13]과 같이 적어 넣는다.

이와 같은 명단이 작성되면, 각 지역을 다시 사회경제적 수준에 따라 몇 개의 유층집단으로 나눈 다음, 이들 유층집단에서 다시 몇 개 집단을 체계적 표집방법(systematic sampling) 등을 사용하여 조사대상 지역으로 뽑으면 된다. 만약 어떤 한 지역을 30개 유층집단으로 나누었다면, 이들 유층집단에서 몇 개를 체계적 표집방법을 사용해서 조사대상 지역으로 뽑으면 되는데, 이때 체계적 표집에서 표집간격은 각 유층집단의 가구수의 1/2로 잡으면 된다. 예를 들어, B 도시의 2012년도 전체 가구수의 추정치는 98,000가구(그러나 실제로 조사해 보았더니 99,960가구로 나타났다고 하자)인데, 이를 30개 유층집단으로 나누면 각 유층집단의 평균 가구수는 3,332가구가 된다. 따라서 체계적 표집에서 표집간격은 1,666가구가 되며, 선정할 조사대상 지역의 수는 99,960 ÷ 1666 = 60이 된다.

이렇게 해서 표집간격과 선정할 지역의 수가 결정되면, 각 유층집단별로 체계적 표집방법을 사용하여 [표 5-13]의 표집범위에 나타난 가구의 번호를 대상으로 조사지역을 뽑으면 된다. 예를 들어, 난수표를 이용하여 체계적 표집에서의 기점(起點, random start)을 잡아보았더니 0575가 나왔다면, 그 다음에는 2,241, 3,907, 5,573 … 을 뽑으면 되는데, [표 5-13]에서 이들 가구의 번호에 해당되는 지역을 조사대상 지역으로 선정하면 된다.

(4) 제3단계 표집: 각 지역에서 조사대상 가구 선정

이와 같이 해서 조사대상 지역을 선정하면, 다음으로 이들 각 지역에서 어떤 가

표 5-14 각 조사지역에서 조사대상 가구의 표집확률

지역번호	가구수	표집확률(比)			
		도시	지역 ×	가구 =	전체
3	140	1:1	140:1666	1:22.72	1:265
12	210	1:1	210:1666	1:33.40	1:265
20	190	1:1	190:1666	1:30.22	1:265
29	200	1:1	200:1666	1:31.81	1:265
⋮	⋮	⋮	⋮	⋮	⋮
490	250	1:1	250:1666	1:39.77	1:265
498	180	1:1	180:1666	1:28.63	1:265

구들을 조사대상 가구로 뽑을 것이냐를 결정해야 한다. 그러자면 우선 각 조사대상 지역에서 몇 가구를 선택해야 될 것이냐가 문제가 되는데, 이것은 [표 5-14]와 같은 방법으로 결정하면 된다. 즉 이 표에서 맨 윗줄의 제3 지역(PSU 3)을 보면 가구수가 모두 140가구인데, 앞서 보았듯이 이 지역이 속해 있는 B 도시는 전집에 대한 표본의 비(比)가 1:1로 선정되었고, 이 지역 자체는 표집간격을 1,666으로 해서 선정했으므로 그 비(比)는 140:1666이 된다. 그런데 앞서 결정했듯이 표집의 전체비(全體比)는 1:265가 되어야 하는데, 이때 조사대상 가구의 표집비를 y라고 하면 위의 세 단계에서 표집비 간의 관계는 다음 등식과 같다.

$$(\frac{1}{1})(\frac{140}{1666})(y) = \frac{1}{265}$$

따라서 첫 번째 제3 지역에서 조사대상 가구의 표집비 y를 구해 보면 [표 5-14]의 다섯째 단(段) 첫째 줄(行)에서 보듯이 1:22.27이 되는데, 이와 똑같은 방법으로 각 조사지역에서 조사대상 가구의 표집비를 구하면 [표 5-14]와 같이 나오게 된다.

$$(y) = (\frac{1}{1})(\frac{1666}{140})\frac{1}{265} = (11.9)(\frac{1}{265}) = \frac{1}{22.27}$$

이렇게 조사대상 가구의 표집비가 결정되면, 이들을 표집간격으로 하여 체계적 표집방법을 사용해서 조사대상 가구를 선정하면 된다. 예를 들어, 조사지역 3에서 조

사대상 가구들을 선정한다면, 이 지역의 표집비는 1:22.72이므로 표집간격을 23으로 해서 우선 난수표를 이용하여 기점(起點)을 정한 다음, 그 기점부터 매 23번째에 해당하는 번호의 가구를 조사대상 가구로 선정해 나간다. 그러나 이와 같은 체계적 표집방법을 사용하여 조사대상 가구들을 선정하려면 미리 각 가구에 일련 번호를 붙여 놓아야 되므로 번거로움이 따른다. 따라서 각 지역에서의 가구수의 표집비만 결정해 놓고, 조사원들로 하여금 해당 지역에 가서 출발점을 정해 놓고 시계의 정방향 또는 반대 방향으로 돌면서 표집간격에 따라 그 간격에 해당하는 가구를 대상으로 조사하게 하는 편법을 사용하기도 한다.

(5) 제4단계 표집: 각 조사대상 가구에서 응답자 선정

위와 같이 해서 조사대상 가구의 선정이 끝나면, 마지막으로 이들 가구 중에서 조사대상자(응답자)를 한 사람씩 선정해야 한다. 이때 어떤 사람을 어떻게 선정해야 하는지는 연구목적, 연구문제, 가설, 연구설계 등에 따라 달라질 수 있는데, 예를 들어 연구설계 과정에서 미리 남성과 여성 응답자의 비율은 얼마로 하며, 연령별로는 어떤 연령층을 몇 명씩 뽑겠다고 계획했다면, 그에 따라 응답자들을 선정하면 된다. 그러나 모든 성별이나 연령층의 성인들을 골고루 응답자로 뽑겠다면, [표 5-15]와 같은 응답자 선정 지침표(respondent-selection key)[4]를 사용해서 응답자를 선정하는 것이 좋다. 그렇다면 이 표로 어떻게 성인 응답자들을 선정하는가?

조사원이 조사대상 가구를 찾아가면, 우선 "이 댁에 성인은 모두 몇 분이 사시며, 그중 남자 분은 몇 명입니까?"라고 물어 본다. 그리하여 가령 "성인이 2명인데, 2명 모두 남자이다."고 대답한다면, [표 5-15]에서 '각 가구에서 모든 성인의 수'가 '성인 2명'인 열(列)과 '각 가구에서 성인남자의 수'가 '남자 2명'이라는 행(行, 즉 줄)이 교차하는 칸을 찾아본다. 그러면 그곳에 '가장 어린 남자'와 '가장 늙은 남자'라고 적혀 있다. 그렇다면 이 가구에서는 성인 중 나이가 가장 적은 남자를 조사하면 된다. 그러나 '성인이 2명인데 모두 남자'인 다음 가구에서는 '가장 어린 남자'를 선정해서 조사하고, 그 다음 가구에서는 다시 '가장 늙은 남자'를 조사대상자로 선정하는 등, 번

4 이 표는 Backstrom and Hursh(1963)의 책, p. 52, 54, 56, 57, 58에서 종합하여 작성한 것이다.

표 5-15 각 가구 내에서 응답자의 선정 지침표

<table>
<tr><th colspan="2" rowspan="2">구분</th><th colspan="4">각 가구에서 모든 성인(成人)의 수</th></tr>
<tr><th>성인 1명</th><th>성인 2명</th><th>성인 3명</th><th>성인 4명 이상</th></tr>
<tr><td rowspan="5">각 가구에서 성인남자의 수</td><td>남자 0명</td><td>성인 (성별 무관)</td><td>가장 늙은 여자
가장 어린 여자</td><td>가장 늙은 여자
가장 어린 여자
중간 여자</td><td>가장 어린 여자
가장 늙은 여자
둘째로 늙은 여자</td></tr>
<tr><td>남자 1명</td><td>성인 (성별 무관)</td><td>여자
남자</td><td>가장 어린 여자
남자
가장 늙은 여자</td><td>남자
가장 늙은 여자
중간 여자</td></tr>
<tr><td>남자 2명</td><td></td><td>가장 어린 남자
가장 늙은 남자</td><td>가장 어린 남자
여자
가장 늙은 남자</td><td>가장 어린 여자
가장 늙은 여자
가장 늙은 남자
가장 늙거나 어린 여자
가장 늙거나 어린 남자</td></tr>
<tr><td>남자 3명</td><td></td><td></td><td>가장 늙은 남자
가장 어린 남자
중간 남자</td><td>가장 어린 여자
가장 늙은 남자
가장 늙은 여자
가장 어린 남자
중간 남자</td></tr>
<tr><td>남자 4명 이상</td><td></td><td></td><td></td><td>가장 어린 남자
가장 늙은 남자
둘째로 어린 남자
둘째로 늙은 남자</td></tr>
</table>

갈아 가면서 한 번은 가장 나이 어린 남자를, 그 다음은 나이가 가장 많은 남자를 선정해서 조사해야 한다.

성인의 수와 그중 남자의 수가 다른 가구들의 경우도, 위와 같은 식으로 [표 5-15]를 기준으로 해서 각 가구에서 조사대상자(응답자)를 선정하면 된다. 그러나 이때 반드시 [표 5-15]의 각 칸에 나열한 순서대로 가구마다 번갈아 가면서 응답자를 선정해야 한다. 예를 들어, [표 5-15]에서 성인이 4명 이상이며, 그중 남자가 3명인 가구의 칸을 보면, '가장 어린 여자', '가장 늙은 남자', '가장 늙은 여자', '가장 어린 남자', '중간 남자'로 나와 있는데, 이러한 경우도 그 순서대로 가구마다 번갈아 가면서 차례

대로 응답자를 선정해서 조사를 해야 한다.

6. 조사현장에서 면접조사의 실제

위와 같이해서 누구를 조사대상자로 선정할 것인지가 일단 결정되면, 이들을 대상으로 실제로 조사를 하게 되는데, 그 방법에는 앞서 살펴보았듯이 여러 가지 종류가 있다. 그러나 여기서는 면접조사방법(face-to-face interview survey), 즉 면접조사원이 응답자의 집이나 약속 장소를 찾아가서 직접 얼굴을 맞대고 구두(口頭)로 조사를 하는 방법에 관해서만 간단히 살펴보기로 하겠다. 이 방법은 노력과 비용, 시간 등이 많이 들기는 하지만, 가장 정확하고 신뢰감이 있는 조사방법이기 때문이다. 그러므로 학술조사연구에서는 면접조사방법을 사용하는 것이 바람직하다.

1) 면접조사원의 선정과 훈련

면접조사를 하려면 특히 여러 가지 준비가 필요하다. 그러면 우선 그 준비 과정부터 간단히 살펴보고 나서, 면접조사의 요령과 조사현장에서 조사작업의 조정(coordination) 문제 등에 대하여 알아보기로 하겠는데, 여기서 조사현장이란 면접조사가 이루어지는 장소, 즉 응답자의 집이나 직장 또는 응답자와의 약속 장소를 말한다.

(1) 면접조사원의 선정과 사전훈련

면접조사를 하려면 우선 면접조사원들(interviewers)을 모집 · 선정해서 훈련을 시켜야 한다. 소규모의 면접조사는 연구자 혼자서 할 수도 있으나, 몇백 명을 대상으로 한 면접조사는 면접조사원들이 필요하기 때문이다.

면접조사원의 모집방법에는 공모(公募) 등 여러 가지가 있으나, 어떤 방법으로 모집하든 간에 면접조사원들을 뽑을 때는 연구자가 개별면접을 하고, 경우에 따라서는 심리검사 등도 실시해서 주의 깊게 선정해야 한다. 면접조사원은 정직하고, 믿을 수 있으며, 성실하고, 다른 사람들에 대한 관심과 이해심이 있으며, 태도가 중립적이고, 주의 깊고, 친절하며, 대화능력이 있어야 하기 때문이다.

면접조사원들을 일단 선정하면, 이들에게 면접조사에 필요한 훈련을 시켜야 한다. 이러한 훈련은 사전훈련(initial training)과 조사현장에서 계속 실시하는 계속교육(continuing training)으로 나누어지는데, 이중 우선 사전훈련의 목적을 들어 보면 다음과 같다.

① 조사목적 · 활용 · 스폰서 등에 대한 사실적 정보를 알려준다.

② 조사에 대한 관심과 참여 의의를 계발한다.

③ 조사 과정에서 면접조사 작업의 기능(機能)과 객관적 면접(nondirective interviewing)의 중요성을 이해시킨다.

④ 조사현장에서 필요한 면접조사의 기본적 기능(技能, skills)을 개발한다.

⑤ 설문지 전체와 각 설문의 목적과 질의방법 등에 익숙하도록 한다.

⑥ 조사할 때 당면하게 되는 어려움과 문제점의 해결방법을 알려준다.

⑦ 조사책임자 또는 조사감독자와의 우호적 관계를 형성한다.

⑧ 면접조사에 적합하지 않은 면접조사원을 가려낸다.

이와 같은 사전훈련의 목적을 달성하기 위해서는 면접조사원들을 철저하고 체계적으로 훈련시켜야 하는데, 그 과정과 내용을 간단히 제시하면 다음과 같다.

1. 오리엔테이션(Orientation)

   실제 훈련에 앞서 면접조사원들에게 조사의 목적, 조사의 일반적 방법 등을 알려주고, 면접조사원의 임무 · 태도 등을 숙지시킨다.

2. 집단훈련(Group sessions)

   면접조사원들은 물론 조사책임자, 감독 및 기타 관계자들이 참여하여 강의와 집단토의 등을 통하여 다음과 같은 일들을 한다.

   (1) 제1차 집단훈련(Session 1)

   ① 교재 · 설문지 등의 조사자료 배포

   ② 면접조사원과 조사관계자 소개

③ 조사연구 일반에 대한 소개: 목적 · 방법 · 표집의 원리 등

④ 해당 조사연구에 대한 설명: 목적 · 스폰서 · 조사 결과의 활용 등

⑤ 조사연구에 관계된 주요 개념과 정의 등에 대한 설명

⑥ 면접방법과 지침(指針) 등의 소개

⑦ 면접조사원의 질문에 대한 응답과 토의

(2) 제2차 집단훈련(Session 2)

① 면접조사원에 의한 설문 응답지의 기재

② 설문 하나하나에 대한 토의

③ 응답 결과의 코딩 실습 – 특히 자유응답식 설문을 중심으로

④ 훈련 결과를 평가하기 위한 시험

(3) 제3차 집단훈련(Session 3)

① 면접조사에 관계된 원리 및 실제 문제에 대한 복습

② 녹음 또는 녹화를 통한 면접조사의 시범

③ 면접조사원들을 둘씩 짝을 지어 서로 면접조사 실습

(4) 제4차 집단훈련(Session 4)

① 면접조사의 실습 과정에서 나타난 문제점들에 대한 질문과 응답

② 조사현장에서의 주의사항, 면접 절차상의 문제, 면접조사원의 숙식, 여행 등에 대한 지시와 토의

③ 훈련 전반에 대한 평가와 종합시험

3. 현지에서 실습(Trial interviews)

위와 같은 훈련이 끝나면 현장이나 또는 현장과 동일한 곳에 가서 실제 응답자들을 상대로 면접조사를 해 본다.

이상과 같은 사전훈련이 모두 끝나면 실제 현장조사로 들어가게 되는데, 현장에 나가서도 조사책임자나 감독자들은 그때그때 면접조사원들을 훈련시키고 잘못된 점은 수정해 주어야 한다.

2) 면접조사원의 행동요강과 실제 면접조사방법

현장에서 면접조사방법에 관해서는 한 권의 책으로도 그 설명이 부족하다. 그러나 여기서는 면접조사원의 행동요강과 대체적인 면접요령 및 면접조사를 할 때 유의할 주요 사항들만 간단히 제시해 보기로 하겠다.

(1) 면접조사원의 행동요강과 태도

무엇보다도 면접조사원은 조사자로서의 행동요강을 지켜야 하는데, 면접조사원의 일반적 행동요강은 다음과 같다.

① 조사에 정직(honest)할 것
② 믿을 수 있고 책임감이 있을 것
③ 질문 태도가 객관적일 것
④ 응답자의 응답을 기록할 때 성실하고 중립적일 것
⑤ 응답 사항들을 충실하고 이해하기 쉽게 기록할 것
⑥ 응답자에게 관심을 갖고 그들을 이해해 줄 것
⑦ 응답자들에게 신념을 갖고 응답토록 하며 편안한 분위기를 조성할 것
⑧ 정중하고 깨끗한 복장을 할 것

또한 면접조사원들은 실제 면접조사에 앞서 다음과 같은 준비를 해야 한다.

① 각 설문의 뜻을 충분히 이해하고, 그 설문들을 읽는 것이 아니라 자연스럽게 말할 수 있도록 모든 설문들을 공부할 것
② 각 설문에 대하여 스스로 질문과 응답을 해 보면서 철저하게 예행실습을 할 것
③ 응답자의 직업에 따라 집에 있는 시간이 다르므로 오전 9시에서 오후 9시 사이까지 면접시간을 응답자별로 계획할 것
④ 자신에게 주어진 지시나 실행 사항들을 잘 알고, 쉬는 시간에 다시 읽어 볼 것

한편, 면접조사원들은 실제로 면접조사를 할 때 다음과 같은 태도들을 유지하도록 항상 노력해야 한다.

(1) 중립적 태도(Neutral attitude)

① 응답자에게 어떤 응답을 암시하거나 자신의 의견을 절대로 표명하지 말 것

② 응답자에게 어떠한 영향도 주지 않도록 설문 그대로 묻고, 또한 설문지에 배열된 순서대로 질문할 것

③ 응답자가 질문 내용을 이해하지 못할 때는 되묻되, 설명은 붙이지 말 것

(2) 공정한 태도(Impartial attitude)

① 응답자의 비밀을 절대 보장할 것

② 모든 응답자들을 똑같이 대할 것

③ 응답자에게 자신감을 갖게 할 것

(3) 자연스러운 태도(Casual attitude)

① 응답자에게 응답을 강요하는 인상을 주지 말 것

② 자연스러운 분위기를 조성하여 응답자가 자발적으로 응답하도록 할 것

(4) 대화적 질문태도(Conversational attitude)

① 일상 대화를 하는 식으로 질문을 할 것

② 응답자가 거부반응이나 의심스러운 질문을 할 때는 조사책임자가 지시한 대로 대답할 것(이에 대해서는 뒤에서 설명한다.)

(5) 친절한 태도(Friendly attitude)

① 응답자에게 친절하고 이해적인 태도를 보일 것

② 응답자를 난처하거나 당황하게 만들지 말 것

조사연구의 목적은 어디까지나 응답자로부터 솔직하고 믿을 수 있는 응답을 얻는 데 있다. 그러므로 면접조사원은 그러한 응답을 얻는 매개체 구실을 할 뿐이라는 생각을 가지고 조사를 하고, 조사 결과의 방향에 대해서는 개의치 말아야 한다.

(2) 면접조사원 자신의 조사전략

연구자가 원하는 신뢰성 있는 정보 등을 얻기 위해서는 면접조사원도 그 나름대로의 전략(tactics)이 필요한데, 그 전략들을 간단히 요약해 보면 다음과 같다.

① 설문에 대한 응답자의 첫 번째 반응이 중요하다. 따라서 응답자가 한참 있다가 자기의 응답을 수정하려고 할 때는, 그 수정된 응답을 기록하는 척 하면서 기록하지 않는 것이 좋다.

② 어떤 설문에 대하여 응답자가 '모르겠다'고 대답할 때는, 생각할 여유를 주면서 다시 응답하도록 유도하는 것이 좋다.

③ 설문에 대하여 응답자가 '음' 또는 '그럴 것 같다'고 대답할 경우는 정확히 대답해 달라고 부탁한다.

④ 어떤 설문에 대하여 응답자가 '그렇다' 또는 '아니다'라고 응답할 경우는, 그 응답에 대한 이유를 물어서 적어 넣는 것이 좋다.

⑤ 응답은 시간적 중단 없이 기록한다. 예를 들어, 두 번째 질문을 하고서 첫 번째 응답을 기재하도록 하는 것이 좋다. 시간적 단절이 생기면 분위기가 깨질 염려가 있다.

⑥ 질문할 때에는 응답자를 똑바로 보고 질문을 한다.

⑦ 응답자에게 항상 질문에 주의하도록 한다. 응답자가 불필요한 말을 할 경우, 설문에 관계된 화제로 겸손하게 유도한다.

⑧ 면접조사인 경우에는 응답자로 하여금 자신의 응답을 설문지에 기재하게 해서는 안 된다.

⑨ 필요한 정보를 모두 얻도록 모든 설문을 하나도 빼지 말고 물어야 하며, 그 응답들은 규정된 응답지에 올바로 기록한다.

(3) 실제 면접조사 때 주의사항

면접조사를 할 때 면접조사원은 또한 여러 가지 사항을 지켜야 하는데, 그중에서 '해서는 안 될 사항'들만 몇 가지 제시해 보면 다음과 같다.

① 한 가구에서 두 사람을 면접조사 해서는 안 된다. 가족은 대체로 비슷한 의견이나

태도를 갖고 있기 때문이다.

② 친구를 상대로 면접조사를 해서는 안 된다. 모르는 사람을 대상으로 면접조사를 하는 것이 객관적이고 공정하기 때문이다.

③ 응답자를 직접 만나서 면접조사 해야 할 것을 전화로 조사해서는 안 된다.

④ 면접조사를 할 때 친구나 다른 사람을 대동해서는 안 된다.

⑤ 지정된 응답자 대신 다른 사람이 응답하도록 허용해서도 안 된다. 면접조사를 할 때 다른 사람이 있으면 조사의 중요성을 설명하면서 자리를 뜨거나 또는 가만히 있도록 부탁한다.

⑥ 면접조사원이 다른 사람을 시켜서 조사를 하면 안 된다.

⑦ 응답 결과를 다른 사람에게 자세히 이야기해서도 안 된다.

⑧ 응답지에 기재한 사항을 함부로 고쳐서도 안 된다. 또한 응답을 거짓으로 기록해서도 안 된다.

(4) 면접조사 시 당면하는 문제 처리 요령

마지막으로, 현장조사를 나가면 면접조사원들이 여러 가지 문제에 당면하게 되는데, 이러한 문제에 대한 처리 요령을 몇 가지만 소개하면 다음과 같다.

① 응답자가 조사목적을 물을 때는, 예컨대 "이 조사는 ××연구소에서 설시하는 것으로 사회문제에 대한 사람들의 생각을 알아보는 데 목적이 있습니다."는 식으로 설명해 준다.

② 응답자가 조사기관에 대하여 좀 더 구체적 대답을 요구할 때 는 "저는 면접조사원으로서 구체적인 것은 모르니 ××연구소에 직접 문의해 보면 자세히 설명해 줄 것입니다."라고 대답한다.

③ 응답자가 하필 왜 자기에게 조사를 하냐고 질문할 때는 "귀하는 무작위로 선정되었으며, 그렇기 때문에 표집 원칙상 귀하에게 반드시 질문해야 합니다."라고 응답한다.

④ 응답자가 조사에 응할 시간이 없다고 하면, "설문이 길지 않으니 조금만 시간을 내주십시오."라고 말하면서 곧 질문을 시작한다. 그래도 시간이 없다고 계속 말할 때는 다음에 다시 찾아오겠으니 편리한 시간을 알려 달라고 한다.

⑤ 응답자가 자신은 아무것도 몰라서 응답할 자격이 없다고 말할 경우, "이 조사는 무엇을 아느냐를 묻는 것이 아니라, 귀하의 생각을 알려는 것입니다."라고 설명한다.

⑥ 응답자가 어떤 설문에 대한 응답을 망설이거나 "왜 그런 질문을 하나요?"라고 물을 때는 "이 설문은 다른 사람들에게도 물었으며, 절대로 비밀을 보장하겠습니다."라고 말한다. 또는 "이 설문은 ××연구소에서 작성한 것이므로 저희 조사원은 묻지 않을 수 없습니다."는 식으로 대답한다.

⑦ 응답자가 어떤 설문에 화를 내거나 응답을 거부할 때는 "반드시 이 설문에 응답할 필요는 없으나, 조사목적을 위해서 꼭 필요하니까 의견을 말해 주세요."라고 부탁한다. 그러나 끝까지 응답을 거부할 때에는 다음 질문으로 넘어간다.

이상과 같은 문제들에 대한 처리 요령이나 대답들은 면접조사원 스스로 미리 연구해 가지고 조사에 임해야 한다. 이 밖에 자세한 면접조사의 방법에 대해서는 다른 전문서들을 참고하기 바란다.

3) 면접조사원의 감독과 업무조정

조사연구자가 실제 면접조사 작업을 효과적으로 수행하기 위해서는 면접조사원들의 훈련도 물론 중요하지만, 면접조사원에 대한 감독과 업무 조정(調整, co-ordination)도 필요하다. 면접조사원들의 조사작업에 대한 감독을 위해서는 지역별로 5~10명의 면접조사원당 한 명꼴로 현장감독자(field supervisor)를 배치해서 감독하도록 하는 것이 좋다. 그리고 면접조사원들에게 어떤 문제가 생기면 그것을 해결하도록 하는 게 바람직하다.

현장감독자는 또한 면접조사자가 배당 받은 응답자들을 제대로 찾아가서 조사했는지 확인해야 한다. 따라서 현장감독자는 아침마다 담당 조사원들에게 다시 조사작업을 배당해 주고, 저녁에는 회수된 응답지를 확인해서 제대로 조사가 이루어졌는지 검토해야 한다.

현장에서 면접조사 기간은 대체로 4~5일이 좋으며, 마지막 날에는 조사작업을 전체적으로 평가·검토해서, 제대로 되지 않은 것이 있으면 그것을 보완하거나 다시 조사를 하도록 해야 된다. 조사시간은 대체로 오전 9시에서 오후 9시 사이가 좋다.

현장에 나가서 조사를 하자면 교통이나 숙식 등에 관한 여러 가지 문제가 따르게 된다. 이러한 문제들도 현장감독자가 적절히 해결해 주고, 면접조사원들의 작업이나 업무도 조정해 주어야 한다.

한편, 현장감독자는 조사책임자(survey director)와 긴밀한 관계를 유지하면서 감독업무를 처리해야 한다. 모든 작업에서와 마찬가지로 조사작업에서도 면접조사원·현장감독자·조사책임자 사이의 분장업무의 조정과 협동이 조사의 성패를 좌우하게 된다.

7. 수집한 응답자료의 처리와 분석

위와 같은 면접조사이든 또는 다른 방식의 조사이든 간에 조사가 모두 끝나고 응답지들이 수합되면, 다음으로 이들 응답자료의 처리(data processing)와 분석(data analysis) 단계로 들어간다. 여기서 응답자료의 처리란, 수합한 응답지들의 편집(editing)과 코딩(coding)을 말하며, 응답자료의 분석이란 연구문제에 대한 해답을 얻거나 가설의 검증을 위한 통계분석 등을 말한다.

1) 수합한 응답자료의 정리

응답자료의 처리는 편집과 코딩으로 나눌 수 있는데, 편집이란 응답지에 나타난 응답들을 검토하면서, 경우에 따라서는 미리 설정된 원칙에 의하여 사전 코딩(pre-coding)을 하는 작업을 말한다. 한편, 코딩이란 언어로 표시된 응답을 집계(集計)하고 분석하기 쉽도록 숫자나 다른 기호로 전환시키는 작업을 말한다.

(1) 수합한 응답지의 검토와 정리

응답자료의 편집은 다시 두 가지 작업으로 나누어 볼 수 있는데, 하나는 응답지들의 검토(checking)이고, 다른 하나의 작업은 응답자료들의 코딩을 편하게 하기 위한 정리이다.

응답지의 검토 목적은 미완성 응답지와 응답에 일관성이 없는 응답지, 잘못 기재한 응답지 등을 가려내는 데 있다. 따라서 응답지들을 하나하나 보면서 모든 설문에 빠짐 없이 응답했는지 검토하는 한편, 응답에 모순이나 일관성이 없는지 검토해야 한다. 이때 응답상의 모순점을 알아보기 위해서는 서로 관련되거나 비슷한 설문에 대한 응답이 일치한지 비교해서 모순된 응답의 응답지는 가려내어 버려야 한다. 한편, 면접조사원의 부주의나 미숙으로 응답을 잘못 기재했거나 모호하게 기재한 것도 검토해서, 오류나 모호한 점이 발견되면 해당 면접조사원을 불러 확인한다.

응답지들을 검토할 때는 각 설문, 특히 자유응답식 설문이나 복잡하고 다양한 응답을 요구하는 설문에 대한 응답들은 코딩하기에 편하도록 정리해 놓아야 한다. 예를 들어, 응답자의 직업을 묻는 설문의 경우 그 응답은 매우 다양한데, 그것들을 미리 상업·공업·전문직 등으로 정리해서 응답지에 표시해 놓는다든지, 또는 자유응답식 설문인 경우 그 응답을 나중에 코딩하기에 편리하도록 정리해서 몇 개의 항목별로 다시 번호 등을 달아 놓아야 하는데, 이러한 작업이 곧 자료의 정리이다.

(2) 응답자료의 코딩과 입력

위와 같은 응답자료들의 편집 작업이 끝나면, 다음으로 코딩(coding) 작업으로 들어가게 되는데, 여기서 코딩이란 앞서 말했듯이 언어로 기재한 응답들을 집계하고 계수(計數)하기 쉽도록 숫자나 다른 코드(code)로 바꾸는 작업을 말한다. 예를 들어, 성별의 경우 '남자'라는 응답은 1로, '여자'라는 응답은 2로 표시한다든지, 또는 선다형 설문인 경우 '그렇다'는 응답에는 1, '그렇지 않다'는 응답에는 2라는 숫자를 부여하는 것이 곧 코딩이다. 이러한 코딩은 수량적 분석을 한다든지, 또는 컴퓨터를 사용해서 응답자료들을 처리할 때 반드시 필요하데, 그 방법을 간단히 소개해 보면 다음과 같다.

① 코드표의 작성(Code Construction)

응답자료들을 코딩하려면, 예컨대 [표 5-16]과 같은 코드표를 먼저 작성한 다음, 그에 따라 코딩 작업을 해야 한다. 이 표에서 첫째 칸(단)의 칼럼 번호(column number)는 컴퓨터를 사용해서 응답자료를 처리·분석할 때 자료 카드에서의 칼럼

표 5-16 코드표의 실례와 그 내용

칼럼 번호	문항 번호 및 그 내용	코드 및 그 응답 유목
13	(5) 응답자의 성별	1. 남자 2. 여자 9. 무응답
14	(6) 응답자의 결혼상태	1. 미혼 2. 기혼(현재) 3. 사별 · 이혼 · 별거 9. 무응답
15	(7) 수학 연한(교육 정도)	1. 1~3년 2. 4~6년 3. 7~9년 4. 10~12년 5. 12년 이상 9. 무응답 0. 무학

번호를 말한다. 그 다음 둘째 칸의 문항 번호 및 그 내용은 설문 문항의 번호와 그 설문 내용을 말하고, 셋째 칸의 코드와 그 응답 유목은 설문에 대한 응답과 그에 대한 코드를 말하는 것으로, 여기서 앞의 1, 2, 3 … 9 등의 숫자가 바로 코드이다.

이러한 코드는 연구자가 임의로 부여할 수 있지만, 반드시 일정한 규칙(rule)에 따라 부여해야 한다. 그리고 코드표의 작성에서 유의할 것은 코딩 단위(coding unit)와 코딩 유목(coding categories)의 결정인데, 코딩 단위는 특정 정보들의 집합(集合, set)으로서 계수가 가능해야 하며, 코딩 유목은 상호배제적(mutually exclusive)이어야 하기 때문이다. 특히 이러한 코딩 단위와 코딩 유목의 결정 문제는 특히 자유응답식 설문인 경우에 중요 문제가 된다.

② 코더(Coder)의 훈련

[표 5-16]과 같은 코드표가 작성되면, 다음으로는 실제로 코딩 작업을 담당할 코더들을 뽑아서 훈련시켜야 한다. 물론 규모가 작은 조사연구의 경우는 연구자가 직접 코딩을 할 수 있지만, 규모가 큰 조사연구의 경우는 연구자가 모든 응답자료를 직

접 코딩하는 것은 쉽지 않다. 그러므로 대부분의 조사연구에서는 코더들을 뽑아서 이들에게 실제 코딩 작업을 하게 하는데, 코더들은 면접조사에 참여했던 면접조사원 중에서 뽑는 것이 좋으며, 이들 코더들에게는 코딩 방법이나 요령을 사전에 철저히 교육시켜야 한다.

그러기 위해서는 각 설문의 응답별로 코드 번호와 그 코딩 요령을 알려 주고, 실습을 통하여 코딩 방법을 훈련시켜야 한다. 특히 자유응답식 설문에 대한 응답의 코딩에 주력하여 모든 코더들이 서로 합치하도록 훈련을 시켜야 한다. 이렇게 코더들을 훈련시킬 때는 같은 응답지를 여러 코더들이 각각 코딩하게 한 뒤, 그 결과를 검토하여 상호일치도 등을 알아보는 것이 좋다. 그렇게 하여 상호일치도가 낮게 나오면 코딩 방법을 시정하고 코더들을 더 훈련시켜야 한다.

③ 코딩의 실제와 그 요령

코더들에 대한 훈련이 끝나면, 실제 코딩 작업으로 들어가게 된다. 코딩은 그 원칙에 따라 각 설문의 응답 유목의 코드를 코딩 카드나 설문지에 표시된 코딩란에 기입해 나가면 된다. 그러나 실제로 코팅을 하다보면 여러 가지 문제에 부딪치게 되는데, 그에 대한 몇 가지 요령을 들어 보면 다음과 같다.

① 무응답이나 응답 거부도 반드시 그에 해당하는 코드를 부여한다.
② 한 설문에 응답 유목들이 10개 이상인 경우는 00, 01, 02 … 11 등으로 두 자리(2 column)로 표시한다.
③ 하나의 응답만 선택하도록 된 설문에 2개의 응답을 한 경우는 첫 번째 응답지에서는 앞의 것을 선택하고, 두 번째 응답지에서는 그 다음 것을 선택해서 균형을 이루도록 한다.
④ 코딩란을 빈 칸으로 남겨 두어서는 안 되며, 반드시 어떠한 코드라도 넣어야 한다.

이 밖에도 코딩 요령에는 여러 가지가 있으나 자세한 것은 생략하기로 하는데, 코딩 자료들을 컴퓨터로 처리할 경우는, 먼저 적용하려는 컴퓨터 프로그램을 살펴보고 그에 맞게 코딩하는 것이 바람직하다. 그리고 코딩 방법 등을 알기 위해서는 실제로 조사연구에서 사용한 응답지들을 구해서 실제로 코딩을 해 본다.

2) 응답자료의 분석

응답자료의 코딩과 그것들을 컴퓨터에 입력하는 작업이 모두 끝나면, 자료의 분석 작업으로 들어가게 되는데, 이러한 분석작업은 다시 두 단계로 나누어 볼 수 있다. 즉 첫째는 자료의 분석을 위한 준비 단계이고, 둘째는 자료의 실제 분석 단계이다.

(1) 응답자료의 분석을 위한 준비

코딩이 끝난 자료들을 분석할 때는 두 가지 방법이 있는데, 하나는 손으로 분석하는 방법이고, 다른 하나는 컴퓨터 등을 사용한 분석방법이다. 그러나 요즈음은 컴퓨터를 사용해서 자료를 분석하는데, 이를 위해서는 우선 그 자료를 디스켓이나 디스크에 입력하고, 코딩상의 오류나 미싱 자료(missing data)들을 찾아내서 그것들을 수정해야 한다. 여기서 미싱 자료란, 주로 어떤 설문에 대한 무응답이나 응답의 생략 또는 응답거부와 같은 것들을 말하는데, 이들은 표본의 크기에 변화를 가져오거나 조사 결과에 영향을 미치게 된다.

그러므로 자료의 실제 분석에 앞서, 우선 미싱 자료들을 어떻게 처리할 것이냐를 결정해야 되는데, 그 방법에는 대체로 두 가지가 있다. 첫째로 가장 간단한 방법은 '무응답' 또는 '미싱'이라는 응답 유목을 설정하여 미싱 자료를 자료분석에서 별도로 처리하는 방법이다. 그리고 둘째 방법은 미싱 자료의 사례들을 각 응답 유목의 사례수의 비율에 따라 배분해서 포함시키는 방법으로, 이는 [표 5-17]의 오른쪽 '방법 2'의 경우와 같이 왼쪽 '방법 1'의 각 유목별 응답빈도의 비율에 따라 10개의 미싱 자료들을 배분해서 분석하는 방법이다. 그러나 이 방법은 미싱 자료의 사례가 많은 경우라든지, 정확한 통계적 검증을 하고자 할 경우에는 좋은 방법이 못 된다.

컴퓨터를 사용하여 입력된 자료를 처리 · 분석하기 위해서는 통계 프로그램을 알아야 한다. 그러나 요즘에는 SPSS(Statistical Package for Social Science), SAS (Statistical Analysis System) 등과 같은 통계 패키지 프로그램(statistical package program)이 잘 되어 있어 이를 이용하면 쉽게 자료들을 분석할 수 있는데, 이에 관

표 5-17 미싱 자료의 두 가지 처리방법 실례

방법 1: 미싱 자료의 보고		방법 2: 미싱 자료의 배분	
응답 유목	빈도	응답 유목	빈도
적극 찬성	18	적극 찬성	20(18+2)
찬성	36	찬성	40(36+4)
중립	9	중립	10(9+1)
반대	18	반대	20(18+2)
적극 반대	9	적극 반대	10(9+1)
무응답(미싱)	10		
계	100		100

해서는 SPSS나 SAS 등의 통계 패키지 프로그램이나 그에 관한 해설서들을 찾아보기 바란다.

(2) 응답자료의 분석방법

응답자료의 분석을 위한 모든 준비가 끝나면, 실제로 자료분석 단계로 들어간다. 여기서 자료의 분석이란 조사에서 얻은 응답 또는 자료들을 종합하기도 하고 또는 유목별로 나누기도 해서 연구문제에 대한 해답을 구하거나 또는 가설을 검증하는 것을 말한다. 이러한 자료 분석은 앞서 제4장에서 말했듯이 크게 질적 분석(qualitative analysis)과 수량적 분석(quantitative analysis)으로 나누어 볼 수 있는데, 질적 분석이란 주어진 자료들을 논리적으로 분석해서 연구문제에 대한 해답이나 결론을 내리는 방법이며, 수량적 분석이란 주어진 자료들을 통계적으로 분석해서 연구문제에 대한 해답을 얻거나 가설을 검증하는 분석방법을 말한다.

한편, 수량적 분석 방법은 다시 연구하고자 하는 변인의 수(數)와 관계에 따라 1원적 분석(univariate analysis), 2원적 분석(bivariate analysis) 및 다원적 분석(multivariate analysis)으로 나누어 볼 수 있다. 1원적 분석이란 어떤 현상의 특성을 일차적으로 기술(記述)해 보고자 하는 기본적 분석 방안으로, 예컨대 어떤 집단의 인적(人的) 구성상태를 알아보기 위하여 그 집단성원들의 성별·연령·종교·교육정도 등에 관한 조사 자료들을 다음과 같이 유목별로 나누어서 백분율(%)로 나타내는 방

법을 말한다.

① **성별**: 남성 = 55%, 여성 = 45%

② **연령**: 0~20세 = 40%, 21~40세 = 31%, 41세 이상 = 29%

③ **종교**: 기독교 = 35%, 불교 = 44%, 기타 종교 = 21%

④ **교육**: 초졸 = 60%, 중졸 = 30%, 고졸 이상 = 10%

2원적 분석이란, 1원적 분석과는 달리 2개 변인들 간의 관계 여부를 알아보기 위한 분석방법으로, 예컨대 [표 5-18]에서 보듯이 성별에 따라 신봉 종교에 차이가 있는지 여부 등을 알아보기 위하여 응답자의 성별과 종교를 서로 교차(交叉)시켜 분석하는 방법을 말한다. 따라서 이러한 분석을 교차분석(cross-sectional analysis)이라고도 부르는데, [표 5-18]과 같은 자료에서 성별에 따라 종교에 차이가 있는지 여부를 통계적으로 알아보기 위해서는 2개의 명명변인 간의 상관계수를 산출해 본다든지, 또는 그 차이의 유의성에 대하여 χ^2검증을 해 보는 방법이 있다.

다원적 분석이란 3개나 그 이상의 변인들 간의 관계를 알아보기 위한 분석방법으로, 예를 들어 응답자의 성별과 교육 정도에 따라 신봉 종교에 차이가 있는지 여부 등을 알아보기 위하여 [표 5-19]처럼 응답자의 종교를 성별과 연령대별로 나누어 분석해 보는 것을 말한다. 이러한 분석방법을 2×3×3 요인방안(factorial design)의 다원적 분석방법이라고도 부르는데, '성별' 변인은 여성과 남성의 2개 유목(類目)으로, '연령' 변인은 3개 유목(0~20세, 21~40세, 41세 이상)으로, '종교' 변인은 3개 유목(기독교, 불교, 천도교)으로 나누어 분석하기 때문이다.

표 5-18 개인(응답자)의 성별과 종교와의 관계

구별	기독교	불교	기타	소계
여성	14%	25%	15%	54%
남성	21	19	6	46
소계	35	44	21	100

표 5-19 개인(응답자)의 성별과 연령대와 종교의 관계

성별	연령대	종교			합계
		기독교	불교	천도교	
여성	0~20세	3%	5%	1%	9%
	21~40세	5	6	5	16
	41세 이상	6	14	9	29
	소 계	14	25	15	54
남 성	0~20세	6	4	1	11
	21~40세	8	6	1	15
	41세 이상	7	9	4	20
	소 계	21	19	6	46
합 계		35	44	21	100

이러한 다원적 분석은 앞서 제4장에서 살펴본 변량분석(analysis of variance) 등의 통계방법을 사용하여 각 독립변인이 종속변인에 미치는 주 효과(主效果, main effect)와 상호작용 효과(interaction effects)를 알아볼 수 있다. 이와 같은 다원적 분석에는 위와 같은 2×3×3 요인방안 외에도, 변인의 수와 각 변인의 유목의 수에 따라 2×2×2, 3×4×2, 4×7×5×2 등 여러 가지 요인 방안들이 있을 수 있는데, 이에 관해서는 통계 서적들을 참고하기 바란다.

8. 조사보고서(논문)의 작성

조사자료에 대한 분석이 모두 끝나면, 마지막 단계로 연구보고서나 연구논문을 작성하게 되는데, 이에서는 연구결과뿐 아니라 연구목적·연구문제·연구방법 등도 소상하면서도 간결하게 소개해야 한다. 만약 조사연구방법이 잘못되었으면 그 결과도 믿을 수 없게 되므로 연구방법도 제시해서 다른 연구자들의 비판을 받아야 하기 때문이다.

조사연구의 보고서나 논문도 다른 것들과 마찬가지로 대체로 7개 부분, 즉 ① 앞붙이(front matter), ② 서론(introduction), ③ 연구방법(methods), ④ 연구결과(results), ⑤ 연구결과에 대한 논의(discussion), ⑥ 요약과 결론(summary and conclusion), ⑦ 주요 참고문헌과 부록 등으로 구성되는데, 이들 각 부분의 내용과 서술방법 등에 관해서는 앞서 제4장에 자세히 살펴보았다. 그러나 다시 한 번 간단히 소개하면 다음과 같다.

1) 조사보고서의 앞붙이와 서론 및 연구방법

'앞붙이'란 연구보고서나 논문 앞에 붙이는 제목(title), 연구자의 성명, 초록(抄錄, abstract) 등을 말한다. 모든 연구보고서나 논문에는 제목부터 붙여야 하는데, 제목은 연구의 핵심적 개념이나 내용을 명확하고 간결하게 나타내도록 한다. 그리고 제목 아래에는 연구자의 성명을 적어 놓아야 하며, 연구자가 소속한 대학이나 연구소 등의 이름도 성명 다음이나 각주에 밝혀 놓는다. 그 다음에는 연구보고서나 초록(abstracts)을 붙여야 하는데, 이 초록에서는 해당 연구보고서나 논문의 주요 내용을 간단히 요약하면서, 특히 새로운 발견 사항 등을 200자에서 500자 내외로 제시해야 한다.

'서론' 부분에서는 연구동기(문제의 제기)와 연구목적 · 연구문제 · 연구문제에 대한 연구현황과 이론적 배경 · 연구가설 등을 제시해야 한다. 좀 더 구체적으로 말하면, 우선 연구목적과 연구하고자 하는 구체적 문제를 명확히 서술한 다음, 연구문제와 관련된 선행연구의 현황과 결과 및 이론적 배경을 조사 · 요약해서 제시한다. 그리고 연구하고자 하는 문제에 대한 연구가 현재 어디까지 와 있으며, 연구자가 이번에 연구하려는 방향은 무엇인지를 독자에게 알려 주는 동시에, 이론적 틀(theoretical framework)도 밝혀야 한다. 연구문제에 대한 가설을 설정할 경우에는 그 가설들과 함께 설정 근거와 이론적 배경을 명시해야 한다. 그리고 연구문제나 가설에 나오는 주요 술어나 개념들에 대한 정의를 간단히 제시한다.

'연구방법' 부분에서는 해당 조사연구에서 사용한 연구방법을 제시해야 한다. 즉 ① 연구설계, ② 조사대상자들의 표집방법과 절차, ③ 설문지의 내용과 작성방법,

④ 조사자료의 분석방법, ⑤ 구체적 조사방법과 기간(time period) 등을 소개한다. 이러한 연구방법들은 독자들이 그것을 읽고 그대로 반복해서 연구할 수 있도록 자세히 제시하는 좋다. 그러나 쓸데없이 길어서는 안 되며, 간결하고 명확하게 서술해야 한다.

2) 연구결과와 그에 대한 논의 및 요약과 결론

'연구결과' 부분에서는 조사연구의 결과(research findings)를 제시하는데, 이 부분은 논문의 핵심이 된다. 연구결과는 연구문제나 가설별로 제시하되, 먼저 중요한 연구결과(major points)부터 제시한 다음, 그에 관련된 부차적 연구결과(sub points)를 제시하는 것이 좋다. 이러한 연구결과는 각종 도표를 사용해서 제시하는 것이 바람직한데, 이러한 경우 도표의 작성에 유의한다.

'연구결과에 대한 논의' 부분에서는 앞서 제시한 연구결과에 관하여 해석과 논의를 하면서 연구결과에 관한 이론적 및 실용적 함의(implication) 등을 제시하면 된다. 이러한 '연구결과에 관한 논의' 부분은 연구결과의 제시 다음에 별도의 항목 아래 제시하는 것이 상례이지만, 연구결과의 제시와 함께 다루어도 무방하다. 한편, '연구결과에 대한 논의' 부분에서는 연구상의 제한점들도 밝히면서 연구결과를 어느 정도까지 일반화할 수 있는지도 제시함으로써, 독자들이 이러한 점들을 충분히 감안해서 연구결과에 대한 결론을 받아들이도록 한다.

'요약과 결론' 부분에서는 연구목적, 연구문제, 연구방법, 연구결과 등을 간단히 요약한 다음, 연구문제에 대한 결론(conclusion)을 제시하면 된다. 그리고 마지막으로 앞으로 다른 연구를 위한 제언(suggestions for the further research)에서는 다른 연구자들에게 주어진 연구문제를 다른 연구방법 등을 사용하여 다시 연구해 보라고 그에 관련된 연구과제나 방향 등을 제시해 준다.

끝으로 '주요 참고문헌과 부록'에서는, 해당 연구에서 참고한 문헌이나 논문들의 목록을 붙여야 한다. 그리고 맨 끝에는 해당 조사연구에서 사용한 설문지 등을 부록으로 붙이는 것이 좋으나, 연구보고서를 학술지에 간단하게 게재할 경우에는 설문지를 붙이지 않아도 무방하다.

연습문제

1. 관심이 있는 연구문제를 선정하여 그에 대한 조사연구 계획서를 다음 항목별로 작성해 보아라.
   ① 구체적인 연구목적 및 연구문제
   ② 표본의 표집방법과 절차
   ③ 자료수집방법 및 설문의 내용
   ④ 자료의 통계적 분석방법
   ⑤ 관계논문 목록(working bibliography)

2. 조사연구에서 사용했던 설문지들을 구해서 그 작성방법들을 검토해 보고, 그 설문에 응답을 한 후, 코딩을 해 보아라.

3. 학술지에 게재된 3편의 조사연구 논문들을 찾아서 이들 연구에 사용된 표집방법과 자료분석방법을 서로 비교해 보아라.

4. 조사연구 논문을 구해서 읽고 조사방법 전반에 대한 간단한 평가보고서를 작성해 보아라.

5. 각자의 전공 분야에서 조사연구가 필요한 중요 연구문제들을 열거하고, 이들 각 문제에 대한 표집방법 · 설문내용 등을 간단히 제시해 보아라.

제6장
실험연구방법의 실제

앞서 제5장에서는 실증연구방법의 한 유형으로서 조사연구방법에 대하여 살펴보았다. 그러면 여기 제6장에서는 실증연구의 또 하나의 대표적 유형인 실험연구(experimental research) 방법에 관하여 살펴보기로 하겠다. 실험연구방법은 여러 가지 장점을 갖고 있어 사회과학 연구에서도 많이 사용하고 있지만, 우리나라 사회과학 분야에서는 심리학 분야를 제외하고는 실험연구가 아직 활발하지 못한 실정이다. 하지만 실험연구방법은 여러 가지 과학적 연구방법들 중 가장 체계적인 방법의 하나로, 모든 과학적 연구방법의 모델(model)이 되고 있다. 그러므로 과학적 연구방법의 이해를 위해서도 실험연구방법은 반드시 알 필요가 있으며, 또한 자신이 직접 사용하지 않더라도 그 방법을 알아야 다른 사람들의 실험연구 논문을 이해할 수 있다.

가. 실험연구의 개념과 특성

위에서 말했듯이 실험연구방법은 가장 체계적인 연구방법의 하나로서 모든 과학적 연구방법의 모델이 되기 때문에, 앞서 제1편에서 실증연구방법의 원리를 살펴볼 때 실험연구의 실례를 많이 들었다. 그러면 여기서는 실험연구의 개념과 특성 및 여러 가지 실험방안을 알아본 다음, 실험연구의 실제 방법에 관하여 알아보기로 하겠다.

1. 실험연구에 대한 정의

우선 실험에 대한 정의부터 살펴보면, 앤더슨(Anderson, 1967, p. 21)은 "실험이란 하나의 변인을 계획적으로 변화시켜 그 변화가 다른 변인에 어떠한 변화를 가져오는지를 관찰함으로써, 이들 변인들 간의 관계를 알아보는 상황(situation) 또는 연구방법이다."라고 정의하였다. 이와 비슷하게 캠블과 스탠리(Campbell and Stanley, 1963, p. 1)도 "실험이란 어떤 변인을 조작해서 그것이 다른 변인에 미치는 영향을 관찰하는 연구방법이다."라고 말하였다. 또한 키블러(Kibler, 1970, p. 42)도 "실험이란 연구자가 하나 또는 그 이상의 독립변인을 조작해서 그것이 종속변인에 미치는 효과를 관찰하는 연구과정이다."라고 정의하였다.[1]

그러나 디킨스와 트래비스(Dickens and Travis, 1961, p. 201)는 "실험이란 통제된 관찰(controlled observation)을 통하여 어떤 변인들 간의 예측 가능한 관계를 발견하기 위한 연구계획이다."라고 말하였다. 그런가 하면 커린저(Kerlinger, 1973, p. 399)는 실험의 종류를 크게 두 가지, 즉 실내실험(laboratory experiment)과 현장실험(field experiment)으로 나누면서, "실내실험은 주로 실험실에서 연구문제에 직접 관계가 없는 여러 가지 가외변인들의 변량을 통제 또는 극소화시킨 상태에서 독립변인과 종속변인 간의 관계를 관찰하는 방법을 말하며, 현장실험은 현실적 상황(realistic situation)에서 주의 깊게 통제된 조건하에서 하나 또는 그 이상의 독립변인을 실험자가 조작하여 그것이 종속변인에 미치는 영향을 관찰하는 방법이다."라고 정의하고 있다.[2]

---

1 이와 비슷하게 사이먼(Simon, 1969, p. 228)도 "실험이란 연구자가 하나 또는 그 이상의 독립변인(x_1, x_2 …)을 의도적으로 조작해서 여러 집단의 실험참여자에게 각각 노출시킨 뒤, 그에 따른 종속변인의 변화(y_1, y_2 …)를 관찰하는 방법"이라고 말한다. 한편, 코치란(Cochran, 1974, p. 245)은 "과학적 연구에서 실험이란 계획적으로 어떤 과정에 변화를 일으켜서 그 변화에 따른 효과를 평가하고 비교하기 위한 관찰 또는 측정방법"이라고 정의하였다.

2 한편, 맥기니스(McGinnis, 1964, p. 251)는 "실험이란 다음과 같은 조건, 즉 ① 실험참여자(피험자)들이 동질적 집단을 이루고 있을 때, ② 실험기간 중 독립변인의 변화율이 상호배제적으로 분류될 때, ③ 실험참여자들이 각 집단에 무작위로 배치되었을 때, ④ 각 집단별로 독립변인의 변화를 적절히 야기할 수 있을 때, 하나의 종속변인과 하나 또는 그 이상의 독립변인들 간의 상호변화의 관계를 관찰하는 방법"이라고 정의하였다.

이상과 같이 실험에 대한 정의는 학자에 따라 약간씩 다르다. 그러나 이들을 종합해 보면, 실험이란 ① 어떤 현상에 관련된 변인들 사이의 함수관계(functional relationship)를 알아볼 목적으로, ② 엄격히 통제된 상황(controlled condition)에서, ③ 독립변인을 인위적이고 계획적·체계적으로 조작(manipulate) 또는 변화시켜, ④ 그것이 종속변인에 미치는 영향을 객관적으로 관찰(observe) 또는 측정(measure)해서, ⑤ 그 자료들을 분석하여 주어진 변인들 간의 관계를 기술 및 설명하기 위한 실증적 연구의 하나라고 정의할 수 있다. 그렇다면 이와 같은 실험연구의 특성은 무엇인가?

2. 실험연구의 특성과 본질

실험연구가 다른 형태의 연구들과 구별되는 주요 특성으로는 위와 같은 종합적 정의에서 볼 수 있듯이, ① 독립변인들을 인위적이고 체계적으로 조작 또는 변화시켜 그것이 종속변인에 미치는 영향을 알아본다는 점과, ② 이와 같은 독립변인과 종속변인 간의 관계를 엄격히 통제된 상황에서 관찰해서 연구한다는 점을 들 수 있다. 그러면 이들은 구체적으로 무엇을 말하는가?

1) 독립변인의 인위적 조작

우선 "독립변인을 인위적이고 체계적으로 조작(操作) 또는 변화시켜 그것이 종속변인에 미치는 영향을 알아본다."는 실험연구의 주요 특성을 이해하기 위해서는 앞서 제5장에서 배운 조사연구와 비교해 볼 필요가 있는데, 조사연구와 실험연구는 모두 실증자료를 수집·분석해서 이를 바탕으로 변인들 사이의 관계를 기술하고 설명하고 예측한다는 점에서는 공통점을 가지고 있다. 그러나 조사연구에서는 자연 상황에서 있는 그대로의 자료들을 수집·분석해서 변인 간의 관계를 연구하는 반면, 실험연구에서는 독립변인을 인위적으로 변화시켜 그것이 종속변인에 미치는 영향을 관찰해서 변인 간의 관계를 연구한다는 점이 다르다.

이와 같은 조사연구와 실험연구와의 차이점을 비근한 실례를 들어 설명하면 다음과 같다. 가령, 흡연(독립변인)과 폐암(종속변인)의 관계를 연구할 경우, 폐암에 걸린 환자들을 대상으로 흡연자와 비흡연자의 수를 조사해서, 만약 흡연자의 수가 비흡연자의 수보다 유의적으로 많다면 흡연과 폐암은 관계가 있는 것으로 보는 것이 조사연구이다. 그러나 이와는 달리, 실험연구는 흡연 경험이 없고 체질 · 연령 · 건강상태 · 기호(嗜好)음식 · 생활습관 등이 동일한 사람들을 선정해서, 이들을 무작위로 2개 집단으로 나눈 후, 한 집단(실험집단)의 실험참여자(피험자)들에게는 10년 동안 매일 똑같은 양의 담배를 피우게 하고 또 한 집단(통제집단)의 실험참여자들에게는 금연을 하게 한 다음, 이들 두 집단의 실험참여자 중에 폐암에 걸린 사람의 수를 조사하여, 만약 통제집단보다 실험집단의 실험참여자들이 폐암에 더 많이 걸린 것으로 나타났다면 흡연과 폐암 간에 관계가 있다고 보는 연구이다.

물론, 이러한 실험연구는 극단적 실례로서 윤리적으로도 있을 수 없는 것이지만, 어쨌든 실험연구는 조사연구와는 달리 독립변인을 인위적으로 조작하여, 예컨대 강제로 흡연(독립변인)을 하게 하여 그것이 폐암(종속변인)에 미치는 영향의 여부를 연구한다는 점이 주요 특성이다. 이때 독립변인의 인위적 조작이나 변화를 '실험처치(experimental treatment)'라고 부른다. 그러나 이러한 실험처치 없이 자연적이고 실제적 상황에서 있는 그대로의 자료들, 예컨대 이미 폐암에 걸린 사람을 대상으로 흡연 여부를 조사해서 흡연과 폐암이라는 변인 간의 관계를 연구하는 것이 조사연구의 특징이다.

2) 통제된 상황에서의 관찰

실험연구방법의 또 하나의 주요 특성은, 어떤 변인들 간의 관계를 연구 · 관찰할 때 엄격하게 통제된 상황에서 관찰한다는 점이다. 예컨대, 흡연과 폐암의 관계를 실험을 통하여 연구할 경우, 흡연 경험이 없고 체질 · 연령 · 건강상태 · 기호(嗜好)음식 · 생활습관 등이 동일한 사람들을 선정해서 이들을 무작위로 2개 집단, 즉 실험집단과 통제집단으로 나눈 후, 10년 동안 실험집단에는 매일 똑같은 양의 담배를 흡연하게 하는 동시에 음식물도 똑같이 먹이는 반면, 통제집단에는 금연을 하게 하는 등, 여러 가지 가외변인(extraneous variable)의 영향을 제거하거나 동일하게 고정한 상황에서 흡연이 폐암에 미치는 영향을 관찰해서 이들 두 변인 간의 관계를 규명하는 하는 것을 말한다.

이처럼 어떤 독립변인과 종속변인 간의 관계를 연구할 때, 그에 부작용을 미칠 수 있는 가외변인의 영향을 엄격하게 통제한 상황에서 독립변인을 인위적이고 체계적으로 변화시켜 그 변화가 종속변인에 미치는 영향을 관찰하는 것이 곧 실험연구의 주요 특성이다.

이와 같은 실험연구에서 가외변인의 영향을 통제하는 방법에는 대체로 세 가지, 즉 ① 가외변인을 제거하는 방법, ② 실험참여자(피험자)들을 무작위로 실험집단과 통제집단에 배치(random assignment)하고 실험조건도 무작위로 실험집단에 부여하는 방법, ③ 가외변인을 독립변인의 하나로 실험설계에 포함시켜 그 영향을 조사하여 통제하는 방법이 있는데, 이에 관해서는 뒤에서 살펴보기로 하겠다.

3. 실험연구의 장단점

위와 같이 실험연구는 엄격한 통제 아래 독립변인(실험변인)을 인위적으로 조작해서 그것이 종속변인에 미치는 영향을 관찰하여 변인들 간의 관계를 알아본다는 점에서 다른 연구들과 다른 특성을 갖고 있다. 그렇다면 이러한 실험연구는 다른 연구방법과 비교해 볼 때 어떠한 장점과 단점을 가지고 있는가?

1) 실험연구의 주요 장점

첫째, 실험연구의 가장 큰 장점으로, 다른 유형의 연구방법에 비해 어떤 현상에 관련된 변인들 간의 관계를 정확하게 알아볼 수 있다는 점을 들 수 있다. 왜냐하면 앞서 말했듯이 실험연구에서는 가외변인 등의 영향을 엄격히 통제한 상황에서 독립변인을 변화시켜 그것이 종속변인에 미치는 영향을 관찰하기 때문이다.

둘째, 실험연구의 또 하나의 장점으로는 반복(replication) 연구가 가능하다는 점을 들 수 있다. 실험연구에서는 실험조건을 여러 가지로 달리하여 실험을 해볼 수도 있고, 또한 같은 실험을 여러 번 반복하여 실시해서 그 결과들이 어떻게 나오는지를 검토해 봄으로써 주어진 연구문제에 대한 정확한 해답을 얻을 수 있기 때문이다.

셋째, 실험연구방법은 다른 연구방법에 비해 연구비용이 비교적 적게 든다는 장점도 있다. 예를 들어, 두 가지 광고 메시지의 효과를 비교·검증해 볼 경우, 조사연구에서는 두 가지 메시지의 광고를 실제로 실시한 뒤 그에 대한 소비자들의 반응을 조사해야 되므로 비용이 많이 들게 되지만, 실험연구에서는 소수의 실험참여자(피험자)들에게 두 가지 광고 메시지를 보여 주고 그에 대한 반응을 비교·분석해 봄으로써 시간과 노력, 비용 등을 적게 들이고서도 그 효과를 알아볼 수 있기 때문이다.

넷째로, 실험연구방법은 또한 편리한 때 언제나 실시할 수 있다는 장점도 있다. 예를 들어, 유언비어(rumor)의 전파 과정(diffusion process)에 관하여 연구할 경우, 조사연구에서는 어떤 유언비어가 실제로 퍼지고 있을 때만 그 전파 과정에 관한 연구가 가능하나, 실험연구에서는 언제나 유언비어를 퍼뜨리면서 그 전파 과정과 전파 통로(network) 등을 추적해서 연구할 수 있기 때문이다.

2) 실험연구의 주요 단점

위와 같이 실험연구는 여러 가지 장점들을 가지고 있다. 그러나 단점이나 제한점 등도 적지 않은데, 그중에서 몇 가지만 들어보면 다음과 같다.

첫째, 실험연구의 주요 단점 내지 제한점의 하나로는 인위적 조작, 즉 실험처치가 가능한 독립변인만 대상으로 연구할 수 있다는 점을 들 수 있다. 실험연구란 앞서 말했듯이 독립변인을 인위적이고 체계적으로 조작 또는 변화시켜 그것이 종속변인에 미치는 영향을 알아보는 방법이므로, 실험처치가 불가능한 독립변인과 다른 변인의 관계, 예컨대 성별이나 연령(독립변인)이 흡연(종속변인)에 미치는 영향에 관한 실험연구는 불가능하기 때문이다.

둘째, 실험연구 중 특히 실내실험(laboratory experiment)의 단점으로는 현실성(reality)이 결여될 염려가 있다는 점을 들 수 있다. 실내실험은 대체로 실험실에서 실시하는데, 실험실의 상황과 실제 세계의 상황은 서로 다를 수 있으므로, 그 실험연구 결과를 실제 세계에 일반화하는 데도 제한이 있을 수 있기 때문이다. 따라서 이러한 단점을 극복하기 위하여 실제 상황에서 현장실험(field experiment)를 실시하기도 한다. 그러나 현장실험은 비용과 노력 등이 많이 들 뿐 아니라, 가외변인 등을 엄격하게 통제할 수 없다는 단점을 가지고 있다.

셋째, 실내실험의 또 하나의 단점으로는 실험참여자(피험자)들의 표본이 대표성(representative)을 결여하기 쉽다는 점을 들 수 있다. 실내실험에서는 실험참여자의 수가 대체로 적으며, 또한 이들을 표집할 때 실제 세계의 전집(全集)을 제대로 대표할 수 있는 표본을 추출하기 어렵기 때문이다.

이 밖에도 실험연구는 여러 가지 단점과 제한점들을 가지고 있다. 그중에는 윤리적 제한점도 없지 않은데, 앞서 언급한 '인간을 대상으로 한 흡연과 폐암의 관계에 대한 실험연구'는 할 수 없다는 것이다. 이는 실험 자체가 불가능한 것은 아니나, 인권이나 윤리에 위배되기 때문이다. 특히 인간을 대상으로 한 실험연구에서는 인권이나 윤리에 위배되지 않도록 노력해야 한다. 따라서 과거에는 실험대상자를 '피험자(被驗者, subject)고 불렀으나, 오늘날에는 '실험참여자(experimental participant)'라고 부르고 있다.

4. 실험연구의 종류와 그 주요 속성

위와 같이 실험연구도 여러 가지 장단점들을 갖고 있다. 그러나 이들 장단점은 실험연구의 종류에 따라 조금씩 다른데, 실험연구의 종류에 따라 그 특성도 조금씩 다르기 때문이다. 그렇다면 실험연구에는 어떤 종류가 있으며, 각 종류의 특성은 무엇인가? 실험연구에도 여러 종류가 있으나, 크게 실내실험연구(laboratory experiment)와 현장실험연구(field experiment)로 나누어 볼 수 있다. 그러면 이들 두 가지 실험연구의 주요 속성들만 간단히 살펴보기로 하겠다.

1) 실내실험연구와 그 주요 특성

실내실험연구란, 문자 그대로 실험실에서 엄격한 통제 아래 독립변인을 조작하여 그것이 종속변인에 미치는 영향 등을 관찰하는 실험을 말한다. 이러한 실내실험연구는 독립변인과 종속변인과의 관계에 영향을 미칠 수 있는 가외변인 등의 부작용을 철저하게 제거할 수 있다는 장점을 갖고 있다. 또한 실험참여자(피험자)나 실험조건 등의 무작위 배치(random assignment)가 가능하며, 독립변인을 자유롭게 조작할 수 있고 반복 관찰을 할 수 있다는 장점도 있다. 따라서 커린저는 "실내실험연구방법의 발견은 인간의 가장 위대한 업적의 하나이다(Kerlinger, 1973, p. 401)."라고 말하고 있다.

그러나 이러한 실내실험은 단점도 없지 않은데, 실험실 상황은 실제 상황과는 달리 실험을 위하여 만든 인위적(artificial)이고 제약된 상황이기 때문에, 이러한 상황의 실내실험에서 얻어진 연구결과는 실제 상황에 맞지 않을 수도 있다는 것이 가장 큰 단점의 하나이다. 또한 실내실험의 참여자(피험자)들은 마치 포로처럼 실험실에 갇힌 상태에서 실험연구자의 지시에 따라 실험에 참여하기 때문에, 이들로부터 얻은 자료들은 자유로운 상태의 응답자로부터 얻은 자료와 차이가 있을 수 있다는 것도 또 하나의 단점으로 지적되고 있다.

이처럼 실내실험연구은 여러 가지 단점들을 갖고 있지만, 그럼에도 불구하고 그 유용성 때문에 과학적 연구에서는 반드시 필요하다. 따라서 사회과학 분야에서도 실내실험을 많이 하는데, 그 주요 이유를 세 가지만 들어보면 첫째, 다른 가외변인들의 영향을 모두 통제한 상태나 조건 아래서 변인들 간의 관계를 알아보려면 실내실험연구가 필요하며, 둘째, 어떤 이론이나 다른 연구로부터 나온 가설들을 엄밀히 검증할 때도 실내실험연구가 필요하고, 셋째, 어떤 기존의 이론이나 가설을 더욱 정련(refine)하고, 새로운 이론이나 가설을 창출하며, 또한 이론적 체계(theoretical system)를 세우는 데도 실내실험연구가 필요하기 때문이다.

2) 현장실험연구와 그 주요 특성

현장실험연구는 실내실험연구와는 달리 실제 상황(realistic situation)에서 실시하는 실험연구를 말한다. 예를 들어, 두 가지 소구방법(appeal)의 TV 광고의 효과를 비교·검증해 보고자 할 경우, 이들 두 가지 광고를 실제로 방송한 뒤 그에 대한 소비자의 반응을 조사해 보는 것과 같은 실험을 말한다. 또한 유언비어(rumor)의 전파 과정을 연구할 때, 어떤 지역이나 회사 등에 유언비어를 실제로 퍼뜨려서 그 전파 과정과 전파 통로(network) 등을 알아보는 것도 현장실험연구이다.

따라서 이러한 현장실험연구의 가장 큰 장점으로, 실험이 실제 상황에서 이루어지므로 그 결과를 현실 세계에 그대로 일반화할 수 있다는 점을 들 수 있다. 또한 현장실험연구는 현실적 생활조건에서 복잡한 사회적 영향·과정·변동 등을 연구하는 데도 적합하며, 현실문제의 해결을 위한 연구나 광범한 가설의 검증에도 적합하다는 장점도 갖고 있다.

그러나 이러한 현장실험연구에도 단점이 없지 않은데, 현장실험연구는 현실 세계 또는 현장에서 실시하기 때문에 실내실험연구에 비하여 엄격한 통제가 어려우며, 독립변인의 조작 등에도 어려움이 따르게 된다. 또한 정확한 관찰도 어렵다. 하지만 현장실험연구를 할 때 실험처치와 통제 등이 제대로만 이루어진다면, 현장실험연구는 실내실험연구의 제한점과 단점을 보완해서 실험연구의 특징을 살릴 수 있다.

나. 실험연구의 여러 가지 방안과 용례

앞에서 실험연구의 뜻과 주요 특성, 장단점 등에 관하여 살펴보았는데, 그렇다면 실험연구는 주로 어떤 경우에 하는가? 앞서 말했듯이 실험연구는 엄격한 통제 아래 독립변인을 인위적으로 조작해서 그것이 종속변인에 미치는 영향을 관찰하여 변인들 간의 관계를 알아보는 연구방법이다. 따라서 독립변인의 인위적 조작과 실험 상황의 엄격한 통제만 가능하다면 어떤 문제나 모두 실험연구 대상이 될 수 있다. 그러나 여기서는 여러 가지 실험방안(experimental design)들의 용례(用例)를 중심으로, 어떤 경우에 어떤 실험연구가 필요한지 몇 가지 실례만 들어보기로 하겠다.

1. 준(準)실험방안의 기본형태와 용례

실험방안이란 실험연구를 위한 설계도라고 할 수 있는데, 이러한 실험방안은 각각의 실험연구에 따라 다를 수 있다. 그러나 기본적이고 대표적인 것들을 들어보면 [참고자료 6-1]과 같다(Campbell and Stanley, 1963). 이에서 볼 수 있듯이 실험방

참고자료 6-1

여러 가지 대표적 실험방안들

1. 준(準)실험방안들(Pre-experimental Designs)
   (1) 단발사례 연구방안(one-shot case study)
   (2) 비노출집단 비교방안(static-group comparison)
   (3) 단일집단 사전 · 사후 검사방안(one-group pretest-posttest design)

2. 참[眞]실험방안들(True Experimental Designs)
   (1) 사전 · 사후검사 통제집단방안(pretest-posttest control group design)
   (2) 단사후검사 통제집단방안(posttest-only control group design)
   (3) 솔로몬 4개 집단방안(Solomon four-group design)
   (4) 여러 가지 요인방안(factorial designs)
   (5) 기타 변형적 실험방안(other dimensions of extension)

3. 의사(擬似)실험방안들(Qusi-experimental Designs)
   (1) 시계열 실험방안(time-series experiment)
   (2) 대등시간 표본방안(equivalent time-samples design)
   (3) 대등재료방안(equivalent materials design)
   (4) 비대등 통제집단방안(nonequivalent control group design)
   (5) 상쇄방안(counter-balanced design)
   (6) 분리표본 사전 · 사후 검사방안(separate-sample pretest-posttest design)
   (7) 분리표본 사전 · 사후 통제집단방안(separate-sample pretest-posttest control group design)
   (8) 다원 시계열 방안(multiple time-series design)
   (9) 재발기구 주기방안(recurrent institutional cycle design)
   (10) 회귀불연속 분석방안(regression-discontinuity analysis)

안에는 준(準)실험방안과 참[眞]실험방안이 있는데, 준실험방안(pre-experimental design)이란 엄격한 실험통제가 이루어질 수 없어 가외변인들이 많이 작용할 수 있는 실험방안을 말한다. 이러한 준실험방안에도 여러 가지가 있는데, 여기서는 단발사례 연구방안(one-shot case study), 비노출집단 비교방안(static-group comparison), 단일집단 사전·사후 검사방안(one-group pretest-posttest design)에 관해서만 간단히 살펴보기로 하겠다.

1) 단발사례 연구방안의 기본형태와 용례

단발사례 연구방안이란, 어떤 독립변인과 종속변인 간의 관계를 알아보고자 할 때, 한 집단의 실험참여자(피험자)들에게 독립변인에 대한 실험처치를 한 차례만 하고 그 실험처치가 종속변인에 미친 영향을 사후 검사해서 알아보는 실험방안을 말한다. 이러한 실험방안의 기본형태를 도시(圖示)하면 [그림 6-1]과 같은데, 이 그림에서 X는 독립변인의 실험처치(experimental treatment), 즉 독립변인의 인위적 조작을 말하며, Y는 종속변인 값의 측정검사(test)를 말한다.[3]

이와 같은 단발사례 연구방안의 용례(用例)로는, 어떤 홍보영화의 효과를 연구할 때, 그 영화를 일단(一團)의 관객들에게 보여준(X) 뒤, 그 영화에 대한 반응을 조사해서 홍보효과(Y)를 알아보는 연구 등을 들 수 있다. 이처럼 단발사례연구는 어떤 하나의 실제 사례(事例)를 실험처럼 간주하여, 그것이 개인들이나 사회에 미치는 어떤 영향(종속변인) 등을 연구할 때 주로 사용되므로 '단발사례연구'라고 부른다.

그러나 이러한 단발사례연구는 엄격히 통제된 상황에서 독립변인을 소삭하여 실험참여자들에게 실험처치를 가해서 독립변인과 종속변인 간의 관계를 알아보는 참

$$X \qquad\qquad Y$$

그림 6-1 단발사례 연구방안의 기본형태

3 이를 그림에서는 Y로 표시했으나 O로 표시하기도 하는데, O는 Observation의 머리글자로서, 실험에서 관찰이란 각종 변인의 값을 측정 검사하는 것과 같기 때문이다.

된 실험방안이 아니므로, 연구 과정에 가외변인들이 끼어들어 실험의 타당도(experimental validity)를 저해하기 쉽다. 따라서 이러한 단발사례연구방안을 준(準) 실험방안이라고 부르는데, 이와 같은 실험방안의 타당도와 그 저해요인에 관해서는 조금 뒤에 살펴보기로 한다.

2) 비노출집단 비교방안의 기본형태와 용례

비노출집단 비교방안(static-group comparison)은 어떤 독립변인과 종속변인 간의 관계를 알아보고자 할 때, [그림 6-2]에서 보듯이 독립변인에 이미 노출(X)된 노출집단과 노출되지 않은 비노출집단의 개인들을 대상으로 독립변인이 종속변인에 미치는 영향이나 효과에 관한 검사를 실시해서 그 검사치(Y값)들의 차이를 비교하여 독립변인과 종속변인과의 관계 여부를 알아보는 준실험방안을 말한다.

예를 들어, 어떤 TV 프로그램의 효과를 알아보고자 할 때, 그 프로그램을 시청한 시청자 집단(노출집단)과 시청하지 않은 사람들의 시청자 집단(비노출집단)을 대상으로 그 프로그램에 대한 수용태도 등을 검사하여 서로 비교해서, 만약 그 프로그램을 시청한 시청자 집단(노출집단)의 검사치가 그 프로그램을 시청하지 않은 시청자 집단(비노출집단)의 검사치보다 높게 나오면 이를 해당 TV 프로그램의 효과로 간주하는 연구방안을 말한다.

따라서 이 방안은 앞서 살펴본 단발사례연구보다는 과학적 방안이다. 그러나 이 방안도 참실험방안이 아니라 준실험방안에 지나지 않는다. 왜냐하면 이 방안도 직접 실험처치를 해서 그 영향을 알아보는 것이 아니라, 위의 실례에서 보듯이 어떤 TV 프로그램을 이미 시청한 집단(기노출집단)과 시청하지 않은 집단(비노출집단)을 대상으로 그 프로그램에 대한 수용태도 등을 검사하여 서로 비교해서 그 프로그램의 효과를 알아보는 것이므로, TV 프로그램을 시청한 집단과 시청하지 않은 집단 간에 그

X	X_{a1}	(노출집단)
	Y_{a2}	(비노출집단)

그림 6-2 비노출집단과 비교방안의 기본형태

프로그램에 대한 수용태도 등의 검사치에 차이가 나타나더라도 이는 그 프로그램을 시청한 집단과 시청하지 않은 집단의 속성이 본래부터 달라서 그러한 차이가 나올 수도 있기 때문이다. 따라서 두 집단 간의 검사치의 차이가 해당 TV 프로그램의 시청(실험처치)에 의한 진정한 산물이냐, 아니면 두 집단 간의 이질성(異質性)이라는 가외변인의 영향에 의한 것이냐를 정확하게 알 수 없는데, 만약 후자에 의한 것이라면 실험의 타당도가 없게 된다.

3) 단일집단 사전·사후 검사방안의 기본형태와 용례

단일집단 사전·사후 검사방안(one-group pretest-posttest design)이란, 어떤 독립변인과 종속변인 간의 관계를 실험을 통해 알아보고자 할 때, 한 집단의 실험참여자들에게 미리 사전검사(pre-test)를 하여 종속변인의 값을 측정해 놓고 나서, 1주일쯤 뒤 실험참여자들에게 독립변인에 관한 실험처치를 가한 다음, 다시 종속변인 값의 측정을 위한 사후검사(post-test)를 실시하여[4] 사전검사와 사후검사의 평균치의 차이를 비교해 보는 방안을 말한다. 그 결과, 만약 사후검사의 평균치가 사전검사의 평균치보다 유의적(significantly)으로 높게 나오면 독립변인이 종속변인에 영향을 미친다고 보고, 사후검사와 사전검사의 평균치에 유의적 차이가 없으면, 두 변인이 서로 관계가 없다고 간주한다. 이러한 방안의 기본형태를 그림으로 나타내면 [그림 6-3]과 같은데, 여기서 Y_b는 사전검사, Y_a는 사후검사,[5] 그리고 X는 독립변인에 대한

$$Y_b \qquad\qquad X \qquad\qquad Y_a$$

그림 6-3 단일집단 사전·사후 검사방안의 기본형태

---

4 이처럼 종속변인에 대한 사전검사(pre-test)를 실시하고 나서 약 1주일쯤 뒤에 실험처치를 가하고 다시 사후검사(post-test)를 하는 것은, 사전검사를 하고 나서 즉시 실험처치와 사전검사를 하면 사전검사가 가외변인의 하나로서 사후검사에 영향을 미칠 우려가 있기 때문이다.

5 종속변인의 사전검사를 Y_b, 사후검사를 Y_a로 표시하는 것은, 독립변인의 실험처치가 종속변인에 미친 영향의 여부를 알기 위해서는 사후검사치 Y_a에서 사전검사치 Y_b를 빼야 하기 때문이다. 그러나 사후검사는 'after test', 사전검사는 'before test'라고도 부르기 때문이라는 식으로 기억해 두어도 좋다.

실험처치를 말한다.

이와 같은 단일집단 사전 · 사후 검사방안도 준실험방안의 하나이긴 하지만, 종속변인에 대한 사전검사와 사후검사를 실시하여, 이들 2개 검사치 간의 차이(Y_a–Y_b)를 산출해서 독립변인이 종속변인에 미치는 영향 여부, 즉 독립변인과 종속변인 간의 관계 여부를 알아본다는 점에서, 앞서 살펴본 단발사례연구나 비노출집단 비교방안보다 조금 발전한 실험방안이라고 하겠다. 예를 들어, 금연 공익광고의 효과를 알아볼 경우, 이를 단발사례연구나 비노출집단 비교방안을 사용하여 알아본다면, 만약 '금연하겠다'는 실험참여자들의 수가 많이 나타났더라도 이것이 실제로 금연 광고효과 때문이었는지, 아니면 본래부터 실험참여자 중에 '금연하겠다'는 사람이 많았기 때문이었는지 정확히 알 수 없기 때문이다.

그러나 단일집단 사전 · 사후 검사방안연구에서는, 먼저 금연에 대한 실험참여자들의 태도를 사전검사(Y_b)한 뒤, 약 1주일 후에 금연 공익광고를 보여주고(X) 나서 다시 금연에 대한 태도를 사후검사(Y_a)하여, 만약 '금연하겠다'는 실험참여자의 수가 사전검사 때보다 유의적으로 많았다면, 이는 관람자들 중에 본래부터 '금연하겠다'는 사람이 많았기 때문이 아니라, 금연 공익광고의 효과 때문이라는 것을 알 수 있다. 따라서 이런 단일집단 사전 · 사후 검사방안은 단발사례연구나 비노출집단 비교방안보다 발전한 실험방안이다. 그러나 이 방안도 가외변인을 엄격하게 통제할 수 없는 준실험방안의 하나로서, 실험의 타당도에 여러 가지 문제점들이 없지 않은데, 이에 관해서는 조금 뒤에 다시 살펴보기로 한다.

2. 참[眞]실험방안의 기본형태와 용례

위에서는 우선 준실험방안들의 기본형태와 용례 등을 살펴보았는데, 준실험방안이란 앞서 말했듯이 실험 과정에서 가외변인에 대한 엄격한 통제가 잘 이루어질 수 없어 실험의 타당도가 비교적 낮은 실험방안들을 말한다. 그러나 이런 방안들과는 달리, 가외변인을 엄격하게 통제하고 통제집단 등을 추가하여 실험 결과의 타당도가 높도록 설계한 실험방안들도 적지 않은데, 이러한 것들을 참[眞]실험방안(true experimental design)이라고 부른다. 이러한 참실험방안 중 대표적인 것으로는 ① 사전·사후검사 통제집단방안, ② 단사후검사 통제집단방안, ③ 솔로몬 4개 집단방안, ④ 여러 가지 요인방안, ⑤ 기타 변형적 실험방안들을 들 수 있는데, 여기서는 이들 실험방안의 기본형태와 용례만 간단히 살펴보기로 하겠다.

1) 사전·사후검사 통제집단방안의 기본형태와 용례

사전·사후검사 통제집단방안(pretest-posttest control group design)이란, 어떤 독립변인이 종속변인에 미치는 영향을 실험을 통해 알아보고자 할 때 사용하는 기본적인 참[眞]실험방안의 하나로서, 실험의 타당도가 비교적 높아서 독립변인과 종속변인과의 관계를 정확하게 알기 위한 여러 실험연구에서 널리 사용하고 있다.

(1) 사전·사후검사 통제집단방안의 기본형태와 실험 절차

이와 같은 사전·사후검사 통제집단방안의 기본형태를 그림으로 나타내 보면 [그림 6-4]와 같은데, 이 그림에서 앞의 $\boxed{R}$이라는 기호는 실험을 할 때 그 참여자들을 실험집단과 통제집단에 무작위로 나누어 배치(random assignment)하는 것을 말하며, Y_b는 실험처치 전에 실시하는 사전검사(pre-test)를, X는 독립변인의 실험처치를, Y_a는 실험처치 후에 실시하는 사후검사(post-test)를 말한다. 그리고 이 그림에서 실험집단(experimental group)은 실험처치를 가하는 실험참여자 집단을 말하며, 통제집단(control group)은 실험처치는 하지 않고 검사만 실시하는 집단을 말한다.

이와 같은 사전·사후검사 통제집단방안의 실험 과정을 실례를 들어 좀 더 구체적으로 살펴보면, 가령 금연 공익광고(독립변인)가 청소년의 금연행동(종속변인)에 영향을 미치는지, 즉 효과가 있는지 여부를 사전·사후검사 통제집단방안의 실험을 통해 알아보고자 할 경우, 우선 청소년들 중에서 실험참여자를 무작위로 표집하여 이들을 실험집단과 통제집단에 무작위로 배치($\boxed{R}$)한다. 그리고 이들 두 집단에 금연

$\boxed{R}$	Y_{b1}	X	Y_{a1}	(실험집단)
	Y_{b2}		Y_{a2}	(통제집단)

그림 6-4 사전·사후검사 통제집단방안의 기본형태

행동에 관한 사전검사(Y_b)를 실시한다. 그런 다음, 실험참여자들이 사전검사척도의 내용을 좀 잊을 때까지 약 1주일쯤 기다렸다가 실험집단에는 금연 공익광고를 보여주고(독립변인의 실험처치), 통제집단에는 그 광고를 보여주지 않고, 곧 이들 두 집단에 사전검사와 같은 내용의 사후검사(Y_a)를 동시에 실시한다.

그런 다음 각 집단별로 금연행동(종속변인)에 관한 사후검사의 평균치에서 사전검사의 평균치를 빼서 그 차이들을 비교해 본다. 그렇게 하여 실험집단에서 사후검사와 사전검사의 평균치의 차이($d_e = Y_{a1} - Y_{b1}$)가 통제집단에서의 차이($d_c = Y_{a2} - Y_{b2}$)보다 유의적(significantly)으로 크면,[6] 이는 금연 공익광고의 영향 때문이라고 보아서, 금연 공익광고(독립변인)가 청소년의 금연행동(종속변인)에 영향을 미친다고, 즉 광고 효과가 있다고 추정한다.

(2) 사전·사후검사 통제집단방안에서 통제집단의 설치 이유

이와 같이 독립변인과 종속변인의 관계를 알아보는 사전·사후검사 통제집단방안은 가장 기본적인 참실험방안의 하나로, 여러 가지 연구문제들에 관한 실험연구에서 널리 사용되고 있다. 이 실험방안에는 특히 가외변인들의 부작용을 검토해서 통제할 수 있는 통제집단이 설치되어, 독립변인과 종속변인과의 관계를 비교적 정확하게 알 수 있기 때문이다. 그렇다면 이러한 사전·사후검사 통제집단방안 등에 통제집단을 설치하는 이유는 무엇인가?

첫째, 가장 큰 이유는 실험처치 이후 종속변인에 대한 실험집단의 사후검사치를 통제집단의 사후검사치와 비교해 보기 위해서이다. 그 결과 실험집단의 사후검사치(평균)가 통제집단의 그것보다 유의적으로 높게 나오면, 이는 독립변인의 실험처치의 결과로 보아서 독립변인과 종속변인 간의 관계가 있다고 볼 수 있다.

둘째, 통제집단을 설치하는 또 하나의 이유는, 실험 과정에서 독립변인과 종속변인 간의 관계를 왜곡시키는 가외변인의 영향 여부를 검토해서 이를 통제하기 위해

---

6 실험집단과 통제집단의 사전검사치 간에 유의적 차이가 없을 경우에는 실험집단과 통제집단의 사후검사치(평균)만 비교해서, 실험집단의 사후검사치(평균)가 통제집단의 사후검사치(평균)보다 유의적으로 큰지 아닌지를 알아보면 된다. 이때 유의도(有意度)는 앞서 제4장에서 살펴보았듯이 t-검사(t-test) 등의 추리통계방법을 사용해서 알아보면 된다.

서이다. 예를 들어, 금연 공익광고(독립변인)가 청소년들의 금연행동(종속변인)에 미치는 영향(효과)을 알아보기 위한 실험연구를 할 경우, 금연행동(종속변인)에 대한 사전검사를 하고 나서, 1주일 뒤 금연 공익광고를 청소년들에게 보여주고(실험처치) 사후검사를 실시할 경우, 그 1주일 동안에 우연히 흡연에 관련된 어떤 사건(예를 들어, 흡연으로 폐암에 걸린 유명 코미디언의 사망 사건)이 일어나거나, 실험참여 청소년들이 수업시간에 흡연과 폐암의 관계에 관한 학습을 했다면, 이러한 것들이 가외변인으로서 실험참여 청소년들의 금연행동(종속변인)에 영향을 미치게 된다. 그러므로 실험에서 실험집단의 사후검사치가 사전검사치보다 유의적으로 높게 나왔더라도, 이것이 위와 같은 어떤 사건이나 학습 등 가외변인의 영향 때문인지, 실제로 독립변인의 실험처치의 효과 때문인지 알 수 없다.

따라서 이러한 경우를 대비해서 통제집단을 설치하는데, 통제집단에는 실험처치는 하지 않고 실험집단과 같은 때 사전검사와 사후검사만 실시해서 이들 검사치를 비교해 보았을 때, 유의적 차이가 없다면 이는 실험기간(사전검사부터 사후검사 시까지)에 실험참여 청소년들의 금연행동(종속변인)에 가외변인으로서의 어떤 사건이나 학습 등이 일어나지 않았다는 것이 된다. 그러므로 실험집단에서 사후검사치가 사전검사치보다 유의적으로 높게 나온 것은 독립변인의 실험처치의 효과 때문이라고 말할 수 있다. 그러나 통제집단의 사전검사치와 사후검사치 간에 유의적 차이가 있다면, 이는 독립변인의 실험처치의 효과가 아니라, 어떤 사건이나 학습 등 가외변인들의 영향 때문이라고 할 수 있다. 그러므로 통제집단은 실험에서 독립변인과 종속변인의 관계를 정확하게 규명하는 데 필요하다.

또한 통제집단은 실험참여자들을 실험집단과 통제집단 등에 무작위로 배치할 때, 그 배치가 제대로 되었는지를 검토해 보는 데도 필요하다. 만약 실험참여자들을 실험집단과 통제집단 등에 무작위로 배치되지 않으면, 실험처치 후 종속변인에 대한 두 집단의 사후검사치들 간에 차이가 나타나더라도, 이것이 독립변인의 실험처치의 영향 때문인지, 아니면 두 집단 간에 본래부터 종속변인의 값에 차이가 있었기 때문인지 알 수 없다. 따라서 실험참여자들을 실험집단과 통제집단에 무작위로 일단 배치한 다음, 사전검사를 해서 그 검사치들(Y_{b1}와 Y_{b2}) 간에 유의적 차이가 있는지 없는지를 검토해 보아야 한다. 그렇게 하여 유의적 차이가 없다면, 이는 실험참여자들이 실험집단과 통제집단에 무작위로 잘 배치되었다는 것을 의미하므로 실험을 진행해도 좋다. 그러나 실험집단과 통제집단의 사전검사치들 간에 유의적 차이가 있다면, 이는 실험참여자들이 두 집단에 무작위로 배치되지 않았음을 의미하므로, 다시 실험참여자들을 두 집단에 무작위로 배치하고 실험을 계속해야 한다.

2) 단사후검사 통제집단방안의 기본형태와 용례

단사후검사 통제집단방안(posttest-only control group design)은 위에서 살펴본 '사전·사후검사 통제집단방안'과 비슷하나, 종속변인에 대한 사전검사는 실시하지 않고 사후검사만 실시한다는 점이 다르다. 그렇다면 왜 단사후검사 통제집단방안에서는 사전검사를 하지 않는가?

(1) 단사후검사 통제집단방안의 기본형태와 실험 절차

단사후검사 통제집단방안에서 사전검사를 하지 않는 이유는 조금 뒤에 살펴보기로 하고, 우선 이 실험방안의 기본형태부터 살펴보면 [그림 6-5]와 같이 먼저 실험참여자들을 무작위로 표집하여 이들을 2개의 집단, 즉 실험집단과 통제집단에 무작위로 배치(R)한다. 그리고 실험집단에는 독립변인에 대한 실험처치(X)를 가한 뒤 곧 종속변인의 사후검사(Y_{a1})만 하고, 통제집단에는 실험처치를 하지 않고 사후검사(Y_{a2})만 실시한다. 그런 다음, 이들 두 집단의 사후검사의 평균치를 각각 산출하여 비교해서, 만약 실험집단의 사후검사의 평균치가 통제집단의 그것보다 유의적으로 크게 나오면, 이는 독립변인의 실험처치의 효과로 보아 독립변인과 종속변인 간에 관계가 있다고 추정한다. 반면, 실험집단과 통제집단의 검사치들 간에 유의적 차이가 없다면, 독립변인과 종속변인 간에 관계가 없다고 본다.

이와 같이 단사후검사 통제집단방안은 앞서 살펴본 비노출집단 비교방안(static-group comparison)과 비슷하여 서로 혼동하기 쉽다. 그러나 비노출집단 비교방안은 어떤 독립변인에 이미 노출(X)된 노출집단과 노출되지 않은 비노출집단의 개인들을 대상으로 독립변인이 종속변인에 미치는 영향이나 효과에 관한 검사를 실시해서, 만약 노출집단의 검사치가 비노출집단의 검사치보다 유의적으로 높게 나오

$$
\begin{array}{cccc}
 & X \quad Y_{a1} & & \text{(실험집단)} \\
\boxed{R} & \overline{\qquad\qquad\qquad} & & \\
 & \qquad\; Y_{a2} & & \text{(통제집단)}
\end{array}
$$

그림 6-5 단사후검사 통제집단방안의 기본형태

면, 독립변인과 종속변인 간에 관계가 있다고 보는 준실험방안이다.

그러나 단사후검사 통제집단방안은 실험참여자들을 무작위로 표집해서 실험집단과 통제집단에 무작위로 배치한 다음, 독립변인에 대한 실험처치를 가하고 사후검사를 해서, 만약 실험집단의 사후검사치가 통제집단의 사후검사치보다 유의적으로 크게 나오면, 이는 독립변인의 실험처치의 효과로 보아 독립변인과 종속변인 간에 관계가 있다고 추정하는 참실험방안이라는 점이 비노출집단 비교방안과 다르다.

(2) 단사후검사 통제집단방안에서 사후검사만 하는 이유

한편, 단사후검사 통제집단방안은 실험집단과 통제집단으로 구성되어 있다는 점에서, 위에서 살펴본 사전·사후검사 통제집단방안과 비슷하다. 그러나 사전·사후검사 통제집단방안에서는 실험집단과 통제집단에 모두 종속변인의 사전검사와 사후검사를 실시하는 반면, 단사후검사 통제집단방안에서는 두 집단에 모두 사전검사는 하지 않고 사후검사만 실시한다는 점이 다르다. 그렇다면 왜 단사후검사 통제집단방안에서는 사전검사 없이 사후검사만 실시하는가?

주요 이유는 실험의 타당도를 저해하는 가외변인의 하나인 사전검사 요인을 통제하기 위해서이다. 여기서 '사전검사 요인'이란, 뒤에서 자세히 살펴보겠지만 실험에서 동일 실험참여자들을 대상으로 같은 내용의 검사를 두 번 실시할 경우 첫 번째 검사(사전검사)가 두 번째 검사(사후검사)에 대한 실험참여자들의 응답에 영향을 미쳐 실험의 타당도를 저해하는 것을 말한다. 예를 들어, 학교에서 내용이 같거나 비슷한 시험을 두 번 보면 두 번째 시험의 성적이 높아지듯이, 실험에서도 같은 내용의 검사를 두 번 실시할 경우 첫 번째 검사(사전검사)가 두 번째 검사(사후검사)에 대한 실험참여자들의 응답에 영향을 미쳐 두 번째 검사의 검사치가 달라질 수 있는데, 바로 이처럼 첫 번째 검사가 두 번째 검사에 가외변인적인 영향을 미치는 것을 사전검사 요인이라고 한다.

그런데 사전 · 사후검사 통제집단방안의 실험에서 같은 내용의 사전검사와 사후검사를 실시할 경우, 만약 실험집단의 사후검사치(종속변인의)가 통제집단의 사후검사치보다 유의적으로 크게 나오더라도, 이것이 독립변인의 실험처치가 종속변인에 미친 영향 때문인지, 아니면 사전검사의 영향, 즉 사전검사 요인 때문인지 알 수 없다. 따라서 이러한 사전검사 요인을 통제하고 독립변인과 종속변인간의 관계를 알아보기 위해 단사후검사 통제집단방안에서는 사전검사를 하지 않고 다만 사후검사만 실시해서, 실험집단의 사후검사치가 통제집단의 사후검사치보다 유의적으로 크게 나오면 독립변인과 종속변인 간에 관계가 있다고 추정한다. 그러므로 이러한 단사후검사 통제집단방안은 실험의 타당도가 높은 실험방안의 하나이다. 그러나 문제점도 없지 않은데, 이에 관해서는 조금 뒤에 실험의 타당도에서 살펴보기로 한다.

3) 솔로몬 4개 집단방안의 기본형태와 용례

솔로몬 4개 집단방안(The Solomon four-group design)은 1949년 솔로몬(Solomon, 1949)이 고안한 것으로, 실험의 타당도가 매우 높아 독립변인과 종속변인 간의 관계를 정확하게 알아보고자 할 때 많이 사용하는 실험방안이다. 그러나 이 실험방안은 앞서 살펴본 사전 · 사후검사 통제집단방안과 단(但)사후검사 통제집단방안을 결합한 것이다.

(1) 솔로몬 4개 집단방안의 기본형태와 실험 절차

우선 솔로몬 4개 집단방안의 기본형태와 실험 과정부터 간단히 살펴보면, 이 방안은 [그림 6-6]에서 보듯이 1개의 실험집단과 3개의 통제집단으로 이루어져 있다. 따라서 이 방안을 사용하여 어떤 독립변인과 종속변인 간의 관계를 알아보려면, 먼저 실험참여자들을 무작위로 표집하여 이들을 4개 집단, 즉 1개의 실험집단과 3개의 통제집단에 무작위로 배치($\boxed{R}$)한다. 그런 다음, 실험집단에는 종속변인에 대한 사전검사(Y_{b1})를 실시하고 나서, 약 1주일 뒤에 독립변인을 실험처치(X) 한 후, 곧 다시 사후검사(Y_{a1})를 실시한다.

	Y_{b1}	X	Y_{a1}	(실험집단)
R	Y_{b2}		Y_{a2}	(통제집단 1)
		X	Y_{a3}	(통제집단 2)
		Y_{a4}		(통제집단 3)

그림 6-6 솔로몬 4개 집단방안의 기본형태

한편, 통제집단 1에는 실험집단과 같은 때 종속변인의 사전검사(Y_{b2})를 하고 나서, 약 1주일 뒤 실험처치를 하지 않고 사후검사(Y_{a2})만 실시한다. 그리고 통제집단 2에는 사전검사 없이 실험처치(X)를 실험집단과 같은 때 실시한 뒤, 사후검사(Y_{a3})를 하고, 통제집단 3에는 사후검사(Y_{a4})만 실험집단과 같은 시기에 실시한다.

이렇게 각 집단별로 서로 조금씩 달리 실험처치와 검사를 모두 마치고 그 검사치들을 서로 비교한다. 그러면 그 차이들을 토대로 독립변인과 종속변인 간의 관계 여부를 추정하는데, ① 실험집단의 사후검사치가 사전검사치보다 유의적으로 크고($Y_{a1} > Y_{b1}$), ② 실험집단의 사후검사치가 통제집단 1의 사후검사치보다 유의적으로 크며($Y_{a1} > Y_{a2}$), ③ 통제집단 2의 사후검사치가 통제집단 3의 사후검사치보다 유의적으로 크고($Y_{a3} > Y_{a4}$), ④ 통제집단 2의 사후검사치가 통제집단 1의 사전검사치보다 유의적으로 크게($Y_{a3} > Y_{b2}$) 나타나야 독립변인이 종속변인과 관계가 있다고 결론을 내리게 된다. 그렇다면 그 이유는 도대체 무엇인가?

(2) 솔로몬 4개 집단방안 실험 결과의 해석방법

첫째, 실험집단에서 사후검사치가 사전검사치보다 유의적으로 크게 나와야 독립변인과 종속변인 간에 관계가 있다고 결론을 내리는 것은, 그래야 실험에서 독립변인의 실험처치가 종속변인에 영향을 미친 것으로 볼 수 있기 때문이다. 따라서 솔로몬 4개 집단방안에서는 실험집단에 먼저 종속변인의 사전검사를 실시하고나서 약 1주일 뒤 독립변인의 실험처치를 가한 후, 곧 종속변인의 사후검사를 해서, 종속변인의 사후검사치(Y_{a1})가 사전검사치(Y_{b1})보다 유의적으로 크게 나오면, 이는 독립변인의 실험처치의 영향 때문인 것으로 간주해서 독립변인과 종속변인 간에 관계가 있다고 추정한다.

둘째, 그러나 "또한 실험집단의 사후검사치(Y_{a1})가 통제집단 1의 사후검사치(Y_{a2})보다 크게 나와야" 독립변인과 종속변인 간에 관계가 있다고 결론을 내리는 이유는, 실험집단의 사후검사치가 사전검사치보다 유의적으로 크게 나왔더라도, 이는 독립변인의 실험처치의 영향 때문이 아니라, 사전검사부터 사후검사까지의 기간(통상 1주일)에 우연히 일어난 어떤 사건이나 학습 등의 가외변인의 영향 때문일 수도 있기 때문이다. 따라서 이러한 가외변인의 영향 여부를 검토해서 통제하기 위하여 솔로몬 4개 집단방안에서는 통제집단 1을 설치해서, 이 집단에는 실험집단과 같은 때 종속변인의 사전검사를 하고나서, 약 1주일 뒤 독립변인의 실험처치를 하지 않고 사후검사만 실시한다. 그렇게 하여 사후검사치와 사전검사치 간에는 유의적 차이가 없되, 실험집단의 사후검사치가 통제집단 1의 사후검사치보다 커야, 사전검사부터 사후검사까지 기간에 어떤 사건이나 학습 등의 가외변인들이 통제집단 1뿐 아니라 실험집단에도 작용하지 않았다고 볼 수 있다. 따라서 실험집단에서 사후검사치가 사전검사치보다 유의적으로 크게 나온 것은 독립변인의 실험처치의 영향 때문으로 볼 수 있으므로, 독립변인과 종속변인 간에 관계가 있다고 말할 수 있다.

셋째, 또한 "통제집단 2의 사후검사치(Y_{a3})는 통제집단 3의 사후검사치(Y_{a4})보다 유의적으로 크게 나와야 독립변인과 종속변인 간에 관계가 있다."고 더 확실하게 말할 수 있는데, 실험집단의 사후검사치가 사전검사치보다 유의적으로 크게 나왔더라도, 이것이 독립변인의 실험처치의 영향 때문이 아니라, 앞서 단사후검사 통제집단방안에서 살펴보았듯이 '사전검사 요인'이라는 가외변인 때문이라고도 볼 수 있기 때문이다.[7] 따라서 이러한 효과를 미리 통제하기 위하여, 솔로몬 4개 집단방안에서는 또 통제집단 2와 통제집단 3을 설치하여, 통제집단 2에는 종속변인의 사전검사를 하지 않고 실험집단과 같은 때 독립변인의 실험처치를 한 뒤 곧 사후검사만 실시하고, 통제집단 3에는 사후검사만 실험집단과 같은 때 실시한다. 그렇게 하여 이들 통제집단의

7 사전검사 요인이란, 앞서 단사후검사 통제집단방안에서 설명했듯이 첫 번째 검사(사전검사)가 두 번째 검사(사후검사)에 대한 실험참여자들의 응답에 영향을 미쳐서 실험의 타당도를 저해하는 것을 말한다. 예를 들어, 학교에서 같거나 비슷한 내용의 시험을 두 번 보면 두 번째 시험의 성적이 높아지듯이, 실험에서도 같은 내용의 검사를 두 번 실시할 경우 첫 번째 검사(사전검사)가 두 번째 검사(사후검사)에 대한 실험참여자들의 응답에 영향을 미쳐 두 번째 검사의 검사치가 달라질 수 있는데, 바로 이러한 것을 사전검사 요인이라고 한다.

검사치들을 서로 비교해서, 통제집단 2의 사후검사치(Y_{a3})가 통제집단 3의 사후검사치(Y_{a4})보다 유의적으로 크게 나오면, 이는 사전검사의 영향이라는 가외변인 때문이 아니라 독립변인의 실험처치의 영향 때문이라고 간주하여, 독립변인이 종속변인에 영향을 미친다거나 또는 두 변인이 서로 관계가 있다고 추정한다.

넷째, 또한 "통제집단 2의 사후검사치가 통제집단 1의 사전검사치보다 유의적으로 크게($Y_{a3} > Y_{b2}$) 나타나야, 독립변인이 종속변인과 관계가 있다."고 결론을 내리는 이유는, 통제집단 2에서는 사전검사는 하지 않고 독립변인의 실험처치 후 사후검사만 했지만, 그 사후검사치가 통제집단 1의 사전검사치보다 유의적으로 커야만 독립변인이 종속변인에 영향을 미치거나 관계가 있다고 추정할 수 있기 때문이다.

이상에서 살펴보았듯이, 솔로몬 4개 집단실험방안에서는 독립변인과 종속변인과의 관계에 영향을 미치는 여러 가외변인들을 통제하면서 독립변인과 종속변인과의 관계를 알아보기 때문에 실험의 타당도가 대단히 높다. 그러나 실험 과정과 실험 결과 등의 분석이 약간 복잡하다는 단점을 가지고 있는데, 이에 관해서는 조금 뒤에 여러 가지 실험방안들의 타당도에 관하여 살펴볼 때 자세히 언급하기로 한다.

4) 여러 가지 요인방안의 기본형태와 용례

요인방안(factorial design)이란, 앞서 살펴본 사전·사후검사 통제집단방안이나 단사후검사 통제집단방안 또는 솔로몬 4개 집단방안과는 달리, 하나의 독립변인을 여러 가지 조건으로 나누어 실험처치하거나, 또는 여러 개의 독립변인들을 각각 실험 처치해서, 이들이 각각 종속변인에 미치는 영향을 비교·연구하는 실험방안을 말한다. 따라서 이러한 요인방안은 실험처치 대상인 독립변인의 수에 따라 1원적 요인방안, 2원적 요인방안, 다원적 요인방안으로 나누어 볼 수 있는데, 이들 각 방안의 기본형태와 용례 등을 간단히 살펴보면 다음과 같다.

(1) 1원적 요인방안의 형태와 용례

1원적 요인방안(factorial design with one variable)은 하나의 독립요인이 두 가지 또는 그 이상의 다른 조건들을 가질 때, 이들이 각각 종속변인에 미치는 영향이나 효과 등을 알아보는 실험방안을 말한다. 이러한 요인방안의 하나의 용례로서, 정보원(情報源)의 공신력이라는 독립변인이 커뮤니케이션 효과(수용자들의 메시지 수용태도)라는 종속변인에 미치는 영향에 관한 실험의 요인방안을 그림으로 나타내면 [그림 6-7]과 같다.

이 방안의 실험을 통해 정보원의 공신력과 커뮤니케이션 효과와의 관계를 알아보려면, 우선 실험참여자들을 무작위로 표집하여 실험집단 1과 실험집단 2에 무작위로 배치한다. 그리고 미리 준비한 실험 메시지의 내용에 대한 실험참여자들의 수용태도를 측정하기 위한 사전검사를 두 실험집단에 동시에 실시한다.[8]

그리고 나서 1주일 뒤 똑같은 내용의 실험 메시지를 각 집단의 실험참여자에게 따로따로 하나씩 주면서, 실험집단 1(높은 공신력 집단)에는 그 메시지가 공신력이 높은 정보원인 'A 신문'의 논설이라고 거짓으로 실험처치(X_1)를 하고, 실험집단 2(낮은 공신력 집단)에는 그 메시지가 공신력이 낮은 'B 신문'의 논설이라고 거짓으로 실험처치(X_2)를 한다. 그러면서 실험참여자들에게 나누어 준 논설을 끝까지 읽도록 한 다음, 그 내용에 대한 실험참여자들의 수용태도를 다시 측정하기 위한 사후검사를 두 집단에 동시에 실시한다.

그리고 두 실험집단의 검사치들을 서로 비교하여 정보원의 공신력(독립변인)과 커뮤니케이션 효과(종속변인)와의 관계를 알아보는데, 그 방법에는 두 가지가 있다. 하나는 각 집단별로 사후검사치와 사전검사치의 평균치 간의 차이를 산출하여 이들을 서로 비교해 보는 방법인데, 만약 실험집단 1(높은 공신력 집단)의 사후검사치와

R	Y_{b1}	X_1	Y_{a1}	(실험집단 1: 높은 공신력)
	Y_{b2}	X_2	Y_{a2}	(실험집단 2: 낮은 공신력)

그림 6-7 정보원의 공신력에 관한 1원적 요인방안의 형태

8 사전검사가 끝나면 두 실험집단의 사전검사치들을 서로 비교해서 유의적 차이가 없으면 실험을 계속한다. 그러나 유의적 차이가 있으면 이는 실험참여자들이 두 집단에 무작위로 제대로 배치되지 않은 것을 의미하므로, 이런 경우는 다시 다른 실험참여자들을 무작위로 표집하여 이들을 두 실험집단에 무작위로 배치하고 이들에게 사전검사를 실시한다.

사전검사치 간의 차이가 실험집단 2(낮은 공신력 집단)의 그것보다 유의적으로 크게 나오면, 이는 정보원의 공신력의 차이 때문이라고 볼 수 있으므로 정보원의 공신력과 커뮤니케이션 효과가 관계가 있다고 말할 수 있다.

이와는 달리, 다른 하나의 방법은 두 실험집단의 사전검사치들 간에 유의적 차이가 없으면, 두 실험집단의 사후검사치들만을 서로 비교해서 독립변인과 종속변인과의 관계를 알아보는 방법이다. 이 방법을 사용했을 경우는, 만약 실험집단 1(높은 공신력 집단)의 사후검사치가 실험집단 2(낮은 공신력 집단)의 그것보다 유의적으로 크게 나오면, 이는 정보원의 공신력의 차이 때문이라고 볼 수 있으므로, 정보원의 공신력(독립변인)과 커뮤니케이션 효과(종속변인)가 관계가 있다고 말할 수 있다. 그러나 확언은 할 수 없는데, [그림 6-7]과 같은 1원적 요인방안은 하나의 간단한 실례로 제시한 것으로서, 이 요인방안에는 실험기간에 발생할 수 있는 어떤 사건과 학습 등의 가외변인이나 사전검사의 영향 등 가외변인을 통제하기 위한 통제집단이 설정되어 있지 않기 때문이다.

(2) 2원적 요인방안의 형태와 용례

2원적 요인방안(factorial design with two variables)은 2개의 독립변인이 각각 하나의 종속변인에 미치는 주 효과(main effect)와, 2개의 독립변인이 서로 함께 종속변인에 미치는 상호작용 효과(interaction effect)를 알아보고자 할 때 사용하는 실험방안이다. 이러한 2원적 요인방안은 다시 2×2 요인방안, 2×3 요인방안, 3×3 요인방안, 3×4 요인방안 등으로 나눠 볼 수 있다. 여기서 2×2 요인방안은 2개의 독립변인을 각각 2개의 조건으로 나누어 이들이 종속변인에 미치는 영향을 알아보는 방안을 말하며, 3×4 요인방안은 2개의 독립변인 중 하나는 3개의 조건으로 나누고 다른 하나의 독립변인은 4개의 조건으로 나누어 이들이 종속변인에 미치는 영향을 알아보는 방안을 말한다. 하지만 여기서는 2×2 요인방안의 용례만 간단히 들어보기로 하겠다.

앞서 말한 정보원의 공신력이 커뮤니케이션 효과에 미치는 영향에 관한 실험에서, 부차가설로서 "정보원의 공신력(독립변인)은 커뮤니케이션 효과(종속변인)에 영향을 미치되, 그 영향은 수용자의 성별(독립변인 또는 중개변인)에 따라 달리 나타날 것이다."라는 가설을 2×2 요인방안의 실험을 통해 검증해 보려면, 우선 실험참여자들을 표집하여 이들을 무작위로 2개 실험집단, 즉 높은 공신력 집단과 낮은 공신력 집단으로 나눈다. 그리고 이 두 집단에, 앞서 말한 바와 같은 공신력에 관한 실험처치를 실시한 뒤, 실험 메시지 내용에 대한 실험참여자들의 수용태도(커뮤니케이션 효과)를 사후검사 한다. 그런 다음, 높은 공신력 집단과 낮은 공신력 집단의 실험참여자들을 성별에 따라 다시 남성 집단과 여성 집단으로 나눈다.

이렇게 해서 실험참여자들을 [그림 6-8]과 같이 모두 4개 집단으로 나눈 다음, 이 4개 집단의 사후검사치(A_1B_1, A_2B_1, A_1B_2, A_2B_2) 간에 유의적 차이가 있는지 여부를 2원 변량분석(two-way analysis of variance) 통계방법을 사용하여 검증해 본다. 그리하여 만약 높은 공신력 집단(A_1)의 사후검사치들의 소계가 낮은 공신력 집단(A_2)의 그것보다 유의적으로 크게 나오면 공신력이 커뮤니케이션 효과에 영향을 미친다고 보는데, 이러한 효과를 '공신력의 주 효과(main effect)'라고 한다. 그 다음, 남성 집단과 남성 집단의 사후검사치의 소계들 간에 유의적 차이기 있으면, 정보원의 공신력이 커뮤니케이션 효과에 미치는 영향은 수용자의 성별(性別)에 따라 달라진다고 말할 수 있는데, 이처럼 성별이 정보원의 공신력과 커뮤니케이션 효과와 관계 미치는 영향은 '성별의 주 효과'라고 한다.

한편, 높은 공신력 집단의 남성들의 사후검사치(A_1B_1)와 낮은 공신력 집단의 여성들의 사후검사치(A_2B_2) 사이와, 또한 낮은 공신력 집단의 남성들의 사후검사치(A_2B_1)와 높은 공신력 집단의 여성들의 사후검사치(A_1B_2) 사이에 유의적 차이가 있으면, 정보원의 공신력과 성별이 서로 함께 커뮤니케이션 효과에 영향을 미친다고 보는데, 이처럼 2개의 독립변인이 서로 함께 하나의 종속변인에 미치는 영향을 '상호작

		공신력(독립변인 *A*)		
		높은 공신력 집단(A_1)	낮은 공신력 집단(A_2)	
성별 (독립변인 *B*)	남성(B_1)	A_1B_1	A_2B_1	소계
	여성(B_2)	A_1B_2	A_2B_2	소계
		소계	소계	

그림 6-8 정보원의 공신력의 효과에 관한 2×2 요인방안의 실례

용 효과(interaction effect)'라고 한다. 이처럼 2원적 요인방안은 2개의 독립변인이 각각 하나의 종속변인에 미치는 주 효과뿐 아니라, 2개의 독립변인이 서로 함께 종속변인에 미치는 상호작용 효과도 알아볼 수 있는 것이 커다란 장점의 하나이다.

(3) 다원적 요인방안의 형태와 용례

다원적 요인방안(factorial design with multiple variables)은 3개 또는 그 이상의 독립변인들이 하나의 종속변인에 미치는 주 효과와 상호작용 효과를 알아볼 때 사용하는 실험방안이다. 이러한 다원적 요인방안도 독립변인들을 다시 몇 개의 조건으로 나누어 이들이 종속변인에 미치는 영향을 알아보느냐에 따라 2×2×2 요인방안, 2×5×4 요인방안, 2×3×3 요인방안 등 여러 가지로 나눌 수 있다. 그러나 여기서는 2×2×2 요인방안만 간단히 살펴보기로 하겠다.

이 방안의 용례로는 위에서 실례로 든 '정보원의 공신력이 커뮤니케이션 효과에 미치는 영향'에 관한 2×2 요인방안에 또 하나의 독립변인, 예컨대 "자기보다 강한 사람들에게는 약하고, 자기보다 약한 사람에게는 강한" 수용자들의 권위주의적 성격(authoritarian personality)을 추가해서, 정보원의 공신력과 수용자의 성별 및 권위주의적 성격이 커뮤니케이션 효과에 미치는 영향을 알아보는 실험을 들 수 있다.

이와 같은 실험연구의 절차는 앞서 살펴본 2×2 요인방안의 실험과 같으나, 다만 사후검사 직후 높은 공신력 집단과 낮은 공신력 집단의 실험참여자들의 성격을 검사하여, 권위주의적 성격집단과 비(非)권위적 성격집단으로 나누어 각 집단별로 사후검사치의 평균치를 산출하는 것이 다르다. 따라서 이러한 2×2×2 요인방안의 실험연구에서는 사후검사치(평균치)를 [표 6-1]과 같이 모두 6개 집단으로 나누어, 이들 6개 집단의 사후검사치 간에 통계적으로 유의적 차이가 있는지 여부를 디변인변량분석(multivariate analysis of variance) 통계방법을 사용하여 검증해 본다.

그 결과, 높은 공신력 집단의 사후검사치(평균치)가 낮은 공신력 집단의 그것보다 유의적으로 크게 나오면, 공신력이 커뮤니케이션 효과에 영향을 미친다고 본다. 그 다음, 남성 집단과 여성 집단의 사후검사치 간에 유의적 차이가 있으면, 수용자의 성별에 따라 정보원의 공신력이 커뮤니케이션 효과에 미치는 영향은 달라진다고 본다. 그리고 권위주의적 성격 집단과 비(非)권위적 성격 집단의 사후검사치 간에 유의적

표 6-1 정보원의 공신력의 효과에 관한 2×2×2 요인방안의 실례

공신력(A)		높은 공신력(A_1)		낮은 공신력(A_2)	
성격(C)		권위주의적 (C_1)	비권위주의적 (C_2)	권위주의적 (C_1)	비권위주의적 (C_2)
성별 (B)	남(B_1)	$A_1B_1C_1$	$A_1B_1C_2$	$A_2B_1C_1$	$A_2B_1C_2$
	여(B_2)	$A_1B_2C_1$	$A_1B_2C_2$	$A_2B_2C_1$	$A_2B_2C_2$

차이가 있으면, 수용자들의 성격이 권위주의적 성격이냐 아니냐에 따라서도 정보원의 공신력이 커뮤니케이션 효과에 미치는 영향이 달라진다고 본다.

한편, 정보원의 공신력과 수용자의 성별 간($A \times B$)에 상호작용 효과(interaction effect)가 유의적으로 나타나면, 정보원의 공신력과 성별이 상호작용을 하면서 커뮤니케이션 효과에 영향을 미친다고 본다. 그 다음, 정보원의 공신력과 수용자들의 권위주의적 성격($A \times C$) 간에 유의적 상호작용 효과가 나타나면, 정보원의 공신력은 수용자들의 권위주의적 성격과도 상호작용을 하면서 커뮤니케이션 효과에 영향을 미친다고 본다. 그리고 정보원의 공신력과 수용자의 성별과 권의주의적 성격($A \times B \times C$) 간에 상호작용 효과가 유의적으로 나타나면, 이들 3개의 독립변인이 상호작용을 하면서 커뮤니케이션 효과에 영향을 미친다고 말할 수 있다.

5) 기타 참실험방안의 기본형태와 용례

위에서 기본적인 참실험방안들의 형태와 용례를 간단히 살펴보았는데, 이 밖에도 참실험방안에는 여러 가지가 있다. 연구문제나 검증가설에 따라 기본적 실험방안들을 얼마든지 변형하거나 확장해서 새로운 실험방안 들을 만들수 있기 때문이다. 그러나 여기서는 어떤 독립변인이 종속변인에 미치는 영향 내지 효과의 지속 기간을 알아보기 위하여, 앞서 살펴본 '사전 · 사후 통제집단방안'을 확장해서 만든 실험방안을 하나만 더 간단히 소개해 보기로 하겠다. 이는 앞에서 여러 번 실례로 든 정보원의 공신력(독립변인)이 커뮤니케이션 효과(종속변인)에 미치는 영향이 얼마 동안이나 지속되느냐 하는 문제에 관한 실험연구에서도 필요하기 때문이다.

	Y_b	X	Y_a		(실험집단 1)
$\boxed{R}$	Y_b		Y_a		(통제집단 1)
	Y_b	X		Y_d	(실험집단 2)
	Y_b			Y_d	(통제집단 2)

그림 6-9 공신력의 지속 효과에 관한 실험방안(실례)

이와 같은 문제에 관한 실험방안의 실례를 들어보면 [그림 6-9]와 같은데, 이러한 방안의 실험연구 절차를 간단히 설명하면 다음과 같다. 우선 실험참여자(피험자)들을 표집하여 4개의 집단에 무작위로 배치한 다음, 종속변인에 대한 사전검사를 실시한다. 그리고 나서, 첫째 집단(실험집단 1)에는 실험처치를 한 뒤 즉시 사후검사를 실시하고, 둘째 집단(통제집단 1)에는 실험처치를 하지 않고 그냥 두었다가 첫째 집단에 사후검사를 할 때 같이 사후검사를 한다. 그리고 셋째 집단(실험집단 2)에는 실험처치를 한 뒤 사후검사를 곧바로 하지 않고 2주일이나 4주일 정도 있다가 사후검사(이러한 검사를 '지연검사'라고 부름)를 실시하고, 마지막으로 넷째 집단(통제집단 2)에는 실험처치를 하지 않고 그냥 두었다가 셋째 집단과 같은 때 사후검사(지연검사)를 실시한다.

그리하여 각 집단별로 사전검사치에서 사후검사치를 빼서 그 차이들을 비교해 본다. 그 결과, 실험집단 1의 사전검사치와 사후검사치의 차이가 통제집단 1의 그것보다 유의적으로 크면, 독립변인이 종속변인에 영향을 미쳤다고 본다. 그리고 실험집단 2의 사전검사치와 사후검사치의 차이가 통제집단 2의 그것보다 유의적으로 크면, 독립변인의 효과가 일정 기간의 경과 후에도 지속된다고 말할 수 있다.

그러나 이러한 지속 효과를 알아볼 때, 실험처치 이후 지연검사(delayed measure)를 어느 정도의 기간이 지난 뒤에 실시하느냐가 문제가 된다. 하지만 대체로 4주 뒤에 지연검사를 실시하는데, 그 이상이 되면 다른 가외변인들이 종속변인에 영향을 미칠 우려가 증가하기 때문이다.

3. 실험방안의 내적 타당도와 외적 타당도

앞에서 기본적인 몇 가지 실험방안들을 살펴보았다. 그러나 이 밖에도 실험방안에는 여러 가지가 있으며, 앞에서 살펴본 준실험방안과 참실험방안과는 조금 다른 의사실험방안(quasi-experimental designs)이라는 것들도 있다.[9] 그렇다면 실험연구를 할 때 어떠한 실험방안을 사용해야 하는가? 첫째로는 연구문제의 해결이나 가설의 검증에 적합한 실험방안을 사용해야 한다. 그리고 둘째로는 실험의 타당도(experiment validity)가 높은 실험방안을 사용해야 하는데, 그렇다면 여기서 실험의 타당도란 무엇을 말하는가?

1) 실험의 내적 타당도와 그 저해요인들

실험의 타당도에는 두 가지, 즉 내적 타당도(internal validity)와 외적 타당도(external validity)가 있다. 우선 내적 타당도부터 살펴보면, 이는 어떤 실험연구의 결과가 독립변인에 대한 실험처치의 산물(産物)이냐, 아니면 다른 가외변인의 산물이냐 하는 것을 말한다. 따라서 어떤 실험연구에서 독립변인을 실험처치하고 종속변인을 측정해 보았을 때, 그 값에 변화가 있고, 그것이 다른 가외변인이 혼입하여 생긴 것이 아니라 독립변인의 영향 때문이라면, 이러한 실험은 내적 타당도가 높다고 말한다. 반면, 실험통제가 제대로 되지 않아 실험 과정에 여러 가외변인들이 혼입되어 실험 결과가 독립변인의 실험처치의 산물이라기보다는 가외변인들의 결과라고 한다면, 그 실험은 내적 타당도가 없다고 한다. 그렇다면 이와 같이 실험의 내적 타당도를 저해하는 요인들, 즉 가외변인에는 어떤 것들이 있는가?

(1) 외부사건과 실험참여자에 관련된 주요 저해요인

실험의 내적 타당도를 저해하는 요인(가외변인)에는 외부사건에 관련된 것, 실

---

9 이에 관한 것은 Donald T. Campbell, *Experimental and Quasi-experimental Designs for Research*(Chicago: Rand McNally & Co., 1963) 등의 저서를 참고하기 바란다.

험참여자에 관련된 것, 측정에 관련된 것 등 여러 가지가 있다. 그러나 그중에서 중요한 것들만 들어보되, 우선 외부사건과 실험참여자에 관련된 요인들부터 살펴보겠다.

① **역사적 요인**(History): 실험 과정에서 사전검사와 사후검사 사이의 기간에 발생한 특정 사건으로, 종속변인에 부작용적 영향을 미치는 가외변인을 말한다. 예를 들어, 정보원의 공신력(독립변인)이 커뮤니케이션 효과(종속변인)에 미치는 영향에 관한 실험연구에서, 독립변인의 실험처치용 메시지(논설)의 주제가 외국산 쇠고기의 수입에 관한 것이었는데, 이런 주제에 대한 실험참여자들의 태도를 사전검사 하고 나서, 우연히 미국산 쇠고기의 수입을 반대하는 대대적 촛불시위가 일어났다면, 이 사건은 그 후 실험 메지시의 주제(외국산 쇠고기의 수입)에 대한 사후검사에 부정적 영향을 미쳐서 실험의 내적 타당도를 저해하게 된다. 이처럼 실험의 내적 타당도를 저해하는 우연한 사건을 '역사적 요인'이라고 하는데, 이러한 요인의 통제는 실험에서 불가능하므로, 만약 실험기간에 역사적 요인이 발생하면 실험 메시지의 주제를 바꾸어 다시 실험을 해야 한다.

② **실험참여자의 성숙 요인**(Maturation): 실험에서 사전검사와 사후검사 사이의 기간에 일어나는 실험참여자들의 신체적 또는 정신적 변화로서, 실험 결과에 부작용을 미치는 가외변인을 말한다. 예컨대, 사전검사와 사후검사 사이의 기간에 실험참여자들이 지적(知的) 성장을 한다든지, 또는 실험 메시지 등에 관련된 새로운 지식을 학습하게 된다든지 해서 결과적으로 실험의 내적 타당도를 저해하는 것을 말한다. 따라서 이러한 요인을 실험에서 통제하려면, 사전검사와 사후검사 사이의 기간을 너무 길게 하지 말아야 한다.

③ **실험참여자들의 선정상 편향 요인**(Selection biases): 속성이 다른 실험참여자들을 의도적(작위적)으로 실험집단이나 통제집단에 배치함으로써 실험의 내적 타당도를 저해하는 요인을 말한다. 예를 들어, 실험참여자들을 둘 또는 그 이상의 실험집단이나 통제집단에 배치할 때, 무작위로 배치하지 않고 본래부터 속성이 다른 피험자를 선정하여 특정 실험집단이나 통제집단에 배치해서 의도적으로 실험 결과를 왜곡하는 것을 말한다.

④ **실험참여자의 탈락 요인**(Experimental mortality): 실험 도중에 실험참여자들의

다수가 탈락함으로써 표본의 사례수에 변화가 생겨서 실험 결과도 달리 나오게 만드는 요인을 말한다. 예컨대, 실험참여자들이 사전검사에는 참여했다가 실험처치나 사후검사를 할 때는 불참함으로써 실험집단이나 통제집단의 실험참여자들의 사례수가 적게 되어 실험자료에 대한 통계처리가 어렵게 되거나, 또는 소표본(small sample)의 추리통계방법을 사용하게 됨으로써 결과적으로 실험의 내적 타당도를 낮추는 것을 말한다.

(2) 측정척도와 측정검사 관련 주요 저해요인

위에서는 실험의 내적 타당도를 저해하는 요인(가외변인) 중에서 우선 외부사건과 실험참여자들에 관련된 것을 몇 가지 살펴보았다. 그러나 이 밖에 측정이나 검사에 관한 요인들도 실험의 내적 타당도를 저해하는 경우가 많은데, 이러한 것들 중에서 중요한 것만 몇 가지 들어보면 다음과 같다.

① **측정기구 요인**(Instrumentation): 예를 들어, 용수철(스프링) 저울을 오래 쓰면 용수철이 느슨해져서 무게를 정확히 측정할 수 없듯이, 사회과학에서 사용하는 측정척도들도 반복해서 사용하면 측정기준(calibration)에 변화가 생기게 된다. 검사를 받는 실험참여자[被檢者]들이 그 측정척도에 익숙해지거나 피로해지거나 또는 측정목적을 알게 되기 때문이다. 그 결과, 종속변인 등의 값을 정확하게 측정할 수 없어 실험의 내적 타당도를 저해하는데, 이러한 저해요인을 측정기구 요인이라고 한다. 따라서 이러한 저해요인을 실험에서 통제하기 위해서는 동일 척도의 반복사용을 되도록 피해야 한다.

② **검사 요인**(Testing): 같은 내용의 검사를 2회 실시할 경우, 첫 번째 검사(사전검사)에 대한 실험참여자들의 경험이 두 번째 검사(사후검사)에 영향을 미쳐서 실험의 내적 타당도를 저해하는 것을 말한다. 예를 들어, 학교에서 내용이 같거나 비슷한 시험을 두 번 보게 되면 두 번째 시험의 성적이 높아지듯이, 실험에서도 같은 내용의 검사를 두 번 실시할 경우, 첫 번째 검사(사전검사)에 대한 응답 내용의 기억 등이 두 번째 검사(사후검사)에 대한 실험참여자들의 응답에 영향을 미쳐서 두 번째 검사의 검사치들이 달라질 수 있는데, 바로 이렇게 만드는 것을 검사 요인이라고 한

다. 따라서 이러한 검사 요인을 통제하기 위하여 실험에서 검사를 두 번 할 때는 사전검사 이후 최소한 1주일 뒤에 사후검사를 하거나, 앞서 말했듯이 사전검사는 하지 않고 사후검사만 하기도 한다.

③ **통계적 회귀 요인**(Statistical regression): 영국의 골턴(Sir Galton)이 1886년 처음 발견한 것으로, 첫 번째 검사에서 아주 높은 점수나 아주 낮은 점수 등의 극단점수들을 받은 사람들을 뽑아 이들을 대상으로 독립변인의 실험처치를 하고 다시 두 번째 검사를 실시하면, 실험처치의 효과가 극단치로부터 실험집단의 평균치 쪽으로 이동하는 현상을 말한다. 이러한 현상은 첫 번째와 두 번째 검사 간의 시간적 간격이 길수록 심하게 나타나는 경향이 있어 실험의 내적 타당도의 저해요인이 된다. 따라서 이러한 통계적 회귀요인을 통제하려면 사전검사를 생략하거나, 사전검사를 해야 할 경우는 사후검사와의 시간적 간격이 너무 길지 않도록 해야 한다.

한편, 위와 같은 요인들이 서로 결합하여, 예를 들어 외부적 역사 요인과 실험참여자들의 성숙 요인이 서로 결합하여 실험의 내적 타당도를 낮출 수도 있는데, 이러한 것을 여러 저해 요인들의 상호작용(interaction) 요인이라고 부른다. 이처럼 실험의 내적 타당도를 저해하는 요인(가외변인)들에는 여러 가지 있는데, 이들을 실험에서 제대로 통제하지 않으면 종속변인에 대한 독립변인(실험변인)의 영향이나 효과에 혼입되어 실험의 내적 타당도를 낮추게 된다. 그러므로 실험연구를 할 때는 위에서 열거한 가외변인들을 엄격하게 통제해야 한다.

2) 실험의 외적 타당도와 그 저해요인들

실험의 외적 타당도(external validity)란, 어떤 실험의 결과가 그 실험참여자들 이외에 다른 사람들이나, 또는 실험 상황과 다른 상황 등에도 얼마나 폭넓게 적용될 수 있느냐 하는 일반화(generalization) 정도를 말한다. 모든 연구에서 그렇듯이 실험연구에서도 어떤 전집(全集)에서 표본을 추출하여 이를 대상으로 실험을 실시하여 그 결과를 전집에 일반화하며, 또한 어떤 특정 상황에서 실험을 해서 그 결과를 그와 비슷한 상황이나 조건에 일반화하게 되는데, 이때 그 일반화의 범위나 정도가 넓으면 실험의 외적 타당도가 높다고 하며, 이와는 반대로 일반화의 범위가 좁으면 실험의 외적 타당도가 낮다고 한다.

그러므로 이러한 실험의 외적 타당도를 높이려면, 그 저해 요인들에 대해 잘 알고, 이들을 엄격하게 통제해야 한다. 실험의 외적 타당도를 낮게 만드는 요인들에는 여러 가지가 있으나, 그중에서 주요한 것들을 네 가지만 들어 보면 다음과 같다.

① **검사 간의 상호작용 효과(Interaction effect of testing)**: 실험에서 사전검사와 사후검사를 실시할 경우, 사전검사가 실험변인(독립변인)에 대한 실험참여자들의 민감성(sensitivity)이나 반응성(responsiveness)을 증가 또는 감소시켜 결과적으로 사전검사를 한 실험집단의 전집(全集)이 사전검사를 하지 않은 실험집단의 전집을 대표할 수 없게 되어 실험 결과를 모든 실험참여자들의 전집에 일반화할 수 없게 되는데, 이처럼 실험의 외적 타당도를 저해하는 요인의 하나인 사전검사의 영향을 '검사 간의 상호작용 효과'라고 한다.

② **실험참여자들의 선정과 실험처치와의 상호작용 효과(Interaction effects of selection and experimental treatment)**: 예를 들어, 금연에 대한 어떤 공익 TV 광고의 효과를 실험을 통해 알아보기 위하여 실험참여자들을 표집, 이들을 실험집단과 통제집단으로 나눈 뒤, 실험집단에는 그 공익광고를 보여주고 나서 금연에 대한 태도를 검사하고, 통제집단에는 광고를 보여주지 않고 태도검사를 해 본다면, 그 태도검사치는 실험참여자들이 현재 흡연자냐 비흡연자에 따라 차이가 있을 수 있다. 그러나 이와 같은 실험참여자들의 속성에 따른 차이를 무시하고, 실험집단의 태도검사치(평균)가 통제집단의 그것보다 높게 나왔다고 해서 광고의 효과가 있다고 결론을 내린다면, 이러한 결론은 비흡연자들에게는 일반화할 수 있으나 흡연자들에게 일반화하기 어렵다. 이처럼 어떤 실험 결과의 일반화를 저해하는 실험참여자들의 속성과 실험처치(예를 들어, 광고를 보여주는 것)와의 상호작용을 '실험참여자들의 선정과 실험처치와의 상호작용 효과'라고 한다.

③ **실험 상황의 반동 효과(Reactive effects of experimental arrangements)**: 특히 실내실험(laboratory experiment)의 상황은 실제 세계의 상황과 다를 수 있어 실험 결과를 실제 세계에 일반화하는 데 제한이 있을 수 있는데, 이처럼 실험 결과의

일반화, 즉 실험의 외적 타당도를 저해하는 실험 상황을 말한다.

④ **실험처치들 간의 간섭(Multiple-treatment interference):** 만약 한 실험에서 동일한 실험참여자들에게 여러 가지 실험처치를 하게 되면, 어떤 하나의 실험처치가 다른 실험처치에 부작용적 영향을 미침으로써 결과적으로 실험 결과의 일반화를 저해하는데, 이와 같은 저해요인을 '실험처치들 간의 간섭'이라고 한다.

위와 같이 실험의 외적 타당도를 저해하는 요인들에는 여러 가지가 있다. 그러므로 실험연구를 할 때 그 실험의 외적 타당도를 높이려면, 위와 같은 요인(가외변인)들을 엄격하게 통제해야 한다. 그렇게 해야 실험에서 얻어진 결과를 실험참여자들의 전집(모집단)이나 실제 상황 등에 일반화시킬 수 있다.

3) 각 실험방안의 내적 타당도와 외적 타당도

위에서 실험의 내적 타당도와 외적 타당도를 저해하는 여러 가지 요인들을 살펴보았는데, 이러한 요인들은 실험방안과 밀접한 관계가 있다. 실험방안에 따라 실험의 내적 타당도와 외적 타당도를 저해하는 요인들을 통제할 수 있는 능력에 차이가 있기 때문이다. 따라서 실험연구에서 실험방안을 선정할 때는, 주어진 가설의 검증에 적합한 동시에 실험의 타당도가 높은 실험방안을 선택해야 하는데, 앞서 살펴본 여러 가지 실험방안들의 내적 타당도와 외적 타당도를 간단히 살펴보면 다음과 같다.

(1) 준실험방안의 내적 타당도와 외적 타당도

준(準)실험방안 중 단발사례 연구방안(one-shot case study)은 내적 타당도와 외적 타당도가 모두 낮다. 이 실험방안은 내적 타당도의 저해 요인인 역사적 요인(history), 실험참여자들의 성숙 요인(maturation), 선정상의 편견 요인(selection biases), 탈락 요인(experimental mortality), 그리고 실험참여자들의 선정과 실험처치와의 상호작용 효과(interaction effects of selection and experimental treatment) 등을 통제하기 어렵기 때문이다.

비노출집단 비교방안(static-group comparison)은 단발사례 연구방안에 비해서는 내적 타당도는 높은 편인데, 역사적 요인, 실험참여자들의 성숙 요인, 측정기구 요인, 검사 요인, 통계적 회귀 요인 등의 통제능력은 비교적 우수하기 때문이다. 그러나 실험의 내적 타당도를 저해하는 실험참여자들의 선정상 편향 요인과 실험참여자의 탈락 요인은 통제하기 어려우며, 실험의 외적 타당도를 저해하는 실험참여자들의 선정과 실험처치와의 상호작용 효과도 통제하기 어렵다는 단점을 갖고 있다.

단일집단 사전·사후 검사방안(one-group pretest-posttest design)은 실험의 내적 타당도를 저해하는 실험참여자들의 선정상 편향 요인과 실험참여자의 탈락 요인의 통제는 가능하나, 역사적 요인, 실험참여자의 성숙 요인, 측정기구 요인, 검사 요인은 통제가 어렵다. 또한 실험의 외적 타당도를 저해하는 검사들 간의 상호작용 효과와 실험참여자들의 선정과 실험처치와의 상호작용 효과도 통제하기 어렵다. 따라서 이러한 단일집단 사전·사후 검사방안도 대체로 내적 타당도와 외적 타당도가 모두 낮은 편이다.

(2) 참실험방안의 내적 타당도와 외적 타당도

다음으로 참실험방안 중에서 사전·사후검사 통제집단방안(pretest-posttest control group design), 단사후검사 통제집단방안(posttest-only control group design), 솔로몬 4개 집단방안(Solomon four-group design)의 타당도만 간단히 살펴보겠다. 이들 3개 방안은 모두 내적 타당도는 상당히 높은데, 이들 모두 실험의 내적 타당도를 저해하는 역사적 요인, 실험참여자의 성숙 요인, 실험참여자들의 선정상 편향 요인, 실험참여자의 탈락 요인, 측정기구 요인, 검사 요인, 통계적 회귀 요인 등에 대한 통제능력이 높기 때문이다.

하지만 외적 타당도를 저해하는 요인들의 통제력은 높지 않은 편인데, 사전·사후검사 통제집단방안은 검사들 간의 상호작용 효과를 통제하기 어려우며, 실험참여자들의 선정과 실험처치와의 상호작용 효과, 실험 상황의 반동 효과의 통제능력은 의문이기 때문이다.

한편, 단사후검사 통제집단방안과 솔로몬 4개 집단방안은 검사들 간의 상호작용 효과는 통제할 수 있지만, 이들 실험방안 역시 실험참여자들의 선정과 실험처치와의 상호작용 효과와 실험 상황의 반동 효과의 통제능력은 의문이다.

표 6-2 여러 가지 실험방안들의 내적 타당도와 외적 타당도의 통제능력

타당도 저해요인 / 실험방안	실험 타당도의 저해요인들										
	내적 타당도							외적 타당도			
	역사적 요인	성숙 요인	선정상 편향 요인	탈락 요인	측정기구 요인	검사 요인	통계적 회귀 요인	검사 간 상호작용 효과	피험자의 선정과 상호작용 효과	실험 상황의 반동 효과	실험처치들 간 간섭
1. 준실험방안											
1) 단발사례연구방안	−	−	−	−					−		
2) 비노출집단 비교방안	+	?	−	−	+	+	+		−		
3) 단일집단 사전·사후 검사방안	−	−	+	+	−	−	?		−	?	
2. 참실험방안											
4) 사전·사후검사 통제집단방안	+	+	+	+	+	+	+	−	?	?	
5) 단사후검사 통제집단방안	+	+	+	+	+	+	+	+	?	?	
6) 솔로몬 4개 집단방안	+	+	+	+	+	+	+	+	?	?	

주) +는 통제능력이 높은 것, −는 통제능력이 낮은 것, ?는 통제능력이 의문인 것, 그리고 아무런 기호가 없는 것은 해당 요인과 관계가 없는 것을 나타냄.

이상에서 여러 가지 실험방안들의 내적 타당도와 외적 타당도를 간단히 살펴보았는데, 이들을 다시 요약하면 [표 6-2]와 같다(Campbell and Stanley, 1963, p. 8).

다. 실험연구의 절차와 실제

지금까지 실험연구의 개념과 기본적 실험방안에 대하여 살펴보았다. 그러면 이제부터는 실험연구의 실제 방법을 그 절차를 중심으로 살펴보기로 하겠는데, 실험연구의 절차는 연구문제와 어떠한 실험방안을 사용하느냐에 따라 조금씩 달라질 수 있

참고자료 6-2

실험연구의 일반적 절차

① 연구문제의 선정과 서술(statement of the problem)
② 선행연구들의 조사(review of the related literature)
③ 연구가설(hypothesis)의 설정
④ 주요 술어의 정의(definition of terms)
⑤ 실험설계(experimental design)와 통제(control)
⑥ 실험참여자(피험자)들의 표집과 배치
⑦ 실험처치(experimental treatment)와 그 재료의 준비
⑧ 검사 또는 측정기구의 준비
⑨ 예비 또는 시행연구(試行研究, pilot study)
⑩ 실제 실험(administration) 및 검사의 실시
⑪ 수집된 자료의 검토와 통계분석
⑫ 실험 결과에 대한 해석과 논의
⑬ 연구보고서(論文)의 작성

다. 그러나 일반적인 절차는 대체로 [참고자료 6-2]와 같다. 따라서 이러한 절차에 따라 실험연구의 실제 방법을 알아보되, 실험연구방법에 관해서는 앞서 제2장 등에서 이미 많이 언급했으므로 여기서는 되도록 간단히 살펴보기로 하겠다.

1. 연구문제의 선정과 서술

모든 연구는 연구문제(研究問題)에서부터 비롯되는데, 이는 실험연구에서도 예외일 수 없다. 따라서 실험연구를 할 때도 우선 연구문제부터 선정해서 명확하게 서술해야 한다. 연구문제는 호기심이나 의문, 또는 실용적 필요성이나 학문적 필요성에

서 나올 수 있다. 그러나 실험연구에서 연구문제는 그 연구목적에 따라 크게 두 가지 유형으로 나누어 볼 수 있는데, 하나는 탐색을 위한 연구문제(exploratory research problem)이고, 다른 하나는 검증을 위한 연구문제(confirmatory research problem)이다.

1) 연구문제의 유형과 선정

첫째로, 탐색을 위한 연구문제란, 아직 명확하게 알려지지 않아 연구해 보고 싶은 문제로, 예를 들어 "인간들 간에 텔레파시(telepathy)를 통한 의사소통이 가능한가?", "왜 어떤 사람은 공부를 잘하고, 어떤 사람은 공부를 못하는가?", "개인들의 혈액형과 성격과는 상관관계가 있는가?" 등의 문제를 말한다. 이러한 연구문제들은 새로운 변인들 간의 관계를 탐색해 알아보려는 데 목적이 있다. 따라서 이러한 목적이나 연구문제의 실험연구를 탐색적 실험연구(exploratory experiment)라고 부른다.

둘째로 검증을 위한 연구문제란, 어떤 사람이 이미 연구해서 발견한 사실이나 연구결과가 정말로 보편타당한 것인지를 다시 실험을 통하여 실증적으로 확인해 보고자 하는 문제를 말한다. 예를 들어, "지능지수(知能指數, IQ)가 높으면 과연 공부를 잘하는가?", "정보원(情報源)의 공신력은 과연 커뮤니케이션 효과에 영향을 미치는가?", "경제가 어려워지면 과연 여성들의 스커트 길이가 짧아지는가?" 등의 문제를 말한다. 이러한 연구문제들은 이미 알려진 변인들 간의 관계를 다시 검증해 보려는 데 목적이 있다. 따라서 이러한 목적이나 연구문제의 실험연구를 확인적 실험연구(confirmatory experiment)라고 부른다.

이처럼 실험연구에서 연구문제는 그 연구목적에 따라 크게 두 가지 유형으로 나누어 볼 수 있는데, 이들 중 어떤 유형의 연구문제를 선정해서 연구해도 좋다. 그러나 실험연구를 처음 하는 학생들은 탐색을 위한 연구문제보다는 검증을 위한 연구문제를 선정해서 연구하는 것이 좋은데, 이는 탐색적 실험연구보다는 확인적 실험연구가 비교적 쉽기 때문이다.

확인적 연구문제를 선정할 경우에는 자기 학문 분야에서 아직 완전히 해결되지 못한 문제들을 찾아서 이를 연구문제로 삼는 것이 좋다. 그러자면 여러 가지 연구논문들을 읽으면서 그 논문들에서 앞으로의 연구를 위해 제언(suggestions for the further research)해 놓은 연구문제들을 찾아 그중에서 하나를 선정해서 연구문제로 삼는 것도 좋은 방법이다.

2) 연구문제의 명확한 서술

일단 연구문제가 결정되면, 다음으로 그것을 명확히 서술해야 한다. 그러나 최종적 연구문제의 서술은 선행연구들에 관한 조사연구(review of the related literature)의 뒤로 미루는 것이 좋다. 즉 연구문제가 선정되면 우선 시안적 연구문제(tentative statement of problem)를 서술하고, 이에 관한 선행연구들과 이론 등을 조사한 다음, 그 결과를 바탕으로 시안적 연구문제를 다시 수정·보완해서 최종적 연구문제(revised final statement of the problem)를 서술하는 것이 바람직하다.

연구문제를 서술할 때는 그 요건에 맞게 명확하게 서술해야 한다. 첫째, 모든 연구문제는 의문문 형식으로 서술해야 한다. 둘째, 연구문제에는 연구하고자 하는 변

참고자료 6-3

공신력의 효과에 관한 연구문제의 실례

[연구문제 1] 정보원의 공신력(source credibility)은 과연 커뮤니케이션 효과에 영향을 미치는가?

[연구문제 2] 만약 영향을 미친다면, 그 이유는 무엇인가? 다시 말해서, 정보원의 공신력은 왜 커뮤니케이션 효과에 영향을 미치는가?

[연구문제 3] 정보원의 공신력이 커뮤니케이션 효과에 미치는 영향은 어느 정도 지속(持續)되는가? 만약 그 영향이 시간의 경과에 따라 점차 감소된다면, 그 이유는 무엇인가?

인들의 관계가 명확히 표시되어야 한다. 예를 들어, "*A*는 *B*와 관계가 있는가?", "*A*와 *B*는 *C*와 어떤 관계가 있는가?", "*C*와 *D*의 조건하에서 *A*는 *B*와 어떤 관계가 있는가?" 등과 같이 둘 또는 그 이상의 변인들의 관계가 분명히 나타나도록 서술해야 된다. 셋째, 연구문제는 실증적 연구가 가능한 것이어야 하는데, 실증적 연구가 불가능한 사변적(思辨的)이고 추상적인 연구문제는 실험방법으로 연구할 수 없기 때문이다.

이와 같은 연구문제의 여러 가지 요건 중에서도 가장 유의할 점은 연구하고자 하는 변인들의 관계를 명확하게 명시해야 한다는 것인데, 이는 앞에서도 말했듯이 모든 과학적 연구는 주어진 현상에 관련된 변인과 이들 변인 간의 관계를 기술하고 설명해서 미리 예측하고, 나아가서는 이를 통제하려는 데 목적이 있기 때문이다. 그러므로 연구문제를 서술할 때는 연구하고자 하는 변인들의 관계를 의문문 형식으로 명확하게 서술해야 하는데, 참고로 인간들 간의 커뮤니케이션에서 정보원(情報源)의 공신력이 커뮤니케이션 효과에 미치는 영향에 관한 연구문제들의 실례를 들어보면 [참고자료 6-3]과 같다.

2. 선행연구와 관계이론에 관한 조사·검토

위와 같이 연구문제를 명확하게 서술하고 나면, 그에 관련된 선행연구와 이론들을 조사해서 검토해 보아야 한다. 그 이유는 첫째, 연구문제에 관한 연구가 어디까지 이루어져 있는지를 알아보아, 만약 연구하고자 하는 문제에 대한 해답이 다른 연구에서 이미 나왔을 경우는 그 연구문제를 더 이상 연구할 필요가 없지만, 연구문제에 대한 해답이 부분적으로 나왔을 경우는 그에 맞추어 연구문제를 다시 수정하거나 보완해야 하기 때문이다.

둘째로, 연구하고자 하는 문제에 관한 충분한 지식을 얻는 동시에, 연구문제에 대한 가능한 해답을 얻어서 이를 가설로 설정하는 한편, 또한 연구문제를 해결하거나 가설을 검증하는 데 필요한 연구방법도 제시받기 위해서이다. 따라서 연구문제에 관련된 선행연구와 이론들을 충분히 조사·검토해 보면, 자연히 연구문제에 관한 해답이나 가설이 머리에 떠오르게 되고, 그 가설의 검증에 필요한 연구방법도 제시받을 수 있다.

그러므로 연구문제에 관련된 선행연구와 이론들을 조사·검토할 때는 연구문제에 관련된 모든 선행연구들의 결과나 이론 또는 학설 등을 찾아내어, 이들을 여러 가지 측면에서 면밀하게 검토·비판·분석해 보아야 한다. 그러면서 중요하거나 필요한 내용들은 노트나 카드에 기록하거나 컴퓨터에 입력해 두었다가 연구보고서(논문)에서 '선행연구'에 관하여 서술할 때 이용한다.

3. 연구문제에 대한 가설의 설정

위와 같이 연구문제에 관련된 선행연구와 이론들의 조사·검토가 끝나면, 다음으로는 연구문제에 대한 가설(假說, hypothesis)을 설정해야 한다. 가설이란, 앞서 제2장에서 말했듯이 연구문제에 대한 제안된 해답(suggested answer) 또는 가정적(假定的) 해답을 말한다. 이러한 가설의 설정 목적은, 연구문제에 대한 해답을 우선 선행연구와 관계이론들을 조사·검토해서 얻은 다음, 이를 가설로 삼아 다시 실증적으로 검증해 봄으로써 주어진 연구문제에 대한 더 정확한 해답을 얻으려는 데 있다. 따라서 특히 실험연구에서는 연구문제에 대한 가설의 설정이 반드시 요구된다. 그렇다면 가설을 어떻게 설정하는가?

1) 가설의 설정방법

연구문제에 대한 가설은, 위에서 말했듯이 그 연구문제에 관련된 선행연구와 이론들의 조사·검토 결과를 바탕으로 설정하는데, 이는 학생들이 어떤 연구문제에 관한 연구보고서(paper)를 문헌조사 연구방법을 사용해서 쓸 때 끝부분에서 그 연구문제에 대한 결론을 내리는 것과 같다. 이와 같은 문헌적 연구보고서에서의 결론을 학생들은 자신의 연구문제에 대한 해답이라고 내세우나, 이를 실험연구 등의 실증연구에서는 하나의 가설, 즉 연구문제에 대한 하나의 가정적 해답으로 일단 간주한 다음, 그것이 참[眞]인지, 거짓[僞]인지를 다시 실험 등의 실증방법을 통하여 검증해서, 만약 참으로 나타나면 이것이 연구문제에 대한 해답이라고 결론을 내리기 때문이다.

그러므로 연구문제에 대한 문헌조사연구에서의 결론이 곧 실험연구에서는 하

참고자료 6-4

공신력의 효과에 관한 각 연구문제별 가설의 실례

[가설 1] 정보원의 공신력은 커뮤니케이션 효과에 영향을 미칠 것이다. 즉 공신력이 높은 정보원의 메시지(message)가 공신력이 낮은 정보원의 메시지보다 수용자들의 태도를 더 많이 변용시킬 것이다.

[가설 2] 그 이유는 수용자들이 정보원의 공신력이 높다고 지각(知覺)하면 그 정보원의 메시지도 공정하고 합리적이라고 평가해서 그것을 받아들이는 반면, 공신력이 낮다고 생각하는 정보원의 메시지는 과소평가해서 받아들이지 않으려는 심리적 경향이 있기 때문일 것이다.

[가설 3] 그러나 높은 공신력의 효과는 시간의 경과에 따라 감소하는 반면, 낮은 공신력의 효과는 오히려 증가해서 소위 수면자 효과(睡眠者效果, sleeper effects)가 나타날 것이다. 왜냐하면 수용자들이 메시지를 받은 후, 시간이 지남에 따라 그 메시지의 정보원이 '누구'였는지는 점차 망각되어 높은 공신력의 정보원에 대한 신뢰감은 소멸되고, 낮은 정보원에 대한 저항감은 사라지기 때문이다.

나의 가설에 해당하므로, 실험연구에서 가설을 설정할 때는 문헌조사연구에서 어떤 연구문제에 관한 여러 가지 문헌자료들을 조사·검토해서 주어진 연구문제에 관한 결론[해답]을 내리듯이 하면 된다. 즉 앞서 말했듯이 연구문제에 관련된 여러 가지 선행연구와 이론들을 폭넓게 조사·검토해서 연구문제에 대한 가장 정확한 해답을 찾아내서 이를 가설로 설정하면 된다. 따라서 가설은 각 연구문제마다 하나씩 설정하는 것이 원칙인데, 앞서 연구문제에서 실례로 든 '정보원(情報源)의 공신력이 커뮤니케이션 효과에 미치는 영향'에 관한 연구문제들에 대한 가설들의 실례를 들어보면 [참고자료 6-4]와 같다.

이와 같은 가설들을 설정하기 위해서는, 우선 연구문제에 관한 선행 연구논문과 이론들을 충분히 조사·연구해야 한다. 그리하여 연구문제에 관련된 여러 가지 지식과 이론들을 풍부하게 갖추어야 정확하고 적절한 가설을 설정할 수 있다. 그러나 아무리 연구문제에 관한 지식이 많고 풍부하더라도 연구자의 독창적 사고력이 없이는 훌륭한 가설을 설정할 수 없다. 따라서 독창적 사고력도 길러야 하는데, 그러자면 항상 독창적 사고 과정에 따라 사고하는 습관을 길러야 한다.

2) 가설의 구비요건

가설을 설정할 때는 또한 가설이 갖추어야 할 요건들에 맞게 설정해야 한다. 그렇다면 가설이 갖추어야 할 요건들은 무엇인가? 그 요건들에는 여러 가지가 있으나, 그중에서 반드시 갖추어야할 주요 요건들만 간단히 들어보면 다음과 같다.

첫째, 가설은 연구문제에 대한 가장 적합한 해답이어야 한다. 하나의 연구문제에 대한 여러 개의 가설들이 있을 수도 있으나, 그중에서 가장 적합하다고 판단하는 것을 하나만 선정해서 검증하게 되기 때문이다. 따라서 모든 가설은 연구문제에 대한 하나 이상의 해답을 포함해서는 안 된다.

둘째, 가설은 해당 학문 분야의 이론적 체계와 관련된 것이어야 한다. 가설은 해당 학문 분야의 어떤 이론체계에서 나와야 하고, 그 가설이 실험연구 등을 통해 입증되면 그것은 다시 해당 학문 분야의 이론적 체계 속에 하나의 과학적 지식 내지 이론으로 포함되어야 하기 때문이다.

셋째, 가설은 긍정 또는 부정될 수 있도록 평서문으로 서술해야 한다. 가설이란 그것이 연구문제에 대한 해답이냐[긍정], 아니냐[부정]를 검증하기 위하여 설정한 것이며, 또한 의문문이나 명령문 등으로 된 가설은 검증이 불가능하기 때문이다. 따라서 가설은 반드시 평서문으로 서술해야 하며, 평서문 중에서도 긍정문(肯定文) 형식으로, 예컨대 "만약(if) 이러이러할 때는 그 결과(then)가 이러저러하게 나타날 것이다."라는 "if ⋯, then ⋯."의 형식으로 서술하는 것이 좋은데, 이러한 경우 'if'라는 선행조건과 'then'이라는 후건(後件)을 명확하게 제시해야 한다.

넷째, 가설은 검증 가능(verifiable)해야 한다. 만약 가설이 추상적으로 막연하게 서술되어 있어 검증할 수 없다면 그 가설은 소용없는 것이 되기 때문이다. 그러므로 특히 실험연구에서 가설은 실제 실험을 통해서 검증할 수 있어야 한다. 다시 말해서, 가설에 나오는 독립변인을 조작해서 실험처치를 할 수 있으며, 종속변인은 그 값을 정확하게 측정할 수 있어야 한다.

끝으로, 가설은 간단명료하면서도 주어진 변인들 간의 관계가 명시되어야 한다. 가설은 되도록 간단하되, 그에 포함된 변인들 간의 관계가 명확하게 서술되어야 검증하기도 쉽고, 그 가설을 검증하기 위한 실험의 타당도가 높아지기 때문이다. 반면, 가설이 복잡하면 자연히 그에 포함된 변인들의 실험조작과 측정도 곤란할 뿐만 아니라, 실험 결과의 해석도 어렵게 된다.

4. 주요 술어의 정의

위와 같이 가설들을 설정하면, 그에 나오는 주요 개념이나 술어들을 명확히 규정 또는 정의해야 되는데, 여기서 주요 개념이나 술어란 주로 변인들이 된다. 이러한 개념이나 변인의 정의방법에는 앞서 제2장에서 말했듯이 명명적 정의방법(constitutive definition)과 조작적 정의방법(operational definition)이 있는데, 명명적 정의방법이란 마치 낱말의 뜻을 풀이하듯이 어떤 하나의 개념을 다른 개념을 사용하여 정의하는 방법을 말한다. 그러나 조작적 정의방법이란 어떤 개념이나 변인을 측정하거나 조작하는 데 필요한 행위들을 구체적으로 명시함으로써 그 개념이나 변인에 의미를 부여하는 것을 말한다.

이처럼 어떤 개념이나 변인의 정의방법에는 두 가지 방법이 있으나, 실험연구에서는 그에 나오는 주요 개념이나 술어들에 대하여 우선 명명적 정의를 간단히 내리고 나서 다시 조작적 정의를 내려야 한다. 따라서 조작적 정의방법에 관하여 잘 알아야 하는데, 조작적 정의방법에는 다시 두 가지, 즉 측정에 의한 조작적 정의방법과 실험에 의한 조작적 정의방법이 있다.

이 중 측정에 의한 조작적 정의방법이란, 어떤 개념이나 변인을 어떠어떠한 방식으로 측정하겠다고 그 구체적 측정방법을 제시함으로써 그 개념이나 변인을 조작적으로 정의하는 것을 말한다. 예를 들어, '지능'이라는 변인을 정의할 경우, "본 실험연구에서 지능이란 비네-시몽 지능검사(the Binet-Simon IQ test) 척도로 측정한 값을 말하며, 지능이 '높다' 또는 '낮다'는 이 지능검사에서 지능지수 120을 기준으로 그 이상이면 지능이 '높다'고, 그 이하면 지능이 '낮다'라고 규정하겠다."는 식으로 정의하는 것을 말한다. 또한 정보원의 공신력을 정의할 경우는 "버로(David K. Berlo)의 공신력 측정척도로 측정한 값을 말하며, 공신력이 '높다' 또는 '낮다'는 이 척도에서 4점(7점 만점)을 기준으로 그 이상이면 공신력이 높은 것으로, 그 이하면 공신력이 낮은 것으로 규정하겠다."라고 정의하는 것을 말한다.

한편, 실험에 의한 조작적 정의방법이란, 어떤 변인을 어떠한 식으로 실험처치를 하겠다고 그 방법과 과정을 설명해서 규정하는 방법을 말한다. 예를 들어, 정보원의 공신력이라는 변인을 정의할 경우, "똑같은 내용의 실험 메시지를 각 집단의 실험참여자들에게 하나씩 주면서, 실험집단 1(높은 공신력 집단)에는 그 메시지가 공신력이 높은 정보원인 'A 신문'의 논설이라고 거짓으로 실험처치를 하고, 실험집단 2(낮은 공신력 집단)에는 그 메시지가 공신력이 낮다고 대부분의 사람들이 생각하는 'B 신문'의 논설이라고 거짓으로 실험처치를 해서 정보원의 공신력을 조작하겠다."라고 규정하는 것이 곧 실험에 의한 조작적 정의방법이다.

그러나 이렇게 정보원의 공신력을 조작할 경우 실험조작이 제대로 이루어졌는지를 반드시 확인해 보아야 한다. 즉 실험처치를 한 뒤에 'A 신문'과 'B 신문'의 공신력을 실제로 측정해서, 'A 신문'의 공신력이 'B 신문'의 공신력보다 유의적으로 높게 나왔는지 확인해 보아야 한다.

5. 실험설계와 그에 따른 실험준비

위와 같이 연구문제와 가설에 나오는 주요 개념이나 변인들에 대한 정의가 끝나면, 다음으로는 주어진 가설을 검증하기 위한 구체적 실험준비 단계로 들어가게 된다. 이때 가장 먼저 해야 할 일은 실험설계(experimental design)인데, 집을 지으려면 설계도부터 그려야 하듯이 실험을 하려면 설험설계부터 해야 하기 때문이다.

1) 실험설계의 뜻과 실제

실험설계란 집을 지을 때 설계도를 만드는 작업에 비유할 수 있는 것으로서, 곧 주어진 가설을 어떤 실험방안을 사용하여 검증할 것이며, 독립변인에 대한 실험처치는 어떻게 하고, 이때 혼입되기 쉬운 가외변인들을 어떻게 통제하며, 어떤 측정검사를 통해 가설검증에 필요한 자료들을 수집하고, 수집한 자료들은 어떻게 분석할 것이냐 하는 방법과 절차 등에 관하여 구체적 계획을 세우는 것을 말한다. 그러면 이러한 실험설계는 어떻게 하는가?

(1) 실험설계의 실제방법

실험설계를 하기 위해서는 우선 연구문제는 무엇이고, 주어진 가설은 무엇이며, 연구하고자 하는 독립변인과 종속변인은 무엇인가를 다시 한 번 자세히 검토해 보면서 다음과 같은 문제들에 관한 구체적인 계획들을 세워야 한다.

① 주어진 가설은 어떠한 실험방안을 사용하여 검증할 것인가?

② 독립변인의 실험처치는 어떻게 할 것이며, 어떤 실험기구나 실험재료가 필요한가?

③ 종속변인을 비롯한 각종 변인들은 어떠한 측정기구나 척도를 사용하여 어떻게 측정할 것인가?

④ 독립변인의 실험처치나 종속변인의 측정검사를 비롯한 모든 실험 과정에서 혼입되기 쉬운 가외변인들을 어떻게 통제할 것인가?

⑤ 실제 실험은 누가 어떤 순서로 어떻게 실시(administer)할 것인가?

⑥ 각종 변인의 측정검사를 통하여 수집한 자료들을 어떤 통계방법을 사용하여 어떻게 분석해서 주어진 가설을 검증할 것인가?

바로 이와 같은 문제들에 대한 종합적 계획이 실험설계이다. 그러나 실험실세는 주어진 가설을 가장 정확하고 효율적으로 검증할 수 있어야 한다. 여기서 주어진 가설을 정확하게 검증할 수 있어야 한다는 것은, 실험 과정에 끼어들기 쉬운 여러 가지 가외변인들을 엄격하게 통제하여 실험의 타당도가 높도록 해야 한다는 말인데, 만약 실험 과정에서 가외변인들의 통제가 제대로 되지 않아 실험 결과가 독립변인의 실험처치의 산물(產物)이라기보다는 가외변인들의 산물이라면, 주어진 가설을 정확하게 검증할 수 없게 된다.

그러므로 모든 실험설계는 가외변인들을 효과적으로 통제하여 주어진 가설을 정확하게 검증할 수 있도록 설계해야 한다. 그러면서도 주어진 가설을 효율적으로 검증할 수 있도록 실험설계를 해야 하는데, 여기서 '효율적'이란 실험을 할 때 노력·시간·경비 등이 되도록 적게 들도록 하는 것을 말한다. 그러나 실험설계에 가장 중요한 것은 무엇보다도 실험통제에 관한 계획이다. 그렇다면 실험통제이란 무엇이며, 이는 어떻게 하는가?

(2) 실험통제에 관한 계획

실험통제에는 넓은 의미와 좁은 의미의 통제가 있는데, 넓은 의미의 통제란 앞서 제2장에서 말했듯이 ① 연구하고자 하는 실험변인(독립변인)의 체계적 변량(systematic variance)은 극대화(maximize)하는 동시에, ② 실험 과정에 혼입되어 실험 결과에 부작용을 끼치는 가외변인들의 변량(extraneous systematic variance)은 배제하고, 또한 ③ 실험참여자들의 표집과 각종 변인들의 측정검사에서 야기되는 오차변량(error variance)은 극소화(minimize)하는 것을 말한다.

그러나 좁은 의미로 통제는 위에서 두 번째 통제, 즉 가외변인들의 영향을 극소화하기 위하여 것으로서, 가외변인들을 제거하거나 제거가 불가능할 경우는 그 가외변인의 영향을 고정화시키는 것 등을 말한다.

이와 같이 실험통제는 두 가지 뜻을 가지고 있으나, 여기서는 좁은 의미의 실험통제, 즉 실험 과정에 혼입되어 실험 결과에 부작용을 끼치는 가외변인들의 통제에 관해서만 살펴보기로 하겠다. 가외변인들의 통제방법에도 여러 가지가 있으나, 크게 두 가지 유형으로 나누어 볼 수 있는데, 하나는 주로 외적 환경자극(environmental stimuli)들에 관련된 가외변인에 대한 통제방법이고, 다른 하나는 실험참여자에 관련된 가외변인에 통제방법이다. 이들 중 외적 환경자극에 관련된 가외변인들의 대표적 통제방법들로는 제거법·조건고정화법·상쇄법·격상법 등을 들 수 있으며, 실험참여자에 관련된 가외변인들의 주요 통제방법들로는 무작위화법과 결합무작위 배치법 등을 들 수 있는데, 이들 각 통제방법을 간단히 살펴보면 [참고자료 6-5]와 같다.

이와 같은 방법 외에도 가외변인들의 통제방법에는 여러 가지가 있다. 예컨대, 앞서 실험방안에서 살펴보았듯이 실험설계에 통제집단(control group)을 추가하는 것도 하나의 통제방법이다. 이는 사전에 가외변인을 통제하는 방법은 아니지만, 실험

참고자료 6-5

실험에서 가외변인들의 주요 통제방법

① **제거법**(除去法, Method of Removal): 실험 과정에서 불필요한 가외변인들을 제거해 버리고 실험변인(독립변인)만이 그 종속변인에 영향을 미치게 하여 그 영향(효과)을 관찰하는 방법으로서, 가장 좋은 실험통제방법이다.

② **조건고정화법**(條件固定化法, Method of Consistency of Conditions): 가외변인을 제거할 수 없을 경우, 그 가외변인이 종속변인에 동등하게 작용토록 하는 방법을 말한다. 예를 들어, 실험에서 가외변인으로서의 연령을 제거할 수 없는 경우 같은 연령의 실험참여자만을 실험대상으로 삼는 것 등을 말한다.

③ **상쇄법**(相殺法, Counterbalancing Method): 가외변인의 영향을 서로 상쇄시키는 방법으로, 예컨대 여러 개의 실험 메시지를 실험참여자들에게 줄 경우, 만약 그 메시지들의 제시 순서(order of presentation)가 가외변인으로서 영향을 미칠 것이 우려되면, 그 제시 순서를 달리해서 한 집단의 실험참여자들에게는 1, 2, 3, …의 순서로, 다른 집단에게는 그 반대의 순서로 제시하는 것을 말한다.

④ **격상법**(格上法, Built-in Method): 위와 같은 방법으로 가외변인을 통제하기 어려운 경우, 그 가외변인을 하나의 독립변인으로 격상시켜 실험설계에 집어 넣고 실험을 한 뒤, 그 변인이 종속변인에 미친 영향을 알아내서 이를 통제하는 방법을 말한다.

⑤ **무작위화법**(無作爲化法, Method of Randomization): 실험참여자 간의 서로 다른 속성 때문에 생기는 부작용(가외변인)을 막기 위해, 실험참여자들을 무작위로 여러 개의 실험집단이나 통제집단에 배치하거나, 또는 여러 가지 실험조건이나 기타 요인들을 무작위로 실험집단에 배정하는 방법을 말한다.

⑥ **결합무작위 배치법**(結合無作爲 配置法, Matched Random Assignment): 실험참여자들을 실험집단과 통제집단에 배치할 때 두 집단 간의 동질성을 보장하기 위해 어떤 속성이 동등한 실험참여자들을 선정하여 두 집단에 각각 배치하는 방법을 말한다. 예를 들어, 실험참여자들의 지능이 가외변인으로서 실험 결과에 영향을 미칠 것으로 우려될 경우, 실험참여자들의 지능을 미리 검사해서 IQ가 동등한 실험참여자들을 2명씩 짝지어, 그중 1명은 실험집단에, 또 1명은 통제집단에 배치하는 것을 말한다.

설계에 통제집단을 추가하면 역사적 요인(history)이나 검사 요인(testing) 등이 가외변인으로서 실험 결과에 미치는 영향을 알아내어 이를 실험 결과의 분석이나 해석 과정에서 통제할 수 있다. 또한 실험 결과를 추리통계방법을 사용하여 검증하는 것도 일종의 통제방법인데, 이는 전집(모집단)이 아니라 표본집단의 실험참여자들을 대상으로 실험을 할 경우, 실험참여자들의 표집 과정에서 야기되는 표집오차(sampling error)를 알아내어 이를 통제할 수 있게 만들어 준다. 그러므로 실험설계를 할 때는 여러 가지 통제방법들을 검토하면서, 어떤 가외변인들을 어떤 방법을 사용하여 어떻게 통제할 것인지에 관한 계획도 구체적으로 세워야 한다.

(3) 가설 검증을 위한 실험방안의 선정

한편, 가외변인들을 효과적으로 통제하면서, 또한 주어진 가설을 가장 정확하고 효율적으로 검증할 수 있는 실험방안을 선정하거나 새로 설계해야 한다. 앞서 살펴보았듯이 실험방안에는 여러 가지가 있고 그 용도는 검증하고자 하는 가설에 따라 다르므로, 실험방안은 주어진 가설을 가장 정확하고 효율적으로 검증할 수 있는 것을 선정하거나 또는 새로 설계해야 한다. 여기서 주어진 가설을 가장 '정확하고 효율적으로 검증할 수 있는 실험방안'이란, 앞서 말했듯이 가외변인들을 효과적으로 통제하면서도 노력 · 시간 · 경비 등은 적게 드는 실험의 방안을 말한다.

이러한 실험방안을 선정하여 실험설계를 할 때에는 설계도를 그려 가면서 설계를 해 나가는 것이 좋다. 예를 들어, 정보원의 공신력(source credibility)이 커뮤니케이션 효과, 즉 메시지에 대한 수용자들의 정보습득과 태도변용에 미치는 영향을 실험을 통하여 검증해 보고자 할 경우, [그림 6-10]과 같은 실험설계도를 그리면서 공신력이라는 실험변인(독립변인)의 실험처치는 어떻게 할 것이며, 실험집단과 통제집단은 어떻게 구성하고, 사전검사는 할 것인가 말 것인가, 만약 사전검사를 한다면 언제 하고, 그로부터 얼마 후에 실험처치를 할 것이며, 사후검사는 언제 할 것이냐 등에 관한 계획을 세우는 것이 좋다.[10]

---

10 [그림 6-10]에서 X는 독립변인에 대한 실험처치(experimental treatment) 또는 실험조작을 뜻하며, X_H는 높은 공신력의 조작, 예컨대 실험참여자들에게 똑같은 메시지를 주면서 그 메시지가 공신력이 높은 'A 일보'에 게재되었던 논설이라고 조작하는 것을 말하며, X_L은 그 메시

Y_b	X	Y_a	실험집단 1(높은 공신력 집단))
Y_b	X_L	Y_a	실험집단 2(낮은 공신력 집단)
Y_b	$\sim X$	Y_a	통제집단

그림 6-10 공신력의 효과에 대한 실험방안(예)

이와 같은 실험방안의 설계가 끝나면, 다음으로는 실험참여자들의 표집방법, 실험처치방법, 사전·사후 검사방법 등에 관한 구체적 계획을 세운다. 또한 검사 결과는 어떤 통계방법을 사용하여 어떻게 분석할 것인가에 관한 계획도 세워야 한다. 그리고 이러한 계획에 따라 실험준비를 하나하나씩 해 나가야 한다.

2) 실험처치에 관한 계획과 재료의 준비

실험연구에서 가장 핵심적인 것은 독립변인(실험변인이라고도 함)을 인위적으로 조작 또는 변화시키는 실험처치(experimental treatment)라고 할 수 있다. 실험이란 어떤 현상에 관련된 독립변인과 종속변인 간의 관계를 알아보고자 할 때, 독립

지가 공신력이 낮은 'B 신문'에 게재된 것이라고 조작하는 것을 말한다. 그리고 $\sim X$는 아무런 실험처치를 가(加)하지 않는 것을 말하는데, 이처럼 실험처치를 가하지 않는 실험참여자 집단을 통제집단이라고 한다. 한편, Y_b는 실험처치 이전에 실시하는 종속변인의 사전검사(pretest)를, Y_a는 실험처치 이후에 실시하는 사후검사(pretest)를 말한다. 그리고 그림 앞에 [R]은 실험참여자들을 실험집단과 통제집단에 무작위로 배치(random assignment)한다는 것을 말한다. [그림 6-10]의 실험방안을 간단히 설명하면, ① 실험참여자들을 표집하여 무작위로 세 집단으로 배치한 후, ② 실험 메시지의 주제(issue)에 대한 사전검사(Y_b)를 실시하고, ③ 일정 기간(대체로 1주일) 뒤에 세 집단에 똑같은 내용의 메시지를 주면서 실험집단 1에는 그것이 'A 일보'(공신력이 높은 정보원)에 게재된 논설이라고 말(X_H)하고, 실험집단 2에는 그 메시지가 'B 신문'(공신력이 낮은 정보원)에 게재된 사설이라고 말(X_L)하고, 통제집단에는 아무 말도 하지 않고 그냥 메시지만 주고 이들 메시지를 읽게 한 후에, ④ 사전검사에서 사용된 것과 똑같은 측정척도를 가지고 사후검사(Y_a)를 한 다음, ⑤ 각 집단별로 사후검사치에서 사전검사치를 뺀 값($d=Y_a-Y_b$)을 구해서 서로 비교해 보았을 때, 만약 실험집단 1(높은 공신력 집단)의 값이 실험집단 2(낮은 공신력 집단)의 그것보다 유의적으로 높게 나오면 정보원의 공신력이 커뮤니케이션 효과, 즉 수용자의 정보습득이나 태도변용에 영향을 미치고 있다는 결론을 내린다.

변인을 인위적이고 계획적·체계적으로 조작 또는 변화시켜 그것이 종속변인에 미치는 영향을 관찰(측정검사)해서 독립변인과 종속변인 간의 관계를 알아보는 방법이므로, 이와 같은 실험에서는 실험처치가 곧 실험의 성패를 좌우하기 때문이다. 그러므로 실험설계 단계에서 독립변인의 실험처치방법이 대체적으로 결정되면, 다시 그 방법 등에 대한 세부적 계획을 세우고, 또한 실험처치에 필요한 재료들도 준비해야 한다.

(1) 실험처치방법에 관한 세부 계획

실험처치방법과 그에 필요한 재료들은 연구문제와 실험대상 등에 따라 다를 수 있다. 예를 들어, 비타민 X가 동물의 성장에 어떤 영향을 미치는지를 토끼를 대상으로 실험을 통하여 알아보고자 할 경우, 토끼에게 비타민 X를 먹이는 일이 곧 실험처치가 된다. 따라서 이러한 경우는 실험처치를 할 때, 비타민 X를 언제 어느 정도를 얼마 동안 어떻게 먹일 것이냐 등에 관한 구체적 계획을 세우고 비타민 X 등을 준비하면 된다.

그러나 인간을 대상으로 한 사회과학 분야에서 실험처치는 좀 복잡하다. 따라서 실험처치 계획도 치밀하게 세워야 하고, 그에 필요한 재료들도 주의 깊게 준비해야 한다. 하지만 여기서는 앞서 언급한 정보원의 공신력(독립변인)이 커뮤니케이션 효과(종속변인)에 어떠한 영향을 미치는지를 실험연구를 실례로 들어서, 독립변인의 실험처치방법과 그에 필요한 재료들의 준비사항 등을 간단히 소개해 보기로 하겠다.

실험연구에서 독립변인의 실험처치방법은 연구자가 고안(考案)해야 한다. 예컨대, 앞서 말했듯이 공신력의 효과에 관한 실험연구에서는, 실험참여자(피험자)들을 2개의 실험집단(1과 2)으로 나눈 다음, 이들에게 똑같은 내용의 실험 메시지를 주면서, 실험집단 1(높은 공신력 실험집단)의 실험참여자들에게 그 메시지가 공신력이 높은 'A 일보'의 사설(社說)이라고 거짓으로 말하고, 실험집단 2(낮은 공신력 실험집단)의 실험참여자들에게는 그 메시지가 공신력이 낮은 'B 주간신문'에 게재된 독자 칼럼이라고 조작해서 정보원의 공신력에 대한 실험처치를 한다. 그러나 이러한 실험처치를 할 때는, 그에 앞서 'A 일보'와 'B 주간신문'의 공신력을 독자들을 대상으로 미리 조사해 보아야 한다. 그래서 'A 일보'의 공신력이 'B 주간신문'의 공신력보다 유의적으로 높게 나오면, 위와 같이 정보원의 공신력을 조작해도 좋다. 그러나 만약 두 신문사의 공신력에 유의적 차이가 없거나, 또는 'A 일보'보다 'B 주간신문'의 공신력이 오히려 높게 나왔다면, 다시 여러 신문사들의 공신력을 조사해서 그중에서 공신력이 가장 높은 신문사와 가장 낮은 신문사를 선정해서 실험처치를 해야 한다.

한편, 위와 같이 정보원의 공신력에 대한 실험처치를 할 때, 단순히 'A 일보의 사설'이라든지, 또는 'B 주간신문에 게재된 독자 칼럼'이라고만 실험참여자들에게 소개해서 조작할 수도 있다. 하지만 실험처치의 효과(체계적 변량)를 극대화시키기 위해서는 실험 메시지에 'A 일보'에는 공신력을 높이기 위한 호의적 소개문을, 그 반대로 'B 주간신문'에는 공신력을 깎아내리기 위한 부정적 소개문을 간단히 붙일 수도 있는데,[11] 이와 같은 것을 포함하여 모든 실험처치방법은 연구자가 연구의 목적, 가설의 성격, 실험처치의 편의성 등을 고려해서 가장 좋은 방법을 고안해야 한다.

(2) 실험처치에 필요한 재료의 준비

공신력의 효과에 관한 위와 같은 실험연구에서는 특정 신문사의 이름을 사용하여 정보원의 공신력에 대한 실험처치를 했으나, 이와는 달리 방송국이나 그 밖의 다른 언론매체를 사용하여 정보원의 공신력에 대한 실험처치를 할 수도 있다. 예를 들어, TV 방송국의 공신력에 대한 실험처치를 했다면, 그 실험 메시지를 영상으로 제작해서 수상기(受像機)나 비디오(Video) 등을 통하여 실험참여자에게 보여주어야 한다.

이처럼 영상 형태의 메시지를 작성하여 실험참여자들에게 보여주든, 또는 인쇄형태의 메시지를 만들어 보여주든 간에, 정보원의 공신력 효과에 관한 실험연구를 할 경우는 실험 메시지도 미리 작성해야 한다. 그러자면 우선 실험 메시지 주제를 선정해야 하는데, 이때 주제는 사회적으로 논란이 되고 있는 문제(issue) 중에서 적당한 것을 선정하는 것이 좋다. 주제가 사회적으로 논란이 되는 것이어야 그에 대한 실험참여자들의 수용태도를 검사할 때 그 검사치들이 높게 또는 낮게 나와 서로 비교하기가 좋기 때문이다.

실험 메시지의 주제가 일단 선정되면, 다음으로는 그에 관한 실험 메시지를 작성해야 한다. 그러나 직접 작성하지 않고, 신문이나 잡지 등에 실려 있는 동일 주제의

11 이에 관한 실례로는 이 책 부록의 '정보원의 공신력에 관한 실험재료와 측정검사척도'를 볼 것.

기사를 빌려 사용할 수도 있다. 하지만 그 기사를 실험참여자들이 이미 보았을 경우에는 실험의 타당도를 떨어뜨리게 된다. 따라서 실험 메시지는 되도록 실험연구자가 실험의 목적과 성격 등에 맞게 직접 작성하는 것이 좋다. 이때 실험 메시지의 내용, 문체, 길이 등을 충분히 고려해야 하는데, 이런 것들도 가외변인으로서 실험 결과에 부작용을 미칠 수 있기 때문이다.

실험 메시지의 작성이 끝나면, 그것을 어떻게 실험참여자들에게 전달 또는 제시할 것이냐 하는 방법도 생각해서 그에 대한 준비를 해야 하는데, 앞서 말한 공신력의 효과에 관한 실험연구에서는 신문사의 공신력에 대한 실험처치를 했기 때문에 신문기사 형태로 실험 메시지를 작성하여 실험참여자들에게 주었다. 그러나 만약 TV 방송국의 공신력에 대한 실험처치를 한다면, 실험 메시지를 영상으로 제작해서 실험참여자들에게 보여주어야 하므로 이에 관한 준비도 해야 한다.

3) 측정검사와 그 기구·척도의 준비

한편, 실험연구에 필요한 각종 변인들의 측정방법도 계획하고, 또한 측정기구 내지 측정척도들도 준비해야 한다. 어떤 독립변인이 종속변인에 미치는 영향을 실험을 통하여 알아보기 위해서는 독립변인에 대한 실험처치를 가한 후, 그 종속변인을 측정·검사하여 그 값이 어떻게 변화했는지 여부를 알아보아야 하기 때문이다. 따라서 종속변인은 두말할 것도 없고, 경우에 따라서는 독립변인과 중개변인의 측정방법도 계획하고, 그에 필요한 측정기구나 척도도 준비해야 한다.

(1) 변인 측정검사의 세 가지 요건

어떤 변인을 측정할 때는, 앞서 제3장에서 살펴보았듯이 최소한 세 가지 요건이 충족되어야 한다. 첫째, 측정의 타당도(validity)가 높아야 하는데, 여기서 타당도란 "측정하고자 하는 변인을 얼마나 제대로 측정하느냐"의 정도를 말한다. 둘째, 측정의 신뢰도(reliability)가 높아야 하는데, 여기서 신뢰도란 "측정하고자 하는 변인을 얼마나 정확하고 믿을 수 있게 측정하느냐"의 정도를 말한다. 셋째, 측정의 타당도와 신뢰도가 높은 측정기구나 척도를 올바로 작성하거나 선정해야 하는데, 여기서 측정기구나 척도란 어떤 변인의 값을 측정하기 위한 도구로서, 예컨대 체중기·온도계, 개인의 지능검사척도·성격검사척도, 또는 정보원의 공신력의 측정척도, 커뮤니케이션 효과의 측정척도 등을 말한다.

그러므로 실험연구에서 어떤 변인을 측정할 때는 위와 같은 세 가지 요건들이 충족될 수 있는 측정방법을 찾아내고, 그에 필요한 측정기구나 척도도 준비해야 한다. 예를 들어, 정보원의 공신력이 커뮤니케이션 효과에 미치는 영향을 알아보기 위한 실험을 한다면, 종속변인인 '커뮤니케이션 효과'의 측정척도는 두말할 것도 없고, 정보원의 공신력의 측정척도도 준비해야 한다. 앞서 말했듯이, 만약 "똑같은 내용의 실험 메시지를 2개 집단의 실험참여자들에게 주면서 한 집단에는 그 메시지가 공신력이 높은 'A 일보'의 사설이라고 조작하고, 또 한 집단에는 그 메시지가 공신력이 낮은 'B 주간신문'에 게재된 독자 칼럼이라는 식으로 조작하려면, 그에 앞서 여러 신문사의 공신력을 검사해서 공신력이 가장 높은 'A 일보'와 가장 낮은 'B 주간신문'을 선정해서 실험처치를 해야 하기 때문이다. 따라서 최소한 2개의 척도, 즉 종속변인인 '커뮤니케이션 효과'와 독립변인인 '정보원의 공신력'의 측정척도를 준비해야 한다.

이러한 측정척도나 측정기구는 모두가 중요하지만, 특히 종속변인의 측정기구나 척도가 가장 중요한 역할을 한다. 어떤 독립변인이 종속변인에 미치는 영향을 알아보기 위해서는, 독립변인에 대한 실험처치를 가한 후, 그 종속변인의 값을 측정검사하여 어떻게 변화했는지 알아보아야 하는데, 이때 만약 종속변인의 측정척도의 타당도와 신뢰도가 낮아서 종속변인의 값을 제대로 측정할 수 없다면 실험 결과는 믿을 수 없게 되기 때문이다. 따라서 종속변인의 측정은 실험 결과의 준거가 되므로 준거측정(criterion measures)이라고 부른다.

(2) 각종 변인의 측정검사척도의 준비

실험연구에서 사용할 각종 변인의 측정검사기구나 척도는 연구자가 직접 만들 수도 있다. 그러나 측정에 관한 전문지식이 없는 사람이 만들어서는 안 된다. 어떤 변인의 측정검사척도를 만들려면, 우선 그 변인의 구성인자(構成因子)들을 인자분석(factor analysis)해서 알아낸 다음, 각 인자별로 전체 변량의 백분율에 따라 측정항목들을 작성해야 한다. 그렇게 하여 측정척도가 만들어지면, 그 척도를 사용하여 여러 계층의 수백 명의 개인들을 대상으로 주어진 변인을 여러 번 측정해서, 그 측정자료들을 가지고 측정척도의 타당도와 신뢰도를 검토하여 일정 수준 이상으로 높게 나와야만 그 측정척도를 사용할 수 있다.

이처럼 어떤 측정척도를 만드는 데는 전문적 지식과 기능(技能)이 요구된다. 그러므로 이러한 전문적 지식과 기능을 갖추지 않았다면 측정척도를 직접 만들지 말고, 그 대신 전문가들이 만들어 놓은 여러 가지 척도 중에서 자신의 연구목적에 알맞은 것을 선정하여 사용하는 것이 바람직하다. 이때 측정척도의 일부 항목을 자신의 연구목적에 맞게 고치는 것은 무방하다. 그러나 이미 표준화(標準化)된 측정척도, 예컨대 지능검사 · 성격검사 · 적성검사 등의 측정항목을 고치거나 변형해서는 안 된다.

각종 변인의 측정과 척도에 관한 준비를 할 때는 누가, 언제, 어떤 변인에 대한 측정검사를 어떻게 실시할 것이며, 사전검사를 한다면 언제, 어떻게 실시한 뒤, 얼마나 후에 사후검사를 할 것이며, 만약 지연검사(遲延檢査)를 한다면 그것은 언제 실시할 것인가 등에 관한 계획도 구체적으로 세워야 한다. 또한 실제로 검사를 할 때, 실험참여자들에게 말해 줄 지시사항(instruction)이나 응답요령 등도 미리 구상해 놓아야 하며, 실험의 목적상 사전검사나 사후검사를 다른 어떤 검사로 위장(僞裝)할 경우 어떻게 위장할 것인지도 준비해야 한다. 그리고 측정검사가 끝난 뒤, 그 측정척도의 타당도와 측정자료의 신뢰도는 어떻게 검토할 것이냐에 관한 계획도 미리 세우는 것이 좋다.

4) 실험참여자들의 표집과 배치

실험을 하려면 실험대상이 될 실험참여자들이 필요하다. 따라서 어떠한 실험참여자들을 몇 명이나 어떻게 표집해서, 이들을 실험집단이나 통제집단에 어떻게 배치할 것이냐에 관한 계획을 세워 실험참여자들을 뽑아야 한다. 이러한 작업은 크게 두 가지로 나누어 볼 수 있는데, 하나는 실험참여자들의 표집(sampling)이고, 다른 하나는 표집한 실험참여자들을 실험집단과 통제집단 등에 배치(assigning)하는 작업이다.

(1) 실험참여자(피험자)들의 표집

실험연구에서도 조사연구에서와 마찬가지로 모든 사람이나 동물의 전집(Universe or Population, 모집단이라고도 부름)을 대상으로 실험을 할 수는 없다. 따라서 전집으로부터 표본(sample)을 추출하여 이들을 대상으로 실험을 한 뒤, 그 결과를 전집에 일반화시키는 방법을 쓰게 된다. 그러자면 전집을 대표할 수 있는 표본을 추출해야 한다.

이러한 표본의 추출방법, 즉 표집방법(sampling methods)에는 앞에서도 여러 번 살펴보았듯이 여러 가지가 있다. 즉 확률적 표집방법들로는 단순무작위표집방법, 유층화표집방법, 군집표집방법, 체계적 표집방법 등이 있고, 비확률적 표집방법에는 우연적 표집방법, 판단표집방법, 할당표집방법, 전문가 표집방법, 의도적 표집방법 등이 있다. 따라서 우선 이들 표집방법의 장단점을 비교해 본 뒤에, 주어진 연구의 목적이나 성격에 맞는 것을 선택하여 실험참여자들을 표집하면 된다.

그러나 실험연구에서는 실험참여자들을 한 곳에 모아놓고 실험을 하는 경우가 많으므로 이들을 쉽게 모을 수 있는 표집방법이 요구된다. 또한 몇 차례에 걸쳐 실험처치와 검사를 해야 하기 때문에 실험에 성심껏 응해 줄 사람들을 뽑는 것이 중요하다. 따라서 학생들 중에서 실험참여자들을 선정하는 경우가 많다. 특히 중·고등학생이라든지, 대학에서 어떤 과목을 수강하고 있는 대학생을 실험참여자로 뽑는 경우가 많은데, 이들을 무작위로 공정하게 뽑아서 모든 학생들의 전집을 대표한다면 나쁠 것은 없다. 그러나 학생을 대상으로 한 실험의 결과를 학생이 아닌 일반인의 전집에 무리하게 일반화시켜서는 안 된다.

한편, 실험찬여자들을 표집할 때는 표본의 크기, 즉 실험참여자의 사례수도 결정해야 하는데, 표본의 사례수는 실험집단과 통제집단의 수가 얼마나 되며, 실험 결과의 분석방법이 얼마나 복잡하냐에 따라 달라진다. 따라서 이러한 점을 고려해서 표본의 사례수를 결정해야 하는데, 만약 표집을 잘해서 전집을 대표할 수 있는 표본을 뽑을 수 있다면, 표본의 크기가 작은 것이 실험하기에 용이하고 노력이나 비용도 적게 든다. 그러나 표본의 크기가 너무 작으면 자연히 표집오차가 커지므로, 인간을 대상으로 한 실험에서는 표본의 크기가 너무 작지 않은 것이 좋다. 단, 인간보다 지능이나 행동 등이 비교적 단순한 동물을 대상으로 한 실험에서는 몇 마리의 비둘기나 쥐를 표본으로 뽑아 실험을 하기도 한다.

(2) 각 집단에 실험참여자들 배치

실험참여자들을 일단 표집하면, 다음으로 이들을 실험집단과 통제집단 등에 배치해야 한다. 앞서 실험방안에서 살펴보았듯이, 한 개의 실험집단을 대상으로 한 실험도 없지는 않으나, 대부분의 경우는 실험조건에 따라 여러 개의 실험집단으로 나누고, 또한 통제집단도 추가해서 실험을 하기 때문이다. 따라서 실험참여자들의 표집이 일단 끝나면, 이들을 어떻게 각 실험집단과 통제집단에 배치할 것이냐가 중요한 문제가 된다. 만약 실험참여자들을 실험집단과 통제집단에 잘못 배치한 까닭에 종속변인의 값이 본래부터 두 집단 간에 차이가 있었다면, 실험처치 뒤 종속변인의 검사치가 집단에 따라 달리 나타났더라도 그것이 실험처치의 결과 때문인지, 아니면 두 집단의 종속변인의 값이 본래부터 달랐기 때문인지 알 수 없다.

그러므로 실험참여자들을 실험집단과 통제집단 등에 배치할 때는, 실험 결과에 가외적 영향을 미칠 수 있는 실험참여자들의 속성, 예컨대 연령 · 성별 · 교육정도 · 지능 · 태도 등이 집단에 따라 차이가 없도록 해야 한다. 그러기 위해서는 무작위배치법(random assignment)이나 결합배치법(matched group technique)을 사용하여 실험참여자들을 각 실험집단과 통제집단 등에 배치해야 한다. 이 중 무작위배치법이란 실험참여자들을 우선 여러 집단에 무작위로 배치한 뒤, 그 집단 중에서 어떤 집단을 실험집단으로 하고, 어떤 집단을 통제집단으로 할 것이냐 하는 것 등을 모두 무작위로 선정하는 방법을 말한다. 한편, 결합배치법이란 실험 결과에 영향을 미칠 수 있는 실험참여자들의 속성을 미리 조사해서, 속성이 같은 실험참여자들을 골라 그중 한 명은 실험집단에, 다른 한 명은 통제집단에 배치하는 방법을 말한다. 예컨대, 실험참여자들의 지능이 실험 결과에 가외적 영향을 미칠 우려가 있으면, 실험참여자의 지능을 미리 검사해서 지능지수(IQ)가 똑같은 실험참여자들을 골라서 그중 한 명은 실험집단에, 다른 한 명은 통제집단에 배치해 나가가는 방법을 말한다.

이와 같은 방법이나 무작위배치법을 사용하여 실험참여자들을 각 실험집단이나 통제집단 등에 배치하되, 일단 배치한 뒤 종속변인이나 관계변인에 대한 사전검사를 실시하여 그 검사치에 집단 간에 유의적 차이가 없는지 여부를 확인해 보는 것이 좋다. 만약 유의적 차이가 없다면 실험을 해도 좋으나, 차이가 있다면 실험참여자들을 다시 배치해서 집단 간 차이가 없도록 해야 한다.

5) 예비실험과 문제점들의 개선

위와 같이 실험을 위한 모든 준비가 끝나면 실제 실험으로 들어가도 좋다. 그러나 그에 앞서 예비실험(pilot study or trial experiment)을 해보는 것이 바람직한데, 예비실험이란 계획한 실험방법과 절차 등에 문제점이 있는지를 검토해서 수정·보완하기 위하여, 실제 실험에 앞서 소수(少數) 실험참여자들을 대상으로 미리 실험을 한 번 실시해 보는 것을 말한다. 이러한 예비실험을 거치지 않고 곧바로 실제 실험, 즉 본(本)실험을 했다가 실험방법과 절차 등에 잘못이 발견되면 실험을 다시 해야 하기 때문이다.

그러므로 본실험에 앞서 예비실험을 시행하면서 실험방법과 절차 등을 전반적으로 점검해서, 혹시 문제점이 있으면 이를 수정·보완해야 한다. 이러한 예비실험은 문제점들의 개선뿐 아니라, 실험 경험을 쌓고 새로운 아이디어도 얻어서 본실험을 성공적으로 수행할 수 있게 만드는 데도 그 목적이 있다. 따라서 예비실험을 할 때는 사전에 계획했던 대로 실험처치와 검사를 해보는 것은 물론, 실험 결과도 분석해 보면서 혹시 문제점들이 없지 않은지 검토해서 수정·보완해야 한다.

이때 특히 실험처치와 가외변인들의 통제가 제대로 이루어졌는지도 검토해 보아야 한다. 또한 각종 측정검사에서 얻어진 자료들의 타당도와 신뢰도도 검사해서, 타당도나 신뢰도가 낮은 척도문항들은 제외시키거나 다른 것으로 대체하도록 한다. 이 밖에 각종 변인의 검사시기와 방법, 실험참여자들의 표집과 배치방법 등도 검토해서, 만약 문제가 있다면 이를 본실험에서는 반드시 수정·보완해야 한다. 그리고 예비실험을 하면서 실험방법 등에 관한 새로운 아이디어들이 떠오르면 이들을 본실험에 반영하는 것도 좋다.

6. 본(本)실험과 각종 측정검사의 실시

위와 같이 예비실험을 통하여 발견한 실험방법과 절차상의 문제점들을 시정·보완해서 완전한 실험계획과 준비가 끝나면, 실제 본실험을 실시해도 좋다.

본실험 작업은 크게 두 가지로 나누어 볼 수 있는데, 하나는 실험처치(experimental treatment)이고, 다른 하나는 종속변인과 그 밖의 변인들에 대한 측정검사(testing)이다.

1) 실험처치와 각종 측정검사의 시행

실험처치 작업에서는 계획한 실험 절차에 따라 미리 준비한 실험처치(독립변인의 조작내용 등)를 실험참여자들에게 가(加)하면 되는데, 이때 유의할 것은 가외변인들이 혼입되지 못하도록 하는 엄격한 실험통제이다. 만약 여러 다른 집단에 실험처치를 할 때는 실험처치를 제외한 모든 것이 동등한 조건이나 상황에서 이루어지도록 해야 한다. 따라서 동일한 실험연구가 되도록 비슷한 시간에 같은 장소에서 동일한 절차와 방법에 따라 실험처치를 하는 것이 좋다. 그리고 실험처치를 할 때는 그것이 실험이라는 사실을 실험참여자들에게 숨기고 다른 활동으로 위장하는 것이 바람직하다. 그러나 실험이 모두 끝나면 그것이 실험이었다는 것을 실험참여자들에게 반드시 알려주어야 하는 것이 학문적 윤리이다.

한편, 각종 변인에 대한 측정검사도 엄격한 통제 아래 실시해야 하며, 측정검사를 할 때에는 응답요령을 미리 실험참여자들에게 숙지(熟知)시키고, 검사 도중에 실험참여자들이 서로 의논을 하면서 응답하게 해서는 안 된다. 검사의 종류와 횟수는 실험설계에 따라 다르나, 사전검사를 할 경우는 대체로 실험처치의 1주일 전에 실시하는 것이 보통이며, 사후검사는 보통 실험처치 직후에 실시한다. 그리고 지연검사(delayed test)를 할 경우는 실험처치 후 2주일 또는 4주일 후에 실시하는 경우가 많다. 이러한 검사를 할 때는 그것이 실험을 위한 검사라는 것을 숨겨야 하며, 검사내용이 같더라도 이들을 별도의 검사로 위장하거나, "전번 조사에 문제점이 있어서 다시 조사를 한다."고 둘러대는 것이 좋다. 그러나 실험이 모두 끝나면 그것이 실험을 위한 검사였다는 것을 실험참여자들에게 알려주어야 한다.

이와 같은 본실험과 검사의 절차를, 앞서 말한 정보원의 공신력의 효과에 관한 실험연구를 실례로 들어 간단히 소개해 보면, 우선 실험처치의 1주일 전에 '높은 공신력' 실험집단과 '낮은 공신력' 실험집단에 종속변인(실험 메시지 내용에 대한 수용자들의 태도)에 대한 사전검사를 실시하면서, 이를 '여론조사'로 위장한다. 그리고 1주일 뒤, 실험처치를 하면서 이를 '독해력 검사'로 위장하여 똑같은 내용의 실험 메시지를 각 실험집단에 따로 주면서 '높은 공신력' 실험집단에는 'A 일보'의 사설이라고 말하고, '낮은 공신력' 실험집단에는 'B 주간신문'의 독자 칼럼에 실린 글이라고 말하면서 그 실험 메시지들을 읽게 한 뒤, 사후검사를 한다. 그리고 나서 위와 같은 여론조사와 독해력 검사가 실험이었다는 사실을 실험참여자들에게 알려준다.

2) 실험처치와 실험통제의 성공 여부 검토

위와 같이 하여 본실험과 검사가 모두 끝나면, 실험처치와 실험통제가 제대로 이루어졌는지 검토해 보아야 한다. 만약 실험처치와 실험통제가 제대로 이루어지지 않았다면, 이러한 실험에서 얻어진 자료들을 사용하여 가설을 검증해서는 안 되기 때문이다.

예컨대, 앞서 언급한 정보원의 공신력의 효과에 관한 실험에서 '공신력'이라는 실험변인(독립변인)의 실험처치가 제대로 이루어졌는지를 검토해 보려면, 실험처치 후 정보원의 공신력을 다시 검사하여 실험에서 조작한 대로 'A 일보'의 공신력이 'B 주간신문'의 공신력보다 유의적으로 높게 나왔는지를 알아보면 된다. 그렇게 하여 만약 'A 일보'의 공신력이 'B 주간신문'의 공신력보다 유의적으로 높게 나왔다면, 실험처치가 제대로 이루어졌다고 볼 수 있다. 그러나 두 신문사의 공신력에 유의적 차이가 없거나, 'B 주간신문'의 공신력이 'A일보'의 공신력보다 높게 나왔다면, 이는 실험처치가 실패했음을 의미하므로 실험을 다시 해야 한다.

한편, 실험통제가 제대로 되었는지 여부를 검토해 보기 위해서는, 우선 '높은 공신력' 실험집단과 '낮은 공신력' 실험집단의 사전검사치 간의 차이를 비교해 보아야 한다. 그렇게 하여 만약 유의적 차이가 없다면, 이는 실험통제가 제대로 이루어져 실험참여자들이 두 실험집단에 무작위로 배치되었다는 것이 된다. 그러나 두 실험집단의 사전검사치 간에 유의적 차이가 있다면, 이는 실험통제가 제대로 이루어지지 않아 두 집단 간에 실험 메시지의 내용에 대한 수용태도가 본래부터 달랐기 때문에, 사후검사치들 간에 차이가 나타났더라도 이는 공신력에 대한 실험처치의 결과, 즉 공신력의 영향 때문이라고 보기 어렵다. 따라서 이처럼 실험통제가 제대로 이루어지지 않은 실험에서 얻어진 자료를 가지고 주어진 가설을 검증하면 커다란 오류를 범할 수 있다.

7. 검사자료의 검토와 통계분석

위와 같이 본실험에서 실험처치와 실험통제가 제대로 이루어졌는지 여부를 검토해서, 만약 제대로 이루어졌다면 실험에서 얻은 각종 검사자료들, 즉 실험참여자들의 검사지들을 정리하면서 그 응답자료들을 전산처리와 통계분석이 가능하도록 코딩(coding)해야 한다. 그런 다음, 코딩한 자료들의 신뢰도를 검토해서, 만약 신뢰도가 높다고 판단되면 그 자료들을 통계분석하여 주어진 가설을 검증한다.

1) 검사자료의 정리·코딩과 신뢰도 검토

코딩이란 각종 검사의 측정척도에 대한 실험참여자들의 응답을 그 척도의 종류에 따라 수치를 부여하는 것을 말한다. 이러한 코딩을 할 때는 검사 응답지들을 일일이 검토하면서 제대로 응답하지 않았거나 엉터리로 응답한 응답지들은 버려야 한다. 이때 응답을 제대로 하지 않았거나 엉터리로 한 것은 서로 비슷한 척도문항에 대한 실험참여자들의 응답을 비교해 보면 대체로 알 수 있다. 그러므로 측정검사척도를 작성할 때 미리 서로 비슷한 문항을 포함시켰다가 이들 항목에 대한 응답을 서로 비교해서 엉터리 응답을 가려내는 것이 좋다.

이렇게 응답자료들의 신뢰도를 검토하면서 코딩을 모두 한 뒤에는, 다시 전체 응답자료들의 신뢰도를 검토해 보아야 한다. 그 검토방법에는 앞서 제3장에서 살펴보았듯이 재검사법(retest method), 동등형 검사법(equivalent forms method), 반분검사법(split-half method), 내적 합치도법(internal consistency method) 등이 있다. 이들 방법 중 하나를 선정하여 응답자료의 신뢰도를 검토해서 그 신뢰도계수가 일정 수준보다 높게 나오면, 이들 응답자료를 분석해서 가설을 검증해도 좋다. 그러나 응답자료의 신뢰도계수가 낮게 나오면, 그 자료를 버리고 다시 실험을 해야 한다.

2) 검사자료의 통계분석과 가설검증

위와 같이 응답자료들의 검토 결과, 신뢰도가 높다고 판단되면 그 자료들을 통계적으로 분석해서 주어진 가설을 검증한다. 이러한 통계분석방법에는 앞서 제4장에서 살펴보았듯이 크게 두 가지, 즉 기술통계방법과 추리통계방법이 있는데, 이들 중 우선 기술통계방법을 사용하여 각 실험집단이나 통제집단별로 독립변인과 중개변인에 따른 종속변인의 검사치의 집중경향치 · 분산도 · 상관계수 등을 산출해서 비교해 본다. 그런 다음, 추리통계방법을 사용하여 가설을 검증한다.

(1) 가설검증의 추리통계방법

추리통계방법이란, 앞서 제4장에서 배웠듯이 전집(모집단)에서 표집한 표본을 대상으로 연구했을 경우 그에서 얻어진 어떤 통계치나 이들 통계치 간의 차이가 표본의 표집 과정에서 우연히 생긴 표집오차에 의한 것인지, 아니면 전집에서의 차이 때문인지를 확률적으로 검증해 보는 통계방법을 말한다. 이러한 추리통계방법에는 다시 두 가지가 있는데, 그중 하나는 표본으로부터 얻어진 어떤 통계치를 가지고 전집의 전집치(모치수라고도 함)를 추정(estimate)하는 방법이고, 다른 하나는 표본으로부터 얻은 어떤 통계치나 이들 통계치 간의 차이가 표집오차에 의한 것인지, 아니면 진짜 차이, 즉 전집에서도 그러한 차이가 나는지를 알아보는 '가설검증(hypothesis testing)'의 추리통계방법이다.

이와 같은 두 가지 추리통계방법 중 여기서는 실험연구에서 주로 사용하는 가설검증의 통계방법만 실례를 들어 간단히 살펴보기로 하겠다. 예컨대, "정보원의 공신력이 수용자의 메시지 수용태도, 즉 커뮤니케이션 효과에 영향을 미치는가?"라는 연구문제에 대하여 "공신력이 높은 정보원의 메시지를 준 실험집단이 공신력이 낮은 정보원의 메시지를 준 실험집단보다 그 메시지 수용태도의 평균치가 높을 것이다."라는

표 6-3 높은 공신력 집단과 낮은 공신력 집단의 메시지 수용태도 점수

실험집단 1(높은 공신력 집단, X_1)	실험집단 2(낮은 공신력 집단, X_2)
21	12
18	14
14	10
20	8
11	16
19	5
8	3
12	9
13	11
15	
Σ151	88
n_1=10 $\bar{X}_1$=15.100	n_2=9 $\bar{X}_2$=9.778

가설을 세웠다고 하자. 그리고 이러한 가설을 검증하기 위하여 19명의 실험참여자(피험자)를 무작위로 표집한 후, 이들을 2개의 실험집단으로 나누어 이들 2개 집단의 실험참여자들에게 똑같은 내용의 실험 메시지를 각각 주면서, 실험집단 1에는 그 메시지가 공신력이 높은 A 일보의 사설이라고 조작하고, 실험집단 2에는 공신력이 낮은 B 주간신문에 게재된 독자 칼럼 기사라고 조작하는 실험처치를 하고 나서, 그 메시지를 읽게 한 후, 그 내용(주장)에 대한 실험참여자들의 수용태도(커뮤니케이션 효과)를 20점 척도(20 point scale)로 검사해 보았더니, 그 결과가 [표 6-3]과 같이 나왔다고 하자.

이 표를 보면, 실험 메시지에 대한 수용태도의 검사치의 산술평균점수가 실험집단 1(높은 공신력 집단)에서는 15.1점인 데 비하여, 실험집단 2(낮은 공신력 집단)에서 9.778점으로 나왔다. 따라서 이런 결과만 보면, "공신력이 높은 정보원의 메시지를 준 실험집단이 공신력이 낮은 정보원의 메시지를 준 실험집단보다 그 메시지 수용태도의 평균치가 높을 것이다."라는 가설이 입증되었다고 할 수 있다.

그러나 이러한 가설을 검증하기 위한 실험은 겨우 19명의 실험참여자들을 대상으로 한 것이다. 따라서 실험 메시지에 대한 '높은 공신력 집단(실험집단 1)'의 수용태

도의 평균점수가 '낮은 공신력 집단(실험집단 2)'의 그것보다 5.322점이 높게 나왔지만, 이러한 차이는 실험참여자들의 표집 과정에서 우연히 생긴 표집오차에 의한 것일 수도 있다. 따라서 이러한 차이가 표집오차에 의한 것인지, 아니면 전집에서도 그렇게 나올 수 있는 차이, 즉 정보원의 공신력의 영향에 의한 진짜 차이인지를 검증해 보아야 한다. 그렇다면 이는 어떻게 검증해야 하는가?

(2) 통계적 가설검증의 절차와 실례

이와 같은 문제는 앞서 말했듯이 '가설검증(hypothesis testing)'의 추리통계 방법을 통하여 검증해 보면 되는데, 그 검증원리와 절차는 앞서 제4장에서 자세히 살펴보았다. 따라서 검증절차와 방법만 간단히 소개해 보면 다음과 같다.

① **연구가설(研究假說, H_1)**: 공신력이 높은 정보원의 메시지를 준 실험집단 1이 공신력이 낮은 정보원의 메시지를 준 실험집단 2보다 전집에서도 그 메시지에 대한 수용태도의 평균점수가 더 높게 나올 것이다. 즉 $\mu_1 \rangle \mu_2$일 것이다.

② **영가설(零假說, H_0)**: [아니다]. 전집에서는 공신력이 높은 정보원의 메시지를 준 실험집단 1과 공신력이 낮은 정보원의 메시지를 준 실험집단 2의 메시지 수용태도의 평균점수 간에 유의적 차이가 없을 것이다. 즉 $\mu_1 = \mu_2$또는 $\mu_1 - \mu_2 = 0$일 것이다.

③ **검증통계방법(檢證統計方法)**: 공신력이 높은 실험집단과 공신력이 낮은 실험집단의 전집이 각각 정규분포를 이루고 있다고 볼 수 있으며, 표본의 크기가 작고 2개의 평균점수 간의 차이에 대한 검증이므로 t-검증방법(t-test)을 쓰겠다.

④ **유의도 수준(有意度 水準)**: $\alpha = 0.05$, 즉 $p \langle 0.05$로 하되, 연구가설(H_1)이 평균치 간의 차이의 방향을 제시하고 있으므로 일방적 검증(one-tailed test)을 하겠다.

⑤ **표집분포(標集分布)**: 검증통계방법이 t-검증방법(t--test)이며, 자유도는 17($df = n_1 + n_2 - 2 = 9+10-2 = 17$)이므로 자유도 17의 t-표집분포이다.

⑥ **영가설(H_0)의 부정한계영역(否定限界領域)**: 일방적 검증이며 자유도는 df=17이므로 0.05 유의도 수준에서 영가설(H_0)의 부정한계영역은 $t_{0.05} \geq \pm 1.740$이 된다(부록에서 t-분포의 수표를 참고할 것).

⑦ **검증통계치(檢證統計値)의 계산**: $n_1 \neq n_2$이므로 다음과 같은 공식을 사용하여 t값

을 구한다.

$$t = \frac{(\overline{X}_1 - \overline{X}_2)(\mu_1 - \mu_2)}{\sqrt{(\frac{\sum x^2_1 + \sum x^2_2}{n_1 + n_2 - 2})(\frac{1}{n_1} + \frac{1}{n_2})}}$$

$$= \frac{(15.100 - 9.778) - 0}{\sqrt{(\frac{164.90 + 135.56}{17})(\frac{1}{10} + \frac{1}{9})}} = \frac{5.322}{1.93} = 2.758$$

⑧ **통계적(統計的) 결론(結輪)**: 영가설(H_0)의 부정한계영역이 $t_{0.05} \geq \pm 1.740$인데, 위에서 실제로 계산된 t값은 2.758이므로, 영가설(H_0)이 부정되고 그 대신 연구가설(H_1)이 긍정된다.

위와 같이 가설을 통계적으로 검증해본 결과, ⑧의 '통계적 결론'에서 보듯이 영가설(H_0)이 부정되고 그 대신 연구가설(H_1)이 긍정되었다. 따라서 정보원의 공신력이 커뮤니케이션 효과에 미치는 영향에 관한 실험에서 '높은 공신력 집단(실험집단 1)'의 수용태도의 평균점수가 '낮은 공신력 집단(실험집단 2)'의 그것보다 5.322점이 높게 나온 것은, 실험참여자들의 표집 과정에서 우연히 생긴 표집오차에 의한 것이 아니라, 정보원의 공신력의 영향에 의한 유의적 차이(significant difference)라고 볼 수 있다. 그러므로 이러한 실험 결과로 미루어 볼 때, "정보원의 공신력이 수용자의 메시지 수용태도, 즉 커뮤니케이션 효과에 영향을 미치는가?"라는 연구문제에 대하여 "그렇다."고 결론을 내릴 수 있다.

8. 실험 결과에 대한 논의와 해석

위와 같이 실험 결과 가설이 입증되면, 이를 토대로 연구문제에 대한 결론을 내리게 된다. 그러나 그에 앞서, 연구상의 제한점(limitation) 등에 관한 논의부터 해야 하는데, 예를 들어 실험 메시지에 대한 '높은 공신력 집단(실험집단 1)'의 수용태도의 평균점수가 '낮은 공신력 집단(실험집단 2)'의 그것보다 유의적으로 높게 나왔더라도, 이는 정보원의 공신력에 의한 것이 아니라, 실험방법이나 실험과정에서 문제점이나 제한점 등에 의한 것일 가능성도 없지 않기 때문이다.

그러므로 가설에 대한 검증 결과가 나오면, 이를 토대로 연구문제에 대한 결론을 내리기에 앞서 실험방법이나 실험과정에 혹시 문제점이나 제한점은 없었는지 검토해 보아야 한다. 왜냐하면 대부분의 실험연구는 전집이 아니라 표본집단의 실험참여자들을 대상으로 한 것이므로 그 결과를 일반화하는 데 항상 제한점이 있으며, 또한 실험처치와 그 재료라든지 각종 변인의 측정검사에도 문제점이나 제한점이 있을 수 있기 때문이다.

따라서 실험 결과 주어진 가설이 긍정 또는 부정되면, 이를 토대로 연구문제에 대한 결론을 내리기에 앞서 실험방법상에 문제점이나 제한점들이 없었는지부터 검토해 본다. 그렇게 하여 만약 문제점이나 제한점이 있으면, 이를 감안하여 연구문제에 대한 결론을 내려야 한다. 예컨대, 실험의 편의상 대학생 중에서 실험참여자들을 표집, 이들을 대상으로 실험을 했다면, 이러한 실험의 결과를 모든 계층과 연령의 사람들에게 일반화(一般化)하는 데는 문제가 있다. 따라서 이런 경우는 이 점을 충분히 감안하여 연구문제에 대한 결론을 내려야 한다. 또한 실험 결과에 관한 논의를 할 때는 대학생만을 대상으로 실험을 했음도 밝히면서, 이 점을 감안하여 결론을 받아들이라고 독자들에게 권고해야 한다.

한편, 어떤 가설의 검증 결과가 나오면, 왜 그러한 결과가 나왔는지 그 이유를, 연구문제와 가설에 관련된 여러 이론과 선행연구들의 결과들을 토대로 해석하고 논의해야 한다. 예를 들어, "정보원의 공신력은 과연 커뮤니케이션 효과에 영향을 미치는가?"라는 연구문제에 대한 가설, 즉 "공신력이 높은 정보원의 메시지를 준 실험집단 1이 공신력이 낮은 정보원의 메시지를 준 실험집단 2보다 전집에서도 그 메시지 수용태도의 평균점수가 높게 나올 것이다."라는 가설이 입증되었다면, "정보원의 공신력은 왜 수용자들의 메시지 수용태도에 영향을 미치는가?", "정보원의 공신력이 수용자들의 메시지 수용태도에 미치는 영향은 얼마동안이나 지속(持續)되는가?" 하는 문제 등에 대해서도 논의해야 한다.

이러한 논의는 주어진 가설이 부정되었을 때도 마찬가지인데, 실험 결과 가설이 부정되면 그 이유도 정확히 찾아내서 충분히 설명해야 한다. 모든 가설은 어떤 이론이나 선행연구들의 결과를 토대로 설정하는데, 이처럼 설정한 가설이 부정되었다면 이는 그 가설이 토대로 한 이론이나 선행연구들의 결과가 틀렸거나, 아니면 그 가설을 검증한 연구자의 실험방법상에 문제가 있었기 때문이다. 따라서 이러한 두 가지 이유 중에서 어떤 것이 맞는지를 밝혀야 하는데, 이는 쉬운 일이 아니다. 만약 연구자 자신의 실험방법상에 문제가 있었다면 그 실험연구는 버려야 하고, 검증한 가설이 토대로 한 이론이나 선행연구들의 결과가 틀렸다면 이를 증명해야 하는데, 그러자면 다른 추가적 실험연구가 필요할 수도 있다. 그렇지만 만약 어떤 선행연구들이 틀렸다는 것을 증명한다면, 이는 기존 이론이나 선행연구들의 결과를 수정해야 하는 것이므로, 단순히 기존의 이론이나 선행연구들의 결과를 확인한 연구보다 더 획기적 연구가 된다.

9. 연구보고서(논문)의 작성

위와 같이 실험 결과에 관한 해석과 논의가 모두 끝나면, 마지막으로 연구보고서(research report)나 논문을 작성해야 하는데, 실험연구의 보고서나 논문을 작성하는 방법도 다른 연구의 그것과 크게 다를 것이 없다. 따라서 실험연구 결과보고서(논문)의 일반적 조직구조를 중심으로 각 부분의 주요 작성 요령만 간단히 살펴보기로 하겠다.

1) 실험연구 보고서의 요건과 일반적 조직구조

연구보고서의 작성 목적은, 앞서 제4장에서 말했듯이 연구자가 어떤 연구를 수행한 뒤 그 연구문제, 연구방법, 연구결과 등을 다른 연구자들에게 알려주어 해당 연구문제에 관한 학술적 정보·지식 등을 공유하려는 데 있다. 그러므로 이와 같은 목적을 효과적으로 달성하려면, 연구보고서(논문)는 다른 연구자들이 정확하게 이해할 수 있도록 상세하면서도 간단명료하고 객관적이며 정확하고 쉽게 써야 한다. 따라서 연구보고서(논문)의 기본요건으로 명료성(clarity) · 정확성(accuracy) · 단순성(simplicity) · 정확성(accuracy) · 독이성(readability) 등을 들고 있다.

그러나 커린저는 연구보고서의 가장 중요한 요건 내지 평가기준으로서 '반복연구의 가능성', 즉 "어떤 연구논문을 다른 연구자들이 읽고 나서 그 논문에서 설명한 대로 반복해서 연구할 수 있느냐?(Can another investigator replicate the research by following the research report?)" 하는 것을 들고 있다(Kerlinger, 1973, p. 694). 만약 어떤 연구보고서를 다른 연구자가 읽고 그대로 반복해서 연구할 수 있다면, 그 연구보고서는 그 목적을 충분히 달성할 수 있는 요건을 갖추었다고 평가할 수 있으나, 그대로 반복 연구할 수 없다면 이는 곧 연구보고서의 요건을 제대로 갖추지 못했다는 것을 말해주기 때문이라는 것이다.

바로 이와 같은 커린저의 주장은 특히 실험연구 보고서에 해당하는 것이라고 볼 수 있는데, 실험연구 보고서는 다른 연구자들이 읽고 그대로 반복해서 실험해 볼 수 있도록 작성해야 실험방법이 제대로 되었는지 확인할 수 있고, 또한 실험 결과의 보편타당성을 검증해 볼 수 있으며, 그래야만 학문이 발전할 수 있기 때문이다. 따라서 특히 실험연구 보고서는 그것을 다른 연구자가 읽고서 그대로 반복연구가 가능할 수 있도록 작성해야 한다. 그렇다고 해서 무조건 자세하게 작성하라는 말이 아니라, 구체적이면서도 간단명료하게 작성하라는 말이다. 학위논문의 경우는 그렇지 않으나, 학술지에 발표하는 논문은 지면의 제약을 받기 때문이다. 따라서 연구보고서가 학위논문인 경우는 장(章) · 절(節) 등으로 나누어 자세히 작성해야 하지만, 학술지에 발표할 논문인 경우는 그 내용들을 I, Ⅱ, Ⅲ, … 이라든가 A, B, C, … 또는 1, 2, 3, … 등의 항목별로 나누어 간단명료하게 작성해야 한다.

2) 실험연구 보고서의 각 항목별 작성요령

이처럼 연구보고서가 학위논문이냐 또는 학술지 논문이냐에 따라 약간의 차이가 있을 수 있으나, 기본적 조지형태에는 별 차이가 없는데, 실험연구 논문의 일반적이고 기본적인 조직구조를 간단히 소개해 보면 [참고자료 6-6]과 같다.

(1) 서론의 주요 내용

서론에서는 먼저 연구의 동기나 목적을 간단히 제시하고 연구문제를 서술한 다음, 연구문제에 관련된 선행연구의 연구결과들을 간단히 요약하면서, 이를 바탕으로 설정한 가설을 서술하고, 그에 나오는 중요한 술어들을 간단히 정의하면 된다.

첫째, 연구의 동기 또는 문제의 제기 항목에서는, 어떤 문제를 왜 연구하게 되었

참고자료 6-6

실험연구 보고서의 일반적 조직구조

Ⅰ. 서론(Introduction)
  A. 연구의 동기 또는 문제의 제기
  B. 선행연구들의 현황과 이론적 배경
  C. 연구문제
  D. 연구문제에 대한 가설
  E. 주요 술어들의 정의
Ⅱ. 연구방법(Method)
  A. 실험방안의 개관
  B. 실험처치방법과 그 재료
  C. 측정검사기구(측정척도)
  D. 실험참여자(피험자)들의 표집과 배치방법
  E. 실제 실험 절차(procedure)
  F. 수집한 검사자료의 검토와 분석방법
Ⅲ. 연구결과(Results)
  A. 실험의 타당도와 검사자료의 신뢰도 검토
  B. 각 가설의 검증 결과
Ⅳ. 연구결과에 대한 논의(Discussion)
  A. 연구결과에 대한 해석과 논의
  B. 연구상의 제한점
Ⅴ. 요약과 결론(Summary and Conclusion)
  A. 연구 전체에 대한 요약
  B. 연구문제에 대한 결론
  C. 앞으로 다른 연구를 위한 제언
참고문헌(References)
부록: 실험재료와 측정척도 등

는지 그 동기 또는 목적을 간단히 설명하고 연구하고자 하는 문제를 밝히면서, 그에 관한 연구의 중요성이나 의의 등을 피력한다.

둘째, 선행연구들의 현황과 이론적 배경에서는, 연구문제에 관련된 선행연구와 관계문헌들의 조사 결과를 바탕으로, 연구하고자 하는 문제에 관한 지금까지의 연구 현황·문제점·이론적 배경 등을 정리·요약해서 항목별로 나누어 제시한다.

셋째, 연구문제 항목에서는, 연구하고자 하는 문제를 의문문 형식으로 명확하게 서술하여 구체적인 연구문제를 제시한다. 이때 연구문제에는 연구하고자 하는 변인들의 관계가 명확히 나타나도록 한다.

넷째, 연구문제에 대한 가설 항목에서는, 연구문제에 관한 선행연구들의 결과와 이론적 배경을 바탕으로 연구문제에 대한 가설들을 설정하고, 그 이론적 근거와 함께 제시한다. 이때 가설은 검증을 통하여 긍정 또는 부정될 수 있도록 긍정문 형식으로 간단명료하게 서술하되, 검증하고자 하는 변인들의 관계를 구체적으로 나타내야 한다.

다섯째, 주요 술어들의 정의에서는, 연구문제나 가설에 나오는 중요 술어 또는 개념에 대한 정의를 간단하게 내린다. 그러나 구체적으로 조작적 정의를 내리는 것이 좋다.

(2) 연구방법에 관한 보고

위와 같이 서론 부분에 대한 서술이 끝나면 다음으로 연구방법 부분에서는, 앞서 설정한 가설을 어떠한 실험설계방안을 통하여 어떻게 검증했는지 그 방안을 되도록 구체적이고 명확하게 보고한다. 그리하여 이를 다른 연구자들이 읽고 그대로 반복해서 실험할 수 있도록 해야 하는데, 이처럼 실험방법을 보고할 때는 먼저 실험방안(experimental design)을 소개하고, 이를 중심으로 실험처치방법과 그 재료, 측정 검사척도, 실험참여자들의 표집과 각 실험집단 또는 통제집단에 배치방법, 실제 실험 절차, 수집한 검사자료의 검토와 분석방법 등을 설명하면 된다.

첫째, 실험방안의 개관에서는 그 이름만 제시해도 되나, 실험방안을 그림으로 그려서 설명하는 것이 좋다. 예컨대, 실험방안으로는 '사전·사후검사 통제집단방안'을 사용했다고만 말해도 무방하지만, 그 실험방안의 그림도 소개하면서 이를 중심으로 실험방법을 소개하는 것이 더 바람직하다.

둘째, 실험처치방법과 그 재료(材料)에 관한 보고에서는 실험변인(독립변인)을 어떻게 조작적으로 규정해서, 이를 어떠한 실험재료를 사용하여 어떻게 실험처치를 했으며, 이때 가외변인들을 어떻게 통제하였는지를 구체적으로 제시한다.

셋째, 측정검사기구에 관한 항목에서 어떤 변인들의 측정검사척도를 어떻게 작성하거나 또는 빌려다가 그 변인들을 실제로 어떻게 측정했는지를 구체적으로 설명한다. 이때 측정검사도구의 구성체제, 채점방법, 타당도와 신뢰도 등에 관해서도 자세하게 소개하는 것이 좋다.

넷째, 실험참여자(피험자)들의 표집과 배치방법에 관한 항목에서는 어떤 표집방법을 사용하여, 몇 명의 실험참여자들을 어떻게 표집하여, 이들을 몇 개의 실험집단과 통제집단에 어떻게 배치했는지 그 방법을 설명한다. 이때 실험참여자들의 주요속성, 구성분포 등을 밝히고, 이들 실험참여자의 전집에 대한 주요 가정(假定)들도 제시하는 것이 좋다.

다섯째, 실제 실험 절차의 항목에서는 실제 실험을 언제·어디서·누가·어떠한 실험통제 아래서 어떻게 실시했는지를 간단하면서도 명료하게 설명한다.

여섯째, 각종 측정검사에서 얻은 자료의 검토와 분석방법에 관한 항목에서는, 검사자료들의 코딩과 신뢰도 검토방법부터 제시한다. 그런 다음, 검사자료들을 왜, 어떠한 통계방법을 사용하여, 어떻게 분석했는지 그 방법과 이유를 설명한다. 그러나 여기서는 대략적 분석방법만 소개하고, 구체적 분석방법은 연구결과를 제시할 때 설명해도 무방하다.

(3) 연구결과와 그에 대한 논의

위와 같이 연구방법에 대한 설명이 끝나면, 다음으로는 연구결과(실험 결과), 즉 가설들의 검증 결과를 제시하되, 그에 앞서 실험의 타당도와 검사자료의 신뢰도의 검토 결과부터 밝혀야 한다. 왜냐하면 실험의 타당도를 검토해 본 결과 실험이 제대로 이루어졌으며, 또한 실험에서 얻은 자료들의 신뢰도를 검토해 본 결과 그 신뢰도도 높았다는 것을 먼저 제시해야, 그 다음에 제시할 연구결과를 다른 연구자들이 믿을 수 있기 때문이다. 따라서 연구결과의 항목은 크게 두 부분, 즉 ① 실험의 타당도와 검사

자료의 신뢰도 검토 결과, ② 각 가설의 검증 결과 부분으로 나눌 수 있다.

첫째, 실험의 타당도와 검사자료의 신뢰도 검토 결과에 관한 부분에서는, 먼저 실험처치와 실험통제가 제대로 되었는지 그 결과를 밝힌다. 예를 들어, 정보원의 공신력의 효과에 관한 실험에서 '공신력(독립변인)'에 대한 실험처치가 제대로 이루어졌는지를 검토해 보기 위하여, 공신력의 실험처치 후 정보원의 공신력을 다시 검사해 보았더니 실험처치의 목적대로 'A 일보'의 공신력이 'B 주간신문'의 공신력보다 유의적으로 높게 나왔다는 식으로 서술한다. 그 다음, 각종 측정검사에서 얻은 자료의 신뢰도 검토방법과 그 결과도 제시해야 하는데, 이는 예컨대 검사자료의 신뢰도를 재검사법(retest method)을 사용하여 검토해 본 결과, 그 신뢰도계수가 0.85로 나와 측정검사 자료들이 신뢰도가 있다고 판단되어, 이들 자료를 사용하여 주어진 가설을 검증했다는 식으로 서술하면 된다.

둘째, 각 가설의 검증 결과들을 제시할 때, 만약 가설들이 여러 개일 경우는 각 가설별로 그 검증 결과를 제시해야 한다.

이와 같이 실험 결과들을 제시한 다음에는 그에 대한 논의를 해야 하는데, 이러한 논의는 연구결과와 장(章)이나 항목(項目)을 달리해서 하는 것이 보통이다. 그러나 짧은 연구보고서에서는 실험 결과와 함께 그에 대한 논의를 해도 무방한데, 이러한 논의는 두 부분, 즉 ① 연구결과에 대한 해석과 논의 및 ② 연구상의 제한점으로 나누어 서술하는 것이 좋다.

첫째, 연구결과에 대한 해석과 논의에서는, 연구결과를 그에 관한 선행연구들의 결과와 이론들을 토대로 해석하면서 그에 관한 논의를 전개한다. 다시 말해서, 가설이 긍정 또는 부정된 이유를 선행연구들의 결과와 이론들을 토대로 설명하면서 연구자 자신의 견해를 밝힌다. 이러한 논의는 연구결과 보고서(논문)에서 연구자의 견해나 의견을 가장 자유롭게 개진할 수 있는 부분이지만, 그 견해나 의견을 조목조목 조리 있게 서술해야 한다.

둘째, 연구상의 제한점 부분에서는, 실험을 할 때 당면했던 여러 가지 어려움 등으로 인해 생기게 된 연구상의 제한점들이 있으면 이들을 모두 제시한다. 그리고 이들 제한점들을 감안하여 연구문제에 대한 결론을 내리겠다고 전제(前提)한다.

(4) 요약과 결론

마지막으로 연구보고서의 요약과 결론 부분에서는, 먼저 연구 전체를 간단히 요약한 다음 가설의 검증 결과들을 토대로 연구문제에 대한 결론을 내린다. 그리고 나서 끝으로 앞으로 다른 연구를 위한 몇 가지 제언들을 하면 된다.

첫째, 연구 전체에 관한 요약 부분에서는, 연구결과만 제시하지 말고 연구목적·연구문제·연구가설·연구방법 등을 먼저 간단히 요약한 다음 연구결과들을 간단히 요약해서 제시하되, 연구결과는 개조식으로 서술하는 것이 좋다. 이러한 요약 부분은 연구의 개요(abstracts)에 해당되는 것으로서, 연구보고서(논문) 전체를 읽을 시간이 부족한 다른 연구자에게 편의를 제공하는 데에도 그 목적이 있다.

둘째, 연구문제에 대한 결론 부분에서는 연구문제에 대한 결론을 내리면 된다. 그러나 이러한 결론을 가설의 검증 결과로 착각해서 가설의 검증 결과들만 요약해 놓는 사람도 없지 않다. 하지만 연구보고서에서 결론은, 예를 들어 "가설 1이 긍정되었다." 또는 "부정되었다."는 식의 결론이 아니라, 이와 같은 가설검증 결과를 토대로 해서 "그러니까 연구문제에 대한 해답은 이렇다."는 식으로 연구문제에 대한 결론을 내려야 한다. 따라서 이와 같은 결론을 내릴 때는, 각 연구문제별로 그에 대한 결론을 제시하면서 그 이론적 근거도 간단히 밝히는 것이 좋다.

셋째, 앞으로 다른 연구를 위한 제언에서는, 앞서 '연구결과에 대한 논의'에서 연구자가 스스로 지적했던 '연구상의 제한점'들을 중심으로, 예컨대 "이 연구에서는 이러이러한 제한점이 있었으니, 앞으로 다른 연구에서는 어떠어떠하게 연구해 보면 좋겠다."는 식으로 앞으로의 연구방향·연구문제·연구방법 등을 제언하면 된다. 이러한 제언의 목적은, 어떤 연구문제에 관한 연구작업을 다른 연구자들에게 인계해 줌으로써 그 연구문제가 계속 연구되어 학문의 발전에 이바지하도록 하는 한편, 다른 연구자들에게 새로운 연구문제와 연구방법을 제공해 주는 데 있다.

이와 같은 제언을 끝내면 연구보고서(논문)도 모두 끝나게 된다. 그러나 학위논문이나 APS(American Psychological Association)의 스타일로 쓴 논문은 맨 뒤에 반드시 참고문헌(references) 목록을 붙여야 한다. 이때 참고문헌은 단행본과 논문(article)으로 따로 나누어 제시하기도 하나, 모든 참고문헌은 그 발표자나 저자(著者) 이름의 ㄱㄴㄷ 순(順)이나 영어의 알파벳 순으로 나열해야 한다. 한편, 참고문헌 목록 다음에는 부록으로 실험에서 사용한 실험재료라든가 측정척도들을 붙이기도 한다.

지금까지 실험연구방법에 관하여 살펴보았다. 그러나 실제 실험연구방법은 책만으로는 배울 수 없다. 그러므로 여러 실험연구 논문들을 읽고 그 방법을 연구하면서 실제로 실험연구들을 해 보기 바란다. 모든 연구방법은 실제 연구를 통해서 배우는 것(learning by doing)이 최선의 학습방법이기 때문이다.

연습문제

1. 한글로 쓴 실험연구 논문과 영어로 쓴 실험연구 논문을 각각 한 편씩 골라서 읽어보면서 그 내용을 제대로 이해할 수 있는지 자신의 능력을 평가해 보아라.

2. 학술지에 발표된 실험연구 논문을 한 편만 골라서 다음 사항들에 대하여 평가해 보아라.
   ① 연구문제의 서술방법
   ② 가설의 설정과 서술방법
   ③ 실험방안의 적합성
   ④ 실험통제의 방법
   ⑤ 실험처치방법과 그 재료
   ⑥ 실험참여자의 표집과 배치방법
   ⑦ 각종 측정기구의 타당도와 신뢰도
   ⑧ 검사자료의 통계적 분석방법
   ⑨ 실험 결과의 해석과 논의방법

3. 이제까지 공부해 오면서 실험연구를 통하여 직접 검증해 보고 싶은 문제나 가설(假說)들을 다섯 개만 선정해서 열거해 보아라. 그리고 그중에서 하나만 선정해서 이를 검증하기 위한 실험설계방안을 작성해 보아라.

4. 학술지에 발표된 간단한 실험연구 논문을 한 편만 찾아서 읽어보고, 그와 똑같은 실험방법으로 다시 실험(replication study)을 하되, 실험참여자를 약 10명 정도만 선정해서 이들을 대상으로 실험을 해 보아라.

5. 앞서 제2장에서 소개한 '정보원의 공신력이 수용자들의 태도변용에 미치는 영향에 관한 실험연구' 논문을 다시 읽어보면서, 그 내용을 이제는 완전하게 이해할 수 있는지 스스로 평가해 보아라.

참고문헌

1. 한국어 문헌

뷰어리, J. B. 저, 양병우 역(1958),『사상의 자유의 역사』. 서울: 신양사.

이명현(1978),「과학에 있어서의 객관성」, 서울대학교『대학신문』, 1978년 6월 26일자 11면.

차배근(1973),「공신력의 개념과 그 영향에 관한 소고」, 서울대학교『신문연구소학보』(현『언론정보연구』), 제10집, pp. 53-81.

차배근(1974),「한국의 매스컴 수용자들의 피설득성향에 관한 비교문화권적 실험연구」, 서울대학교『신문연구소학보』(현『언론정보연구』), 제11집, pp. 53-117.

차배근(1977),『사회통계방법』. 서울: 세영사.

차배근(1979),「표본의 크기(sample size)와 표집오차(sampling error) 간의 관계에 대한 소고: 여론조사의 경우를 중심으로」,『신문학보』(현『언론학보』, 한국언론학회 발행), 제12호, pp. 13-131.

차배근(1990),「등간척도에서의 등간의 수에 관한 비교문화권적 조사연구」,『신문학보』(현『언론학보』, 한국언론학회 발행), 제25호, pp. 199-223.

2. 외국어 문헌

Abrams, M.(1951), *Social Surveys and Social Action.* London: Heinemann.

Achinstein, P.(1971), *Laws and Explanation.* London: Oxford University Press.

Ackoff, Russel L.(1953), *The Design of Social Research.* Chicago: University of Chicago Press.

Anderson, Barry F.(1967), *The Psychology Experiment: An lntroduction to Scientific Method.* Belmont, Calif.: Wadsworth Publ. Co.

Aronson, E. and D. Linder(1965), "Gain and Loss of Esteem as Determinants of Interpersonal Attractiveness," *Journal of Experimental Social Psychology,* 1, pp. 156-171.

Auer, J. Jeffery(1959), *An Introduction to Research in Speech.* New York: Harper & Row.

Babbie, Earl R.(1973), *Survey Research Methods.* Belmont, Calif.: Wadsworth Publ. Co.

Bachrach, A. J.(1965), *Psychological Research.* New York: Random House.

Backstrom, Charles H. and Gerald D. Hursh(1963), *Survey Research.* Evanston, Ill.: North-western University Press.

Bales, R.(1951), *Interaction Process Analysis.* Cambridge, Mass.: Addison-Wesley.

Bandura, Albert A.(1972), "Modeling Theory: Some Traditions and Disputes," in R. D. Parke(ed.), *Recent Trend in Social Learning Theory.* New York: Academic Press.

Black, J. A. and D. J. Champion(1976), *Methods and Issues in Sociological Research.* New York: John Wiley & Sons.

Block, J. A.(1961), *The Q-sort Method in Personality Assessment and Psychiatric Research.* Springfield, Ill.: Charles C. Thomas.

Bogardus, Emory S.(1925), "Measuring Social Distance," *Sociology and Social Research,* 9, pp. 299-308.

Bogardus, Emory S.(1959), *Social Distance.* Los Angeles: Privately Printed.

Braithwaite, R. B.(1953), *Scientific Explanation.* Cambridge: Cambridge University Press.

Brooks, William D.(1970), "Q-Sort Technique," in Phillip Emmert and W. D. Brooks(eds.), *Methods of Research in Communication.* Boston: Houghton Mifflin Co.

Buchler, J.(1955), *Philosophical Writings of Peirce.* New York: Dovor.

Busha, Charles and Stephen P. Harter(1980), *Research Methods in Librarianship: Techniques and Interpretation.* Orlando, FL: Academic Press, Inc.

Campbell, A. and G. Katona(1953), "The Sample Survey: A Technique for Social Science Research," in L. Festinger and D. Katz(eds.), *Research Methods in the Behavioral Sciences.* New York: Holt, Rinehart and Winston.

Campbell, Donald T. and Julian C. Stanley(1963), *Experimental and Qusi-experimental Designs for Research.* Chicago: Rand McNally & Co.

Chu, Godwin C.(1964), "Culture, Personality and Persuasibility," unpublished Ph. D. dissertation. Stanford University.

Cochran, William G.(1974), "The Design of Experiments," in David L. Sirls (ed.), *International Encyclopedia of Social Sciences,* Vol. 5. New York: The Macmillan Co. and The Free Press.

Cohen, Arthur(1960), "Attitudinal Consequences of Induced Discrepancy between Cognition and Behavior," *Public Opinion Quarterly,* 24, pp. 317-318.

Cohen, Morris R.(1957), *A Preface to Logic.* New York: Meridian.

Cronbach, Lee J.(1951), "Coefficient Alpha and the Internal Structure of Tests," *Psychometrika,* 1, no. 3, pp. 297-334.

Cronbach, Lee J. and G. C. Gleser(1953), "Assessing Similarity between Profiles," *Psychological Bulletin,* 50, pp. 456-473.

Cronbach, Lee J. and Richard J. Shavelson(2004), "My Current Thoughts on Coefficient Alpha and Successor Procedures," *Educational and Psychological Measurement,* 64, no. 3, pp. 391-418.

Dahlström, Edmund(1961), "Analysis a Survey Material," in Georg Karlson et al.(eds.), *Sociologiska Metoder.* Stockholm: Svenstak Bokförlaget.

Dewey, John(1933), *How We Think.* Boston: Health.

Dickens, Milton and Lee E. Travis(1961), "The Experimental Approach," in Clyde W. Dow(eds.), *An Introduction to Graduate Study in Speech and Theatre.* East Lansing, Michigan: Michigan State University Press.

Dubin, Robert(1969), *Theory Building.* New York: The Free Press.

Emmert, Phillip and William D. Brooks eds.(1970), *Methods of Research in Communication.* Boston: Houghton Mifflin.

Fishbein, Martin, and B. H. Raven(1962), "The AB Scales: An Operation Definition of Belief and Attitude," *Human Relations,* 15, pp. 35-44.

Gallup, George(1949), *A Guide to Public Opinion Polls.* Princeton: Princeton University Press.

Gardner, Lindzey(1959), "On the Classification of Projective Techniques," *Psychological Bulletin,* 56, pp. 158-168.

Getzels, J. and P. Jackson(1962), *Creativity and Intelligence.* New York: Wiley.

Gibbs, Jack P.(1972), *Sociological Theory Construction.* Hinsdale, Ill.: Dryden Press.

Glock, C. Y. ed.(1967), *Survey Research in the Social Sciences.* New York: Russell Sage Foundation.

Good, C. V. et al.(1954), *Methods of Research: Educational, Psychological and Sociological.* New York: Appleton-Century-Crofts.

Gould, Julius and William L. Kolb, eds.(1964), *A Dictionary of Social Science.* New York: The Free Press of Glencoe.

Gronlund, Norman(1959), *Sociometry in the Classroom.* New York: Harper & Row.

Guetzkow, Harold(1959), "A Use of Simulation in the Study of International Relations," *Behavioral Science,* Vol. 4, pp. 183-191.

Guilford, J. P.(1956), *Fundamental Statistics in Psychology and Education.* New

York: McGrawHill.

Guttman, Louis(1944), "A Basis for Scaling Qualitative Data, *American Sociological Review*, 9, pp. 139-150.

Hempel, Carl G.(1965), *Aspects of Scientific*. New York: The Free Press.

Hempel, Carl G.(1966), *Philosophy of Natural Science*. Englewood Cliffs, N. J.: Prentice Hall.

Hovland, Carl I., A. A. Lumsdaine and F. D. Sheffield(1949), *Experiments on Mass Communication*. Princeton: Princeton University Press.

Hovland, Carl I. and Walter Weiss(1951), "The Influence of Source Credibility on Communication Effectiveness," *Public Opinion Quarterly*, 15, pp. 635-650.

Hovland, Carl I. and W. Mandell(1952), "An Experiment Comparison of Conclusion-drawing by the Communicator and by the Audience," *Journal of Abnormal and Social Psychology*, 47, pp. 581-588.

Hovland, Carl I., Irvlng L. Janis and Harold Kelley(1953), *Communication and Persuasion*. New Haven: Yale University Press.

Hull, Clark L.(1943), *Essentials of Behavior*. New York: Appleton-Century-Crofts.

Janis, Irving L. and Peter B. Field(1956), "A Behavioral Assessment of Persuasibility: Consistency of Individual Difference," *Sociometry*, 19, pp. 241-259.

Joint Committee of American Psychological Association, American Educational Research Association and National Council on Measurements Used in Education(1954), "Technical Recommendations for Psychological Tests and Diagnostic Techniques," *Psychological Bulletin*, LI. Supplement, pp. 201-238.

Kaplan, Abraham(1964), *The Conduct of Inquiry: Methodology for Behavioral Science*. San Francisco, Calif.: Chandler Publishing Co.

Katz, Elihu and Paul Lazarsfeld(1955), *Personal Influence: The Part Played by People in the Flow of Mass Communication*. Glencoe, Ill.: The Free Press of Glencoe.

Kelman, Herbert and A. Eagly(1965), "Attitude toward the Communicator, Perception of Communication Content, and Attitude Change," *Journal of Personality and Social Psychology*, 1, pp. 63-78.

Kelman, Herbert and Carl Hovland(1965), "Reinstatement of the Communicator in Delayed Measurement of Opinion Change," *Journal of Abnormal and Social Psychology*, 48, pp. 327-335.

Kerlinger, Fred N.(1964), *Foundations of Behavioral Research.* New York: Holt, Rinehart and Winston.

Kerlinger, Fred N.(1973), *Foundations of Behavioral Research*, 2nd ed., New York: Holt, Rinehart and Winston.

Kibler, Robert J.(1970), "Basic Communication Research Consideration," in Philip Emmert and Wiliam D. Brooks(eds.), *Methods of Research in Communication.* Boston: Houghton Mifflin Co.

Kuhn, Thomas S.(1970), *The Structure of Scientific Revolution.* Chicago: University of Chicago Press.

Lazarsfeld, Paul F., Bernard Berelson and Hazel Gaudet(1948), *The People's Choice: How the Voter Makes up his Mind in a Presidential Election.* New York: Columbia University Press.

Lemert, J. B.(1963), "Dimensions of Source Credibility," Paper presented at the meeting of the Association for Education in Journalism(August).

Lewin, Kurt(1936), *Principles of Topological Psychology.* New York: McGraw-Hill.

Likert, Renis(1932), "A Techniques for the Measurement of Attitude," *Achieves of Psychology*, 149, pp. 1-55.

Littlejohn, Stephen W.(1983), *Theories of Human Communication*, 2nd ed., Belmont, Calif.: Wadsworth.

Lunsford, T. R. and B. R. Lunsford(1966), "Research Forum: How to Critically Read a Journal Research Article," *Journal of Public Opinionm*, 8(1), pp. 24-32.

Maccoby, E. and N. Maccoby(1954), "The Interview: A Tool of Social Science," in G. Lindzey(ed.), *Handbook of Social Psychology*, Vol. I. Cambridge, Mass.: Addison Wesley.

McGuinnis, Robert(1964), "Experiment," in Julius Gould and William L. Kolb (eds.), *A Dictionary of the Social Science*. New York: The Free Press of Glencoe.

Merton, Robert K. and Patricia L. Kendall(1946), "The Focused Interview," *American Journal of Sociology*, 51, pp. 541-57.

Merton, Robert K., M. Friske and P. Kendall(1956), *The Focused Interview*. New York: The Free Press of Glencoe.

Miller, Delbert C.(1967), *Handbook of Research Design and Social Measurement*. New York: David McKay Co.

Miller, Delbert C.(1977), *Handbook of Research Design and Social Measurement*, 3rd ed. New York: Longman.

Morgan, Clifford T. and Richard A. King(1966), *Introduction to Psychology*, 3rd ed. New York: McGraw-Hill.

Oppenheim, A. N.(1966), *Questionnaire Design and Attitude Measurement*. London: Heinemann.

Osgood, Charles E., G. Suci and P. Tannenbaum(1957), *The Measurement of Meaning*. Urbana, Ill.: University of Illinois Press.

Parten, M.(1950), *Surveys, Polls and Samples*. New York: Harper & Raw.

Phillips, Bernard S.(1966), *Social Research: Strategy and Tactics*. New York: The Macmillan.

Proctor, C. H. and C. P. Loomis(1951), "Analysis of Sociometric Data," in M. Jahoda, M. Deutch and S. Cook, eds., *Research Methods in Social Relations*. New York: Rinehart and Winston, Pt. 2. Chap. 17.

Revellis, R. F.(1991), *Scale Development*. Beverly Hills, CA: Sage Publications.

Rogers, C. R.(1945), "The Non-directive Method as a Technique for Social Research," *American Journal of Sociology*, 50.

Rubin, Rebecca B., Philip Palmgreen and Howard E. Sypher eds.(1994),

Communication Research Measures: A Sourcebook. New York: The Guilford Press.

Rumrill, P., S. Fitzgerald and M. Ware(2000), "Guidelines for Evaluation Research Articles", *Work,* 14(3), pp. 257-264.

Sargent, H.(1945), "Projective Methods: Their Origins, Theory and Application in Personality Research," *Psychological Bulletin,* 42, pp. 257-293.

Sargent, L. and T. Webb(1966), "The Radical Speaker on the University Campus: A Study in Attitude Change," *Journal of Communication,* 14, pp. 199-212.

Shaw, Marvin E. and Jack M. Wright(1967), *Scales for the Measurement of Attitudes.* New York: McGraw-Hill.

Sherif, M. and C. Sherif(1967), "Attitude as the Individual's Own Categories: The Social Judgement-involvement Approach to Attitude Change," in C. Sherif and M. Sherif(eds.), *Attitude, Ego-involvement and Change.* New York: John Wiley, pp. 105-139.

Siegel, Sidney(1956), *Nonparametric Statistics for the Behavioral Sciences.* New York: McGrawHill.

Siegel, Sidney and N. J. Castellan(1988), *Nonparametric Statistics for the Behavioral Sciences,* 2nd ed. New York: McGrawHill.

Simon, Julian L.(1969), *Basic Research Methods in Social Science.* New York: Random House.

Smith, Raymond G.(1970), *Speech Communication: Theory and Methods.* New York: Harper & Row.

Solomon, R.(1949), "An Extension of Control Group Design," *Psychological Bulletin,* 46, pp. 137-150.

Stephenson, William(1935), "Correlating Persons Instead of Tests," *Character and Personality,* Vol. 3, pp. 17-24.

Stephenson, William(1953), *The Study of Behavior.* Chicago: University of Chicago Press.

Stephenson, William(1965), "Review of Cassel's Leadership Q-sort Test," in O. K. Buros(ed.), *The Sixth Mental Measurements Yearbook*. Highland Park, N. J.: Gryphon Press.

Stevens, S.(1951), "Mathematics, Measurement, and Psychophysics," in S. Stevens(ed.), *Handbook of Experimental Psychology*. New York: Wiley.

Stouffer, Samuel A.(1950), "Some Observations on Study Design," *The American Journal of Sociology*, 55.

Thomson, Sir G. H.(1935), "On Complete Families of Correlation Coefficient and their Tendency to Zero Tetrad Differences," *Britisch Journal of Psychology*, 26, pp. 63-92.

Thurstone, Louis L. and E. J. Chave(1929), *The Measurement of Attitudes*. Chicago: University of Chicago Press.

Tolman, Edward C.(1938), "The Determiners of Behavior at a Choice Point," *Psychological Review*, 45, pp. 1-41.

Tompkins, P. K. and J. A. Samovar(1964), "An Experimental Study of the Effects of Credibility on the Comprehension of Content," *Speech Monographs*, 31, pp. 120-123.

Townsend, John C.(1953), *Introduction to Experimental Method*. New York: McGraw-Hill.

Veroff, D.(1957), "Development and Validation of a Projective Measure of Power Motivation," *Journal of Abnormal and Social Psychology*, LIV, pp. 1-8.

Vinacke, W. et al.(1964), *Dimensions of Social Psychology*. Glenview, III.: Scott, Foresman and Co.

Walster, E. Aronson and D. Abrahams(1966), "On Increasing the Persuasiveness of a Low Prestige Communicator," *Journal of Experimental Social Psychology*, 2, pp. 325-342.

Warwick, Donald P. and Charles A. Lininger(1965), *The Sample Survey: Theory and Practice*. New York: McGraw-Hill.

Watson, R.(1959), "Historical Review of Objective Personality Testing: The

Search for Objectivity," in B. Bass and L. Berg(eds.), *Objective Approaches to Personality Assessment.* Princeton, N. J.: Van Nostrand.

Weiss, R.(1967), "Consensus Technique for the Variation of Source Credibility," *Psychological Reports*, 20, pp. 1159-1162.

Weiss, Walter(1961), "The Effects of Communication on Attitude Change and Scale Judgements," *Journal of Abnormal and Social Psychology*, 52, pp. 133-140.

Westley, Bruce H.(1958), "Journalism Research and Scientific Method I," *Journalism Quarterly*, 35(Spring).

Whitehead, A.(1911), *An Introduction to Mathematics.* New York: Holt, Rinehart and Winston.

Whittaker, J. and R. Meade(1978), "Retention of Opinion Change as a Function of Differential Source Credibility: A Cross-cultural Study," *International Journal of Psychology*, 3, pp. 103-108.

Williams, Frederick(1968), *Reasoning with Statistics.* New York: Holt, Rinehart and Winston.

Zagona, S. and M. Harter(1966), "Credibility of Source and Recipients Attitude: Factors in the Perception and Retention of Information on Smoking Behavior," *Perceptual and Motor Skills*, 33, pp. 155-168.

Zetterberg, Hans L.(1965), *On Theory and Verification in Sociology.* Totowa, N. J.: Bedminister Press.

부록

가. 정보원의 공신력에 관한 실험재료와 측정검사척도

A. 사전검사용 설문지

B. '높은 공신력' 집단용 실험 메시지와 사후검사 설문지(Booklet I)

C. '낮은 공신력' 집단용 실험 메시지와 사후검사 설문지(Booklet II)

D. 지연검사용 설문지

나. 수표

A. 난수표: 2500 Random Digits

B. χ^2분포: 각 유의도 수준에서의 χ^2값

C. t-분포: 각 유의도 수준에서의 t값

D. F-분포: 0.05 및 0.01 수준에서의 F값

가. 정보원의 공신력에 관한 실험재료와 측정검사척도

A. 사전검사용 설문지

전국 대학교 학생 여론 조사

인사의 말씀

이 설문지는 서울대학교 사회과학대학 사회학과에서 전국 대학교 학생들을 대상으로 실시하는 사회와 학생문제에 관한 여론 조사입니다. 따라서 이것은 시험이나 능력 테스트가 아니므로 옳고 틀린 답이 있을 수 없습니다.

우리가 여러분에게 바라는 것은 오직 여러분의 솔직한 의견이나 느낌을 말하여 달라는 것뿐입니다. 여러분 개인의 대답은 절대로 공개되지 않으며, 여러분의 응답은 전자계산기(컴퓨터)로 처리되어 개인에 관계없이 일괄적으로 분석되어 학술자료로만 사용하게 됩니다.

지시 사항에 따라 각 문제를 되도록 빨리 읽어 나가면서 솔직히 응답해 주십시오. 의심 나는 것이 있으면 손을 들어 선생님에게 물어 보십시오. 질문이 좀 애매하더라도 한 문제도 빼지 말고 응답하여 주십시오. 응답이 끝나면 즉시 제출하여 주십시오. 이 조사는 중요한 것이니 적극적으로 협조해 주시기 바랍니다.

1977. 9
서울대학교 사회과학대학 사회학과
담당교수 김일철

지시 사항 다음 문제들은 현재 사회에서 일어나고 있는 일에 대한 여론 조사입니다. 문제를 읽고 답란에 당신의 생각을 써 넣거나, 또는 이미 제시된 답 중에서 가장 적당하다고 생각하는 것 옆 괄호 안에 ✓표를 하시오.

1. 현재 서울에 있는 각 방송국에서는 1주일에 평균 7시간 동안 서양 고전음악(클래식 음악)을 방송하고 있다고 합니다. 당신은 1주일에 평균 몇 시간 동안이나 서양 고전음악을 방송하는 것이 적당하다고 생각합니까?

   〈답〉 1주일에 약 ____시간

2. 앞으로 6개월 동안 당신은 1주일에 평균 몇 시간 동안이나 서양 고전음악(클래식 음악) 방송을 감상하는 데 시간을 보낼 것 같습니까?

   〈답〉 1주일에 약 ____시간

3. 지금부터 5년 후에는 1주일에 평균 몇 시간 동안이나 각 방송국에서 서양 고전음악을 방송하리라 생각합니까?

   〈답〉 1주일에 약 ____시간

4. 현재까지 전국 각 곳에 많은 방공대피소(방사능 대피호 포함)를 만들었다고 합니다. 올해에는 얼마나 많은 방공대피소를 더 만들어야 된다고 생각합니까?

   〈답〉 약 ____개

5. 만약 우리나라가 핵무기(원자탄 · 수소탄 등)의 공격을 받는다면, 방공대피소가 사람들의 목숨을 구하는 데 얼마나 큰 역할을 하리라고 생각합니까?(가장 적당하다고 생각하는 것 왼편 괄호 안에 ✓표를 하시오.)

   (　) ㄱ. 굉장히 큰 역할을 하여 수만 명의 목숨을 구할 것이다.

   (　) ㄴ. 무척 큰 역할을 하여 많은 인명을 구할 것이다.

   (　) ㄷ. 큰 역할을 할 것이다.

   (　) ㄹ. 약간의 역할을 할 것이다.

   (　) ㅁ. 거의 역할을 하지 못할 것이다.

   (　) ㅂ. 전혀 역할을 하지 못하며 더 해로울 것이다.

6. 방공대피소를 짓는 데 정부가 얼마나 많은 돈을 앞으로 써야 된다고 생각합니까?(가장 적당하다고 생각하는 것 왼편 괄호 안에 ✓표를 하시오.)

( ) ㄱ. 지금보다 훨씬 더 많이 써야 한다.

( ) ㄴ. 지금보다 조금 더 많이 써야 한다.

( ) ㄷ. 지금까지 썼던 것만큼 쓰면 된다.

( ) ㄹ. 지금보다 조금 적게 써야 한다.

( ) ㅁ. 지금보다 훨씬 적게 써야 한다.

7. 아직까지 우리나라에서는 암을 효과적으로 예방하거나 치료할 수 없다고 합니다. 언제 우리나라에서도 암을 효과적으로 예방하고 치료할 날이 오리라고 당신은 생각합니까?

〈답〉 약 ____ 년 후

8. 현재 우리나라에서는 약 5%의 의사들이 암의 예방과 치료의 연구에 종사하고 있다고 합니다. 몇 %의 의사들이 이 일에 종사해야 된다고 당신은 생각합니까?

〈답〉 약 ____ %

9. 올해는 지난해에 비해 얼마 정도의 돈을 정부에서 암의 예방과 치료에 써야 된다고 생각합니까?(가장 적당하다고 생각하는 것 왼편 괄호 안에 ✓표를 하시오.)

( ) ㄱ. 지난해보다 훨씬 더 많은 돈을 써야 한다.

( ) ㄴ. 지난해보다 조금 더 많은 돈을 써야 된다.

( ) ㄷ. 지난해에 썼던 것만큼 쓰면 된다.

( ) ㄹ. 지난해보다 조금 적게 써야 된다.

( ) ㅁ. 지난해보다 훨씬 적게 써야 된다.

10. 요즈음 텔레비전 광고에 대한 논쟁이 벌어지고 있다고 합니다. 이 문제에 대하여 당신은 어떻게 생각합니까?(가장 적당하다고 생각하는 것 왼편 괄호 안에 ✓표를 하시오.)

( ) ㄱ. 텔레비전 광고를 계속 허용해야 한다.

( ) ㄴ. 광고를 허용하는 것이 좋다고 생각한다.

( ) ㄷ. 난 모르겠다.

( ) ㄹ. 광고를 못하게 했으면 좋겠다.

( ) ㅁ. 광고를 절대 못하게 해야 한다.

11. 만약 텔레비전에서 광고를 계속하도록 허용한다면, 얼마나 자주 광고가 나와야 된다고 생각합니까?(가장 적당하다고 생각하는 것 왼편 괄호 안에 ✓표를 하시오.)

( ) ㄱ. 한 시간 동안에 3분 이내

( ) ㄴ. 한 시간 동안에 약 5분

( ) ㄷ. 한 시간 동안에 약 10분

( ) ㄹ. 한 시간 동안에 약 15분

( ) ㅁ. 한 시간 동안에 15분 이상

12. 만약 텔레비전에서 광고를 하도록 계속 허용한다면, 시청자들은 광고를 어떻게 생각하리라고 당신은 생각합니까?(가장 적당하다고 생각하는 것 왼편 괄호 안에 ✓표를 하시오.)

( ) ㄱ. 굉장히 좋아할 것이다.

( ) ㄴ. 퍽 좋아할 것이다.

( ) ㄷ. 아마 좋아할 것이다.

( ) ㄹ. 싫어할 것이다.

( ) ㅁ. 굉장히 싫어할 것이다.

협조해 주어 대단히 감사합니다.

자료 처리에 필요하니 끝으로 귀하의 학번을 써 주십시오.

학번 ____________________

B. '높은 공신력' 집단용 실험 메시지와 사후검사 설문지(Booklet I)

논설 기사에 대한 여론 조사

인사의 말씀

이번에 서울대학교 신문연구소에서는 신문 및 잡지 기사에 관한 학술연구의 하나로 전국 대학생을 상대로 논설 및 논평 기사에 대한 여론을 조사하고 있습니다.

여러분도 아시다시피 신문 · 잡지에는 사회에서 일어나고 있는 여러 가지 문제에 대하여 서로 다른 기사들이 실리고 있습니다. 따라서 신문 · 잡지에 나는 기사들을 여러분이 어떻게 생각하고 있는가를 알아보는 것이 이 조사의 목적입니다.

신문과 잡지에 실렸던 사설 및 논평 기사에서 전재한 다음 글들을 읽고 해당 질문에 대하여 여러분의 솔직한 의견을 표시하여 주시기 바랍니다. 이것은 여론 조사로서 시험이 아닙니다. 따라서 옳고 틀린 답이 있을 수 없으며, 오직 여러분의 순수한 의견에 따라 응답해 주시면 됩니다.

여러분의 응답은 저희 조사반 이외의 사람에게는 절대로 보이지 않으며, 전자계산기(컴퓨터)로 일괄적으로 처리되어 학술자료로만 쓰이게 됩니다. 여러분의 적극적인 협조를 바랍니다. 감사합니다.

1977. 9
서울대학교 신문연구소
담당교수 차배근(신문학 박사)

1. 방공대피시설에 대한 의견

지시 사항 다음 신문 사설을 읽은 후, 뒤의 지시 사항으로 넘어가시오.

방공대피소의 시대는 지났다

(『동아일보』 사설에서 발췌 요약)

근래에 소련을 비롯한 공산주의 국가들로부터 핵무기(수소탄, 원자탄 등) 공격의 위협을 느끼게 됨에 따라 사람들은 이상한 생각을 하기 시작하였다. 이 이상한 생각이란, 곧 방공대피소만 잘 지어 놓으면 만사가 모두 안전하다는 것이다. 그러나 이는 위험천만한 그릇된 생각이 아닐 수 없다. 왜냐하면 이것은 적의 핵공격에 대한 자위적인 변명이지, 실제 위험에 대처하려는 올바른 생각이 아니기 때문이다.

모든 사람들이 주지하는 바와 같이 방공대피소는 핵무기 공격 앞에는 무력한 것으로서, 우리를 안전하게 보호해 줄 수 없다. 방공대피소는 오히려 대피하려는 사람들을 한꺼번에 생매장할 우려도 없지 않다. 근래에 소련이나 중공에서 새로 개발한 수소탄이나 원자탄은 파괴력이 아주 강하기 때문에, 방공대피소 속에 숨어 있는 사람들도 능히 태워 죽일 수 있다. 따라서 지금 우리가 갖고 있거나 짓고 있는, 시대에 뒤떨어진 방공대피소는 실제로 아무 쓸모가 없으며, 그와 같은 방공대피소를 만드는 것은 국방비의 낭비밖에 안 된다. 그러므로 국방비를 많이 들여서 쓸모없는 방공대피소를 구축하는 것(짓는 것)은 오히려 위험을 초래하는 것이다. 쓸모없는 일에 국방비를 낭비하는 것은 곧 국력의 소모이며, 또한 국가의 경제발전까지 저해할 수 있다.

쓸모없는 수많은 커다란 방공대피소들을 만드는 데 돈을 많이 쓰면 쓸수록 그만큼 다른 국방무기, 즉 우리가 꼭 갖추어야 할 레이더 장치라든가 방어 미사일, 요격 전투기 등의 핵방어 무기를 갖추는 데 돈을 적게 쓸 수밖에 없다. 현재 우리가 진실로 필요로 하는 것은 시대에 뒤떨어진 쓸모없는 방공대피소가 아니라 레이더, 방어 미사일, 요격 전투기 등의 핵방어 무기라는 점을 명심해야 한다. 따라서 아무 쓸모없는 방공대피소를 만드는 데 돈을 쓰는 대신에, 그 돈을 레이더나 미사일 등 최신 무기와 장비의 구입에 집중적으로 사용해야 한다.

지시 사항 『동아일보』에 대하여 어떻게 생각하십니까? 당신의 생각을 다음 7개의 눈금이 있는 평가척도 위에 ✓표 하여 주십시오. 각 척도의 양 끝에는 서로 반대의 뜻을 가진 단어가 있고, 이 두 단어 사이에는 7개의 칸이 있는데, 이들 칸은 당신의 생각(평가)의 정도를 나타내고 있습니다. 즉 양쪽의 끝 칸은 '매우'라는 정도를 표시하며, 양 끝으로부터 둘째 칸은 '대체로'라는 정도를, 셋째 칸은 '약간'이라는 정도를 각각 나타내며, 맨 가운데 칸은 '그저 그렇다'라는 중간 정도를 나타냅니다. 예를 들어, 〈보기〉에서 보듯이 만약 당신이 왼쪽에서 둘째 칸에 ✓표를 하였다면, 그것은 '대체로 이기적'이라고 생각하고 있다는 뜻이 됩니다.

〈보기〉

이기적 __ : ✓ : __ : __ : __ : __ : __ 이타적

다음에 모두 9개의 서로 다른 척도가 있습니다. 당신의 생각을 이들 모든 척도에 각각 표시하되, 각 척도에는 반드시 단 하나만 ✓표 해야 됩니다. 의심이 나는 것이 있으면 손을 들어 질문해 주십시오.

『동아일보』

공정함	__ : __ : __ : __ : __ : __ : __	편향적임
존경할 수 없음	__ : __ : __ : __ : __ : __ : __	존경할 만함
솔직하지 못함	__ : __ : __ : __ : __ : __ : __	솔직함
믿을 만함	__ : __ : __ : __ : __ : __ : __	믿을 수 없음
이기적임	__ : __ : __ : __ : __ : __ : __	이타적임
비전문적임	__ : __ : __ : __ : __ : __ : __	전문적임
권위 있음	__ : __ : __ : __ : __ : __ : __	권위 없음
경험이 부족함	__ : __ : __ : __ : __ : __ : __	경험이 풍부함
선견지명이 없음	__ : __ : __ : __ : __ : __ : __	선견지명이 있음

지시사항 다음 질문에 응답하여 주십시오.

1. 만약 우리나라가 원자폭탄이나 수소폭탄 등의 핵공격을 받는다면 방공대피소가 인명의 구호에 얼마나 큰 역할을 하리라고 생각합니까?(다음 응답들 중에서 가장 적당하다고 생각하는 것의 왼편 괄호 안에 ✓표를 하시오.)

   ( ) ㄱ. 굉장히 큰 역할을 하여 수만 명의 목숨을 구할 것이다.

   ( ) ㄴ. 무척 큰 역할을 하여 많은 인명을 구할 것이다.

   ( ) ㄷ. 큰 역할을 할 것이다.

   ( ) ㄹ. 약간의 역할을 할 것이다.

   ( ) ㅁ. 거의 역할을 하지 못할 것이다.

   ( ) ㅂ. 전혀 역할을 하지 못하며 오히려 해로울 것이다.

2. 올해에는 대략 얼마나 많은 방공대피소를 만들어야 된다고 생각합니까?

   〈답〉 약 ___개

3. 방공대피소를 만드는 데 정부가 얼마나 많은 돈을 써야 된다고 생각합니까?

   ( ) ㄱ. 지금보다 훨씬 더 많은 돈을 써야 한다.

   ( ) ㄴ. 지금보다 조금 더 많이 쓰면 된다.

   ( ) ㄷ. 지금까지 썼던 것만큼 쓰면 된다.

   ( ) ㄹ. 지금보다 조금 적게 써야 한다.

   ( ) ㅁ. 지금보다 훨씬 적게 써야 한다.

4, 앞의 "방공대피소의 시대는 지났다"는 글은 방공대피소 문제에 대한 양쪽의 의견을 공경하게 제시했다고 생각합니까? 아니면 한쪽 의견만 제시했다고 생각합니까?

   ( ) ㄱ. 양쪽 의견을 공정하게 제시했다.

   ( ) ㄴ. 한쪽 의견만을 일방적으로 주장했다.

5. 앞의 글은 객관적 증거를 토대로 올바른 결론을 내렸다고 생각합니까? 아니면 주관적으로 결론을 내렸다고 생각합니까?

   ( ) ㄱ. 객관적 증거를 토대로 올바른 결론을 내렸다.

   ( ) ㄴ. 충분한 증거 없이 주관적으로 결론을 내렸다.

2. 암의 예방과 치료에 대한 의견

지시 사항 잡지에 실렸던 다음 논설을 읽은 후, 뒤의 지시 사항으로 넘어가시오.

암의 박멸은 시기상조

(『대한의학협회지』* 15호에서 전재)

암에 대하여 제대로 알지도 못하는 사람들은 몇 년 안으로 암을 완전히 치료할 수 있는 방법이 발견될 수 있다고 속단하고 있다. 그러나 사실은 그렇지가 않다. 인류가 암을 극복하는 데는 많은 장애가 있으며, 아무리 빨라도 앞으로 30년 내에 암을 완전히 예방하고 치유한다는 것은 불가능한 일이다. 미국의 저명한 암 연구가 로드 박사는 "암의 원인과 치료에 관한 많은 이론이 있으나, 아직까지 확실하고도 실질적인 암의 치료법은 없다. 현재 우리가 암에 대해 할 수 있는 것은 이것저것 많은 시험적 치료만 해볼 수 있을 따름이며, 아주 드물게 우연하게도 어떤 것이 치료되는 경우가 간혹 있을 뿐이다."라고 말하고 있다. 이렇게 막연한 시험적 방법만 사용하는 한, 우리 세대 안에(30년 안에) 암을 치료할 수 있다고 생각하는 것은 속단이다.

당신은 이와 같은 종류의 시험방법에 더 많은 연구비를 지출하여 많은 사람들이 암 연구에 종사한다면, 암의 치료법을 발견하고 이를 발전시키는 데 더욱더 박차를 가할 수 있을 것이라는 이야기를 들었을지도 모른다. 그러나 이러한 생각은 두 가지 이유에서 잘못된 것이다. 첫째로, 만약 많은 의사와 연구자들이 대부분의 시간을 암 연구에만 바친다면, 그 밖의 무서운 질병과 결핵 · 소아마비 · 심장병 등의 예방과 치료에서 수만 명의 인명을 구할 수 있는 더 좋은 기회를 잃게 되기 때문이다. 그리고 둘째로는, 그간에 오랫동안 암의 효과적 치료방법을 발견하기 위해서 많은 비용과 시간을 들여왔으나, 별다른 진전이 없었기 때문이다.

대부분의 암 전문가들은, 많은 형태의 암 종류 중에서 앞으로 한두 종류는 치료

---

* 『대한의학협회지』는 재단법인 대한의학협회의 회지(월간)로서 우리나라 전국 의사들과 의학 교수들의 학술지임.

가능할 수 있겠지만, 모든 암을 확실하게 예방하고 치료한다는 것은 가망 없는 일이라고 말하고 있다. 이처럼 현대 의학이 아무리 발달되었다고 하더라도 몇 년 안에 많은 형태의 암 환자들이 겪는 고통을 모두 예방하고 치료할 수 있는 방법을 발견한다는 것은 기대할 수 없는 일이다.

지시 사항 『대한의학협회지』에 대하여 어떻게 생각하십니까? 당신의 생각을 다음 7등급 평가 척도 위에 앞서와 같은 요령으로 표시해 주십시오. 다음 9개 척도에 빠짐없이 표시하되, 각 척도에 하나만 ✓표만 해 주십시오.

『대한의학협회지』

공정함	__ : __ : __ : __ : __ : __ : __	편향적임
존경할 수 없음	__ : __ : __ : __ : __ : __ : __	존경할 만함
솔직하지 못함	__ : __ : __ : __ : __ : __ : __	솔직함
믿을 만함	__ : __ : __ : __ : __ : __ : __	믿을 수 없음
이기적임	__ : __ : __ : __ : __ : __ : __	이타적임
비전문적임	__ : __ : __ : __ : __ : __ : __	전문적임
권위 있음	__ : __ : __ : __ : __ : __ : __	권위 없음
경험이 부족함	__ : __ : __ : __ : __ : __ : __	경험이 풍부한
선견지명이 없음	__ : __ : __ : __ : __ : __ : __	선견지명이 있음

지시사항 다음 질문에 응답하여 주십시오. 이것은 시험이 아니니 솔직한 느낌을 말하면 됩니다. 만약 자기의 생각과 꼭 같은 답이 없다면, 가장 가깝다고 생각되는 답 하나만 골라 응답해 주면 됩니다.

1. 아직까지 우리나라에서는 암을 효과적으로 예방하거나 치료할 수 없다고 합니다. 언제 우리나라에서도 암을 효과적으로 예방하고 치료할 날이 오리라고 당신은 생각합니까?

   〈답〉 약 ___ 년 후

2. 현재 우리나라에서는 약 5%의 의사들이 암의 예방과 치료 연구에 종사하고 있다고 합니다. 몇 %의 의사들이 이 일에 종사해야 된다고 당신은 생각합니까?

   〈답〉 약 ___ %

3. 내년에는 올해에 비해 얼마 정도의 돈을 정부에서 암의 예방과 치료에 써야 된다고 생각합니까?(가장 적당하다고 생각하는 것 왼편 괄호 안에 ✓표 하시오.)

   ( ) ㄱ. 올해보다 훨씬 많은 돈을 써야 된다.

   ( ) ㄴ. 올해보다 조금 많은 돈을 써야 된다.

   ( ) ㄷ. 올해 쓰는 것만큼 쓰면 된다.

   ( ) ㄹ. 올해보다 조금 적게 써야 된다.

   ( ) ㅁ. 올해보다 훨씬 적게 써야 된다.

4. 앞의 "암의 박멸은 시기상조"라는 글은 암의 예방과 치료 문제에 대한 양쪽의 주장을 공정하게 제시했다고 생각합니까? 아니면 한쪽의 의견만을 주장했다고 생각합니까?

   ( ) ㄱ. 양쪽 의견을 공정하게 제시했다.

   ( ) ㄴ. 한쪽 의견만 일방적으로 주장했다.

5. 앞의 글은 객관적인 증거를 토대로 올바른 결론을 내렸다고 생각합니까? 아니면 주관적으로 결론을 내렸다고 생각합니까?

   ( ) ㄱ. 객관적 증거를 토대로 올바른 결론을 내렸다.

   ( ) ㄴ. 충분한 증거 없이 주관적으로 결론을 내렸다.

3. 서양 고전음악 방송에 대한 의견

지시 사항 다음 글을 읽은 후, 뒤의 지시 사항으로 넘어 가시오.

사이비 음악 애호가들의 주장

(『음악교육학보』* 17호에서 전재)

다른 사람에게서 좋은 인상을 받으려고 고상한 척 위선을 부리는 사람을 본 적이 있을 것이다. 엉터리 변호사라든가, 사이비 정치가, 출세에 눈이 어두운 사람 등.

그러나 여기서 말하려는 위선자들은 엉터리 변호사도, 사이비 정치가도, 출세주의자도 아닌, 소위 서양 고전음악(클래식 음악) 애호가라고 자칭하는 사람들이다. 이들은 다른 사람들 앞에 나설 기회만 생기면, 자기가 얼마나 많이 서양 고전음악을 알고 있으며, 얼마나 많이 좋아하는지를 나타내기 위해 심포니 · 협주곡 · 소나타 등의 클래식 음악이 이렇고 저렇고 떠벌리기 시작한다. 그 다음 이들의 하나같은 불평은 방송 프로그램에 팝송을 너무 많이 넣고 있는데, 팝송보다는 클래식 음악을 더 많이 방송해야 된다는 것이다.

물론 모든 서양 고전음악이 모두 지루하고 난해하다는 것은 아니다. 어떤 클래식 음악의 멜로디들은 일반 사람들에게 널리 애송되고 있다. 그러나 베토벤이나 브람스 또는 그 밖의 작곡가들의 교향곡에서는 우리가 팝송이나 유행가에서 느끼는 것과 같은 친근감을 느낄 수 없다. 대부분의 서양 고전음악은 우리들에게는 난해하고 어필하지 않는다.

최근 라디오 방송 청취자들을 대상으로 한 전국적 여론조사 결과에 의하면, 대부분의 청취자들이 팝송을 즐기고 있으며, 서양 고전음악은 지루하여 듣기 싫다고 말하였다. 단지 5%의 청취자만이 서양 고전음악을 듣기 원하는 데 비해서, 95%의 청취자가 팝송 프로그램을 원하고 있다는 것이다. 따라서 각 방송국은 머지않아 서양 고전음악 방송시간을 줄일 것으로 예측되고 있다.

---

*『음악교육학보』는 음악교수와 교사들의 학술단체인 대한음악교육학회의 학술연구지임.

한 방송 관계자의 말에 의하면, 현재 각 방송국에서는 1주일에 약 7시간 동안 서양 고전음악을 방송하고 있다고 한다. 그러나 아마도 앞으로 2~3년 후에는 서양 고전음악은 1주일에 약 1시간 정도 방송될지도 모른다.

물론 복잡한 서양 고전음악에서 희열을 느낄 수 있는 진짜 애호가들이 있기는 하겠지만, 그 수는 많지 않을 것이다. 소위 클래식 음악 애호가라고 자칭하는 대부분의 사람들은 이해도 하지 못하면서 남에게 고상한 예술 애호가라고 불리고 싶어서 서양 고전음악을 더 많이 방송해야 한다고 주장하고 있다. 따라서 이들 때문에 서양 고전음악 방송시간을 늘리는 것은 불필요하다.

지시 사항 음악교육학술지 『음악교육학보』에 대하여 어떻게 생각하십니까? 당신의 생각을 다음 7등급 평가척도 위에 앞서와 같은 요령으로 표시해 주십시오, 다음 9개 척도에 빠짐없이 표시하되, 각 척도에 하나만 ✓표 해 주십시오.

『음악교육학보』

공정함	__ : __ : __ : __ : __ : __ : __	편향적임
존경할 수 없음	__ : __ : __ : __ : __ : __ : __	존경할 만함
솔직하지 못함	__ : __ : __ : __ : __ : __ : __	솔직함
믿을 만함	__ : __ : __ : __ : __ : __ : __	믿을 수 없음
이기적임	__ : __ : __ : __ : __ : __ : __	이타적임
비전문적임	__ : __ : __ : __ : __ : __ : __	전문적임
권위 있음	__ : __ : __ : __ : __ : __ : __	권위 없음
경험이 부족함	__ : __ : __ : __ : __ : __ : __	경험이 풍부함
선견지명이 없음	__ : __ : __ : __ : __ : __ : __	선견지명이 있음

지시 사항 다음 질문에 응답하여 주십시오. 이것은 시험이 아니니 솔직한 느낌을 말하면 됩니다. 만일 자기의 생각과 꼭 같은 답이 없다면, 가장 가깝다고 생각되는 답을 하나만 골라 응답해 주면 됩니다.

1. 현재 서울에 있는 각 방송국에서는 1주일에 평균 7시간 동안 서양 고전음악(클래식 음악)을 방송하고 있다고 합니다. 당신은 1주일에 평균 몇 시간 동안이나 서양 고전음악을 방송하는 것이 적당하다고 생각합니까?
〈답〉 1주일에 약 ___시간

2. 앞으로 6개월 동안 당신은 1주일에 평균 몇 시간 동안이나 서양 고전음악(클래식 음악) 방송을 감상하는 데 시간을 보낼 것 같습니까?
〈답〉 1주일에 약 ___시간

3. 지금부터 5년 후에는 1주일에 평균 몇 시간 동안이나 각 방송국에서 서양 고전음악을 방송하리라 생각합니까?
〈답〉 1주일에 약 ___시간

4. 앞의 "사이비 음악 애호가들의 주장"이라는 글은 서양 고전음악 방송에 대한 양쪽의 의견을 공정하게 제시했다고 생각합니까? 아니면 한쪽 의견만 주장했다고 생각합니까?
( ) ㄱ. 양쪽 의견을 공정하게 제시했다.
( ) ㄴ. 한쪽 의견만 일방적으로 주장했다.

5. 앞의 글은 객관적인 증거를 토대로 올바른 결론을 내렸다고 생각합니까? 아니면 주관적으로 결론을 내렸다고 생각합니까?
( ) ㄱ. 객관적 증거를 토대로 올바른 결론을 내렸다.
( ) ㄴ. 충분한 증거 없이 주관적으로 결론을 내렸다.

4. 텔레비전 방송 광고에 대한 의견

지시 사항 다음 잡지 사설을 읽은 후, 뒤의 지시 사항으로 넘어가시오.

텔레비전 광고는 필요하다

(『신문과 방송』* 1977년 2월호에서 전재)

TBC, MBC 등 상업 텔레비전 방송국이 생겨서 우리나라 매스컴과 사회교육 발전에 공헌한 바는 자못 크다고 하겠다. 그런데 근래에 일부 사람들은 텔레비전 상업 광고를 없애기 위해서, 상업 텔레비전 방송국들을 KBS와 같이 국영화(정부에서 소유하는 것)하자고 주장하고 있다. 그러나 이러한 일부 사람들의 주장은 매스 미디어에 대하여 잘 모르고 하는 소리이다. 텔레비전 방송이 그 주어진 기능을 충분히 발휘하려면, 우선 경제적 또는 재정적으로 자립해서 정부의 간섭으로부터 독립되어야 한다. 우리나라의 KBS와 같이 재정적으로 정부에 의존하거나 시청료를 받아서 운영하게 되면, 텔레비전 방송이 정부의 선전수단으로 이용되거나 또는 그 프로그램들이 무미건조하게 되기 쉽다. 그렇다면 상업 텔레비전 방송국이 경제적 또는 재정적으로 자립할 수 있는 오직 하나의 길은 광고뿐이다.

매스 미디어가 광고를 취급하는 것은 세계적으로 공인된 사실로서 새로울 것이 없다. 신문 · 잡지나 라디오 등이 모두 광고를 하고 있는데, 유독 텔레비전에서만 광고를 없애라고 하는 것은 우스운 일이다. 광고는 우리 일상생활에도 필요하다. 우리는 광고를 통하여 많은 생활정보를 얻고 있기 때문이다. 미국의 예를 보아도, 광고 때문에 텔레비전 방송이 지금과 같이 세계적으로 발전할 수 있었고, 또한 광고 때문에 시청자는 시청료를 한 푼도 내지 않고서도 질적으로 우수한 텔레비전 프로그램을 즐길 수 있게 되었다.

텔레비전 광고를 없애자는 사람들의 주장을 보면, 광고주가 텔레비전 프로그램

* 『신문과 방송』은 사단법인 한국신문연구소에서 내는 신문과 방송에 대한 평론지(월간)로서 신문방송학 교수들이 많이 기고하고 있음.

제작에 압력을 넣어서 좋지 않은 영향을 끼치기 때문에 텔레비전 광고를 없애야 한다는 것이다. 그러나 이러한 생각이나 걱정은 옳지 않다. 아직까지 우리나라에서는 광고주가 텔레비전 프로그램 제작에 아무런 영향도 미치지 못하며, 텔레비전 프로그램 제작자들은 좋지 않은 광고의 방영을 얼마든지 거부할 힘을 가지고 있다.

언론의 자유를 마음껏 누리기 위해서도 텔레비전 방송국은 정부 소유가 아닌 개인 소유가 되어야 한다. 따라서 상업 텔레비전 방송국이 경제적으로 자립하여 정부의 간섭 없이 독립적으로 운영되려면 광고에 의존할 수밖에 없으므로 텔레비전 광고는 필요하다.

지시 사항 언론평론잡지 『신문과 방송』에 대하여 어떻게 생각하십니까? 당신의 생각을 다음 7등급 평가척도 위에 앞서와 같은 요령으로 표시해 주십시오.

『신문과 방송』

공정함	__ : __ : __ : __ : __ : __ : __	편향적임
존경할 수 없음	__ : __ : __ : __ : __ : __ : __	존경할 만함
솔직하지 못함	__ : __ : __ : __ : __ : __ : __	솔직함
믿을 만함	__ : __ : __ : __ : __ : __ : __	믿을 수 없음
이기적임	__ : __ : __ : __ : __ : __ : __	이타적임
비전문적임	__ : __ : __ : __ : __ : __ : __	선문적임
권위 있음	__ : __ : __ : __ : __ : __ : __	권위 없음
경험이 부족함	__ : __ : __ : __ : __ : __ : __	경험이 풍부함
선견지명이 없음	__ : __ : __ : __ : __ : __ : __	선견지명이 있음

지시 사항 다음 질문에 대하여 당신이 생각하는 대로 솔직하게 대답해 주십시오.

1. 텔레비전 광고에 대하여 당신은 어떻게 생각합니까?(가장 적당하다고 생각하는 것 왼편 괄호 안에 ✓표 하시오.)
   ( ) ㄱ. 텔레비전 광고를 계속 허용해야 한다.
   ( ) ㄴ. 광고를 허용하는 것이 좋다고 생각한다.
   ( ) ㄷ. 난 모르겠다.
   ( ) ㄹ. 광고를 금지했으면 좋겠다.
   ( ) ㅁ. 광고를 절대 금지해야 한다.

2. 만약 텔레비전에서 광고를 계속하도록 허용한다면, 얼마나 자주 광고가 나와야 된다고 생각합니까?
   ( ) ㄱ. 한 시간에 3분 이내
   ( ) ㄴ. 한 시간에 약 5분
   ( ) ㄷ. 한 시간에 약 10분
   ( ) ㄹ. 한 시간에 약 15분
   ( ) ㅁ. 한 시간에 15분 이상

3. 만약 텔레비전 광고가 계속된다면, 시청자들은 광고에 대하여 어떻게 생각할 것 같습니까?
   ( ) ㄱ. 굉장히 좋아할 것이다.
   ( ) ㄴ. 퍽 좋아할 것이다.
   ( ) ㄷ. 아마 좋아할 것이다.
   ( ) ㄹ. 싫어할 것이다.
   ( ) ㅁ. 굉장히 싫어할 것이다.

4. 앞의 "텔레비전 광고는 필요하다"는 글은 텔레비전 광고 문제에 대한 양쪽 의견을 공정하게 제시했다고 생각합니까? 아니면 한쪽 의견만 주장했다고 생각합니까?

( ) ㄱ. 양쪽 의견을 공정하게 제시했다.

( ) ㄴ. 한쪽 의견만 일방적으로 주장했다.

5. 앞의 글은 객관적 증거를 토대로 올바른 결론을 내렸다고 생각합니까? 아니면 주관적으로 결론을 내렸다고 생각합니까?

( ) ㄱ. 객관적 증거를 토대로 올바른 결론을 내렸다.

( ) ㄴ. 충분한 증거 없이 주관적으로 결론을 내렸다.

대단히 수고가 많았습니다. 감사합니다.

자료 처리에 필요하니 끝으로 귀하의 학번을 써 주십시오.

학번 ____________________

C. '낮은 공신력' 집단용 실험 메시지와 사후검사 설문지(Booklet II)

논설 기사에 대한 여론조사

인사의 말씀

이번에 서울대학교 신문연구소에서는 신문 및 잡지의 기사에 관한 학술연구의 하나로 전국 대학생을 상대로 논설 및 논평 기사에 대한 여론을 조사하고 있습니다.

여러분도 아시다시피 신문 · 잡지에는 사회에서 일어나고 있는 여러 가지 문제에 대하여 서로 다른 기사들이 실리고 있습니다. 따라서 신문 · 잡지에 나는 기사들을 여러분이 어떻게 생각하고 있는지를 알아보는 것이 이 조사의 목적입니다.

신문과 잡지에 실렸던 사설 및 논평 기사에서 전재한 다음 글들을 읽고 해당 질문에 대하여 여러분의 솔직한 의견을 표시하여 주시기 바랍니다. 이것은 여론 조사로서 시험이 아닙니다. 따라서 옳고 틀린 답이 있을 수 없으며, 오직 여러분의 순수한 의견에 따라 응답해 주시면 됩니다.

여러분의 응답은 저희 조사반 이외의 사람에게는 절대로 보이지 않으며, 전자계산기(컴퓨터)로 일괄적으로 처리되어 학술자료로만 쓰이게 됩니다. 여러분의 적극적인 협조를 바랍니다. 감사합니다.

1977. 9
서울대학교 신문연구소
담당교수 차배근(신문학 박사)

1. 방공대피시설에 대한 의견

지시 사항 다음 신문 사설을 읽은 후, 뒤의 지시 사항으로 넘어가시오.

방공대피소의 시대는 지났다

(『서울신문』 사설에서 발췌 요약)

근래에 소련을 비롯한 공산주의 국가들로부터 핵무기(수소탄, 원자탄 등) 공격의 위협을 느끼게 됨에 따라 사람들은 이상한 생각을 하기 시작하였다. 이 이상한 생각이란 곧 방공대피소만 잘 지어 놓으면 만사가 모두 안전하다는 것이다. 그러나 이것은 위험천만한 그릇된 생각이 아닐 수 없다. 왜냐하면 이것은 적의 핵공격에 대한 자위적인 변명이지, 실제 위험에 대처하려는 올바른 생각이 아니기 때문이다.

모든 사람들이 주지하는 바와 같이 방공대피소는 핵무기 공격 앞에는 무력한 것으로서, 우리를 안전하게 보호해 줄 수 없다. 방공대피소는 오히려 대피하려는 사람들을 한꺼번에 생매장할 우려도 없지 않다. 근래에 소련이나 중공에서 새로 개발한 수소탄이나 원자탄은 파괴력이 아주 강하기 때문에, 방공대피소 속에 숨어 있는 사람들도 능히 태워 죽일 수 있다. 따라서 지금 우리가 갖고 있거나 짓고 있는, 시대에 뒤떨어진 방공대피소는 실제로 아무 쓸모가 없으며, 그와 같은 방공대피소를 만드는 것은 국방비의 낭비밖에 안 된다. 그러므로 국방비를 많이 들여서 쓸모없는 방공대피소를 구축하는 것(짓는 것)은 오히려 위험을 초래하는 것이다. 쓸모없는 일에 국방비를 낭비하는 것은 곧 국력의 소모이며, 또한 국가의 경제발전까지 저해할 수 있다.

쓸모없는 수많은 커다란 방공대피소들을 만드는 데 돈을 많이 쓰면 쓸수록 그만큼 다른 국방무기, 즉 우리가 꼭 갖추어야 할 레이더 장치라든가 방어 미사일, 요격 전투기 등의 핵방어 무기를 갖추는 데 돈을 적게 쓸 수밖에 없다. 현재 우리가 진실로 필요로 하는 것은 시대에 뒤떨어진 쓸모없는 방공대피소가 아니라 레이더, 방어 미사일, 요격 전투기 등의 핵방어 무기라는 점을 명심해야 한다. 따라서 아무 쓸모없는 방공대피소를 만드는 데 돈을 쓰는 대신에, 그 돈을 레이더나 미사일 등 최신 무기와 장비의 구입에 집중적으로 사용해야 된다.

지시사항 『서울신문』에 대하여 어떻게 생각하십니까? 당신의 생각을 다음 7개의 눈금이 있는 평가척도 위에 ✓표 하여 주십시오. 각 척도의 양 끝에는 서로 반대의 뜻을 가진 단어가 있고, 이 두 단어 사이에는 7개의 칸이 있는데, 이들 칸은 당신의 생각(평가)의 정도를 나타내고 있습니다. 즉 양쪽 끝 칸은 '매우'라는 정도를 표시하며, 양 끝으로부터 둘째 칸은 '대체로'라는 정도를, 셋째 칸은 '약간'이라는 정도를 각각 나타내며, 맨 가운데 칸은 '그저 그렇다'라는 중간 정도를 나타냅니다. 예를 들어, 〈보기〉에서 보듯이 만약 당신이 왼쪽에서 둘째 칸에 ✓표를 하였다면, 그것은 '대체로 이기적'이라고 생각한다는 뜻이 됩니다.

〈보기〉

이기적 __ : ✓ : __ : __ : __ : __ : __ 이타적

다음에 모두 9개의 서로 다른 척도가 있습니다. 당신의 생각을 이들 모든 척도에 각각 표시하되, 한 척도에는 반드시 단 하나만 ✓표 해야 됩니다. 의심이 나는 것이 있으면 손을 들어 질문해 주십시오.

『서울신문』

공정함 __ : __ : __ : __ : __ : __ : __ 편향적임
존경할 수 없음 __ : __ : __ : __ : __ : __ : __ 존경할 만함
솔직하지 못함 __ : __ : __ : __ : __ : __ : __ 솔직함
믿을 만함 __ : __ : __ : __ : __ : __ : __ 믿을 수 없음
이기적임 __ : __ : __ : __ : __ : __ : __ 이타적임
비전문적임 __ : __ : __ : __ : __ : __ : __ 전문적임
권위 있음 __ : __ : __ : __ : __ : __ : __ 권위 없음
경험이 부족함 __ : __ : __ : __ : __ : __ : __ 경험이 풍부함
선견지명이 없음 __ : __ : __ : __ : __ : __ : __ 선견지명이 있음

지시사항 다음 질문에 응답하여 주십시오.

1. 만약 우리나라가 원자탄이나 수소탄 등의 공격을 받는다면 방공대피소가 인명의 구호에 얼마나 큰 역할을 하리라고 생각합니까?(다음 응답들 중에서 가장 적당하다고 생각하는 것의 왼편 괄호 안에 ✓표를 하시오.)
   ( ) ㄱ. 굉장히 큰 역할을 하여 수만 명의 목숨을 구할 것이다.
   ( ) ㄴ. 무척 큰 역할을 하여 많은 인명을 구할 것이다.
   ( ) ㄷ. 큰 역할을 할 것이다.
   ( ) ㄹ. 약간의 역할을 할 것이다.
   ( ) ㅁ. 거의 역할을 하지 못할 것이다.
   ( ) ㅂ. 전혀 역할을 하지 못하며 오히려 해로울 것이다.
2. 올해에는 대략 얼마나 많은 방공대피소를 만들어야 된다고 생각합니까?
   〈답〉 약 ___개
3. 방공대피소를 만드는 데 정부가 얼마나 많은 돈을 써야 된다고 생각합니까?
   ( ) ㄱ. 지금보다 훨씬 더 많은 돈을 써야 한다.
   ( ) ㄴ. 지금보다 조금 더 많이 쓰면 된다.
   ( ) ㄷ. 지금까지 썼던 것만큼 쓰면 된다.
   ( ) ㄹ 지금보다 조금 적게 써야 한다.
   ( ) ㅁ. 지금보다 훨씬 적게 써야 한다.
4. 앞의 "방공대피소의 시대는 지났다"는 글은 방공대피소 문제에 대한 양쪽의 의견을 공정하게 제시했다고 생각합니까? 아니면 한쪽 의견만 주장했다고 생각합니까?
   ( ) ㄱ. 양쪽 의견을 공정하게 제시했다.
   ( ) ㄴ. 한쪽 의견만을 일방적으로 주장했다.
5. 앞의 글은 객관적 증거를 토대로 올바른 결론을 내렸다고 생각합니까? 아니면 주관적으로 결론을 내렸다고 생각합니까?
   ( ) ㄱ. 객관적 증거를 토대로 올바른 결론을 내렸다.
   ( ) ㄴ. 충분한 증거 없이 주관적으로 결론을 내렸다.

2. 암의 예방과 치료에 대한 의견

지시사항 잡지에 실렸던 다음 논설을 읽은 후, 뒤의 지시사항으로 넘어가시오.

암의 박멸은 시기상조

(『동양침술가협회보』* 15호에서 전재)

암에 대하여 제대로 알지도 못하는 사람들은 몇 년 안으로 암을 완전히 치료할 수 있는 방법이 발견될 수 있다고 속단하고 있다. 그러나 사실은 그렇지가 않다. 인류가 암을 극복하는 데는 많은 장애가 있으며, 아무리 빨라도 앞으로 30년 내에 암을 완전히 예방하고 치유한다는 것은 불가능한 일이다. 미국의 저명한 암 연구가 로드 박사는 "암의 원인과 치료에 관한 많은 이론이 있으나, 아직까지 확실하고도 실질적인 암의 치료법은 없다. 현재 우리가 암에 대해 할 수 있는 것은 이것저것 많은 시험적 치료만 해볼 수 있을 따름이며, 아주 드물게 우연하게도 어떤 것이 치료되는 경우가 간혹 있을 따름이다."라고 말하고 있다. 이렇게 막연한 시험적 방법만 사용하는 한, 우리 세대 안에(30년 안에) 암을 치료할 수 있다고 생각하는 것은 속단이다.

당신은 이와 같은 종류의 시험방법에 더 많은 연구비를 지출하여 많은 사람들이 암 연구에 종사한다면, 암의 치료법을 발견하고 이를 발전시키는 데 더욱더 박차를 가할 수 있을 것이라는 이야기를 들었을지도 모른다. 그러나 이러한 생각은 두 가지 이유에서 잘못된 것이다. 첫째로, 만약 많은 의사와 연구자들이 대부분의 시간을 암 연구에만 바친다면, 그 밖의 무서운 질병과 결핵 · 소아마비 · 심장병 등의 예방과 치료에서 수만 명의 인명을 구할 수 있는 더 좋은 기회를 잃게 되기 때문이다. 그리고 둘째로는, 그간에 오랫동안 암의 효과적 치료방법을 발견하기 위해서 많은 비용과 시간을 들여왔으나, 별다른 진전이 없었기 때문이다.

대부분의 암 전문가들은, 많은 형태의 암 종류 중에서 앞으로 한두 종류는 치료 가능할 수 있겠지만, 모든 암을 확실하게 예방하고 치료한다는 것은 가망 없는 일이라

---

* 『동양침술가협회보』는 우리나라 한의사들의 모임인 침술가협회에서 발행하는 회지임.

고 말하고 있다. 이처럼 현대 의학이 아무리 발달되었다고 하더라도 몇 년 안에 많은 형태의 암 환자들이 겪는 고통을 모두 예방하고 치료할 수 있는 방법을 발견한다는 것은 기대할 수 없는 일이다.

지시사항 한의사들의 잡지인 『동양침술가협회보』에 대하여 어떻게 생각하십니까? 당신의 생각을 다음 7등급 평가척도 위에 앞서와 같은 요령으로 표시해 주십시오. 다음 9개 척도에 빠짐없이 표시하되, 각 척도에 하나만 ✓표 해 주십시오.

『동양침술가협회보』

공정함	___ : ___ : ___ : ___ : ___ : ___ : ___	편향적임
존경할 수 없음	___ : ___ : ___ : ___ : ___ : ___ : ___	존경할 만함
솔직하지 못함	___ : ___ : ___ : ___ : ___ : ___ : ___	솔직함
믿을 만함	___ : ___ : ___ : ___ : ___ : ___ : ___	믿을 수 없음
이기적임	___ : ___ : ___ : ___ : ___ : ___ : ___	이타적임
비전문적임	___ : ___ : ___ : ___ : ___ : ___ : ___	전문적임
권위 있음	___ : ___ : ___ : ___ : ___ : ___ : ___	권위 없음
경험이 부족함	___ : ___ : ___ : ___ : ___ : ___ : ___	경험이 풍부함
선견지명이 없음	___ : ___ : ___ : ___ : ___ : ___ : ___	선견지명이 있음

지시사항 다음 질문에 응답하여 주십시오. 이것은 시험이 아니니 솔직히 느낌을 말하면 됩니다. 만일 자기의 생각과 꼭 같은 답이 없다면, 가장 가깝다고 생각되는 답을 하나만 골라 응답하면 됩니다.

1. 아직까지 우리나라에서는 암을 효과적으로 예방하거나 치료할 수 없다고 합니다. 언제 우리나라에서도 암을 효과적으로 예방하고 치료할 날이 오리라고 당신은 생각합니까?
   〈답〉 약 ___년 후
2. 현재 우리나라에서는 약 5%의 의사들이 암의 예방과 치료의 연구에 종사하고 있다고 합니다. 몇 %의 의사들이 이 일에 종사해야 된다고 당신은 생각합니까?
   〈답〉 약 ___%
3. 내년에는 올해에 비해 얼마 정도의 돈을 정부에서 암의 예방과 치료에 써야 된다고 생각합니까?(가장 적당하다고 생각하는 것 왼편 괄호 안에 ✓표 하시오.)
   ( ) ㄱ. 올해보다 훨씬 많은 돈을 써야 된다.
   ( ) ㄴ. 올해보다 조금 많은 돈을 써야 된다.
   ( ) ㄷ. 올해 쓰는 것만큼 쓰면 된다.
   ( ) ㄹ. 올해보다 조금 적게 써야 된다.
   ( ) ㅁ. 올해보다 훨씬 적게 써야 된다.
4. 앞의 "암의 박멸은 시기상조"라는 글은 암의 예방과 치료 문제에 대한 양쪽의 의견을 공정하게 제시했다고 생각합니까? 아니면 한쪽 의견만 주장했다고 생각합니까?
   ( ) ㄱ. 양쪽 의견을 공정하게 제시했다.
   ( ) ㄴ. 한쪽 의견만 일방적으로 주장했다.
5. 앞의 글은 객관적 증거를 토대로 올바른 결론을 내렸다고 생각합니까? 아니면 주관적으로 결론을 내렸다고 생각합니까?
   ( ) ㄱ. 객관적 증거를 토대로 올바른 결론을 내렸다.
   ( ) ㄴ. 충분한 증거 없이 주관적으로 결론을 내렸다.

3. 서양 고전음악 방송에 대한 의견

지시사항 다음 글을 읽은 후, 뒤의 지시사항으로 넘어가시오.

사이비 음악 애호가들의 주장

(『월간팝송』* 1976년 12월호에서 전재)

다른 사람에게서 좋은 인상을 받으려고 고상한 척 위선을 부리는 사람을 본 적이 있을 것이다. 엉터리 변호사라든가, 사이비 정치가, 출세에 눈이 어두운 사람 등.

그러나 여기서 말하려는 위선자들은 엉터리 변호사도, 사이비 정치가도, 출세주의자도 아닌, 소위 서양 고전음악(클래식 음악) 애호가라고 자칭하는 사람들이다. 이들은 다른 사람들 앞에 나설 기회만 생기면 자기가 얼마나 많이 서양 고전음악을 알고 있으며, 얼마나 많이 좋아하는지를 나타내기 위해 심포니 · 협주곡 · 소나타 등의 클래식 음악이 이렇고 저렇고 떠벌리기 시작한다. 그 다음 이들의 하나같은 불평은 방송 프로그램에 팝송을 너무 많이 넣고 있는데, 팝송보다는 클래식 음악을 더 많이 방송해야 된다는 것이다.

물론 모든 서양 고전음악이 모두 지루하고 난해하다는 것은 아니다. 어떤 클래식 음악의 멜로디들은 일반 사람들에게 널리 애송되고도 있다. 그러나 베토벤이나 브람스 또는 그 밖의 작곡가들의 교향곡에서는 우리가 팝송이나 유행가에서 느끼는 것과 같은 친근감을 느낄 수 없다. 대부분의 서양 고전음악은 우리들에게는 난해하고 어필하지 않는다.

최근 라디오 방송 청취자들을 대상으로 한 전국적 여론조사 결과에 의하면, 대부분의 청취자들이 팝송을 즐기고 있으며, 서양 고전음악은 지루하여 듣기 싫다고 말하였다. 단지 5%의 청취자만이 서양 고전음악을 듣기 원하는 데 비해서, 95%의 청취자가 팝송 프로그램을 원하고 있다는 것이다. 따라서 각 방송국은 머지않아 서양 고전음악 방송시간을 줄일 것으로 예측되고 있다.

---

* 『월간팝송』은 대중상업지(발행인 이문상)로서 국판 형태의 월간잡지임.

한 방송 관계자의 말에 의하면, 현재 각 방송국에서는 1주일에 약 7시간 동안 서양 고전음악을 방송하고 있다고 한다. 그러나 아마도 앞으로 2~3년 후에는 서양 고전음악은 1주일에 약 1시간 정도 방송될지도 모른다.

물론 복잡한 서양 고전음악에서 희열을 느낄 수 있는 진짜 애호가들이 있기는 하지만, 그 수는 많지 않을 것이다. 소위 클래식 음악 애호가라고 자칭하는 대부분의 사람들은 이해도 하지 못하면서 남에게 고상한 예술 애호가라고 불리고 싶어서 서양 고전음악을 더 많이 방송해야 된다고 주장하고 있다. 이들 때문에 서양 고전음악 방송시간을 늘리는 것은 불필요하다.

지시 사항 대중음악 잡지『월간팝송』에 대하여 어떻게 생각하십니까? 당신의 생각을 다음 7등급 평가척도 위에 앞에서와 같은 요령으로 표시해 주십시오. 9개 척도에 빠짐없이 표시하되, 각 척도에 하나만 ✓표 해 주십시오.

『월간팝송』

공정함	__ : __ : __ : __ : __ : __ : __	편향적임
존경할 수 없음	__ : __ : __ : __ : __ : __ : __	존경할 만함
솔직하지 못함	__ : __ : __ : __ : __ : __ : __	솔직함
믿을 만함	__ : __ : __ : __ : __ : __ : __	믿을 수 없음
이기적임	__ : __ : __ : __ : __ : __ : __	이타적임
비전문적임	__ : __ : __ : __ : __ : __ : __	전문적임
권위 있음	__ : __ : __ : __ : __ : __ : __	권위 없음
경험이 부족함	__ : __ : __ : __ : __ : __ : __	경험이 풍부함
선견지명이 없음	__ : __ : __ : __ : __ : __ : __	선견지명이 있음

지시 사항 다음 질문에 응답하여 주십시오. 이것은 시험이 아니니 솔직한 느낌을 말하면 됩니다. 만일 자기의 생각과 꼭 같은 답이 없다면, 가장 가깝다고 생각되는 답을 하나만 골라 응답하면 됩니다.

1. 현재 서울에 있는 각 방송국에서는 1주일에 평균 7시간 동안 서양 고전음악(클래식 음악)을 방송하고 있다고 합니다. 당신은 1주일에 평균 몇 시간 동안이나 서양 고전음악을 방송하는 것이 적당하다고 생각합니까?
〈답〉 1주일에 약 ___시간

2. 앞으로 6개월 동안 당신은 1주일에 평균 몇 시간 동안이나 서양 고전음악(클래식 음악) 방송을 감상하는 데 시간을 보낼 것 같습니까?
〈답〉 1주일에 약 ___시간

3. 지금부터 5년 후에는 1주일에 평균 몇 시간 동안이나 각 방송국에서 서양 고전음악을 방송하리라고 생각합니까?
〈답〉 1주일에 약 ___시간

4. 앞의 "사이비 음악 애호가들의 주장"이라는 글은 서양 고전음악 방송에 대한 양쪽의 의견을 공정하게 제시했다고 생각합니까? 아니면 한쪽 의견만 주장했다고 생각합니까?
( ) ㄱ. 양쪽 의견을 공정하게 제시했다.
( ) ㄴ. 한쪽 의견만 일방적으로 주장했다.

5. 앞의 글은 객관적 증거를 토대로 올바른 결론을 내렸다고 생각합니까? 아니면 주관적으로 결론을 내렸다고 생각합니까?
( ) ㄱ. 객관적 증거를 토대로 올바른 결론을 내렸다.
( ) ㄴ. 충분한 증거 없이 주관적으로 결론을 내렸다.

4. 텔레비전 방송 광고에 대한 의견

지시사항 다음의 잡지 논설을 읽은 후, 뒤의 지시사항으로 넘어가시오.

텔레비전 광고는 필요하다

(『광고계』* 1977년 2월호에서 전재)

TBC, MBC 등 상업 텔레비전 방송국이 생겨서 우리나라 매스컴과 사회교육 발전에 공헌한 바는 자못 크다고 하겠다. 그런데 근래에 일부 사람들은 텔레비전 상업 광고를 없애기 위해서, 상업 텔레비전 방송국들을 KBS와 같이 국영화(정부에서 소유하는 것)하자고 주장하고 있다. 그러나 이러한 일부 사람들의 주장은 매스 미디어에 대하여 잘 모르고 하는 소리이다. 텔레비전 방송이 그 주어진 기능을 충분히 발휘하려면, 우선 경제적 또는 재정적으로 자립해서 정부의 간섭으로부터 독립되어야 한다. 우리나라의 KBS와 같이 재정적으로 정부에 의존하거나 시청료를 받아서 운영하게 되면, 텔레비전 방송이 정부의 선전수단으로 이용되거나 또는 그 프로그램들이 무미건조하게 되기 쉽다. 그렇다면 상업 텔레비전 방송국이 경제적 또는 재정적으로 자립할 수 있는 오직 하나의 길은 광고뿐이다.

매스 미디어가 광고를 취급하는 것은 세계적으로 공인된 사실로서 새로울 것이 없다. 신문 · 잡지나 라디오 등이 모두 광고를 하고 있는데, 유독 텔레비전에서만 광고를 없애라고 하는 것은 우스운 일이다. 광고는 우리 일상생활에도 필요하다. 우리는 광고를 통하여 많은 생활정보를 얻고 있기 때문이다. 미국의 예를 보아도, 광고 때문에 텔레비전 방송이 지금과 같이 세계적으로 발전할 수 있었고, 또한 광고 때문에 시청자는 시청료를 한 푼도 내지 않고서도 질적으로 우수한 텔레비전 프로그램을 즐길 수 있게 되었다.

텔레비전 광고를 없애자는 사람들의 주장을 보면, 광고주가 텔레비전 프로그램

---

* 『광고계』는 우리나라 상업광고 대행사 협의회에서 발간되는 PR지로서 주로 광고관계 종사자들의 글을 싣고 있음.

제작에 압력을 넣어서 좋지 않은 영향을 끼치기 때문에 텔레비전 광고를 없애야 한다는 것이다. 그러나 이러한 생각이나 걱정은 옳지 않다. 아직까지 우리나라에서는 광고주가 텔레비전 프로그램 제작에 아무런 영향도 미치지 못하며, 텔레비전 프로그램 제작자들은 좋지 않은 광고의 방영을 얼마든지 거부할 힘을 가지고 있다.

언론의 자유를 마음껏 누리기 위해서도 텔레비전 방송국은 정부 소유가 아닌 개인 소유가 되어야 한다. 따라서 상업 텔레비전 방송국이 경제적으로 자립하여 정부의 간섭 없이 독립적으로 운영되려면 광고에 의존할 수밖에 없으므로 텔레비전 광고는 필요하다.

지시 사항 광고협회의 PR 잡지인 『광고계』에 대하여 어떻게 생각하십니까? 당신의 생각을 다음 7등급 평가척도 위에 앞서와 같은 요령으로 표시해 주십시오.

『광고계』

공정함	__ : __ : __ : __ : __ : __ : __	편향적임
존경할 수 없음	__ : __ : __ : __ : __ : __ : __	존경할 만함
솔직하지 못함	__ : __ : __ : __ : __ : __ : __	솔직함
믿을만함	__ : __ : __ : __ : __ : __ : __	믿을 수 없음
이기적임	__ : __ : __ : __ : __ : __ : __	이타적임
비전문적임	__ : __ : __ : __ : __ : __ : __	전문적임
권위 있음	__ : __ : __ : __ : __ : __ : __	권위 없음
경험이 부족함	__ : __ : __ : __ : __ : __ : __	경험이 풍부함
선견지명이 없음	__ : __ : __ : __ : __ : __ : __	선견지명이 있음

지시사항 다음 질문에 대하여 당신이 생각하는 대로 솔직히 대답해 주세요.

1. 텔레비전 광고에 대하여 당신은 어떻게 생각합니까?(가장 적당하다고 생각하는 것 왼편 괄호 안에 ✓표 하시오.)

( ) ㄱ. 텔레비전 광고를 계속 허용해야 한다.

( ) ㄴ. 광고를 허용하는 것이 좋다고 생각한다.

( ) ㄷ. 난 모르겠다.

( ) ㄹ. 광고를 금지했으면 좋겠다.

( ) ㅁ. 광고를 절대 금지해야 한다.

2. 만약 텔레비전에서 광고를 계속 허용한다면, 얼마나 자주 광고가 나와야 된다고 생각합니까?

( ) ㄱ. 한 시간에 3분 이내

( ) ㄴ. 한 시간에 약 5분

( ) ㄷ. 한 시간에 약 10분

( ) ㄹ. 한 시간에 약 15분

( ) ㅁ. 한 시간에 15분 이상

3. 만약 텔레비전 광고가 계속된다면, 시청자들은 광고에 대하여 어떻게 생각할 것 같습니까?

( ) ㄱ. 굉장히 좋아할 것이다.

( ) ㄴ. 무척 좋아할 것이다.

( ) ㄷ. 아마 좋아할 것이다.

( ) ㄹ. 싫어할 것이다.

( ) ㅁ. 굉장히 싫어할 것이다.

4. 앞의 "텔레비전 광고는 필요하다"라는 글은 TV 광고 문제에 대한 양쪽의 의견을 공정하게 제시했다고 생각합니까? 아니면 한쪽 의견만 주장했다고 생각합니까?

( ) ㄱ. 양쪽 의견을 공정하게 제시했다.

( ) ㄴ. 한쪽 의견만 일방적으로 주장했다.

5. 앞의 글은 객관적 증거를 토대로 올바른 결론을 내렸다고 생각합니까? 아니면 주관적으로 결론을 내렸다고 생각합니까?

( ) ㄱ. 객관적 증거를 토대로 올바른 결론을 내렸다.

( ) ㄴ. 충분한 증거 없이 주관적으로 결론을 내렸다.

협조해 주어 대단히 감사합니다.

자료 처리에 필요하니 끝으로 귀하의 학번을 써 주십시오.

학번 ________________

D. 지연검사용 설문지

논설 기사에 대한 여론 조사

인사의 말씀

이 설문지는 서울대학교 신문연구소에서 실시하는 논설 기사에 대한 학술연구의 계속입니다. 전번의 여러분의 협력을 진심으로 감사드립니다.

그런데 전번 조사에서 빠진 것이 있어서 다시 여러분에게 이 질문지를 드리니, 귀찮으시더라도 마지막으로 다시 한 번 협조해 주시면 감사하겠습니다.

이번에도 전번 조사와 마찬가지인 여론 조사이며 시험이 아닙니다. 따라서 옳고 그른 답이 있을 수 없으며, 여러분이 생각하는 대로 솔직히 응답해 주면 됩니다.

여러분의 응답은 저희 조사반 이외의 사람들에게는 절대로 보이지 않을 것이며, 개인에 관계없이 전자계산기(컴퓨터)로 일괄적으로 처리되어 학술자료로만 쓰이게 됩니다.

여러분의 적극적인 협조를 다시 한 번 요망합니다. 감사합니다.

1977. 10
서울대학교 신문연구소
담당교수 차배근(신문학 박사)

1. 현재 사회에서 일어나고 있는 일에 대한 의견

지시사항 다음 문제들은 현재 사회에서 일어나고 있는 일에 대한 여론 조사입니다. 문제를 읽고 답란에 당신의 생각을 써 넣거나, 또는 이미 제시된 답 중에서 가장 적당하다고 생각하는 것 옆 괄호 안에 ✓표를 하시오.

1. 현재 서울에 있는 각 방송국에서는 1주일에 평균 7시간 동안 서양 고전음악(클래식 음악)을 방송하고 있다고 합니다. 당신은 1주일에 평균 몇 시간 동안이나 서양 고전음악을 방송하는 것이 적당하다고 생각합니까?

   〈답〉 1주일에 약 ___시간

2. 앞으로 6개월간 당신은 1주일에 평균 몇 시간 동안이나 서양 고전음악(클래식 음악) 방송을 감상하는 데 시간을 보낼 것 같습니까?

   〈답〉 1주일에 약 ___시간

3. 지금부터 5년 후에는 1주일에 평균 몇 시간 동안이나 각 방송국에서 서양 고전음악을 방송하리라 생각합니까?

   〈답〉 1주일에 약 ___시간

4. 현재까지 전국 각 곳에 많은 방공대피소(원자대피호 포함)를 만들었다고 합니다. 올해는 대략 얼마나 더 많은 방공호를 만들어야 된다고 생각합니까?

   〈답〉 약 ___개

5. 만약 우리나라가 핵무기(원사탄 · 수소탄 등) 공격을 받는다면 방공대피소가 사람들의 목숨을 구하는 데 얼마나 큰 역할을 하리라고 생각합니까?(가장 적당하다고 생각하는 것의 왼편 괄호 안에 ✓표를 하시오.)

   ( ) ㄱ. 굉장히 큰 역할을 하여 수만 명의 목숨을 구할 것이다.

   ( ) ㄴ. 무척 큰 역할을 하여 많은 인명을 구할 것이다.

   ( ) ㄷ. 큰 역할을 할 것이다.

   ( ) ㄹ. 약간의 역할을 할 것이다.

   ( ) ㅁ. 거의 역할을 하지 못할 것이다.

   ( ) ㅂ. 전혀 역할을 하지 못하며 오히려 해로울 것이다.

6. 방공대피소를 짓는 데 정부가 얼마나 많은 돈을 앞으로 써야 된다고 생각합니까?(가장 적당하다고 생각하는 것 왼편 괄호 안에 ✓표를 하시오.)

( ) ㄱ. 지금보다 훨씬 더 많이 써야 한다.

( ) ㄴ. 지금보다 조금 더 많이 써야 한다.

( ) ㄷ. 지금까지 썼던 것만큼 쓰면 된다.

( ) ㄹ. 지금보다 조금 적게 써야 한다.

( ) ㅁ. 지금보다 훨씬 적게 써야 한다.

7. 아직까지 우리나라에서는 암을 효과적으로 예방하거나 치료할 수 없다고 합니다. 언제 우리나라에서도 암을 효과적으로 예방하고 치료할 날이 오리라고 당신은 생각합니까?

〈답〉 약 ___년 후

8. 현재 우리나라에서는 약 5%의 의사들이 암의 예방과 치료 연구에 종사하고 있다고 합니다. 몇 %의 의사들이 이 일에 종사해야 된다고 당신은 생각합니까?

〈답〉 약 ___%

9. 올해는 지난해에 비해 얼마 정도의 돈을 정부에서 암의 예방과 치료에 써야 된다고 생각합니까?(가장 적당하다고 생각하는 것 왼편 괄호 안에 ✓표를 하시오.)

( ) ㄱ. 지난해보다 훨씬 많은 돈을 써야 된다.

( ) ㄴ. 지난해보다 조금 많은 돈을 써야 된다.

( ) ㄷ. 지난해에 썼던 것만큼 쓰면 된다.

( ) ㄹ. 지난해보다 조금 적게 써야 된다.

( ) ㅁ. 지난해보다 훨씬 적게 써야 된다.

10. 요즈음 텔레비전 광고에 대하여 논쟁이 벌어지고 있다고 합니다. 이 문제에 대하여 당신은 어떻게 생각합니까?(가장 적당하다고 생각하는 것 왼편 괄호 안에 ✓표를 하시오.)

( ) ㄱ. 텔레비전 광고를 계속 허용해야 한다.

( ) ㄴ. 텔레비전 광고를 허용하는 것이 좋다고 생각한다.

( ) ㄷ. 난 모르겠다.

( ) ㄹ. 텔레비전 광고를 못하게 했으면 좋겠다.

( ) ㅁ. 텔레비전 광고를 절대 못하게 해야 한다.

11. 만약 텔레비전에서 광고를 계속하도록 허용한다면, 얼마나 자주 광고가 나와야 된다고 생각합니까?(가장 적당하다고 생각하는 것 왼편 괄호 안에 ✓표를 하시오.)

( ) ㄱ. 한 시간 동안에 3분 이내

( ) ㄴ. 한 시간 동안에 약 5분

( ) ㄷ. 한 시간 동안에 약 10분

( ) ㄹ. 한 시간 동안에 약 15분

( ) ㅁ. 한 시간 동안에 15분 이상

12. 만약 텔레비전에서 광고를 계속 허용한다면, 시청자들은 광고를 어떻게 생각하리라고 당신은 생각합니까?(가장 적당하다고 생각하는 것 왼편 괄호 안에 ✓표를 하시오.)

( ) ㄱ. 굉장히 좋아할 것이다.

( ) ㄴ. 무척 좋아할 것이다.

( ) ㄷ. 아마 좋아할 것이다.

( ) ㄹ. 싫어할 것이다.

( ) ㅁ. 굉장히 싫어할 것이다.

2. 논설기사의 정보원에 대한 기억

지시사항 전번 조사에서 여러분은 신문과 잡지에 났던 글들을 읽은 기억이 날 것입니다. 다음 글들(제목)은 어디에 게재되었던 것인지를 기억나는 대로 그 신문 또는 잡지의 이름을 답란에 적어 주십시오.

1. “방공대피소의 시대는 지났다.”
   〈답〉________________
2. “암의 박멸은 시기상조”
   〈답〉________________
3. “사이비 음악 애호가들의 주장”
   〈답〉________________
4. “텔레비전 광고는 필요하다”
   〈답〉________________

협조해 주셔서 대단히 고맙습니다.

자료 처리에 필요하니 끝으로 귀하의 학번을 써 주십시오.

학번 ________________

나. 수표

수표 A. 난수표: 2500 Random Digits

9069	7629	5756	2237	3069	6004	3792	2530
4321	5890	0822	5994	9996	8961	1262	5870
4195	5124	9161	6899	6857	6455	7662	7035
8589	4464	0905	8676	4514	8790	7186	4591
1007	3877	2592	8860	5753	8861	7694	5013
7047	2263	8242	9363	0458	5459	2369	3815
6974	5289	7527	6283	3635	1209	3791	1709
6203	5675	0586	8541	7337	3896	3060	1726
3888	0533	6091	6066	2169	4146	1047	3999
9860	9589	0814	1976	8775	8710	0231	8630
3845	7559	3167	1845	5491	4805	7966	9334
5732	0238	6134	5642	7306	2351	3150	2848
9534	6145	1823	0269	6577	4545	2181	9347
3574	9563	8359	4776	0111	9110	6160	8471
6574	1550	9890	5275	3005	3922	7048	1569
3756	6594	6634	9824	1318	6586	4075	5091
5569	2958	8823	3073	2471	1512	1015	9361
9109	2166	2146	9374	9483	2111	7095	8421
1165	2712	2021	6154	5522	9017	0354	0754
8078	2347	6410	2480	7247	1283	1307	6651
0179	4334	7117	2530	2504	4703	1756	0688
1125	2677	9553	7596	1407	3062	4701	9624
9936	2780	0687	7901	4265	5741	3310	2535
2827	1781	7272	4947	8892	7557	3134	8504
5389	9850	5081	5267	5164	1340	0605	5451
2166	6647	7554	4773	9682	3348	8503	8358
3760	1243	7458	6177	8038	2223	2679	4284
7522	6494	8298	7868	0822	8806	9255	3581
3111	6280	3705	0257	0298	6587	8677	8291
6589	0555	8479	4523	0150	4309	2756	9037
3879	9015	1218	3420	1552	8730	2750	3897
4607	5549	8957	1643	7731	6421	1639	0839
6202	0118	0479	4969	5067	3423	2718	1440
6226	1693	7411	0887	8890	0987	6252	8683
8490	3667	9016	6370	3826	4061	4548	6521
0267	5886	8597	3128	1833	7218	2997	4017
4077	9118	3327	7049	0913	0947	9262	9071
3846	7549	8036	7688	4659	9984	4752	7859
4786	4360	7316	7631	4046	0174	8035	4080
1680	4395	6313	9927	0274	1499	7072	4169

수표 B. χ^2분포: 각 유의도 수준에서의 χ^2값

자유도 (df)	일방적 검증의 유의도 수준(Level of significance for one-tailed test)					
	.10	.05	.025	.01	.005	.0005
	양방적 검증의 유의도 수준(Level of significance for two-tailed test)					
	.20	.10	.05	.02	.01	.001
1	1.64	2.71	3.84	5.41	6.64	10.83
2	3.22	4.60	5.99	7.82	9.21	13.82
3	4.64	6.25	7.82	9.84	11.34	16.27
4	5.99	7.78	9.49	11.67	13.28	18.46
5	7.29	9.24	11.07	13.39	15.09	20.52
6	8.56	10.64	12.59	15.03	16.81	22.46
7	9.80	12.02	14.07	16.62	18.48	24.32
8	11.03	13.36	15.51	18.17	20.09	26.12
9	12.24	14.68	16.92	19.68	21.67	27.88
10	13.44	15.99	18.31	21.16	23.21	29.59
11	14.63	17.28	19.68	22.62	24.72	31.26
12	15.81	18.55	21.03	24.05	26.22	32.91
13	16.98	19.81	22.36	25.47	27.69	34.53
14	18.15	21.06	23.68	26.87	29.14	36.12
15	19.31	22.31	25.00	28.26	30.58	37.70
16	20.46	23.54	26.30	29.63	32.00	39.29
17	21.62	24.77	27.59	31.00	33.41	40.75
18	22.76	25.99	28.87	32.35	34.80	42.31
19	23.90	27.20	30.14	33.69	36.19	43.82
20	25.04	28.41	31.41	35.02	37.57	45.32
21	26.17	29.62	32.67	36.34	38.93	46.80
22	27.30	30.81	33.92	37.66	40.29	48.27
23	28.43	32.01	35.17	38.97	41.64	49.73
24	29.55	33.20	36.42	40.27	42.98	51.18
25	30.68	34.38	37.65	41.57	44.31	52.62
26	31.80	35.56	38.88	42.86	45.64	54.05
27	32.91	36.74	40.11	44.14	46.96	55.48
28	34.03	37.92	41.34	45.42	48.28	56.89
29	35.14	39.09	42.69	46.69	49.59	58.30
30	36.25	40.26	43.77	47.96	50.89	59.70

* 자유도가 30보다 큰 경우에는 χ^2값을 $\sqrt{2\chi^2} - \sqrt{2df - 1}$에 대입하여 구한 다음, t분포에 준하여 해석할 것.

수표 C. *t*-분포: 각 유의도 수준에서의 *t*값

자유도 (*df*)	일방적 검증의 유의도 수준(Level of significance for one-tailed test)					
	.10	.05	.025	.01	.005	.0005
	양방적 검증의 유의도 수준(Level of significance for two-tailed test)					
	.20	.10	.05	.02	.01	.001
1	3.078	6.314	12.706	31.821	63.657	636.619
2	1.886	2.920	4.303	6.965	9.925	31.598
3	1.638	2.353	3.182	4.541	5.841	12.941
4	1.533	2.132	2.776	3.747	4.604	8.610
5	1.476	2.015	2.571	3.365	4.032	6.859
6	1.440	1.943	2.447	3.143	3.707	5.959
7	1.415	1.895	2.365	2.998	3.499	5.405
8	1.397	1.860	2.306	2.896	3.355	5.041
9	1.383	1.833	2.262	2.821	3.250	4.781
10	1.372	1.812	2.228	2.764	3.169	4.587
11	1.363	1.796	2.201	2.718	3.106	4.437
12	1.356	1.782	2.179	2.681	3.055	4.318
13	1.350	1.771	2.160	2.650	3.012	4.221
14	1.345	1.761	2.145	2.624	2.977	4.140
15	1.341	1.753	2.131	2.602	2.947	4.073
16	1.337	1.746	2.120	2.583	2.921	4.015
17	1.333	1.740	2.110	2.567	2.898	3.965
18	1.330	1.734	2.101	2.552	2.878	3.922
19	1.328	1.729	2.093	2.539	2.861	3.883
20	1.325	1.725	2.086	2.528	2.845	3.850
21	1.323	1.721	2.080	2.518	2.831	3.819
22	1.321	1.717	2.074	2.508	2.819	3.792
23	1.319	1.714	2.069	2.500	2.807	3.767
24	1.318	1.711	2.064	2.492	2.797	3.745
25	1.316	1.708	2.060	2.485	2.787	3.725
26	1.315	1.706	2.056	2.479	2.779	3.707
27	1.314	1.703	2.052	2.473	2.771	3.690
28	1.313	1.701	2.048	2.467	2.763	3.674
29	1.311	1.699	2.045	2.462	2.756	3.659
30	1.310	1.697	2.042	2.457	2.750	3.646
40	1.303	1.684	2.021	2.423	2.704	3.551
60	1.296	1.671	2.000	2.390	2.660	3.460
120	1.289	1.658	1.980	2.358	2.617	3.373
∞	1.282	1.645	1.960	2.326	2.576	3.291

수표 D. *F*-분포: 0.05 및 0.01 수준에서의 *F*값

분자의 자유도(Degrees of freedom for greater mean square): df_1

분모의 자유도(Degrees of freedom for lesser mean square): df_2

df_2 \ df_1	1	2	3	4	5	6	7	8	9	10	11	12	14	16	20	24	30	40	50	75	100	200	500	∞
1	161	200	216	225	230	234	237	239	241	242	243	244	245	246	248	249	250	251	252	253	253	254	254	2
	4052	4999	5403	5625	5764	5859	5928	5981	6022	6056	6082	6106	6142	6169	6208	6234	6258	6286	6302	6323	6334	6352	6361	63
2	18.51	19.00	19.16	19.25	19.30	19.33	19.36	19.37	19.38	19.39	19.40	19.41	19.42	19.43	19.44	19.45	19.46	19.47	19.47	19.48	19.49	19.49	19.50	19.
	98.49	99.01	99.17	99.25	99.30	99.33	99.34	99.36	99.38	99.40	99.41	99.42	99.43	99.43	99.45	99.46	99.47	99.48	99.48	99.49	99.49	99.49	99.50	99.
3	10.13	9.55	9.28	9.12	9.01	8.94	8.88	8.84	8.81	8.78	8.76	8.74	8.71	8.69	8.66	8.64	8.62	8.60	8.58	8.57	8.56	8.54	8.54	8.
	34.12	30.81	29.46	28.71	28.24	27.91	27.67	27.49	27.34	27.23	27.13	27.05	26.92	26.83	26.69	26.60	26.50	26.41	26.30	26.27	26.23	26.18	26.14	26.
4	7.71	6.94	6.59	6.39	6.26	6.16	6.09	6.04	6.00	5.96	5.93	5.91	5.87	5.84	5.80	5.77	5.74	5.71	5.70	5.68	5.66	5.65	5.64	5.
	21.20	18.00	16.69	15.98	15.52	15.21	14.98	14.80	14.66	14.54	14.45	14.37	14.24	14.15	14.02	13.93	13.83	13.74	13.69	13.61	13.57	13.52	13.48	13.
5	6.61	5.79	5.41	5.19	5.05	4.95	4.88	4.82	4.78	4.74	4.70	4.68	4.64	4.60	4.56	4.53	4.50	4.46	4.44	4.42	4.40	4.38	4.37	4.
	16.26	13.27	12.06	11.39	10.97	10.67	10.45	10.27	10.15	10.05	9.96	9.89	9.77	9.68	9.55	9.47	9.38	9.29	9.24	9.17	9.13	9.07	9.04	9.
6	5.99	5.14	4.76	4.53	4.39	4.28	4.21	4.15	4.10	4.06	4.03	4.00	3.96	3.92	3.87	3.84	3.81	3.77	3.75	3.72	3.71	3.69	3.68	3.
	13.74	10.92	9.78	9.15	8.75	8.47	8.26	8.10	7.98	7.87	7.79	7.72	7.60	7.52	7.39	7.31	7.23	7.14	7.09	7.02	6.99	6.94	6.90	6.
7	5.59	4.74	4.35	4.12	3.97	3.87	3.79	3.73	3.68	3.63	3.60	3.57	3.52	3.49	3.44	3.41	3.38	3.34	3.32	3.29	3.28	3.25	3.24	3.
	12.25	9.55	8.45	7.85	7.46	7.19	7.00	6.84	6.71	6.62	6.54	6.47	6.35	6.27	6.15	6.07	5.98	5.90	5.85	5.78	5.75	5.70	5.67	5.
8	5.32	4.46	4.07	3.84	3.69	3.58	3.50	3.44	3.39	3.34	3.31	3.28	3.23	3.20	3.15	3.12	3.08	3.05	3.03	3.00	2.98	2.96	2.94	2.
	11.26	8.65	7.59	7.01	6.63	6.37	6.19	6.03	5.91	5.82	5.74	5.67	5.56	5.48	5.36	5.28	5.20	5.11	5.06	5.00	4.96	4.91	4.88	4.
9	5.12	4.26	3.86	3.63	3.48	3.37	3.29	3.23	3.18	3.13	3.10	3.07	3.02	2.98	2.93	2.90	2.86	2.82	2.80	2.77	2.76	2.73	2.72	2.
	10.56	8.02	6.99	6.42	6.06	5.80	5.62	5.47	5.35	5.26	5.18	5.11	5.00	4.92	4.80	4.73	4.64	4.56	4.51	4.45	4.41	4.36	4.33	4.
10	4.96	4.10	3.71	3.48	3.33	3.22	3.14	3.07	3.02	2.97	2.94	2.91	2.86	2.82	2.77	2.74	2.70	2.67	2.64	2.61	2.59	2.56	2.55	2.
	10.04	7.56	6.55	5.99	5.64	5.39	5.21	5.06	4.95	4.85	4.78	4.71	4.60	4.52	4.41	4.33	4.25	4.17	4.12	4.05	4.01	3.96	3.93	3.
11	4.84	3.98	3.59	3.36	3.20	3.09	3.01	2.95	2.90	2.86	2.82	2.79	2.74	2.70	2.65	2.61	2.57	2.53	2.50	2.47	2.45	2.42	2.41	2.
	9.65	7.20	6.22	5.67	5.32	5.07	4.88	4.74	4.63	4.54	4.46	4.40	4.29	4.21	4.10	4.02	3.94	3.86	3.80	3.74	3.70	3.66	3.62	3.
12	4.7[illegible]	3.88	3.49	3.26	3.11	3.00	2.92	2.85	2.80	2.76	2.72	2.69	2.64	2.60	2.54	2.50	2.46	2.42	2.40	2.36	2.35	2.32	2.31	2.
	9.33	6.93	5.95	5.41	5.06	4.82	4.65	4.50	4.39	4.30	4.22	4.16	4.05	3.98	3.86	3.78	3.70	3.61	3.56	3.49	3.46	3.41	3.38	3.
13	4.67	3.80	3.41	3.18	3.02	2.92	2.84	2.77	2.72	2.67	2.63	2.60	2.55	2.51	2.46	2.42	2.38	2.34	2.32	2.28	2.26	2.24	2.22	2.
	9.07	6.70	5.74	5.20	4.86	4.62	4.44	4.30	4.19	4.10	4.02	3.96	3.85	3.78	3.67	3.59	3.51	3.42	3.37	3.30	3.27	3.21	3.18	3.
14	4.60	3.74	3.34	3.11	2.96	2.85	2.77	2.70	2.65	2.60	2.56	2.53	2.48	2.44	2.39	2.35	2.31	2.27	2.24	2.21	2.19	2.16	2.14	2.
	8.86	6.51	5.56	5.03	4.69	4.46	4.28	4.14	4.03	3.94	3.86	3.80	3.70	3.62	3.51	3.43	3.34	3.26	3.21	3.14	3.11	3.06	3.02	3.
15	4.54	3.68	3.29	3.06	2.90	2.79	2.70	2.64	2.59	2.55	2.51	2.48	2.43	2.39	2.33	2.29	2.25	2.21	2.18	2.15	2.12	2.10	2.08	2.
	8.68	6.36	5.42	4.89	4.56	4.32	4.14	4.00	3.89	3.80	3.73	3.67	3.56	3.48	3.36	3.29	3.20	3.12	3.07	3.00	2.97	2.92	2.89	2.
16	4.49	3.63	3.24	3.01	2.85	2.74	2.66	2.59	2.54	2.49	2.45	2.42	2.37	2.33	2.28	2.24	2.20	2.16	2.13	2.09	2.07	2.04	2.02	2.
	8.53	6.23	5.29	4.77	4.44	4.20	4.03	3.89	3.78	3.69	3.61	3.55	3.45	3.37	3.25	3.18	3.10	3.01	2.96	2.89	2.86	2.80	2.77	2.7
17	4.45	3.59	3.20	2.96	2.81	2.70	2.62	2.55	2.50	2.45	2.41	2.38	2.33	2.29	2.23	2.19	2.15	2.11	2.08	2.04	2.02	1.99	1.97	1.9
	8.40	6.11	5.18	4.67	4.34	4.10	3.93	3.79	3.68	3.59	3.52	3.45	3.35	3.27	3.16	3.08	3.00	2.92	2.86	2.79	2.76	2.70	2.67	2.6
18	4.41	3.55	3.16	2.93	2.77	2.66	2.58	2.51	2.46	2.41	2.37	2.34	2.29	2.25	2.19	2.15	2.11	2.07	2.04	2.00	1.98	1.95	1.93	1.9
	8.28	6.01	5.09	4.58	4.25	4.01	3.85	3.71	3.60	3.51	3.44	3.37	3.27	3.19	3.07	3.00	2.91	2.83	2.78	2.71	2.68	2.62	2.59	2.5
19	4.38	3.52	3.13	2.90	2.74	2.63	2.55	2.48	2.43	2.38	2.34	2.31	2.26	2.21	2.15	2.11	2.07	2.02	2.00	1.96	1.94	1.91	1.90	1.8
	8.18	5.93	5.01	4.50	4.17	3.94	3.77	3.63	3.52	3.43	3.36	3.30	3.19	3.12	3.00	2.92	2.84	2.76	2.70	2.63	2.60	2.54	2.51	2.4
20	4.35	3.49	3.10	2.87	2.71	2.60	2.52	2.45	2.40	2.35	2.31	2.28	2.23	2.18	2.12	2.08	2.04	1.99	1.96	1.92	1.90	1.87	1.85	1.8
	8.10	5.85	4.94	4.43	4.10	3.87	3.71	3.56	3.45	3.37	3.30	3.23	3.13	3.05	2.94	2.86	2.77	2.69	2.63	2.56	2.53	2.47	2.44	2.4
21	4.32	3.47	3.07	2.84	2.68	2.57	2.49	2.42	2.37	2.32	2.28	2.25	2.20	2.15	2.09	2.05	2.00	1.96	1.93	1.80	1.87	1.84	1.82	1.8
	8.02	5.78	4.87	4.37	4.04	3.81	3.65	3.51	3.40	3.31	3.24	3.17	3.07	2.99	2.88	2.80	2.72	2.63	2.58	2.51	2.47	2.42	2.38	2.3
22	4.30	3.44	3.05	2.82	2.66	2.55	2.47	2.40	2.35	2.30	2.26	2.23	2.18	2.13	2.07	2.03	1.98	1.93	1.91	1.87	1.84	1.81	1.80	1.7
	7.94	5.72	4.82	4.31	3.99	3.76	3.59	3.45	3.35	3.26	3.18	3.12	3.02	2.94	2.83	2.75	2.67	2.58	2.53	2.46	2.42	2.37	2.33	2.3
23	4.28	3.42	3.03	2.80	2.64	2.53	2.45	2.38	2.32	2.28	2.24	2.20	2.14	2.10	2.04	2.00	1.96	1.91	1.88	1.84	1.82	1.79	1.77	1.7
	7.88	5.66	4.76	4.26	3.94	3.71	3.54	3.41	3.30	3.21	3.14	3.07	2.97	2.89	2.78	2.70	2.62	2.53	2.48	2.41	2.37	2.32	2.28	2.2
24	4.26	3.40	3.01	2.78	2.62	2.51	2.43	2.36	2.30	2.26	2.22	2.18	2.13	2.09	2.02	1.98	1.94	1.89	1.86	1.82	1.80	1.76	1.74	1.7
	7.82	5.61	4.72	4.22	3.90	3.67	3.50	3.36	3.25	3.17	3.09	3.03	2.93	2.85	2.74	2.66	2.58	2.49	2.44	2.36	2.33	2.27	2.23	2.2
25	4.24	3.38	2.99	2.76	2.60	2.49	2.41	2.34	2.28	2.24	2.20	2.16	2.11	2.06	2.00	1.96	1.92	1.87	1.84	1.80	1.77	1.74	1.72	1.7
	7.77	5.57	4.68	4.18	3.86	3.63	3.46	3.32	3.21	3.13	3.05	2.99	2.89	2.81	2.70	2.62	2.54	2.45	2.40	2.32	2.29	2.23	2.19	2.1
26	4.22	3.37	2.89	2.74	2.59	2.47	2.39	2.32	2.27	2.22	2.18	2.15	2.10	2.05	1.99	1.95	1.90	1.85	1.82	1.78	1.7[illegible]	1.72	1.70	1.6
	7.72	5.53	4.64	4.14	3.82	3.59	3.42	3.29	3.17	3.09	3.02	2.96	2.86	2.77	2.66	2.58	2.50	2.41	2.36	2.28	2.25	2.19	2.15	2.1
27	4.21	3.35	2.96	2.73	2.57	2.46	2.37	2.30	2.25	2.20	2.16	2.13	2.08	2.03	1.97	1.93	1.88	1.84	1.80	1.76	1.74	1.71	1.68	1.6
	7.68	5.49	4.60	4.11	3.79	3.56	3.39	3.26	3.14	3.06	2.98	2.93	2.83	2.74	2.63	2.55	2.47	2.38	2.33	2.25	2.21	2.16	2.12	2.1

수표 D 계속

분모의 자유도(Degrees of freedom for lesser mean square)

df_2 \ df_1	분자의 자유도(Degrees of freedom for greater mean square)																							
	1	2	3	4	5	6	7	8	9	10	11	12	14	16	20	24	30	40	50	75	100	200	500	∞
28	4.20 7.64	3.34 5.45	2.95 4.57	2.71 4.07	2.56 3.76	2.44 3.53	2.36 3.36	2.29 3.23	2.24 3.11	2.19 3.03	2.15 2.95	2.12 2.90	2.06 2.80	2.02 2.71	1.96 2.60	1.91 2.52	1.87 2.44	1.81 2.35	1.78 2.30	1.75 2.22	1.72 2.18	1.69 2.13	1.67 2.09	1.65 2.06
29	4.18 7.60	3.33 5.52	2.93 4.54	2.70 4.04	2.54 3.73	2.43 3.50	2.35 3.32	2.28 3.20	2.22 3.08	2.18 3.00	2.14 2.92	2.10 2.87	2.05 2.77	2.00 2.68	1.94 2.57	1.90 2.49	1.85 2.41	1.80 2.32	1.77 2.27	1.73 2.19	1.71 2.15	1.68 2.10	1.65 2.06	1.64 2.03
30	4.17 7.56	3.32 5.39	2.92 4.51	2.69 4.02	2.53 3.70	2.42 3.47	2.34 3.30	2.27 3.17	2.21 3.06	2.16 2.98	2.12 2.90	2.09 2.84	2.04 2.74	1.99 2.66	1.93 2.55	1.89 2.47	1.84 2.38	1.79 2.29	1.76 2.24	1.72 2.16	1.69 2.13	1.66 2.07	1.64 2.03	1.62 2.01
32	4.15 7.50	3.30 5.34	2.90 4.46	2.67 3.97	2.51 3.66	2.40 3.42	2.32 3.25	2.25 3.12	2.19 3.01	2.14 2.94	2.10 2.86	2.07 2.80	2.02 2.70	1.97 2.62	1.91 2.51	1.86 2.42	1.82 2.34	1.76 2.25	1.74 2.20	1.69 2.12	1.67 2.08	1.64 2.02	1.61 1.98	1.59 1.96
34	4.13 7.44	3.28 5.29	2.88 4.42	2.65 3.93	2.49 3.61	2.38 3.38	2.30 3.21	2.23 3.08	2.17 2.97	2.12 2.89	2.08 2.82	2.05 2.76	2.00 2.66	1.95 2.58	1.89 2.47	1.84 2.38	1.80 2.30	1.74 2.21	1.71 2.15	1.67 2.08	1.64 2.04	1.61 1.98	1.59 1.94	1.57 1.91
36	4.11 7.39	3.26 5.25	2.86 4.38	2.63 3.89	2.48 3.58	2.36 3.35	2.28 3.18	2.21 3.04	2.15 2.94	21.0 2.86	2.06 2.78	2.03 2.72	1.89 2.62	1.93 2.54	1.87 2.43	1.82 2.35	1.78 2.26	1.72 2.17	1.69 2.12	1.65 2.04	1.62 2.00	1.59 1.94	1.56 1.90	1.55 1.87
38	4.10 7.35	3.25 5.21	2.85 4.34	2.62 3.86	2.46 3.54	2.35 3.32	2.26 3.15	2.19 3.02	2.14 2.91	2.09 2.82	2.05 2.75	2.02 2.69	1.96 2.59	1.92 2.51	1.85 2.40	1.80 2.32	1.76 2.22	1.71 2.14	1.67 2.08	1.63 2.00	1.60 1.97	1.57 1.90	1.54 1.86	1.53 1.84
40	4.08 7.31	3.23 5.18	2.84 4.31	2.61 3.83	2.45 3.51	2.34 3.29	2.25 3.12	2.18 2.99	2.12 2.88	2.07 2.80	2.04 2.73	2.00 2.66	1.95 2.56	1.90 2.49	1.84 2.37	1.79 2.29	1.74 2.20	1.69 2.11	1.66 2.05	1.61 1.97	1.59 1.94	1.55 1.88	1.53 1.84	1.51 1.81
42	4.07 7.27	3.22 5.15	2.83 4.29	2.59 3.80	2.44 3.49	2.32 3.26	2.24 3.10	2.17 2.96	2.11 2.86	2.06 2.77	2.02 2.70	1.90 2.64	1.94 2.54	1.89 2.46	1.82 2.35	1.78 2.26	1.73 2.17	1.68 2.08	1.64 2.02	1.60 1.94	1.57 1.91	1.54 1.85	1.51 1.80	1.49 1.78
44	4.06 7.24	3.21 5.12	2.82 4.26	2.58 3.78	2.43 3.46	2.31 3.24	2.23 3.07	2.16 2.94	2.10 2.84	2.05 2.75	2.01 2.68	1.98 2.62	1.92 2.52	1.88 2.44	1.81 2.32	1.76 2.24	1.72 2.15	1.66 2.06	1.63 2.09	1.58 1.92	1.56 1.88	1.52 1.82	1.50 1.78	1.48 1.75
46	4.05 7.21	3.20 5.10	2.81 4.24	2.57 3.76	2.42 3.44	2.30 3.22	2.22 3.05	2.14 2.92	2.09 2.82	2.04 2.73	2.00 2.66	1.97 2.60	1.91 2.50	1.87 2.42	1.80 2.30	1.75 2.22	1.71 2.13	1.65 2.04	1.62 1.98	1.57 1.90	1.54 1.86	1.51 1.80	1.48 1.76	1.46 1.72
48	4.04 7.19	3.19 5.08	2.80 4.22	2.56 3.74	2.41 3.42	2.30 3.20	2.21 3.04	2.14 2.90	2.08 2.80	2.03 2.71	1.99 2.64	1.96 2.58	1.90 2.48	1.86 2.40	1.79 2.28	1.74 2.20	1.70 2.11	1.64 2.02	1.61 1.96	1.56 1.88	1.53 1.84	1.50 1.78	1.47 1.73	1.45 1.70
50	4.03 7.17	3.18 5.06	2.79 4.20	2.56 3.72	2.40 3.41	2.29 3.18	2.20 3.02	2.13 2.88	2.07 2.78	2.02 2.70	1.98 2.62	1.95 2.56	1.90 2.46	1.85 2.39	1.78 2.26	1.74 2.18	1.69 2.10	1.63 2.00	1.60 1.94	1.55 1.86	1.52 1.82	1.48 1.76	1.46 1.71	1.44 1.68
55	4.02 7.12	3.17 5.01	2.78 4.16	2.54 3.68	2.38 3.37	2.27 3.15	2.18 2.98	2.11 2.85	2.05 2.75	2.00 2.66	1.97 2.59	1.93 2.53	1.88 2.43	1.83 2.35	1.76 2.23	1.72 2.15	1.67 2.06	1.61 1.96	1.58 1.90	1.52 1.82	1.50 1.78	1.46 1.71	1.43 1.66	1.41 1.64
60	4.00 7.08	3.15 4.98	2.76 4.13	2.52 3.65	2.37 3.34	2.25 3.12	2.17 2.95	2.10 2.82	2.04 2.72	1.99 2.63	1.95 2.56	1.92 2.50	1.86 2.40	1.81 2.32	1.75 2.20	1.70 2.12	1.65 2.03	1.59 1.93	1.56 1.87	1.50 1.7[illegible]	1.48 1.74	1.44 1.68	1.41 1.63	1.39 1.60
65	3.99 7.04	3.14 4.95	2.75 4.10	2.51 3.62	2.36 3.31	2.24 3.09	2.15 2.93	2.08 2.79	2.02 2.70	1.98 2.61	1.94 2.54	1.90 2.47	1.85 2.37	1.80 2.30	1.73 2.18	1.68 2.09	1.63 2.00	1.57 1.90	1.54 1.84	1.49 1.76	1.46 1.71	1.42 1.64	1.39 1.60	1.37 1.56
70	3.98 7.01	3.13 4.92	2.74 4.08	2.50 3.60	2.35 3.29	2.32 3.07	2.14 2.91	2.07 2.77	2.01 2.67	1.97 2.59	1.93 2.51	1.89 2.45	1.84 2.35	1.79 2.28	1.72 2.15	1.67 2.07	1.62 1.98	1.56 1.88	1.53 1.82	1.47 1.74	1.45 1.69	1.40 1.62	1.37 1.56	1.35 1.53
80	3.96 6.96	3.11 4.88	2.72 4.04	2.48 3.56	2.33 3.25	2.21 3.04	2.12 2.87	2.05 2.74	1.99 2.64	1.95 2.55	1.91 2.48	1.88 2.41	1.82 2.32	1.77 2.24	1.70 2.11	1.65 2.03	1.60 1.94	1.54 1.84	1.51 1.78	1.45 1.70	1.42 1.65	1.38 1.57	1.35 1.52	1.32 1.49
100	3.94 6.90	3.09 4.82	2.70 3.98	2.46 3.51	2.30 3.20	2.19 2.99	2.10 2.82	2.03 2.69	1.97 2.59	1.92 2.51	1.88 2.43	1.85 2.36	1.79 2.26	1.75 2.19	1.68 2.06	1.63 1.98	1.57 1.89	1.51 1.79	1.48 1.73	1.42 1.64	1.39 1.59	1.34 1.51	1.30 1.46	1.28 1.43
125	3.92 6.84	3.07 4.78	2.68 3.94	2.44 3.47	2.29 3.17	2.17 2.95	2.08 2.79	2.01 2.65	1.95 2.56	1.90 2.47	1.86 2.40	1.83 2.33	1.77 2.23	1.72 2.15	1.65 2.03	1.60 1.94	1.55 1.85	1.49 1.75	1.45 1.68	1.39 1.59	1.36 1.54	1.31 1.46	1.27 1.40	1.25 1.37
150	3.91 6.81	3.06 4.75	2.67 3.91	2.43 3.44	2.27 3.13	2.16 2.92	2.07 2.76	2.00 2.62	1.94 2.53	1.89 2.44	1.85 2.37	1.82 2.30	1.76 2.20	1.71 2.12	1.64 2.00	1.59 1.91	1.54 1.83	1.47 1.72	1.44 1.66	1.37 1.56	1.34 1.51	1.29 1.43	1.25 1.37	1.22 1.33
200	3.86 6.76	3.04 4.71	2.65 3.38	2.41 3.41	2.26 3.11	2.14 2.90	2.05 2.73	1.98 2.60	1.92 2.50	1.87 2.41	1.83 2.34	1.80 2.28	1.74 1.17	1.69 2.09	1.62 1.97	1.57 1.88	1.52 1.79	1.45 1.69	1.42 1.62	1.35 1.53	1.32 1.48	1.26 1.39	1.22 1.33	1.19 1.28
400	3.86 6.70	3.02 4.66	2.62 3.83	2.39 3.36	2.23 3.06	2.12 2.85	2.03 2.69	1.96 2.55	1.90 2.46	1.85 2.37	1.81 2.29	1.78 2.23	1.72 2.12	1.67 2.04	1.60 1.92	1.54 1.84	1.49 1.74	1.42 1.64	1.38 1.57	1.32 1.47	1.28 1.42	1.22 1.32	1.16 1.24	1.13 1.1[illegible]
1000	3.85 6.66	3.00 4.62	2.61 3.80	2.38 3.34	2.22 3.04	2.10 2.82	2.02 2.66	1.95 2.53	1.89 2.43	1.84 2.34	1.80 2.26	1.76 2.20	1.70 2.09	1.65 2.01	1.58 1.89	1.53 1.81	1.47 1.71	1.41 1.61	1.36 1.54	1.30 1.44	1.26 1.38	1.19 1.28	1.13 1.19	1.08 1.11
∞	3.84 6.64	2.99 4.60	2.60 3.78	2.37 3.32	2.21 3.02	2.09 2.80	2.01 2.64	1.94 2.51	1.88 2.41	1.83 2.32	1.79 2.24	1.75 2.18	1.69 2.07	1.64 1.99	1.57 1.87	1.52 1.79	1.46 1.69	1.40 1.59	1.35 1.52	1.28 1.41	1.24 1.36	1.17 1.25	1.11 1.15	1.00 1.00

찾아보기

[ㄹ]

[ㅁ]

[ㅂ]

[ㅅ]

[ㅇ]

[ㅊ]

[ㅋ]

[ㅌ]

[ㅍ]

[ㅎ]

저자 약력

차배근(車培根)

강원도 횡성 출생 / 서울대학교 사범대학 국어과 졸업 / 미국 Kent State University 대학원 커뮤니케이션학과 졸업(언론학 박사) / 서울대학교 언론정보학과 교수(1973~2007) / 현재 서울대학교 명예교수

주요 저서로는 『커뮤니케이션학개론(상 · 하)』(세영사, 1976), 『사회통계방법』(세영사, 1977), 『매스 커뮤니케이션효과이론』(나남출판사, 1986), 『설득커뮤니케이션이론』(서울대학교출판부, 1989), 『태도변용이론』(나남출판사, 1985) 등을 비롯하여 단독 저서만도 모두 15종이 있다.

차경욱(車景旭)

서울 출생 / 이화여자대학교 소비자인간발달학과 졸업 / 이화여자대학교 소비자학 석사 / 미국 University of Missouri-Columbia 소비자경제학 박사 / 현재 성신여자대학교 생활문화소비자학과 부교수

주요 저서로는 『소비자트렌드와 시장』(공저: 교문사, 2006), 『소비자투자와 자산관리』(공저: 교문사, 2011), 『씽크머니금융교실』(공저: 한국YWCA연합회, 2011), 『보험과 은퇴설계』(공저: 교문사, 2012) 등이 있다.